2.ª edición

Procedimiento de extradición pasiva

Doctrina y jurisprudencia

Carlos Miguel Bautista Samaniego

Doctor en Derecho. Fiscal de la Audiencia Nacional

Monografía

Práctica Penal

S
sepin

C/ Mahón, 8
28290 Las Rozas (Madrid)
Tel.: 91 352 75 51
www.sepin.es
sac@sepin.es

Precio: 34,90 euros (4 % IVA no incluido)

ISBN: 978-84-1165-082-3
Depósito legal: M-1941-2024

Producción gráfica: **sepín**, S. L.

Impresión: Safekat, S. L.

Para ti, que sabes que eres la mujer de mi vida,
por los años pasados y los que vendrán

Prólogo

Prologar este libro es un verdadero honor para mí. Conozco la trayectoria profesional de Carlos Miguel Bautista Samaniego como Fiscal y aprecio también sus valores personales. Desde luego, como Fiscal es un impecable profesional, destinado en la Fiscalía de la Audiencia Nacional y dedicado desde hace años a temas de naturaleza internacional.

Por eso, a pesar de que al autor ya había escrito sobre este tema, en esta ocasión aprovecha todo su conocimiento y experiencia para transmitirnos a todos sus enseñanzas mediante este *Procedimiento de extradición pasiva. Doctrina y jurisprudencia.*

Definida la extradición como la entrega que un Estado hace a otro de una persona, acusada o condenada por delito común, que se encuentra en su territorio, para que el país requirente le enjuicie penalmente o ejecute la pena, y que debe realizarse conforme a normas preexistentes de validez interna o internacional, este libro trata todo lo relacionado con este mecanismo, de manera que cualquiera que se aproxime a sus páginas puede obtener un conocimiento general y exhaustivo sobre la extradición pasiva.

La extradición es consecuencia jurídica de las normas que la regulan, pero también es una cortesía internacional entre Estados, según ya estableció el Tribunal Supremo de Estados Unidos en la Sentencia United States *vs.* Rauscher (119 US. 407), de 6 de diciembre de 1886.

En el estudio de la obra, se destaca una extraordinaria precisión de conceptos, con una ilustrada cita de autores de la doctrina científica y una seleccionada colección de jurisprudencia.

El autor enfatiza en que no solo estamos ante un proceso de tutela, sino que nos encontramos ante una auténtica pretensión, la del Estado reclamante, que se formula frente a un tercero, y este aspecto es un motivo añadido para que la fase judicial pueda calificarse como de genuino proceso.

De los cuatro sistemas extradicionales posibles reseñados doctrinalmente –sistema judicial vinculante en todo caso para el ejecutivo, sistema de vinculación negativa, sistema de decisión judicial no vinculante y sistema de decisión gubernativa–, únicamente tendrían cabida en nuestro ordenamiento los dos primeros, habiendo optado el legislador por el segundo.

Dentro de tales modelos, cabe distinguir dos posibles modelos extradicionales: el primero, de carácter anglosajón, en el que el órgano judicial requerido analiza la existencia de indicios o datos fácticos que vinculen al reclamado con el hecho punible y justifiquen la extradición, y el llamado sistema continental, en que el Juez se limita a la comprobación de los requisitos formales extradicionales, partiendo del hecho ofrecido por la autoridad reclamante y sin entrar a conocer del fondo del asunto o analizar la existencia de indicios en contra del *extraditurus* con respecto a la comisión del hecho, comprobando si este ha sucedido realmente. Como se ha dicho por la doctrina, mientras el primero "*busca garantizar el derecho de los individuos de ser preservados de la influencia del poder estatal, el sistema continental intenta favorecer lo más posible el auxilio judicial*".

En nuestro ordenamiento jurídico, nos encontramos ante un procedimiento de tipo continental ajeno al *rule of law*, que únicamente comprueba la concurrencia o no de los requisitos formales de la extradición sin indagar acerca de la existencia de indicios de responsabilidad criminal frente al reclamado; esto es, sin examinar en el fondo la cuestión, siendo esta tesis cuasi uniforme de la Sala de lo Penal de la Audiencia Nacional y del Tribunal Constitucional.

La regulación del art. 13.3 de nuestra Carta Magna tiene una importante virtualidad, que es la de impedir las extradiciones o entregas gubernativas, introduciendo el principio de legalidad en sede extradicional. No de otro modo se interpreta la expresión "*solo procederá la extradición en cumplimiento de un tratado o de una ley*". Este principio de legalidad encuentra también reflejo en el art. 2 LEP y en la STC 141/1998, de 29 de junio.

En suma, uno de los principios sustanciales en esta materia es no colaborar con dictaduras, de manera que no se extraditen personas reclamadas por delitos estrictamente políticos, como ordena nuestra Carta Magna.

Es un libro bien escrito, razonado y con abundante cita de doctrina y de jurisprudencia. Además, enormemente útil porque resuelve la multiplicidad de problemas prácticos que se plantean diariamente en el foro, constituido, en este caso, por la Audiencia Nacional.

Tiene tanto valor para el que se aproxima a la materia como para aquel profesional que trabaja habitualmente en este campo, al recopilar las resoluciones judiciales más importantes, tanto de la Audiencia Nacional, del Tribunal Supremo como del Tribunal Constitucional.

Ofrece una labor de investigación muy importante, fruto del quehacer diario de su autor, planteándose muchas de las hipótesis que pueden producirse luego en la práctica extradicional.

Es también muy significativa la erudición de quien lo firma en materia de doctrina comparada, así como el análisis de los casos resueltos en este ámbito extradicional en todo el mundo.

Por último, la obra está completamente actualizada, lo que concede siempre garantía de seguridad al intérprete y al lector.

Es especialmente destacable que en el estudio de cada una de las instituciones que conforman el libro, el autor se pregunta primero por su fundamento, después ofrece las diversas soluciones doctrinales o las brindadas en Derecho comparado, y, a continuación, analiza el Derecho español con objeto de centrar mejor su estudio y comprender sus disposiciones legales.

Inspira el autor mucha sensatez, como cuando, analizando la doble incriminación, escribe: "*A nuestro juicio, queda igualmente exceptuado del análisis de la doble incriminación la exención de la punibilidad por motivos concretos de exclusión de pena según la legislación del Estado requerido, en este caso, el Reino de España. Piénsese que tanto las excusas absolutorias como las condiciones objetivas de punibilidad y las causas personales de exclusión de la pena obedecen a estrictas razones de política criminal de un país, que ni tienen que ser idénticas a las de otro ni deben imponerse a la realidad social del Estado reclamante, que es el único capaz de señalar los casos en que «en una ponderación, las finalidades extrapenales tienen prioridad frente a la necesidad de pena»".*

Repasando el índice de la obra, puede comprobarse que tras el estudio de los conceptos y el fundamento de la extradición se analizan en profundidad el comienzo del proceso extradicional, el examen por la autoridad gubernativa y el traslado del expediente a la autoridad judicial, junto a la fase intermedia y la vista. Además, se estudian los motivos de oposición de la defensa, que se basan en los aspectos más recurrentes en esta materia, como la falta de doble incriminación, la ausencia de mínimo punitivo, el juicio en ausencia, la no extradición de nacionales, los delitos políticos o militares, junto con los principios de territorialidad positiva o negativa. Inmediatamente después, se tratan los casos de asilo, persecución, minoría de edad, etc.

La obra termina ofreciendo modelos de instrucción del Ministerio Fiscal y con documentación extraordinaria relativa a los convenios suscritos por España en la materia, que será muy práctica en cada caso concreto, así como una seleccionada bibliografía.

Volviendo ahora con su autor, Carlos Miguel Bautista Samaniego nació en 1965; terminó su licenciatura en Derecho en 1988 y es experto universitario en Derecho comunitario por la Universidad Complutense de Madrid. Obtuvo su doctorado en 2014, calificado sobresaliente *cum laude*, con la tesis doctoral "Aproximación crítica a la orden europea de detención y entrega", en la Universidad Alfonso X el Sabio.

En su currículo obran diversos diplomas, entre ellos, en Derecho de la Unión Europea por la Escuela Diplomática; en contabilidad general, obtenido en el Centro de Estudios Financieros de Madrid, y el Diploma en Ofimática del Centro de Estudios Adams.

Ya hemos dicho que es Fiscal en la Audiencia Nacional. Ingresó en la carrera fiscal en 1993 y ha sido Vocal electivo del Consejo Fiscal entre diciembre de 1995 y febrero de 2000. En esa carrera ha servido en la Fiscalía de la Audiencia Provincial de Girona, en la Fiscalía del Tribunal Superior de Justicia de Extremadura, en la Fiscalía del Tribunal Superior de Justicia de Madrid, pasando después a la Fiscalía Especial para la Prevención y Represión del Tráfico Ilegal de Drogas. A partir de 2007, se encuentra destinado en la Fiscalía de la Audiencia Nacional, en donde realiza labores de investigación de causas y asistencia a juicio, normalmente en materia de terrorismo, tanto nacional como internacional. Ha intervenido en muchos juicios de indudable interés y efectúa funciones de coordinador de extradiciones y órdenes europeas de detención y entrega. En esta función, ha adquirido un bagaje impresionante, con una experiencia que le proporciona gran cantidad de actuaciones, a efectos de aportarla en la elaboración de este libro.

Tiene una gran experiencia docente universitaria, habiendo ejercido como profesor asociado en la Facultad de Derecho de la Universidad Alfonso X el Sabio, como profesor de prácticas en el máster para el ejercicio de la abogacía en la Universidad Carlos III de Madrid, como profesor tutor del Practicum de la Universidad Carlos III, también como profesor del Máster "Entorno Jurídico de la Empresa" impartido en la Universidad Europea de Madrid.

Sin embargo, no agota su docencia en materia universitaria, sino que también ha impartido sus enseñanzas a miembros de las carreras judicial y fiscal, o a funcionarios de las Fuerzas y Cuerpos de Seguridad.

Pero en este prólogo me interesa poner de relieve la faceta del autor como asesor internacional, de la que destacamos su trabajo en Macedonia, realizando labores de evaluación legislativa y formación en seminarios de especialización, como consultor internacional de Naciones Unidas, en la Fiscalía General de Perú y la Oficina contra la Droga y Delito de Guatemala, asesoramientos en México, Colombia, y en Europa, Rumanía, Albania, o en otros continentes como en Abu Dhabi, Jordania, Montenegro, El Cairo, etc.

En materia de publicaciones, son innumerables los artículos doctrinales, y respecto a los libros, podemos destacar, entre otros muchos, un Código Penal comentado y unos Comentarios a la Ley de Extradición Pasiva, publicado en 2012, que son antecedentes inmediatos del libro que tengo el honor de prologar.

Entre sus condecoraciones, el autor ostenta la Cruz Distinguida de Primera Clase de la Orden de San Raimundo de Peñafort (2000), la Cruz al Mérito Policial con Distintivo Blanco (2008), la Cruz de Plata del Mérito Penitenciario (2010), la Cruz de Plata de la Guardia Civil (2011) y la Cruz de la Universidad Alfonso X el Sabio (2015).

Kofi Annan, Secretario General de las Naciones Unidas, en el prefacio de la Convención de las Naciones Unidas contra la Delincuencia Organizada Transnacional y sus Protocolos (Nueva York, Naciones Unidas, 2004) dijo que *"Los grupos delictivos no han perdido el tiempo en sacar partido de la economía mundializada actual y de la tecnología sofisticada que la acompaña. En cambio, nuestros esfuerzos por combatirlos han sido hasta ahora muy fragmentarios y nuestras armas casi obsoletas. La Convención nos facilita un nuevo instrumento para hacer frente al flagelo de la delincuencia como problema mundial. Fortaleciendo la cooperación internacional podremos socavar verdaderamente la capacidad de los delincuentes internacionales para actuar con eficacia y ayudaremos a los ciudadanos en su, a menudo, ardua lucha por salvaguardar la seguridad y la dignidad de sus hogares y comunidades"*.

Después de la lectura atenta, el disfrute de su erudición y la certeza de su utilidad, me atrevo, desde la modestia y humildad, a decir que gracias a este libro, el autor podrá contribuir a que el mundo sea un lugar más seguro, más digno y mejor.

Julián Sánchez Melgar

Magistrado de la Sala de lo Penal del Tribunal Supremo.
Doctor en Derecho. Exfiscal General del Estado

Sumario

Concepto y naturaleza de la extradición pasiva

Como señala la doctrina[1], el origen último de la extradición reside en el carácter esencialmente territorial del *ius puniendi* estatal: en los casos de fuga del sospechoso o condenado es imposible hacer valer sus efectos si no es con la cooperación de otros Estados, dado el obligado respeto a la soberanía del país en que aquel se encuentra[2]. Es por ello por lo que surgen mecanismos de cooperación –bilaterales o multilaterales– para conseguir la entrega de personas reclamadas por los órganos judiciales de los distintos países, el principal de los cuales resulta ser la extradición[3]. La aparición de crímenes internacionales, el desarrollo de medios de transporte y la liberalización de las fronteras hacen imprescindible la cooperación internacional en este terreno. Se ha apuntado con acierto que el sistema de extradición, en cierto sentido, constituye la némesis de la criminalidad a distancia, pues es por sí mismo un sistema a distancia: es un instrumento jurídico a través del cual las estructuras judiciales nacionales se extienden más allá de su área ordinaria de influencia territorial[4].

La extradición se ha definido como *"el acto por el cual un Estado entrega a otro a un individuo para ser juzgado o condenado por su conducta contraria al derecho"*[5]. De una

---

[1] Gómez Campelo, E. (2006) *Los derechos individuales en el procedimiento de extradición y en la orden europea de detención y entrega,* Anuario de Derecho Constitucional Latinoamericano, UNAM, pág. 979. En el mismo sentido, Serrano Amado, R. (2015) *Derechos fundamentales y extradición,* ed. CIMS, pág. 31. Ídem, Rodríguez Devesa, J. M. (1981) *Derecho penal español,* Madrid, 8.ª ed., pág. 25.

[2] Garcia Sanchez, B. (2005) *La extradición en el ordenamiento interno español, internacional y comunitario,* Granada, ed. Comares, pág. 136.

[3] Sobre el devenir histórico de la extradición, véase Bassiouni, M. C. (2014) *International extradition. United States Law and Practice,* ed. Oxford University Press, 6.ª ed., págs. 2 a 6; Serrano Amado, *op. cit.*, págs. 11 a 24. También García Sánchez, *op. cit.*, págs. 5 a 18.

[4] Almeida Costa, M. J. (2019) *Extradition law: reviewing grounds for refusal from the classic paradigm to mutual recognition and beyond (Doctoral Thesis).* Maastricht University, pág. 256.

[5] Herrero Rubio, A. (1968) *Discurso de apertura del curso académico de la Universidad de Valladolid, 1968-1969,* Valladolid (digitalizado por la biblioteca de la Universidad, consultado el 18 de septiembre de 2017), pág. 23. También, de manera similar, Ugaz Sánchez-Moreno, J. "*De ambas definiciones se desprende que la Extradición consiste en la entrega de un Estado a otro, de una persona procesada o condenada por la comisión de algún delito, a fin de que el Estado receptor proceda al juzgamiento o cumplimiento de la sentencia*", en *La nueva ley de extradición, visión crítica a partir de un proceso,* Themis, Revista de Derecho n.º 12, 1988, pág. 33. Igualmente, Bellido Penadés, R. (2001) *La extradición en el derecho español,* Madrid, ed. Civitas, 1.ª ed., pág. 26: "*De entre las diversas técnicas de cooperación jurídica internacional, la extradición surge como aquella modalidad que tiene por objeto la entrega de una persona que se encuentra en el territorio de un Estado, denominado requerido, a las autoridades de otro Estado, llamado requirente, previa solicitud de estas, las cuales persiguen a esa persona con el fin de enjuiciarla en un proceso penal, o de ejecutar una sentencia de condena en él dictada*". Según Ollé Sesé, M., en

forma más precisa, se ha conceptuado la institución como *"la entrega que un Estado hace a otro de un individuo, acusado o condenado por delito común, que se encuentra en su territorio, para que el país requirente le enjuicie penalmente o ejecute la pena, realizada conforme a normas preexistentes de validez interna o internacional"*[6]. De manera parecida, como *"el instituto de cooperación jurídica internacional en virtud del cual un Estado (requerido), a petición de otro (requirente), pone físicamente a disposición del último a una persona que se encuentra en el territorio del primero, a fin de ser sometida a juicio por un delito cuya persecución compete al Estado requirente o a fin de cumplir una pena o medida de seguridad impuesta por los Tribunales de ese mismo Estado"*[7]. Ahora bien, en ausencia de norma nacional o internacional, no cabe considerar la extradición como una obligación de los Estados: no es un deber definido y asentado según los principios del derecho internacional general. Los países pueden obligarse a extraditar en virtud de un tratado, pero son enteramente libres de hacerlo en el ejercicio de su soberanía[8]. Prueba de ello es que, cuando se realiza una entrega en ausencia de norma extradicional que la exija, se ejecuta sobre la base de la cortesía internacional entre Estados, según ya estableció el Tribunal Supremo de EE. UU. en la Sentencia United States *vs.* Rauscher (119 US. 407) de 6 de diciembre de 1886[9].

La extradición pasiva: un enfoque de derechos humanos fundamentales, Madrid, Ed. Iustel, pág. 37, la extradición pasiva es" *un instrumento de cooperación internacional por el que un Estado, el requirente, solicita a otro, el requerido, la entrega de una persona, localizada en su territorio, que se ha sustraído la acción de la justicia del Estado reclamante, para ser enjuiciada (extradición procesal) o para que cumpla la pena impuesta (extradición ejecutiva)"*. Para Cerezo Mir, J. en *Curso de Derecho Penal Español, Parte General, I*, Madrid, ed. Tecnos, 1996, 5.ª ed., pág. 219, es *"la entrega de un delincuente por parte del Estado en cuyo territorio se ha refugiado a aquel que es competente para juzgarle o para ejecutar la pena o medida de seguridad impuesta"*. Ídem Rodríguez Devesa, J. M. *Derecho Penal Español, op. cit.*, pág. 25. Ídem, Gómez Campelo, E. (2005) *Fundamentación teórica y praxis de la extradición en el derecho español*, Burgos, ed. Universidad de Burgos, pág. 105. En la doctrina anglosajona, Joyner, C. C. *International Extradition and Global Terrorism: Bringing International Criminals to Justice*, 25 Loy. L. A. Int'l & Comp. L. Rev. 493 (2003), pág. 499: *"Extradition is the process by which a person charged with or convicted of a crime under the laws of one state is arrested in another state and returned to the former state for trial or punishment"*. Para Almeida Costa, M. J., *Extradition law: reviewing grounds..., op. cit*, pág. 4,*"coercible transfer of a person from one jurisdiction to another at the request of the latter, through a specified procedure and provided that certain conditions are satisfied, for the purpose of carrying out a criminal procedure or enforcing a penalty"*. De manera más limitada, referida a la entrega para enjuiciamiento, Kineally, J. K., en *The Political Offense Exception: Is the United States–United Kingdom Supplementary Extraditon Treaty the Beginning of the End?*, American University International Law Review, vol. 2, 1987, pág. 203: *"Extradition is the process of returning accused criminals found in a foreign state to the state seeking prosecution"*. Referido al procedimiento, Bassiouni, *op. cit.*, pág. 496: *"Extradition is essentially a process on inter–governmental legal assistance for the prosecution and punishment of persons accused of a crime or convicted of a crime in another state"*.

[6] Jiménez de Asúa, L. (1964) *Tratado de Derecho Penal*, Tomo II, 3.ª ed., Buenos Aires, ed. Losada, págs. 883 y 884.

[7] Cezón González, C. (2003) *Derecho extradicional*, Madrid, ed. Dykinson, pág. 23. De manera muy similar, Serrano Amado, *op. cit.*, pág. 25. Hasta tal punto es así que Cerezo Mir, *op. cit.*, pág. 219, entiende que su naturaleza es la de un *"contrato de derecho internacional en virtud del cual un Estado que entrega al delincuente cede sus derechos soberanos sobre él y el Estado que lo recibe adquiere el derecho a juzgarle o de ejecutar la pena o medida de seguridad impuesta"*.

[8] Van den Wijngaert, C. (1980) *The political offence exception to extradition*, Deventer (Holanda), ed. Kluwer, pág. 45.

[9] *"It is only in modern times that the nations of the earth have imposed upon themselves the obligation of delivering up these fugitives from justice to the states where their crimes were committed, for trial and punishment. This has been done generally by treaties made by one independent government with another. Prior to these treaties, and apart from them, it may be stated, as the general result of the writers upon*

La institución está fuertemente relacionada con la soberanía nacional, tal y como recoge la Exposición de Motivos de la Ley 4/1984, de 21 de marzo[10]. Como recalca la doctrina, "*la concepción soberanista de la extradición estaría presente en algunos de los principios que rigen la extradición: la no extradición de los nacionales, la reducción del control judicial a ciertos aspectos de la misma y, sobre todo, que la decisión última denegatoria, tanto en el caso de la extradición pasiva como la activa, esté en manos del gobierno constituyen manifestaciones de esta concepción clásica de la extradición*"[11].

La proclamación y sucesiva integración de los derechos fundamentales a nivel global afecta a la clásica posición del reclamado como objeto del procedimiento extradicional[12]. El reconocimiento de la existencia de garantías individuales a favor del *extradituru*s supera la tradicional concepción bilateral o bidimensional de la institución para avanzar hacia un esquema trilateral o tridimensional[13] en que los derechos del reclamado tienen un peso decisivo. Por ello podemos afirmar que la naturaleza de la extradición ha mutado. Efectivamente, junto a una proyección *ad extra* –relación entre Estados– surge una nueva relación *ad intra* –entre el Estado reclamado y el *extradituru*s– que condiciona la prosperabilidad de la primera al someterse al tamiz del respeto a los derechos básicos del individuo. La relación *ad extra* quedaría reflejada en la última fase de la extradición, condicionada por el uso de criterios políticos, y es competencia del Gobierno. La relación *ad intra*, expresada en la segunda fase del procedimiento extradicional español –cuya no superación supondría la inviabilidad de la última fase gubernamental–, implica el examen de la vulneración o no de los derechos del sujeto reclamado y queda encomendada a los Tribunales. Es la garantía de los derechos del *extradituru*s lo que justifica la existencia de una fase puramente judicial en el procedimiento[14].

---

international law, that there was no well–defined obligation on one country to deliver up such fugitives to another; and, though such delivery was often made, it was upon the principle of comity, and within the discretion of the government whose action was invoked; and it has never been recognized as among those obligations of one government towards another which rest upon established principles of international law".

[10] *"La presente Ley mantiene el mismo sistema y principio cardinal de la anterior; en cuanto que la extradición, como acto de soberanía en relación con otros Estados, es función del poder ejecutivo, bajo el imperio de la Constitución y la Ley, sin perjuicio de su aspecto técnico penal y procesal han de resolver los Tribunales en cada caso con intervención del Ministerio Fiscal".*

[11] Pérez Manzano, M. "La extradición, una institución constitucional", *Revista de Derecho Penal y Criminología* n.º extraordinario 2, 2004, pág. 215.

[12] Van den Wijngaert, C., *op. cit.*, pág. 37.

[13] En afortunada expresión de Muñoz de Morales, M., *"Dime cómo son tus cárceles y ya veré yo si coopero. Los casos Caldararu y Aranyosi como nueva forma de entender el principio de reconocimiento mutuo", Revista electrónica INDRET*, Barcelona, enero 2017, pág. 6 (consultado en noviembre de 2018).

[14] Respecto de las fases del procedimiento, STS, Sala Tercera 303/2022, de 10 de marzo: "*Es constante la jurisprudencia de esta Sala (entre otras muchas, SSTS de 16 de marzo de 2015, rec. 449/2014, o de 15 de julio de 2020, rec. 363/2019, 22 de noviembre de 2021, rec. 116/20) que, al abordar la naturaleza del procedimiento de extradición pasiva, explica que se trata de un procedimiento mixto, de naturaleza administrativa y judicial, en el que se distinguen tres fases: dos gubernativas, la primera y la última, estando en medio la decisiva fase judicial. Estas tres fases están perfectamente delimitadas por la Ley y son totalmente independientes, aunque se subsigan unas a otras.*

La primera de las fases está regulada en los arts. 7 a 11 de la Ley 4/1985, de 21 de marzo, de Extradición Pasiva (LEP), y tiene la finalidad de iniciar el procedimiento de extradición –respondiendo así a la solicitud deducida por el país extranjero– y de decidir si ha lugar, o no, a continuar el procedimiento en vía judicial sobre la base de los arts. 2 a 5 de dicho texto legal y los Tratados de extradición, en su caso, suscritos por España con el país requirente.

La segunda, es la fase judicial, prevista en los arts. 12 a 18 de la LEP; en esta fase, como recuerda también esta Sala en las sentencias más arriba reseñadas, «no se decide acerca de la hipotética culpabilidad

Esta etapa se constituye en un auténtico proceso cuyo eje es la verificación de la preservación de aquellos[15]. Cobra tal relevancia que podemos decir que la relación *ad intra* se sitúa por encima de la relación interestatal. Solo cuando se haya comprobado que la entrega salvaguarda los derechos fundamentales del reclamado será posible proseguir con el procedimiento de entrega en ambos planos, pues no están al mismo nivel[16]. Se subraya doctrinalmente que "*la conjugación de los artículos 55, 56 y 103 de la Carta de Naciones Unidas, que declaran la primacía de las obligaciones impuestas en la Carta frente a las contraídas en virtud de cualquier otro convenio internacional, permite mantener que las obligaciones de derechos humanos fundamentales relegarán la entrega extradicional*"[17]. La extradición, desde el punto de vista del Estado de Derecho, ya no es, sin más, una simple mediación en la cooperación internacional en materia penal, sino que alcanza la categoría de mecanismo de tutela y garantía de los derechos y libertades de la persona[18], hasta el punto de afirmarse que este es su verdadero fundamento[19].

Que cada fase se corresponda con un propósito distinto casa bien con la doble naturaleza de la extradición: por un lado, como relación entre Estados de la que se derivan derechos y obligaciones y, por otro, como proceso jurídico con todas las garantías consistente en un acto judicial de cooperación internacional en el que está presente el *extraditurus* ejerciendo su derecho de oposición y en el que se examina la concurrencia de los requisitos jurídicos que posibilitan la entrega[20].

En conclusión, la extradición ya no puede definirse como un simple instrumento de cooperación internacional en materia de entrega de personas, puesto que el reconocimiento de

---

o inocencia del sujeto reclamado, ni se realiza un pronunciamiento condenatorio, sino simplemente se verifica el cumplimiento de los requisitos y garantías previstos en las normas para acordar la entrega del sujeto afectado».

Y la tercera fase —contemplada en el art. 18, en relación con el art. 6 de la LEP— se concreta en la actuación del Gobierno decidiendo la entrega física de la persona reclamada, o la denegación de la extradición, una vez que se le ha comunicado el auto del Tribunal declarando procedente la extradición". Ídem, STS, Sala Tercera, 1284/2020, de 13 de octubre. El Tribunal Constitucional, en la STC 104/2019, de 16 de septiembre, ha hecho suya esta concepción judicial.

[15] En este sentido, STC 32/2003, de 13 de febrero: "*Cuando los órganos judiciales españoles competentes deciden sobre si se cumplen los requisitos y garantías previstos en las normas de aplicación, bien se trate de leyes internas o de tratados internacionales, para acordar la entrega del sujeto afectado, desarrollan una labor de la mayor trascendencia, no solo teniendo en cuenta la relevancia de los derechos e intereses del reclamado que pueden estar en juego, sino también considerando que, una vez verificada la entrega al Estado requirente, las lesiones de los derechos de aquel que se hayan producido o puedan producirse en el futuro y que se estén denunciando en el procedimiento de extradición van a convertirse, normalmente, en irreparables (...)*". También, García Sánchez, *op. cit.*, pág. 146, que lo define como un procedimiento judicial "*mediante el cual quedan garantizados los derechos fundamentales de los delincuentes o presuntos delincuentes*".

[16] Pérez Manzano, *op. cit.*, pág. 232. Como señala Ollé Sesé, *op. cit.*, pág. 32,"*la obligación de entrega del reclamado propia del instituto de la extradición debe conciliarse y equilibrarse con la protección de los derechos fundamentales del* extradendus".

[17] OLLÉ (2021) *La extradición pasiva: un enfoque de derechos humanos fundamentales*. Ed. Iustel. Madrid, pág. 178.

[18] Voto particular al Auto de la Sala de lo Penal de la Audiencia Nacional, Pleno, 48/2016, de 12 de julio. En idéntico sentido, voto particular al Auto de la Sala de lo Penal de la Audiencia Nacional, Pleno, 95/2013, de 15 de noviembre.

[19] García Sánchez, *op. cit.*, pág. 42. Para Dondé Matute, J. (2017) *Extradición y debido proceso*, México, ed. INACIPE, 2.ª ed., pág. 5, rige en la interpretación de los elementos de la extradición el llamado principio *pro hominem*, que obliga a los Estados a hacer una gradual reducción de su poder en favor del individuo.

[20] Sebastián Montesinos, M. A. (1997) *La extradición pasiva*, ed. Comares, pág. 26.

los derechos individuales en el plano internacional y constitucional exige, para su efectividad, que la preservación de las garantías personales sea un límite infranqueable a dicha cooperación. Ahora bien, que la extradición como una manifestación de la soberanía estatal sigue hallándose presente lo acredita el hecho de que, superado el análisis de cumplimiento de los requisitos de garantía, subsiste la potestad de denegación de la entrega en caso de encontrarse en juego los intereses fundamentales del Estado.

En cuanto al procedimiento extradicional, se define doctrinalmente como *"la sucesión de actos judiciales, gubernativos o de parte tendentes a que la autoridad competente del Estado al que se ha pedido por otro la extradición de una persona, se pronuncie acerca de la entrega solicitada"*[21]. El Tribunal Constitucional, refiriéndose a la extradición pasiva, que no es sino el mismo proceso extradicional visto desde la perspectiva del Estado requerido, tal y como ha puntualizado la doctrina[22], ha fijado su significado en la STC 156/2002, de 23 de julio, recogiendo la doctrina sentada en las precedentes SSTC 222/1997, de 4 de diciembre; 5/1998, de 12 de enero, y 141/1998, de 29 de junio, y en los AATC 307/1986, de 9 de abril; 263/1989, de 22 de mayo, y 277/1997, de 16 de julio. Considera que en el vigente Derecho español la extradición pasiva o entrega de un ciudadano extranjero a otro Estado constituye un procedimiento mixto, administrativo-judicial, en el que se decide acerca de la procedencia o no de la entrega solicitada por dicho Estado en su demanda de extradición. Se trata, pues, de un proceso sobre otro proceso penal previamente incoado o incluso concluido, solo que a falta de la ejecución de otro Estado[23].

No solo estamos ante un proceso de tutela: nos encontramos ante una auténtica pretensión, la del Estado reclamante, que se formula frente a un tercero. Es un motivo añadido para que la fase judicial pueda calificarse de genuino proceso. Por otra parte, muchas de las resoluciones que toma el Tribunal gozan del carácter de cosa juzgada, como ya veremos[24].

Con independencia de los requisitos y momento procesal fijados para la adquisición de la condición de parte formal, que el Estado reclamante es materialmente parte procesal[25] lo acredita el hecho de que únicamente si este retira su petición de entrega el proceso queda sin objeto, efecto que no se produce cuando el Ministerio Fiscal se opone a ella en coincidencia con la defensa del *extradendus*[26]. Es por esto por lo que se define doctrinalmente como un proceso especial cuyo resultado consiste en la realización de una actividad procesal al estimar una pretensión basada en el principio de cooperación internacional en la lucha contra la delincuencia[27].

---

[21] Cezón, *op. cit.*, pág. 235.

[22] García Sánchez, *op. cit.*, pág. 26, clasifica los distintos tipos de extradición en los folios 62 a 76. De forma resumida, véase Serrano Amado, *op. cit.*, pág. 28.

[23] SSTC 162/2000, de 12 de junio, y 147/2020, de 19 de octubre.

[24] En este sentido, Pastor Borgoñón, B. (1984) *Aspectos procesales de la extradición en el derecho español*, Madrid, ed. Tecnos, pág. 143.

[25] De este parecer, Pastor Borgoñón, *op. cit.*, pág. 346.

[26] Véase Pastor Borgoñón, *op. cit.*, pág. 205.

[27] Pastor Borgoñón, *op. cit.*, pág. 144.

El proceso tiene similitudes con el general de la LECrim. en cuanto que existe una fase preparatoria, una fase intermedia y una posterior vista, por más que, como se afirma certeramente, la fase preparatoria no tiene las mismas finalidades que su equivalente en el proceso penal, pues ni está encaminada a justificar la apertura de la vista oral ni existen crisis procesales anticipadas que impidan esta última, a diferencia de lo que sucede en el proceso ordinario[28].

Por último, hay que recalcar la circunstancia de que la extradición está preordenada a la consecución de fines propios del proceso penal , lo que le diferencia de otros mecanismos como la deportación o la expulsión. También le distingue de estos mecanismos el dato de que la extradición se origina por una petición del Estado reclamante[29].

---

[28] Pastor Borgoñón, *op. cit.*, págs. 346 y 347.

[29] Almeida Costa, M. J. *Extradition law: reviewing ground...*, *op. cit.*, pág. 4.

Fuentes de la extradición pasiva y extradición en ausencia de tratado. Reciprocidad

Las fuentes de la extradición se contienen en el art. 13.3[30] de la Constitución española, en la Ley de Extradición Pasiva 4/1985, de 21 de marzo, y en los tratados.

Como señala la doctrina[31], un antecedente directo de la regulación constitucional se encuentra en el art. 30 de la Constitución de 1931, que establecía que "*el Estado no podrá suscribir ningún Convenio o Tratado internacional que tenga por objeto la extradición de delincuentes político-sociales*", ampliando las causas de denegación a la delincuencia de tipo social. Se recuerda doctrinalmente que, solicitado informe a la Comisión Jurídica Asesora sobre qué debía entenderse por delincuencia social, se entendió que eran delincuentes político-sociales los que ejecutaban actos punibles con un exclusivo fin político-social. Se consideraban delitos políticos sociales las infracciones conexas, excluyendo delitos de asesinato, homicidio, mutilación o lesiones graves, incendios y atentados otra la propiedad por medio de explosivos o estragos, robos a mano armada y falsificación de moneda, billetes de banco o títulos de crédito. No se consideraba político-social la consumación o el intento de asesinato, homicidio o lesiones graves contra el Jefe del Estado.

La regulación del art. 13.3 de la Constitución tiene una importante virtualidad, que es la de impedir las extradiciones o entregas gubernativas introduciendo el principio de legalidad en la materia extradicional[32]. No de otro modo se interpreta la expresión "*solo procederá la extradición en cumplimiento de un tratado o de una ley*"[33]. Este principio de legalidad encuentra también reflejo en el art. 2 LEP y en la STC 141/1998, de 29 de junio[34].

---

30 "*La extradición solo se concederá en cumplimiento de un tratado o de una ley, atendiendo el principio de reciprocidad. Quedan excluidos de la extradición los delitos políticos, no considerándose como tales los actos de terrorismo*".

31 Sebastián Montesinos, M.ª Á., *op. cit.*, págs. 18 y 19.

32 Como señala Bassiouni, M. C., en *International Extradition, Law and Practice*, Oxford University Press, 2014, págs. 92 y 93, en los EE. UU. el poder de extraditar del ejecutivo precisa de un previo acto legislativo, bien del Senado, bien del Congreso.

33 Puente Egido, J. *La extradición, problema complejo de cooperación en materia penal*, Boletín Facultad de Derecho de la UNED n.º 15, 2000, pág. 218.

34 "*(...) hemos afirmado la vigencia del* principio nulla traditio sine lege *(AATC 274/87, 499/98) que, en definitiva, implica que la primera y más fundamental de las garantías del proceso extraditorio es que la entrega venga autorizada por alguna de las disposiciones que menciona el artículo 13.3 CE: tratado o ley, atenido el principio de reciprocidad (...) pretende que la extradición quede sometida básicamente a reglas*

En consecuencia, de los cuatro sistemas extradicionales posibles reseñados doctrinalmente[35]–sistema judicial vinculante en todo caso para el Ejecutivo, sistema de vinculación negativa, sistema de decisión judicial no vinculante y sistema de decisión gubernativa–, únicamente tendrían cabida en nuestro ordenamiento los dos primeros, habiendo optado el legislador por el segundo.

En caso de existir un tratado[36] –publicado[37]– multi o bilateral en materia extradicional, la Ley interna quedará desplazada por dicho tratado según el art. 1 Ley 4/1985[38], tal y como

---

jurídicas y no exclusivamente a la voluntad de los Estados, que no pueden extraditar arbitrariamente a quienes se encuentran en su territorio (...)".

[35] Pastor Borgoñón, *op. cit.*, pág. 149.

[36] Definido en el art. 2.1 A) del Convenio de Viena sobre el Derecho de los Tratados de 23 de mayo de 1969, ratificado por España el 2 de mayo de 1972 y publicado en el BOE 142, de 13 de junio de 1980, como *"un acuerdo internacional celebrado por escrito entre Estados y regido por el derecho internacional, ya conste en un instrumento único, en dos o más instrumentos conexos y cualquiera que sea su denominación particular".*

[37] La publicación de los convenios es requisito obligado para su aplicación, de acuerdo con la SSTC 141/1998, de 29 de junio, y 292/2005, Pleno, de 10 de noviembre. En palabras de esta última, *"respecto la publicidad de las normas y la publicación de las escritas afirmábamos que desde la perspectiva del Ordenamiento jurídico español no ofrece dudas que constituyen una exigencia constitucional: «El art. 9.3 dispone que la Constitución garantiza la publicidad de las normas. Según el art. 91 el Rey, tras la sanción y promulgación de las leyes, ordenará su inmediata publicación. Y el art. 96.1 establece que los tratados internacionales válidamente celebrados, una vez publicados oficialmente en España, formarán parte del ordenamiento interno. En el ámbito de la legalidad ordinaria, el art. 1.5 del Código civil determina que las normas jurídicas contenidas en los tratados internacionales no serán de aplicación directa en España en tanto no hayan pasado a formar parte del ordenamiento interno mediante su publicación íntegra en el Boletín Oficial del Estado. Y en el art. 2.1 del mismo Código se prevé que las leyes entrarán en vigor a los veinte días de su completa publicación en el mismo Boletín, si en ellas no se dispone otra cosa». Y añadíamos: «Aunque el principio de publicidad de las normas no tiene la naturaleza de derecho fundamental (ATC 647/1986), no cabe duda de que viene exigido constitucionalmente en el art. 9.3 CE. Con carácter general, esta garantía es consecuencia ineluctable de la proclamación de España como un Estado de Derecho y se encuentra en íntima relación con el principio de seguridad jurídica consagrado en el mismo art. 9.3 (SSTC 179/1989, 151/1994). Desde la perspectiva de los ciudadanos adquiere una relevancia esencial, ya que estos solo podrán asegurar sus posiciones jurídicas, así como su efectiva sujeción y la de los poderes públicos al ordenamiento jurídico, si los destinatarios de las normas tienen una efectiva oportunidad de conocerlas en cuanto tales normas, mediante un instrumento de difusión general que dé fe de su existencia y contenido, por lo que resultarán evidentemente contrarias al principio de publicidad aquellas normas que fueran de imposible o muy difícil conocimiento (STC 179/1989)»"* (FJ 5). Algún autor, como Pastor Borgoñón, *op. cit.*, pág. 24, considera que los tratados forman parte del ordenamiento jurídico desde su perfeccionamiento, si bien sometidos a la *condictio iuris* de su publicación para su entrada en vigor y efectos *erga omnes*. Sin embargo, esto choca con la literalidad del precepto constitucional, que fija en la publicación oficial del Convenio el momento en que este forma parte de nuestro ordenamiento jurídico. Sin perjuicio de ello, comparte la idea de que es de imposible aplicación a una extradición un convenio no publicado. *Op. cit.*, pág. 26. Sobre la naturaleza de los tratados y las tesis monistas y dualistas, véase García Sánchez, *op. cit.*, págs. 85 a 88.

[38] *"Las condiciones, los procedimientos y los efectos de la extradición pasiva se regirán por la presente Ley, excepto en lo expresamente previsto en los tratados en que España sea parte".*

[39] García Moreno, J. M. "Algunas consideraciones sobre la aplicación en España del Convenio Europeo de Extradición", *El Derecho. Revista de Jurisprudencia* n.º 2, abril de 2013, pág. 11: *"En el ordenamiento español resulta pacífica la prelación de fuentes en materia de extradición pasiva, que se basa en la primacía de la norma convencional sobre la norma interna y que aparece expresamente recogida en el art. 1 LEP, según el cual «las condiciones, los procedimientos y los efectos de la extradición pasiva se regirán por la presente ley, excepto en lo expresamente previsto en los Tratados en los que España sea parte». En consecuencia, la fuente prevalente en materia de extradición pasiva la constituyen los tratados internacionales ratificados por España y publicados en el BOE (arts. 96,1 CE y 1,5 CC), aplicándose la LEP en defecto de los mismos o supletoriamente, pero sin contradecirlos"*. Este efecto de desplazamiento es recogido en la STC 140/2018, de 20 de diciembre.

señala también la doctrina[39] y el propio Tribunal Constitucional[40]. Es por ello por lo que una de las primeras cosas que deben tenerse en cuenta en un procedimiento de extradición será la presencia o no de tratado[41]. A su vez, el criterio general en la doctrina es que los tratados multilaterales prevalecen sobre los bilaterales, salvo que estos sean desarrollo de aquellos[42].

La Ley de Extradición Pasiva parece seguir la estela de lo previsto en el art. 1 de la Ley francesa de 10 de marzo de 1927, pues contiene una cláusula de cierre y remisión a la norma interna en todo lo no expresamente regulado en los respectivos tratados[43]. En esta materia caben dos posturas. La primera, que considera que, al no existir una regulación expresa de una cierta cuestión en un tratado, esto conllevará la aplicación supletoria de la Ley interna a fin de colmar la laguna normativa; implica la aplicación restrictiva del tratado en beneficio de la Ley interna. La segunda tesis, de acuerdo con el principio *expressio unius est exclusio alterius*, entiende que la carencia de estipulación expresa sobre una determinada materia que sí es objeto de regulación en la Ley interna supone que las partes firmantes del convenio no han deseado poner una cierta regla en discusión en sus relaciones extradicionales, evitando su aplicación. En consecuencia, si una concreta cláusula está ausente en un tratado, pero está presente en otros, se debe leer la ausencia en términos de voluntad expresa de exclusión. Esta es, por ejemplo, la posición de los Tribunales de EE. UU., tal y como pone de manifiesto la doctrina estadounidense[44] al hilo de dos sentencias emanadas de los Tribunales Federales de Circuito. En la primera, Hu Yau-Leing *vs.* Soscia (649 F.2d 914), pronunciada por el Segundo Circuito Federal el 26 de mayo de 1981, el reclamado se opuso a la entrega arguyendo que tenía 16 años de edad en el momento de los hechos que motivaban la reclamación, que el tratado solo permitía la extradición cuando los hechos fueran constitutivos de delito –*felony*– según la ley de los EE. UU. y que la legislación americana de delincuencia juvenil no permitía condenarle por delito, guardando el tratado silencio respecto al tratamiento de los delincuentes juveniles. La corte entendió que la ausencia de una regla relativa a la edad del reclamado en el tratado en cuestión implicaba que el asunto no era relevante para las partes y accedió a la extradición[45]. Igualmente, en Kamrin *vs.* United States (725 F.2d 1225), el Noveno Circuito Federal, en su Sentencia de 14 de febrero de 1984, consideró que el silencio del tratado con Australia en lo relativo a la aplicación de las reglas de prescripción norteamericanas

[40] STC 11/1985, de 30 de enero: "*Es decir, la Ley española de extradición tiene un carácter supletorio respecto a los tratados internacionales que el Estado español haya suscrito y ratificado a los que se haya adherido sobre la materia (...) la citada ley proclama la primacía de la norma convencional sobre la norma interna, de forma que esta tiene carácter supletorio*".

[41] Es cada vez más frecuente que los convenios internacionales sobre determinadas materias contengan apartados relativos a la extradición. A modo de ejemplo, véanse los arts. 16 del Convenio de Naciones Unidas de Delincuencia Organizada y 24 del Convenio sobre Ciberdelincuencia del Consejo de Europa.

[42] Bellido Penadés, *op. cit.*, pág. 35, con cita del art. 28 CEEX.

[43] En línea con lo que ya disponía la Ley de 26 de diciembre de 1958 en su art. 1.2: "*Por la presente Ley, cuando no existiese Tratado o para suplir lo no previsto en él*".

[44] Bassiouni, a quien seguimos en este punto, *op. cit.*, págs. 144 y 145.

[45] "*It would be inconsistent then to interpret a treaty which makes no provision for juveniles as allowing the federal judiciary to undertake proceedings to determine that an individual's age, family background, school or employment record and social circumstances warrant treatement as a juvenile and therefore preclude extradition*".

implicaba que dichas reglas no podían alegarse como causas de denegación de la extradición[46]. La consecuencia de esta interpretación del silencio regulatorio es el rechazo a la aplicación de la normativa interna[47].

Esta actitud de los Tribunales norteamericanos conduce a la aplicación expansiva del tratado frente a disposiciones específicas de la Ley interna que pudieran, incluso, cuestionar la entrega en ciertos casos. No compartimos tal posición. Piénsese, por ejemplo, en la restricción que contiene el art. 4.6 de la Ley de Extradición Pasiva: no es posible la entrega si no se dan garantías de no ejecución de penas humanas o degradantes, entre las que tradicionalmente se ha incluido la pena de muerte o la cadena perpetua. Pues bien, el tratado de extradición EE. UU.-España sí contempla la pena de muerte como motivo de denegación de la extradición, pero no la pena de cadena perpetua. De seguirse la primera postura antes vista, no procedería la entrega al no garantizarse la no ejecución de la cadena perpetua; de optarse por la segunda tesis, no cabría exigir garantía alguna. Debe decirse que, sin haberse planteado en los últimos años[48] este debate de manera expresa, la Audiencia Nacional, con buen criterio, ha optado implícitamente por la primera tesis en aplicación estricta de la letra de la Ley, que rotundamente se refiere a lo no *"expresamente previsto"*, exigiendo las garantías contempladas por nuestra norma en aquellos casos en que la cuestión no está específicamente recogida en un tratado. La opción interpretativa asumida por la Audiencia no está exenta de lógica. Repárese en el silencio de un tratado respecto de la pena de muerte como causa de denegación. Sería incongruente que el Reino de España, en que la pena de muerte está prohibida constitucionalmente, salvo lo dispuesto por las leyes militares en tiempo de guerra, entregase una persona a un país que sí contemplara dicha pena como castigo para la infracción origen de la reclamación extradicional[49]. Por el contrario, la postura que mantenemos permite la denegación de la entrega sin necesidad de recurrir a otras vías interpretativas, como la de comprobar si el Estado requirente es parte del Convenio de Nueva York de 10 de diciembre de 1984 contra la

---

[46] *"Given the general rule, the absence of a contrary provision should be interpreted as an intention by the party states that the statute of limitation of the requested state does not apply (...) The parties did not intend for the United States statute of limitation to apply here".*

[47] Sobre la cuestión en Francia, Decocq, A. "La actualidad de la extradición en el derecho francés", *Anuario de Derecho Penal, 1986*, ed. Ministerio de Justicia, págs. 569 a 577. En Francia el debate gira en torno a la fecha del Tratado. Si es anterior a la Ley de 1927, se entiende que es aplicable la Ley en caso de silencio regulatorio, dada la ausencia de prelación entre el Tratado y la Ley interna. Por el contrario, la doctrina del Consejo de Estado francés se muestra contraria a la aplicación de la Ley en lo no regulado por el Tratado, vista la superioridad normativa de este con respecto a la ley. A favor de la segunda tesis, Cezón, Carlos, *op. cit.*, pág. 161, literalmente, afirma que "(...) *el silencio no equivale a falta de regulación del régimen de las extradiciones con sentencias en rebeldía como título convencional, simplemente, estos tratados no han querido encontrar en ellas ninguna particularidad en relación con las sentencias dictadas en proceso en presencia del imputado (...)*". En la doctrina americana, Bassiouni, *op. cit.*, pág. 71, señala que en los EE. UU. los tratados tienen preferencia a la ley, prevaleciendo los primeros en caso de conflicto.

[48] No así en los años 70 del pasado siglo, como refleja Pastor Borgoñón, *op. cit.*, págs. 146 y 147, en los que se sostenía la tesis contraria a la que mantenemos, lo que se justifica por la distinta redacción de la Ley vigente con respecto a la actual, mucho más perentoria.

[49] En contra, De Miguel Zaragoza, J. "Algunas consideraciones sobre la extradición", Boletín de Información del Ministerio de Justicia n.º 1738, de 25 de marzo de 1995, pág. 1561 (103), considera que no queda más remedio que entender que la fórmula legal en este punto, al establecer como fuente la Ley, excepto lo expresamente previsto en los tratados, *"es un descuido de redacción, si no se quiere llegar a consecuencias aberrantes, dando una fuerza expansiva a la ley interna, en detrimento del tratado, toda vez que este solo se aplicaría en lo «expresamente» previsto, con lo que se excluiría lo previsto implícitamente"*.

Tortura o la de oponer la supremacía del art. 15 de la Constitución frente a un determinado tratado extradicional[50], lo que abocaría a una declaración de inconstitucionalidad del tratado, tal y como sucedió en los EE. UU. en el asunto Parreti *vs.* United States, decidido por el Noveno Circuito Federal en fecha de 6 de mayo de 1997. Se trataba de una prisión provisional acordada por el Juez federal tras la presentación de una simple solicitud de detención por un AUSA (asistente del Fiscal de los EE. UU.) sobre la base de una previa petición francesa, de conformidad con el art. 4 del Tratado de Extradición con los EE. UU., que no exigía nada más. El Tribunal entendió que el Tratado, al no exigir la incorporación junto a la solicitud de elementos indiciarios que demostraran mínimamente la existencia de una causa "*probable*", contradecía la cuarta enmienda de la Constitución, que prevé que "*no warrants shall issue, but upon probable cause, supported by Oath or affirmation*", lo que incluye las solicitudes de arresto formuladas en un proceso extradicional.

Debemos añadir, finalmente, que la locución "*expresamente previsto*" debe interpretarse en el sentido de que, si el convenio correspondiente regula las materias de un modo incompleto con relación a las respuestas que ofrece la LEP, son de aplicación las soluciones recogidas en la regulación interna frente a las omisiones de la norma convencional. Si regular consiste en "*determinar las reglas o normas a que debe ajustarse una persona o cosa*"[51] y se afirma rotundamente que debe hacerse "*de modo expreso*"[52], cuando las reglas previstas en el Convenio sean insuficientes deben siempre entrar en juego las propias de la Ley, pues se rechaza la supuesta normación tácita de la materia[53]. Una cosa es que el tratado correspondiente ofrezca una respuesta específica a una determinada cuestión y otra muy distinta que la insuficiencia regulatoria tenga capacidad para desplazar la aplicación de la norma interna[54]. Por otra parte, si consideramos la norma nacional como regla general, evitaremos la dispersión normativa y procedimental, la falta de consistencia del sistema extradicional y la existencia de una jurisprudencia confusa y contradictoria[55].

El momento para considerar la existencia de tratado es el de la presentación de la demanda de extradición, y no el de comisión de los hechos, debido a su carácter de norma procesal. Como ya dijimos en su momento[56], el Tribunal Constitucional (por todas, STC 199/1990, de 10 de diciembre[57]) distinguió entre lo que es propia retroactividad –aplicación de las normas

---

[50] Que parece ser la vía elegida por Bellido Penadés, *op. cit.*, pág. 78.

[51] Diccionario de la RAE. Madrid, ed. Espasa, 21.ª ed., 1992, pág. 1758.

[52] Ídem, pág. 937.

[53] En contra, García Sánchez, *op. cit.*, págs. 89 y 99. Para la autora, la LEP únicamente entrará en juego en materias no reguladas de ninguna manera, haciendo caso omiso tanto al tenor literal de la propia Ley como a la aplicación que se le ha dado en la práctica.

[54] De otro parecer, Pastor Borgoñón, B., *op. cit.*, pág. 148.

[55] Que resultan ser los problemas que aprecia Bassiouni, *op. cit.*, pág. 83, en el sistema de EE. UU: "*If the national legislation is the general rule, then every treaty becomes a separate procedural statute, with the result that there could be as many as one hundred different procedures applied by courts. The obvious consequence would be a lack of consistency in the practice of extradition and potential jurisprudential confusion*".

[56] Bautista Samaniego, C. (2015) *Aproximación crítica a la orden europea de detención y entrega*, Granada, ed. Comares, págs. 43 y 44.

[57] "*En todo caso, hay que poner de relieve que los principios de irretroactividad y seguridad jurídica plasmados en el art. 9.3 CE, se predican en cuanto a la norma, entendida esta como configuración genérica*

a situaciones jurídicas cuyos efectos están agotados– y la aplicación inmediata de la norma, que supone la aplicación de la Ley a supuestos de hecho nacidos antes de su entrada en vigor y cuyos efectos, o bien no se han producido, o bien están todavía produciéndose.

La cuestión de la retroactividad o irretroactividad de las normas procesales ha suscitado un intenso debate en el plano doctrinal. Así, parte de la doctrina entiende que la ley procesal penal es irretroactiva cuando disminuye, restringe o elimina garantías o derechos acordados a los acusados por una ley anterior, y no así cuando se trate de normas neutrales que no tienen relevancia en la orientación político-criminal del proceso[58].

Sin embargo, la tesis que se ha impuesto es la de la admisibilidad de la retroactividad de las leyes procesales, con distintos y variados argumentos. El primero de ellos, que las leyes de procedimiento son de aplicación inmediata a todas las contiendas que se inician o que están pendientes al tiempo en que entran en vigor. Pero esto no implica retroactividad, porque la aplicación de las leyes procesales mira a un hecho existente en la actualidad, esto es, a la *litis*, no a un hecho pasado, como es el negocio jurídico, y menos a la acción que se ejercita.

Asimismo, también se indica que, dado que las actuaciones judiciales se componen de actos sucesivos, las que se hubieren realizado conforme a las normas establecidas en la ley anterior permanecen sin variación, pero las que ocurran cuando operan ya otros procedimientos deben ajustarse a la nueva normativa.

Por último, se afirma que la ley procesal tiene aplicación inmediata incluso en procesos pendientes a su entrada en vigor, dado que regulan aspectos formales y no sustanciales. Solamente no pueden ser afectados por la nueva ley procesal los actos ya realizados, las situaciones jurídicas consolidadas. Se considera situación jurídica consolidada a los actos procesales y sus efectos ya producidos a la entrada en vigor de la nueva legislación, pero no los actos procesales aún no realizados que sí pueden regirse por la nueva ley.

En materia propiamente extradicional, la doctrina entiende que, siendo la norma extradicional de carácter procesal, debe aplicarse la que esté vigente en el momento de la solicitud extradicional. El Tratado de Extradición no afecta al derecho a la libertad, sino a la norma penal sustantiva del Estado requirente. Será esa ley la que deberá reunir las características de certeza e irretroactividad[59]. Como explica la doctrina anglosajona, es un principio básico de la ley extradicional que un tratado que prevea la extradición por determinados crímenes no tipifica un hecho como delito, sino que simplemente suministra los medios por los cuales un Estado puede obtener la entrega de personas acusadas de ese determinado hecho para enjuiciarlas por sí mismo. En consecuencia, un tratado de extradición que prevea la entrega por una determinada infracción y que haya entrado en vigor después de su comisión será

de disposición y no en relación con los hechos, de tal modo que, renovada la situación fáctica determinante de cambio en la aplicación de la norma, no puede imputarse a esta la vulneración de dichos principios, pues el cambio no es del ordenamiento jurídico sino de los hechos que obligan a nuevo y diferente encuadramiento legal".

[58] Boix Reig, J. "De nuevo sobre el principio de legalidad", *Cuadernos de la Facultad de Derecho de las Islas Baleares* n.º 15, Palma de Mallorca, 1986, págs. 12 y 13.

[59] Cezón, *op. cit.*, págs. 46 y 47. En el mismo sentido, Pastor Borgoñón, *op. cit.*, págs. 298, 299 y 301.

aplicable al acto anterior, salvo cláusula específica en contrario contenida en el tratado[60]. Con acierto, se ha afirmado que "*el efectivo derecho que el reclamado podría considerar vulnerado por la aplicación de un nuevo tratado de extradición a una reclamación por hechos anteriores a la entrada en vigor de la norma no es la libertad (restringida por la necesidad de asegurar la aplicación de la ley penal extranjera), sino un pretendido derecho a la impunidad (por residir en un país cuyas normas de extradición al tiempo del delito o permitían la entrega), que carece de establecimiento y amparo jurídico*"[61]. La única excepción sería el caso de la prescripción ganada con la anterior normativa –por tratarse de una institución de derecho material[62]– cuando el nuevo tratado no contemple la aplicación de las normas de prescripción del Estado requerido. En el mismo sentido, en lo tocante al requisito de la doble incriminación, por los mismos motivos[63]. Dicha excepción está recogida en la Disposición Transitoria de la Ley 4/1985, de 21 de marzo, de extradición pasiva[64].

En la misma línea se ha pronunciado la Sentencia del Tribunal de Justicia de la Unión Europea de 12 de agosto de 2008 al hilo de la orden europea de detención y entrega: las normas procesales son aplicables a los litigios pendientes en el momento de la entrada en vigor a diferencia de las normas sustantivas[65], criterio compartido por nuestra doctrina constitucional en la STC 177/2006, de 5 de junio[66], y reiterado en la STC 293/2006, de 10 de octubre[67].

---

60 Bassiouni, *op. cit.*, pág. 147.

61 Cezón, *op. cit.*, pág. 47.

62 Cezón, *op. cit.*, pág. 49.

63 García Sánchez, *op. cit.*, pág. 400.

64 *"Las disposiciones de naturaleza procesal contenidas en esta Ley solo serán aplicables a las extradiciones que se soliciten a partir de su entrada en vigor. Las de naturaleza sustantiva solo tendrán efecto retroactivo en cuanto favorezcan al reclamado (...)".*

65 *"Según reiterada jurisprudencia, se considera comúnmente que las normas procesales son aplicables a todos los litigios pendientes en el momento en que entran en vigor, a diferencia de las normas sustantivas, que habitualmente se interpretan en el sentido de que no afectan a las situaciones existentes con anterioridad a su entrada en vigor (sentencia Dell'Orto, antes citada, apartado 48). El art. 18, apartado 5, del Convenio de 1996 establece que este será aplicable a las solicitudes presentadas con posterioridad a la fecha en que se haya iniciado su aplicación en las relaciones entre el Estado miembro requerido y el Estado miembro requirente. El art. 32 de la Decisión marco, por su parte, dispone que a las solicitudes recibidas después del 1 de enero de 2004 se aplicará la normativa de la orden de detención europea. Si bien en los dos casos las nuevas normativas no se aplican a las solicitudes en curso sino a las formuladas después de una determinada fecha, ambas tienen en común su aplicación a solicitudes referidas a hechos anteriores a la fecha en que se inició la aplicación de la nueva normativa".*

66 *"Por lo demás, ni siquiera cabe hablar de una aplicación retroactiva de la Ley 3/2003 puesto que de dicha disposición se infiere que solo es aplicable a las órdenes europeas de detención y entrega que fuesen dictadas con posterioridad a su entrada en vigor, y no a las dictadas con anterioridad a su vigencia. El hecho de que una euroorden que cumpla tal requisito pueda traer por causa hechos delictivos cometidos con anterioridad a la entrada en vigor de la Ley 3/2003 no significa que esta se aplique retroactivamente sobre esos hechos, lo que vendría vedado por el principio de irretroactividad de las normas penales caso de ser menos favorable la normativa en ella contenida, pues no se trata de una Ley penal que introduzca variaciones respecto de los mismos o de sus sanciones sino de una Ley procesal exclusivamente referida a un instrumento que facilita el enjuiciamiento y eventual condena de su autor".*

67 *"Ni la Ley 3/2003 es una ley de naturaleza penal que se encuentre influida por el principio de irretroactividad que comprende el art. 25.1 CE. «Si el procedimiento extradicional y el relativo a la euroorden no tienen como objeto una pretensión punitiva del Estado, no rige respecto de ellos la alegada en la demanda irretroactividad de la norma penal sancionadora. Como afirmamos en la STC 141/1998, de 29 de junio, FJ 3, las cuestiones relativas al principio de legalidad extradicional recogido en el art. 13.3 CE –plenamente trasladable al procedimiento de euroorden– no hallan acomodo en el art. 25.1 CE, puesto que el mismo se*

En los supuestos de sucesión de Estados, la doctrina señala que la práctica ha variado a lo largo de los años. En la época de la descolonización, en los años 60 del siglo pasado, existía una presunción a favor de la continuidad del tratado si este no tenía una naturaleza política. A la inversa, si gozaba de tal consideración, la regla era la de la inaplicabilidad del tratado, a menos que el Estado sucesor específicamente reconociera el efecto legal vinculante del convenio en cuestión. Sin embargo, en los últimos tiempos, la práctica se torna más estable a favor de la presunción de la sucesión de Estados, salvo que el Estado sucesor expresamente rechace un determinado tratado. En lo referente a los tratados de extradición, la sucesión de Estados ha sido reconocida y practicada. Sin embargo, se hace notar que el Estado que es parte original del tratado puede elegir no vincularse por la sucesión de Estados en la contraparte, incluso si el Estado sucesor acepta la continuidad del tratado de extradición, debido a que la confianza en el sistema penal del Estado heredero puede no ser la misma[68].

En caso de inexistencia de tratado, se plantea el debate acerca de si es posible la extradición con Estados con los cuales no existe acuerdo extradicional[69]. Dos sistemas fundamentales pueden distinguirse al respecto: el primero, el de aquellos países que exigen un previo tratado de extradición con la parte reclamante; el segundo, el de aquellos otros que no necesitan de tratado o pacto para acordar la extradición de una persona al país reclamante, bastándole con la aplicación de su propio ordenamiento jurídico.

Nuestro país se inclina decididamente por el segundo criterio[70]. No es precisa la previa existencia de un tratado con la parte reclamante para acceder a la extradición, siendo suficiente la aplicación de la Constitución, la Ley de Extradición Pasiva y el principio de reciprocidad. En esto se sigue la regulación general de los países de *civil law* frente a los Estados de *common law*[71]. Así, durante la tramitación parlamentaria de la Constitución[72], frente a las propuestas que únicamente consideraban el tratado como fuente de la extradición, se impuso una enmienda de los grupos socialistas, en el sentido de que la extradición solo se concedería en virtud de lo dispuesto en un tratado o en una ley, redacción que pasaría, finalmente, al texto definitivo de la Constitución. El sentido de la enmienda fue evitar que España se convirtiese en un paraíso de los fugitivos de los más de 100 Estados que, en aquel momento, no tenían firmado un tratado de extradición con el Reino de España. Es por ello por lo que la Exposición de Motivos, en su apartado noveno, establece que *"de no existir convenio o no habiéndolo ratificado España, la Ley seguiría siendo necesaria"*.

---

refiere exclusivamente a las normas penales o sancionadoras administrativas sustantivas, careciendo de tal naturaleza el procedimiento de entrega, tal como ya hemos tenido ocasión de exponer»".

[68] Bassiouni, *op. cit.*, pág. 157. Señala la posición dominante en EE. UU. al folio 158. El Tratado permanece en vigor hasta que es derogado y el Estado sucesor queda vinculado a menos que lo repudie.

[69] Sobre la cuestión, véase Bautista Samaniego, C. *Los principios extradicionales a la luz de la jurisprudencia,* La Ley Penal n.º 108, mayo-junio 2014, págs. 13 y 14.

[70] No así en los EE. UU., donde los Tribunales subrayan la necesidad de la existencia de un previo tratado. Bassiouni, *op. cit.*, pág. 71. La Extradition Act de 1965, modificada en 1981 y 1984, es suplementaria a los tratados. Se considera un adjunto a los tratados más que una norma general aplicable. *Op. cit.*, págs. 81, 82 y 823. Se corresponde con los arts. 3.181 a 3.196 del USC.

[71] Bassiouni, *op. cit.*, pág. 8.

[72] García Sánchez, *op. cit.*, pág. 81.

De igual manera, el Tribunal Constitucional ha afirmado que únicamente se precisa la concurrencia de alguna de las fuentes extradicionales recogidas en la Constitución, bien la Ley, bien el Tratado[73]. Es doctrina sentada en la STC 141/1998, de 30 de julio[74].

La Audiencia Nacional, Pleno, en su Auto 5/2001, de 18 de enero, zanja el debate, entendiendo que sí es posible, partiendo de la Ley española y de la aplicación del principio de reciprocidad[75]. Como también se ha dicho doctrinalmente, el texto constitucional supone la implantación de la reserva de ley y la exclusión de la costumbre como fuente extradicional[76], por más que se postule la aplicación de la costumbre internacional como motivo de denegación[77].

El mismo art. 13 de la Constitución, después de mencionar el Tratado o la Ley, hace referencia a la reciprocidad. Como apunta la doctrina, la reciprocidad es consustancial a los tratados o convenios de extradición, pues los países firmantes asumen la obligación de entregar a los sujetos reclamados siempre que concurran determinados requisitos[78]. En los casos de falta de tratado, la reciprocidad actúa como condición adicional para conceder la extradición, supeditada al compromiso formal adicional previo del Estado requirente de actuar del mismo modo respecto a las reclamaciones extradicionales que pueda formular en lo sucesivo el país requerido[79].

La reciprocidad se menciona expresamente en el art. 13 de la Constitución y puede entenderse de dos formas: la primera, como fuente autónoma de la extradición en defecto de ley o tratado, y la segunda, como cláusula que impide la extradición en los casos en

---

[73] Aunque siempre será precisa una cobertura normativa habilitante, vulnerándose el art. 24 CE en otro caso. En este sentido, STC 292/2005, de 10 de noviembre: "*La decisión judicial de extradición sin soporte legal constituye un vacío de tutela en cuanto decisión no fundada en Derecho, tal como, de modo genérico, destacara la ya citada STC 11/1983, de 21 de febrero, FJ 1, y como ha establecido en ocasiones posteriores este Tribunal. En efecto, de las finalidades acabadas de mencionar se desprende que el derecho a la tutela judicial efectiva viene a configurar en realidad el primer filtro de revisión constitucional del respeto al principio de legalidad extradicional, en la medida en que si tal principio exige que la extradición sea acordada con arreglo a tratado o ley, con la finalidad de aportar mayor seguridad jurídica y someter a reglas jurídicas el procedimiento de entrega, su incumplimiento —esto es, acceder a la entrega sin la cobertura legal habilitante— derivará eo ipso en un reproche de arbitrariedad por no estar fundada en Derecho*".

[74] "*En el mismo sentido hemos afirmado, la vigencia del principio nulla traditio sine lege (AATC 274/1987, 499/1988), que en definitiva implica que la primera y más fundamental de las garantías del proceso extraditorio es que la entrega venga autorizada por alguna de las disposiciones que menciona el art. 13.3 CE tratado o ley, atendiendo al principio de reciprocidad.*

Sucede *aquí como en otros pasajes de la Constitución que, si bien prevén concretas garantías procedimentales, no son susceptibles de ser invocados autónomamente en un recurso de amparo, pero sí en conexión con alguno de los derechos fundamentales y libertades comprendidos entre los arts. 14 a 30 de la Norma fundamental; tal ocurre, por ejemplo, en los arts. 71, 102, 117.3 y 118 CE*".

[75] "*(...) La extradición pasiva, en virtud de lo establecido en el art. 13.3 CE y en el art. 1 de la LEP, se encuentra regulada, en primer término, por lo establecido en los convenios y demás declaraciones internacionales; y en segundo término, por lo establecido en la Ley, que debe aplicarse de acuerdo con el principio de reciprocidad en defecto convenio o en lo no previsto en él. Así pues, resulta claro (...) que en defecto de convenio debe aplicarse la ley de extradición (...) siempre que las autoridades del Estado reclamante se comprometan a actuar de acuerdo con el principio de reciprocidad (...)*".

[76] En este sentido, Cezón, *op. cit.*, págs. 66 a 68, que recalca el contenido del art. 1 LEP.

[77] Rovira Viñas, A. (2005) *Extradición y Derechos Fundamentales*, ed. Civitas, págs. 157 a 159.

[78] García Sánchez, *op. cit.*, pág. 102.

[79] Bueno Arús, F. "El principio de reciprocidad en la extradición y legislación española", en *Anuario de Derecho Penal y Ciencias Penales* n.º 1, 1984, pág. 68.

que, de ordinario, sería jurídicamente procedente de acuerdo con un tratado o con la LEP; esto es, como un requisito o condición adicional de una extradición plausible de acuerdo con la norma aplicable[80] que operaría en un puro sentido negativo. La reciprocidad no sería una fuente autónoma de cooperación jurídica internacional, sino una condición de aplicación de sus dos fuentes, el Tratado o la Ley[81], sin posibilidad de actuar como una fuente de legitimación de la extradición al margen de uno u otra[82]. Esta segunda opción parece procedente a tenor de la redacción del art. 13.3 de la Constitución española, que establece como fuentes de la extradición a la ley y a los tratados y pone en conexión la reciprocidad tanto con la entrega legal como con la convencional, de la misma manera en que lo hace el art. 1 LEP, que refiere la reciprocidad a todas las extradiciones del primer párrafo, esto es, las reguladas por el Tratado o por la Ley[83]. La reciprocidad tendría una función correctora, convirtiéndose en una técnica de limitación de la entrega.

De acuerdo con los trabajos parlamentarios constitucionales citados por la doctrina[84], el origen de la mención a la reciprocidad no fue sino un intento de contrarrestar el desequilibrio que, en la práctica, se producía en la aplicación de los tratados extradicionales suscritos por el Reino de España con algunos países; esto es, de evitar que, partiendo de la norma jurídica extradicional, los resultados fueran muy distintos según quién fuera la parte reclamante. Nótese, pues, que se parte siempre del Convenio o de la Ley, sin sustituirlos, como también afirma el Tribunal Constitucional, en su STC 31/2013, de 11 de febrero[85], para, seguidamente, limitar su ordinaria aplicación.

Obviamente, una primera reflexión acerca de la cuestión pudiera llevarnos a pensar en una reciprocidad política o puramente gubernamental. Sin embargo, el art. 1, párrafo segundo, LEP, cuando hace referencia a que "*en todo caso la extradición se concederá atendiendo al principio de reciprocidad. El Gobierno podrá exigir una garantía de reciprocidad al Estado requirente*", parece dar a entender que existen dos escalones en la reciprocidad, tal y como señala el Auto de la Sala de lo Penal de la Audiencia Nacional, Sección 2.ª, 31/2018, de 3 de mayo[86]. Un primer nivel, eminentemente jurídico, que debiera

---

[80] De esta tesis, Cezón, *op. cit.*, pág. 61. En el mismo sentido, Bueno Arús, *La reciprocidad (...), op. cit.*, pág. 77. En el mismo sentido, Sebastián Montesinos, *op. cit.*, pág. 32.

[81] De Miguel Zaragoza, J. *Algunas consideraciones (...), op. cit.*, pág. 1562 (104).

[82] Pastor Borgoñón, B., *op. cit.*, pág. 35.

[83] "*En todo caso, la extradición solo se concederá atendiendo el principio de reciprocidad*".

[84] García Sánchez, *op. cit.*, págs. 106 y 107.

[85] "*A los efectos de la resolución del presente recurso hemos afirmado la vigencia del principio nulla traditio sine lege, que en definitiva implica que la primera y más fundamental de las garantías del proceso extradicional es que la entrega venga autorizada por alguna de las disposiciones que menciona el art. 13.3 CE: tratado o ley, atendiendo al principio de reciprocidad*".

[86] "*Hemos de recordar que el principio de reciprocidad se desdobla en dos planos distintos, uno referido a la actuación judicial (reciprocidad jurídica) y otro reservado al Gobierno (reciprocidad política), correspondiendo al primero el examen de los aspectos técnicos y de tutela de los derechos fundamentales y garantías aplicables al caso, mientras que el segundo se ocupa esencialmente del aspecto político con la discrecionalidad que ello conlleva, y así se traslada la articulado de la Ley de Extradición Pasiva (art. 1.2) que se refiere al principio de reciprocidad (...). Asimismo, el Tribunal Constitucional (STC 87/2000, de 27 de marzo) deja la puerta abierta para distinguir entre reciprocidad política, que se sustenta en un acto de soberanía propio del poder ejecutivo (fase gubernativa), de aquella reciprocidad jurídica, que se encuentra determinada en la norma y, por ello, pasa a formar parte del derecho extradicional que puede y debe ser aplicado por el Juez de la extradición y, por ello, la ausencia de reciprocidad basada en el estricto principio*

condicionar las entregas a la homogeneidad en el sistema de protección de los derechos individuales esenciales y a la regulación legal de determinadas cuestiones extradicionales en el Estado reclamante, como puede ser la extradición de nacionales o el delito político[87]; un segundo nivel, estrictamente político, en que el Gobierno de la Nación podría denegar la entrega en atención a los intereses nacionales de España (*ex* art. 6 LEP) cuando la actuación del Gobierno de la parte requirente hubiera menoscabado previamente dichos intereses en el ámbito extradicional[88]. Sería el caso, por ejemplo, de la actuación del Ejecutivo de un país que se niega a la entrega de un reclamado por las autoridades judiciales españolas incluso en contra del criterio de sus propios Tribunales. Es evidente, sobre todo en los supuestos de terrorismo, que tal proceder afectaría de forma sensible a la política interior y exterior del Reino de España. Esta es la idea que late en el párrafo segundo, último inciso, del art. 1 LEP, cuando concede al Gobierno la facultad de exigir una garantía de reciprocidad, siguiendo así lo dispuesto en el art. 2 de la Ley de 26 de diciembre de 1958[89].

Que existen dos planos diferenciados se desprende de la STC 87/2000, de 27 de marzo, que recoge la posibilidad de una valoración gubernamental y un previo análisis por la Sala[90]. En cuanto al ámbito de competencias de la Sala, consideramos que no puede diferir el análisis de la cuestión de la reciprocidad al ámbito gubernamental, sino que debe siempre entrar en lo que es un puro análisis jurídico de la simetría en el tratamiento legal de los derechos procesales de la persona en el Estado reclamante y en la parte reclamada, en cuanto consecuencia obligada de la tutela de los derechos fundamentales del *extraditurus*[91]. Y si bien no puede exigir una regulación exacta o idéntica, sí debiera exigir un mínimo

---

de legalidad es de obligado cumplimiento para esta Sala, y ello al margen de lo que se ha denominado reciprocidad política (SSTC 181/2004, de 2 de noviembre, y 292/2005, de 10 de noviembre)".

[87] En este sentido, Auto de la Sala de lo Penal de la Audiencia Nacional, Sección 4.ª, de 2 de marzo de 2012: "*La concurrencia del principio de reciprocidad extradicional exige el desarrollo de un examen de comprobación acerca de si el Ordenamiento Jurídico del Estado reclamante —en este caso, Egipto— no prohíbe la extradición de personas de la misma condición que aquella cuya extradición se pide; es decir, de nacionales egipcios, o bien de nacionales egipcios que ostenten a su vez otra nacionalidad*".

[88] Aunque también jugaría en un momento previo, el de la decisión de firmar o no un tratado de extradición. Como ha señalado Sebastián Montesinos, *op. cit.*, pág. 53, "*el contenido de la norma constitucional ha de ser entendido desde dos perspectivas distintas. Por un lado, impone al ejecutivo la obligación de suscribir tratados solo cuando exista una reciprocidad substantiva entre con el ordenamiento jurídico español y, por otro, la libertad que le otorga poder denegar la entrega cuando, a pesar del tratado firmado, por razones de política exterior o por una auténtica desigualdad en la aplicación del convenio, el ejecutivo determine que no es constitucionalmente aceptable la entrega de una persona determinada*".

[89] "*El Gobierno queda autorizado, dentro de las orientaciones de la presente Ley, para prometer o convenir reciprocidad en materia de extradición*".

[90] "*En segundo lugar, que tal y como establecen los arts. 1.2 LEP y el art. 278.2 LOPJ, «la determinación de la existencia de reciprocidad con el Estado requirente corresponderá al Gobierno», por lo que nada impide que, en la siguiente fase gubernativa del expediente de extradición, la misma sea* ***nuevamente*** *valorada por el órgano correspondiente del Poder Ejecutivo*".

[91] Auto de la Sala de lo Penal de la Audiencia Nacional, Sección 2.ª, 17/2017, de 15 de junio: "*El principio de reciprocidad se desdobla en dos planos distintos, uno referido a la actuación judicial (reciprocidad jurídica) y otro reservado al Gobierno (reciprocidad política), correspondiendo al primero el examen de los aspectos técnicos y de tutela de derechos fundamentales y garantías aplicables al caso, mientras que el segundo se ocupa esencialmente del aspecto político con la discrecionalidad que ello conlleva y así se traslada al articulado de la Ley de Extradición Pasiva (art. 1.2), que se refiere al principio de reciprocidad (...) y en su artículo 6.2 (...)*".

identificable con las características básicas del derecho a un proceso debido. En este sentido, debemos resaltar que el Tribunal Constitucional reconoce que la reciprocidad tiene un componente de análisis técnico-jurídico referido a los derechos de los ciudadanos objeto de la entrega en la STC 30/2006, de 30 de enero, como garantía de los bienes jurídicos protegidos por el Derecho español y del ciudadano objeto de entrega[92].

La Audiencia Nacional parte del análisis del ordenamiento jurídico del país reclamante en materia de extradición de nacionales. Es el caso del Auto de la Sala de lo Penal de la Audiencia Nacional, Sección 4.ª, de 2 de marzo de 2012[93], que obliga a examinar la normativa del Estado requirente en materia de extradición de nacionales, siendo un clásico el Auto 5/2011, de 14 de febrero, del Pleno de la Sala de lo Penal de la Audiencia Nacional, en el que se rechaza la extradición de un nacional español a Venezuela sobre la base del principio de reciprocidad[94], postura reiterada más tarde por, entre otros muchos, Autos de la Sala de lo Penal de la Audiencia Nacional, Sección 4.ª, de 10 de julio de 2018[95;96] Sección 3.ª, de 3 de

[92] *"Más genéricamente, la previsión de que la extradición se conceda «atendiendo al principio de reciprocidad» (art. 13.3 CE) ha sido interpretada por este Tribunal, en las citadas Sentencias, como una garantía de protección de determinados bienes jurídicos protegidos por el Derecho español y, muy en particular, los derechos del ciudadano sujeto a la entrega, por lo que, en consecuencia, solo en caso de un posible menoscabo de esos derechos el principio de reciprocidad habría de ser activado como causa vinculante de denegación".*

[93] *"La concurrencia del principio de reciprocidad extradicional exige el desarrollo de un examen de comprobación acerca de si el Ordenamiento Jurídico del Estado reclamante —en este caso, Egipto— no prohíbe la extradición de personas de la misma condición que aquella cuya extradición se pide; es decir, de nacionales egipcios, o bien de nacionales egipcios que ostenten a su vez otra nacionalidad (...)".*

[94] *"El Pleno de la Sala se ve abocado a la estimación del recurso de súplica por las razones siguientes. El art. 69 de la Constitución de la República Bolivariana de Venezuela, de 29 de diciembre de 1999 establece: «La República Bolivariana de Venezuela reconoce y garantiza el derecho de asilo y refugio. Se prohíbe la extradición de venezolanos y venezolanas». Pues bien, el artículo 13, 3.º de nuestra Constitución española establece que: «La extradición solo se concederá en cumplimiento de un tratado o de una ley, ATENDIENDO AL PRINCIPIO DE RECIPROCIDAD». De lo expuesto se extrae la consecuencia inexorable de que, en nuestro Derecho, y por disposición constitucional, la reciprocidad mencionada en nuestra Constitución es auténtica fuente del derecho extradicional, pero, además, no de carácter supletorio sino, muy por el contrario, como fuente informadora del ordenamiento jurídico, al constituir fuente inspiradora correctora de la aplicación de los tratados y de la ley, legitimando LA FALTA DE RECIPROCIDAD EN LA DENEGACIÓN DE UNA EXTRADICIÓN. POR AUTORIZACIÓN EXPRESA DEL ART. 6.º, PÁRRAFO 2.º de la Ley de Extradición Pasiva".* En el mismo sentido, Auto de 23 de mayo de 2016, dictado por la Sección 4.ª de la Sala de lo Penal: *"(...) Se ha de reparar en la previsión constitucional española en su artículo 13.3, ya citado, y en la venezolana en su artículo 69, de prohibición de entrega de sus nacionales, en intimación relación ello con el principio de reciprocidad al que se ha de atender, exclusivamente, a la hora de conceder la extradición demandada por otro Estado. Son dos planos distintos los referidos a la reciprocidad, el jurídico y el político, correspondiendo el primero a la reciprocidad al ámbito netamente judicial y el segundo, reservado al Gobierno, reciprocidad política esta, comprendiendo, aquel otro, el examen de los aspectos técnicos y de tutela de derechos fundamentales y, el plano político, ocupado esencialmente del aspecto de dicho orden con la discrecionalidad que ello conlleva".* En el mismo sentido, Auto de Pleno de la Sala 4/2016, de 29 de enero.

[95] *"El Pleno de la Sala de lo Penal de la Audiencia Nacional ya ha tenido ocasión de pronunciarse sobre la improcedencia de la extradición de nacionales españoles a Venezuela en virtud del principio de reciprocidad, dado que el artículo 69 de la Constitución de la República Bolivariana de Venezuela, de 1999 establece que la República Bolivariana de Venezuela reconoce y garantiza el derecho de asilo y refugio. Se prohíbe la extradición de venezolanos y venezolanas".*

[96] *"(...) Al no proceder la República Bolivariana de Venezuela a la entrega de sus nacionales (art. 69 de la Constitución), y siendo así que el artículo 13.3 de la Constitución establece que la extradición solo se concederá en cumplimiento de un tratado o de una ley, atendiendo el principio de reciprocidad, el cual se erige auténtica fuente informadora del ordenamiento jurídico y, por ende, del derecho extradicional, la*

junio de 2016; Sección 4.ª, de 7 de diciembre de 2016[97]; Sección 3.ª, 35/2018, de 26 de octubre[98]; 339/2023, Sección 1.ª, de 16 de mayo[99], y 84/2023, Sección 2.ª, de 16 de febrero[100]. En relación a Ecuador, Auto 248/2022, de 25 de mayo, de la Sección 3.ª, por el mismo motivo[101]. También, en lo tocante a Ecuador, Auto 24/2020, de 22 de septiembre, de la Sección 2.ª.

Tradicionalmente, la Sala de lo Penal se mostraba renuente a extender el principio de reciprocidad al análisis de los niveles de respeto de derechos fundamentales[102]. Sin embargo,

---

conclusión no puede ser otra sino la denegación de la entrega extradicional interesada (...) por aplicación del principio de reciprocidad".

97 *"Dado que la reciprocidad se quiebra en el caso que nos ocupa ante la previsión constitucional venezolana de no entrega de sus nacionales, por tratarse el reclamado de un nacional español, se ha de rechazar la solicitud de extradición formulada por la República Bolivariana de Venezuela".*

98 *"(...) Es improcedente la entrega del reclamado en virtud del principio de reciprocidad (...) al no entregar la República Bolivariana de Venezuela a sus nacionales (art. 69 de la Constitución)".*

99 *"Si bien del artículo 3.2 del tratado de extradición entre España y Ecuador cabría la extradición, ya que se confiere a ambos países la potestad de autorizar la extradición de sus respectivos nacionales, no se da la reciprocidad exigida por el artículo 13.3 de nuestra carta magna. La Constitución de la República del Ecuador dispone en su artículo 79 que: En ningún caso se concederá la extradición de una ecuatoriana o ecuatoriano. Su juzgamiento se sujetará a las leyes del Ecuador, al respecto, la Corte constitucional del Ecuador, en relación con disposiciones análogas existentes en otros tratados suscritos por dicho país, ha resuelto que se excluye toda interpretación de acuerdo con la cual se entienda que las autoridades ecuatorianas están facultadas a decidir sobre una solicitud de concesión de extradición de los nacionales ecuatorianos (...) en conclusión, resultante de la prohibición expresa contenida en el artículo 79 de la Constitución ecuatoriana (...) no permite apreciar que exista reciprocidad en materia de extradición de propios nacionales, lo que constituye un obstáculo de superlegalidad para la concesión de la extradición". En el mismo sentido, Auto 11/2020, de 8 de junio, de la Sección 1.ª. También, Auto 7/2020, de 14 de febrero, de la Sección 3.ª.*

100 *"Al no proceder la República Bolivariana de Venezuela a la entrega de sus nacionales (art. 69 de la Constitución), y siendo así que (...) el artículo 13.3 de la Constitución española establece que la extradición sólo se concederá (...) atendiendo al principio de reciprocidad (...) la conclusión no puede ser otra sino la denegación de la entrega extradicional (...)".*

101 *Junto a los anteriores, otros países que no entregan a sus nacionales son: Guatemala, Honduras, Nicaragua, Panamá, Brasil –respecto de los nacionales de origen–, Cuba, Surinam, Costa Rica, Suiza y Andorra.*

102 Auto de 14 de enero de 2019, Sección 4.ª, dictado en el Rollo 11/2018: *"Como ya se dijo en el Auto del Pleno de la Sala de lo Penal de la Audiencia Nacional 28/2009, de 2 de junio, respecto de otra extradición de la República de Bielorrusia, la reciprocidad jurídica –única que compete examinar a este Tribunal– no abarca el examen de la existencia en el Estado reclamante de los mismos niveles de respeto a los derechos humanos y de garantía formal de las libertades públicas y privadas similares a las de España, sino que esta misión corresponde al Gobierno, conforme a los dispuesto en el artículo 278.2 LOPJ (en redacción anterior a la LO 7/2015, de 21 de julio) (STC 351/2006, de 11 de diciembre)"*. En el mismo sentido, Auto de la Sala de lo Penal, Sección 2.ª, 1/2019, de 11 de febrero: *"El auto del Pleno de la Sala de lo Penal n.º 53, de 15 de septiembre (...) ya indicaba que: es reiterada doctrina de esta Sala que viene rechazando argumentos semejantes a los ahora examinados en la forma en que se formulan. Entre otros muchos, el Auto 28/2009, de 2 de junio, señaló que no bastan las alegaciones genéricas sobre la situación de los derechos humanos y el sistema penal y carcelario del Estado reclamante, si la parte no hace alegación concreta en relación a la persona y derechos del reclamado (...). En dicha resolución se señaló que la reciprocidad jurídica –única que compete examinar a este Tribunal– no abarca el examen de la existencia en el Estado reclamante de los mismos niveles de respeto a los derechos humanos y de garantía formal de las libertades públicas y privadas similares a las de España, sino que esta misión corresponde al Gobierno, conforme a lo dispuesto en el artículo 278.2 LOPJ"*. De nuevo, con relación a Bielorrusia, Auto de la Sala de lo Penal, Pleno, 15/2019, de 5 de marzo: *"Si bien cabe considerar que la situación en la República de Belarus no es la idónea y que existe déficit que genera preocupación, ello no permite afirmar un riesgo concreto para el reclamado que lleve a considerar que la entrega supone una violación indirecta de los derechos. Reiteradamente este Pleno (...) ha afirmado que, para que (...) pueda denegar la entrega (...) es preciso que se haya aportado determinados y concretos elementos que sirvan de apoyo razonable a su argumentación (...) debiendo efectuar alegaciones concretas en relación a su persona o derechos, sin que sea suficiente la formulación de vulneración de derechos por parte de los órganos de un Estado extranjero"*. Con carácter general, Auto

el Auto del Pleno de la Sala de lo Penal 24/2023, de 14 de abril, supone una inflexión en la doctrina de la Sala, pues entiende que, sin exigir una correspondencia idéntica entre ambas legislaciones, sí debe requerirse un mínimo básico e identificable respecto a determinadas garantías básicas[103].

No podemos estar más de acuerdo con la última resolución citada: consideramos que el plano técnico-jurídico de la reciprocidad debe ir mucho más allá del clásico entendimiento como la simple promesa de un Estado a otro de comportase de la misma manera en un caso análogo para trascender a la verificación de las condiciones de los Estados en lo que repercuta "*a la realización y respeto de los mínimos derechos y garantías de los afectados*[104]" respecto de unos elementales principios y elementos básicos que sirvan para reconocer el *due process of law*. Como se precisa doctrinalmente, el principio según el cual los procedimientos penales nacionales deben cumplir unos mínimos estándares en materia de derechos humanos impone que el proceso de extradición no deba ser usado para permitir el cumplimiento de procedimientos penales extranjeros que no respetan esos mínimos estándares[105]. Como señala la STS 475/2018, de 17 de octubre: "*La histórica vigencia del principio locus regit actum, de dimensión conceptual renovada a raíz de la consolidación de un patrimonio jurídico europeo, no puede convertirse en un trasnochado adagio al servicio de la indiferencia de los órganos judiciales españoles frente a flagrantes vulneraciones de derechos fundamentales. Incluso en el plano semántico la expresión principio de no indagación, si se interpreta desbordando el ámbito exclusivamente formal que le es propio, resulta incompatible con algunos de los valores constitucionales comprometidos en el ejercicio de la función jurisdiccional*[106]". En el mismo sentido, la doctrina norteamericana[107], cuando propugna la

---

de la Sección 4.ª de 25 de marzo de 2019, dictado en el Rollo de Sala 65/2018: "*(...) Debemos recordar que el proceso extradicional no permite ir más allá de lo acordado en el Convenio ni entrar a comparar sistemas penológicos y las sanciones concretas (...) entre los Estados firmantes (...) ya que la finalidad del proceso extradicional no pretende (...) la homologación de sus sistemas penales*".

[103] "*Dentro de la aplicación del principio de reciprocidad desde el aspecto jurídico (...) debe analizarse la correspondencia en cuanto al sistema de garantías de los derechos fundamentales en el país reclamante respecto al país reclamado, y como consecuencia de la obligación de guardar y tutelar en todo momento los derechos fundamentales del reclamado, aunque no se exija una correspondencia idéntica entre ambas legislaciones, sí ha de exigirse un mínimo básico e identificable respecto a determinadas garantías básicas, por ejemplo, del proceso judicial que ha de seguirse. Así, la STC 30/2006, de 30 de enero, establece que la previsión de que la extradición se conceda atendiendo al principio de reciprocidad (...) ha sido interpretada por este Tribunal (...) como una garantía de protección de determinados bienes jurídicos protegidos por el Derecho español y, muy en particular, los derechos del ciudadano sujeto a la entrega, por lo que, en consecuencia, solo en caso de un posible menoscabo de esos derechos el principio de reciprocidad habría de ser activado como causa vinculante de denegación*".

[104] Rovira Viñas, *op. cit.*, págs. 189 y 190.

[105] Van den Wijngaert, *op. cit.*, pág. 89.

[106] En el mismo sentido, STS 667/2018, de 19 de diciembre: "*Por consiguiente, el «principio de no indagación» no puede interpretarse más allá de sus justos términos. Su invocación debería operar en el marco exclusivamente formal que afecta a la práctica de los actos de investigación en uno u otro espacio jurisdiccional. De tal forma que la flexibilidad admisible en los principios del procedimiento —adecuados por su propia naturaleza a cada sistema procesal— no se extienda a la obligada indagación de la vigencia de los principios estructurales del proceso, sin cuya realidad y constatación la tarea jurisdiccional se aparta de sus principios legitimadores*". Véase Gascón Inchausti, F. (2019)"La eficacia de las pruebas penales obtenidas en el extranjero al amaro del régimen convencional: apogeo y declive del principio de no indagación", en VV. AA. *Orden europea de investigación y prueba trasfronteriza en la Unión Europea*, Valencia, Tirant lo Blanch, págs. 55 a 59.

[107] Bassiouni, *op. cit.*, pág. 658.

limitación de la regla del *non inquiry*, vigente en los EE. UU., señala precisamente los casos de ausencia de derechos procesales básicos en el país requirente según los estándares internacionales. No se trataría tanto de la exigencia de concretas garantías procesales como que, de un análisis de conjunto, se desprenda la falta de consistencia de un proceso determinado con los principios del debido proceso contenidos en los tratados internacionales.

Por otra parte, del mismo modo que la Sala no puede diferir el análisis técnico-jurídico de la reciprocidad a la esfera gubernamental, el Gobierno debe limitarse a la denegación de la entrega por las causas expresamente previstas en el art. 6 LEP[108], sin invadir las competencias del Tribunal de la Extradición. Y, si bien dichas causas están ancladas en la reciprocidad, se fundamentan en algo tan estrictamente metajurídico e incontrolable como es el interés nacional, que fundamenta un acto político de denegación basado en un principio de oportunidad[109]. Esto es, no corresponde al Gobierno la revisión técnico-jurídica de las garantías del *extradíturus* en la fase final del procedimiento, sino la utilización de la "*razón de Estado*" en materia extradicional, momento en que entraría en juego el concepto clásico de reciprocidad y su sentido político primaría sobre su componente jurídico[110]. Así, es claro que la política criminal de un Gobierno quedaría singularmente afectada por la sistemática denegación de las peticiones de extradición que pudieran hacerse a un país determinado. La reciprocidad es el pacto o compromiso de comportarse de la misma manera, una expectativa de igual o equivalente trato en casos iguales objetiva y subjetivamente hablando[111]. De no concurrir en las relaciones extradicionales con dicho país, la denegación de la extradición por ausencia de reciprocidad actuaría como un instrumento de la política exterior del Reino de España en su relación con aquel y como medio para poder llegar a un entendimiento futuro entre ambos Estados[112]. El establecimiento de la reciprocidad (promesa de) o la aceptación de la ofrecida por otros (convenio de) es competencia del Gobierno, dada la transcendencia de tal acción en la política exterior del país[113]. Es el Gobierno el único capacitado para

---

[108] "*La resolución del Tribunal declarando procedente la extradición no será vinculante para el Gobierno, que podrá denegarla en el ejercicio de la soberanía nacional, atendiendo al principio de reciprocidad o a razones de seguridad, orden público o demás intereses esenciales para España*".

[109] García Sánchez, *op. cit.*, pág. 179, así lo reconoce, considerando, no obstante, que las normas de un tratado le impedirían ejercer esta facultad. No compartimos tal opinión. Precisamente, esta decisión gubernamental se articula sobre extradiciones que han sido previamente declaradas procedentes en vía judicial sobre la base de la Ley o un tratado. Por otra parte, nunca los tratados regulan –ni pueden hacerlo– las facultades, procedimientos y sistemas propios de decisión de cada parte en el procedimiento de extradición, que quedan rigurosamente al margen de lo pactado. La exclusión de la facultad gubernamental de decisión nos sitúa en otro escenario: el de la orden europea de detención y entrega. En el mismo sentido, Almeida Costa, M. J., *Extradition law: reviewing grounds..., op. cit.*, pág. 307.

[110] Bueno Arús, F. *La reciprocidad (...), op. cit.*, pág. 69, que lo circunscribe al caso de incumplimiento de sus obligaciones extradicionales por el Estado requirente, de modo que actuaría como"*condición suspensiva de la obligación de entrega que pace de un tratado o de la Ley si el Estado requirente de hecho ha incumplido las obligaciones que para él se derivaban de las mismas fuentes*".

[111] Voto particular al Auto de la Sala de lo Penal, Pleno, 48/2016, de 12 de julio.

[112] En este sentido, García Sánchez, *op. cit.*, pág. 103, partiendo siempre de que se deniegan en virtud de ese principio extradiciones jurídicamente posibles, como afirma la autora, *op. cit.*, págs. 105 y 106.

[113] En este sentido, De Miguel Zaragoza J. *Algunas consideraciones (...), op. cit.*, pág. 1563 (105): "*Al establecimiento de relaciones de reciprocidad, sea creando unilateralmente el precedente, sea aceptando la ofrecida por un Estado extranjero, y esta es una competencia del Gobierno y no de los jueces, pues es tal órgano político el que tiene todos los elementos que le permiten valorar y decidir, si en tal caso, en tal tiempo y en relación a tal país, concurren elementos de política exterior que aconsejen, sea ofrecer, sea aceptar, una relación de reciprocidad, careciendo los tribunales de esa perspectiva global*".

hacerlo, dado que es quien tiene una información global sobre la actitud de otro Estado acerca de las solicitudes extradicionales que pueda realizar el Reino de España[114].

Cuestión interesante es si la acción anterior del Gobierno de España en una extradición activa puede influir en posteriores extradiciones pasivas. Realmente, que el Gobierno de España se comprometa a, en el futuro, aceptar las reclamaciones que formule un país al que de presente se le reclama un fugitivo, únicamente puede entenderse como afirmación que se hace dentro de los términos de la legalidad extradicional, esto es, el Tratado o la LEP, y se reduciría, simplemente, al compromiso de no hacer uso de las facultades de denegación recogidas en el art. 6 LEP una vez terminada la fase judicial. En definitiva, siendo una competencia gubernamental indudable el convenir o aceptar la reciprocidad, queda condicionada a los límites de la propia Ley[115]. Desde este punto de vista, el Gobierno habría concluido un acuerdo internacional en desarrollo de un instrumento normativo extradicional previo y, como instrumento de desarrollo, tendría validez al amparo del art. 94.2 CE, del mismo modo que es admisible un desarrollo reglamentario de una ley anterior de acuerdo con el art. 97 CE. Otro entendimiento que situara la acción del Gobierno por encima de la LEP sería contrario a la Constitución, de conformidad con el art. 94.1 CE, en cuanto que la materia extradicional necesita que los tratados sean previamente autorizados por las Cortes Generales[116]. La supresión de la facultad que contenía la Ley de 1958 para convenir reciprocidad en materia de extradición –a la que hace referencia el apartado octavo del Preámbulo de la vigente Ley– no es sino la adecuación de la norma al contenido del art. 94 CE, que exige la autorización de las Cortes para cada convenio, cuyo contenido debe someterse previamente al Parlamento. Cuestión distinta será el ofrecimiento o aceptación de la reciprocidad caso por caso y de manera individual[117].

La forma en que se puede convenir y aceptar la reciprocidad se concretará, según la doctrina, en la emisión y recepción de notas verbales[118].

---

[114] Pastor Borgoñón, B., *op. cit.*, pág. 149.

[115] Bueno Arús, F. *La reciprocidad (...)*, *op. cit.*, pág. 72: "*Prometer y convenir reciprocidad corresponde al Poder Ejecutivo, esto es, al Gobierno de los Estados requirente y requerido. Prescindiendo de las innegables potestades que en materia de extradición competen al Poder Judicial (debidas a la necesidad de apreciar técnicamente los condicionamientos jurídicos de la misma y a la exigencia de proteger las garantías fundamentales del extraditurus), la íntima relación que en la mentalidad de nuestra época todavía conservan las materias penales, y la extradición en particular, con la soberanía del Estado, y la atribución en los textos constitucionales al Ejecutivo de la competencia en cuanto a las relaciones internacionales (véase art. 97 de la Constitución española de 1978), hacen que el Gobierno conserve facultades decisivas en este terreno, entre las que se encuentra, precisamente, la de prometer o convenir reciprocidad para la extradición*". En el mismo sentido, Pastor Borgoñón, B., *op. cit.*, pág. 149.

[116] En este sentido, García Sánchez, *op. cit., pág.* 111. Sin embargo, dentro de los límites descritos, la promesa de reciprocidad resulta admisible, por lo que discrepamos de la conclusión a la que llega la autora, al folio 117, rechazando que el Gobierno pueda comprometerse a futuras entregas. Lo hará, pero bajo los términos de la Ley y superada la fase judicial correspondiente, en su ámbito de competencia fijado en el art. 6 LEP. Como señala Bueno Arús, *La reciprocidad (...)*, *op. cit.*, pág. 72,"*El principio de reciprocidad está sometido jurídicamente a los tratados y a las leyes sobre extradición, no podrá servir de base para llevar a cabo extradiciones con infracción de los requisitos esenciales o de las prohibiciones expresas que dichas disposiciones establezcan con carácter preceptivo, ya que estas no pueden modificarse por vías distintas de las señaladas por el ordenamiento jurídico*". Señala la lista de acciones que no podría hacer un Gobierno *contra legem* en las págs. 74 y 75.

[117] García Barroso, C. (1998) *El procedimiento de extradición*, Madrid, ed. Colex, págs. 55 y 56.

[118] Bueno Arús, *La reciprocidad (...)*, *op. cit.*, pág. 76. En el mismo sentido, Sebastían Montesinos, M. Á. (1997) *La extradición pasiva*, Granada, ed. Comares, págs. 33 y 34.

Tipos de procedimiento extradicional

Cabe distinguir dos posibles modelos extradicionales: el primero, de carácter anglosajón, en el que el órgano judicial requerido analiza la existencia de indicios o datos fácticos que vinculen al reclamado con el hecho punible y justifiquen la extradición, y el llamado sistema continental, en el que el Juez se limita a la comprobación de los requisitos extradicionales partiendo del hecho ofrecido por la autoridad reclamante y sin entrar a conocer el fondo del asunto o analizar la existencia de indicios en contra del *extraditurus* con respecto a la comisión del hecho[119], comprobando si este ha sucedido realmente[120]. Como se ha dicho por la doctrina, mientras el primero *"busca garantizar el derecho de los individuos de ser preservados de la influencia del poder estatal, el sistema continental intenta favorecer lo más posible el auxilio judicial"*[121].

En nuestro ordenamiento nos encontramos ante un procedimiento de tipo continental ajeno al *rule of law* que únicamente comprueba la concurrencia o no de los requisitos formales de la extradición sin indagar acerca de la existencia de indicios de responsabilidad criminal frente al reclamado; esto es, sin examinar en el fondo de la cuestión, siendo esta

[119] Cezón, *op. cit.*, pág. 77. Pastor Borgoñón, *op. cit.*, pág. 205. En este sentido, Auto de la Sala de lo Penal de la Audiencia Nacional, Sección 2.ª, 30/2013, de 22 de julio: "*(...) lo que, en definitiva, realiza la defensa (...) más que cuestionar el principio de la doble incriminación, lo que está haciendo es cuestionar el sistema continental de extradición, inspirador de nuestra LEP, que (...) es la norma por la que hemos de regirnos (...) conforme al cual el Estado requerido se ha de centrar en comprobar si se cumplen las exigencias formales para acceder a la extradición (...) sin entrar en valoraciones sobre la realidad de los hechos sobre los que se articula, o la participación en ellos del reclamado, así como en relación con cualquier otra cuestión de fondo afectante a la causa seguida en el país requirente (...). Valga como ejemplo de lo que se viene diciendo lo que ya puede leerse en Auto 79/2003, de 13 de junio, del Pleno de la Sala de lo Penal: «Es doctrina consolidada del Pleno (...) que está vedado al Tribunal que conoce de la demanda de extradición entrar a valorar la consistencia o inconsistencia de la imputación porque los hechos son intangibles sin que quepa entrar a considerar el valor de las fuentes de conocimiento con las que se ha llegado a ellos, ni el rigor de las deducciones, salvo imposibilidad de concurrencia». En el mismo sentido, Auto 16/2008, de 7 de abril, también del Pleno*". De la misma opinión, Auto del Pleno de la Sala, 247/2018, de 23 de marzo: "*En lo que se refiere al relato de hechos (...) e imposibilidad de hacer un examen de la prueba sobre ellos se refiere el Auto 1/2017, del Pleno de la Sala de lo Penal de la Audiencia nacional (...) señalando «El recurrente pone en cuestión el relato de hechos que contiene la solicitud del reclamado (...) como hemos señalado antes, en el sistema continental ha de respetarse la integridad de los hechos ofrecidos por el Estado requirente salvo error o contradicción evidente, porque no se puede hablar de acreditación o prueba sobre los hechos que constituyen el objeto del proceso principal (...)»*".

[120] Pastor Borgoñón, *op. cit.*, pág. 233.

[121] Pastor Borgoñón, *op. cit.*, pág. 233.

tesis cuasi uniforme en la Sala de lo Penal de la Audiencia Nacional[122] y en el Tribunal

---

[122] Como ha dicho el Pleno de la Sala de lo Penal en su Auto 53/2016, de 15 de septiembre, que de forma brillante agota la cuestión, *"el TC ha venido excluyendo de su contexto derechos tan elementales como la presunción de inocencia (ATC 103/1987), por referirse dicha garantía justamente al fondo del juicio penal a desarrollar en el Estado requirente. En parecida línea, las SSTC 82/2006 y 83/2006, reiteran que la extradición pasiva o entrega de un ciudadano a otro Estado constituye un procedimiento en el que se decide acerca de la procedencia o no de la entrega solicitada por dicho Estado en la demanda de extradición, sin que se formule pronunciamiento alguno acerca de la hipotética culpabilidad o inocencia del sujeto reclamado. Por su parte, el ATC 274/1987, de 4 de marzo, precisó que carece de contenido la invocación del derecho a la presunción de inocencia, dado que la valoración de los hechos, su subsunción en uno u otro tipo penal y la determinación de la participación delictiva son materias que corresponden al órgano judicial que enjuicia, no al órgano que solo ha de velar por el cumplimiento de los requisitos y condiciones exigidos para la concesión de la extradición, de modo que no cabe apreciar vulneración de la presunción de inocencia cuando no se ha efectuado pronunciamiento alguno relativo a la inocencia o culpabilidad"*. En el mismo sentido, Auto de la Sala de lo Penal de la Audiencia Nacional, Sección 4.ª, de 23 de abril de 2012: *"No corresponde a este Tribunal entrar a valorar la existencia de esos indicios que fundamentan la imputación, pues, rigiendo entre nosotros el sistema de extradición continental, hemos de partir de la intangibilidad de los hechos que nos proporciona el Estado requirente, limitándonos a comprobar si se dan los requisitos para su concesión y sin posibilidad, por tanto, de entrar a examinar si existen pruebas y evaluarlas, como sería propio del sistema anglosajón"*. De forma idéntica, el Auto de Sala de lo Penal, Pleno, 31/2017, de 24 de julio: *"(...) El órgano judicial requerido no puede reformar la valoración de la prueba efectuada por la Autoridad judicial requirente, véase Auto del Pleno de 25 de mayo de 2016, en su fundamento jurídico 2.º: la dicha sentencia ha efectuado una valoración de la prueba, que no es discutible en esta sede porque, como nos recuerda la STC 32/2003 (...) la extradición pasiva es, por su naturaleza, un acto de auxilio judicial internacional, en cuya fase ante los órganos judiciales españoles no se decide acerca de la hipotética culpabilidad o inocencia del sujeto reclamado ni se realiza un pronunciamiento condenatorio, tratándose, pues, de un proceso sobre otro proceso penal previamente iniciado e incluso concluido solo que a falta de la ejecución de otro Estado"*. Ídem el Auto 9/2017, Sección 2.ª, de 23 de marzo: *"Igualmente el ATC 412/2004, de 2 de noviembre, que indica que, por la especial naturaleza que ya ha quedado apuntada quedan excluidos del contexto del proceso extradicional derechos tan relevantes como pueda ser la presunción de inocencia, y el ATC 138/2001, de 1 de junio, indica que el proceso en vía judicial de la extradición no se decide acerca de la hipotética culpabilidad o inocencia del sujeto reclamado, ni se realiza un pronunciamiento condenatorio, sino simplemente se verifica el cumplimiento de los requisitos y garantías previstos en las normas para acordar la entrega del sujeto afectado, de manera que no cabe alegar en el mismo insuficiencia del material probatorio (...)"*. Asimismo, Auto 36/2018, Sección 2.ª, de 6 de junio, que, tras referirse a las SSTC 82 y 83/2006, afirma: *"Igualmente, el ATC 412/2004, de 2 de noviembre, que indica que, por la especial naturaleza que ya ha quedado apuntada quedan excluidos del contexto del proceso extradicional derechos tan elementales como la presunción de inocencia y el ATC 138/2001, de 1 de junio, indica que el proceso en vía judicial de la extradición no decide acerca de la hipotética culpabilidad o inocencia del sujeto reclamado, ni se realiza un pronunciamiento condenatorio, sino simplemente se verifica el cumplimiento de los requisitos y garantías previstos en las normas para acordar la entrega del sujeto afectado, de manera que no cabe alegar en el mismo insuficiencia de material probatorio aportado para acreditar la participación del reclamado en el delito por el que se pide la extradición"*. Ídem, Auto 29/2017, Sección 2.ª, de 4 de octubre: *"El Estado requerido no puede acoger la tesis de la defensa, en orden a valorar la viabilidad de la petición extradicional, alegando la inocencia de su cliente, cuestión que debe hacerse valer ante los órganos judiciales del Estado reclamante correspondiendo decidir a los tribunales del país de emisión, pues el proceso extradicional tiene por objeto determinar si concurren o no los requisitos formales para acceder o denegar la petición extradicional en el marco de la cooperación entre Estados (...)"*. Sobre la pretensión de que el Tribunal valorase actas notariales que afirmaban que el sujeto no se encontraba en el lugar de los hechos, Auto de la Sala Pleno, 15/2017, de 27 de marzo: *"(...) ha de analizarse por el tribunal de enjuiciamiento y excede del ámbito del expediente de extradición"*. Más recientemente, Auto 350/2023, de 25 de mayo, de la Sección 1.ª: *"Se recuerda que nuestro proceso extradicional sigue el sistema continental (autos 29/2022, de 30 de marzo, auto 36/2022, de 23 de mayo o 58/2022, de 18 de julio, entre los más recientes), lo que quiere decir que el procedimiento de extradición es un proceso judicial dirigido exclusivamente a resolver sobre la petición de auxilio jurisdiccional internacional en que la extradición consiste y no se ventila la existencia de responsabilidad penal, sino el cumplimiento de las garantías previstas en las normas sobre extradición y por ello no se valora la implicación del reclamado en los hechos que motivan la petición de extradición, ni se exige la acreditación de indicios racionales de criminalidad (por todas, STC 72/2000, de 13 de marzo, con cita de la STC 5/1998, de 12 de enero)"*. En el mismo sentido, Auto de Pleno de la Sala 38/2023, de 2 de junio: *"Lo que en realidad alega el reclamado es que él no ha cometido los hechos por los que solicita la extradición, y esta es una cuestión en la que este tribunal no puede entrar en absoluto, porque carece de competencia y de*

Constitucional[123]. Se parte, en todo caso, de la narración fáctica que presenta el Estado requirente. Hasta tal punto es así que, aun dictada sentencia absolutoria para otros coimputados, ello no constituye obstáculo para la extradición[124]. De manera muy residual, frente a la doctrina general en contrario, la Audiencia Nacional ha admitido la posibilidad del control de fondo sobre la base de la inexistencia del hecho cuando se dan evidentes situaciones fácticas de imposibilidad material de participación en los hechos por parte del reclamado o cuando estos no pudieron ocurrir en modo alguno[125]; también cuando en

jurisdicción para hacerlo, pues pertenece al debate de fondo en el procedimiento (...) y ello implica la valoración de las pruebas que se practiquen en dicho procedimiento, que no están al alcance del tribunal español, al que exclusivamente le compete la decisión sobre esta petición de Auxilio judicial". También, Auto del Pleno de la Sala 11/2023, de 27 de febrero: "*El procedimiento de extradición es un proceso judicial dirigido exclusivamente a resolver sobre la petición de auxilio jurisdiccional internacional en que la extradición consiste y no se ventila la responsabilidad penal, sino el cumplimiento de las garantías previstas en las normas sobre extradición, y por ello no se valora la implicación del reclamado en los hechos que motivan la petición de extradición, ni se exige la acreditación de indicios racionales de criminalidad, ni tampoco si se ha producido el perdón de la víctimas y los efectos que ellos tiene en el proceso (SSTC 72/2000, de 13.03.2020 y 5/1998, de 12.01.98). Así se ha reiterado en numerosos pronunciamientos de este Pleno, entre ellos el AAN 176/2016, de 11.03.16 y AAN 42/2017, de 27.10.17, señalando que (...) todo lo relativo a la culpabilidad o inocencia de la interesada no puede dilucidarse en este procedimiento extradicional, sino en la causa penal abierta en el Estado reclamante (...) y en cuyo territorio se cometieron los supuestos hechos*". Igualmente, Auto 78/2023, de 8 de febrero, de la Sección 1.ª. También, Auto del Pleno de la Sala 76/2022, de 3 de octubre: "*La posición basada en la ausencia de culpabilidad de la reclamada se rechaza. En el proceso en vía judicial de la extradición no se decide acerca de la hipotética culpabilidad o inocencia del sujeto reclamado, ni se realiza un pronunciamiento condenatorio, sino simplemente se verifica el cumplimiento de los requisitos y garantías previstos en las normas para acordar la entrega del sujeto afectado, de manera que no cabe alegar en el mismo insuficiencia de material probatorio aportado para acreditar la participación del reclamado en el delito por el que se pide la extradición (ATC 138/2001, de 1 de junio)*". Ídem, Auto del Pleno de la Sala de lo Penal 23/2022, de 28 de marzo: "*El auto del Pleno de la Sala de 13 de enero de 2017 dice: como se sabe, en los tratados que responden al sistema continental (...) los hechos relatados en la solicitud extradicional son en principio intangibles para las autoridades del Estado de ejecución, que tiene facultades de examen limitadas a la concurrencia de los requisitos y garantías previstos en las normas que disciplinan la entrega entre ambas partes, al margen del respeto a los derechos fundamentales del extraditando, pero no se puede inquirir sobre la suficiencia de los indicios que sustentan la imputación o de las pruebas que justificaron la condena*". Igualmente, 74/2022, de 22 de febrero, de la Sección 3.ª: "*La alegación no puede prosperar, en cuanto pretende introducir en este procedimiento extradicional cuestiones de fondo que le son totalmente ajenas, de acuerdo con lo expresado por el Pleno de la Sala de lo Penal de la Audiencia Nacional*". Asimismo, Auto del Pleno de la Sala 60/2020, de 23 de octubre: "*En efecto, el Tribunal Constitucional, entre otras muchas, en la sentencia 82/2006, de 13 de marzo (...) ha declarado (...) en el proceso en vía judicial de la extradición no se decide acerca del a hipotética culpabilidad inocencia del sujeto reclamado (...)*". En lo referido a Perú, Auto 495/2021, de 13 de septiembre, de la Sección 4.ª: "*Como ya hemos avanzado, nuestra legislación extradicional se nutre de la normativa continental, que frente al sistema anglosajón, no exige el análisis de los indicios o datos fácticos que vinculen al reclamado con el hecho punible y justifiquen aquélla, limitándose a la comprobación de los requisitos extradicionales partiendo del hecho ofrecido por la autoridad reclamante, y sin entrar a conocer el fondo del asunto o analizar la existencia de indicios (...)*". En la misma línea que los anteriores, Auto del Pleno de la Sala 33/2021, de 31 de mayo.

[123] STC 207/2000, de 24 de julio: "*(...) se produce en un proceso judicial dirigido exclusivamente a resolver sobre la petición de auxilio jurisdiccional internacional en que la extradición consiste. No se ventila en él la existencia de responsabilidad penal, sino el cumplimiento de las garantías previstas en las normas sobre extradición, y, por ello, no se valora la implicación del detenido en los hechos que motivan la petición de extradición, ni se exige la acreditación de indicios racionales de criminalidad (...)*".

[124] Auto de la Sala de lo Penal de la Audiencia Nacional, Pleno, 35/2016, de 17 de junio: "*(...) Carece de base pretender que se deban incorporar las sentencias absolutorias dictadas contra otras personas, que no pueden tener valor alguno en el procedimiento de extradición, limitado a comprobar los requisitos de la entrega, y en el que no cabe examinar las pruebas que pudieran existir contra la reclamada y que podrán ser distintas de las que existieron contra otros acusados, hayan sido o no absueltos*".

[125] Cezón, *op. cit.*, pág. 82. También Bellido Penadés, *op. cit.*, págs. 251 y 252, con cita de un Auto clásico en la materia, de 19 de mayo de 1990, que transcribimos por su interés: "*Solo con carácter excepcional ha*

aquellos, aunque formalmente sean susceptibles de doble incriminación, concurren determinados factores o elementos valorativos de tipo cultural o de semejante entidad que impedirían, por falta de antijuricidad material u otra circunstancia, ser tenidos por delictivos de acuerdo con nuestro sistema jurídico y cultural[126]. Estamos ante una atenuación del sistema de control limitado con orígenes en la práctica judicial francesa[127]. No es tanto ante un examen de la calidad de las evidencias que existen en el país reclamante como de la constatación, por documentos al alcance del Tribunal extradicional –certificaciones de estancia en prisión en el momento de realizarse los hechos, por ejemplo–, que muestran de modo evidente que la imputación es imposible. Cuestión distinta –pues no conlleva un análisis de fondo– es la de la atipicidad de los hechos según la legislación española tal y como vienen descritos en la exposición del Estado que formula la petición. En la misma línea, recogiendo la doctrina del Tribunal Supremo sobre la diferencia entre antijuricidad formal y material, parece legítima la denegación de la entrega acudiendo a la falta de antijuricidad formal que conduce a la inexistencia de delito en nuestro ordenamiento jurídico. Nótese que, en todo caso, estamos ante una excepcional verificación fáctica en los casos de patente y evidente imposibilidad de participación, que afloran de manera clara y diáfana en el procedimiento.

Algunos tratados internacionales firmados por España sí permiten un cierto análisis de fondo. Sería el caso, por ejemplo, del art. 10 d) del Tratado con EE. UU. en versión consolidada tras el Acuerdo de Extradición USA-UE[128], que establece que, "*cuando la solicitud se refiera a una persona que todavía no ha sido condenada, deberá ir también acompañada de una orden de detención emitida por un juez u otro funcionario judicial de la parte requirente y deberá ir acompañada de la información que justificaría el procesamiento de dicha persona si el delito se hubiera cometido en el territorio del Estado requerido*". En el mismo sentido, el art. 3.3 del Tratado con Guatemala de 7 de noviembre de 1895[129], que "*no se concederá la extradición (...) cuando no resulte probado el hecho de la perpetración del crimen, de tal modo que, con arreglo a las leyes del país donde se encuentren los acusados,*

---

admitido la Sala de lo Penal de la Audiencia Nacional una revisión de los hechos afirmados en las resoluciones del Estado requirente, basándose en resoluciones dictadas por órganos jurisdiccionales españoles sobre los mismos hechos, o sobre otros conexos con los contemplados en la orden o sentencia motivadora de la demanda de extradición (...) o con apoyo en documentos públicos dimanantes de autoridades españolas, que evidencien el error de alguna afirmación fáctica de la resolución del órgano judicial requirente". Cita asimismo otro Auto de 14 de diciembre de 1992 en la misma línea.

En este sentido, Auto de la Sala de lo Penal de la Audiencia Nacional, Pleno, 225/2018, de 9 de marzo, que va más allá del error burdo y hace referencia a una duda fundada en hechos objetivos. Bien es verdad que la doctrina no es extrapolable a todos los casos, en cuanto se refería a una investigación parcialmente desarrollada en España. Igualmente, Auto de la Sala Pleno, 49/2019, de 14 de junio: "*Como indica el Ministerio Fiscal en su informe, no existe una incompatibilidad manifiesta determinante de la absoluta imposibilidad de haber cometido los hechos*". También, Auto 424/2022, de 6 de julio, de la Sección 1.ª de la Sala de lo Penal: "*(...) no es que no existan esos indicios en la demanda extradicional, sino que existen datos obrantes en la misma que evidencian que la reclamada no pudo cometer el delito. Ha de concluirse que ha de procederse a la denegación de la entrega, dada la imposibilidad material de comisión de los hechos, siguiéndose así la doctrina de esta Sala, Auto del Pleno 9/2008, de 15 de enero, en el que se rechaza una extradición por ser notoriamente infundada*".

[126] Auto de la Sala Pleno de la Audiencia Nacional, 53/2011, de 28 de noviembre.

[127] Pastor Borgoñón, *op. cit.*, pág. 232.

[128] Publicado en el BOE n.º 22 de 26 de enero de 2010.

[129] Gaceta de Madrid n.º 161 de 10 de junio de 1897.

hubieren de ser legítimamente arrestados y enjuiciados si el crimen se hubiere cometido dentro de su jurisdicción".

En relación con Noruega, se ha planteado la cuestión de si la reserva formulada por este país al art. 12 del Convenio Europeo de Extradición, relativa a la posible aportación por el Estado reclamante de indicios de criminalidad frente al sujeto reclamado, pudiera habilitar al Juez español a realizar la misma solicitud en virtud del principio de reciprocidad. A nuestro juicio, si el Reino de España, en el momento de adherirse al Convenio, teniendo pleno conocimiento de tal reserva, no hizo objeción alguna a esta —exigiendo los mismos indicios racionales de criminalidad en las peticiones extradicionales procedentes de aquel país—, es porque no consideró oportuno aplicar el principio de reciprocidad en ese punto. En consecuencia, siendo esa la voluntad legislativa, no cabe ahora torcerla en la aplicación del Convenio[130].

Sin embargo, a nuestro juicio, el órgano judicial del Estado requerido no se sitúa en la misma posición que el órgano de enjuiciamiento o Tribunal sentenciador del Estado requirente, sino en una situación similar al Tribunal que, en nuestro ordenamiento, conocería de los recursos contra un auto de procesamiento o de un recurso de casación; esto es, se analizaría la verosimilitud de la imputación formalizada a la luz de los datos aportados y la racionalidad externa del razonamiento efectuado por el Tribunal requirente. No estaríamos ante un juicio anticipado sobre los hechos (valoración interna de los datos de imputación), sino ante un análisis externo de la solidez del razonamiento incriminatorio (valoración externa de los datos de imputación). En palabras de la STS 693/2017, Sala de lo Penal, de 24 de octubre, "*ha de someterse a crítica su justificación a fin de constatar si, en su aspecto externo, la existencia de los medios probatorios permite razonablemente (por su sentido incriminatorio) afirmar los enunciados de hechos base. Finalmente, ha de verificarse si los cánones de la lógica y las enseñanzas de la experiencia, con coherencia interna, autorizan a formular la proposición probatoria del hecho imputado de manera concluyente, lo que implica, a su vez, la exclusión de propuestas alternativas fundadas en justificaciones razonables desde esos mismos parámetros*". Esto es debido a que, en palabras del Auto 43/2018, de 12 de julio, de la Sección 2.ª de la Sala de lo Penal de la Audiencia Nacional, referido a los EE. UU., estamos "*ante un procedimiento (…) en que más que un sistema continental (…) rige un sistema que podríamos llamar semicontinental, o continental reforzado o apuntalado, debido a esa aportación documental incriminatoria*

130 Desde otro punto de vista, Auto de la Sala de lo Penal, Pleno, 1/2019, de 1 de enero: "*En el apartado de declaraciones y reservas al Convenio Europeo de Extradición, Noruega efectuó una declaración al ratificar el Convenio el 19-1-1960, en relación, entre otros, al artículo 12, cuya declaración indica que: «Las autoridades noruegas se reservan el derecho de exigir de la Parte requirente la aportación de pruebas que establezcan una presunción suficiente de que el individuo reclamado ha cometido la infracción en base a la cual se pide la extradición. La petición puede ser rechazada si las pruebas parecen insuficientes (…) En el caos de autos, la legislación española ha sido correctamente aplicada (…) sin necesidad de hacer uso del contenido de la declaración que Noruega se ha obligado a utilizar en los supuestos en que le sea reclamada la extradición para enjuiciamiento (…) Dicha obligación no es taxativa, sino facultativa, habida cuenta que las autoridades noruegas se reservan el derecho a exigir la mencionada aportación probatoria. Extremo este que no concurre en la legislación española, cuyas autoridades no vienen obligadas a aplicar el principio de reciprocidad (…) al tratarse de una reclamación para cumplimiento (…)»*".

que exige el Tratado que ha de acompañar a la demanda (...)"[131]. Desde la perspectiva anglosajona, nos encontramos ante un sistema de *rule of law* atenuado, basado en la existencia de *probable cause*[132].

Parte de la doctrina[133] sostiene que, si las autoridades judiciales de un Estado requirente interpretan de manera uniforme un convenio de extradición exigiendo un principio de prueba de los hechos o incluso datos que podría acreditar la culpabilidad en juicio, debiera, por aplicación del principio de reciprocidad, procederse de igual modo. Sin discutir la razonabilidad del planteamiento, lo que puede objetar es la premisa de la que parte. Es en extremo complicado encontrar un convenio que, sin referirse expresamente al sistema

---

[131] Con cita del Auto de la Sala Pleno de 19 de junio de 2013, que dice lo siguiente: "*(...) Solo añadiremos que en nuestro procedimiento extradicional, como regla general, prima el sistema continental, que implica que el mismo no está encaminado a supervisar las pruebas sobre la culpabilidad de la persona que se reclama, sino que se limita a verificar si se cumplen los requisitos que la ley exige para acceder a la concesión de la extradición, sin que el Estado requerido deba entrar a analizar el fundamento de la imputación, a diferencia de lo que sucede en el sistema anglosajón, que precisa de una aportación de los elementos de prueba justificativos de una imputación, y que permite al Estado requerido hacer una valoración sobre si esos elementos incriminatorios tienen el suficiente fundamento.*

En el caso de las relaciones extradicionales con EE. UU., rige el referido sistema continental, si bien, de alguna manera, apuntalado con alguna exigencia más, que le aproxima al anglosajón, y que viene exigida por la normativa que regula dichas relaciones (...) Pues bien, aunque no es preciso una aportación documental propia de un sistema anglosajón, si, en cambio, conforme al art. X. d.) del referido texto, será exigible que la solicitud de extradición va acompañada de la información que justificaría el procesamiento del reclamado si el delito se hubiera cometido en el Estado requerido, y esto se cumple debidamente (...) cuando hace referencia (el auto recurrido) a las pesquisas realizadas y relatadas por el agente especial del FBI, como también resulta de la declaración jurada del Fiscal del caso, donde, además, se contiene un resumen de las pruebas.

Este era el criterio del auto del Pleno de la Sala de lo penal 34/2001, de 30 de junio, en el que se decía lo siguiente: se debe tener en cuenta que el sistema extradicional con Estados Unidos va más allá del sistema continental europeo en materia extradicional, pues mientras este se conforma con la descripción de los hechos incriminados, aquel exige que a la solicitud de extradición, junto a la orden de detención dictada por una autoridad judicial de la parte requirente, se acompañe información que justificaría la sumisión a juicio de la persona reclamada si el delito se hubiera cometido en el territorio español (...) como el sistema requiere dicha información, y habida cuenta de las diferencias procedimentales entre ambos países, lo que en el sistema español es el auto de procesamiento, en el sistema norteamericano se articula a través de la acusación formal del Gran Jurado y las declaraciones juradas ante la Autoridad judicial hechas por el fiscal de la causa y por el funcionario de la policía a cargo en la investigación, de cuyos textos se desprenden con meridiana claridad los indicios que justificarían el sometimiento a juicio del reclamado, a través de los datos objetivos que contienen ambas declaraciones juradas o afidávits, de modo que al reexaminar el caso en cuestión, la demanda de extradición aparece manifiestamente fundada, no cabiendo denegarla".

[132] Sadoff, D. A., en (2016) *Bringing International Fugitives to Justice*, ed. Cambridge University Press, págs. 216 a 221, explica los tres criterios que pueden utilizarse dentro de los países de *common law*: en primer lugar, el de *prima facie proof of guilty*, que significa la exigencia de un estándar probatorio elevado y requiere la presentación de evidencias suficientes como para obtener una condena del reclamado en el Estado requerido; en segundo término, el estándar de la *probable cause*, que implica la necesidad de presentar evidencias que muestren que existen motivos razonables para creer que el reclamado cometió el crimen, aunque no fueran necesariamente suficientes para una condena; por último, el criterio de la *reasonable probability*, que supone la probabilidad suficiente como para socavar la confianza en el desenlace del proceso. Como aclara Pastor Borgoñón, *op. cit.*, págs. 230 y 231, la diferencia entre el primero y el segundo radica en que en el primero el Magistrado debe preguntarse si, con la prueba aportada, se hubiera podido llegar a un veredicto de culpabilidad, mientras que en el segundo la pregunta a formular es si existe prueba suficiente para mantener los cargos en juicio. No se cuestiona la punibilidad, sino la perseguibilidad. En cualquier caso, las evidencias no serán similares a las de un juicio propiamente dicho, admitiéndose que las pruebas personales (declaraciones de testigos, por ejemplo) se presenten documentadas.

[133] Pastor Borgoñón, *op. cit.*, pág. 235.

anglosajón –como el vigente con Estados Unidos–, pueda interpretarse de ese modo por alguna de las autoridades judiciales intervinientes[134].

---

[134] Tampoco sigue el sistema anglosajón el nuevo régimen de entregas al Reino Unido. El sistema instaurado por el Acuerdo comercial Reino Unido - Unión Europea es un sistema extradicional de tipo continental, que manifiesta notas propias de dicho sistema, cuales son la mención a la reciprocidad y la dependencia de la voluntad gubernamental en algunos aspectos claves, como la doble incriminación, el delito político y la entrega de nacionales, aunque suprime uno de los elementos definitorios del sistema extradicional, cual es la existencia de fases de decisión gubernamentales, sin que exista demanda extradicional como tal, por lo que cabría denominar a este sistema de entrega como de extradición avanzada o de gubernamentalidad atenuada, siendo este el único punto de conexión con la OEDE. El Auto del Pleno de la Sala de lo Penal de la Audiencia Nacional 15/2021, de 1 de marzo, fija postura en concordancia con lo arriba expuesto. El Auto parte de la "indudable naturaleza extradicional de la relación ya viene indicada en el artículo LAW.SURR.76 del Título VII de la Tercera Parte del ACC, mencionando el artículo LAW.SURR.77 el principio de proporcionalidad y estableciendo el artículo LAW.SURR.79.1 su ámbito de aplicación". El posterior Auto del Pleno de la Sala 82/2022, de 7 de octubre, hace referencia la naturaleza híbrida del procedimiento.

Existencia de un Estado reclamante

Como señala el Preámbulo de la Ley 4/1985, de 21 de marzo, de Extradición Pasiva, la extradición es un acto de soberanía en la relación con otros Estados en el ámbito de la entrega de personas. En consecuencia, se establece una relación a tres bandas entre Estado reclamante, Estado reclamado y *extraditurus*. Ello supone, aunque parezca una obviedad, la existencia de un Estado reclamante reconocido como tal sujeto de derecho en la comunidad internacional. Sin dicha parte reclamante no puede existir procedimiento extradicional. En Derecho internacional se sigue la pauta marcada por la Convención de Montevideo de 1933, que establece los requisitos para que un Estado adquiera tal consideración según la legalidad internacional vigente. Así, según el art. 1 de dicha Convención, el Estado como persona de Derecho internacional debe reunir los siguientes requisitos:

1. Población permanente.

2. Territorio determinado.

3. Gobierno.

4. Capacidad de entrar en relaciones con los demás Estados.

Este cuarto elemento es, por tanto, una calificación internacional que se otorga en el ámbito del Derecho internacional y depende de la voluntad de los demás Estados reconocer el estatus estatal del sujeto en cuestión[135].

La cuestión se torna más opaca en lo que atañe a las peticiones de extradición formuladas por territorios autónomos con un cierto *Ius tractatus*, pero dependientes en última instancia de un sujeto soberano[136]. Es el caso de Hong Kong, cuya Ley Fundacional de la Región Administrativa Especial, en los arts. 13, 96, 116, 129, 150, 151, 152 y 153, le reconoce la capacidad de realizar arreglos judiciales de ayuda mutua con la asistencia o autorización de la República de China, de participar en organismos internacionales de comercio y de concertar o aplicar acuerdos en materia económica, comercial, financiera, de transporte marítima, comunicaciones, cultura y deporte. Ahora bien, esa carencia de soberanía, entendida, en el sentido clásico, como poder de decisión en el ámbito interior y ausencia de injerencia exterior, es lo que le priva de la capacidad de ser parte en un procedimiento extradicional,

---

135 El Auto de la Sala de lo penal de la Audiencia Nacional, Sección 2.ª, 67/2017, de 15 de diciembre, acoge esta tesis en su integridad.

136 Bautista Samaniego, *Los principios extradicionales (...)*, *op. cit.*, págs. 24 y 25.

según la STC 31/2013, de 11 de febrero[137]. Actualmente, ni siquiera sería posible acceder a las extradiciones solicitadas por Hong Kong bajo la cobertura del tratado de extradición firmado entre el Reino de España y la República Popular China, dado que, el Consejo de ministros, en su reunión de 19 de enero de 2021, ha acordado denegar la extradición en virtud del principio de reciprocidad jurídica, dado que "*Hong Kong únicamente está en disposición de garantizar la reciprocidad que exigen la Constitución Española y la Ley de Extradición Pasiva dentro de la cobertura de un tratado internacional. Teniendo en cuenta que las autoridades chinas han confirmado la imposibilidad de aplicar el Tratado bilateral de extradición entre España y la República Popular China a este caso y que en ausencia de acuerdo bilateral o multilateral entre España y la Región Administrativa Especial de Hong Kong, no puede garantizarse la reciprocidad, y el Gobierno debe denegar la entrega conforme a lo establecido en el artículo 6 de la Ley de Extradición Pasiva*"[138].

En otros países se ha llegado a una conclusión distinta acerca de la capacidad del territorio autónomo de Hong Kong para formular reclamaciones extradicionales. En EE. UU., según aclara la doctrina estadounidense[139], los términos del debate fueron parcialmente diferentes, puesto que existía un tratado de extradición firmado entre los Estados Unidos y la región autónoma de Hong Kong. En In re extradition Coe (261 F. Supp. 2nd 1203), resuelta por Sentencia de 2 de abril de 2003, la Corte Federal del distrito central de California parte de la base de que, efectivamente, el Presidente, con el consentimiento del Senado, había firmado tal tratado, y que la voluntad específica fue de hacerlo con Hong Kong y no con su entidad soberana, la República Popular China. Considera que sería entrometerse en la esfera política el considerar, al contrario que el Presidente y el Senado, que la región autónoma no es un Gobierno extranjero con capacidad de firmar un tratado con los Estados Unidos. Seguidamente, frente a la alegación de que el art. 2, sección 2, de la Constitución, referido a los poderes del Presidente y del Senado para firmar tratados, está limitado a la firma de estos con entidades soberanas, entiende que tal afirmación está contradicha por los hechos, dada la extensa historia de tratados firmados por los Estados Unidos y las naciones indias, que no pueden ser consideradas soberanas. De idéntica opinión fue el Segundo Circuito de Apelaciones en el asunto Cheung *vs.* United States (213 F.3d 82), resuelto por Sentencia de 23 de mayo de 2000. Parte de la base de que la autoridad para reconocer a un gobierno extranjero está constitucionalmente reservada al Poder Ejecutivo, estando la labor de los Tribunales limitada a si el término "*gobierno extranjero*", contenido en la legislación extradicional, es aplicable a entes

[137] *"Tampoco desde la óptica del derecho a obtener una resolución razonablemente fundada en Derecho, es posible sustentar la legitimación para solicitar la extradición con el argumento de que Hong Kong haya celebrado tratados bilaterales con España en otras materias como es la doble imposición. Pues las propias resoluciones impugnadas reconocen que con Hong Kong no se ha concluido una tratado de naturaleza extradicional. A ello debe añadirse que no es compatible con la garantía institucional básica del proceso extradicional (art. 13.3 CE), ni con la exigencia de una resolución fundada en derecho, que se sustente la decisión extradicional en la Ley de Extradición Pasiva. Como bien puso de manifiesto el recurrente, la extradición se configura en la exposición de motivos de la indicada Ley como acto de soberanía en relación con otros Estados. En tal sentido, la Ley de Extradición Pasiva, en todos los preceptos confiere la posición de parte los Estados, y las resoluciones impugnadas niegan expresamente que Hong Kong lo sea. Ciertamente, la exigencia o autorización del Gobierno Popular Central de China para acuerdos con Estados extranjeros (art. 96 de la Ley básica), priva a Hong Kong de soberanía, cualidad inherente al concepto de Estado".*

[138] Referencia Secretaría de Estado de Justicia 0135-19/00.

[139] Bassiouni, a quien seguiremos en este punto, *op. cit.*, págs. 83 a 88.

subsoberanos. Ninguna conclusión cabe extraer del vocablo "tratados", pues considera que, si bien modernamente se entiende como el contrato entre dos Estados, también se puede considerar como la acción de tratar algunas materias con el fin de llegar a un acuerdo. Así, pues, el vocablo no implica exclusivamente la acepción de acuerdo con una nación extranjera. En cuanto qué sea esto último, la corte considera que el término país extranjero puede tener un significado geográfico y no necesariamente político. En el campo extradicional, significaría el lugar donde el presunto delito se ha cometido. Así pues, Hong Kong sería un país extranjero. Normalmente, pero no necesariamente, será un Estado independiente. Según la resolución del Tribunal, la interpretación que se hace en otros espacios, como la extranjería, abona esta interpretación: un país extranjero abarca autoridades subsoberanas.

Relacionado con lo anterior, se plantea la pregunta de a qué Estados es posible conceder la extradición. Debe decirse que, en el ámbito de la cooperación judicial penal relativa a la entrega de personas, los distintos Estados no adoptan una postura maximalista, consistente en entablar relaciones extradicionales con países cuyo régimen político sea absolutamente coincidente con el suyo, sino que, respetando la idiosincrasia de cada Estado, optan por un acuerdo con aquellos países que reúnen unos mínimos de *due process of law* que se consideran básicos y esenciales en cualquier ordenamiento. Dicha evaluación se traduce en algo que resulta básico en materia extradicional, que es la decisión de firma de un tratado de extradición, tal y como ha reconocido el propio Tribunal Constitucional en su STC 162/2000, de 12 de junio[140]. Mediante dicha firma, los Estados reconocen mutuamente la existencia en cada uno de ellos de un mínimo de garantías en materia de protección de derechos y obran en consecuencia, como ha señalado la Sala de lo Penal en el Auto 30/2013, Sección 2.ª, de 22 de julio[141], la Sala Pleno en el Auto 95/2013, de 15 de noviembre[142], y la Sección 3.ª de la misma Sala en su Auto 48/2016, de 23 de diciembre[143].

---

140 *"La existencia del Tratado constituye al menos un indicio de la mínima homogeneidad constitucional y jurídico-penal necesaria a efectos de despejar los posibles recelos de desigualdad que el enjuiciamiento bajo las leyes de otro Estado puede suscitar"* (con cita de la STC 87/2000, de 27 de marzo, FJ 5).

141 *"(...) Ha sido publicado en el BOE el tratado de extradición (...) lo que sí nos permite decir es que ha existido un proceso de negociación entre los dos países, al que es inherente el principio de la buena fe, como manifestación del principio de confianza recíproca, tras el que se llega a ese mutuo entendimiento que se plasma en el texto, y que obliga a su cumplimiento en los términos pactados porque, de no ser así, generará la correspondiente responsabilidad internacional (...) Por otra parte, si el Gobierno decide iniciar la negociación con otro Estado a los fines de celebrar un tratado, es porque parte de unos determinados parámetros de homogeneidad, que han de cubrir unos mínimos esenciales en materia de derechos y garantías, de modo que, una vez fragüe en una norma, habremos de quedar vinculado a lo que en ella se plasme".*

142 *"No obstante deducirse que el Estado requirente no es un modelo de sistema democrático de nuestro entorno, el hecho de que España haya firmado con aquel un tratado bilateral de extradición implica una confianza de que Kazajstán respeta los derechos humanos, máxime cuando las autoridades kazajas han expresado en la propia demanda un elenco de garantías que demuestran de modo convincente que a (...) se le otorgarán todos sus derechos a un juicio justo"*. En el mismo sentido, Auto de 9 de enero de 2019, dictado por la Sección 4.ª en el Rollo 45/2018, citando el Auto de Pleno 95/2013, de 15 de noviembre: *"El hecho de que España haya firmado con aquel un tratado bilateral de extradición implica una confianza de que (...) respeta los derechos humanos (...)"*.

143 *"(...) En cuanto a la reciprocidad, por las razones que se decían en el Auto 23/2016, de 15 de abril, del Pleno de la Sala de lo Penal (...) existe reciprocidad jurídica lo que se desprende de la plena vigencia de los Tratados de Extradición firmados entre el Reino de España y los Estados Unidos y del reciente instrumento previsto en el art. III del Acuerdo de Extradición entre la Unión Europea y los Estados Unidos de 25 de junio de 2003"*.

Competencia de la jurisdicción española

La competencia de la jurisdicción española se asienta sobre la presencia del reclamado en territorio español. Por más que nada se diga en la vigente ley, siendo la extradición un procedimiento de cooperación en materia penal en materia de entrega de personas, únicamente se activa cuando, existiendo una petición extradicional o una orden internacional de detención, se localiza a la persona reclamada en territorio español. Esto plantea el problema de la posible existencia de fraude de ley cuando la competencia ha sido policialmente buscada en operaciones conjuntas con la policía del Estado reclamante; esto es, cuando quien reclama acude al denominado *forum shopping*, en este caso, extradicional[144].

De acuerdo con la redacción vigente del art. 12.4 del Código Civil español, "*(...) [se] considerará como fraude de ley la utilización de una norma de conflicto con el fin de eludir una ley imperativa española (...)*". Para que, en hipótesis, existiera fraude en el terreno extradicional, sería preciso que, como consecuencia de la alteración de la competencia, se aplicara una norma, admisible de acuerdo con la Ley del nuevo foro, que chocara con una norma imperativa *(ius cogens)* prevalente si el caso se residenciara ante un foro alternativo; en este caso hipotético, el Juez de la extradición debería declinar su competencia, por imponérselo así el art. 11.2 de la vigente Ley Orgánica del Poder Judicial, con arreglo al cual "*(...) [los] Juzgados y Tribunales rechazarán fundamentalmente las peticiones, incidentes y excepciones que se formulen con manifiesto abuso de derecho o entrañen fraude de ley o procesal (...)*".

Sin embargo, lo cierto es que no existe una reglamentación internacional vinculante que establezca prioridad alguna de una jurisdicción respecto de otra. No existe ni norma ni jurisdicción prevalente, dado que todas se basan en un mismo y único criterio, la presencia del reclamado en su territorio. Por otro lado, lo cierto es que la búsqueda de la competencia española se basa, normalmente, en el hecho de la presencia voluntaria del reclamado en nuestro país, ya sea como destino, ya en tránsito. Es esta decisión del reclamado la que origina la competencia del Tribunal español como regla de *ius cogens*. En definitiva, difícilmente puede hablarse de fraude de ley.

Cuestión distinta es el abuso de derecho. Piénsese en un caso en que las autoridades del país reclamante han solicitado previamente la extradición del ahora reclamado a varios países

---

144 Bautista Samaniego, *Los principios extradicionales (...), op. cit.*, págs. 21 a 22.

distintos de manera infructuosa y deciden esperar al tránsito por territorio español de la persona que es objeto de sus investigaciones a fin de intentar de nuevo el procedimiento de extradición en España. Difícilmente puede no hablarse de un abuso de derecho, que debiera ser evitado mediante la aplicación del principio *forum non conveniens*, neutralizando el *forum shopping* y permitiendo así al Tribunal español renunciar al conocimiento de un caso.

La doctrina del *forum non conveniens* tiene dos finalidades: intenta, por un lado, proteger al reclamado, evitando que la defensa se dificulte en razón a la distancia que lo separa del lugar de su nacionalidad o residencia habitual, y, por otro, procura que toda controversia sea resuelta por las cortes de la comunidad que resulte más afectada por solicitud extradicional (el país del que es nacional o el país donde vive habitualmente).

Aplicado esto al procedimiento de extradición, podría entenderse que, si la jurisdicción española, siendo competente, se elige como foro extradicional de conveniencia tras fracasos previos del país reclamante ante los Tribunales del lugar de residencia habitual o de nacionalidad del reclamado, dicha pretensión es contraria a la buena fe procesal. Significaría un abuso de derecho, máxime cuando se ha podido urdir dicha competencia por las fuerzas policiales como medio de sortear anteriores negativas de otros países. En este punto, debiera considerarse la jurisdicción española como *forum non conveniens* en el procedimiento extradicional.

La Sala Primera del Tribunal Supremo, en la STS 973/2003, de 23 de octubre, considera que *"el abuso del derecho es una institución de equidad para la salvaguarda de intereses que todavía no alcanzan una protección jurídica"*, lo que sería de aplicación al caso en que se utiliza una norma jurídica de manera que excede notoriamente su aplicación ordinaria en perjuicio del *extraditurus*, dado que el elemento objetivo del abuso de derecho se configura, según la STS, Sección 1.ª, 76/1995, de 13 de febrero, con el *"exceso o anormalidad en el ejercicio del derecho y producción de un perjuicio injustificado (Sentencias de 26 de Abril de 1976, 2 de Junio de 1981, 22 de Abril de 1983, 25 de Junio de 1985, 14 de Febrero de 1986, 12 de Noviembre de 1988, 11 de Mayo de 1991, 5 de Abril de 1993, entre otras muchas)"*. En idéntico sentido, la STS, Sección 2.ª, de 19 de enero de 1988, afirma que *"en todo tipo de procedimiento, incluido el penal, por tanto, han de respetarse las reglas de la buena fe, y los juzgados y tribunales han de rechazar, eso sí fundadamente, las peticiones, incidentes y excepciones que se presenten con manifiesto abuso de derecho o entrañen fraude de Ley, conforme al artículo 11.1 y 2 de la Ley Orgánica del Poder Judicial que consagra así un principio esencial de nuestro Ordenamiento con cuya aplicación es procedente profundizar y ahondar insistente e incondicionadamente en la defensa de los derechos fundamentales y de forma paralela rechazar aquellas pretensiones que, con toda evidencia, suponen un claro e inequívoco desviacionismo de la finalidad de la norma invocada o de la vía impugnatoria elegida"*.

A nuestro juicio, la negación de la competencia en este supuesto sería una de las vías para acabar con la estrategia de ciertos Estados –a que hace referencia la doctrina– de esperar a que un ciudadano salga del territorio de su nacionalidad para reactivar una orden internacional de detención y evitar así el principio de no entrega de nacionales vigente en muchos países[145].

[145] Gómez-Jara Díez, C. (2017) *Garantismo penal europeo*, 1.ª ed., Madrid, ed. Iustel, pág. 116.

Una última cuestión se plantea acerca de la competencia en caso de que el sujeto, estando en libertad, haya abandonado el territorio español. Por más que la Sala de lo Penal de la Audiencia Nacional haya manifestado su parecer contrario en alguna ocasión[146], no se entiende un procedimiento de cooperación internacional en materia de entrega de personas si estas se encuentran fuera del alcance de la jurisdicción española y no puede materializarse tal auxilio, resultando un absurdo procesal dictar un auto de busca y captura internacional concurrente con el emitido por el Estado requirente con la única finalidad de traer el reclamado a España para, a su vez, entregarlo al primer Estado. La referencia a "*sea cual fuere el lugar de residencia*" del afectado por el procedimiento extradicional, que se contiene en el art. 65.4 LOPJ, no puede ponerse en este contexto, dado que no fue sino la forma de subrayar la competencia atribuida en la materia a la Audiencia Nacional, en contraposición con la distribución competencial anterior al año 1977, en que las Audiencias Provinciales conocían de la extradición en función de la residencia del reclamado o su lugar de detención[147]. A diferencia de la competencia para la investigación y enjuiciamiento de

---

[146] Auto de la Sala de lo Penal, Pleno, 31/2016, de 25 de mayo: "*La decisión del JCI N.º 3 de autorizar su traslado al lugar de su residencia habitual (...) con obligación de comparecer semanalmente ante el Consulado español (...) no significa una pérdida sobrevenida de jurisdicción ex artículo 65 de la Ley Orgánica del Poder Judicial, dado que el órgano instructor únicamente adoptó la medida menos lesiva para sus derechos fundamentales (...). La competencia exclusiva de esta Audiencia radica en la previsión del artículo 65.4: De los recursos respecto a los instrumentos de reconocimiento mutuo de resoluciones penales en la Unión Europea que les atribuye la ley, y la resolución de los procedimientos judiciales de extradición pasiva sea cual fuere el lugar de residencia o en que hubiese tenido lugar la detención del afectado por el procedimiento*".

[147] Como con buen sentido señala el voto particular al Auto de la Sala Pleno, 31/2016, de 25 de mayo: "*Reitero mi posición de ausencia de jurisdicción española desde el momento en que la reclamada se encuentra físicamente fuera del territorio español. La extradición se refiere única y exclusivamente a personas reclamadas por otro Estado y sobre la que, por encontrarse dentro del ámbito territorial donde se ejerce la soberanía estatal, tiene jurisdicción para su entrega al país interesado. Lo que implica el necesario archivo del procedimiento hasta que la señora (...) se encuentre dentro del territorio español a disposición de la justicia española, para lo que por otra parte se carece por la jurisdicción española de ninguna capacidad coercitiva. Nada jurídicamente legitima una orden internacional de detención ni ningún mecanismo de cooperación permitiría su traída a España contra su voluntad*".

Esta tesis parece haberse impuesto últimamente en el Auto de 21 de septiembre de 2021, dictado por la Sección 4.ª en el Rollo de Sala 11/2021, en el que la Sala acuerda el archivo del expediente "*toda vez que, vulnerando las obligaciones de localización y comparecencias periódicas impuestas por este Tribunal para que pudiera eludir su prisión provisional, el reclamado XXX se ha puesto voluntariamente fuera de la esfera de disposición de este órgano judicial español, que no puede proseguir con los trámites de entrega a Montenegro ante la salida del interesado del territorio español, resultando inviable la entrega y el proceso pierde todo su sentido*".

Esta misma Sección 4.ª se había pronunciado en sentido similar en el Auto 523/2020, de 17 de noviembre, dictado en el Rollo 526/2020, extradición 12/2020 del Central 5, en un caso en que se acordó la prisión provisional de una persona sometida a proceso de extradición que vivía en el extranjero, entendiendo la Sala que "*fundamentaba el auto que acuerda la detención, búsqueda y puesta a disposición judicial de la persona reclamada en los artículos 512 a 515, 791.4 y 835 y siguientes de la Lecrim. Los primeros artículos se refieren a la adopción de la media cautelar de prisión cuando el reo no fuere hallado en su domicilio y se ignore su paradero, supuesto que no es aplicable al caso, puesto que como dijo la reclamada a presencia judicial carecía de ningún domicilio en España y no se le preguntó por el domicilio en el país de residencia, lo que hace inviable la aplicación de los artículos aplicados; por su parte, el artículo 791 citado o guarda relación con la detención ni con la prisión, el 835 también aludido tampoco se refiere a ninguno de los supuestos del caso.*

En definitiva, lo único que podría proceder es librar comisión rogatoria al domicilio facilitado por la presentación legal de la reclamada en Estados Unidos, pero tal medida no es compatible con la obligación legal de la reclamada de permanecer en territorio español, a disposición del juez encargado de la tramitación del procedimiento en tanto aquella se tramita, pero esta obligación no le fue impuesta inicialmente por el Juzgado cuando fue puesta a su disposición, por lo que avanzado el procedimiento no puede transmutarse so pretexto de desconocer su domicilio cuando tal circunstancia fue puesta de manifiesto por la reclamada en su comparecencia inicial.

delitos que, de modo ordinario, sigue los criterios de territorialidad (23.1 LOPJ), personalidad activa (23.2 LOPJ), interés real (23.3 LOPJ), y solo circunstancialmente se basa en la estancia en España del investigado como medio para activar la jurisdicción universal del art. 23.4 LOPJ, la extradición depende por entero de la presencia del reclamado en nuestro territorio. Como recuerda la doctrina, si el sujeto ya no se encuentra a disposición de la autoridad judicial española, resulta inviable la entrega y el proceso pierde todo su sentido. Deberá suspenderse el procedimiento hasta que el reclamado se encuentre en su poder o el Estado requirente retire la solicitud, archivándose la causa entre tanto[148].

Así las cosas, entendiendo el Tribunal que el juez a quo carece de cobertura legal para acordar una medida restrictiva de libertad cuando desde el inicio del procedimiento sabía que la reclamada ni vivía en España ni tenía domicilio en territorio español, procede estimar el recurso y dejar sin efecto la búsqueda, detención y puesta a disposición judicial de la reclamada".

En el mismo sentido, Auto 534/2021, de 19 de octubre, de la Sección 2.ª, al hilo de la solicitud de medida cautelar a cumplir fuera de España: *"La salida del territorio español del reclamado determinaría no solo la pérdida de competencia del tribunal español sino también la pérdida de objeto del procedimiento de extradición instaurado que tiene como finalidad la entrega de una persona que se encuentra en España en un acto de cooperación jurídica internacional entre Estados, si se cumplen los requisitos legales para ello.*

No es por ello factible atender a esta petición de parte, ya que inexorablemente conllevaría el archivo del procedimiento de extradición en tanto el reclamado permaneciera fuera de la jurisdicción española.

La medida cautelar tiene por objeto la presencia y adherencia del reclamado al procedimiento, lo que tampoco se vería garantizado con lo pretendido por la parte, aparte de lo dicho en párrafos anteriores. En conclusión no resulta factible la autorización de la marcha del reclamado fuera de España, pues, a la vista de los Autos de la Sala, una vez que la persona reclamada cruzara nuestra frontera, vedada la posibilidad de dictar un auto de busca y captura, quedaría el procedimiento de extradición irremisiblemente condenado al fracaso al decaer de inmediato la competencia extradicional de esta Audiencia".

[148] Pastor Borgoñón, *op. cit.*, págs. 361 y 362. Gómez Campelo, *Fundamentación (...)*, *op. cit.*, pág. 213.

Derecho a la extradición. Extradición y entregas irregulares. Principio *male captus bene detentus*

La cuestión planteada se refiere a los procedimientos francamente irregulares –el secuestro internacional–, a los actos de entrega informal e, incluso, a aquellos otros contrarios al ordenamiento jurídico de la parte que los entrega[149] y a su repercusión en la validez del procedimiento de la parte requirente. Como se ha dicho con acierto, la extradición supone el Estado de Derecho en materia de entrega de personas, mientras que el secuestro y otras formas ilegales de captura suponen su antítesis[150]. Los secuestros internacionales implican la acción de funcionarios o agentes de un país distinto a aquel en el que actúan, o de particulares a su servicio, que proceden sin el consentimiento del Estado donde el arresto ilegal tiene lugar[151]. Los casos en que agentes del país en que se produce el secuestro se conducen ilegalmente y en connivencia con los anteriores también pueden ser clasificados dentro de esta categoría, por más que algunos autores manifiesten sus dudas al respecto al entender que, en este último supuesto, no existiría violación de la integridad territorial del Estado donde tiene lugar el rapto[152].

Si bien la doctrina critica de manera casi unánime tal proceder [153] postulando que, como actos contrarios al Derecho internacional, incluso debiera retornarse de nuevo al reclamado al país de cuyo territorio fue ilegalmente expulsado o secuestrado[154], las sentencias de los

149 García Sánchez, *op. cit.*, págs. 68 y 69.

150 Bassiouni, *op. cit.*, pág. 274.

151 Bassiouni, *op. cit.*, págs. 280 y 321.

152 Bassiouni, *op. cit.*, pág. 280.

153 García Sánchez, *op. cit.*, págs. 160 a 177. Sin embargo, equiparándola a la extradición, Bean, J. *Terrorism, Extradition and International Law*, Journal of International Relations, vol. 9, University of Pennsylvania, spring 2007, pág. 19: "*Within the body of legal action –outside of armed force options– there exist three methods for acquiring the custody of an individual terrorist after they have been captured by a foreign state or identified as living in a foreign state. These are extradition, abduction, or irregular rendition*".

154 Herrero Rubio, A. (1968) *Discurso de apertura del curso académico de la Universidad de Valladolid, 1968-1969*, Valladolid (digitalizado por la biblioteca de la Universidad, consultado el 18 de septiembre de 2017), págs. 39 y 40, donde resume el debate: "*La restitución del individuo ilícitamente capturado o ilegalmente extradido ha sido interpretada de modo distinto por la doctrina. Para Üppenheim y Lauterpacht se trata de una consecuencia ineludible de la responsabilidad internacional en que se ha incurrido, por lo que «con independencia de otra satisfacción, el primer deber del Estado captor es la entrega de la persona*

distintos Tribunales[155] hacen caso omiso de tal opinión doctrinal, de acuerdo con el principio *male captus, bene detentus*, o *male captus, bene judicatus*[156], a despecho del principio *ex injuria ius non oritur.*

El principio *male captus, bene detentus* se refiere a aquellos casos en que, existiendo un procedimiento judicial legítimo en el Estado reclamante, se producen irregularidades en el proceso de entrega, básicamente, en la detención y en el traslado a disposición de la autoridad judicial. No podrían incluirse en ese concepto aquellos otros supuestos, llamados también *extraordinary renditions*, en que, sin mediar causa por delito, se detiene ilegalmente a una persona, permaneciendo desposeída de libertad de forma indefinida sin proceso judicial y sin expectativas de que vaya a haberlo, con aplicación, además, de torturas[157]. Solo el primer supuesto, a nuestro juicio, entraría dentro del principio *male captus, bene detentus*[158]. Incluso, dentro de él debiéramos distinguir dos casos: *el male captus* activo y el pasivo. El primero sería aquel en que, vigente un proceso y orden de detención sobre el reclamado en el Estado reclamante, oficiales o agentes de la autoridad de este último o particulares a sus órdenes[159] cometen un acto irregular de privación de libertad en el país

---

al Estado en cuyo territorio ha sido arrestado». Por el contrario, para el profesor O'Higgins, no puede hablarse de una regla consuetudinaria, a lo sumo de un uso, consecuencia de la cortesía internacional, o de las relaciones de buena vecindad, pero nunca de una obligación jurídica. Por último, Cocatre-Zilgien, habla de «una posible laguna del derecho internacional en este punto, por lo que sería deseable que, en adelante, los tratados de extradición prohibiesen expresamente a las autoridades del Estado captor ejercer jurisdicción represiva sobre los delincuentes arrancados contra su voluntad al Estado de asilo»".

155 Que, como señala Sadoff, D. A. (2016) en *Bringing International Fugitives to Justice*, Cambridge University Pres, New York, pág. 558, No es un principio ni costumbre internacional aceptada, sino una práctica de los Tribunales internos de los distintos países: *"As to the first index, domestic courts have never characterized the male captus principle as mandated by international law, in fact, it has always been treated as a domestic rule applicable mainly in terms of distinguishing the respective roles of the judicial and executive branches of government. Although adopted by a large number of States, the principle has not yet been accorded customary international law status, and there is no evident opinion iuris (...) supporting that practice and, increasingly, domestic courts are even deviating from its application".*

156 Feinrider, M. "Extraterritorial Abductions: A Newly Developing International Standard", *Akron Law Review*, vol. 14 (1981), Iss. 1, Article 3, pág. 28: *"While international abductions are a violation of traditional international law, the practice of the courts of most nations has been not to allow the illegality of the apprehension to interfere with their exercise of jurisdiction over the suspect (...)".*

157 En este sentido, Messineo, F. "The Abu Omar Case in Italy: «Extraordinary Renditions» and State Obligations to Criminalize and Prosecute Torture under the UN Torture Convention", Journal of International Criminal Justice, vol. 7, Oxford University Press, 2009, págs. 3 a 5. Bassiouni, *op. cit.*, pág. 274.

158 En apoyo de esta distinción, dejando fuera los procesos de privación de libertad irregular en caso de mediar causa por delito, véase Messineo, F., *op. cit.*, pág. 5: *"(...) Renditions are not male captus, bene detentus instances in which a person accused of a criminal offence is seized abroad with a view to try him or her in the USA. The expression of extraordinary renditions is a euphemism designed to avoid more proper terms like abductions, enforced disappearance kidnapping or, simply, illegal transfer".*

159 Prieto Sanjuán, R. "Crisis y derecho internacional. A propósito del caso Granda (Venezuela/Colombia)", International Law, Revista Colombiana de Derecho Internacional, vol. 3, n.º 5, 2005, pág. 596: *"Es de señalar que, estas operaciones pueden ser adelantadas directamente por agentes del Estado o Estados interesados, pero también puede ser contratada con personas privadas (jurídicas o naturales), los famosos contractors –un término mucho más elegante que el de mercenarios–, quienes cooperan o se substituyen completamente a la misión oficial. Este mecanismo puede ser admitido de manera abierta, o como subterfugio pues resulta evidente que podría comprometer la responsabilidad del Estado, en la medida en que los comportamientos de los agentes de facto son imputables al Estado al cual sirven (...)".* Una distinción más detallada de lo que califica como aprehensiones extraterritoriales alegales en Feinrider, M. *op. cit.*, págs. 27 y 28: *"1) abduction by State agents acting unilaterally; 2) abduction by State agents acting with the aid or connivance of the asylum State; 3) abduction by private individuals in the employ of the apprehending State; 4) abduction by police agents of the asylum State in the employ of*

de residencia de aquel para ponerlo a disposición de la Corte reclamante[160]; es el caso analizado por primera vez en la Corte Suprema de Estados Unidos en el caso Ker en 1886 (Ker *vs.* Illinois State) y que dio origen a la llamada doctrina Ker-Frisbie[161]. El segundo (male *captus* pasivo) sería aquel en que, existiendo un procedimiento y una orden de detención en el Estado reclamante, se produce una irregularidad en la entrega por parte de las autoridades del Estado de residencia o del país reclamado sin intervención alguna de los agentes del primer Estado.

Con relación al *male captus bene detentus* activo, la génesis de esta teoría se encuentra en la doctrina Ker, que nace a raíz del secuestro de Frederick M. Ker en 1883 en Lima, durante la invasión de Perú por el ejército chileno. Habiendo acordado las autoridades peruanas su entrega a EE. UU. según el vigente tratado de extradición, un agente de la agencia Pinkerton, ante la falta de una autoridad a la que dirigirse, toma la decisión de detener él mismo a Frederick Ker y trasladarlo a EE. UU. sin autorización de la justicia local[162]. Frente a la alegación de una posible vulneración de la cláusula del art. 14 de la Enmienda a la Constitución de los Estados Unidos, que declara que ningún Estado puede

---

the apprehending State; 5) abduction by «volunteers»; 6) delivery of the suspect by asylum State agents to agents of the apprehending State outside of the channels of the extradition process; and, 7) expulsion of the suspect through improper applications of immigration laws so that the suspect is «delivered» to waiting State agents at the port of entry of the apprehending State".

160 Esta relación horizontal entre Estados es lo que diferencia los casos de *male captus* del supuesto visto por la Corte Internacional para Yugoslavia en el llamado asunto Nikolic. El Tribunal, en su *Decision on Defence Motion Challeging de Exercise of Jurisdiction by the Tribunal (Trial Chamber II en resolución de 9 de octubre de 2002*, http://www.icty.org(x/cases/dragan_nikolic/tdec/en/10131553.htm) consideró que, dado que la relación entre dicha corte y los Estados era de carácter vertical, las órdenes de detención emitidas eran de carácter vinculante y con efectos propios y directos en todos los países, lo que aleja las sospechas de irregularidad incluso en un caso como el tratado, en que civiles no identificados detuvieron a Nikolic y lo entregaron a fuerzas de la SFOR. Podemos añadir que dicha relación vertical y eficacia directa ampararía las detenciones efectuadas por particulares, de la misma forma en que en nuestro país lo hacen los arts. 490 y 491 LECrim.

161 Para una explicación general de la doctrina Ker-Frisbie véase Candela Sánchez, C. "Una aproximación a la doctrina Ker-Frisbie: ¿debido proceso versus largo brazo de la justicia?", Revista electrónica Ius et Veritas n.º 29, 2004, págs. 41 a 46.

162 *In extenso*, Candela Sánchez, *op. cit.*, págs. 41 y 42: *"Frederick M. Ker, nacional norteamericano, fue encausado, juzgado y declarado culpable por un tribunal de Illinois (condado de Cook) por la comisión del delito de larceny (hurto) y embezzlement (desfalco) en agravio de un banco de Chicago. El gobernador de Illinois solicitó al Secretario de Estado la extradición de Frederick M. Ker en relación a los delitos cometidos. A su vez, el Secretario de Estado, aceptando la solicitud, la elevó al presidente Chester Alan Arthur para que rubricara la autorización de entrega dirigida al cónsul de los Estados Unidos en Lima, a fin de gestionar la detención del señor Ker de conformidad con el Tratado de Extradición de 1870 entre los Estados Unidos y el Perú. El 1 de marzo de 1883, el Presidente de los Estados Unidos rubricó la solicitud, encargando a Henry G. Julian, agente de Pinkerton contratado por el banco como detective-emisario, la recepción de Ker de parte de las autoridades peruanas. El emisario Julian arribó a Lima-Perú en la primavera de 1883, mientras el país vivía los últimos años de la Guerra del Pacífico. Así pues, lo que quedaba del gobierno peruano se encontraba al interior de Arequipa, a 85 millas de Lima. Por el contrario, la capital peruana se encontraba bajo ocupación militar por las fuerzas chilenas bajo el comando del almirante Patricio Lynch, quien no tenía ningún compromiso en preservar la soberanía peruana. Bajo estas condiciones, Julian, que contaba con los necesarios documentos de autorización expedidos en su país más sin presentarlos ante ninguna autoridad peruana, tomó la decisión de arrestar con violencia a Ker el 1 de abril de 1883, conduciéndolo al puerto del Callao para confinarlo en el buque norteamericano de guerra Essex, hasta el 10 de mayo de 1883 en que arribaron a Honolulu. Ker permaneció varias semanas a bordo, hasta el 2 de julio de 1883, en que abandonó el Essex para ser obligado a embarcarse en el buque City of Sydney hacia San Francisco, California donde arribó el 9 de julio de 1883. Luego, Ker fue llevado por Frank Warner, agente del gobernador de Illinois, quien lo condujo a Chicago donde estaba instaurado el proceso por la corte del condado de Cook".*

privar a ninguna persona de la vida, libertad o propiedad sin un debido proceso legal, la Corte Suprema de EE. UU., en Sentencia de 6 de diciembre de 1886 (119. US. 436), entendió que se cumplía el debido proceso legal cuando el procesado era acusado regularmente por el gran jurado competente de la Corte estatal, tenía un juicio con arreglo a las formas y modos prescritos para dichos juicios y, finalmente, cuando, en ese juicio y procedimiento, no era privado de derechos que legalmente le estaban garantizados[163]. En definitiva, consideró que la presencia física del acusado ante el Tribunal era suficiente para que el procedimiento fuera válido, sea cual fuere el método usado para hacerle comparecer. Esta doctrina fue reiterada en el caso Frisbie *vs.* Collins (34. US. 519), dictada por el Tribunal Supremo de USA en fecha 10 de marzo de 1952[164]. Más tarde, fue reafirmada en el asunto Estados Unidos de América *vs.* Humberto Álvarez Machain, resuelto por la Sentencia del Tribunal Supremo de EE. UU. de fecha 15 de junio de 1992 (504. US. 655)[165].

Álvarez Machain, el día 2 de abril de 1990, fue apresado por informantes pagados por la DEA, a los que se les ofreció 50.000 dólares más gastos para capturarlo y entregarlo a los EE. UU. Ese día 2, cinco o seis hombres armados irrumpieron en su oficina, le pusieron una pistola y le dijeron que, o cooperaba, o le pegarían un tiro. Luego fue llevado a una casa en Guadalajara. Allí le fueron aplicadas descargas eléctricas en cinco o seis ocasiones. Le inyectaron una sustancia que le hizo sentir aturdido. Luego fue llevado a León, donde preguntó dónde le llevaban. Le dijeron que con la DEA y que iban a El Paso (Texas). Altos oficiales de la DEA dieron el visto bueno al secuestro. Al parecer, la oficina del Fiscal General de USA también fue consultada. Como consecuencia de los hechos, el Gobierno de México envió una protesta oficial al Gobierno de los EE. UU. por violación del Tratado de Extradición de 4 de mayo de 1978. Llevado el caso ante los Tribunales Federales, Álvarez Machain acusó a la DEA de su secuestro y el Tribunal de Distrito decidió que no había lugar a su procesamiento por haber sido apresado de manera ilegal, violando el citado Tratado de Extradición. El Tribunal ordenó que fuera repatriado a México. El Tribunal Federal de Circuito confirmó la sentencia del Tribunal de Distrito. Sin embargo, al ser llevado el caso ante el Tribunal Supremo de los EE. UU., este órgano judicial reiteró la doctrina Ker-Frisbie y entendió que, por encima de las posibles violaciones de Derecho internacional por invasión de la soberanía de otro Estado, ello no impedía la vigencia de la jurisdicción de un Tribunal de los Estados Unidos. Consideró, además, que, dado que el Tratado de Extradición con México no prohibía las conducciones irregulares, no se "veía" afectado. En cuanto a la vulneración del derecho a la libertad, presente, por ejemplo, en el art. 9 de la Declaración

---

[163] Candela Sánchez, *op. cit.*, pág. 42.

[164] *"This Court has never departed from the rule announced in Ker. V. Illinois 119.US. 436, that the power of a court to try a person for crime is not impaired by the fact that he had been brought within the courts's jurisdiction by reason of forcible abduction. No persuasive reasons are now presented to justify overruling this line of cases. They rest on the sound basis that due process of law is satisficed when one present in court is convicted of crime after having been fairly apprised of the charges against him, and after a trial in accordance with constitutional procedural safeguards. There is nothing in the Constitution that requires a court to permit a guilty person rightfully to escape justice because he was brought to trial against his will".*

[165] Pero antes, como apunta Candela Sánchez, puede apreciarse la aplicación de esta doctrina en los casos Eichman y Manuel Noriega, *op. cit.*, págs. 44 y 45. Un recorrido bastante exhaustivo por toda una serie de supuestos, hoy ya olvidados, en que agentes de un Estado han detenido a una persona en el territorio de otro Estado se contiene en Herrero Rubio, *op. cit.*, págs. 8 a 14 y 34 a 35; también en Sadoff, D. A., *op. cit.*, págs. 561 a 570.

Universal de los Derechos Humanos, desdeña su vulneración al entender que no está pensando en el ámbito extradicional[166]. Sin embargo, el voto particular del Juez STEVENS señala las consecuencias de tal razonar: "*Es cierto, como hace notar el tribunal, que no hay promesa expresa por ninguna de las partes de abstenerse de realizar secuestros forzosos en el territorio de la otra nación. Basada en esa omisión, la corte concluye que el tratado meramente crea una un método opcional de obtener jurisdicción sobre el sospechoso, y que las partes silenciosamente se reservaron el derecho a recurrir a la autoayuda cuando consideraran la fuerza más expeditiva que un proceso legal. Si los Estados Unidos, por ejemplo, consideraran más oportuna la tortura o, simplemente, ejecutar a una persona,*

---

166 *"El Tribunal de Apelación admitió la desestimación del procedimiento y la repatriación del demandado, de acuerdo con su decisión en el caso EE. UU. c. Verdugo-Uzquidez (...) En el caso Verdugo, el Tribunal de Apelación defendió que el secuestro de un nacional mexicano con la autorización o la participación de EE. UU. violaba el Tratado de extradición entre EE. UU. y MÉXICO. Aunque el Tratado no prohíbe de modo expreso tal secuestro, el Tribunal de Apelación afirmó que el «fin» del tratado se violaba con una conducción forzosa y ello, unido a una protesta formal de la nación ofendida, concedía al acusado el derecho de invocar la violación del tratado como causa de incompetencia del Tribunal de Distrito respecto a su caso. El Tribunal de Apelación defendió además que el remedio adecuado para esta violación había de ser la desestimación de la acusación y la repatriación del acusado a México (...).*

Al preparar un Tratado, como al preparar una Ley, se examinan primero sus términos para después determinar su contenido. El Tratado nada dice de las obligaciones de los EE. UU. y MÉXICO de impedir las conducciones forzosas desde una localidad del territorio a la otra Nación ni de las consecuencias derivadas si tal secuestro se produce (...) La historia de la negociación y de la ejecución del Tratado tampoco sirve para comprobar si las conducciones ajenas al Tratado constituyen una violación del Tratado (...) Por tanto, el lenguaje del Tratado, en su contexto histórico, no confirma la idea de que el Tratado prohíba las conducciones ajenas a él (...).

El demandado afirma que el Tratado debe ser interpretado teniendo presente la costumbre internacional y como los secuestros internacionales «están claramente prohibidos en el Derecho Internacional», no habría razón alguna para incluir una cláusula de ese tenor en el mismo Tratado. La prohibición internacional de los secuestros internacionales se prueba también acudiendo a la Carta de las Naciones Unidas y a la Carta de la Organización de los Estados Americanos. El demandado no argumenta que dichas fuentes del Derecho Internacional supongan una base independiente para sostener las afirmaciones jurídicas del demandado según las cuales no puede ser juzgado en los EE. UU., sino que más bien sirven para la interpretación de los términos del Tratado.

El Tribunal de Apelación consideró esencial, para admitir que el acusado tenía derecho según el Tratado, que el Gobierno extranjero afectado hubiese efectuado una protesta. Ello se deduce del caso Verdugo (...) («si hay secuestro, debe existir una protesta formal presentada tras el secuestro por el Gobierno implicado»). El acusado admite que el derecho ejercido por el individuo deriva del derecho de las Naciones de acuerdo con el tratado, puesto que las Naciones están autorizadas, a pesar de los términos de un tratado de extradición, a entregar voluntariamente a un individuo a otro País en términos completamente ajenos a los previstos en el Tratado. Por tanto, la protesta formal asegura que la Nación «ofendida» objeta actualmente el secuestro y que en tal caso no ha entregado voluntariamente al individuo para su procesamiento (...).

Este argumento, así como los restantes presentados por el acusado, nos parece inadmisible. El Tratado de Extradición tiene valor jurídico y, si, como afirma el demandado, es de aplicabilidad directa, de ello se deriva que un tribunal debe aplicarlo sin tener en cuenta el carácter ofensivo de la práctica de una Nación respecto a otra Nación (...).

Todavía más importante es el hecho de que ninguno de los argumentos de Derecho internacional aducidos por el demandado se refiere a la práctica de las Naciones relativa a los tratados de extradición (...) El demandado se vale del argumento de que el Tratado actúa como una prohibición contra la violación de un principio general del Derecho Internacional según el cual ningún gobierno puede «ejercer su poder gubernativo en el territorio de otro Estado». Existen muchas acciones que pueden ser realizadas por una Nación que pueden violar este principio, pero no puede afirmarse con seriedad que una invasión de los EE. UU. por MÉXICO pueda violar los términos del Tratado de Extradición entre las dos Naciones (...).

Los principios generales citados por el demandado no llegan a persuadirnos de que debamos deducir del Tratado de Extradición entre EE. UU. y MÉXICO la existencia de una cláusula que prohíba los secuestros internacionales (...) El hecho de que el demandado haya sido secuestrado no impide su enjuiciamiento por un tribunal de los EE. UU., por la violación del Derecho Penal de los EE. UU.".

que intentar su extradición, esas opciones también estarían disponibles dado que tampoco fueron explícitamente prohibidas por el tratado. Eso, sin embargo, es una interpretación altamente improbable de un acuerdo consensuado que, literalmente, aparenta haber previsto reglas integrales y exclusivas concernientes a la materia extradicional"[167].

La doctrina Ker-Frisbie se ve respaldada por la posición mantenida mayoritariamente por los Tribunales norteamericanos, que circunscribe la aplicación de las garantías constitucionales al territorio USA. Excluye, pues, su vigencia extraterritorial y la limitación de sus órganos y agentes en el exterior[168]. Así, en el asunto United States *vs.* Verdugo-Urquidez (494. US. 259), decidido por Sentencia del Tribunal Supremo de 28 de febrero de 1990, este órgano judicial consideró que la cuarta enmienda a la constitución de los EE. UU. no era aplicable a los registros llevados a cabo por agentes estadounidenses respecto de propiedades de un extranjero en el extranjero, a diferencia de lo dispuesto en la quinta enmienda, que recoge el derecho a no incriminarse como uno de los derechos fundamentales del proceso. El Tribunal entendió que la locución que aparece en la cuarta enmienda, "*el pueblo*", contrasta con la usada en las enmiendas quinta y sexta, que se refieren a la persona o al acusado, llegando a la conclusión de que se refiere a una clase de personas que son parte de la comunidad nacional o han desarrollado suficientes vínculos con esta para ser considerados parte de ella. Tuvo en cuenta, además, que permitir la invocación de la cuarta enmienda a ciudadanos extranjeros sin vínculos con los EE. UU. abriría el paso a demandas frente a miembros de los poderes ejecutivo y legislativo por actos realizados fuera del país[169].

A pesar de todo, la mejor doctrina norteamericana considera que la aplicación de la máxima *male captus bene detentus*, en la que una corte hace valer una jurisdicción *in personam* sin investigar los medios a través de los cuales se produjo la presencia del investigado en el proceso, no disuade la utilización de estas técnicas de detención por agentes estatales, a la vista de la validez de sus efectos[170]. Se recurre a ellas tras la frustración de un proceso extradicional, pero la solución consiste en hacer de la extradición un cauce más eficiente, no en reemplazarlo por medios legalmente cuestionables[171].

Sin discutir que el órgano judicial que ha emitido una orden de detención con anterioridad no tiene por qué ser un Tribunal *ex post facto* y puede gozar de un régimen orgánico y procesal que tampoco puede calificarse de excepcional, consideramos que el problema no es tanto la previa existencia de jurisdicción en abstracto o en potencia que pueda amparar

---

[167] Original en inglés en Bassiouni, *op. cit.*, pág. 311.

[168] Como señala González Vega, J. "¿Colmando los espacios de «no derecho» en el Convenio Europeo de Derechos Humanos? Su eficacia extraterritorial a la luz de la jurisprudencia", Revista AEDI, vol. XXIV, 2008, pág. 147. Véase al respecto, Bassiouni, *op. cit.*, págs. 294 a 299. La posición del Tribunal Constitucional respecto de actos de los poderes públicos españoles es justo la contraria, de acuerdo con la STC 21/1997, de 10 de febrero: "*En efecto, es procedente recordar aquí, de un lado, que «los poderes públicos españoles no están menos sujetos a la Constitución cuando actúan en las relaciones internacionales (...) que al ejercer ad intra sus atribuciones», como se ha dicho en la Declaración de este Tribunal de 1 de julio de 1992, fundamento jurídico 4, y ello es aplicable a las autoridades y funcionarios dependientes de dichos poderes*".

[169] *In extenso*, Bassiouni, *op. cit.*, págs. 297 y 298.

[170] Bassiouni, *op cit.*, pág. 275.

[171] Bassiouni, *op. cit.*, pág. 276.

la presencia del detenido ante el Tribunal, sino si el ejercicio de la jurisdicción en concreto o en acto en un caso de una previa detención ilegal es legítimo o debe ser rechazado por vulnerar el derecho a la libertad recogido en los convenios internacionales[172]. Por consiguiente, la cuestión clave es la de si las vulneraciones de este derecho y de sus garantías (plazo de detención, derecho a asistencia letrada, tutela judicial, *habeas corpus*) producidas en detención afectan a la integridad del procedimiento principal.

En puridad, estamos ante una medida cautelar de carácter personal, irregular en su adopción y mantenimiento (*male captus*), que no tiene por qué afectar a los indicios existentes en la causa ni viciarlos de nulidad, pues es completamente ajena a ellos —salvo que, junto al ilegalmente entregado, se aportara en el mismo acto una diligencia de prueba practicada de manera igualmente irregular—, de la misma forma que una nulidad en cuanto al exceso en el plazo de la prisión provisional no tiene efectos anulatorios en la pieza principal. Por otra parte, tampoco priva al Tribunal competente de su jurisdicción, pues esta es preexistente y determinada conforme a las normas procesales y orgánicas correspondientes.

Ahora bien, la duda que se suscita es la de la admisibilidad del ejercicio de la jurisdicción y sus límites; esto es, si resulta aceptable dicho ejercicio respecto de una persona en cuya puesta a disposición judicial ha mediado una privación de libertad vulneradora de las garantías más elementales. No es tanto la adquisición de jurisdicción *in personam*, como afirma la doctrina norteamericana[173], como que, existiendo dicha jurisdicción previamente, resulte ilícita su activación concreta. En definitiva, si estamos ante un quebrantamiento del "*debido proceso*", de manera que el Tribunal pueda considerar que, por más que materialmente el detenido esté a su disposición, jurídicamente no deba entenderse así. En este punto, debemos distinguir, de nuevo, entre el *male captus* activo y el pasivo. En cuanto al primero, la doctrina clásica del Tribunal Supremo de EE. UU. deja fuera de la vulneración del derecho al debido proceso las irregularidades en el proceso de detención, al considerar que, en virtud del principio de separación de poderes, el Tribunal no puede interferir en las decisiones del Poder Ejecutivo. La conducta de los agentes estatales quedaría fuera de su autoridad[174]. Sin embargo, dicha regla no es del todo cierta, pues los Tribunales sí cuestionan la actuación de los agentes policiales —Poder Ejecutivo— cuando presentan evidencias ilegalmente obtenidas delante de un Tribunal. La doctrina considera, además, que el ejercicio del poder unilateral para detener a ciudadanos en países extranjeros, reteniéndolos sin control judicial, sin asistencia letrada o sin poder recurrir a los Tribunales para regularizar su situación de libertad, sí viola el debido proceso[175], debiendo el Tribunal competente, en palabras de la minoritaria doctrina del Segundo Circuito Federal del 15 de mayo de 1974

---

172 Art. 9 de la Declaración de Derechos Humanos de 1948. Art. 9 del Pacto Internacional de Derechos Civiles y Políticos de 1966.

173 Bassiouni, *op. cit.*, pág. 278.

174 Feinrider, *op. cit.*, pág. 30: "*In 1952, in Frisbie v. Collins, «a case involving a domestic extra-legal interstate apprehension, the Supreme Court of the United States specifically upheld its ruling in Ker. In spite of the revolution in the jurisprudence of due process that was already beginning, the Court held that due process was not violated when a suspect was forcibly kidnapped by police agents acting outside of their jurisdictional boundaries». Justice Black wrote, «[D]ue process of law is satisfied when one present in court is convicted of crime after having been fairly apprised of the charges against him and after a fair trial in accordance with constitutional procedural safeguards»*".

175 Candela Sánchez, *op. cit.*, pág. 46.

(500. F. 2d. 267) en el asunto Toscanino, despojarse de jurisdicción sobre la persona acusada cuando ha sido adquirida como resultado de una deliberada, innecesaria e irrazonable invasión gubernamental de sus derechos constitucionales[176].

En el caso Toscanino, este alegó que se había utilizado un señuelo para que abandonara su casa en Montevideo, concretamente, una llamada realizada por un miembro de la policía de Montevideo, que actuaba como agente pagado por el Gobierno de los EE. UU., para quedar en una bolera poco frecuentada. Allí fue secuestrado por siete miembros de la Policía y golpeado hasta dejarle inconsciente; le vendaron los ojos, le encerraron dentro de un coche y le llevaron a la frontera brasileña. Allí, un grupo de brasileños se hizo cargo de él. Toscanino narró que fue incesantemente torturado e interrogado durante 17 días. A lo largo de todo este período, el Gobierno y el Fiscal de los EE. UU. en el Distrito Este de Nueva York a cargo del caso estuvieron al tanto del interrogatorio y recibieron informes sobre sus progresos. El acusado estuvo incomunicado y sus peticiones de contactar con sus familiares fueron denegadas. Finalmente, Toscanino fue llevado a Río de Janeiro, donde fue drogado por agentes brasileños y norteamericanos y puesto en un vuelo a los EE. UU. bajo la custodia de agentes norteamericanos[177]. A la vista de los hechos, el Tribunal consideró que aparecería como cómplice del acto ilícito, suponiendo el endoso de dicha práctica un estímulo para la realización de detenciones al margen de la ley[178]. Es por ello por lo que la Corte consideró que el ejercicio de la jurisdicción en estos casos resultaba ilegítimo, y ello con independencia de que el procedimiento penal en sí no estuviese contaminado. A mayor abundamiento, de considerarse el llamado principio de especialidad extradicional no solo como una regla que afecta a los Estados intervinientes, sino también como un derecho del *extraditurus*[179], el secuestro internacional, que vulnera la soberanía del Estado, al impedir el obligado pronunciamiento de los Tribunales del lugar de residencia sobre la amplitud de una hipotética extradición al Estado beneficiario del secuestro, implica también el quebrantamiento de un derecho individual, afectando directamente al debido proceso. El resultado sería, en estos supuestos, de *male captus, male detentus*. El consentimiento tácito o expreso del poder público del país de residencia en nada afecta al fondo de la cuestión cuando la entrega se ha hecho por medio de actos manifiestamente ilegales según la propia normativa del Estado donde se encuentra el detenido[180], pues subsiste la violación de sus derechos [181].

---

[176] Feinrider, M., *op. cit.*, pág. 31: *"(...) due process (...) now require[s] a court to divest itself of jurisdiction over the person of a defendant where it has been acquired as the result of the government's deliberate, unnecessary and unreasonable invasion of the accused's constitutional rights"*. En el mismo sentido, Bassiouni, *op. cit.*, pág. 300. Sin embargo, como apunta el propio Bassiouni, págs. 301 y 302, el Segundo Circuito Federal ha limitado su doctrina a casos en que se han invadido los derechos constitucionales del acusado de forma deliberada, innecesaria e irrazonable, según la sentencia Lujan *vs.* Gengler, de 8 de junio de 1975 (510 f.2d 62).

[177] Bassiouni, *op. cit.*, pág. 301.

[178] Sadoff, *op. cit.*, pág. 557.

[179] El art. 66.2 del Convenio Schengen permite interpretarlo en tal sentido, pues hace referencia expresa a la *"protección que le confiere (al extraditurus), el principio de especialidad"*.

[180] Discrepamos en ese punto de Sebastián Montesinos, *op. cit., pág.* 39, que sitúa como uno de los elementos definitorios de la inexistencia de *male captus* el consentimiento del Estado donde se realiza el secuestro. La complicidad de las autoridades del Estado requerido en un acto manifiestamente ilegal perpetrado por el requirente no elimina el *male captus*.

[181] Bassiouni, *op. cit.*, pág. 280.

Por el contrario, este consentimiento, la aparente ilegalidad de la entrada en el país y la subsiguiente justificación como expulsión por entrada irregular fueron lo que sirvió al Tribunal Europeo de Derechos Humanos para rechazar el recurso planteado por Abdullah Öcalan contra Turquía en su Sentencia de 12 de marzo de 2003[182]. En dicho asunto, el Tribunal, tras afirmar que, en principio, la detención de una persona en el territorio de un Estado sin el consentimiento de las autoridades del mismo afecta al derecho a la libertad y seguridad[183], concluye diciendo que la cooperación entre Estados, dentro del ámbito extradicional o en materia de deportación, con el propósito de presentar a los fugitivos ante la justicia, no interfiere con ninguno de los derechos reconocidos en el Convenio[184].

A modo de conclusión, podemos mantener que la presencia del reclamado ante el Tribunal que lo reclama, tras la previa vulneración del derecho a la libertad reconocido en los convenios internacionales, impide el ejercicio de la jurisdicción en concreto al haberse infringido el derecho al debido proceso[185]. La consecuencia debiera ser la de nulidad radical de este, en nuestro caso, al amparo de lo recogido en el art. 238.1 LOPJ, al hallarnos ante una manifiesta falta de jurisdicción respecto de quien ha sufrido un secuestro como medio para lograr una puesta a disposición judicial[186].

Respuesta distinta, a nuestro parecer, merece el llamado *male captus pasivo*, también identificado como entrega irregular[187]. Si el Estado reclamante no es responsable de las posibles anomalías procedimentales que hayan podido cometerse en el Estado reclamado, el ejercicio de la jurisdicción resulta legítimo. Es el caso recogido en el ATC 398/2004, de 27 de octubre, y en la STS, Sala Segunda, de 15 de febrero de 2002. Los Tribunales han establecido que no existe un derecho a que la entrega realizada por las autoridades del Estado requerido se lleve a cabo por medio de la extradición con consecuencias anulatorias en el proceso penal, dado que las normas españolas sobre extradición solo son aplicables a nuestro territorio y no vinculan a otros Estados que, por otra parte, no están sometidos a la jurisdicción de nuestros Tribunales[188]. No se está en presencia de un acto

---

182 Sobre el caso, véase Sadoff, *op. cit.*, págs. 477 a 480.

183 *"The Court accepts that an arrest made by the authorities of one State on the territory of another State, without the consent of the latter, affects the person's individual rights to security under Article 5 § 1 (see, to the same effect, Stocké v. Germany, 12 October 1989, Series A no. 199, opinion of the Commission, p. 24, § 167)".*

184 *"The Court points out that «the Convention does not prevent cooperation between States, within the framework of extradition treaties or in matters of deportation, for the purpose of bringing fugitive offenders to justice, provided that it does not interfere with any specific rights recognised in the Convention» (ibid., pp. 24-25, § 169)".*

185 Van den Wijngaert, *op. cit.*, págs. 62 y 63.

186 Discrepamos por tanto de García Sánchez, *op. cit.*, pág. 171, que aboga por aplicar aquí la doctrina del Tribunal Constitucional sobre la nulidad de la prueba. Como ya hemos señalado, no es un problema de prueba, sino de ejercicio de jurisdicción.

187 García Sánchez, *op. cit.*, pág. 172.

188 En el caso Öcalan, el TEDH afirmó que *"As regards extradition arrangements between States when one is a party to the Convention and the other not, the Court considers that the rules established by an extradition treaty or, in the absence of any such treaty, the cooperation between the States concerned are also relevant factors to be taken into account for determining whether the arrest that has led to the subsequent complaint to the Court was lawful. The fact that a fugitive has been handed over as a result of cooperation between States does not in itself make the arrest unlawful or, therefore, give rise to any problem under Article 5 (see, to the same effect, Freda v. Italy, application no. 8916/80, Commission decision of 7 October 1980, (DR) 21 p.*

de los poderes públicos españoles que haya vulnerado el ordenamiento jurídico, que es la diferencia esencial con el supuesto anterior. En consecuencia, tanto el Tribunal Constitucional[189] como el Tribunal Supremo[190] rechazan los recursos presentados.

250; Klaus Altmann (Barbie) v. France, application no. 10689/83, Commission decision of 4 July 1984, (DR) 37, p. 225; Luc Reinette v. France, application no. 14009/88, Commission decision of 2 October 1989, (DR) 63 p. 189). The Court reiterates that «inherent in the whole of the Convention is a search for a fair balance between the demands of the general interest of the community and the requirements of the protection of the individual's fundamental rights. As movement about the world becomes easier and crime takes on a larger international dimension, it is increasingly in the interest of all nations that suspected offenders who flee abroad should be brought to justice. Conversely, the establishment of safe havens for fugitives would not only result in danger for the State obliged to harbor the protected person but also tend to undermine the foundations of extradition» (Soering v. the United Kingdom, 7 July 1989, Series A no. 161, p. 35, § 89).

The Court further notes that the Convention contains no provisions concerning the circumstances in which extradition may be granted, or the procedure to be followed before extradition may be granted. It considers that, subject to its being the result of cooperation between the States concerned and provided that the legal basis for the order for the fugitive's arrest is an arrest warrant issued by the authorities of the fugitive's State of origin, even an extradition in disguise cannot as such be regarded as being contrary to the Convention (see the Commission's case-law to this effect, Illich Sánchez Ramírez v. France, cited above)".

[189] *"En realidad las alegaciones del demandante pueden resumirse en una esencial que ha provocado no pocas polémicas doctrinales: el pretendido derecho al proceso de extradición que implicaría un derecho a no ser entregado al país requirente salvo que exista un proceso de extradición, pues lo contrario implicaría un fraude de Ley.*

(...) Como este Tribunal ha puesto de manifiesto en no pocas ocasiones (por todas, SSTC 102/1997, de 20 de mayo, F. 6 y 32/2003, de 13 de febrero, F. 2), el procedimiento de extradición es, por su naturaleza, un acto de auxilio judicial internacional, en cuya fase judicial no se decide acerca de la hipotética culpabilidad o inocencia del sujeto reclamado ni se realiza un pronunciamiento condenatorio. Esto que hemos afirmado sobre ella los órganos judiciales españoles, es aplicable, como punto de partida, a este caso (...). Hemos dicho, también con reiteración, que el recurso de amparo puede ser un remedio para depurar las posibles vulneraciones de derechos fundamentales cometidas por los poderes públicos españoles, pero no lo es para las que pudieran haber cometido las autoridades extranjeras. En el ATC 113/2000, de 3 de mayo, lo afirmamos expresamente: «El amparo no constituye un recurso universal contra las lesiones de derechos producidas fuera del ámbito donde dichos poderes públicos españoles actúan, entendiendo la noción de poderes públicos como un 'concepto genérico que incluye a todos aquellos entes (y sus órganos) que ejercen un poder de imperio, derivado de la soberanía del Estado y procedente, en consecuencia a través de una mediación más o menos larga, del propio pueblo' (STC 35/1983, de 11 de mayo, F. 3)». Por ello, dijimos, nuestro prisma de análisis al resolver sobre un recurso de amparo planteado ante el Tribunal Constitucional no debe ser la resolución extranjera, «sino el acto del poder público español respectivo que la convalida y que, por ello, puede lesionar eventual e indirectamente alguno de los derechos comprendidos entre los arts. 14 a 30 de nuestra Ley Fundamental». A la misma conclusión nos lleva el principio de igualdad soberana de los Estados consagrado en el art. 2.1 de la Carta de las Naciones Unidas, mencionado en el Preámbulo del Convenio de Viena sobre Relaciones Diplomáticas de 1961, y reconocido en nuestra STC 140/1995, de 28 de septiembre, F. 8, conforme al cual nos está vedado enjuiciar directamente la adecuación a nuestra Constitución de actos realizados por autoridades extranjeras".

[190] *"Es cierto que las autoridades francesas no utilizaron el procedimiento de extradición para la entrega de los reclamados, sino que se limitaron, tras haber cumplido cada uno de ellos su condena en Francia, a trasladarlos a la frontera donde los pusieron en manos de la policía española que procedió a su detención para ser aquí enjuiciados en diferentes procedimientos, entre otros el que ahora nos ocupa.*

Como bien dice la sentencia recurrida, y hemos dicho y repetido también en esta sala (Ss 14.12.89, 28.6.90, 18.11.99 y 3.3.2000), la extradición es un procedimiento que se acuerda entre Estados para que uno, tras los correspondientes trámites para comprobación de los requisitos exigidos, entregue al otro a un posible criminal que se encuentra en el primero y que tiene que ser enjuiciado en el segundo (...). El Estado que realiza la entrega no está obligado a seguir el procedimiento de extradición y puede optar por hacerla directamente a las autoridades del país donde ha de realizarse el enjuiciamiento sin necesidad de observar otras normas que no sean las del propio país que la realiza sobre el correspondiente procedimiento de expulsión, y sin que las autoridades del país beneficiado por la entrega puedan intervenir de otro modo que no sea el de la simple recepción con la consiguiente detención y medidas que correspondan para asegurar el debido trámite para la preparación y celebración del juicio correspondiente.

Así se hizo en el presente caso y no corresponde a las autoridades judiciales españolas exigir que las del país vecino hayan actuado en el procedimiento de expulsión y entrega de conformidad con su propio ordenamiento judicial. Nada cabe hacer aquí al respecto. El Estado español se ha de limitar a ejercitar su

Como puede observarse, nuestros órganos judiciales no se han encontrado frente al supuesto extremo que originó la doctrina vigente en los Estados Unidos, a saber, un secuestro llevado a cabo por las propias autoridades policiales del país reclamante, sino únicamente ante el caso de ilegalidades en el procedimiento de entrega por parte del país de residencia del reclamado y ajenas al procedimiento español. El Tribunal Supremo ha rechazado que, en este caso, exista un fraude de ley, pues estamos ante una decisión soberana de un Estado extranjero que utiliza una u otra vía en resolución completamente ajena a nuestras autoridades judiciales[191], que, además, no están obligadas a utilizar una solución "sanatoria" de una irregularidad procedimental extranjera. Efectivamente, frente a lo que afirma la doctrina[192], los arts. 824[193] y 829[194] LECrim. no obligan a solicitar la extradición de quien ya se encuentra en nuestro territorio y a disposición del Tribunal competente, sino que consagra un principio de obligatoriedad en materia de búsqueda de personas, en concordancia con el principio de legalidad del art. 2 LECrim., que rechaza cualquier atisbo de oportunidad o de tacticismo procesal en lo relativo a extradiciones activas; por ejemplo, impediría la retirada de una petición extradicional –y, por extensión, de una OEDE (Orden Europea de Detención y Entrega)– por el simple hecho de no *"gustar al tribunal los términos de la entrega"*. Tanto uno como otro artículo están pensando en la obligatoriedad de solicitar y mantener la petición extradicional de los *"fugados"* en los términos en que están definidos en el art. 826 LECrim.[195], pero no de quien ya está bajo la autoridad efectiva del órgano judicial. El art. 192 de la Ley de Reconocimiento Mutuo, en redacción dada por Ley 3/2018, referida a la Retirada de una Orden Europea de Investigación, confirma que únicamente se

«ius puniendi» respecto de los delitos sobre los que le corresponde conocer, conforme a nuestra propia legislación, a través del correspondiente procedimiento y con observancia de las garantías previstas en nuestra Constitución y leyes procesales (...). Cierto es que algún sector doctrinal defiende la tesis de que la entrega de ciudadanos de un Estado a otro para su enjuiciamiento sin acudir al procedimiento de extradición constituye un supuesto de fraude de ley del art. 6.5 del Código Civil.

Esta *sala ya se ha pronunciado en contra de esta tesis (véase el final del fundamento de derecho 1.º de la sentencia de 3.3.2000 antes citada) y en tal sentido nos tenemos que pronunciar nosotros aquí. No nos encontramos ante un caso en el que se haya utilizado abusivamente una norma para obtener un resultado prohibido por el ordenamiento jurídico. Aquí hubo una entrega de hecho por parte de las autoridades francesas con la cual no se conseguía ningún resultado contrario a ninguna norma, sino el mismo que se habría obtenido con la extradición: la entrega del ciudadano. Simplemente Francia renunció al procedimiento de extradición como podía hacerlo en el ejercicio de su soberanía. Podía haber exigido de España la extradición, pero no lo hizo por las razones que fueran, que a las autoridades judiciales españolas no nos interesan. No hubo fraude de ley. No hubo utilización fraudulenta de una norma para eludir la aplicación de otra. Simplemente, Francia como Estado soberano, decidió no seguir el procedimiento de extradición en beneficio de España y a España no le corresponde otra cosa que seguir los procedimientos judiciales correspondientes, como aquí estamos haciendo".*

[191] En contra, Bellido Penadés, *op. cit.*, pág. 203.

[192] Bellido Penadés, *op. cit.*, pág. 202.

[193] *"Los Fiscales de las Audiencias y el del Tribunal Supremo, cada uno en su caso y lugar, pedirán que el Juez o Tribunal proponga al Gobierno que solicite la extradición de los procesados o condenados por sentencia firme, cuando sea procedente con arreglo a derecho".*

[194] *"El Juez o Tribunal que conociere de la causa acordará de oficio o a instancia de parte, de resolución fundada, pedir la extradición desde el momento en que, por el estado del proceso y por su resultado sea procedente con arreglo a cualquiera de los números de los artículos 826 y 827".*

[195] El artículo se refiere a los españoles que hayan delinquido en España y se hayan refugiado en país extranjero; los españoles que, habiendo delinquido en el extranjero contra la seguridad exterior del Estado, se hubieren refugiado en país distinto del que delinquieron y, finalmente, los extranjeros que, debiendo ser juzgados en España, se hubieren refugiado en país que no es el suyo.

prevén motivos de legalidad –proporcionalidad– y no de oportunidad en la retirada de instrumentos de cooperación[196].

El art. 66 del Convenio Schengen tampoco empece al *male captus bene detentus* pasivo; todo lo contrario, más bien lo legitima y lo hace irrevocable para el afectado de contar con su consentimiento. Solo entendiéndolo al revés se puede llegar a una conclusión distinta[197]. Efectivamente, la norma se refiere al caso de que la extradición no estuviera "*manifiestamente prohibida*" por el derecho de la parte requerida; esto es, admite que las entregas, salvo aquellas que sean palmariamente irregulares, no podrán ser discutidas por el entregado si presta su consentimiento, y ello en el Estado requerido, que es quien ha adoptado la decisión, y ante sus Tribunales de Justicia.

---

196 "*La autoridad española competente comunicará a la autoridad de ejecución en el plazo de diez días si decide (...) retirar (...) la orden europea de investigación en los siguientes supuestos:*

a) *Cuando la autoridad de ejecución comunique que el resultado perseguido por la orden europea de investigación puede conseguirse mediante una medida de investigación menos restrictiva que la solicitada por la autoridad de emisión.*

b) *Cuando la autoridad de ejecución comunique que la medida de investigación solicitada no existe en su derecho o no está prevista para un caso interno similar, pero existe otra medida distinta que puede ser idónea para los fines de la orden solicitada*".

197 Como parece hacerlo Bellido Penadés, *op. cit.*, págs. 204 y 205.

Comienzo del proceso extradicional

Nuestra Ley de Extradición, siguiendo la estela de la anterior norma de 26 de diciembre de 1958[198], consagra un procedimiento extradicional mixto, gubernativo–judicial, que consta de tres fases: una primera, gubernativa, de admisión; una segunda, judicial, de examen de la concurrencia de los requisitos legales de la extradición, y una tercera, gubernativa, en que, concurriendo dichos requisitos, el Gobierno se pronunciará sobre la conveniencia de la entrega evaluando el interés del Reino de España en su concesión[199]. Como se ha seña-

---

198 Con la diferencia de que la Ley de 1958 solo contemplaba una intervención inicial del Gobierno de la Nación y una fase judicial posterior sin nueva evaluación gubernamental de la entrega, lo que suscitó la perplejidad de la doctrina. Véase Pastor Borgoñón, *op. cit.*, pág. 151.

199 STS 1260/2018, Sala Tercera, de 17 de julio: "*Como se indica en la sentencia de 16 de marzo de 2015, rec. 449/2014, una constante jurisprudencia del Tribunal Supremo (sentencia de 22 de noviembre de 2002, 20 de enero de 2003 y 7 de noviembre de 2006) ha abordado la naturaleza del procedimiento de extradición, considerando que se trata de «[(...)] un procedimiento mixto, de naturaleza administrativa y judicial, en el que se pueden distinguir tres fases: dos gubernativas, la primera y la última, estando en medio la decisiva fase judicial. Estas tres fases están perfectamente delimitadas por la Ley, siendo por otro lado totalmente independientes, aunque se subsigan unas y otras». La primera de las fases está regulada en los arts. 7 a 11 de la Ley 4/85, de 21 de marzo, de Extradición Pasiva, y tiene la finalidad de iniciar el procedimiento de extradición, ante las solicitudes deducidas por el país extranjero que corresponda y de decidir si ha lugar o no, a continuar el procedimiento en vía judicial sobre la base de los arts. 2 a 5 de dicho texto legal y los Tratados de extradición en su caso suscritos por España con el país requirente. La segunda, es la fase judicial, prevista en los arts. 12 a 18 de la Ley 4/85, en esta fase, como recuerda también esta Sala en las sentencias arriba reseñadas, «no se decide acerca de la hipotética culpabilidad o inocencia del sujeto reclamado, ni se realiza un pronunciamiento condenatorio, sino simplemente se verifica el cumplimiento de los requisitos y garantías previstos en las normas para acordar la entrega del sujeto afectado». La tercera fase está contemplada en el art. 18 en relación al art. 6 de la Ley de Extradición Pasiva, se concreta a la actuación del Gobierno decidiendo la entrega física de la persona reclamada o a la denegación de la extradición, una vez que se le ha comunicado el auto del Tribunal declarando procedente la extradición. Esta denegación, sin embargo, se limita a los supuestos específicamente previstos en el párrafo segundo del citado art. 6 de la Ley 4/85, esto es: «Atendiendo al principio de reciprocidad, o a razones de seguridad, orden público o demás intereses esenciales para España».*

En el mismo sentido, STC 104/2019, de 16 de septiembre: "*Podemos anticipar que este planteamiento no se cohonesta con una concepción judicial consolidada que tiende a considerar las tres fases o momentos del procedimiento de extradición pasiva como procedimientos separados y sucesivos, que responden a ámbitos y fines nítidamente diferenciados y no susceptibles de confusión o solapamiento. En efecto, desde la perspectiva de la legalidad ordinaria, la jurisprudencia de la Sala de lo Contencioso-Administrativo del Tribunal Supremo (por todas, las SSTS 3552/2015, de 21 de julio, recurso núm. 518-2014, FJ 3, y 1710/2018, de 3 de diciembre, recurso núm. 283-2017, FJ 2) ha coincidido en señalar, de modo reiterado, que la extradición constituye un procedimiento mixto, de naturaleza administrativa y judicial, en el que se pueden distinguir tres fases: dos gubernativas, la primera y la última, estando en medio la decisiva fase judicial. Estas tres fases están perfectamente delimitadas por la ley, siendo por otro lado totalmente independientes aunque se subsigan unas y otras. Igualmente, en interpretación de los arts. 6 y 18 de la Ley de extradición pasiva (LEP), ha destacado que cuando el Gobierno accede a la entrega de la persona*

lado doctrinalmente, un procedimiento gubernativo puro, como el que existía en España antes de la Ley de 1958[200], sería inconstitucional: afectando la extradición a la libertad personal, debe ser objeto de tutela judicial[201]. Nuestro sistema, por otra parte, responde a una práctica generalizada en el terreno extradicional. Es sumamente extraño encontrar un procedimiento gubernativo puro. También lo es hallar un procedimiento exclusivamente judicial. El sistema mixto, en sus dos variables de dictamen judicial consultivo o vinculante (en este caso, normalmente solo cuando la resolución del Tribunal se opone a la entrega), se ha generalizado[202].

La Ley 4/1985 supuso un cambio trascendental respecto a la norma anterior, puesto que esta situaba en primer término la fase gubernativa y en segundo y último lugar la judicial, surgiendo problemas, ya reseñados por la doctrina, de fijación de plazos de detención y de aplicación gubernativa del principio de reciprocidad, pues esta se realizaba sin saber el devenir judicial del procedimiento[203]. En el sistema actual, la primera fase es de recepción y examen de la documentación, que culmina con acuerdo del Consejo de Ministros de abrir o no la fase judicial; la segunda, de análisis judicial de la concurrencia de los requisitos extradicionales, y la última, de decisión a cargo del Gobierno.

El procedimiento comienza con la solicitud extradicional. Como apunta la doctrina[204], toda solicitud extradicional debe contener los elementos de identificación del reclamado, la concreción de la conducta que motiva la solicitud y su tipificación, así como la existencia de una imputación formalizada en el Estado requirente. La Ley española así se pronuncia. El art. 7.1 de la Ley establece que la solicitud de extradición se formulará por vía diplomática o directamente por escrito del Ministerio de Justicia de la parte requirente al Ministerio de Justicia español[205]. Como aprecia la doctrina, una cosa es la solicitud extradicional y otra muy distinta el título extradicional[206]. Mientras la solicitud se identifica con el escrito en que la autoridad del país correspondiente solicita la extradición de una persona, el título se corresponde con la sentencia, auto de procesamiento o resolución equivalente que justifica la petición. No existe una forma prestablecida para uno u otro. Por otra parte, en modo alguno, la previa orden de detención constituye título

---

solicitada al Estado español, después de haber sido autorizada la extradición por el órgano judicial que conoce de la reclamación, el Consejo de Ministros no decide sobre la extradición sino que se limita a no ejercer las potestades discrecionales y excepcionales que le confiere el mencionado precepto, de tal forma que en esos supuestos se limita a ejecutar la decisión judicial".

[200] En este sentido, véase Vacas Medina, L. (1962) *La extradición y su procedimiento*, Madrid, pág. 18, donde describe el procedimiento: *"Antes de la ley de 1958 (...) las extradiciones pasivas las concedía, en procedimiento meramente gubernativo, generalmente sin oír al acusado, el Ministerio de Asuntos exteriores que interesaba a la Dirección General de Seguridad la detención y entrega, en su caso de los delincuentes reclamados"*. Apunta igualmente a la existencia de un proyecto anterior, de fecha 4 de diciembre de 1882, regulador del procedimiento de extradición.

[201] Cezón, *op. cit.*, pág. 31.

[202] Van den Wijngaert, *op. cit.*, págs. 38 y 39.

[203] Pastor Borgoñón, *op. cit.*, pág. 142.

[204] Gómez Campelo, *Fundamentación (...)* , *op. cit.*, pág. 140.

[205] Novedad de la Ley, dado que el art. 10 de la Ley de 26 de diciembre de 1958 únicamente hacía referencia a la vía diplomática. Dicha posibilidad supone una indudable agilización del proceso, como ya señalara en su día Pastor Borgoñón, *op. cit.*, pág. 141, criticando la anterior normativa extradicional.

[206] Cezón, *op. cit.*, pág. 144.

extradicional, como recuerda el Auto 36/2018, de 6 de junio, de la Sección 2.ª de la Sala de lo Penal de la Audiencia Nacional[207], reiterando doctrina del Auto 21/2016, de 25 de mayo, de la misma sección[208].

A esta solicitud deberá acompañarse, según la letra a) del precepto, la sentencia condenatoria o el auto de procesamiento y prisión o resolución análoga según la legislación del país requirente, con expresión sumaria de los hechos y lugar y fecha en que fueron realizados. Ante la inexistencia de procesamiento en otros países, se admite una memoria explicativa en que se haga relato detallado de los actos imputados y sus consecuencias, según Auto de la Sala de lo Penal de la Audiencia Nacional, Pleno, 15/2011, de 14 de abril.

Tradicionalmente se entendió que era posible una solicitud firmada por un Fiscal, sin título judicial habilitante. El *Explanatory Report to the European Convention of Extradition* de 13 de diciembre de 1957, en su comentario al art. 1 del Convenio Europeo de Extradición, parecía avalar esta postura[209]. Asimismo, aunque dictada al hilo de una OEDE, la STJUE de 10 de noviembre de 2016, en el Asunto C 453/16 PPU, consideró que el artículo 8, apdo. 1, letra c), de la Decisión Marco 2002/584/JAI del Consejo, de 13 de junio de 2002, relativa a la Orden de Detención Europea y a los Procedimientos de Entrega entre Estados Miembros, en su versión modificada por la Decisión Marco 2009/299/JAI del Consejo, de 26 de febrero de 2009, debía interpretarse en el sentido de que constituye una "resolución judicial" a efectos de dicha disposición, una ratificación por el Ministerio Fiscal de una orden de detención nacional emitida anteriormente con el fin de ejercitar una acción penal por un servicio de policía. Nótese que el Tribunal, en sus considerandos, no establecía limitación alguna relativa a las condiciones concretas de cada Ministerio

---

207 *"En cuanto al hecho de que en la demanda extradicional se incluya un nuevo cargo, hemos de recordar que el título extradicional no lo constituye la orden de detención, sino la posterior solicitud de extradición con la documentación que le acompaña conforme a lo establecido en el Convenio (...). En este sentido, la Sección 1.ª de la Sala de lo Penal, en auto 11/2001, de 21 de marzo, o el más reciente auto 9/2018, del Pleno, de 26 de enero, decía que el procedimiento de extradición se inicia en sentido estricto con la petición formal del país requirente y el contenido de esta petición formal de entrega es lo que determina el objeto del procedimiento. La detención preventiva constituye una fase puramente cautelar para asegurar la presencia del reclamado, y el hecho de que en la orden internacional de detención solo se mencione uno de los delitos (...) no limita el contenido de la posterior solicitud de entrega, cuando esta se formula ante las autoridades diplomáticas del país donde el reclamado ha sido localizado. La detención preventiva no es indispensable para la tramitación de un procedimiento de extradición"*.

208 *"(...) Aun cuando admitiéramos que la orden de detención adolece de los defectos que alega la parte, ello no sería óbice para, desde ahí, dar el salto de denegar la extradición (...). Así lo consideramos, porque lo fundamental para que prospere cualquier extradición es que el órgano requerido cuente con el correspondiente título extradicional que no, necesariamente, es una mera orden de detención pues es aquel el que fija el objeto del procedimiento y que se ha de concretar por medio de la documentación que, al efecto, exija la norma convencional que regule la extradición (...). En este sentido, la Sección 1.ª de la Sala Penal, en auto 11/2001, de 21 de marzo decía que «el procedimiento de extradición se inicia en sentido estricto con la petición formal del país requirente y el contenido de esta petición formal de entrega es la que determina el objeto del procedimiento. La detención preventiva constituye una fase puramente cautelar para asegurar la presencia del reclamado, y el hecho de que en la orden internacional de detención solo se mencione uno de los delitos (...) no limita el contenido de la posterior solicitud de entrega, cuando esta se formula ante las autoridades diplomáticas del país donde el reclamado ha sido localizado. La detención preventiva no es indispensable para la iniciación del procedimiento de extradición»"*.

209 Explanatory Report (Council of Europe, European Treaty Series-N.º 24), pág. 4: *"The term «competent authorities» in the English text corresponds to autorités judiciaires in the French text. These expressions cover the judiciary and the Office of the Public Prosecutor but exclude the police authorities"*.

Público, sino que, literalmente, entendía que en el concepto de autoridad judicial está el Ministerio Fiscal[210].

Es por ello por lo que cabía entender que la locución *resolución análoga* contenida en el artículo 7.1.a) LEP podía no provenir de una autoridad judicial en sentido estricto, causa por la que el Auto de la Sala de lo Penal de la Audiencia Nacional, Pleno, 37/2017, de 19 de septiembre, accedió a una extradición solicitada por la Fiscalía de la Federación Rusa en la que se contenían los requisitos fijados en este artículo. En el mismo sentido, Auto de la Sala de lo Penal de la Audiencia Nacional, Sección 2.ª, 59/2018, de 8 de noviembre[211]. Y esa es también la causa de que, en muchos tratados, por ejemplo, el firmado con la República Popular China, se haga referencia en su art. 7 a) a la "*autoridad competente*", que será la acordada y designada por el Estado reclamante, sin necesidad de que sea una autoridad judicial *sensu stricto*. Igualmente, el art. 10 d) del Tratado de Extradición EE. UU.-España hace referencia a la "*orden de detención emitida por un juez u otro funcionario judicial*", lo que no puede dejar de entenderse como una orden de detención emitida por un Fiscal. A ello no obstaría la posible dependencia del Poder Ejecutivo ni que careciera de un estatus propiamente judicial.

Por otro lado, existían precedentes de derecho comparado. En el caso Julian Assange contra Suecia, visto ante el Tribunal Supremo del Reino Unido, se planteó muy gráficamente que la mutua confianza también se resume en "*quién confía en quién*", al hilo de que fue la Fiscalía sueca, y no un Juez, quien emitió la orden europea de detención, reproduciendo una discusión que ya había tenido lugar en el Parlamento italiano durante la elaboración de su ley de transposición. Julian Assange objetó la orden de detención europea por dos motivos: el primero, que había sido emitida por un Fiscal, de quien no podía decirse que fuera una autoridad judicial, y, en segundo término, que la autoridad judicial debía ser imparcial e independiente, mientras que los Fiscales son parte en el proceso penal y no pueden, por tanto, entrar dentro de la categoría de Poder Judicial.

El Tribunal Supremo del Reino Unido, en su sentencia de 30 de mayo de 2012[212], ponente Lord Philips, entendió que, en primer término, los miembros del Ministerio Público ya

---

[210] "*32. A este respecto, el Tribunal de Justicia declara en los apartados 33 y 38 de la sentencia Poltorak (C 452/16 PPU), que se dicta hoy, que, en el contexto de la Decisión Marco, en particular en el contexto del artículo 6, apartado 1, de esta, el concepto de «autoridad judicial» debe entenderse en el sentido de que designa a las autoridades que participan en la administración de la justicia penal de los Estados miembros, con exclusión de los servicios de policía.*

36. *A este respecto, de la información facilitada al Tribunal de Justicia por el Gobierno húngaro se desprende que la ratificación de la orden de detención nacional por el Ministerio Fiscal aporta a la autoridad judicial de ejecución la garantía de que la orden de detención europea está basada en una resolución que ha tenido un control judicial. Tal ratificación justifica, por tanto, el grado de confianza elevado entre los Estados miembros mencionado en el apartado anterior de la presente sentencia*".

[211] "*Cuestiona también la defensa que la solicitud de extradición sea formulada por la Fiscalía General y no por una autoridad judicial, negando legitimidad a la Fiscalía de la Federación Rusa para formular la solicitud. No es posible compartir tal alegación, que ha sido resuelta de forma unánime y constante por la jurisprudencia. No existe motivo para considerar que solo las autoridades estrictamente judiciales pueden dirigir demandas de extradición, comenzando porque ni la Ley de Extradición Pasiva ni el Convenio Europeo de Extradición exigen este requisito, este último se refiere a las autoridades competentes, por ejemplo, en su art. 16. No puede sostenerse, ni siquiera implícitamente, que solo la autoridad judicial puede poner en marcha el mecanismo de cooperación judicial de la extradición, menos con una lectura sesgada del Convenio que solo exige la orden de arresto de la autoridad competente de emisión (art. 16 CEE)*".

[212] Puede consultarse en www.supremecourt.uk/decided- cases/docs/UKSC_2011_0264_judgement.pdf.

habían tenido cabida en el concepto de autoridad judicial en los Convenios de 1957 y 1990; en segundo lugar, que la sujeción de los miembros del Ministerio Público al principio de legalidad y su independencia debía tenerse en cuenta a la hora de incluirles en el término "autoridad judicial[213]"; finalmente, que de acuerdo con el primer borrador de Decisión Marco, resultaba indudable la inclusión del fiscal en el concepto[214]: *"Teniendo en cuenta el rango de significados que «autorité judiciaire» es capaz de abarcar, no es de extrañar que la frase reciba a menudo alguna definición adicional. Se encuentran ejemplos de particular relevancia en el presente contexto en el «Rapport explicatif» del Convenio Europeo de Extradición de 1957 (ver párrafo 26 más abajo y en la definición de «autorité judiciaire» en el artículo 3 del primer borrador de la Decisión Marco en sí) véase el párrafo 46 más abajo".*

"Otro ejemplo se encuentra en el artículo 18.7 de la Convención Europea de 1990 sobre el lavado de dinero: «(...) soit autoritée par un juge, soit par une autre autorité judiciaire, y compris le ministère public» (mi énfasis). La Srta. Rose en su escrito se refirió a otro ejemplo, en la versión en inglés, en la definición de «autoridad expedidora» con respecto a un Orden Europea de obtención de evidencias conforme al artículo 2 (c) de la Decisión Marco pertinente (2008/978/JAI)), a saber: «... (i) un juez, un tribunal, un juez de instrucción, un fiscal, o (ii) cualquier otra autoridad judicial según lo definido por el Estado de emisión y, en el

---

213 "36. *As the issue on this appeal is whether a public prosecutor constitutes a «judicial authority» under Part 1 of the 2003 Act, it is appropriate to consider the nature of that office. Public prosecutors as their name suggests are public bodies that carry out functions relating to the prosecution of criminal offenders. On 8 December 2009 the Consultative Council of European Judges and the Consultative Council of European Prosecutors published for the attention of the Committee of Ministers a joint Opinion (2009) that consisted of a Declaration, called the Bordeaux Declaration together with an Explanatory Note. This comments at para 6 on the diversity of national legal systems, contrasting the common law systems with the Continental law systems. Under the latter the prosecutors may or may not be part of the "judicial corps"*. Equally the public prosecutor's autonomy from the executive may be complete or limited. Para 23 of the Note observes: "*The function of judging implies the responsibility for making binding decisions for the persons concerned and for deciding litigation on the basis of the law. Both are the prerogative of the judge, a judicial authority independent from the other state powers. This is, in general, not the mission of public prosecutors, who are responsible for bringing or continuing criminal proceedings".*

37. *A recurrent theme of both the Declaration and the Note is the importance of the independence of the public prosecutors in the performance of their duties. Para 3 of the Declaration states that judges and public prosecutors must both enjoy independence in respect of their functions and also be and appear to be independent of each other. Para 6 states:*

"The *enforcement of the law and, where applicable, the discretionary powers by the prosecution at the pre-trial stage require that the status of public prosecutors be guaranteed by law, at the highest possible level, in a manner similar to that of judges. They shall be independent and autonomous in their decision-making and carry out their functions fairly, objectively and impartially."*

The *Note comments at paras 33 and 34 that public prosecutors must act at all times honestly, objectively and impartially. Judges and public prosecutors have, at all times, to respect the integrity of suspects. The independence of the judge and the prosecutor is inseparable from the rule of law.*

38. *Later the Note deals with the roles and functions of judges and public prosecutors in the "pre-criminal" procedures:*

"At the pre-trial stage the judge independently or sometimes together with the prosecutor, supervises the legality of the investigative actions, especially when they affect fundamental rights (decisions on arrest, custody, seizure, implementation of special investigative techniques, etc.)".

Both *the function and the independence of the prosecutor must be borne in mind when considering whether, under the Framework Decision, the term "judicial authority" can sensibly embrace a public prosecutor".*

214 "54. *In summary, under the September draft it was beyond doubt that "judicial authority" was a term that embraced both a court and a public prosecutor. It was a precondition to the issue of a valid EAW that there should have been an antecedent process leading to an "enforceable judicial decision which would involve deprivation of liberty". The subsequent decision to issue the EAW might be taken by the same judicial authority responsible for the antecedent decision, or another. There was nothing to indicate that this could not be a public prosecutor. The scheme had much in common with the 1957 Convention, as implemented under Schengen, stripped of political involvement".*

caso específico, actuando en su calidad de autoridad investigadora en los procesos penales (...).

El tribunal no tuvo duda alguna acerca de que la autoridad emisora de una orden europea de detención y entrega podía ser el Ministerio Público de cualquiera de los países miembros de la Unión, en los términos del artículo 6 de la Decisión Marco de 13 de junio de 2002. Es por ello que ni siquiera planteó una cuestión prejudicial al respecto, de acuerdo con la doctrina del acto claro[215].

Sin embargo, la perspectiva cambia a partir del giro jurisprudencial que da el Tribunal de Justicia de la Unión Europea a partir de las SSTJUE 27 de mayo de 2019, casos OG-P1 y PF, así como en las posteriores de 12 de diciembre de 2019, casos JR-IC y XD, en las que afirma que el Ministerio Fiscal, en cuanto competente para ejercer la acción penal en el marco de un procedimiento, puede emitir una OEDE , siempre que tenga un estatus de independencia. Ahora bien, en este supuesto, será preciso un control de proporcionalidad de su decisión a cargo de una autoridad judicial en sentido estricto, que puede ser previo, simultáneo o posterior, y que solo se relativiza cuando la orden de detención europea tiene por objeto la ejecución de la pena, porque en tal caso su proporcionalidad resulta de la condena impuesta. Reitera el Tribunal su doctrina en la STJUE de 13 de enero de 2021, caso MM.

Pues bien, a raíz de estas sentencias, el Tribunal Constitucional español, en sus SSTC 147/2020, de 19 de octubre[216], y 147/2021, de 12 de julio[217], introduce la necesidad de que la petición extradicional, aunque emitida por un Fiscal, venga avalada por resolución emitida por una autoridad judicial en sentido estricto. El Tribunal realiza un exportación indiscriminada de toda la doctrina sentada por la Corte europea en las resoluciones anteriormente citadas, si tener en cuenta que los escenarios son distintos, como incluso el propio tribunal reconoció en la STC 132/2020 , cuando afirmó rotundamente la distinta naturaleza de OEDE y extradición, y afirmó claramente que *"los límites de las facultades de control por parte del juez español podían variar en virtud de la existencia o no de un tratado de extra-*

---

[215] Huelin Martínez De Velasco, J., *La cuestión prejudicial europea. Facultad/obligación de plantearla*, en la obra colectiva La cuestión prejudicial europea. European Inklings (IVAP), n.º 4, 2014, págs. 57 y 49, con cita de las Sentencias de 16 de enero de 1974, Rheinmühlen-Düsseldorf (166/73, apartado 3); 27 de junio de 1991, Mecanarte (C-348/89, apartado 44); 10 de julio de 1997, Palmisani (C-261/95, apartado 20); 16 de diciembre de 2008, Cartesio (C-210/06, apartado 88); y 22 de junio de 2010, Melki y Abdeli (C-188/10 y C-189/10, apartado 41), entiende que estaos ante un acto claro *"cuando la correcta aplicación se imponga con tal evidencia que no deje lugar a duda razonable alguna sobre la solución a la cuestión suscitada, en el bien entendido de que el juez debe llegar a la convicción de que la solución se impondría igualmente con la misma evidencia a los órganos judiciales de los demás Estados miembros, así como al propio Tribunal de Justicia... le descarga de la obligación de preguntar al Tribunal de Justicia porque no hay nada que aclarar o explicar; si no hay oscuridad, si todo está claro y explicado, sobra la potestad exegética"*.

[216] *"El Tribunal de Justicia de la Unión Europea establece con meridiana claridad que no hay garantía efectiva del derecho a la libertad reconocido en el artículo 6 de la Carta de los derechos fundamentales de la Unión Europea sin una mediación judicial que controle la necesidad y proporcionalidad de la medida que la afecte, y que la posible intervención de cualquier otra autoridad pública a la que el derecho interno del Estado miembro atribuya una participación significativa en la administración de la justicia penal del país, como puede ser el caso de determinadas fiscalías en función de las atribuciones procesales que les confiera el derecho nacional, demandará en todo caso la inexcusable concurrencia de una autoridad judicial incluso en aquellos casos en que sea incuestionable su independencia estructural del poder ejecutivo (PF, Fiscal General de Lituania, apartado 56)"*.

[217] *"Las resoluciones judiciales impugnadas en el presente recurso de amparo al aceptar de las autoridades angoleñas, como soporte de la demanda extradicional, un escrito del fiscal carente de genuino refrendo judicial, han incurrido en un déficit de tutela del derecho a la libertad del reclamado"*.

dición que diera cobertura a la entrega, al entender que la existencia de un tratado «constituye al menos un indicio de la presencia de la mínima homogeneidad constitucional y jurídico-penal que ha de estimarse necesaria a efectos de despejar posibles recelos ante la hipotética desigualdad que pudiera producirse a un nacional como consecuencia de su enjuiciamiento bajo las leyes de otro estado» (STC 102/2000, FJ 8)". Es precisamente la existencia de tratado lo que marca la diferencia esencial respecto de la OEDE, sobre todo cuando dicho tratado se remite a la legislación interna de los países contratantes. En esta sentencia, justamente, el Tribunal, con relación al juicio en ausencia, no objeta la remisión a la legislación interna colombiana, sino que pone el acento en la ausencia de notificación al interesado de la existencia de proceso.

Mientras que en la orden europea estamos ante una comunidad de derecho formada a raíz de la cesión de soberanía por los países miembros, con un tribunal común y normativa propia de la Unión, en la extradición, de mediar tratado, nos encontramos ante dos soberanías que acuerdan autónomamente los términos y condiciones en que se va a proceder a la entrega en extradición ,respetando ambos Estados los procedimientos judiciales internos de la contraparte. Ninguno puede imponer al otro su propia doctrina o jurisprudencia sobre cuál sea la autoridad interna competente para solicitar la extradición. Una cosa es que, a falta de Convenio, las autoridades judiciales españolas puedan aplicar en su integridad nuestro ordenamiento, que incluirá toda la doctrina del tribunal Constitucional referida a la autoridad de emisión de una orden internacional de detención, y otra muy distinta es que dicha doctrina pueda aplicarse sin matización alguna respecto de aquellos países con los cuales nos une un convenio extradicional, en el cual las partes, en uso su soberanía, han pactado los términos y reglas que van a regular sus relaciones extradicionales y, perfectamente, pueden haber entendido que no procede la exigencia de que las peticiones de extradición sean respaldadas siempre por una autoridad estrictamente judicial. Lo contrario supone tanto como invadir la soberanía de la otra parte contratante e imponerle en sus relaciones extradicionales con el Reino de España una cláusula que no han querido ni pactado, que se le aplica de manera subrepticia y clandestina, a saber, que la petición de entrega provenga de una autoridad judicial *sensu stricto*. Esta posibilidad e imposición supondría, pura y simplemente, un ejercicio de eurocentrismo con un punto de colonialismo jurídico, inaceptable en nuestras relaciones internacionales con otros países, con las consecuencias de todo orden que ello puede acarrear, incluido la denuncia de convenios y el aislamiento internacional del Reino de España en materia de entrega de personas, por no hablar de otras áreas de cooperación especialmente sensibles en materia de interior y migración. Se va mucho más allá del denominador común que debiera guiar nuestras relaciones internacionales en materia jurídica, que se condensa en el artículo 14.1 del Pacto Internacional de Derechos Civiles y Políticos. Resultaría chocante, además, que se mantuviera esta doctrina respecto de países con los cuales tenemos convenio sin que el Tribunal Constitucional se planteara la conformidad del respectivo tratado de extradición con la Constitución. A nuestro entender, hubiera sido suficiente con una interpretación del artículo 8 del Tratado con Colombia de forma ajustada a las previsiones de la propia legislación colombiana, en el primer caso, y del artículo 7.1 a) LEP, en forma similar a la que seguidamente expondremos, sin necesidad de extravasar una doctrina pensada para las OEDES, y que como mucho debiera limitarse en su aplicación a los casos en que el Reino de España no tiene convenio de extradición con el país requirente. El Alto Tribunal parece olvidar que en el ámbito de la cooperación penal internacional clásica, y en él está incluida la extradición, prima el principio de que *se propone, no impone*[218], y si se considera que un tratado es contrario a la Constitución y a la normativa europea, lo que debe hacerse es denunciarlo, no enmendarlo subrepticiamente.

Partiendo de estas consideraciones podemos establecer una regla general y una excepción. La regla general consistiría en que, si bien un Fiscal independiente puede emitir una solicitud de extradición, cuando el artículo 7.1 a) de la LEP hace referencia a que la demanda extradicional *se base en sentencia condenatoria o el auto de procesamiento y prisión o resolución análoga según la legislación del país requirente con expresión sumaria de los hechos y lugar y fecha en que fueron realizados,* lo que la norma española requiere, para el caso de petición de entrega a efectos de enjuiciamiento, es que una autoridad judicial advere de alguna forma la solicitud de entrega. La referencia a auto de procesamiento y prisión o *resolución análoga* indica que siempre es precisa la intervención judicial. La ley parte de una similitud subjetiva entre quien está facultado para dictar una resolución de procesamiento y prisión y quien pueda dictar una *resolución análoga*; esto es, que la analogía se sustenta en el tipo de la autoridad de quien dimana la resolución, y de una similitud objetiva, que arranca de la identidad de contenido —puntos de hecho y de derecho que justifiquen la entrega— variando la forma y la denominación de la resolución de que se trate, que se acogerá a la ley procesal del país requirente. Por lo mismo, no será suficiente una mecánica, estereotipada y ritual ratificación judicial —con firma estampillada, por ejemplo— de una solicitud de entrega. En sentido coincidente se ha pronunciado la Sección 3.ª de la Sala de lo Penal en su Auto 64/2023, de 14 de febrero[219], aunque sí se ha admitido una suerte de motivación por remisión en el Auto Pleno 22/2023, de 14 de abril[220].

Excepción a lo anterior sería la existencia de tratado que diera cabida a la petición autónoma de una autoridad judicial en sentido amplio (Ministerio Fiscal). En este caso, podría admitirse la ausencia de resolución judicial convalidante. Sería el caso, por ejemplo, del Convenio europeo de extradición. Es pertinente recordar la cita que en el informe explicativo del CEEx se hace a los comentarios sobre los artículos de dicho Convenio: cuando se refiere al art. 1, donde se establece la obligación de conceder la extradición, y

---

[218] Prado Saldarriaga, V., *Sobre la extradición,* Revista Foro Jurídico n.º 6, Universidad Católica de Perú, 2006, pág. 96.

[219] *"El artículo séptimo de la Ley 4/1985, de 21 de marzo, de Extradición Pasiva, establece que: 1. La solicitud de extradición se formulará (...) debiendo acompañarse: a) La sentencia condenatoria o el Auto de procesamiento y prisión o resolución análoga según la legislación del país requirente con expresión sumaria de los hechos y el lugar y fecha en que fueron realizados (...) a Criterio del Tribunal, este requisito legal no se da en el presente caso (...) el examen de la documentación extradicional evidencia que las únicas resoluciones judiciales que en este caso se aportan, al parecer dictadas en relación a un expediente policial, son una orden de arresto (...) una posterior proclamación de una persona acusada (...) y otra orden de arresto, todas ellas carentes por completo de expresión alguna de los hechos atribuida a la reclamada y del lugar y fecha en que habrían sido cometidos".*

[220] *"Aun cuando se incide en el recurso en que la orden de aprehensión no contiene descripción de los hechos denunciados, lo que es una exigencia prevista en el Tratado y necesaria para que este Tribunal puede realizar el control de la doble incriminación, mínimo punitivo y posible prescripción de los hechos (...) la orden internacional de detención fue la consecuencia de la petición del Ministerio Público en base a los hechos indiciariamente imputados en el escrito presentado, por lo que debe considerarse complementada por los que en este se describen".*

que, textualmente, dice que "*las partes contratantes se obligan a entregarse recíprocamente, según las reglas y en las Condiciones prevenidas en los artículos siguientes, a las personas a quienes las autoridades judiciales de la Parte requirente persiguieren por algún delito o buscaren para la ejecución de una pena o medida de seguridad*", explica el informe (versión francesa) que "*le terme «competent authorities» contenu dans le texte anglais correspond aux mots «autorités judiciaires» contenus dans le texte français. Ces expressions visent les autorités judiciaires proprement dites et le Parquet à l'exclusion des autorités de police*" [en traducción libre, "el término «autoridades competentes» que figura en el texto inglés corresponde a las palabras «autorités judiciaires» que figuran en el texto francés. Estas expresiones se refieren a las autoridades judiciales propiamente dichas y el Ministerio Público con exclusión de las autoridades policiales"].

La tesis que se sostiene sería la única forma de que el Reino de España cumpliera , por ejemplo, con el tratado firmado con la República Popular China, que hace referencia en su art. 7 a) a la "*autoridad competente*", que será la acordada y designada por el Estado reclamante, sin necesidad de que sea una autoridad judicial *sensu stricto*, o con lo previsto en el art. 10 d) del Tratado de Extradición EE. UU.-España hace referencia a la "*orden de detención emitida por un juez u otro funcionario judicial*". En idéntico sentido, el caso de Marruecos, en que la demanda de extradición según lo dispuesto en el art. 12 del Convenio deberá ir acompañada de original o copia auténtica ... *bien de una resolución ejecutoria de condena, o bien de una orden de detención o de cualquier otro documento que tenga la misma fuerza y que haya sido expedido en la forma prescrita por la Ley del estado requirente*. La Sala de lo Penal, por su parte, al hilo de una solicitud de extradición formulada por el Reino de Marruecos, recogiendo una línea anterior consolidada, en su Auto 36/2023, de 2 de junio, ha declarado que el Fiscal de Marruecos es autoridad independiente con estatus judicial, por lo que no precisa de ratificación o respaldo de una autoridad judicial *sensu stricto*[221].

---

[221] "*La cuestión que se plantea en este recurso ha sido ampliamente debatida por este Pleno en numerosas resoluciones que parten del auto de Pleno de 4 de junio de 2021, n.º 37/2021, en el que se inicia un criterio mayoritario que ha sido seguido en resoluciones posteriores, como los autos 46/21, de 16 de julio, 50/2021, de 20 de julio, 61/21, de 20 de septiembre, 71/2021, de 14 de octubre, auto de septiembre de 2021, entre otros muchos.*

Siguiendo esta línea jurisprudencial, debemos recordar que el art. 12 del Convenio de Extradición entre el Reino de España y el Reino de Marruecos, de 24 de junio de 2009, dispone que la solicitud de extradición se cursará por vía diplomática. Deberá ir acompañada de: a) El original o copia auténtica, bien de una resolución ejecutoria de condena, o bien de una orden de detención o de cualquier otro documento que tenga la misma fuerza y que haya sido expedido en la forma prescrita por la Ley del Estado requirente (...). La orden de detención (...) emitida por la sustituta del Fiscal del Rey (...) es acorde con lo previsto en ese artículo del Convenio con Marruecos, porque es dictada de conformidad con lo dispuesto en el art. 40 de la Ley de Enjuiciamiento Criminal Marroquí y constituye así el título legítimo de extradición.

En el auto del Pleno de la Sala de lo Penal de 4 de junio de 2021 (...) se interesó de las autoridades marroquíes información complementaria con el fin de que la respuesta a la demanda de extradición se ajustara a la doctrina establecida por el TC en su STC 147/2020. La respuesta de las autoridades marroquíes fue la siguiente:

1.º La orden de detención fue expedida por el Ministerio Fiscal en su calidad de uno de los componentes del poder judicial.

2.º La orden de arresto es una competencia del Ministerio Fiscal que corresponde al fiscal del Rey (...) así como a los jueces de instrucción dentro de los límites de sus competencias.

3.º Estas órdenes, una vez emitidas no necesitan ninguna legalización judicial, dado que, aunque son emitidas por el Ministerio Fiscal, se consideran órdenes judiciales según el Reglamento Judicial Marroquí.

Tal información permitió al Pleno concluir en el auto de 4 de junio de 2021: 1) El poder judicial de Marruecos está formado no solo por los jueces, sino también por los fiscales. 2) Que, aparte de la distinta

Otro problema que se plantea es el de la anulación provisional del Auto de prisión o aprehensión en el país de origen (caso del recurso de amparo mexicano, por ejemplo), que nos sitúa en otro escenario, cual es el de los efectos de dicha anulación. Para la Sala de lo Penal de la Audiencia Nacional, son limitados, dado que, por una parte, normalmente el reclamado no cumple las condiciones para que dicha suspensión provisional se convierta en definitiva y, por otro lado, porque la anulación no afecta a la extradición ya cursada[222].

---

misión encomendada por su ley nacional a cada una de estas dos instituciones, Jueces y Fiscales, no existe ninguna diferencia entre las dos categorías. 3) Como consecuencia del o anterior tanto los jueces de instrucción, dentro de los límites de sus competencias, como el Fiscal del Rey (...) pueden emitir órdenes de detención, sin necesidad de que sean legalizadas por un juez, ya que son consideradas como 'órdenes judiciales (...)'.

La STC 147/2020 contempla un supuesto muy específico en que se otorga el amparo (...) porque el título extradicional con el que se presenta la demanda. Consistente en la orden de captura (...) acordada por el Juzgado (...) había quedado son efecto (...) la embajada de Colombia trasmitió nota verbal y escrito del Ministerio de Justicia de Colombia (...) en el que alegaba que dicho escrito (de acusación del MF) (...) constituía una decisión equivalente al auto de proceder previsto (...) en el convenio bilateral. El TC estimó que el escrito de acusación es un acto de parte al que la legislación colombiana no otorga la cualidad de valorar objetiva e imparcialmente las pruebas (...). La STC 147/2021 otorga amparo al reclamado por Angola en extradición y se remite (...) a la sentencia anterior. Las peculiaridades de este caso son: a) la inexistencia de tratado de extradición (...) por lo que rige la Ley de Extradición Pasiva, en concreto su art. 7-1-a) antes transcrito, b) en la República de Angola, le corresponde a la Procuraduría General (...) la formulación de peticiones de extradición (...) el Procurador General (...) recibe instrucciones directas del presidente de la República (...).

Sin embargo, en el caso de Marruecos, la demanda de extradición tiene apoyo en las normas del convenio bilateral y se desarrolla de acuerdo con la normativa del estado requirente (...) de nuevo hay que recodar lo dispuesto en el art. 12 del Convenio (...) la solicitud de extradición (...) deberá ir acompañada de origina o copia auténtica. Bien de una resolución ejecutoria de condena, o bien de una orden de detención o de cualquier otro documento que tenga la misma fuerza y que haya sido expedido en la forma prescrita por la Ley del estado requirente.

Los Autos dictados por este Pleno (...) refiriéndose a continuación a la doctrina emanada del Tribunal de Justicia de la Unión Europea, afirman que teniendo en cuenta teniendo en cuenta las precisiones realzadas por el TJUE en materia de los requisitos que se exigen a la autoridad emisora a través de las diversas resoluciones dictadas en el ámbito de las cuestiones prejudiciales a la hora de entender cuál debe ser la autoridad emisora en cada uno de los Estados miembros, se podría decir que los puntos convergentes entre las órdenes de detención europea y el procedimiento de extradición son:

– La existencia de un proceso penal seguido de acuerdo a la normativa del país reclamante del que se deduzcan datos incriminatorios de la participación del reclamado y

– Que ese reclamado tenga derecho a la tutela judicial efectiva, es decir, que sus derechos sean protegidos.

Pero el resto de los elementos son diferentes, bastaría acudir a la Exposición de Motivos de la Decisión Marco 2002/584/JAI, relativa a la orden de detención europea y a las normas esenciales de la extradición, para comprobar que la jurisprudencia elaborada por el TJUE sobre la autoridad emisora y la aplicación de un único texto, superior jerárquicamente a las peculiaridades nacionales (...) no puede trasladarse sin respetar los variados títulos de entrega y de autoridades admitidos en los Tratados de extradición y, sobre todo, la remisión que cada Tratado realiza a la legislación nacional de los Estados contratantes (...) los criterios adoptados en la sentencia del TC 147/2020 sobre la base de la doctrina sentada por el TJUE (...) no pueden ser exigidos fuera del ámbito de la Unión Europea (...)". En idéntico sentido, Auto del Pleno de la Sala 2/2023, de 30 de enero. También Auto del Pleno de la Sala 73/2022, de 30 de septiembre. Misma línea en el Auto de Pleno de la Sala 59/2022, de 19 de julio. Ídem, Auto de Sala Pleno 76/2021, de 19 de noviembre. Igualmente, Auto del Pleno de la Sala 7/2022, de 14 de enero. Asimismo, Auto del Pleno 71/2021, de 2 de noviembre. Ídem, Auto 30/2021, de 1 de julio, de la Sección 3.ª. También, Auto 32/2021, de 24 de mayo, del Pleno de la Sala.

[222] Auto 631/2022, de 14 de diciembre, de la Sección 3.ª de la Sala de lo Penal: "*La resolución cuya copia ha aportado la defensa acuerda la suspensión de la orden de aprehensión, pero la condiciona la cumplimiento de determinadas condiciones por parte del reclamado –entre ellas la de comparecer ante el órgano judicial que emitió aquella orden– que no consta se hayan cumplido y, por otro lado, no establece ninguna repercusión de esa decisión de suspender en lo que a la solicitud de extradición ya cursada respecta. Por tanto, la suspensión despliega sus efectos en el ámbito meramente interno del Estado reclamante, o que resulta coherente con los ´términos del Segundo protocolo, hecho (...) en Ciudad de México el 8 de diciembre de 1999, que añadió al referido artículo 15 dos apartados donde se establece que, en los procedimientos que se sigan en la Parte requerida no se podrán alegar motivos de oposición formulaos ante la parte requirente, y que la parte requerida no podrá valorar constancias*

Una última cuestión al hilo de la autoridad de emisión consiste en qué trascendencia tiene que dicha autoridad haya sido sancionada conforme a la legalidad internacional. En nuestra opinión, si la motivación contenida en la resolución sancionadora considera que la labor de la autoridad sancionada firmante es fundamentalmente represiva, esto permitiría suponer que la apariencia de buen derecho en el actuar de dicha persona desaparece, con la consecuencia que la regla general sería la sospecha en su proceder, salvo prueba en contrario, siendo necesaria la concurrencia de un indicio preciso que acredite que, en el caso concreto, la persecución no es arbitraria ni guiada políticamente. En este sentido parece orientarse el Auto del Pleno de la Sala 11/2019, de 11 de febrero[223].

La expresión resolución equivalente elude los problemas que pueden presentar otras locuciones. En los EE. UU., por ejemplo, se suscita el debate acerca de si la expresión cargo (*charged*) resulta equivalente a un procesamiento o acusación formal o si, simplemente, equivale a una orden de detención sin acusación formalizada. La opinión dominante es que cargo puede equivaler a la identificación de una persona como autora del delito en

---

expedidas por los tribunales de la parte requirente, salvo que estas acrediten que la solicitud de extradición no está cursada conforme a lo estipulado en el Tratado". En el mismo sentido, Auto 574/2022, de 7 de noviembre, de la misma sección. También procedente de esta Sección, Auto 298/2022, de 24 de junio: "*La suspensión, –así se aclara en las resoluciones mencionadas– no afecta a este procedimiento de extradición seguido en España, deja a salvo los tratados suscritos entre los dos Estados implicados y no implica rehusar la extradición, sino suspender sus efectos ara mantener viva la materia de amparo (...) en el presente caso, siendo patente que nos encontramos ante un título extradicional consistente en una orden de aprehensión dictada conforme a las exigencias del art. 15.1 b) del Tratado y que, de acuerdo con la información complementaria (...) está vigente y es ejecutable, pues expresamente queda preservada a los efectos de esta causa extradicional (...) a ello se añade que el segundo protocolo (...) establece que (...) no se podrán alegare motivos de oposición formulados ante la parte requirente (...)*". De la misma sección, Auto 156/2022, de 8 de abril, con reseña de los efectos del amparo en la extradición según resolución de la autoridad judicial mexicana: "*(...) una de las consecuencias jurídicas de los actos reclamados es la extradición de la parte quejosa del Reino de España, donde actualmente se encuentra, al Estado mexicano, es decir estamos en presencia de una extradición activa solicitada (...) por el Estado mexicano al Reino de España, país de que acuerdo con su soberanía y lo establecido en el Tratado (...) decidirá si la acepta, rechaza o resuelve de manera desfavorable para el Estado requirente, lo cual no resulta jurídicamente posible se estudie o suspenda a través del juicio de amparo, ya que la extradición dependerá de una decisión soberana que no corresponde al Gobierno mexicano (...) en la etapa de solicitud de detención provisional con fines de extradición no tiene intervención el reo, dado que no existe algún aspecto sobre el cual le corresponda probar, defenderse o que le produzca una estado de indefensión, al tratarse de una petición de un Estado soberano dirigida a otro, que, en ejercicio también de su soberanía, decidirá su viabilidad. En este tenor, es improcedente el juicio de garantías cuando el acto reclamado lo constituye dicha solicitud de detención provisional (...) pues iniciado el procedimiento de extradición activa, tal acto por sí solo no depara un perjuicio directo al solicitante de amparo (...) condicionada la solicitud a un acto subsecuente, que deriva de una actuación soberana distinta a la del Gobierno Mexicano, de manera que el perjuicio (...) depende de un distinto Estado soberano (...)*".

223 "*En este sentido, tenemos a (...), Fiscal General de Venezuela, que emite opinión a favor de que sea declarada procedente la extradición, y a (...), Presidente del Tribunal Supremo, que, como Sala de Casación, se pronunció en iguales términos que el anterior, solicitando la extradición, los cuales, por lo demás, como también hemos visto en ese primer razonamiento, según el Reglamento de Ejecución 2018/88, han sido objeto de sanción por parte de la Unión Europea.*

Pues bien, siendo esto así, estimamos que la función que, dentro del ámbito de sus respectivas competencias, cada uno desarrolla para dar curso a la presente extradición, no se puede considerar como algo meramente formal, ajena esta a su control, que nos hiciera plantearnos que se cursó desconociéndolo ellos, para, a partir de ahí, entrar en el debate de si fuera posible eximirles de cualquier responsabilidad en lo actuado, por inocuidad de su actuación; y no podemos entrar en ese debate, porque ha de ser rechazado de plano, en la medida que el procedimiento de extradición es de marcado carácter formal, y ellos han firmado documentos esenciales a tal fin, fundamentales para poder darla curso, circunstancia que no es posible obviar que sea puesta en relación con el pasaje del Comunicado de Prensa de 21 de agosto de 2018, de la Secretaría General de la OEA, transcrito más arriba, llamando a desconocer solicitudes de extradición, de lo que llama «ilegítimo tribunal supremo de justicia que funciona en Caracas al amparo del régimen dictatorial»".

una orden de detención, cuestión que deberá decidirse de acuerdo con las leyes del Estado de emisión[224].

Otro problema que puede plantear la disposición de búsqueda emitida por el Estado reclamante es la de su vigencia en los casos de sucesión de Tribunales. Puede darse el caso de que, extinguido el órgano judicial que libró la solicitud de extradición, en el ordenamiento del país reclamante nada se haya dispuesto acerca de la permanencia en vigor de las peticiones extradicionales en su día formuladas por aquel. De ser así, habrá que entender que han decaído[225].

En cuanto a la identificación del reclamado, el apdo. b) de la norma exige que se aporten cuantos datos sean conocidos sobre la identidad, nacionalidad y residencia del sujeto reclamado y, de ser posible, su fotografía y huellas dactilares. La finalidad de la identificación es que la persona reclamada y habida en España sea realmente aquella contra la que se dirige el procedimiento en el país de origen, no que la persona contra la que se dirige la reclamación sea la autora del hecho, cuestión que es propia de los Tribunales del Estado reclamante, según aclara el Auto de la Sala de lo Penal de la Audiencia Nacional, Sección 1.ª, de 21 de marzo de 2000. No es obligado que se acompañe reseña dactilar y fotografía del reclamado si su identidad está acreditada por otros medios. En este sentido se pronuncia el Auto de la Sala de lo Penal de la Audiencia Nacional, Sección 2.ª, de 7 de noviembre de 2000. El que otro país se reserve la posibilidad de exigir documentos acreditativos de identidad no implica que el órgano judicial español esté obligado a hacer lo mismo si tiene clara la identidad del sujeto reclamado por otros medios.

Junto a lo anterior, el apdo. c) exige copia de textos legales con expresión de la pena aplicable. En los textos legales que deben acompañarse, el país reclamante debe incluir los preceptos de la parte especial que castiguen la conducta por la cual se ha abierto procedimiento penal, pero también las disposiciones de la parte general sobre extinción de penas (particularmente, las reglas sobre prescripción).

Por último, el apdo. d) establece que, si el hecho estuviese castigado con alguna de las penas a que se refiere el n.º 6.º, art. 4 (penas que atenten a su integridad corporal o tratos inhumanos o degradantes), el Estado requirente dará seguridades, suficientes a juicio del Gobierno español, de que tales penas no serán ejecutadas[226]. Debe decirse que, en fase jurisdiccional, también la autoridad judicial puede denegar la extradición si no se ofrecen

---

[224] Bassiouni, *op. cit.*, págs. 886 a 888, con cita de la sentencia dictada en el asunto In re Assarsson por el 7.º Tribunal de Circuito de Chicago de fecha 31 de octubre de 1980 (in *re Assarsson 635 F.2d 1237).*

[225] Bassiouni, *op. cit.*, págs. 889 a 892, con cita de dos casos, Sacirvey vs. Guccione, decidido en fecha 9 de diciembre de 2009 por el 2.º Circuito de Apelación (589 F.3 d 52), y Zelenovic *vs.* O'Malley, decidido el día 7 de septiembre de 2010 por el Tribunal del Distrito Norte de Illinois. En el primer caso, el Tribunal cantonal de Bosnia fue sustituido por la Audiencia Nacional de Bosnia. En el segundo, el Tribunal serbio que emitió la solicitud fue igualmente disuelto. Sin embargo, mientras en el primer supuesto la orden no fue renovada por el Tribunal sucesor, en el segundo sí, con la consecuencia de que en el caso Sacirvey se rechazó la entrega y en el asunto Zelenovic no.

[226] Si bien no se exigía en el art. 10 de la Ley de 1958, sí figuraba en otros artículos (7.1 respecto a la pena de muerte).

tales garantías[227]. Esto plantea el problema del deslinde de competencias entre una y otra instancia. A nuestro juicio, el Gobierno, en esta fase, se limitará al análisis formal de aquellas, esto es, a la comprobación de que se ofrecen y figuran en la documentación extradicional que se presente, correspondiendo a la autoridad judicial el estudio sobre su suficiencia[228]. Si la comprobación de la concurrencia de los requisitos de la extradición y la garantía de los derechos del *extraditurus* corresponde a la autoridad judicial, parece coherente que sea así. A mayor abundamiento, debe decirse que, en la práctica, en muchas ocasiones dichas seguridades ni siquiera figuran en el expediente remitido por el Ministerio de Justicia y es la autoridad judicial la que tiene que suplir la inactividad gubernamental, requiriendo la prestación de aquellas y valorando posteriormente su suficiencia.

De acuerdo con el art. 7.2 LEP, los referidos documentos, originales o en copia auténtica, se acompañarán de una traducción oficial al español[229]. Nótese que la referencia lo es a los documentos acompañados y no a la solicitud de extradición[230]. Sin embargo, es infrecuente que la solicitud, que es lo que permite conocer al Estado español el motivo por el cual se dirige al él el Estado reclamante, no esté traducida al español. El convenio correspondiente puede restringir o ampliar la necesidad de original o copia auténtica a otro tipo de documentos. Es el caso del Convenio Europeo de Extradición, que solo exige original o copia auténtica para el mandamiento de detención o cualquier otro documento que tenga idéntica fuerza sin que resulte necesaria su traducción, según Auto de la Sala de lo Penal de la Audiencia Nacional, Pleno, 55/2002, de 3 de junio[231].

En cuanto a la traducción, la deficiencia en las traducciones puede afectar al derecho a la tutela judicial efectiva de acuerdo con la STC 32/2003, de 13 de febrero[232]. Ahora bien, no

---

227 Como señala De Miguel Zaragoza, J., en *Algunas consideraciones (...)* , *op. cit.*, págs. 1564 y 1565 (106 y 107), ni el art. 7 LEP ni el art. 12 del Convenio Europeo, al regular la documentación que se debe acompañar a la solicitud de extradición, hacen referencia expresa al documento justificativo de la competencia internacional del Estado reclamante; esto es, la cuestión se ventilará más tarde, durante la fase judicial, en los términos del art. 3 LEP.

228 Bellido Penadés, *op. cit.*, pág. 83, sin tener en cuenta la división de funciones entre una y otra instancia, considera que el Gobierno debiera comprobar la suficiencia de las garantías. Además, no considera que el absoluto desuso en que ha caído el art. 7.1 d) es una forma implícita de reconocer desde la instancia gubernativa su incapacidad para valorar la suficiencia de garantías.

229 De redacción prácticamente idéntica al art. 11 de la Ley de 26 de diciembre de 1958, el art. 7 suprime la exigencia de que la demanda extradicional esté redactada en el idioma oficial del Estado requirente.

230 Como agudamente hace Gómez Campelo, en *Fundamentación (...)* , *op. cit.*, pág. 142.

231 *"Nótese que solo se exige que el mandamiento de detención o resolución equivalente sea original o copia auténtica, el resto de la documentación (relato de hechos y disposiciones legales), basta con que se aporten mediante copia simple (...). En cuanto a que los documentos han sido aportados en francés, la cuestión está resuelta adecuadamente en el auto recurrido. Desde luego, inconcusa la prevalencia del CEEX sobre la LEP, la ausencia de traducción oficial al español no es requisito necesario para la tramitación y resolución de la petición extradicional (art. 23 CEEX)".*

232 *"También desde un primer momento, el recurrente puso de manifiesto las limitaciones que para su derecho de defensa se derivaban de la que consideraba ininteligible traducción al castellano de las Sentencias condenatorias dictadas en Turquía y de la estructura y contenido de las mismas, que no permitían conocer con precisión los hechos que se le imputaban, la condena impuesta y las razones jurídicas sostenidas para ello (...) llama poderosamente la atención el que, pese a las denuncias del recurrente de que la traducción de los documentos acompañados con la solicitud de extradición resultaba ininteligible, poniendo de relieve las consecuencias que ello tenía para su derecho de defensa, y reclamando una adecuada traducción de los mismos, los órganos judiciales no solo nunca se pronunciaron sobre tal solicitud de traducción, ni la acordaron, sino que, además, aun cuando efectivamente parece evidente con*

cualquier anomalía formal en la traducción del documento vulnera el derecho a la tutela judicial efectiva. La ausencia de legalizaciones, si queda acreditada la corrección de la traducción, es una irregularidad procesal no invalidante y eso es, de considerarse necesario, lo que la Audiencia Nacional pone en duda[233]. De la misma manera, los errores en cuestiones accesorias que no afecten al fondo del asunto no tendrán trascendencia. Por otra parte, el Tratado, al desplazar a la Ley, puede establecer otros requisitos. Así, por ejemplo, el art. 23 del Convenio Europeo de Extradición permite al Estado requirente presentar los documentos en su propia lengua y faculta al Estado requerido para exigir la traducción en la lengua oficial del Consejo de Europa que eligiere, no necesariamente la suya. España, en la reserva formulada al art. 23, permite la presentación de documentos en inglés o francés. En ese caso, la defensa debe solicitar la traducción al castellano si considera que la falta de traducción al español merma sus posibilidades de defensa, según Auto de la Sala de lo Penal de la Audiencia Nacional, Sección 2.ª, de 19 de julio de 2000[234]. Si no lo hace y aceptan los documentos en inglés o francés, no podrá más tarde alegar indefensión, según establece el Auto de la Sala de lo Penal, Sección 3.ª, 2/2017, de 10 de enero[235]. Tampoco si en tiempo

---

la simple lectura de los documentos traducidos que resulta prácticamente imposible una comprensión coherente de los mismos, lo que tiene especial relevancia, desde luego, en lo que afecta a las Sentencias condenatorias, los órganos judiciales no considerarán necesaria tal traducción y, en consecuencia, no considerarán necesario conocer el contenido real de las Sentencias condenatorias, de extrema gravedad en cuanto a las penas que se imponían, en cuya virtud se solicitaba la extradición. Es más, alegado por el recurrente que, al margen incluso de lo relativo a la defectuosa traducción, de la Sentencia de 16 de marzo de 1995, condenatoria a una pena privativa de libertad de extrema gravedad cual es la de treinta años de prisión, no se desprendía en absoluto cuáles eran los hechos que, en definitiva, se consideraron cometidos por el recurrente, las pruebas en que se basaban, y las razones en que se fundamentaban, y que ni siquiera de su texto resultaba que, en efecto, se le había impuesto la condena citada, el órgano judicial no consideró relevante en absoluto tales circunstancias para acceder a una extradición que, en definitiva, lo era precisamente para la ejecución de esas Sentencias. En definitiva, tal modo de proceder de los órganos judiciales permite apreciar que estos, en los Autos impugnados, no atendieron debidamente su esencial función garantizadora en el procedimiento de extradición, orientada a la salvaguardia de los relevantes derechos e intereses del sometido al mismo, para, limitándose a considerar, en función de diversos datos que constaban en el procedimiento, que, en efecto, se habían producido dos condenas a sendas penas privativas de libertad, de cinco años y diez meses y treinta años, acceder a la extradición al margen del concreto contenido de esas Sentencias, como si el mismo resultara en absoluto irrelevante para la decisión a adoptar, a pesar de las alegaciones del recurrente en torno a las circunstancias en que se habían producido, y viniendo así a adoptar una inicial concepción de su decisión como simple acto de auxilio judicial internacional que permitiera llevar a efecto el cumplimiento de las penas impuestas en tales Sentencias".

[233] Auto de la Sala de lo Penal de la Audiencia Nacional, Pleno, 298/2018, de 30 de noviembre: *"La traducción al castellano de la documentación debe considerarse oficial por su origen, ya que procede de las autoridades del país requirente, máxime al aparecer sellada por un organismo de traducción, así como por el Procurador de la República de Moldavia. Por otro lado, no puede admitirse que sea exigible, como parece pretender el recurrente, legalización alguna del Ministerio de Asuntos Exteriores español, cuando precisamente se presenta ante ese Ministerio, de donde se trasladará al Ministerio de Justicia. Eso significa su admisión por los organismos españoles, sin necesidad de otra formalidad, por lo que no puede estimarse el motivo del recurso".*

[234] *"Se cumplen los requisitos de la solicitud extradicional previstos en el artículo 12 del CEEx como se refleja en antecedentes. La utilización del idioma francés no vicia la solicitud pese a la falta de traducción española, dado que el francés puede utilizarlo el Estado requirente, y en todo caso cuando se ha pedido la traducción al español así se ha hecho aunque ello lógicamente ha supuesto una dilación temporal importante".*

[235] *"(...) Que la documentación de la extradición se encuentre en albanés y la traducción en inglés no es causa de nulidad alguna, toda vez que España hizo una reserva al art. 23 del CEEX donde en realidad supone que acepta que la documentación de la extradición, además de al español, pueda venir en francés o inglés, sin que tal circunstancia por otro lado se observe que haya producido una indefensión de carácter*

y forma no hace alegaciones sobre la baja calidad de la traducción, según STS (3.ª) 1284/2020, de 13 de octubre[236]. En definitiva, una cosa es que, *ad extra*, el Estado español acuerde con otros países la validez de los documentos en la lengua del Estado reclamante, y otra muy distinta que, *ad intra*, dichos documentos puedan ser traducidos si el desconocimiento de la lengua afecta al derecho de defensa.

Por otra parte, cuando el art. 7.2 LEP habla de una traducción oficial al español, esto no implica que la traducción deba realizarse necesariamente por intérprete jurado español, sino que debe ser una traducción oficial presentada por el Estado reclamante conforme a su normativa. El RD 2555/1977, de 27 de agosto, no establece la obligatoriedad de que las autoridades extranjeras utilicen la interpretación de la oficina de interpretación de lenguas. Antes bien, circunscribe tal obligación a los documentos emitidos por la administración española. En el mismo sentido, el RD 724/2020, de 4 de agosto, que deroga el anterior, por el que se aprueba el Reglamento de la Oficina de Interpretación de Lenguas. Por otra parte, en el derecho extradicional no son las autoridades de la parte requerida las que garantizan la autenticidad del documento (que es lo que importa, que provengan de la autoridad de quien dicen proviene y que la traducción presentada se ajuste al original). En este sentido, rige lo dispuesto en la Disposición Adicional Decimosexta de la Ley 2/2014, de 25 de marzo, de la Acción y del Servicio Exterior del Estado, según redacción dada por la Disposición Final Cuarta de la Ley 29/2015, de 30 de julio: "*También tendrán carácter oficial: b) Las realizadas por una representación diplomática u oficina consular de carrera extranjera en España, siempre que se refieran al texto de una ley de su país o a un documento público del mismo. El carácter oficial de una traducción o interpretación implica que esta pueda ser aportada ante órganos judiciales y administrativos en los términos que se determine reglamentariamente*".

Sobre esto ya se ha pronunciado el Auto de la Sala de lo Penal de la Audiencia Nacional, Pleno, 5/2017, de 3 de febrero, que, respecto de la inexistencia de traducción oficial de los documentos al idioma del Estado requerido por no provenir de intérprete jurado español, ni con firma ni sello, sin que, según el recurrente, se pueda garantizar su autenticidad,

---

material que es la única atendible, pues tanto en el trámite del art. 13 de la LEP como en el acto de la vista, tanto el reclamado como su defensa (...) sabían plenamente el objeto de la reclamación extradicional y han podido defenderse convenientemente".

[236] *"Por ello, debemos rechazar la alegación basada en la deficiencia de la traducción aportada, pues el recurrente no ha concretado que indefensión ha podido sufrir, por dicha circunstancia, en el inicio del procedimiento de extradición –esto es, en la instrucción por el Juzgado de Instrucción de la Audiencia Nacional– ni durante la posterior fase de resolución del mismo ante la Sala de lo Penal, en la que reconoce haberse procedido a la traducción del inglés al castellano.*

Debemos recordar que serán dichas resoluciones judiciales definitivas las que enjuiciarán y valorarán la presencia, suficiencia, así como el carácter legible y compresible de la documentación aportada y, en su caso, completada. Este control de fondo –su contenido y suficiencia–, es el que corresponde a la jurisdicción penal, mientras que al Acuerdo inicial del Consejo de Ministros sólo le corresponde el examen formal de la existencia documental para poder motivar su decisión de inicio; y, a nosotros, nos corresponde ahora el control de esta decisión de inicio procedimental, desde la perspectiva de la posible indefensión del reclamado que, como hemos expresado, en el caso de autos, no la consideramos acreditada por las razones expresadas. Esto es, qué, en la actual situación, hemos de limitarnos a resolver desde la perspectiva de evitar la indefensión de quien se pretende extraditar. Por ello, tomado en consideración las circunstancias expresadas, y en contra de lo sostenido por la parte recurrente, hemos de entender que la valoración y comprobación de la regularidad formal de la solicitud de extradición, efectuada por la Administración en el Acuerdo de Ministros impugnado, no resulta afectada por las deficiencias alegadas, está suficientemente justificada y responde a las exigencias establecidas en el Convenio Europeo de Extradición".

rechazó el motivo por su excesivo rigorismo formal, entendiendo que el término oficial equivale a provenir de la autoridad que lo envía por vía diplomática[237]. Por ese mismo motivo, no es precisa la compulsa de la documentación remitida, según el Auto de la Sala de lo Penal, Pleno, 42/2017, de 17 de octubre[238]. El Auto de la Sala Pleno, 9/2018, de 26 de enero, por su parte, entiende que la traducción es oficial cuando reúne los requisitos exigidos por la normativa del país requirente[239].

La reclamación extradicional viene precedida o acompañada de una nota verbal. Debe destacarse que la nota verbal, que es el cauce diplomático utilizado para presentar la extradición, no delimita el objeto del proceso[240]. El hecho de que en la nota verbal se mencionen solo algunos delitos y la sentencia condenatoria del país reclamante cite otros no implica que la nota restrinja el contenido de la reclamación. En este sentido, el art. 7.1 a) LEP, cuando enumera los documentos que fundamentan la solicitud de extradición, alude a la sentencia condenatoria o al auto de procesamiento y prisión o resolución análoga según la legislación del país requirente "*con expresión sumaria de los hechos y lugar y fecha en que fueron realizados*". Esta referencia a los hechos, vinculada a la resolución que motiva la petición de extradición, no puede sino significar que son estos los que determinan el objeto del proceso extradicional y no los relacionados en la nota verbal. Y caso de no presentarse la solicitud "*en forma*" de la extradición (esto es, conteniendo los documentos

---

237 "*Debemos rechazar este motivo del recurso, basado en un excesivo rigorismo formal. Es cierto que los preceptos mencionados hacen referencia a la aportación de los documentos de la extradición acompañados de su traducción oficial en el idioma del Estado requerido. También lo es que en las actuaciones no obra, en los documentos traducidos (...) ningún sello que demuestre formalmente que se trate de una traducción efectuada por intérprete titulado (...) y es que la traducción que remiten las autoridades (...) además de ser absolutamente comprensible jurídicamente, es «oficial», término que utiliza tanto el tratado como la Ley de Extradición Pasiva, puesto que se remite por el Departamento de Justicia del Estado requirente formando parte (...) de un único legajo (...) que es remitido vía diplomática garantizándose así su oficialidad.*

Debemos concluir que la demanda extradicional cumple sobradamente las exigencias del tratado de extradición (...) a tenor del cual las solicitudes de extradición deberán ir acompañadas de una descripción de la persona reclamada, una declaración sobre los hechos relativos al caso, los textos legales aplicables y una declaración acerca de que la acción penal no ha prescrito (...)".

238 "*(...) Respecto a la compulsa de la documentación remitida, el Auto de 26 de julio de 2017 de la sección segunda expresamente explicitó que: la documentación que obra en las actuaciones proviene directamente de las autoridades reclamantes y son adjuntas a una nota verbal diplomática y las autentica como documentos oficiales provenientes de un Gobierno extranjero. No entendemos que sea necesaria mayor autenticación que esta (...) razonamientos estos que se acogen por este Pleno de Sala*".

239 "*(...) Bien por haber sido directamente homologado por la autoridad judicial que lo incorpora al expediente y remite al Estado requerido, bien por incorporar una declaración de autoridad u organismo que tenga facultades a tal efecto en el Estado requirente, pero lo que no puede pretenderse, por irrazonable, es que las autoridades norteamericanas sometan la traducción a lo estipulado en la normativa española, en concreto, al RD 2.555/1997, y que la traducción tenga que ser efectuadas por un traductor jurado homologado por la oficina del Ministerio español de Asuntos Exteriores*".

240 Sobre el particular, Bautista Samaniego, C. *Comentarios a la Ley de Extradición Pasiva*, Madrid, ed. La Ley, págs. 184 a 191. En el mismo sentido, Auto de la Audiencia Nacional, Sección 1.ª, 55/2002, de 3 de junio: "*La nota verbal es una forma de comunicación entre Estados; es solo un medio o procedimiento de comunicación por vía diplomática*". En el mismo sentido, Auto de la Sala de lo Penal de la Audiencia Nacional, Pleno, 4/2018, de 18 de enero: "*En los procedimientos de extradición (...) los aspectos técnicos que se pueden plantear se analizan y ventilan en la fase judicial, desde la documentación extradicional que acompaña a la solicitud vehiculada por la vía diplomática a través de Notas Verbales, sin que estas sirvan de apoyo a la documentación más allá de lo que la misma ponga de manifiesto, que no para sustituirla o integrarla. De tal modo que cualquier cuestión que se suscite, en el marco de lo que permite un procedimiento de extradición, se resuelve sobre la base de los datos aportados en la documentación anexa a la solicitud, que no según esta, que comunica la pretensión del país que acto continuo va a formalizar o formaliza al tiempo de la solicitud, la reclamación extradicional*".

del art. 7 a), entre otros), la prisión preventiva quedará sin efecto (art. 10). Igualmente, cuando el art. 12.4 apodera al Juez de instrucción para que el país reclamante complete los datos de identidad y los "*supuestos de hecho (...) justificativos de la solicitud de extradición*", no puede dejar de referirse a la defectuosa presentación del objeto del procedimiento y, por ende, a la insuficiencia de los documentos contenidos en el art. 7. De nuevo, esto apoya la conclusión de que el objeto del procedimiento queda delimitado por los hechos contenidos en la documentación extradicional, y no por los reflejados en la nota verbal o en la orden internacional de detención[241]. Hasta tal punto es así que la falta de constancia de la nota verbal no condiciona el desarrollo del proceso, tal y como señala el Auto de la Sala de lo Penal de la Audiencia Nacional, Sección 2.ª, 57/2018, de 5 de noviembre, puesto que son los datos de la documentación extradicional los que sirven para resolver la reclamación, y en ellos está contenida tanto la reclamación de entrega como sus motivos[242].

La presentación de la solicitud-demanda de extradición no está de ordinario sujeta a plazo. El país reclamante lo hará en los tiempos que considere oportunos y de conformidad con su propia legislación. Sin embargo, cuando la orden internacional de detención preceda a la demanda extradicional, en los términos del art. 8.1 de la Ley[243], esta deberá presentarse dentro de los 40 días siguientes al de la aprehensión[244]. De no hacerse así, ello supondrá

---

241 Auto de la Sala de lo Penal de la Audiencia Nacional, Pleno, 281/2018, de 9 de julio: "*(...) Lo decisivo en el caso que nos ocupa no son las órdenes de detención, ni la pluralidad de las mismas decretadas por tribunales diversos, sino que lo trascendente para que prospere la entrega extradicional es el correspondiente título que sirve de base a la misma, es decir, la solicitud de extradición, que fija el objeto del proceso, y que se concreta con la documentación que a la misma se acompaña exigida por la norma convencional que la regula. En esta línea se han pronunciado diferentes resoluciones de este Tribunal (Autos 2/2014, de 30 de enero; 42/2016, de 27 de junio; o 9/2018, de 26 de enero)*". En el mismo sentido, Auto de la Sala de lo Penal, Sección 2.ª, 17/2019, de 6 de junio: "*(...) El título extradicional no lo constituye la orden internacional de detención, sino la posterior solicitud de extradición (...) En este sentido, la Sección 1.ª de la Sala de lo Penal, en auto 11/2001, de 21 de marzo, decía que el procedimiento de extradición se inicia en sentido estricto con la petición formal del país requirente y el contenido de esa petición formal de entrega es lo que determina el objeto del procedimiento. La detención preventiva constituye una fase puramente cautelar para asegurar la presencia del reclamado, y el hecho de que en la orden internacional de detención solo se mencione uno de los delitos (...) no limita el contenido de la posterior solicitud de entrega (...) Concluimos, por tanto, que el procedimiento de extradición se inicia en sentido estricto con la petición formal del país requirente (...)*".

242 "*La extradición como medio de cooperación entre Estados es instrumental del proceso penal seguido por la autoridad de emisión, y los aspectos técnicos que se pueden plantear se analizan en la fase judicial a partir de la documentación que acompaña a la solicitud por vía diplomática que se canaliza mediante notas verbales, que ni sustituyen ni integran la documentación extradicional que ha de contener la información necesaria para examinar la legalidad y procedencia de la entrega. De este modo, la no constancia de nota verbal (...) carece de relevancia, pues son los datos aportados en la documentación extradicional anexa a la solicitud los que sirven de base para resolver la reclamación extradicional y no el contenido de la nota verbal, que únicamente constituye la vía diplomática de comunicación entre Estados, que permite vehiculizar el contenido procedente de las autoridades de un Estado hacia el otro*".

243 "*En caso de urgencia podrá ser interesada la detención como medida preventiva, si bien deberá hacerse constar expresamente en la solicitud que esta responde a una sentencia condenatoria o mandamiento de prisión firmes con expresión de la fecha y hechos que lo motiven, tiempo y lugar de la comisión de estos y filiación de la persona cuya detención se interesa, con ofrecimiento de presentar seguidamente la demanda de extradición*".

244 La Ley ha uniformado los plazos. La Ley de 26 de diciembre de 1958 establecía, en su art. 13, un plazo de 15 días para los países europeos y de 30 para los restantes. El día de la detención se computa en el plazo.

la obligada puesta en libertad del reclamado[245]. Siendo este el plazo general, debe hacerse notar que, en determinados casos, los convenios prevén un período de tiempo distinto, o incluso un *dies a quo* diferente, computando el tiempo desde la notificación al Estado de emisión de la detención del sujeto reclamado[246]. La orden internacional de detención puede remitirse, bien por vía diplomática, bien directamente al Ministerio de Justicia, o, lo que es más frecuente, a través de la Organización Internacional de Policía Criminal[247]. Debe tenerse en cuenta que la difusión de la orden de detención a través de la Interpol es el medio más eficaz para conseguir el apresamiento de un fugado. Como señala la doctrina , de los diferentes conductos a través de los cuales se puede interesar la detención, "*el más habitual, por no decir casi el único, es el policial de Interpol*"[248]. Se hará a través de las difusiones internacionales de índice rojo *–red flag–*, contenidas en el llamado Formulario n.º 1, con los datos relativos a la filiación completa y datos personales del buscado, nacionalidad, número de orden de detención, fecha de expedición de la orden, fecha de comisión del delito y resumen de hechos de los que está acusado, incluyendo, además de la fotografía e impresiones dactilares, el nombre y los apellidos del magistrado que ha expedido la orden y la promesa formal de que la extradición será solicitada una vez localizada y detenida la persona buscada[249]. Una vez recibida en la Secretaría General de Interpol, se difundirá entre todas las policías de los Estados miembros, incluyendo instrucciones sobre los pasos a seguir en caso de descubrirse al individuo que se busca[250]. Las fuerzas de seguridad de los distintos países, una vez tienen la nota de índice rojo en su poder, realizarán las gestiones necesarias para la búsqueda[251]. El procedimiento, sin embargo, no debiera ser tan automático, pues en teoría está condicionado a un doble examen de la nota roja. Como con precisión describe la más reputada doctrina, "*debe superar un doble control. Uno en el*

---

[245] Art. 10: "*Cuando el procedimiento se inicie por petición urgente de detención preventiva (...) la prisión preventiva se dejará sin efecto si transcurridos cuarenta días el Estado requirente no hubiera presentado en forma la solicitud de extradición por vía diplomática ante el Ministerio de Asuntos Exteriores o directamente ante el Ministerio de Justicia españoles*". En el mismo sentido, art. 8.2: "*(...) Poniéndolo a disposición del Juzgado Central de Instrucción de Guardia en plazo no superior a veinticuatro horas para que, si lo estima procedente, decrete la prisión provisional, que dejará sin efecto si transcurridos cuarenta días el país requirente no hubiere presentado en forma la solicitud de extradición*".

[246] Véase el art. 11 d) del Tratado de Extradición con los EE. UU. de 29 de mayo de 1970 (BOE de 14 de septiembre de 1971). Versión consolidada en BOE de 26 de enero de 2010. El Convenio Europeo de Extradición señala un mínimo de 18 y un máximo de 40 en su art. 16. El Auto de la Sala de lo Penal de la Audiencia Nacional, Sección 3.ª, 449/2016, de 31 de octubre, establece que"*(...) la previsión aplicable no es el régimen general, sino la especial de convenio bilateral de extradición, reflejado en el instrumento previsto en el artículo 3(2) del Acuerdo de Extradición entre la Unión Europea y los Estados Unidos de 25 de junio de 2003 (...) el principio pacta sunt servanda que informa el derecho de los tratados en la Convención de Viena de 1969 (...) se expresa en el artículo 26 de la misma, por ello tenemos que el artículo X.D del texto integrado prevé que la persona detenida en virtud de detención provisional será puesta en libertad si después de transcurridos 45 días desde la fecha en que la embajada del país que reclama la extradición es informada por vía diplomática de la detención, no se ha recibido solicitud de extradición acompañada de los documentos especificados en el artículo X*".

[247] Sobre la estructura de Interpol en OCN (Oficina Central Nacional, Comité Ejecutivo y Secretaría General), véase García Barroso, C. (1982) *Interpol y el procedimiento de extradición*, ed. Edersa, págs. 26 a 29 y 35 a 41.

[248] Ollé Sesé, La extradición..., *op. cit.*, pág. 75.

[249] García Barroso, *Interpol* (...) , *op. cit.*, pág. 51.

[250] García Barroso, *Interpol* (...) , *op. cit.*, pág. 51.

[251] García Barroso, *Interpol* (...) , *op. cit.*, pág. 52.

Estado requirente y otro en INTERPOL. Así, la Oficina Central Nacional ... del Estado emitente... está obligada... a velar y a responsabilizarse de que la calidad de los datos que se traten en el sistema de información de INTERPOL sean exactos y pertinentes (...) y a garantizar la corrección de la OID... Este deber de la OCN se extiende durante toda la vigencia de la notificación roja. De este modo , si la notificación ya no cumple las condiciones mínimas para su publicación, la OCN peticionaria tendrá que retirar la solicitud de notificación roja... Interpol, a través de su Secretaría General, está obligada a realizar un análisis jurídico de la notificación roja antes de su publicación para garantizar que la misma cumple con la normativa de Interpol y especialmente con los artículos 2 y 3 de su estatuto"[252]. La defensa no es un espectador pasivo en todo este proceso. Nada impide que *"el reclamado, objeto de una notificación roja, ejerza su derecho de acceso, rectificación y eliminación de datos del sistema de información de Interpol... Para ello, ... se dirigirá a la Cámara de Solicitudes de la Comisión de Control de Ficheros, como órgano imparcial e independiente de INTERPOL*[253]. La Comisión Europea, en sus Directrices sobre extradición a terceros Estados, prevé la posibilidad de que el estado requerido, una vez rechazada la extradición, comunique a los veintinueve puntos de contacto, a Interpol y Europol que la solicitud es infundada o abusiva, en particular por motivos políticos, estableciendo un modelo de notificación[254].

No obstante, la retirada de la nota roja o, directamente, su no inscripción en Interpol, no implica que la orden de detención nacional sea inexistente[255], sino que deja de gozar de los privilegios de universalidad, inmediatez y ejecutividad que Interpol garantiza, teniendo eficacia caso a caso cuando el país de emisión consiga saber anticipadamente dónde se encuentra el reclamado y logre cursar con antelación una solicitud de detención a dicho Estado[256]. La inscripción en INTERPOL es el reflejo policial de una resolución judicial. La anulación de la inscripción en el registro policial no implica la nulidad de la resolución judicial en que se basa, cuestión que debe seguir el cauce propio previsto en el país de emisión. Cuestión distinta es que, además, la orden judicial de detención quede anulada en el Estado de emisión, si su existencia es un requisito de validez de la demanda extradicional según el tratado o la ley del país de ejecución[257].

---

252 Ollé Sesé, *La extradición..., op. cit.*, págs. 75 y 76.

253 Ollé Sesé, *La extradición..., op. cit.*, pág. 81.

254 DOUE C 223/34, de 8 de junio de 2022, anexo 8. A estos efectos, es preciso que los Estados designen puntos de contacto, que normalmente serán las autoridades centrales.

255 Como entiende Ollé Sesé, *La extradición..., op. cit.*, pág. 79.

256 En este sentido, Auto del Pleno de la Sala 40/2020, de 14 de septiembre, respecto de la baja en OPC-INTERPOL: *"no significa que no obre reclamación en vigor por parte de las autoridades judiciales del Estado requirente, a las que hay que seguir dando curso y respuesta"*.

257 En este sentido, Auto de 28 de diciembre de 2021, dictado en el Rollo de Sala 49/2021, de la Sección 4.ª de la Sala de lo Penal: *"Por lo que al procedimiento seguido ante Interpol respecta, y a la publicación de los datos de la reclamada en los ficheros de aquella, que en caso de prosperar dicha reclamación se eliminarían y el procedimiento debería ser archivado, carece de soporte legal alguno.*

La difusión de la orden de detención a través de Interpol es un medio eficaz, pero no el único, para conseguir la aprehensión del reclamado. Ello se lleva a cabo a través de las difusiones internacionales de índice rojo red flag contenidas en un formulario, en que constan los datos relativos a la filiación completa y datos personales del reclamado, nacionalidad, número de orden de detención, fecha de expedición de la orden, fecha de comisión del delito y resumen de los hechos por los que está acusado, incluyendo, además de la fotografía e impresiones digitales, el nombre y apellidos de la autoridad judicial que ha emitido la orden y la promesa formal de que la extradición será solicitada una vez localizada y detenida la persona buscada. Una vez recibida en la Secretaría General de Interpol, se difundirá entre todas las policías de

Por otra parte, la denegación de la entrega en el país de ejecución no implica automáticamente la cancelación de la inscripción, que debe ser solicitada por la defensa. En los supuestos de denegación, como señala la doctrina[258] "*la denegación no implica la retirada o anulación de la notificación roja en INTERPOL. Los Estados requirentes, comúnmente , mantienen vigente la OID con la esperanza de que el reclamado sea detenido en otro Estado al que se desplace y así tratar de satisfacer sus deseos extradicionales*".

Los motivos de rechazo de la inscripción o de su posterior cancelación son variados, pero destaca la vulneración del principio de neutralidad, que rechaza las notas rojas cuyos objetos sean delitos *predominantemente* de naturaleza política, racial, religiosa o milita. Lo que deba entenderse como tal lo señala la resolución de la Asamblea General de Interpol 53/RES/7, que indica como muestra los delitos de pertenencia a organización ilícitas, de expresión, injurias a autoridades, delitos contra la seguridad del Estado, deserción ,traición, espionaje, práctica de religión prohibida, relativos a reclutamiento o propaganda por religiones partidistas o de afiliación a una asociación racial[259].

La materialización de la detención es, de ordinario, automática. Las fuerzas y cuerpos de seguridad no están en condiciones de determinar la bondad de los fundamentos de la detención contenidos en una exigua nota de INTERPOL, normalmente, de no más de cuatro folios[260]. Ahora bien, no es infrecuente en la práctica judicial que los reclamados, que por una u otra razón han tenido conocimiento de la emisión de la orden de detención en el país de emisión, se presenten en el Juzgado de Guardia de la Audiencia Nacional comunicando su paradero y su puesta a disposición de la justicia , como forma de eludir la detención policial. Tradicionalmente, esta práctica tenía una derivada, y era que dicha presentación atraía la competencia del Juzgado de Guardia para el conocimiento del

---

los Estados miembros, incluyendo instrucciones sobre los pasos a seguir en caso de descubrirse al sujeto que se busca. (...) una notificación roja de Interpol es, en definitiva, un aviso internacional sobre personas buscadas, pero no es una orden de detención. Interpol se limita a publicar las notificaciones rojas a petición de un país miembro, el cual debe cumplir con el Estatuto y los textos normativos de aquella institución. (...) Todas las solicitudes de publicación de notificaciones rojas son examinadas por un equipo especializado, para garantizar su conformidad con la normativa aplicable... Cada vez que, tras la publicación de una notificación roja, se pone en conocimiento de la Secretaría General alguna información nueva y pertinente, el grupo especializado reexamina el caso. El tratamiento viene regulado por la Resolución AG-2011-RES-07 por la que se aprueba el Reglamento sobre Tratamiento de Datos (...) El citado Reglamento, en su artículo 81, recoge la suspensión, retirada o anulación de una notificación: la Oficina Central Nacional o la entidad internacional que haya solicitado la publicación de una notificación estará obligada a retirar su solicitud de cooperación o su alerta (...) siempre que: a) la solicitud o la alerta han logrado su finalidad; o b) la solicitud o la alerta esté vinculada a otras solicitudes o alertas que hayan logrado su finalidad (...) ; o c) no desee mantener la notificación; o d) la notificación ya no cumpla las condiciones mínimas para su publicación. (...) La Secretaría General anulará la notificación (en las anteriores condiciones) (...). El artículo 135 del citado Reglamento, relativo a la resolución de controversias indica que las que puedan surgir (...) se resolverán de mutuo acuerdo. En caso de no poder resolverse por esta vía se recurrirá al Comité Ejecutivo y, en caso necesario, a la Asamblea General. definitiva, se trata de resoluciones administrativas (...) pero que en ningún caso afectan al procedimiento de extradición pasiva (...) y menos aún con la eficacia suspensiva sobre el procedimiento extradicional en fase judicial (...) salvo que el Estado requirente (...) desista de la misma (...). En el citado Reglamento se recoge, además la posibilidad de eliminación de datos garantizada por la Comisión de Control de los Ficheros de Interpol (...) así como el tratamiento de las solicitudes incompletas que no respondan a las condiciones de publicación de las notificaciones. La Comisión de Control (...) elabora unas directrices procedimentales (...) sin que entre las medidas que puede adoptar (...) se encuentre la paralización del procedimiento de extradición al que se refiere la notificación roja en cuestión".

[258] Ollé Sesé, *La extradición (...), op. cit.*, pág. 80

[259] Ollé Sesé, *La extradición..., op. cit.*, págs. 84 a 89.

[260] Ollé Sesé, *La extradición (...), op. cit.*, pág. 93.

expediente, lo cual ya no sucede en la actualidad, pues suponía tanto como permitir que la defensa eligiera el Juzgado que más le interesaba. La práctica de la presentación de voluntaria ha motivado la propuesta de la doctrina para que se introduzca en la ley una disposición para que en la "*detención de un residente en España, nacional o extranjero, y con domicilio conocido , las fuerzas policiales deban comunicar la notificación roja al juez central de instrucción para que este decida sobre su detención inmediata o citación para comparecer voluntariamente en el juzgado*"[261].

Una última consideración debe hacerse respecto de la detención preventiva: no se vulnera principio alguno, y menos el de especialidad, por el hecho de que la orden de detención no recoja todos y cada uno de los delitos que luego aparecerán en la documentación extradicional. La detención es una medida cautelar y contingente al procedimiento que no delimita el objeto del proceso, como tampoco lo hace en el procedimiento penal ordinario[262].

El hecho de que no se presente la demanda de extradición en el plazo antevisto no implicará la caducidad del procedimiento, sino, exclusivamente, la puesta en libertad del reclamado, tal como señala el Auto de la Sala de lo Penal de la Audiencia Nacional, Sección 3.ª, 22/2018, de 29 de mayo[263]. Nuestro ordenamiento no contempla crisis procesales en la fase judicial de la extradición que supongan su final anticipado. Es por ello por lo que la figura del sobreseimiento, en cualquiera de sus modalidades, es ajena a la extradición. Efectivamente, en el proceso penal cabe apreciar causas o motivos de crisis anticipada del proceso, bien porque los hechos son inexistentes, bien porque no son constitutivos de delito, porque concurra una causa de extinción de la responsabilidad criminal, por no estar suficientemente acreditados o por no existir indicios suficientes contra la persona, de acuerdo con los arts. 637 y 641 LECrim. Pues bien, nótese que todos y cada uno de los cinco supuestos mencionados tienen que ver con el ejercicio del *ius puniendi* estatal, que,

[261] OLLE SESÉ, *La extradición (...), op. cit.*, pág. 94.

[262] Auto de la Sala Pleno, 9/2018, de 26 de enero: "*En cuanto al hecho de que en la demanda extradicional se incluya un nuevo cargo hemos de recordar que el título extradicional no lo constituye la orden de detención, sino la posterior solicitud de extradición con la documentación que le acompaña (...) En este sentido, la Sección 1.ª de la Sala de lo Penal, en Auto 11/2001, de 21 de marzo, decía que «el procedimiento de extradición se inicia en sentido estricto con la petición formal del país requirente y el contenido de esta petición formal de entrega es lo que determina el objeto del procedimiento. La detención preventiva constituye una fase puramente cautelar para asegurar la presencia del reclamado, y el hecho de que en la orden internacional de detención solo se mencione uno de los delitos (...) no limita el contenido de la posterior solicitud de entrega, cuando esta se formula ante las autoridades diplomáticas del país donde el reclamado ha sido localizado. La detención preventiva no es indispensable para la tramitación del procedimiento de extradición». En similares términos se pronunciaba esa misma Sección en Auto 2/2014, de 30 de enero, del que reproducimos el siguiente pasaje: «Incluso, siendo incompleta una orden internacional de detención previa, por la no inclusión de la totalidad de hechos delictivos por los que luego se formula la reclamación, nada impide que esa subsiguiente reclamación lo sea por alguno o más de los que no se mencionaron en aquella»*". *En igual sentido, Auto de 28 de diciembre de 2021, dictado en el Rollo 49/2021, de la Sección 4.ª de la Sala de lo Penal: "La detención preventiva es una medida cautelar y contingente al procedimiento (Auto Pleno 9/2018, de 26 de enero) (...). Cuestión distinta es que se haya llevado a cabo una detención sobre una orden internacional que no describa los elementos típicos del delito, o que la descripción sea incompleta, o no reflejen el lugar y tiempo de su comisión, o la acción penal y/o la pena estén claramente rescritas. En estos casos, la medida en cuestión provocaría un restricción injusta del derecho a la libertad del sujeto, pero para corroborar que la solicitud de extradición está abocada al fracaso, será necesario comprobar la documentación con aquélla remitida (...)".*

[263] *"(...) El que la demanda extradicional se formaliza transcurrido el plazo de sesenta días desde la detención en España solo tiene como consecuencia la libertad del reclamado y nunca la denegación de la extradición como establece el art. 19.6 del Tratado España-República Dominicana".*

precisamente por su propia naturaleza de acto judicial de cooperación penal en materia de entrega de personas, está ausente en el procedimiento de extradición. Si aquí ni se investiga a una persona, ni se trata de averiguar un hecho ni se trata de enjuiciarla, sino de entregarla al país que la reclama, en caso de estimarse fundada la reclamación, ninguno de los motivos de crisis procesal que contempla nuestro ordenamiento pueden ser de aplicación.

Este es el motivo por el cual el art. 8.3, último párrafo, LEP establece que el incumplimiento de los plazos supondrá la puesta en libertad, sin que sea óbice para una nueva petición de extradición ni para una extradición[264].

Puede darse el caso de que, tramitándose una comisión rogatoria para la investigación del delito cometido en el país reclamante de forma simultánea a la extradición, la detención policial acordada en el ámbito de dicha rogatoria preceda y se solape con la orden internacional de detención y con la correspondiente aprehensión en el seno del procedimiento extradicional. Esto ni implica la nulidad de la detención extradicional ni afecta al procedimiento. Lo que se produce es una superposición de plazos (detención *ex* arts. 490.2 y 492 LECrim., por un lado, y detención del art. 8 LEP, por otro) compatibles entre sí. No existe una detención sin habilitación legal, sino que, en el curso de una detención gubernativa ordinaria, se recibe una solicitud de detención internacional. Por otra parte, en ningún caso la nulidad de una medida cautelar tiene capacidad para afectar al procedimiento principal. Implica un salto lógico difícilmente explicable, pues equivaldría a decir, por ejemplo, que la nulidad de una prisión acordada en la pieza de situación tiene virtualidad para afectar a las pruebas obtenidas en el curso de unas diligencias previas o un sumario. Que esto no es así se desprende de la propia dicción literal del art. 11.1 LOPJ, que refiere la nulidad a las pruebas obtenidas violentando derechos fundamentales; esto es, las irregularidades quedan extramuros del cuerpo principal de cualquier procedimiento y no tienen facultad para afectar a su desarrollo. Por analogía con lo dispuesto en los arts. 8.2 y 9.5 con relación al art. 8.3 *in fine* LEP, que establece que la puesta en libertad no será obstáculo para una nueva detención ni para la extradición, podemos afirmar que una hipotética irregularidad en detención —que negamos— ni sería obstáculo para la continuación del procedimiento extradicional ni para una nueva detención. En este sentido se pronuncia la Sala de lo Penal de la Audiencia Nacional con relación a una extradición solicitada por la República Popular China[265].

[264] *"La puesta en libertad, con o sin medidas alternativas de la prisión provisional, no será obstáculo para una nueva detención ni para la extradición, si la solicitud de esta llegará después de la expiración del plazo mencionado en el apartado anterior"*. De esta opinión respecto a la Ley de 1958 era Pastor Borgoñón, *op. cit.*, pág. 189.

[265] Auto 249/2017, Sección 2.ª, de 7 de junio: "*(...) El recurrente parte de un error al considerar que la detención se produjo en una especie de limbo jurídico cuando lo cierto es que existían dos procedimientos abiertos en el Juzgado Central de Instrucción número 1: las diligencias previas 74/2016, que finalmente fueron archivadas, y una Comisión Rogatoria Internacional instada por las autoridades judiciales de la República Popular China número 2/2016, en el marco de la cual se practica la entrada y registro en un domicilio en el que fue localizado el recurrente (...) el artículo 490.1 y 2 y 492 LECrim. establecen la obligación de la autoridad o agente de la policía judicial de detener a los que se encuentren cometiendo un delito, y esto es lo que hizo precisamente la fuerza actuante cuando procedió a la detención del recurrente, entendiendo que existían elementos suficientes para considerarle presunto autor de un delito de estafa, de modo que cuando la detención se produce, los agentes de la autoridad no solo tenían cobertura legal para llevarla a cabo, sino que estaban obligados a efectuar la detención, por existir elementos suficientes*

para atribuir al interesado la comisión de un delito de estafa agravada (...). Cuestión distinta es que horas después las autoridades de la República Popular China, con los datos facilitados en la CRI, procedieran a la emisión de una orden internacional de detención que, de alguna manera, se solapó con la detención policial ya producida (...). No existe ni se ha producido irregularidad alguna, pues la detención se practicó al amparo de lo dispuesto en nuestra ley procesal, pero aun en el supuesto hipotético de considerarse que la detención adolece de falta de cobertura legal, dicha conclusión tampoco tendría como consecuencia la nulidad de pleno derecho del procedimiento de extradición, ni sería obstáculo para su prosecución o para una nueva detención".

En el mismo sentido, Auto 207/2017, Sección 3.ª, de 19 de mayo: "*(...) El hecho de que la orden internacional de detención se emitiera el mismo día en que se produjo la detención, conociendo los datos de filiación de las personas detenidas, ninguna ilegalidad conlleva, y menos aún, con efectos de conexión de antijuricidad con la declaración de nulidad del procedimiento (...). La orden internacional de detención fue expedida el día 13 de diciembre de 2016, a las 13.20 horas, siendo detenido e informado de la misma el reclamado ese mismo día a las 20.00 horas, y presentado al Juzgado Central de Instrucción dentro del marco de las 24 horas siguientes, por lo que ninguna infracción del art. 496 LECrim. se ha producido, ni tampoco del art. 8.3 y 10 de la Ley de Extradición Pasiva, y menos aún del artículo 17 CE, no resultando de aplicación al caso de autos lo prevenido en el artículo 11.1 LOPJ, al no concurrir ninguna causa de nulidad de las prevenidas en los artículos 238 y siguientes de la LOPJ*".

Examen por la autoridad gubernativa

De acuerdo con el art. 9 LEP, cuando la solicitud se hubiere formulado por vía diplomática, el Ministerio de Asuntos Exteriores remitirá al de Justicia la solicitud de extradición con expresión de la fecha en que se hubiere recibido.

El Ministerio de Justicia, en un plazo máximo de ocho días computados desde el siguiente al de la recepción de la solicitud o, en su caso, de los justificantes, aclaraciones o traducciones por él reclamados, elevará a Gobierno propuesta motivada sobre si ha lugar o no a continuar en vía judicial del procedimiento de extradición según los arts. 2 a 5 de la Ley[266]. La doctrina considera que la expresión "*propuesta motivada*" implica que "*en ella deben contenerse los argumentos lógicos en que se ha basado. Debe contener una descripción somera del desarrollo de los hechos –si se pidió o no la detención preventiva, cuándo, fecha de solicitud de la extradición y delito en que se basa–, documentos que se presentaron en apoyo de la solicitud y, por último disposiciones aplicables en el supuesto concreto y postura a adoptar a tenor de lo establecido en las mismas*[267]".

El Gobierno adoptará su decisión dentro del plazo de 15 días, contados desde la elevación de la propuesta al Ministerio de Justicia[268]. El precepto pone fin a la cierta polémica doctrinal que se suscitó sobre el *dies a quo* durante la vigencia de la Ley de 1958, dado que esta norma no lo recogía expresamente[269].

Transcurrido ese plazo sin que el Gobierno haya adoptado resolución, el Ministerio de Justicia lo hará en su nombre dentro de los tres días siguientes a su expiración. Cuando el acuerdo fuere denegatorio se pondrá en conocimiento del Estado requirente. Si el reclamado estuviese en prisión, se notificará al Juez que la hubiese decretado para que acuerde su libertad.

El acuerdo como tal no tiene por qué constar en el expediente de extradición. Bastará la referencia a este y a su fecha en la comunicación que el ministerio tiene que realizar al

---

[266] La Ley pone fin a la cierta indefinición en el *dies a quo* que padecía la Ley de 1958, señalada por Vacas Medina, *op. cit.*, pág. 43

[267] Pastor Borgoñón, *op. cit.*, pág. 163.

[268] Estos plazos son idénticos a los recogidos en el art. 12 de la Ley de 26 de diciembre de 1958, a contar desde la detención. Sin embargo, la Ley de 1958, en su art. 14, introducía una peculiaridad en materia de detención: el Estado requirente, en los 10 días siguientes a la detención, debía indicar si pensaba presentar demanda extradicional.

[269] Sobre el particular, véase Pastor Borgoñón, *op. cit.*, pág. 163. La autora, con buen criterio, entendía que, en cualquier caso, el *dies a quo* debía entenderse referido a la fecha de elevación de la propuesta.

órgano judicial poniéndole de manifiesto la decisión tomada[270]. No faltan voces doctrinales que propugnan lo contrario, al considerar que esto merma el derecho de defensa[271]. Sin embargo, si lo que se quiere es recurrir en vía contencioso-administrativa, no es preciso el conocimiento del acuerdo del Consejo de ministros, pues el artículo 45 c) de la Ley 29/1998, de 13 de julio, de Jurisdicción Contencioso-Administrativa, ni siquiera obliga a presentar copia del acto administrativo, bastando indicación del expediente en el que se ha producido. Y si lo que se afirma es que se restringen las posibilidades de defensa, difícilmente esto sucede cuando toda la documentación que da lugar a la decisión se remite al órgano judicial competente.

Con respecto a este examen gubernamental, deben apuntarse varias cosas. La primera, que los plazos no son de caducidad, por lo que es posible que el Gobierno decida sin respetarlos. Estamos ante infracciones procesales no invalidantes, de acuerdo con la STS, Sala Tercera, Sección 6.ª, de 29 de enero de 2004[272]. En segundo término, que, por más que el art. 9 LEP haga referencia a los requisitos contenidos en los arts. 2 a 5, que resultan ser motivos de denegación de la extradición, la valoración que se hace a efectos de continuación del procedimiento no puede equipararse a un análisis judicial, sino que es una evaluación inicial sobre la concurrencia formal de los requisitos y la ausencia *prima facie* de causas de inadmisión, dado que la apreciación sobre la concurrencia de los requisitos extradicionales corresponde en exclusiva al órgano judicial que resuelve en una fase posterior, como custodio de los derechos del reclamado. Dicho Tribunal no está condicionado por la valoración que ha hecho la Administración ni limita su función a la revisión de los actos de esta, según la STS, Sala Tercera, Sección 6.ª, de 2 de marzo de 2010[273]. La STS, Sala Tercera, Sección 6.ª, de 22 de febrero de 2016 zanja la cuestión al limitar la labor del Gobierno en este momento a la de un mero análisis de la concurrencia de los requisitos

---

270 Auto de la Sala de lo Penal de la Audiencia Nacional, Sección 1.ª, de 3 de junio de 2002: "*El artículo 11 no exige que se acompañe, remita o certifique acuerdo alguno del Consejo de Ministros. Lo que ordena el mencionado precepto es que se remita el expediente al Juzgado Central si el Gobierno hubiere acordado la continuación del procedimiento en vía judicial (...) y eso es lo que se hace a los folios (...) que van precedidos de un oficio de la Subdirección General de Cooperación Jurídica internacional en el que sí consta la fecha del acuerdo del Consejo de Ministros, porque esta sí es necesaria para el cómputo de plazos*".

271 Ollé, *La extradición..., op. cit.*, pág. 139.

272 "*Invoca igualmente el recurrente la infracción cometida por la resolución recurrida de lo dispuesto en el artículo 9.3 de la Ley 4/1985 de Extradición pasiva en relación con el plazo en que el Ministerio de Justicia debe elevar la propuesta de resolución al Consejo de Ministros (...). Carece en absoluto de relevancia dado que, como se afirma en Sentencias de 9 de octubre de 2000 y de 24 de junio de 2003, los plazos establecidos en el artículo 9 de la Ley no son plazos de caducidad que hagan inválidas las actuaciones realizadas fuera de dichos plazos*".

273 "*Decimos que no puede compartirse tal planteamiento, pues con ello la parte viene a equiparar la valoración de las circunstancias establecidas en los arts. 2 a 5 de la LEP que corresponde efectuar en fase jurisdiccional y sujeta al control judicial, con la sola valoración administrativa a efectos de dar curso a la extradición solicitada. En el primer caso se trata de una decisión judicial sujeta al correspondiente procedimiento contradictorio, cuyo pronunciamiento goza del valor decisorio propio de las resoluciones judiciales en cuanto a la concurrencia de los requisitos en cuestión, mientras que en el segundo caso se trata de una decisión administrativa, con los efectos que antes se han indicado para la continuación del procedimiento, a la vista de los requisitos establecidos en los referidos arts. 2 a 5 de la Ley, pero sin que ello suponga una resolución administrativa sobre la concurrencia de los mismos ni menos aún vincule o condicione la valoración que corresponde efectuar al órgano judicial, el cual decide de forma originaria sobre la concurrencia de los requisitos en cuestión y no revisando la apreciación que haya podido llevar a cabo la Administración en la fase inicial del procedimiento*".

formales del art. 7[274], sin perjuicio de que alguna sentencia, como la STS, Sala Tercera, 1166/2018, de 9 de julio, vuelva a justificar el dictado de una resolución denegatoria en este trámite por la concurrencia de motivos de fondo[275], lo que supone anticipar el debate y usurpar la competencia de la Sala de lo Penal de la Audiencia Nacional. Sin embargo, la STS, Sala Tercera, 1260/2018, de 17 de julio, continúa la tesis mayoritaria[276]. En el mismo sentido, la STS, Sala Tercera, 1000/2020, de 15 de julio[277]. Hasta tal punto es así, que la

---

[274] *"(...) El procedimiento de extradición es (...) un procedimiento mixto, de naturaleza administrativa y judicial, en el que se pueden distinguir tres fases, dos gubernativas, la primera y la última, y una intermedia judicial, y sin reparar tampoco en que la fase en que ahora nos encontramos, la primera, tiene un alcance muy limitado, cual es decidir la continuación o no del procedimiento a la vista de los requisitos establecidos en los artículos 2 a 5 de la Ley 4/1985, de 21 de marzo, a saber, mediante la comprobación de que la solicitud se formula por el conducto y la autoridad correspondiente y va acompañado de la documentación exigida, sin asumir control sustantivo alguno de los requisitos previstos por la Ley para conceder o denegar la extradición, reservada a la fase judicial posterior"*. De esta opinión, Bellido Penadés, *op. cit.*, pág. 231. En el mismo sentido, Pastor Borgoñón, *op. cit.*, pág. 166. Igualmente, STS 1284/2020, de 13 de octubre: *"La primera de las fases está regulada en los artículos 7 a 11 de la Ley 4/1985, de 21 de marzo de Extradición Pasiva (LEP), y tiene la finalidad de iniciar el procedimiento de extradición --respondiendo así a las solicitudes deducidas por el país extranjero que corresponda -- y, de decidir si ha lugar, o no, a continuar el procedimiento en vía judicial sobre la base de los artículos 2 a 5 de dicho texto legal y los Tratados de extradición en su caso suscritos por España con el país requirente"*.

[275] Quizá influida por las circunstancias del caso. Se trataba de una solicitud de extradición planteada por Turquía respecto de un ciudadano alemán de origen kurdo que había obtenido previamente la condición de asilado en Alemania. El Gobierno deniega el trámite por este motivo; al estimar concurre la causa de denegación del art. 4.6 LEP y la Sala estima que *"respecto a la cuestión de fondo, necesariamente debemos partir de la consideración de que no han sido desvirtuadas las razones expuestas en el acuerdo recurrido para denegar la no continuación de procedimiento de extradición. Ni la condición de refugiado ni la nacionalidad alemana de quien se pretende la extradición puede ponerse en duda, por lo que mal puede este Tribunal acoger el recurso cuando el acuerdo impugnado se fundamenta en el artículo 4.8.º de la Ley 4/1985, de 21 de marzo, de extradición pasiva, que prevé como supuesto de denegación de la extradición el reconocimiento a la persona reclamada de la condición de asilada, reforzada, como se dice en el acuerdo impugnado, por la obtención de la nacionalidad alemana"*.

[276] *"El acuerdo impugnado corresponde a la primera de estas fases y contiene la decisión del Gobierno de continuar con la fase judicial del procedimiento de extradición. Se trata de una decisión administrativa que tiene un alcance limitado, pues, tal y como ha precisado la jurisprudencia (Ss 2-3-2010, rec. 255/2009, 22–9–2014, rec. 419/2013) «[(...)] se trata de una decisión administrativa, con los efectos que antes se han indicado para la continuación del procedimiento, a la vista de los requisitos establecidos en los referidos arts. 2 a 5 de la Ley, pero sin que ello suponga una resolución administrativa sobre la concurrencia de los mismos ni menos aún vincule o condicione la valoración que corresponde efectuar al órgano jurisdiccional, el cual decide de forma originaria sobre la concurrencia de los requisitos en cuestión y no revisando la apreciación que haya podido llevar a cabo la Administración en la fase inicial del procedimiento». De modo que, como señala la citada sentencia de 16 de marzo de 2015, esta decisión no puede asumir un control sustantivo de los requisitos previstos en la Ley para conceder o denegar la extradición, reservado a la fase judicial posterior, pero indudablemente tiene un positivo que, aunque limitado, abarca el control de las formalidades extrínsecas de la solicitud de extradición formulada por otro Estado, en donde se incluye, entre otros, la comprobación de que dicha solicitud se formule por el conducto y la autoridad correspondiente y vaya acompañada de la documentación prevista en la Ley 4/1985, de 21 de marzo de Extradición Pasiva y, en su caso, en los Tratados bilaterales o multilaterales suscritos por España con el país solicitante de la extradición"*. Esta doctrina es reiterada en las SSTS, Sala Tercera, 1259/2018 y 1258/2018, ambas de 17 de julio; 870/2018, de 28 de mayo; 862/2018, de 25 de mayo; 835/2018, de 22 de mayo, y 803/2018, de 18 de mayo. Ídem las SSTS 472/2019 y 474/2019, de 8 de abril.

[277] *"El acuerdo impugnado corresponde a la primera de estas fases y contiene la decisión del Gobierno de continuar con la fase judicial del procedimiento de extradición. Se trata de una decisión administrativa que tiene un alcance limitado, pues, tal y como ha precisado la jurisprudencia (SSTS de 2 de marzo de 2010 y 22 de septiembre de 2014) « (...) se trata de una decisión administrativa, con los efectos que antes se han indicado para la continuación del procedimiento, a la vista de los requisitos establecidos en los referidos arts. 2 a 5 de la Ley, pero sin que ello suponga una resolución administrativa sobre la concurrencia de los mismos ni menos aún vincule o condicione la valoración que corresponde efectuar al órgano jurisdiccional, el cual decide de forma originaria sobre la concurrencia de los requisitos en cuestión y no revisando la apreciación que haya podido llevar a cabo la Administración en la fase inicial del procedimiento». De*

STS 8/2022, Sala Tercera, de 11 de enero, afirma que "*al acuerdo inicial adoptado por el Consejo de Ministros le corresponde un control meramente formal, el control de las formalidades extrínsecas de la solicitud de extradición, control que incluye, entre otros, la comprobación de que la solicitud venga acompañada de la documentación prevista en la ley y en los Tratados. El control de fondo o sustantivo de los requisitos para conceder o denegar la extradición, esto es, la suficiencia, no solo formal, sino material de la documentación presentada, corresponde en exclusiva a la jurisdicción penal*". En este punto, no han faltado voces, a las que nos unimos, que entienden que estamos ante un trámite que sería perfectamente prescindible, pudiendo residenciarse el control de requisitos formales y de fondo ante el órgano judicial competente con una segunda fase gubernamental regida por criterios de oportunidad[278]. También se sostiene lo contrario, a saber, que habría que revitalizar el trámite y dar plena competencia al gobierno para examinar la concurrencia o no de las causas de denegación previstas en los artículos 2 a 5 de la Ley extradicional, de modo y manera que pudiera con carácter general rechazar las entregas caso de apreciar la concurrencia de alguna de ellas, y ello sobre la base del tenor literal el artículo 9 de la LEP[279]. No podemos compartir tal afirmación por varios motivos. El primero de ellos, que aceptar tal posibilidad supondría laminar por completo la fase judicial posterior, en cuanto el control jurisdiccional de la concurrencia de las causas de denegación quedaría residenciado en la jurisdicción contencioso administrativa a través del hipotético recurso que pudiera plantearse frente a la resolución que se tomara; en segundo término, que el dictamen de legalidad que hace el Ministerio Fiscal en la segunda fase de la extradición no puede sustituirse en vía de recurso contencioso administrativo, dado que no está prevista su intervención en el trámite. Por último, que la diferente naturaleza de las fases extradicionales hace que deba rechazarse la tesis sobre el examen por el Gobierno de las cuestiones de fondo: esta primera etapa obedece a una relación entre Estados, el que entrega la documentación y el que la recibe, que comprueba que se cumplen las formalidades extradición, mientras que en la segunda fase, judicial, la relación se torna trilateral, con intervención del reclamado y posibilidad de hacer plenas alegaciones. Es por ello por lo que es en la etapa judicial cuando deben examinarse los motivos de fondo. Realmente, la doctrina que propugna apoderar a la administración para la toma de decisiones de fondo no deja de reconocer que su actividad es puramente formal, por más que manifestando su desacuerdo: "*Su labor jurídica debe apartarse de toda tarea automática rutinaria de transcribir un resumen al uso del pedido extradicional, relatando la iniciación del procedimiento, la identidad del reclamado , su situación personal , enumerando la documentación remitida por el requirente, narrando un resumen de hechos y estableciendo su tipificación*"[280].

---

modo que, como señala la citada STS de 16 de marzo de 2015, esta decisión no puede asumir un control sustantivo de los requisitos previstos en la Ley para conceder o denegar la extradición, reservado a la fase judicial posterior, pero, indudablemente, tiene un contenido positivo que, aunque limitado, abarca el control de las formalidades extrínsecas de la solicitud de extradición formulada por otro Estado, en donde se incluye, entre otros, la comprobación de dicha solicitud se formule por el conducto y la autoridad correspondiente, así como que vaya acompañada de la documentación prevista en la Ley 4/1985, de 21 de marzo de Extradición Pasiva (LEP), y, en su caso, en los Tratados bilaterales o multilaterales suscritos por España con el país solicitante de la extradición".

[278] Bellido Penadés, *op. cit.*, pág. 229.

[279] Ollé, *La extradición...*, *op. cit.*, págs. 132 y 133.

[280] Ollé, *La extradición ...*, *op. cit.*, pág. 135.

En consecuencia, en lo relativo a la posibilidad de rechazo en la continuación del trámite por la concurrencia de algunas de las causas recogidas en los arts. 2 a 5 LEP, únicamente estaría justificada tal decisión del Gobierno en el exclusivo caso de existir una resolución judicial firme anterior denegatoria de la entrega por los mismos hechos y en idénticas circunstancias procesales, incluso referidas a otra persona[281]. También cuando con claridad patente concurriera una causa de denegación y así se hiciera ver al Gobierno, por ejemplo, en caso de un asilo concedido en otro país de la Unión Europea. Dicha posibilidad se vehicula a través de un trámite que se ha utilizado con relativa frecuencia, por más que no previsto en la ley, cual es un escrito de la defensa dirigido al Gobierno de España, a través del Ministerio de Justicia, donde se ponga de manifiesto esta circunstancia.

Los defectos formales que ampararían la denegación serían la remisión de la documentación fuera de los cauces establecidos y por autoridad manifiestamente incompetente, la falta absoluta de descripción de hechos, la falta de identificación del reclamado y la falta de traducción cuando sea exigible, así como la inexistencia de textos legales[282]. Nada impedirá que, con carácter previo a esta desestimación por motivos de forma, el Gobierno requiera su subsanación al Estado requirente, por más que dicha facultad no esté expresamente prevista en la Ley. En este sentido, si el Gobierno puede rechazar la continuación del procedimiento, que es la decisión más extrema, nada obsta a que pueda optar por una solución intermedia, que es la petición de corrección de defectos[283].

En este trámite es posible que el Ministerio de Justicia interese del Ministerio del Interior la detención y puesta a disposición del reclamado ante el Juez de guardia, antes incluso de la elevación de la propuesta correspondiente al Consejo de Ministros[284].

---

[281] De manera ciertamente incoherente, ALARCÓN BRAVO, tras coincidir en que el examen es puramente formal, con posibilidad incluso de devolver el expediente si este es manifiestamente incompleto, incide en la posibilidad de revisar cuestiones de fondo en "*La práctica extradicional*", Boletín de Información del Ministerio de Justicia n.º 1848, de 1 de julio de 1999, págs. 1848 y 1849 (11 y 12):

"*La primera fase gubernativa se limita a una consideración predominantemente formal de la documentación dirigida a preparar un primer Acuerdo del Consejo de Ministros para la continuación o no del procedimiento en vía judicial.*

No obstante, se pueden decidir cuestiones como la devolución de la documentación extradicional por ser, de manera indudable, insuficiente o incompleta o sin devolverla pedir que se complete la documentación omitida, o hacer propuesta de no continuación del procedimiento:

– Por no existir Tratado, ni base para la aplicación del principio de reciprocidad,

o no concurrir la doble incriminación (no ser delitos en el país requerido los hechos descritos),

– o no alcanzarse el mínimo punitivo exigido,

– o tratarse de delitos militares o fiscales en casos claramente excluidos de extradición, según los Tratados,

– o proceder la documentación de Tribunales extranjeros de excepción o «ad hoc»".

A nuestro juicio, siendo el mínimo punitivo, la concurrencia de doble incriminación, la posibilidad de extradición aún sin tratado o el carácter de Tribunal de excepción del órgano judicial requirente –motivos de denegación de la extradición que valorará el Tribunal competente– debería abstenerse el Ministerio de Justicia de efectuar valoración alguna sobre su existencia.

[282] ALARCÓN BRAVO, *op. cit.*, pág. 2055 (13). En el mismo sentido, PASTOR BORGOÑÓN, *op. cit.*, pág. 166.

[283] De este parecer, CEZÓN, *op. cit.*, pág. 246. Ahora bien, no creemos que sea necesario recoger dicha potestad de manera expresa, como parece dar a entender el autor.

[284] Art. 9.2: "*El Ministerio de Justicia, atendidas las circunstancias de la solicitud y cuando el reclamado no estuviere ya detenido preventivamente, podrá interesar del Ministerio del Interior que proceda a la detención de la persona reclamada y la ponga a disposición del Juzgado Central de Instrucción de guardia, y remitirá a este Juez información bastante acerca de la demanda de extradición*".

La decisión que adopta el Gobierno de la Nación es recurrible ante la Sala Tercera del Tribunal Supremo, según las SSTS, Sala Tercera, Sección 6.ª, de 2 de marzo de 2010 y de 29 de enero de 2004, entre otras, siendo ratificada esta postura por la STS 1000/2020, Sala Tercera, de 15 de julio[285]. Así, aunque se considerase este acto gubernamental de naturaleza política –lo que negamos y niegan las mentadas sentencias, pues ese es el papel del acto del art. 6 LEP–, siempre sería recurrible en cuanto a sus elementos reglados, según la doctrina del Tribunal Supremo que menciona el art. 2 a) de la Ley de Jurisdicción Contencioso-Administrativa, máxime cuando no estamos ante la decisión final del procedimiento, que se rige por motivos de interés nacional. Debe decirse que la Sala considera superada la teoría de los actos políticos exentos. En este sentido, aun cuando la política exterior sea una competencia gubernamental, *ex* art. 97 de la Constitución, y que tradicionalmente la extradición se considere una manifestación de la soberanía nacional, no lo es menos que la salvaguardia de los derechos esenciales del reclamado, muy específicamente el derecho a la libertad personal del art. 17 CE y la tutela judicial del art. 24 CE, ha emergido en el procedimiento extradicional con toda su fuerza. Esta idea hace que el control jurisdiccional se extienda también a la fase gubernativa inicial de la extradición. Por otra parte, como ya afirmaba la Exposición de Motivos de la Ley 29/1998, de 13 de julio, la Constitución de 1978[286] implica un sometimiento pleno de la Administración a la ley y al Derecho y su sujeción al control de los Tribunales. Por más que el impulso político de la acción administrativa quede fuera del control judicial, su traducción efectiva en una serie de actos administrativos no lo estará, al menos, en cuanto a los elementos procedimentales y reglados, eliminando áreas exentas a la vigilancia jurisdiccional[287]. Este criterio

---

[285] *"Este Tribunal ha tenido ocasión de pronunciarse en numerosas sentencias sobre la posibilidad de impugnar en sede contencioso-administrativa los Acuerdos del Consejo de Ministros que deciden continuar con el procedimiento de extradición pasiva solicitada por otro Estado. Como recoge la STS de 16 de marzo de 2015, ya se dijo en STS de 29 de enero de 2004, con cita de la de 24 de junio de 2003, y reiteramos en la de 2 de febrero de 2010 (RC 255/2009) y 22 de septiembre de 2014 (RCA 419/2013) «[e]l citado acuerdo por el que se decide por el Gobierno continuar la extradición tiene indudables efectos, culminando esta primera fase del procedimiento complejo y originando, si fuere denegatorio de la continuación, la notificación al Juez, si el reclamado estuviera en prisión, para que acuerde su libertad y abriendo, de acordarse la continuación del procedimiento en vía judicial, la segunda fase procedimental ya ante el Juzgado Central de Instrucción y, como dispone el artículo 11 de la Ley, si el reclamado no estuviera en prisión, el Ministerio de Justicia oficiará también al Ministerio del Interior para que se practique la detención, se redacte el oportuno atestado y en plazo de 24 horas siguiente se ponga al detenido, con los documentos, efectos o dinero que le hubieran sido ocupados a disposición de la misma autoridad judicial.*

Es, por tanto, la decisión objeto del recurso un acto con propia sustantividad, como ya hemos sostenido en Sentencia de 24 de junio de 2003 antes citada, en cuanto que en él se valoran las circunstancias concurrentes en la petición formulada por el Estado requirente, y se decide continuar el procedimiento de extradición pasiva que la Ley prevé, o en otro caso, se deniega poniéndolo en conocimiento del Estado requirente, y en ambos supuestos con los efectos que antes hemos indicado respecto a la situación personal del reclamado».

No se trata, por tanto, de un mero acto de trámite, no susceptible de ser recurrido en sede contencioso-administrativa, por lo que procede rechazar la causa de inadmisión planteada". También, STS 1284/2020, Sala Tercera, de octubre.

[286] *"Solo a raíz de la Constitución de 1978 se garantizan en nuestro país plenamente los postulados del Estado de Derecho, y, entre ellos, el derecho de toda persona a la tutela de sus derechos e intereses legítimos, el sometimiento de la administración pública a la ley y al derecho y el control de la potestad reglamentaria y de la legalidad de la actuación administrativa por los tribunales. La proclamación de estos derechos y principios en la Constitución y su eficacia jurídica directa han producido la derogación implícita de aquellos preceptos de la Ley jurisdiccional que establecían limitaciones en el acceso a los recursos o en su eficacia carentes de justificación en un sistema democrático"*.

[287] Como afirma la misma Exposición de Motivos: *"La ley parte del sometimiento pleno de los poderes públicos al ordenamiento jurídico, verdadera cláusula regia del Estado de Derecho. Semejante principio es*

se aprecia no solo en el propio art. 2. a) de la Ley 9/1998, respecto a los actos reglados, sino también en su art. 1.3 a), en lo tocante a los actos recurribles provenientes de los órganos constitucionales del Estado.

Si a lo anterior añadimos que la doctrina de la Sala de lo Contencioso ha reducido la posible actuación gubernamental en este trámite a una simple comprobación de los requisitos formales[288], la asimilación de la decisión del Gobierno a la de un simple acto de tramitación desprovisto de naturaleza política abona la tesis de su obligado control judicial. Llegados a este punto, debemos recordar que, desde la perspectiva del procedimiento administrativo, aquellos actos de trámite que impiden la continuación del procedimiento son susceptibles de recurso[289]. En cuanto a las formalidades del acuerdo, el Tribunal Supremo, Sala Tercera, ha recordado que los defectos formales en el Derecho administrativo no son un fin en sí mismo, sino que están orientadas a la garantía de acierto de la administración y defensa

incompatible con el reconocimiento de cualquier categoría genérica de actos de autoridad –llámense actos políticos, de Gobierno, o de dirección política excluida per se del control jurisdiccional–. Sería ciertamente un contrasentido que una Ley que pretende adecuar el régimen legal de la Jurisdicción Contencioso–administrativa a la letra y el espíritu de la Constitución, llevase a cabo la introducción de toda una esfera de actuación gubernamental inmune a al Derecho. En realidad, el propio concepto de acto político se halla hoy en franca retirada en el Derecho público europeo. Los intentos encaminados a mantenerlo, ya sea delimitando genéricamente un ámbito de actuación del poder ejecutivo regido solo por el Derecho constitucional, y exento del control de la Jurisdicción contencioso–administrativa, ya sea estableciendo una lista de supuestos excluidos del control judicial, resultan inadmisibles en un Estado de Derecho". A favor de dicho control judicial, aunque remarcando la ausencia de un posible recurrente de ser la decisión del Gobierno negativa respecto de la petición extradicional, Pastor Borgoñón, *op. cit.*, págs. 170 y 171.

288 Siguiendo así opiniones doctrinales como la de Gómez Campelo, *Fundamentación..., op. cit.*, pág. 137.

289 Sumamente crítico con esta decisión del Tribunal se muestra De Miguel Zaragoza, en *Algunas consideraciones sobre la extradición*, Boletín de Información del Ministerio de Justicia n.º 1738, de 25 de marzo de 1995, pág. 1559 (101), al entender que "*Tal doctrina es un auténtico torpedo a la línea de flotación, descomponiendo todo el sistema de la LEP de 1985, pues llevada a sus últimas y lógicas consecuencias, exigiría tener por parte al reclamado, desde el principio, en el procedimiento en el Ministerio de Justicia e Interior y admitir un recurso contra el acuerdo positivo del Consejo de Ministros, que se le debería notificar, así como en su caso, al querellante*". Pues bien, entendemos que, efectivamente, debiera siempre notificarse dicho acuerdo a los interesados, que, en cualquier caso, lo conocerán en el trámite del art. 12 LEP, a partir del cual empezarán a computarse los plazos para presentar recurso frente a la decisión gubernamental, y la consideración de la extradición como tal tipo de acto. La doctrina del Tribunal Supremo sobre su recurribilidad es uniforme. En este sentido, STS, Sala Tercera, 348/2018, de 6 de marzo: "*La inadmisibilidad no puede ser acogida conforme a lo declarado reiteradamente por la más reciente jurisprudencia de esta Sala. En efecto, esta Sala y Sección ha declarado en relación con este mismo debate que ahora se suscita, entre otras en las sentencia de 16 de marzo de 2015 y 22 de febrero de 2016 (recursos 451/2014 y 813/2015)*", que "*El citado acuerdo por el que se decide por el Gobierno continuar la extradición tiene indudables efectos, culminando esta primera fase del procedimiento complejo y originando, si fuere denegatorio de la continuación, la notificación al Juez, si el reclamado estuviera en prisión, para que acuerde su libertad y abriendo, de acordarse la continuación del procedimiento en vía judicial, la segunda fase procedimental ya ante el Juzgado Central de Instrucción y, como dispone el artículo 11 de la Ley, si el reclamado no estuviera en prisión, el Ministerio de Justicia oficiará también al Ministerio del Interior para que se practique la detención, se redacte el oportuno atestado y en plazo de 24 horas siguiente se ponga al detenido, con los documentos, efectos o dinero que le hubieran sido ocupados a disposición de la misma autoridad judicial.*

Es, por tanto, la decisión objeto del recurso un acto con propia sustantividad (...) «en cuanto que en él se valoran las circunstancias concurrentes en la petición formulada por el Estado requirente, y se decide continuar el procedimiento de extradición pasiva que la Ley prevé, o en otro caso, se deniega poniéndolo en conocimiento del Estado requirente, y en ambos supuestos con los efectos que antes hemos indicado respecto a la situación personal del reclamado». No se trata, por tanto, de un mero acto de trámite no susceptible de ser recurrido en sede contencioso-administrativa, por lo que procede rechazar la causa de inadmisión planteada".

de los derechos de los ciudadanos. Solo cuando se vean afectadas tales finalidades podrán esgrimirse las cuestiones de forma[290].

Por otra parte, frente a quien considera que la mejor prueba de que estamos ante un acto que no debiera ser susceptible de recurso alguno reside en que, si el Gobierno opta por no continuar el procedimiento, no existirá control judicial sobre dicha decisión, puesto que nadie recurrirá, debemos decir que esto es exactamente lo que sucede en todos los procedimientos administrativos cuando resuelven a favor de los particulares, por más que la interpretación que de la Ley haga la Administración sea cuestionable: nadie formulará recurso, salvo en el supuesto en que específicamente se reconozca la acción popular o por la vía de los arts. 106 y 107 de la Ley 39/2015, de 1 de octubre.

El reconocimiento del control judicial del acto gubernamental del art. 9 LEP no debiera abrir la puerta al Estado reclamante para recurrir en vía contencioso-administrativa el acuerdo denegatorio del Gobierno, puesto que expresamente la LEP limita la entrada en el procedimiento del Estado requirente a partir del trámite del art. 14, y, además, condicionada al requisito de reciprocidad[291], por lo que carecería de capacidad jurídica para recurrir[292]. Sin embargo, haciendo caso omiso a las objeciones de la Abogacía del Estado, que sostenía tal argumentación, la Sala Tercera del Tribunal Supremo, en su STS 1166/2018, de 9 de julio, no ha puesto objeciones al respecto. Así, el abogado del Estado, con muy buen criterio, rechazaba la legitimación del Estado turco para recurrir por no "*ser la persona sujeta a extradición ni consta que haya intervenido en el procedimiento de extradición ante el Ministerio de Justicia ni ante la Audiencia Nacional*". La Sala de lo Contencioso no parece

---

[290] STS 348/2018, de 6 de marzo: "*Suscitado el debate en la forma expuesta es necesario comenzar por recordar que la reiterada jurisprudencia de este Tribunal Supremo, que exime de cita concreta, viene declarando que los defectos formales no tienen, con carácter general, en nuestro Derecho una finalidad en sí mismas, sino en cuanto son garantía de acierto para la Administración y de defensa de los derechos e intereses de los ciudadanos afectados. Por ello, se considera que solo cuando los defectos formales adolezcan de vicios en los que realmente se vean afectadas esas finalidades podrán afectar a la validez de los actos.*

No otra cosa cabe concluir de los actuales artículos 47.e) y 48.2.º de la vigente Ley del Procedimiento Administrativo Común de las Administraciones Públicas; conforme a los cuales, solo cuando se haya omitido total y absolutamente el procedimiento establecido, procederá la nulidad por vicios de forma, porque, en otro caso, los defectos formales solo afectan a la eficacia del acto y por la vía de la anulabilidad, cuando sean apreciables defectos de procedimiento indispensables para alcanzar su fin o hubiesen ocasionado indefensión al interesado.

Si ello es así, debe concluirse que no cabe apreciar en el caso de autos aquella omisión total y absoluta de procedimiento —procedimiento hubo, incluso en la argumentación de la demanda—, por lo que debe rechazarse la pretendida nulidad y, menos aún, que concurran los presupuestos de la vía de hecho que, sabido es, se produce cuando existe esa omisión de todo procedimiento, que no es el caso de autos.

Incluso sería de añadir que, descartada la nulidad de pleno derecho, es lo cierto que tampoco cabría apreciar la mera anulabilidad porque ni se invoca ni es apreciable que se haya ocasionado indefensión al interesado, por lo que difícilmente pueden prosperar los reproches formales que se hacen al acuerdo impugnado".

[291] Que parece ser el argumento que deslizan Pastor López y Ruiz Cézar en *Sobre la impugnabilidad en vía contencioso-administrativa de los acuerdos del consejo de ministros decidiendo la continuación de un procedimiento de extradición. Nota sobre la sentencia de 6 de julio de 1987 de la Sala Quinta del Tribunal Supremo (caso Ochoa)*, Boletín de Información del Ministerio de Justicia n.º 1469, de 5 de octubre de 1987, págs. 2853 (51) a 2862 (60), en su pág. 2859 (57). Por demás, hacen hincapié en la consideración de los actos del Gobierno en el proceso extradicional como actos políticos, al estar comprendidos dentro del ámbito de las relaciones internacionales, llegando a la conclusión de que el control jurisdiccional no es procedente.

[292] De esta opinión, Pastor Borgoñón, *op. cit.*, pág. 170.

entender que el Estado, según la LEP, únicamente puede intervenir en un momento posterior, y despacha el razonamiento con una línea afirmando que *"carece de sentido tal consideración"*, quizá porque la Abogacía el Estado hizo más hincapié en el hecho de que el embajador no hubiera aportado acuerdo del Gobierno turco decidiendo recurrir y apoderando a su representación diplomática en España para llevar a cabo lo acordado[293]. Ciertamente, se podría entender su intervención y capacidad de recurso basándose en razones de naturaleza dogmática , cual es el carácter bilateral de la extradición en esta fase, pero debieran haberse explicitado con claridad.

De *lege ferenda* podría atribuirse legitimación al Ministerio Fiscal para recurrir el acto denegatorio en aquellos casos en que la resolución de no continuación se base en motivos de denegación que debieran ser valoradas en la fase judicial. Igualmente, sería deseable la notificación del acuerdo del Gobierno al interesado.

En cuanto a la suspensión del acto administrativo, cuando el recurrente ha solicitado a la Sala Tercera del Tribunal Supremo la suspensión de sus efectos mientras se tramita el correspondiente recurso (a efectos de impedir la continuación del procedimiento en vía judicial), la respuesta ha sido de ordinario negativa. Como ejemplo, STS, Sala Tercera, Sección 6.ª, de 14 de enero de 2005[294]. Posteriormente, ATS 460/2018, de 31 de enero[295], y ATS, Sala Tercera, de 28 de octubre de 2019[296].

---

[293] Que el Tribunal Supremo entiende no es necesario, a la vista del contenido del art. 3 de la Convención de Viena.

[294] *"En la imprescindible vulneración de los intereses en conflicto, a la que alude el art. 130.1 de la Ley 29/1998, de 13 de julio, aparece como prevalente el interés general, que podría verse gravemente perturbado, como esta Sala ha declarado (...) ya que la extradición es (...) una figura típica del Derecho internacional, cuyo fundamento está en la solidaridad y cooperación entre los Estados y en la necesidad de superar las limitaciones que el principio de territorialidad impone a la persecución y castigo de los delitos, por lo que los acuerdos de extradición se adoptan desde la perspectiva del interés general, tanto interior como exterior, con el fin de que se cumpla la ley penal, que merece una protección singularísima, por lo que solo la concurrencia de circunstancias excepcionales podría determinar la suspensión de los acuerdos de esta clase (...)".*

[295] *"a) Como ya ha afirmado esta Sala en anteriores casos similares, la extradición es una figura típica de Derecho internacional cuyo fundamento está en la solidaridad y cooperación entre los Estados, y en la necesidad de superar las limitaciones que el principio de territorialidad impone a la persecución y castigo de los delitos.*

b) *Los acuerdos de extradición pasiva son constitutivos, pues, de medidas adoptadas desde la perspectiva del interés general, tanto exterior como interior, que quedarían gravemente afectados si se paralizase su ejecución.*

c) *Lo anterior revela que, en esa ponderación de posiciones contrapuestas que ha de realizarse en el presente incidente cautelar, los intereses generales a que responde el Acuerdo impugnado ostentan una importancia muy superior a aquellos otros particulares perseguidos por la parte recurrente".*

[296] "(...) *no puede desconocerse, por el contrario, que el acuerdo del Consejo de Ministro que se recurre, en cuanto tiene por finalidad la mera iniciación de un procedimiento de extradición, no pretende sino adoptar las medidas de garantía necesarias para hacer efectiva, en su caso, la extradición solicitada, si se considera procedente; porque sin dicho acuerdo, nada podrá iniciarse y mientras tanto el recurrente podría sustraerse a la efectividad de la petición del Estado que reclama la extradición, sin que pueda desconocerse que esas medidas, e incluso el procedimiento, queda bajo la salvaguarda del Poder Judicial, lo que permite concluir en la salvaguarda de los derechos del recurrente. De tal forma, que la ponderación de los intereses que ordena realizar el artículo 130 de la Ley Jurisdiccional, supondrían en el presente supuesto que en tanto que los intereses particulares del recurrente quedan plenamente garantizados, los intereses generales que subyacen en la decisión adoptada por el Consejo de Ministros se verían perjudicados de hacer imposible, cuando se dictare la sentencia que ponga fin a este proceso, la continuación del procedimiento de extradición que, no se olvide, está motivada en una decisión del Estado que la solicita motivada*

En caso de que la orden internacional de detención haya precedido a la presentación de la demanda extradicional y el reclamado se encuentre en prisión, junto al plazo –ordinario– antes visto de 40 días para que el Estado reclamante presente su demanda, se contempla otro idéntico para que el Gobierno decida sobre la continuación del expediente en vía judicial. Como es un plazo interno, es de carácter general y no sufre alteración convencional. De no tomarse la decisión correspondiente en dicho período de tiempo, quedará en libertad el reclamado sin que, de nuevo, ello sea óbice para la continuación del procedimiento[297]. Este mismo período de tiempo tiene el Gobierno en caso de que el Ministerio de Justicia haya oficiado al de Interior en el trámite del art. 9.2 y el reclamado haya quedado en prisión[298]. Debe decirse que, por más que el Estado reclamante no haya agotado el primer plazo, el sobrante no se acumula al segundo período de tiempo para que el Gobierno tenga más tiempo para decidir. Aunque nada se diga en la Ley, los plazos son finalistas: uno está encaminado a que el Estado presente su demanda extradicional y el segundo a que el Gobierno tome su decisión.

Por último, hay que precisar que una hipotética decisión negativa gubernamental no tiene carácter de cosa juzgada. La subsanación de los defectos que pudieran haberse observado en una primera ocasión y la consiguiente presentación de una nueva solicitud dará lugar a un nuevo expediente, que deberá tramitarse de nuevo sin que el Gobierno pueda ampararse en la negativa anterior para no hacerlo[299].

En caso de denegarse la continuación del expediente en vía judicial, la ley únicamente prevé en el apdo. 5 del art. 9 su comunicación al Estado requirente, no al reclamado. Es dicha notificación la que ha hecho posible que el Estado reclamante haya recurrido en ocasiones, como hemos visto. Nada se dice sobre la notificación al reclamado. Lo que, es más, ni siquiera se notifica al Juez que hubiese decretado la privación de libertad, simplemente, se le comunica. El porqué de la ausencia de notificación al reclamado es que no es parte en esta fase. Así se pronuncia la STS 1284/2020, de 13 de octubre, que niega la condición de interesado: "*En esta fase el requerido no tiene la condición de interesado, ni está prevista su audiencia o intervención, pues se trata de una fase, gubernativa, que se caracteriza por tratarse de una relación intergubernamental*".

No obstante lo anterior, no falta alguna sentencia –un tanto confusa– que, mezclando pieza de medidas cautelares penales con pieza principal contencioso-administrativa parece

---

en la existencia de indicios serios de criminalidad, como se desprende los «hechos que fundamentan la solicitud de extradición».

Y criterio reiterado, recientemente, por esta Sala en sus ATS de 25 de noviembre de 2016 (RCA 5001/2016), de 27 de febrero (RCA 81/2017), y 12 de julio de 2017 (RCA 505/2017), cuyo contenido damos por reproducido".

[297] Art. 10: "*Si se hubiera presentado dentro de dicho plazo de cuarenta días, este se ampliará a cuarenta días más, para dar tiempo a que el Ministerio de Justicia y el Gobierno españoles puedan cumplir lo establecido en el artículo anterior, números tres y cuatro*".

[298] Art. 10: "*Si el procedimiento se inicia por la recepción de la solicitud de extradición por vía diplomática ante el Ministerio de Asuntos Exteriores, o directamente ante el Ministerio de Justicia españoles, el Juez Central de Instrucción competente dejará sin efecto la prisión provisional del reclamado que hubiese decretado, si no recibe dentro del plazo de cuarenta días el acuerdo gubernativo de continuación de la vía judicial del procedimiento de extradición*".

[299] Pastor Borgoñón, *op. cit.*, pág. 170. Ídem, pág. 330.

haber otorgado al reclamado el carácter de parte si está privado de libertad, aunque en razonamiento un tanto babélico[300].

Ahora bien, partiendo de la base de la Ley de Transparencia, la STS 66/2021, Sala Tercera, de 25 de enero, ha entendido que el reclamado puede acceder al expediente extradicional una vez terminado el procedimiento en este trámite, sin que el art. 13 LEP pueda actuar de límite[301].

Si el Consejo de Ministros acuerda la continuación del expediente en vía judicial, dicha resolución delimita el objeto del pronunciamiento judicial, pues, en palabras del Auto del Pleno de la Sala 82/2023, de 20 de octubre, *"el gobierno de la Nación ha autorizado que la extradición en vía Judicial continúe por unos concretos hechos, y ha dejado fuera de su pronunciamiento una fracción de la propia solicitud de extradición"*.

---

[300] STS 66/2021, Sala Tercera, de 25 de enero: *"La única matización que debe hacer la Sala respecto de las consideraciones que efectúa la sentencia impugnada en relación con la naturaleza del procedimiento de extradición se refiere a la afirmación relativa a la ausencia de intervención del reclamado en la primera fase, pues no tiene en cuenta que esa primera fase, que es como hemos indicado la desarrollada hasta la decisión del Consejo de Ministros sobre la continuidad del procedimiento en su segunda fase judicial, precisamente como consecuencia de la naturaleza mixta administrativa y judicial que se predica de este procedimiento, también tiene por finalidad la adopción de las medidas cautelares sobre la situación personal del reclamado, a que se refieren los artículos 8 a 10 LEP, en atención al riesgo de fuga, incluida la medida de prisión provisional que fue acordada en el presente caso, medidas que suponen la intervención del recurrente en el procedimiento, como evidencia el artículo 10 LEP que se remite, en lo no previsto por la Ley de Extradición, a los preceptos correspondientes de la Ley de Enjuiciamiento Criminal, entre los que se encuentran los relativos a la celebración de una audiencia previa y las garantías del derecho de defensa del reclamado establecidas en el artículo 505 LECr"*.

[301] *"No cabe considerar, como hace la resolución del CTBG desestimatoria de la reclamación, que la previsión por el art. 13 LEP de un trámite de audiencia en la fase judicial del procedimiento de extradición, excluya toda pretensión de acceso a la documentación extradicional que se produzca fuera del procedimiento de extradición, una vez terminado dicho procedimiento. Al respecto debe tenerse en cuenta que, de conformidad con la disposición adicional primera, apartado primero, de la LTAIBG:*

«La normativa reguladora del correspondiente procedimiento administrativo será la aplicable al acceso por parte de quienes tengan la condición de interesados en un procedimiento administrativo en curso a los documentos que se integren en el mismo».

De conformidad entonces con esta disposición adicional, las peticiones de acceso a la información de los documentos que integren el expediente de un procedimiento en curso se regirán por la normativa reguladora del correspondiente procedimiento, en este caso, por el artículo 13 de la LEP con exclusión de otras normas, pero dicha disposición está limitada por su propio tenor literal a los procedimientos «en curso», y no resulta por tanto de aplicación a los procedimientos terminados, como es el caso que ahora examinamos, en el que la solicitud de acceso a la información se efectúa en relación con un procedimiento terminado por el acuerdo del Consejo de Ministros de no continuación en la fase judicial del procedimiento de extradición del recurrente, acuerdo que ya sabemos que no fue por nadie impugnado, quedó firme y dicha condición tenía cuando el CTBG se pronunció sobre la reclamación del recurrente.

La LEP no contiene ninguna regulación sobre el acceso a la documentación extradicional una vez concluido y terminado el procedimiento de extradición, bien en la primera fase por la decisión del Consejo de Ministros de no continuación del procedimiento como sucede en el presente caso, bien tras culminar la segunda fase cualquiera que haya sido la decisión final sobre la entrega de la persona reclamada, de forma que si en virtud del citado artículo 13 LEP el acceso a la información extradicional durante la tramitación del procedimiento ha de producirse en el concreto momento determinado por el precepto, esto es, en la fase judicial del procedimiento y no en otro momento, sin embargo, no puede pretenderse la aplicación de esa norma de procedimiento una vez que el mismo ha terminado, pues lo impide la disposición final primera, apartado primero, de la LTAIBG antes examinada, sin que tampoco pueda apreciarse que la previsión de acceso a la documentación extradicional durante la tramitación del procedimiento en su fase judicial suponga un impedimento a un acceso a esa misma documentación una vez concluido el procedimiento.

De acuerdo con lo anterior, estimamos que los apartados 1 y 2 de la disposición adicional primera de la LTAIBG no suponen un obstáculo para la aplicación de la LTAIBG a las solicitudes de acceso a la información pública en relación con un expediente de extradición ya concluido".

Traslado del expediente a la autoridad judicial

Según el art. 11 de la Ley, si el Gobierno acordare la continuación del procedimiento en vía judicial, remitirá el expediente al Juzgado Central de Instrucción. Es, pues, competente la Audiencia Nacional, que, a través de sus diversos órganos, conocerá de la segunda fase del procedimiento extradicional. Este mismo artículo prevé que, si el reclamado no estuviere en prisión, el Ministerio de Justicia oficiará también al Ministerio del Interior para que se practique la detención, se redacte el oportuno atestado y en el plazo de las 24 horas siguientes se ponga el detenido, con los documentos, dinero o efectos que le hubieren sido ocupados, a disposición de la autoridad judicial[302].

No siempre la competencia extradicional ha recaído en la Audiencia Nacional; de hecho, la atribución competencial es relativamente reciente, situándose en el art. 4.3 a) del Real Decreto-Ley 1/1977, de 4 de enero, creador de este ente jurisdiccional, con la finalidad, según su Exposición de Motivos, de conseguir *"la mayor intensidad de la cooperación jurídica entre Estados en materia penal y (...) la deseable unidad de criterio"*. Hasta ese momento, el conocimiento de la extradición recaía en Juzgados y Tribunales territoriales, según criterio que siguió en su día la Ley de 26 de diciembre de 1958[303]. Como recalca la doctrina, la atribución del conocimiento de la extradición pasiva a un único órgano jurisdiccional tiene la ventaja de evitar cuestiones de competencia territorial, crear una especialización en la materia y conseguir una doctrina uniforme sobre las distintas cuestiones que pueden plantearse en el ámbito extradicional[304].

[302] El plazo de 24 horas es el tradicional en la extradición. Ya figuraba en el art. 15 de la Ley de Extradición de 26 de diciembre de 1958.

[303] Art. 15, que hacía referencia al Juez de instrucción del territorio.

[304] Pastor Borgoñón, *op. cit.*, pág. 195.

Actuaciones ante el Juzgado Central de Instrucción

La competencia reside en este órgano judicial, según se desprende sin mayor dificultad del tenor literal de los arts. 8.2, 9.2 y 11 de la Ley Extradicional. Debe subrayarse que aquella se mantiene incluso en el supuesto de que el reclamado en extradición sea un menor de edad, por más que, de *lege ferenda*, sería conveniente su atribución al Juzgado Central de Menores. Efectivamente, el art. 96.2 LOPJ, tras la modificación operada por la LO 6/2014, de 29 de octubre, que adaptó la competencia de los Juzgados y Tribunales a la Ley 23/2014, de 20 de noviembre, de Reconocimiento Mutuo de Resoluciones Penales de la Unión Europea, en el párrafo tercero de su Preámbulo expresamente deja la extradición fuera del ámbito competencial del Juez de menores, que se limitará a la tramitación de OEDES referidas a menores reclamados por otros países de la Unión Europea: "*Respecto de la orden europea de detención y entrega, se incluye también al juez central de menores como autoridad de ejecución competente cuando la orden se refiera a un menor. En los demás casos, la autoridad competente será el juez central de instrucción de la Audiencia Nacional*"; esto es, no se establece ninguna otra nueva competencia a asumir por el Juzgado Central de Menores que la de ser autoridad de ejecución de euroórdenes. Para las extradiciones seguirá rigiendo lo dispuesto con carácter general en el art. 88 LOPJ al no haberse establecido excepción alguna[305], tal y como ha establecido la Sección 3.ª de la Sala de lo Penal de la Audiencia Nacional en su Auto 1/2017, de 12 de enero (cuestión de competencia)[306].

---

305 Argumentos recogidos en el escrito de la Fiscal de la Audiencia Nacional Dña. Teresa Sandoval Altelarrea de fecha 18 de enero de 2016, en la cuestión de competencia planteada al hilo de una resolución en sentido contrario dictada por el Juzgado Central de Instrucción n.º 4 en su expediente 5/2016.

306 "*Como muy acertadamente razona el Ilmo. Sr. Juez Central de Menores en su exposición, la competencia del Juzgado Central de Menores viene claramente delimitada en los arts. 96.2 y 97 de la Ley Orgánica del Poder Judicial (...) y en el art. 2.4 de la Ley Orgánica 5/2000, de 12 de enero, reguladora de la responsabilidad penal de los menores, preceptos que en manera alguna le atribuyen el conocimiento de los procedimientos de extradición referidos a menores, que siguen siendo competencia exclusiva de los Juzgados Centrales de Instrucción, a tenor del art. 88 de la LOPJ (...) En efecto, independientemente de que razonablemente de lege ferenda fuera plausible que la tramitación de los procedimientos de extradición de las personas menores al momento de la solicitud se atribuya al órgano especializado al igual que ha ocurrido en la ejecución de las órdenes de detención europea y reconocimiento o ejecución de resoluciones que impongan medidas de internamiento en régimen cerrado o de libertad vigilada en el ámbito de la Unión Europea, de lege data no cabe ampliar la competencia del Juzgado Central de Menores mediante una interpretación o aplicación analógica de la Ley Orgánica 6/2014 y de la Ley 23/2014 a las demandas de extradición pasiva que tienen un procedimiento específico y para las que son competentes*

Obviamente, todo ello sin perjuicio de la aplicabilidad al caso de las garantías y derechos de los menores recogidos en la legislación vigente respecto a la detención del menor.

La primera actuación ante el Juzgado Central de Instrucción será la prevista en el art. 12 de la Ley. Según este artículo, acordada por el Gobierno la continuación del expediente en vía judicial y remitido este, ordenará la inmediata comparecencia del reclamado, asistido de abogado[307] y, en su caso, de intérprete[308]. Se citará siempre al Ministerio Fiscal. La Ley no hace referencia expresa a la personación con procurador, mentando exclusivamente al abogado en los arts. 12.1, 13.2 y 14.1 LEP, lo que a nuestro juicio implica, tal y como señala también la doctrina[309], que estamos ante un supuesto que exceptúa la regla general del art. 438.1 LOPJ, de la misma forma que sucede en el procedimiento abreviado hasta el

---

los Juzgados Centrales de Instrucción (en su tramitación) y la Sala de lo Penal de la Audiencia Nacional (en su resolución)".

[307] Al no establecerse límite alguno a la asistencia por letrado de libre elección en ninguno de los trámites de la LEP, siendo de aplicación supletoria la LECrim., es obligado aquí el respeto a la asistencia por abogado de libre elección, tal y como resalta la STC 339/2005, de 20 de diciembre, dictada en un asunto OEDE: "*De conformidad con los artículos mencionados de la Ley 3/2003, de 14 de marzo, y la remisión que efectúan a la Ley de enjuiciamiento criminal no cabe ninguna duda de que la comparecencia a efectos de la Orden europea de detención y entrega debe efectuarse con el Letrado designado por el detenido, pues ninguna restricción del mismo consta en ella; ausencia de restricción legal que se aviene con nuestros pronunciamientos, habida cuenta de que, como ya hemos dicho, «el derecho a la asistencia letrada, interpretado por imperativo del art. 10.2 CE de acuerdo con el art. 6.3 del Convenio europeo para la protección de los derechos humanos y de las libertades públicas, y con el art. 14.3 del Pacto internacional de derechos civiles y políticos, es, en principio, y ante todo, el derecho a la asistencia de un Letrado de la propia elección del justiciable (STC 216/1988, de 14 de noviembre, FJ 2)» (STC 165/2005, de 20 de junio, FJ 11* in fine)".

[308] La asistencia de intérprete en el proceso penal es analizada en la STS 584/2018, de 23 de noviembre: "*Como afirman las SSTC 188/91 de 3.10 y 181/94 de 3.10, la exigencia de un intérprete en el proceso penal para todos aquellos que desconozcan el idioma castellano deriva directamente de la Constitución, que reconoce y garantiza los derechos a no sufrir indefensión (art. 24.1) y a la defensa (art. 24.2). Tal exigencia es, asimismo, reconocida en el art. 6.3 c) Convenio para la Protección de los Derechos Humanos y Libertades Fundamentales, y en el art. 14.3 f) del Pacto Internacional de los Derechos Civiles y Políticos, que garantizan el derecho de toda persona a ser asistida gratuitamente de un intérprete si no comprende o no habla la lengua empleada en la Audiencia o en el Tribunal. Asimismo, el art. 398 LECrim. en relación con los arts. 440, 441 y 442 de la misma, establece que si el procesado no conociere el idioma español se nombrará un intérprete que prestará a su presencia juramento de conducirse bien y fielmente (SSTC 5/84, 74/87, 71/88).*

La Comisión Europea ha indicado (informe de 18 de mayo de 1977, serie B, Vol. XXVII*) que la finalidad de este derecho es evitar la situación de desventaja en que se encuentra un acusado que no comprende la lengua y porque es un complemento de la garantía de un proceso justo y de una audiencia pública, así como de «una buena administración de justicia».*

La STS 867/2000 de 23.5, recuerda que es razonable que el derecho a ser asistido gratuitamente por un intérprete ha de ser incluido sin violencia conceptual alguna en el perímetro de este derecho fundamental (derecho a la defensa), aun cuando la norma constitucional no lo invoque por su nombre (en igual sentido STC 74/198/).

Ahora bien, para que se produzca una indefensión derivada de un defecto a la tutela judicial con relevancia constitucional y consecuente vicio del proceso no es bastante con que aparezca en la causa una infracción de mera forma, sino que es preciso que alcance realmente a causar una efectiva indefensión material porque impida al interesado hacer alegaciones y defenderse o ejercitar su derecho de contradicción en un proceso. No es el nombramiento o no de intérprete para un acusado extranjero la cuestión que pueda suscitar y dar la medida de la indefensión, sino el de conocimiento real por el interesado de la lengua en que el proceso se siga de tal modo que está imposibilitado de conocer de lo que se le acusa, de comprender lo que se diga, y de expresarse él mismo en forma que pueda ser comprendido sin dudas, bien entendido que la mera condición de extranjero no conlleva la necesidad de intérprete si el acusado comprende y maneja con fluidez y soltura más que suficiente nuestro idioma (STC de 20 de junio de 1994)". En el mismo sentido, STS 70/2019, de 7 de febrero.

[309] Bellido Penadés, *op. cit.*, pág. 235.

trámite del art. 784 LECrim. Sin la asistencia del reclamado no es posible celebrar la comparecencia y, por ende, el proceso extradicional no puede continuar[310].

La comparecencia ante el Juez central tendrá un triple objeto:

En primer lugar, que el reclamado manifieste si consiente la extradición o quiere oponerse a ella. Si consiente y no existen razones legales que justifiquen el rechazo[311], el Juez central puede ya dictar Auto accediendo a la extradición en vía judicial, según el art. 12.2 de la Ley y 66.1 del Convenio Schengen en relación con los países firmantes de este. El consentimiento debe serlo sobre la totalidad de los hechos que fundamentan la reclamación. Un consentimiento parcial abocaría a la ruptura de la continencia de la causa y al riesgo del dictado de resoluciones contradictorias, una por el instructor y otra por la Sala, en el mismo expediente[312]. Por otra parte, una vez prestado dicho consentimiento será irrevocable, de la misma forma que sucede en el procedimiento OEDE, según el art. 51.3 de la Ley 23/2014, de Reconocimiento Mutuo[313]. La regla general en la LEP es la competencia de la Sala de lo Penal para decidir, y la excepción, la facultad decisoria del Juez de instrucción. Como toda excepción, debe ser interpretada de forma restrictiva, máxime si tenemos en cuenta que contra la decisión del instructor no cabe recurso alguno, salvo por motivos de validez del consentimiento, a diferencia de lo que sucede respecto de las resoluciones de la Sala.

Con el consentimiento acabaría el procedimiento en vía judicial, puesto que el propio Juez central elevaría en ese momento el expediente de extradición al Gobierno de la Nación para la última fase del procedimiento. Nótese que, establecida una tercera y última fase gubernativa, a diferencia de lo que sucedía en la Ley de 26 de diciembre de 1958, cuando el reclamado consiente, el Juez central no decide ya sobre la entrega, que es lo que se establecía en el art. 17.2 de la Ley de 1958: "*El juez podrá acceder, desde luego, a la demanda de extradición, informando a los Ministerios de Justicia, Asuntos Exteriores y al de Gobernación para que pueda efectuarse la entrega*". Hoy, cuando el sujeto consiente, se simplifica la fase judicial, elevándose el expediente directamente al Gobierno para el trámite del art. 6. En definitiva, por más que no se diga expresamente, el Auto del Juez de instrucción cierra la fase judicial, sustituyendo por excepción a la Sala, pero no elimina la obligada fase gubernativa final. Debemos tener en cuenta que, en la extradición, a diferencia de lo que sucede en el régimen de OEDE, la intervención del Gobierno sigue siendo capital, y la existencia de razones de Estado que aconsejen denegar la entrega existen tanto si el sujeto consiente la extradición como si no lo hace[314].

---

310 Pastor Borgoñón, *op. cit.*, pág. 201.

311 Del mismo parecer, Bellido Penadés, *op. cit.*, pág. 244, que, sin embargo, aboga por que esta decisión pueda ser revisada por un Tribunal superior en su pág. 247. A nuestro juicio, ante el silencio de la Ley, debe aplicarse supletoriamente lo dispuesto en el art. 787.7 LECrim., pudiendo recurrirse el auto ante la Sala cuando no se hayan respetado las formalidades previstas en la Ley, significadamente, la intervención de abogado o intérprete o el deber del Juez de asegurarse que el *extraditurus* comprende los términos de su consentimiento y que tiene la capacidad plena para prestarlo.

312 A favor, sin embargo, Pastor Borgoñón, *op. cit.*, pág. 357.

313 Del mismo parecer, Pastor Borgoñón, *op. cit.*, pág. 357.

314 Bellido Penadés, *op. cit.*, pág. 243.

La referencia legal implica que, si el Juez central considera que concurren causas de denegación, no podrá acceder a la entrega. El consentimiento del *extraditurus* no significa que tenga capacidad decisoria sobre el proceso, de la misma forma que no la tiene en el régimen de OEDE, de acuerdo con el art. 51.4 de la Ley 23/2014, de Reconocimiento Mutuo: *"Si la persona afectada hubiera consentido ser entregada al Estado de emisión y el Juez Central no advirtiera causas de denegación o condicionamiento de la entrega, acordará mediante Auto su entrega al Estado de emisión"*. En consecuencia, la facultad del instructor se sustentará sobre un doble requisito: consentimiento y ausencia de obstáculos legales. La expresión ausencia de obstáculos legales debe ser interpretada como equivalente a la no concurrencia de causas de denegación de la entrega[315].

En segundo término, aunque no se especifique en el texto de la ley, se le preguntará si renuncia o no al principio de especialidad. El principio de especialidad, que también es citado como regla o doctrina de especialidad[316], implica, de acuerdo con el art. 21 LEP, que el reclamado solo puede ser juzgado o sentenciado en el país reclamante por los hechos que han sido objeto de extradición, y no por otros anteriores a la entrega distintos del que ha motivado la demanda extradicional[317]. Tampoco, a nuestro juicio, por hechos conexos si no fueron objeto de la petición extradicional[318]. Ni siquiera cuando no lleven aparejada pena privativa de libertad; a diferencia de lo dispuesto en el art. 60.4, apdos. d) y e), de la Ley de Reconocimiento Mutuo, que exceptúa de la aplicación del principio de especialidad a aquellas infracciones que no sean sancionables con penas o medidas de seguridad privativas de libertad o cuando el proceso no termine con la imposición de estas. La Ley de Extradición Pasiva no prevé excepción alguna para aquellas infracciones que, por no reunir el mínimo punitivo y no ser conexas con otras que sí lo alcanzan, quedan fuera de la petición extradicional. Tampoco para aquellas otras que, siendo conexas, no se hayan introducido en la petición.

Nótese que nos referimos a hechos y no a calificaciones jurídicas, por lo que la regla de la especialidad no quedaría afectada por la aplicación de subtipos agravados en el Estado de emisión con posterioridad a la entrega. El ejemplo que expone la doctrina norteamericana define bastante bien la cuestión: si un conjunto de hechos por los cuales la extradición ha sido concedida justifica la persecución por un delito de hurto y la extradición ha sido concedida sobre esa base, nada impide que el Estado en que se lleva a cabo la acusación cambie esta a la de malversación si se basa en los mismos hechos o sustancialmente en aquellos por los cuales la persona fue extraditada[319].

---

[315] En este sentido, Cezón, *op. cit.*, págs. 252 y 253. Pastor Borgoñón incluye aquí también la existencia de causas pendientes en nuestro territorio, *op. cit.*, pág. 356. No compartimos tal opinión. En este caso, no estamos ante causas de denegación, sino de suspensión de la entrega.

[316] Bassiouni, *op. cit.*, pág. 538.

[317] García Sánchez, *op. cit.*, pág. 242, lo define como *"aquel por el cual el Estado requirente se compromete a no extender el enjuiciamiento o cumplimiento de condena a hechos distintos y anteriores a aquellos por los que se solicita y es autorizada la entrega del reclamado"*. Como dice la STS 415/2015, de 6 de julio, *"el país requirente y receptor del entregado se compromete a no juzgar a este por hechos anteriores diversos de aquel que sirvió de justificación para la entrega por parte del país que ejecuta la detención y entrega"*.

[318] En este sentido, García Sánchez, *op. cit.*, pág. 249.

[319] Bassiouni, *op. cit.*, pág. 581.

No existe una violación del principio de especialidad siempre que el hecho en sí permanezca inmodificado[320]. Tampoco cuando, manteniéndose los hechos, se añade una pena que no figuraba como posible en la petición extradicional[321]. Incluso, se admite una cierta modificación en las circunstancias de tiempo y lugar[322].

Asimismo, este principio impedirá privar de libertad al *extraditurus* por hechos distintos al que dio pie a la extradición y la reextradición a un Estado tercero sin consentimiento del Estado inicial de ejecución[323].

El principio de especialidad surge como costumbre internacional y es considerado de aplicación universal[324], incluso en ausencia de tratado extradicional que lo recoja. Como recoge la doctrina, dicho principio actúa como una garantía de eficacia de las limitaciones impuestas en la entrega extradicional. Sin ella, el Estado reclamante podría actuar sin ninguna restricción una vez obtenida la entrega, como si la persona hubiera siempre estado bajo su jurisdicción. El principio de especialidad actúa como un verdadero garante del procedimiento de extradición como un todo, y del concepto mismo de extradición. Esto es patente si se considera la eventualidad de que el Estado requirente acuse por actos no mencionados en la solicitud de extradición o, incluso más flagrantemente, por actos que fueron específicamente rechazados en la resolución de entrega. Sin el principio de especialidad sería incluso superfluo un procedimiento encaminado a evaluar si se reúnen las

---

[320] García Sánchez, *op. cit.*, pág. 249, aunque incurre en una cierta confusión, dado que habla de delitos, esto es, de calificaciones jurídicas. Cuestión distinta es el caso en que la recalificación de los mismos hechos implicara la hipotética aplicación de penas inhumanas o degradantes que, de haberse conocido, hubieran impedido la entrega al Estado de emisión. En este caso, de acreditarse que la calificación más grave estaba prevista y no se puso de manifiesto en el expediente extradicional, debiera considerarse no válida la resolución autorizante de la entrega, en cuanto que obtenida mediante engaño, lo que debiera reflejarse en una nueva decisión que dejara sin efecto la anterior.

[321] STEDH CASO Woolley contra el Reino Unido, de 10 de abril de 2012, firme el 10 de julio de 2012, relativa al incumplimiento de una orden de confiscación: "*The Court notes that the finding that the default term was an integral part of the confiscation order, which was in turn part of the original sentence, does not appear to be unreasonable or arbitrary, and refers in this regards to its own finding in the case of Crowther, cited above, to the effect that the enforcement of a confiscation order by imposition of the default term of imprisonment did not involve the bringing of any new «criminal charge» for the purposes of Article 6 § 1 (see § 25 of the Court's judgment)*". De manera similar, en el espacio OEDE, STJUE de 6 de diciembre de 2018, asunto IK: "*De lo anterior se deduce que el principio de especialidad, definido en el artículo 27 de la Decisión Marco 2002/584, como ha recordado la Abogado General en los puntos 53 y 54 de sus conclusiones, solo se refiere a los delitos distintos de los que motivaron la entrega*".

[322] STJUE de 1 de diciembre de 2008, caso Leyman-Pustovarov: "*57. Para determinar si se trata de una «infracción distinta» de la que hubiere motivado la entrega o no, procede comprobar si los elementos constitutivos de la infracción, según la tipificación jurídica que se hace de esta en el Estado miembro de emisión, son aquellos por los que la persona ha sido entregada y si existe una correspondencia suficiente entre los datos que figuran en la orden de detención y los mencionados en el acto de procedimiento posterior. Se admiten algunos cambios en las circunstancias de tiempo y de lugar, siempre que se deriven de elementos obtenidos durante el procedimiento seguido en el Estado miembro de emisión en relación con los comportamientos recogidos en la orden de detención, que no alteren la naturaleza de la infracción y que no comporten ningún motivo de no ejecución en virtud de los artículos 3 y 4 de la Decisión marco*".

[323] Sebastián Montesinos, *op. cit.*, pág. 54. En sentido similar, Bellido Penadés, *op. cit.*, pág. 175. Este autor señala que dicho principio no está recogido para las extradiciones activas (*op. cit.*, pág. 176). Si bien en su día fue cierto, hoy, tras el art. 60.2 de la Ley 23/2014, de Reconocimiento Mutuo, sí existe tal regla, que impide que la persona sea procesada, privada de libertad o sentenciada por hechos distintos. Sí resultan de interés las SSTS de 5 de junio de 1968 y de 26 de abril de 1982 que recoge el autor y en las que el Tribunal Supremo consagraba la vía del recurso de casación por infracción de Ley en caso de vulneración de este principio. Ídem, García Sánchez, *op. cit.*, pág. 245.

[324] Sadoff, *op. cit.*, pág. 284.

condiciones precisas para acordar la extradición. El principio de especialidad no solo es un principio básico de la extradición, sino también una precondición de la extradición[325].

La aplicación del principio de especialidad implica que el Estado reclamante gozará de jurisdicción sobre el extraditurus, pero únicamente dentro de los límites de la resolución que autoriza la entrega. Estamos, pues, ante una institución que actúa como garantía directa de la libertad del reclamado, pues impide su sujeción a otro proceso más allá de aquel que ha motivado la extradición: no podrá imponerse medida cautelar, ni condenarse, ni servir sentencia sino por los hechos que motivaron la demanda extradicional y fueron aceptados por el Estado requerido[326].

Si bien no existe un principio de Derecho internacional que establece la obligación de entrega de fugitivos, una vez que un Estado ha tomado la decisión de entregar al reclamado a otro Estado, sí surge como principio general extradicional la cláusula de la especialidad. Como en su día señaló el Tribunal Supremo de EE. UU. en la sentencia United States *vs.* Rauscher (119. US. 407), de 6 de diciembre de 1886, "*This is a principle which commends itself, as an appropriate adjunct, to the discretionary exercise of the power of rendition, because it can hardly be supposed that a government which was under no treaty obligation, nor any absolute obligation of public duty, to seize a person who had found an asylum within its bosom, and turn him over to another country for trial, would be willing to do this, unless a case was made of some specific offense, of a character which justified the government in depriving the party of his asylum. It is unreasonable that the country of the asylum should be expected to deliver up such person to be dealt with by the demanding government without any limitation, implied or otherwise, upon its prosecution of the party*".

Buena prueba de la acogida de tal principio en nuestro ordenamiento es que, por más que no estuviera expresamente recogido con carácter general en la Ley de Enjuiciamiento Criminal y no fuera codificado internamente hasta el art. 24.2 de la derogada Ley 3/2003, de Orden Europea de Detención y Entrega —hoy art. 60.2 de la Ley de Reconocimiento Mutuo—, fue unánimemente considerado como aplicable en la práctica de nuestros Tribunales respecto del enjuiciamiento y condena en España de los sujetos entregados por otros países, incluso en los casos de ausencia de tratado extradicional.

Se plantea doctrinalmente[327] si una conformidad del acusado con los hechos objeto de acusación puede implicar una renuncia al principio de especialidad. A nuestro juicio, dado que no puede dictarse resolución alguna de dirección del procedimiento frente al investigado que contravenga el límite marcado por la entrega extradicional, tal circunstancia no podría siquiera legalmente producirse. Por otra parte, sería de aplicación refleja la norma del art. 21 LEP: de la misma forma que España no considera válida la renuncia a la regla

---

[325] Almeida Costa, M. J., *Extradition law: reviewing grounds..., op. cit.*, pág. 344.

[326] La doctrina rechaza que el quebrantamiento del principio de especialidad vulnere el derecho al debido proceso y, más concretamente, el derecho a ser informado de la acusación. Almeida Costa, M. J., *Extradition law: reviewing grounds..., op. cit.*, págs. 345 y 346, considera que, en relación al proceso en el Estado reclamante, el reclamado será informado de todos los cargos, tanto de aquellos por los que su entrega fue autorizada como por aquellos que no lo fueron. Y, en relación al procedimiento extradicional, en el supuesto más extremo, a saber, solicitud por varios hechos, de los cuales unos son admitidos como objeto de entrega y otros no, el reclamado también es perfecto conocedor del motivo de la reclamación.

[327] Bassiouni, *op. cit.*, pág. 584.

de la especialidad a *posteriori* ante la autoridad judicial de ejecución, requiriéndose una ampliación de la entrega, tampoco sería válido tal desistimiento en la primera comparecencia del imputado ante nuestra autoridad judicial, que debiera solicitar siempre ampliación extradicional. La excepción sería, pues estamos ante países homólogos, lo dispuesto en el art. 60.4 b) LRM en relación con la eurorden[328].

Aunque es considerado como una garantía para el individuo cuya entrega es requerida[329], la clave es si el principio de especialidad está encaminado a preservar los intereses del Estado requerido y solo de forma secundaria y derivada a resguardar los derechos del *extradendus*; en otras palabras, la cuestión es la de si ambos intereses están en el mismo plano o si la única finalidad de la institución es la de avalar los derechos del reclamado. En la Ley de 26 de diciembre de 1958, el principio de especialidad se contemplaba estrictamente como una preservación de la integridad de las decisiones extradicionales del Estado español, y no como una defensa del requerido. Buena prueba de ello es que se mencionaba, no en el momento de la comparecencia de aquel (art. 10), sino dentro de las condiciones de la entrega (art. 7.2 de la ley anterior)[330]. Bajo el régimen de la Ley 4/1985, en la práctica judicial española se observa que el reclamado tiene un poder de decisión negativo (puede renunciar de manera expresa a la regla de la especialidad en los trámites de los arts. 12 y 14 LEP o tácitamente por actos propios en los términos del art. 21.2 del mismo texto). Sin embargo, no puede esgrimir la regla de la especialidad si el Estado español resuelve ampliar la entrega, por más que pueda oponerse a dicha decisión durante la tramitación del proceso ampliatorio previo. En consecuencia, el reclamado goza de una garantía personal subordinada a la posición que adopte el Estado de ejecución. Se puede afirmar que ambos intereses, por tanto, no están en el mismo nivel. Pero si el Estado solicitado rechaza ampliar la entrega, el *extradituru*s tendrá un estatuto de intangibilidad que no podrá ser modificado sin el consentimiento de aquel[331]. Este debate se reproduce en otros ordenamientos. De acuerdo con la doctrina norteamericana[332], la posición del *extraditurus* es vicaria de la del Estado requerido, sin que se contemple la posibilidad de que sea la regla de la especialidad un exclusivo derecho del reclamado, excluyendo al Estado de ejecución. Tampoco se considera que ambos derechos estén a la par, pues implicaría que ninguno de ellos (el reclamado y el de ejecución) podría renunciar a la regla de la especialidad sin el consentimiento del otro.

Como veremos en el apartado correspondiente a la ampliación de la extradición, se plantea doctrinalmente qué valor tiene el silencio del Estado requerido frente a violaciones del

328 Que es el ámbito al que se refiere la STS 415/2015, de 6 de julio, aplicando el consentimiento tácito y la doctrina de los actos propios.

329 García Sánchez, *op. cit.*, págs. 37, 243 y 245. Muñoz de Morales, M. (2018) "Juicio normativo y doble incriminación en el caso Puigdemont", en la obra colectiva *Cooperar y castigar: el caso de Puigdemont*, Cuenca, ed. UCLM, pág. 57, que entiende que evita la indefensión de la persona reclamada.

330 *"Art. 7.2: La concesión de la extradición por el Gobierno español se entenderá siempre condicionada (...) a la promesa formal del Gobierno del Estado requirente de que el sujeto de la extradición no será perseguido por infracciones anteriores y ajenas a la solicitud de extradición formulada, salvo que consienta expresamente en ello".*

331 Valle-Riestra González-Olaechea, J. (2006) *La extradición y los delitos políticos*, Pamplona, ed. Aranzadi, pág. 25.

332 Bassiouni, *op. cit.*, pág. 583.

principio de especialidad en el Estado de acusación y si dicho silencio puede considerarse como un consentimiento tácito al enjuiciamiento y condena por otros hechos no contemplados en la petición de extradición[333].

A pesar del mutismo de la Ley y los convenios, debe entenderse que el momento que delimita el principio de especialidad es el de la presentación de la demanda extradicional, no el de la decisión de entrega, pues son los documentos adjuntos a la solicitud los que acotan el objeto del proceso[334]. Si el reclamado renuncia al principio, significa que puede ser enjuiciado en el país reclamante no solo por la causa que ha motivado la demanda de extradición, sino por todas las causas abiertas en dicho Estado antes de la solicitud de entrega.

Por último, en la comparecencia del art. 12 LEP se determina la situación personal del reclamado. La doctrina ha señalado que la especificidad del procedimiento extradicional, que únicamente examina la concurrencia de las garantías exigidas en el Tratado o la Ley, sin inquirir en la culpabilidad del sujeto, impide la aplicación en bloque de la normativa reguladora de la prisión preventiva[335]. Los dos elementos que son generalmente valorados en la adopción de cualquier medida cautelar, *fumus boni iuris* y *periculum in mora*, se ven aquí reducidos a uno, *el periculum in mora*, y ello porque la apariencia de buen Derecho lo constituye la existencia de un procedimiento abierto en el extranjero del que dimana la petición de auxilio judicial, cuyo contenido el órgano de ejecución no puede valorar ni desechar, pues, en un sistema continental, no cabe hacer un juicio de verosimilitud o de

---

333 Sobre la cuestión y la oscilante doctrina de los Tribunales de USA, véase Sadoff, *op. cit.*, págs. 285 y 286.

334 Art. 21 LEP: "*1. Para que la persona que haya sido entregada pueda ser juzgada, sentenciada o sometida a cualquier restricción de su libertad personal, por hechos anteriores y distintos a los que hubieran motivado su extradición, será precisa autorización ampliatoria de la extradición concedida, a cuyo fin se presentará otra solicitud acompañada de los documentos del artículo 7 y testimonio judicial de la declaración de la persona entregada, que se tramitará como nueva demanda de extradición. Iguales requisitos será necesario cumplir para conceder la reextradición de la persona entregada a un tercer Estado.*

2. No será necesaria esta autorización cuando la persona entregada, habiendo tenido la posibilidad de abandonar el territorio del Estado al que se entregó, permanezca en él más de cuarenta y cinco días o regrese al mismo después de abandonarlo".

En el mismo sentido, art. 14 del Convenio Europeo de Extradición, que hace referencia a "*hecho anterior a la entrega*".

335 Nistal Burón, J. *La prisión preventiva en los procedimientos de extradición: consecuencias y efectos en el ámbito penitenciario*, Boletín de Información del Ministerio de Justicia n.º 1889, de 15 de marzo de 2001, pág. 1017 (9), con cita de la STC 5/1998, de 12 de enero, que establece: "*Cierto es que la privación cautelar de libertad en estos casos es, por sus efectos materiales, idéntica a la que cabe acordar en el proceso penal, pero mantiene puntos diferenciales que han de ser resaltados. Así, se produce en un proceso judicial dirigido exclusivamente a resolver sobre la petición de auxilio jurisdiccional internacional en que la extradición consiste. No se ventila en él la existencia de responsabilidad penal, sino el cumplimiento de las garantías previstas en las normas sobre extradición y, por ello, no se valora la implicación del detenido en los hechos que motivan la petición de extradición, ni se exige la acreditación de indicios racionales de criminalidad, ni son aplicables en bloque las normas materiales y procesales sobre la prisión provisional, aunque el párrafo tercero de la LEP se remita, subsidiariamente, a los preceptos correspondientes de la misma reguladores del límite máximo de la prisión provisional y los derechos que corresponden al detenido*". También la STC 222/1997, de 4 de diciembre: "*No se ventila en él la existencia de responsabilidad penal, sino el cumplimiento de las garantías previstas en las normas sobre extradición y, por ello, no se valora la implicación del detenido en los hechos que motivan la petición de extradición, ni se exige la acreditación de indicios racionales de criminalidad, ni son aplicables en bloque las normas materiales y procesales sobre prisión provisional previstas en la LECrim., aunque el párrafo tercero del artículo 10 de la LEP se remita, subsidiariamente, a los preceptos correspondientes de la misma reguladores del límite máximo de la prisión provisional y los derechos que corresponden al detenido*".

suficiencia de indicios de prueba salvo que ya una demanda extradicional con respecto a los mismos hechos y persona haya sido rechazada con anterioridad[336] o que, de manera muy evidente, no sean constitutivos de delito en España[337]. Ampliando estas excepciones, y siguiendo la doctrina más autorizada, hacemos nuestra la opinión que entiende que en esta apariencia de buen derecho deben valorarse también cuestiones tales como que, por ejemplo, existan indicios fundados y muy evidentes de que el plazo de prescripción pueda haberse cumplido conforme a nuestro ordenamiento, o que se aporten en el momento de la detención documentos que acrediten la concesión de asilo, alcanzando el *fumus boni iuris* a puntos relativos al cumplimiento de los requisitos extradicionales, cuando nos encontremos ante dudas más que razonables sobre la concurrencia de estos[338]. Salvando lo anterior, el objeto de atención por parte del Juez de la extradición resulta ser el *periculum in mora*, pero centrado en el riesgo de fuga, ya que, por el motivo antes expuesto, tampoco está el reclamado en condiciones de destruir pruebas que se sitúan en el país reclamante.

En lo tocante al riesgo de fuga y los elementos que comúnmente se evalúan a efectos de su determinación, debe decirse que la STC 16/2005, de 1 de febrero, ha modulado los criterios generales que se utilizan con carácter general para la justificación de la medida, y ello porque se toma sobre una persona que no es que pueda fugarse —riesgo de fuga en potencia—, sino que ya se ha fugado, y, además, puede no querer retornar voluntariamente al país que le reclama. Dicho de otro modo, la valoración del riesgo de fuga se hace sobre quien ya se ha hurtado a la acción de la justicia por no comparecer ante los Tribunales del país reclamante. En la doctrina de los Tribunales de USA, por ejemplo, se hace hincapié en el hecho de que el sujeto ha abandonado el Estado en el cual se ha cometido el acto criminal por la razón que sea, siendo considerado fugitivo aquel que es buscado para extradición, con independencia de si conoce que está siendo buscado o trata de evadir un procedimiento legal[339].

En consecuencia, en la ponderación del riesgo de fuga tiene menos transcendencia el arraigo en territorio nacional del reclamado que el cumplimiento de los compromisos internacionales del Reino de España en materia de entrega de personas[340]. Este criterio, que remarca el compromiso de España en el respeto a lo acordado en los tratados extradicionales en materia

---

[336] De esta opinión, Cezón, *op. cit.*, pág. 288.

[337] Gómez Campelo, *Los derechos individuales…*, *op. cit.*, pág. 992; Bellido Penadés, *op. cit.*, pág. 222, entiende que el órgano judicial parte de la información y documentación recibida de las autoridades requirentes para apreciar si se ha cometido un hecho delictivo y qué pena corresponde a este, así como si resulta imputable a la persona reclamada.

[338] Ollé Sesé, *La extradición…*, *op. cit.*, pág. 104.

[339] Bassiouni, *op. cit.*, págs. 836 y 837, con cita de la Sentencia dictada el 3 de octubre de 1979 por el Tribunal del Distrito Norte de Illinois [478 F. Supp. 29 (N. D. Ill. 1979)]: *"It is settled American law that if after the commission of a crime within a state the person who allegedly committed it leaves the state, no matter for what purpose, with what motive, or under what belief, he becomes, from the time of such leaving, within the constitution and laws of the United States, a fugitive from justice".*

[340] *"La adopción, el mantenimiento y la duración de la prisión provisional en causa extradicional regulada expresamente en la Ley de extradición pasiva «se dirige exclusivamente a evitar la fuga del sometido a extradición —art. 8.3. LEP—. Y se decreta (…) sobre quien no está dispuesto a comparecer ante los Tribunales que le reclaman, sean o no de su nacionalidad, y para ello ha huido de su territorio o se niega a regresar a él. Por lo tanto el procedimiento solo continúa judicialmente si el reclamado no accede voluntariamente a la petición de comparecer ante el Tribunal o la autoridad que demanda la extradición. Por ello la valoración del riesgo de fuga se hace siempre sobre quien ya se está hurtando a la acción de*

de entrega de personas, es utilizado por el Tribunal Constitucional para subrayar la diferencia entre la prisión provisional adoptada en un procedimiento interno y la que se pueda acordar en un proceso extradicional[341]. Por otra parte, esta posición no es anómala o excepcional. Así, por ejemplo, en los EE. UU., donde la norma en los casos internos es el establecimiento de una fianza y la excepción la prisión incondicional de acuerdo con lo dispuesto en las Quinta y Octava Enmiendas de la Constitución de los USA y la Bail Reform Act de 1984[342], la regla queda invertida en los expedientes extradicionales salvo que concurran circunstancias excepcionales[343], según estableció en su día el Tribunal Supremo de EE. UU. en el asunto Wright *vs*. Henkel, resuelto por Sentencia de 1 de junio de 1903 (190 US 40[344]). El motivo de ello no es sino la necesidad de que los EE. UU. cumplan con las obligaciones contraídas en virtud de un tratado de extradición y los compromisos derivados. En el asunto In Re Extradition of Orozco, resuelto por la Corte de Distrito de Arizona el 20 de mayo de 2003 (268 F. Supp. 2d 1115), esta idea se expresa con toda claridad: "*It is well-settled that, unlike the situation for domestic crimes, in foreign extradition cases, there is a presumption against bail. Wright v. Henkel, 190 US. 40, 63, 23 S. Ct. 781, 786, 47 L. Ed. 948 (1903); Beaulieu v. Hartigan, 554 F.2d 1, 2 (1st Cir. 1977); United States v. Leitner, 784 F.2d 159, 160 (2d Cir. 1986); Salerno v. United States, 878 F.2d 317, 318 (9th Cir. 1989); In the Matter of Extradition of Russell, 647 F. Supp. 1.044, 1.048 (S. D. Tex. 1986), affd, 805 F. 2cl 1.215 (5th Cir. 1986); United States v. Taitz, 130 F.R.D. 442, 444 (S. D. Cal. 1990). The rationale for distinguishing pretrial release in extradition cases from domestic criminal cases in which pretrial liberty is the norm is that extradition proceedings involve the Government's overriding foreign relations interest in complying with treaty obligations and producing extradited persons. United States v. Leitner, supra; United States v. Taitz, supra; United States v. Messina, 566 F. Supp. 740, 742*

la Justicia por no colaborar con los Tribunales del país reclamante» (STC 222/1997, de 4 de diciembre, F. 8, reiterado parcialmente en la STC 147/2000, de 29 de mayo, F. 6).

Conjurar el riesgo de fuga del reclamado y asegurar su entrega al Estado que lo reclama no es sino la concreción en el ámbito extradicional de uno de los fines legítimos atribuidos por el Tribunal Constitucional a esa medida cautelar (por todas, SSTC 128/1995, de 26 de junio, F. 3; 47/2000, de 17 de febrero, FF. 3, 7 y 8.

De otra parte, si bien es cierto que la jurisprudencia constitucional ha afirmado que en la apreciación de los riesgos que la prisión provisional se pretende que los órganos judiciales tomen en consideración las circunstancias procesales y las personales del sometido a la medida (por todas STC 66/1997, de 7 de abril, F. 6), no lo es menos que, como sostienen las SSTC 222/1997, de 4 de diciembre, y 147/2000, de 29 de mayo, acabadas de citar, en la ponderación del riesgo de fuga del reclamado en un procedimiento extradicional los órganos judiciales parten de la consideración de un dato especialmente relevante, la negativa del reclamado a ser entregado al Estado que lo solicita o, incluso, de la actuación previa del reclamado al sustraerse a la acción de la Justicia del Estado reclamante".

341 Propugnando la aplicación de criterios clásicos sobre la ausencia de riesgo de fuga, Ollé Sesé, *La extradición..., op. cit.*, pág. 11, que señala varios, como la condición de extranjero residente o nacional, gravedad de los hechos, conocimiento o desconocimiento de la incoación de procedimiento en país de origen, comportamiento procesal del reclamado en dicho país.

342 Bassiouni, *op. cit.*, pág. 853.

343 Sobre lo que se consideran circunstancias excepcionales, véase Bassiouni, *op. cit.*, págs. 859 a 870. Así, el normal transcurso del tiempo inherente a un proceso no lo es; en alguna ocasión se ha considerado la necesidad de consulta con el letrado, cuando toda la fortuna del reclamado dependía de la vista, y no las condiciones de salud del reclamado. Sí se ha utilizado el parámetro de considerar si en la causa por delito que sustenta la reclamación el Estado de emisión es susceptible de acordarse la medida de libertad bajo fianza. También el caso en que es notoria la posibilidad de no concederse la extradición; puede serlo la pendencia de un procedimiento civil íntimamente relacionado con el motivo de la reclamación.

344 Párr. 78: "*While bail should not ordinarily be granted in cases of foreign extradition, those courts may not in any case, and whatever the special circumstances, extend that relief*".

(E.D.N.Y.1983). As the Taitz court explained, «[i]f the United States were to release a foreign fugitive pending extradition and the defendant absconded, the resulting diplomatic embarrassment would have an effect on foreign relations and the ability of the United States to obtain extradition of its fugitives»"[345].

Acordada la prisión, los plazos son los que rigen de manera ordinaria en la LECrim., según el art. 10 LEP[346], incluyendo, en su caso, la posibilidad de prórroga. En el cómputo de los plazos máximos se tomará en cuenta la totalidad del tiempo pasado en prisión provisional, por más que los períodos de tiempo de privación de libertad estén separados entre sí. No es posible que el cómputo se interrumpa una vez puesto en libertad el sujeto y se vuelva a cumplir por entero en las sucesivas ocasiones en que se acuerde su ingreso en prisión, de acuerdo con lo recogido en la STC 147/2000, de 29 de mayo[347].

En cuanto a la supletoriedad de la LECrim., según el ATC 118/2003, de 8 de abril, no resultan aplicables en bloque las normas materiales y procesales sobre prisión provisional previstas en la LECrim., pues el párrafo final del art. 10 LEP [Ley de extradición pasiva] únicamente se remite a los preceptos correspondientes de la norma procesal, con carácter supletorio, en aspectos tales como el límite máximo de la prisión provisional y los derechos que corresponden al detenido. Esto hará que la ampliación del plazo de prisión provisional por otros cuarenta días previsto en el art. 10 LEP no precise de audiencia previa. No estamos ante una instauración *ex novo* de la prisión provisional, único caso en que, de acuerdo con

---

[345] Bassiouni, *op. cit.*, págs. 841 y 842.

[346] La concurrencia entre prisión provisional de la extradición y cumplimiento en España de una pena a efectos de permisos la plantea la STC 72/2000, de 13 de marzo: "*Que la existencia de una entrega extradicional ya acordada aumente el riesgo de fuga durante el disfrute de alguno de los beneficios penitenciarios a que nos hemos referido podrá, en su caso, justificar la toma en consideración de esta circunstancia por la Administración Penitenciaria o por el Juez de Vigilancia Penitenciaria que, dentro de sus respectivas competencias, hayan de autorizarlos, pero no justifica que, merced al mantenimiento de la prisión provisional durante toda la condena que se encuentre extinguiendo el extraditado, queden excluidos de raíz*". Sin embargo, como señala Nistal, *op. cit.*, pág. 1020 y 1021 (8 y 9), puede afectar a la clasificación penitenciaria, en cuanto que el art. 104 del Reglamento Penitenciario impide la clasificación y, por ende, la evolución penitenciaria del recluso: "*Hay un aspecto de trascendental importancia a la hora de introducir importantes diferencias en el modelo de cumplimiento de condena, que es el relativo a la clasificación penitenciaria en grados: siendo posible cuando el recluso está penado en todas y cada una de las causas, no siéndolo cuando está en situación de preventivo, o tiene alguna causa en esta situación procesal. Y ello, porque, como hemos dicho, la clasificación penitenciaria es la «llave de paso» para el disfrute por el recluso de algunos de los «beneficios penitenciarios» que forman parte del modelo individualizado del cumplimiento de condena que regula nuestro sistema penitenciario. De esta forma cuando el artículo 104 del Reglamento Penitenciario, establece la imposibilidad de proceder a la clasificación penitenciaria de aquellos reclusos que tengan alguna causa en situación de preventivo, condiciona, con ello, aspectos importantes del modelo de cumplimiento de la condena, pues imposibilita el acceso a aspectos básicos de la misma, tales como: los permisos de salida, el régimen abierto del tercer grado y la libertad condicional.*

Dado que, el expediente de extradición solo puede ser ejecutado cuando el afectado haya cumplido la condena en España y, esta extinción puede tener lugar por la obtención de la libertad definitiva -al cumplimiento de la totalidad de la condena-, o por la obtención de la libertad condicional -al cumplimiento de las 3/4 o de las 2/3 partes de la condena/s-; esta última posibilidad queda vedada para los reclusos extranjeros que tengan un expediente de extradición en el que exista decretada la medida cautelar de la detención provisional". La solución que propone este autor, con base en la STC 5/1998, es excepcionar la aplicación del art. 104 RP en los casos de prisión provisional acordada en extradición para posibilitar la progresión de grado.

[347] "*(...) Tal prisión provisional también ha de quedar sometida a la existencia de un plazo máximo de duración, en virtud del art. 17.4 CE, para cuyo cómputo hay que incluir el período previo de prisión que el sujeto reclamado haya sufrido como consecuencia de una misma solicitud de extradición (STC 147/2000, de 29 de mayo, FJ 10)*".

la STC 91/2018, de 17 de septiembre, es precisa la audiencia del afectado en caso de que se establezcan *ex novo* medidas privativas de libertad, como garantía fundamental para que pueda participar en la discusión de nuevos argumentos que cabe sean utilizados en la decisión, así como en la profundización de los ya existentes: "*Más en concreto, en relación con esta última exigencia de que el afectado pueda dirigirse personalmente al órgano judicial en la audiencia, y con los antecedentes de las SSTEDH de 1 de junio de 2006, asunto. Mamedova c. Rusia, §§ 91-92; o de 21 de diciembre de 2010, asunto Michalko c. Eslovaquia, §§ 159-161; la STEDH de 12 de enero de 2012, asunto Korneykova c. Ucrania, incide en que el derecho del afectado a participar en la audiencia en la que se discute su internamiento es particularmente exigible «cuando es necesario debatir sobre nuevos argumentos para decidir sobre su libertad o cuando los argumentos están estrechamente relacionados con el carácter y la situación personal del solicitante» (§ 69). Por otra parte, en relación con los concretos supuestos, como sucede en el presente caso, en que la privación de libertad se produce como consecuencia de una condena en primera instancia, la jurisprudencia del Tribunal Europeo de Derechos Humanos también ha mantenido que son aplicables esas garantías siempre y cuando la ley nacional establezca que esa situación de privación de libertad constituya una prisión preventiva mientras se desarrolla la revisión en segunda instancia y hasta la existencia de una condena firme (así, SSTEDH de 7 de septiembre de 2017, asunto Stollenwerk c. Alemania, § 36)*".

Superado este trámite, y hasta la discusión sobre la necesidad o no de prórroga en los términos del art. 504.2 LECrim., no es aplicable lo dispuesto en el art. 505 LECrim., pues nos encontramos ante un simple mantenimiento de la medida acordada, en aplicación o con fundamento *ex lege* en lo previsto en el art. 10 LEP: "*Cuando el procedimiento se inicie por petición urgente de prisión preventiva, conforme al artículo 8, uno y dos, la prisión preventiva se dejara sin efecto sui trascurridos cuarenta días el Estado requirente no hubiere presentado en forma la solicitud de extradición por vía diplomática. Si se hubiese presentado dentro del dicho plazo de cuarenta días, este se ampliará a cuarenta días más, para dar tiempo a que el Ministerio de Justicia y el Gobierno españoles puedan cumplir lo establecido en el artículo anterior...*". Esto es, si transcurridos cuarenta días sin presentar la documentación, se produce la libertad, el efecto inverso —mantenimiento de la medida— se origina por la presentación de la documentación requerida, aplicándose a partir de ahí *el límite máximo de la prisión provisional y los derechos que correspondan al detenido en lo no previsto en la presente Ley*, que es de aplicación preferente, siendo subsidiaria la LECrim. En este sentido se ha pronunciado el Auto 222/2022, de 11 de abril, de la Sección 1.ª de la Sala de lo Penal de la Audiencia Nacional[348].

[348] "*En el «paso» de la aplicación de un texto legal al otro, no es preciso la celebración de una audiencia previa, tal y como señala el auto ahora recurrido, pues como señala acertadamente el Ministerio Fiscal en su informe, no hay una situación de privación de libertad «ex novo», sino una continuación de la medida cautelar previamente adoptada mediante auto inicial de 26 de diciembre de 2021, tratándose de una medida que tiene por finalidad, por el momento, de asegurar la presencia del reclamado y su plena disponibilidad para con el Juzgado o Tribunal que está siguiendo el procedimiento, y finalmente, de asegurar, en su caso, si así se decidiera, la entrega definitiva al Estado requirente, finalidad que ha de primar sobre otros fines que también ha de tener la prisión provisional en este tipo de procedimientos. No resulta pues, necesaria, una nueva comparecencia con arreglo a lo dispuesto en el artículo 505 de la Ley de Enjuiciamiento Criminal, pues supone la prosecución de un mismo estado de privación de libertad legitimado por el auto de 26 de diciembre del año anterior, especialmente cuando no se aprecian, como en el presente caso, nuevos datos o circunstancias especiales que pudieran hacer o provocar un cambio de decisión*

Si el Estado requirente retirara la solicitud de entrega, procedería la inmediata puesta en libertad con posibilidad de reclamación por prisión provisional indebida, pero ante la jurisdicción correspondiente del país solicitante, según ha establecido el Tribunal Supremo[349].

Las alternativas a la prisión provisional se contienen en el art. 8.3 de la Ley: vigilancia a domicilio, orden de no ausentarse de un lugar determinado sin autorización del Juez, orden de presentarse periódicamente ante la autoridad designada por el órgano judicial, retirada del pasaporte y prestación de una fianza. El incumplimiento de estas medidas dará lugar a la prisión provisional.

Con relación a estas medidas alternativas debe señalarse, en primer lugar, que pueden ser cumulativas, tal y como se desprende del tenor literal de la Ley "*el incumplimiento de estas medidas*"; en segundo término, tal y como señala la doctrina, que la vigilancia a domicilio no está supeditada a enfermedad que cause grave peligro para la salud, a diferencia de lo que prevé el art. 508 de la LECrim.[350]; asimismo, que dicha medida debe ir acompañada de la prohibición de abandonarlo y la vigilancia policial correspondiente[351], y, por último, que en caso de que se haya adoptado la medida de retirada del pasaporte deberá comunicarse al país correspondiente y a la Policía que custodia fronteras para su efectividad[352].

En cualquier caso, no es posible cumplir las medidas cautelares no privativas de libertad impuestas fuera de nuestro territorio. Como ya hemos señalado, a diferencia de la competencia para la investigación y enjuiciamiento de delitos que, de modo ordinario, sigue los criterios de territorialidad (23.1 LOPJ), personalidad activa (23.2 LOPJ), interés real (23.3 LOPJ), y solo circunstancialmente se basa en la estancia en España del investigado como medio para activar la jurisdicción universal del art. 23.4 LOPJ, la extradición depende por entero de la presencia del reclamado en nuestro territorio. Reiteramos que, por más que nada se diga en la vigente ley, siendo la extradición un procedimiento de cooperación en materia penal en materia de entrega de personas, únicamente se activa cuando, existiendo una petición extradicional, o una orden internacional de detención, se localiza a la persona reclamada en territorio español.

---

en el órgano jurisdiccional. Como señala la STC 50/2009, citada en el auto impugnado y en el informe del Ministerio Fiscal, esta nueva comparecencia no está prevista dentro del sistema de garantías del artículo 17 de la Constitución Española ni es exigido taxativamente por la norma constitucional, debiendo atenderse fundamentalmente a la existencia o no de algún tipo de indefensión material para con el detenido, cosa que en el presente caso no se ha producido. En este sentido cabe citar igualmente la STC de 24 de julio de 2000 en la que el Tribunal Constitucional tiene en cuenta la naturaleza misma del procedimiento de extradición, y delimita la cuestión a una cuestión de legalidad ordinaria y a si se ha cometido una verdadera indefensión, señalando que el artículo 10 de la Ley de Extradición Pasiva remite a la regulación de la Ley de Enjuiciamiento Criminal en lo tocante a los límites máximos de la prisión provisional del reclamado y a los derechos que corresponden al detenido".

349 STS, Sala Tercera, de 10 de octubre de 2003: "*(...) Considera que las autoridades judiciales españolas se limitaron, dentro del marco legal, a seguir un procedimiento de extradición y consiguientemente la acción derivada de la decisión determinante de la prisión sufrida por el acto habría de plantearse ante las autoridades alemanas peticionarias del auxilio internacional (...) ya que, si la demanda de extradición fue errónea, la reclamación debió residenciarse en el país cuyas autoridades acordaron aquella*".

350 Cezón, *op. cit.*, pág. 300.

351 Cezón, *op. cit.*, pág. 300.

352 Cezón, *op. cit.*, pág. 300.

Como ya dijimos en páginas anteriores, si el reclamado abandona el territorio español, estando en libertad, no se entendería la vigencia de un procedimiento de cooperación internacional en materia de entrega de personas si estas se encontraran fuera del alcance de la jurisdicción española, pues no podría materializarse tal auxilio, resultando un absurdo procesal dictar un auto de busca y captura internacional concurrente con el emitido por el Estado requirente con la única finalidad de traer el reclamado a España para, a su vez, entregarlo al primer Estado. Si el sujeto ya no se encuentra a disposición de la autoridad judicial española, resulta inviable la entrega y el proceso pierde todo su sentido.

Lo anterior abona una interpretación restrictiva del art. 109 LRM, cuya aplicación se limitaría a los casos en que se hubiera incoado un proceso penal en sentido estricto, con ejercicio del *ius puniendi* del Estado español, pero sin extender su vigencia a los supuestos en que nos encontráramos en presencia de un proceso sobre otro proceso, en terminología del Tribunal Constitucional, o de auxilio internacional en materia de entrega de personas, que solo son procesos penales en sentido impropio.

Que esto es así lo acredita el Auto de 21 de septiembre de 2021, dictado por la Sección 4.ª en el Rollo de Sala 11/2021, en el que la Sala acuerda el archivo del expediente *"toda vez que, vulnerando las obligaciones de localización y comparecencias periódicas impuestas por este Tribunal para que pudiera eludir su prisión provisional, el reclamado XXX se ha puesto voluntariamente fuera de la esfera de disposición de este órgano judicial español, que no puede proseguir con los trámites de entrega a Montenegro ante la salida del interesado del territorio español, resultando inviable la entrega y el proceso pierde todo su sentido"*.

Esta misma Sección 4.ª se había pronunciado en sentido similar en el Auto 523/2020, de 17 de noviembre, dictado en el Rollo 526/2020, extradición 12/2020 del Central 5, en un caso en que se acordó la prisión provisional de una persona sometida a proceso de extradición que vivía en el extranjero, entendiendo la Sala que " *fundamentaba el auto que acuerda la detención, búsqueda y puesta a disposición judicial de la persona reclamada en los artículos 512 a 515, 791.4 y 835 y siguientes de la Lecrim . Los primeros artículos se refieren a la adopción de la media cautelar de prisión cuando el reo no fuere halado en su domicilio y se ignore su paradero, supuesto que n es aplicable al caso, puesto que como dijo la reclamada a presencia judicial carecía de ningún domicilio en España y no se le preguntó por el domicilio en el país de residencia, lo que hace inviable la aplicación de los artículos aplicados; por su parte, el artículo 791 citado no guarda relación con la detención ni con la prisión el 835 también aludido tampoco se refiere a ninguno de los supuestos del caso.*

En definitiva, lo único que podría proceder es librar comisión rogatoria al domicilio facilitado por la presentación legal de la reclamada en Estados Unidos, pero tal medida no es compatible con la obligación legal de la reclamada de permanecer en territorio español, a disposición del juez encargado de la tramitación del procedimiento en tanto aquella se tramita, pero esta obligación no le fue impuesta inicialmente por el Juzgado cuando fue puesta a su disposición, por lo que avanzado el procedimiento no puede transmutarse so pretexto de desconocer su domicilio cuando tal circunstancia fue puesta de manifiesto por la reclamada en su comparecencia inicial.

Así las cosas, entendiendo el Tribunal que el juez a quo carece de cobertura legal para acordar una media restrictiva de libertad cuando desde el inicio del procedimiento sabía que la reclamada ni vivía en España, ni tenía domicilio en territorio español, procede estimar el recurso y dejar sin efecto la búsqueda, detención y puesta a disposición judicial de la reclamada".

Asimismo, Auto de la Sección 2.ª 534/2021, de 19 de octubre, de la Sección 2.ª: "*La parte en su escrito de 26 de agosto de 2021 solicitó se autorizara a XXX el cumplimiento de las medidas cautelares en Bélgica, el lugar de su residencia, atendiendo a la existencia de efectivos e irreparables perjuicios en su vida profesional y familiar, y a lo manifiesta ausencia de apariencia de buen derecho en la orden de detención internacional cursada por Rusia, solicitando la aplicación de lo previsto en el art. 109 y ss. de la Ley 23/2014, alegando que por parte del juzgado no se ha tenido en cuenta dicha petición... El tribunal debe ratificar la posición del juzgado. La salida del territorio español del reclamado determinaría no solo la perdida de competencia del tribunal español sino también la perdida de objeto del procedimiento de extradición instaurado que tiene como finalidad la entrega de una persona que se encuentra en España en un acto de cooperación jurídica internacional entre Estados, si se cumplen los requisitos legales para ello.*

No es por ello factible atender a esta petición de parte ya que inexorablemente conllevaría el archivo del procedimiento de extradición en tanto el reclamado permaneciera fuera de la jurisdicción española.

La medida cautelar tiene por objeto la presencia y adherencia del reclamado al procedimiento, lo que tampoco se vería garantizado con lo pretendido por la parte, aparte de lo dicho en párrafos anteriores".

Igualmente, Auto de 12 de enero de 2023, de la Sección 2.ª: *Resulta obligado el mantenimiento de las medidas cautelares acordadas bajo la competencia de la jurisdicción española por la presencia del reclamado en territorio español, que es precisamente lo que motiva el procedimiento de cooperación extradicional y justifica la detención y entrega del reclamado (art. 65.4 LOPJ). Es por esto por lo que, mientras se mantenga vivo el procedimiento extradicional, es necesario el mantenimiento de las medidas cautelares acordadas en su día para evitar la fuga del territorio nacional que haría ilusorio el procedimiento abierto".*

En conclusión, una vez que la persona cruce nuestra frontera, vedada la posibilidad de dictar un auto de busca y captura, quedaría el procedimiento de extradición irremisiblemente condenado al fracaso. En consecuencia, no es factible la autorización de la marcha del reclamado fuera de España, en cuanto que decaería de inmediato la competencia extradicional de la Audiencia Nacional.

Una vez celebrada la comparecencia con este triple objeto, se dictarán dos autos: uno relativo a la situación personal del reclamado y otro elevando el expediente a la Sala de lo Penal de la Audiencia Nacional, que es la competente para decidir sobre la extradición en fase judicial.

De acuerdo con el art. 12.3, las dos resoluciones se adoptarán en el plazo de las 24 horas siguientes a la comparecencia, y frente a ellos solo procederá el recurso de reforma. Debe decirse que, en lo tocante a la situación personal, debe entenderse prevalente la regulación de los arts. 502 y ss. LECrim., que sí prevén un recurso de apelación.

En cuanto a la conclusión del expediente y la mera existencia de un recurso de reforma, aquí el art. 12.3 LEP es congruente con la naturaleza de la extradición pasiva, que no se configura como un procedimiento penal, sino de cooperación judicial en materia penal, no siendo exigible, por tanto, la regla de la doble instancia de revisión recogida en el art. 14.5 del Pacto Internacional de Derechos Civiles y Políticos, dado que aquí no se ejerce el *ius puniendi* del Estado ni se debate acerca de la culpabilidad o inocencia del reclamado. En este sentido se ha pronunciado el Auto 500/2020, de 11 de septiembre, de la Sección 1.ª de la Sala de lo Penal[353].

Sin embargo, es posible que no se eleve el expediente si se aprecia la necesidad de completarlo. En este sentido, el art. 12.4 LEP establece que el Juez, de oficio o a instancia del Fiscal o del reclamado[354], podrá acordar que se complete la información aportada con los datos necesarios referidos a la identidad del reclamado y a los supuestos de hecho y de derecho justificativos de la solicitud de extradición. En cuanto a qué documentos se está refiriendo la Ley, aparentemente hace referencia directa a la necesidad de completar los que se han acompañado en la demanda extradicional y que figuran relacionados en el art. 7 LEP, dada la mención directa a los datos de identidad y a la justificación material y jurídica que hace el país reclamante en su petición de extradición, extremos estos que son los que se contienen en el mentado artículo. Por el contrario, los relativos a las cuestiones de fondo que pudieran justificar la denegación de la extradición (arts. 2 a 5 LEP) parece que debieran solicitarse ante la Sala, en el trámite previsto en el artículo siguiente. Ahora bien, cuando nos referimos a cuestiones de fondo, no estamos haciendo referencia a las que sean objeto del procedimiento judicial en el país de origen, sino a las propias del procedimiento de entrega, como se han encargado de recordar los Autos de la Sala de lo Penal, Pleno, 280/2018 y 281/2018, de 9 de julio[355].

En relación con el tiempo fijado para unir la documentación, la Ley establece un plazo máximo de 30 días. No obstante, la práctica es extremadamente flexible al respecto, sobrepasándose los plazos cuando se considera que la documentación es imprescindible para la resolución de la petición.

---

[353] *"La Ley de Extradición Pasiva establece con claridad en su artículo 12.4, que remite al apdo. 3, que no cabe recurso de apelación. Porque la ley solo prevé recurso de reforma contra las resoluciones del juez sobre la pertinencia de recabar al Estado requirente información suplementaria sobre la identidad del reclamado y los supuestos de hecho y de derecho justificativos de la solicitud de extradición, que es el contenido de la resolución que se impugna (tampoco abe contra la resolución que decide elevar el expediente a la Sala). Luego no es admisible el recurso de apelación, y no puede acudirse a la Ley de Enjuiciamiento Criminal porque la remisión solo es factible en materia de prisión provisional, su límite temporal y las garantías, en lo no previsto en la ley..."*.

[354] Bajo la vigencia de la Ley de 1958, la ausencia de mención al Fiscal en la posibilidad de petición de nuevos datos o documentos llevaba a la doctrina a pensar que carecía de dicha competencia. En este sentido, Pastor Borgoñón, *op. cit.*, pág. 197. A nuestro juicio, aunque no se mencionara al Ministerio Público en el actual art. 12, su función constitucional de defensa de la legalidad —también en el proceso extradicional— le otorgaría tal facultad.

[355] Auto 281/2018, de 9 de julio: *"(...) Varias de las diligencias interesadas afectan a la cuestión de fondo, y no tanto a la reclamación extradicional en sí misma, por lo que deberán en su caso ser objeto de análisis por el Estado reclamante, dada la naturaleza jurídica del proceso extradicional (SSTC 222/1997, de 4 de diciembre; 5/1998, de 12 de enero; y AATC 263/1989, de 22 de mayo y 277/1997, de 16 de julio)"*.

Fase intermedia

El art. 13 LEP prevé una suerte de fase intermedia en la que, sucesivamente, el Tribunal, que estará compuesto por cualquiera de las cuatro Secciones que conforman la Sala de lo Penal de la Audiencia Nacional[356], pondrá de manifiesto el expediente al Fiscal y a la defensa de forma sucesiva[357].

El Fiscal, usualmente, realiza un escrito en el que se hacen constar los antecedentes procesales de la reclamación, la identidad del sujeto reclamado, si consiente o no la extradición y si ha renunciado al principio de especialidad. Seguidamente, detalla los hechos que motivan la petición, la calificación jurídica conforme a la legislación del Estado requirente y requerido y la concurrencia o no de las cuestiones que impiden o justifican la petición, oponiéndose o no a ella.

Debe decirse que el Ministerio Público realiza aquí un puro dictamen de legalidad. Ni vincula al Tribunal ni juega aquí el principio acusatorio, en cuanto que no se ejerce el *ius puniendi* del Estado, tal y como señala el Auto del Pleno de la Sala de lo Penal de la Audiencia Nacional 57/2016, de 30 de septiembre[358]. Por más que, como afirma la doctrina, se haya construido un proceso extradicional análogo al previsto en la LECrim., su función no es representar al Estado reclamante, sino defender la legalidad[359]. En consecuencia, es posible que el Fiscal se oponga a la extradición y, sin embargo, que el Tribunal acceda a ella en fase judicial sobre la base de la pretensión escrita contenida en la documentación extradicional[360]. Como señala la Sala de lo Penal, en el Auto del Pleno 21/2021, de 12 de marzo, la defensa se opone a la petición del Estado reclamante, no al dictamen del Ministerio Fiscal[361]. El Fiscal actúa como un *amicus curiae* en sentido estricto. Por otra parte, en el

---

[356] Antes, ante la Audiencia Provincial correspondiente, *ex* art. 17 de la Ley de 26 de diciembre de 1958.

[357] Ídem en el art. 17 de la Ley anterior.

[358] *"Lo que delimita el ámbito del proceso extradicional no es la calificación jurídica que de los hechos haga el Ministerio Fiscal con arreglo a la legislación española, sino si los hechos por los cuales se reclama a la persona (...) tienen relevancia penal con arreglo a nuestra legislación interna sin que el Tribunal esté vinculado a la calificación realizada por el Ministerio Fiscal (...)".*

[359] Pastor Borgoñón, *op. cit.*, págs. 198 y 199. Como excepción, señala cómo en el antiguo tratado con Gran Bretaña sí se recogía que el Fiscal español defendía los intereses de la Corona británica, debido sin duda a la posición que el Crown Prosecutor Service tiene en los procedimientos extradicionales seguidos ante sus Tribunales.

[360] A diferencia de lo que mantiene Pastor Borgoñón, *op. cit.*, pág. 204. Si no tiene vigencia aquí el principio acusatorio, no tiene sentido que el proceso deba *"terminar con una resolución denegatoria"*.

[361] *"Estamos ante un procedimiento de extradición en el que el Ministerio Fiscal emitió un informe, pero no hizo propuesta de prueba, que solo hubiese podido referirse al cumplimiento de los requisitos de extradición (...) la defensa del reclamado tiene que oponerse a la petición del Estado requirente, no frente al dictamen del Ministerio Fiscal".*

acto de la vista, el Fiscal no está férreamente vinculado en su exposición final a lo dictaminado en este trámite. Perfectamente puede variar su postura en atención a las pruebas que presente la defensa sobre los extremos exigidos por los tratados y la Ley para conceder la extradición. Incluso, puede variar la posición que sostuvo en la vista y presentar un ulterior recurso sosteniendo una tesis contraria[362].

En este trámite puede hacer acto de presencia el Estado reclamante bajo estricto ofrecimiento de garantía de reciprocidad[363]. Si bien la personación está prevista para el acto de la vista, resulta absurda dicha previsión sin la previa presentación de un escrito que fije posición, de la misma manera en que lo hacen el resto de las partes. Dicha personación está condicionada a la existencia de reciprocidad, y deberá hacerse en legal forma, siguiendo las reglas generales de la LECrim., esto es, con abogado que le defienda y procurador que le represente. La doctrina fijada por la Sala de lo Penal al respecto establece que, salvo que un tratado bilateral señale otra cosa, el Estado requirente no podrá personarse con anterioridad. Su papel será limitado, dado que no podrá recurrir el auto que se dicte, sino como tercero coadyuvante del Ministerio Público[364]. Con carácter

[362] Auto del Pleno de la Sala 20/2021, de 16 de marzo: "*Cabría poner una objeción al recurso formulado por el Ministerio Fiscal, consistente en la incongruencia entre su petición inicial deducida en su escrito de alegaciones, artículo 13 LEP, y la posterior solicitud de recurso en el que se pide que se acuerde la entrega del reclamado, incongruencia que podría vulnerar el principio de seguridad jurídica y el den o indefensión (...) frente a esta incongruencia del Ministerio Fiscal, hemos de decir que esa petición inicial no le vincula en absoluto frente a posibles peticiones de contenido diferente, ni la que se pudiera deducir en la comparecencia o vista de extradición (...) ni en la solicitud que pudiera realizar posteriormente en el recurso de súplica, pues hemos de recordar que nos encontramos ante un procedimiento específico de extradición, y no de un proceso penal, por lo que el cambio de postura del Ministerio Fiscal no le priva en absoluto de legitimación para recurrir en súplica y pedir una cosa diferente a lo solicitado anteriormente, puesto que lo que es definitorio de este procedimiento y sobre lo que la Sala ha de resolver es sobre la petición, no del Ministerio Fiscal, sino del Estado requirente respecto a la entrega de una persona, y el procedimiento de extradición solamente puede quedar extinguido, en este sentido, cuando dicho Estado requirente desiste de la petición de extradición, petición que sí vincula al Tribunal (...). Dicho escrito del Ministerio Fiscal, al tratarse de un puro dictamen de legalidad, no vincula en modo alguno al Tribunal, puesto que en el procedimiento de extradición no rige el principio acusatorio, ya que no se ejerce el ius puniendi del Estado, sino que el objeto de la defensa de la legalidad y la salvaguardia de los derechos del reclamado. Así lo señala el Auto de Pleno de 30 de septiembre de 2016 cuando afirma que lo que delimita el ámbito del procedimiento extradicional no es la calificación jurídica que de los hechos haga el Ministerio Fiscal con arreglo a la legislación española, sino si los hechos por los que se reclama a la persona (...) tienen relevancia penal conforme a nuestra legislación interna, sin que el tribunal esté vinculado a la calificación realizada por el Ministerio Fiscal*".

[363] Auto de la Sala de lo Penal de la Audiencia Nacional, Sección 2.ª, 331/2018, de 21 de junio.

[364] Auto de la Sala de lo Penal de la Audiencia Nacional, Pleno, 76/2015, de 25 de septiembre: "*(...) La intervención de México en el proceso extradicional seguido en España a través de la Procuraduría General personada mediante abogado y procurador españoles queda limitada a la vista extradicional y a los trámites previos encaminados a la misma (art. 13.1 LEP) e informar independientemente a la postura que mantenga el Ministerio Fiscal, careciendo de legitimación para, con independencia de este, instar medias cautelares y formular recursos. Únicamente podría adherirse a la petición de medida cautelar y a los recursos que formule el Ministerio Fiscal que sí es parte en el procedimiento desde el inicio por exigencia del art 12.1 de la LEP*". En el mismo sentido, Auto de la Sala de lo Penal, Pleno, 39/2016, de 21 de junio: "*La LEP en relación a la intervención del Estado requirente únicamente lo regula en su art. 14.1 inciso final al establecer que en la vista podrá intervenir, y a tal efecto será citado el representante del Estado reclamante cuando así lo hubiere solicitado y el Tribunal lo acuerde atendido el principio de reciprocidad, a cuyo fin reclamará, en su caso, la garantía necesaria a través del Ministerio de Justicia (...) la regulación de la LEP, la no vigencia del principio acusatorio y la necesidad de postulación respecto de la adopción de medidas cautelares -así lo exige el art. 505 de nuestra LECRIM. aplicable por remisión del art. 18 de la LEP- y evidentemente en materia de recursos, lleva a entender conforme a la literalidad del art. 14, inciso final, que la intervención en el procedimiento del Estado requirente queda limitada a la vista extradicional y a su preparación con el trámite previo a la misma encaminado 8 art. 13.1 LEP), pudiendo así proponer prueba que verse sobre*

general, y a salvo de lo que establezca un tratado de manera concreta, no está prevista la intervención del Estado reclamante en la fase preliminar ante el Juez de Instrucción. Si tenemos en cuenta que el procedimiento se origina por la documentación que aporta el propio Estado, que incluso puede aportar documentos complementarios sin necesidad de ser parte formal en la causa, resulta superflua dicha personación. Por otra parte, debatiéndose en la vista –y no antes– la concurrencia de los requisitos formales y materiales de la extradición establecidos en la legislación aplicable, bastará el acceso en la fase intermedia y la subsiguiente participación en el juicio extradicional para que el Estado reclamante pueda realizar las alegaciones complementarias oportunas y proponer la prueba que estime conveniente a la vista de las alegaciones del *extraditurus*. Ninguna indefensión se le causa[365].

Debe decirse que la Ley de Extradición Pasiva ha limitado la figura del coadyuvante en el procedimiento al Estado reclamante. No se permite la personación del Estado del *extraditurus*

---

extremos relacionados con las condiciones exigidas por el Tratado o Convenio o por la LEP (art. 14.2 LEP) e informar independientemente de la postura que mantenga el Ministerio Fiscal, pero carece de legitimación para, con independencia del M. Fiscal, instar medidas cautelares contra el reclamado y formular recursos. Únicamente podrá coadyuvar a la petición de medidas cautelares y a los recursos que formule el M. Fiscal, que sí es parte en el procedimiento desde el inicio por exigencia del art. 12 de la LEP". De igual forma, Auto de la Sala de lo Penal, Pleno, 41/2019, de 3 de mayo: *"Formulado recurso de súplica únicamente por la representación procesal de la Embajada en España de la República de Irak, debe recordarse (...) la no vigencia en el procedimiento extradicional del principio acusatorio y la necesidad de postulación respecto a la adopción de medidas cautelares (...) y evidentemente, en materia de recursos, lleva a entender, conforme a la literalidad del art. 14., inciso final, que la intervención en el procedimiento del Estado reclamante queda limitada a la vista extradicional y a su preparación en el trámite previo a la misma encaminado (art. 13.1 LEP), pudiendo así proponer prueba que verse sobre extremos relacionados con las condiciones exigidas por el Tratado o la ley e informar independientemente de la postura que mantenga el Ministerio Fiscal, pero carece de legitimación para, con independencia del M. Fiscal, instar medidas cautelares contra el reclamado y formular recursos. Únicamente podrá coadyuvar a la petición de medidas cautelares y a los recursos que formule el M. Fiscal, que sí es parte en el procedimiento desde el inicio por exigencia del art. 12.1 LEP. La solicitud y concesión de garantías de reciprocidad que como potestativa contempla el art. 14.1, inciso final de la LEP no transforma la naturaleza y alcance de la intervención en el procedimiento que pueda tener el Estado requirente, que sigue no siendo parte procesal, lo que única y exclusivamente son el Ministerio Fiscal y el reclamado"*. Sin embargo, el Auto de la Sección 1.ª, 721/2019, de 19 de septiembre, admite la personación en la fase e inicial ante el Juez Central de Instrucción, a efectos de tomar conocimiento de la causa, sin perjuicio de que sus facultades de actuación queden limitadas a lo previsto en el art. 14 LEP. No compartimos dicha postura: la pretensión del Estado es enteramente autónoma y apta para desembocar en una resolución de la Sala, aun sin su personación. Por otra parte, la personación no aporta nada al Estado reclamante en fase de instrucción, dado que el procedimiento estará formado de manera casi exclusiva por los documentos que proporciona y, respecto al resto, toma conocimiento de ellos en el trámite del art. 13 LEP. En el mismo sentido, Auto de 18 de enero de 2021, Rollo 91/2018, de la Sección 3.ª de la Sala de lo Penal: *"El Pleno de la Sala de lo Penal de esta Audiencia Nacional 41/2019, de fecha 31 de mayo (...) debe recordarse, conforme a resoluciones anteriores de este Pleno (...) , como los Autos de 25 de septiembre y 21 de junio de 2015 (...) la intervención en el procedimiento del Estado requirente queda limitada a la vista extradicional y a su preparación con el trámite previo a la misma encaminado (artículo 13.1 de la Ley de Extradición Pasiva), pudiendo así proponer prueba que verse sobre extremos relacionados con las condiciones exigidas por el Tratado o Convenio o por la Ley de Extradición Pasiva (...) e informar independientemente a la postura que mantenga el Ministerio Fiscal, pero carece de legitimación para, con independencia del Ministerio Fiscal, instar medidas cautelares contra el reclamado y formular recursos. Únicamente podrá coadyuvar a la petición de medidas cautelares y a los recursos que formule el Ministerio Fiscal, que sí es parte en el procedimiento desde el inicio, por exigencia del artículo 12.1 de la Ley (...). La solicitud y concesión de garantía de reciprocidad que como potestativa contempla el artículo 14.1, inciso final, de la Ley de Extradición Pasiva, no transforma la naturaleza y alcance de la intervención que en el procedimiento de extradición puede tener el Estado requirente, que sigue no siendo parte procesal, lo que única y exclusivamente son el Ministerio Fiscal y el reclamado"*.

365 Auto de la Sala de lo Penal de la Audiencia Nacional, Sección 2.ª, 331/2018, de 21 de junio.

(de ser distinto al reclamante) como coadyuvante de este. Tampoco de ninguna otra persona física o jurídica[366].

La defensa puede formular su escrito en los términos que considere conveniente, dado que la Ley no fija la manera de hacerlo. Incluso puede realizarlo de manera sucinta a efectos de no desvelar su estrategia.

Tanto el Fiscal como la defensa, que se nombrará de oficio al reclamado si careciera de ella hasta ese momento, pueden proponer a la Sala cuantos antecedentes resulten convenientes en relación con el art. 14, que se refiere a las condiciones exigidas por el Tratado y la Ley (concurrencia o no de los requisitos extradicionales)[367]. La Sala también tiene la potestad de requerirlos de oficio. Debe subrayarse que el objeto de la prueba nunca podrá ser el de demostrar la culpabilidad o inocencia del reclamado, sino el relativo a las causas o motivos de oposición recogidos en la norma legal o convencional, tal y como recuerda el Auto de la Sala de lo Penal de la Audiencia Nacional, Sección 2.ª, 32/2018, de 4 de mayo[368].

Contra la resolución de la Sala no cabe recurso alguno, según el art. 13 de la Ley.

---

[366] Auto de 5 de mayo de 2017 del Juzgado Central de Instrucción n.º 5, dictado en la Extradición 46/2016: "*(...) Pero este no es el caso del recurrente, que es el estado nacional de la persona reclamada y, por tanto, ajena a la relación jurídico procesal establecida en el proceso extradicional, constituida como se ha indicado por el Fiscal y la persona reclamada, con la eventual intervención del Estado reclamante, siempre y cuando lo solicite y el Tribunal lo acuerde atendido el principio de reciprocidad. La cuestión (...) tiene que ver con las especiales particularidades del proceso extradicional, que se perfecciona con las partes ya mencionadas y que únicamente admite, con exclusión de otros, al Estado requirente en una posición limitada y adhesiva*".

[367] De forma más expresiva, el art. 17 de la Ley de 26 de diciembre de 1958 hacía referencia a "*las condiciones exigidas por los Tratados o por esta Ley para la concesión de la extradición*". En este sentido, Bellido Penadés, *op. cit.*, pág. 248.

[368] "*(...) A tenor de lo establecido en el art. 14.2 de la LEP, una vez recibido el expediente y puesto de manifiesto por el Tribunal a las partes, a los efectos del art. 13.1 del citado texto legal, solamente se admitirá y practicará la prueba que verse sobre los extremos relacionados con las exigidas por el Tratado aplicable o por la ley; por tanto procede desestimar las diligencias interesadas antedichas por no versar sobre las circunstancias mencionadas y no resultando necesarias para resolver legalmente la entrega del reclamado. En este sentido, no compete a España entrar a conocer el fondo de la causa que se sigue en República Dominicana contra el reclamado por los delitos que le imputa, según doctrina reiterada de la Sala, ni revisar la legalidad ordinaria del país requirente*".

Vista

De acuerdo con el art. 14, dentro de los 15 días siguientes al período de instrucción se señalará vista.

La vista se celebra ante la Sección correspondiente de la Sala de lo Penal de la Audiencia Nacional. En ella intervendrán el Ministerio Fiscal, el reclamado, su defensa y, como singularidad, la representación del Estado requirente.

El trámite, no detallado en la ley, a excepción de la declaración del reclamado, es muy sencillo. La Sala comienza preguntando al reclamado por su identidad y, de nuevo, por su anuencia a la extradición. Por más que el reclamado consienta, su voluntad no determina el éxito de la pretensión si la Sala considera que concurren causas de denegación, cuya apreciación es obligada caso de existir[369]. A continuación, se interpela a las partes sobre proposición de prueba aparte del interrogatorio del reclamado. Solo se admitirán aquellas que versen sobre las condiciones exigidas en el Tratado o la Ley. Aunque no se contiene en este artículo la especificación que sí existía en el art. 18 de la regulación anterior, nuestra ley sigue un sistema continental de extradición sin que se admita prueba sobre "*los hechos que le sean imputados*".

La exposición de las partes debe abordar la concurrencia o no de los requisitos extradicionales[370]. Como ya señalaba la doctrina[371] e indicó la STC 82/2006, de 13 de marzo[372],

---

369 En este sentido, Auto de la Sala de lo Penal de la Audiencia Nacional, Sección 3.ª, 35/2018, de 25 de octubre: "*No se cumplen así, en abstracto, los requisitos de mínimo punitivo y doble incriminación con arreglo a Tratado de extradición, por lo que la misma ha de ser denegada. La aquiescencia del reclamado con la entrega no afecta la adopción que, conforme a Derecho, haya de ser adoptada*" (*sic*).

370 Pastor Borgoñón, *op cit.*, pág. 193, distingue entre requisitos de fondo -relativos a la procedencia o no de la entrega- y requisitos procesales -los propios del procedimiento de extradición-. Auto de la Sala de lo Penal, Pleno, 304/2018, de 28 de diciembre: "*(...) Procede recordar la especial naturaleza y alcance del procedimiento de extradición, que ha sido reiteradamente analizada por el TC, entre otras en la SSTC 83/2006, de 13 de marzo y 82/2006, de la misma fecha, que aclaran que en el procedimiento de extradición no tiene encaje la presunción de inocencia, señalando que en el vigente derecho español la extradición pasiva (...) constituye un procedimiento mixto, administrativo judicial, en el que se decide acerca de la procedencia o no de la entrega. En el procedimiento en vía judicial (...) no se decide acerca de la hipotética culpabilidad o inocencia del sujeto reclamado, ni se realiza un procedimiento condenatorio (...)*".

371 Pastor Borgoñón, *op. cit.*, pág. 193.

372 "*En relación con el propio carácter, alcance y finalidad del proceso de extradición este Tribunal ha declarado que en el vigente Derecho español la extradición pasiva o entrega de un ciudadano extranjero a otro Estado constituye un procedimiento mixto, administrativo-judicial, en el que se decide acerca de la procedencia o no de la entrega solicitada por dicho Estado en su demanda de extradición. En el proceso en vía judicial de la extradición no se decide acerca de la hipotética culpabilidad o inocencia del sujeto reclamado, ni se realiza un pronunciamiento condenatorio, sino simplemente se verifica el cumplimiento de los requisitos y garantías previstos en las normas para acordar la entrega del sujeto afectado. Se trata, pues, de un proceso sobre otro proceso penal previamente incoado o incluso concluido, solo que a falta*

nuestro procedimiento de extradición no es de *rule of law;* esto es, el Estado reclamante ni tiene que acreditar que el reclamado sea autor del hecho ni está obligado a presentar las evidencias en que se base ni a demostrar que concurre causa probable para someter al reclamado a juicio, ambos dos criterios presentes en el sistema de extradición anglosajón[373]. El Juez de la extradición en España comprobará la concurrencia de los requisitos formales que permiten la extradición, pero sin limitarse a cuestiones tales como el mínimo punitivo y la doble incriminación, por ejemplo, y adentrándose también en posibles motivos de denegación, como la virtual vulneración de derechos fundamentales materiales (pena de muerte, tratos inhumanos o degradantes) y procesales (derecho a un juicio justo). De forma sorprendente, el sistema de *probable cause*, vigente en los EE. UU., tiene un contenido en extremo similar, salvo en lo relativo a la necesidad de aportar evidencias que justifiquen el sometimiento a juicio. Así, se rechaza tajantemente que sea algo parecido a un "minijuicio"[374], siendo su contenido el siguiente: la existencia de un tratado de extradición válido, la identidad del reclamado, la determinación de si los hechos son constitutivos de un delito extraditable y de si se cumple el requisito de doble incriminación, la existencia de causa probable para creer que el reclamado es la persona que cometió el hecho, si la evidencia presentada es suficiente para acreditarlo, si la documentación está autenticada, si no existen causas de denegación y si se han cumplido las formalidades fijadas en la Ley y en el Tratado correspondiente[375]. Incluso, respecto a la causa probable, la práctica más común es, sobre la evidencia presentada por el Estado requerido, limitar la prueba que pueda presentar la defensa. Así, ni el Estado requirente tiene que aportar evidencias que

de la ejecución en otro Estado. Si los órganos españoles competentes estiman procedente la demanda de extradición, ello acarrea generalmente, como consecuencia directa e inmediata, la salida del sujeto del territorio español y su correlativa entrega a las autoridades del Estado requirente, y, como consecuencia indirecta, el posible enjuiciamiento y, en su caso, cumplimiento de una sanción jurídica de naturaleza penal en el ámbito del Estado requirente (SSTC 102/1997, de 20 de mayo, FJ 6; 222/1997, de 4 de diciembre, FJ 8; 5/1998, de 12 de enero, FJ 4; 141/1998, de 29 de junio, FJ 3; 156/2002, de 23 de julio, FJ 3)". Bellido Penadés, *op. cit.*, pág. 249. En el mismo sentido, Auto 18/2019, de 25 de abril, dictado por la Sección 1.ª de la Sala de lo Penal de la Audiencia Nacional: "*(...) En el sistema continental ha de respetarse la integridad de los hechos ofrecidos por el Estado requirente salvo error o contradicción evidente (...) no permite un análisis o enjuiciamiento sobre el fondo del asunto, sobre la existencia de los hechos y la responsabilidad de la reclamada, siquiera a nivel indiciario o provisional, ya que aquí no se decide sobre la inocencia o culpabilidad*".

373 Sadoff, *op. cit.*, págs. 216 a 221, explica los tres criterios que pueden utilizarse dentro de los países de *common law:* en primer lugar, el de *prima facie*, que significa la exigencia de un estándar probatorio elevado y requiere la presentación de evidencias suficientes como para obtener una condena del reclamado en el estado requerido; en segundo término, el estándar de la *probable cause*, que implica la necesidad de presentar evidencias que muestren que existen motivos razonables para creer que el reclamado cometió el crimen, aunque no fueran necesariamente suficientes para una condena; por último, el criterio de la *reasonable probability*, que supone la probabilidad suficiente como para socavar la confianza en el desenlace del proceso. Por lo general, se entiende que un proceso de extradición no es sinónimo de un juicio penal, siquiera abreviado, y no pretende juzgar la culpabilidad o inocencia del reclamado, siendo más bien asimilable a una audiencia preliminar, considerándose un exceso tratar de enjuiciar el hecho. Se considera que la posición del Tribunal debe ser la de comprobar si la evidencia presentada justifica la detención del fugitivo y su entrega para juicio, incluyendo como evidencia el hecho mismo de la fuga. Asimismo, se juzga excesivo que sea preciso presentar las evidencias que serían necesarias para obtener un veredicto de culpabilidad. No obstante, de utilizarse el criterio *prima facie*, se extiende incluso a la consideración de si la evidencia presentada se ha obtenido ilegalmente, si fue producto de un pacto o acuerdo de conformidad, si está basada en un testimonio de no confianza, si la acusación es discriminatoria o si existen signos de mala fe o corrupción en Fiscales y Policías.

374 Bassiouni, *op. cit.*, pág. 879.

375 Bassiouni, *op. cit.*, pág. 880.

justifiquen una condena, ni el Tribunal tiene que llegar a una decisión de este tipo, ni el reclamado puede presentar pruebas que tiendan a contradecir las anteriores ni aportar coartadas ni justificar los hechos ni su acción —con certificados de demencia, por ejemplo—. No se admiten tampoco testimonios de retractaciones, salvo casos muy excepcionales. Únicamente puede presentar evidencias encaminadas a clarificar los hechos, en el sentido de refutarlos o eliminarlos, reconociéndose que, a veces, la línea diferenciadora entre una y otra acción es muy delgada[376].

El Tribunal español no aplica en el proceso extradicional la regla anglosajona conocida como *non inquiry*. Según esta regla, el Tribunal de la extradición se autolimita en su conocimiento del hecho, absteniéndose de efectuar un examen detallado acerca de la buena fe o de los motivos del Estado reclamante para solicitar la detención del fugitivo, de aplicar los estándares propios en materia de derechos en detención o de comprobar la equidad de la pena que pudiera ser impuesta o la existencia de garantías procesales, ciñéndose a comprobar el mínimo punitivo, doble incriminación y respeto al *ne bis in idem*. Este principio, inspirado en la necesidad de respetar la soberanía de otro Estado y la potestad gubernativa en materia de política exterior y relaciones internacionales, así como de evitar un recíproco escrutinio sobre el propio sistema procesal, está en franca retirada por el progresivo incremento de la exigencia al respeto de los derechos fundamentales, por más que subsista en los EE. UU.[377]. En este país, incluso, se ha comenzado a realizar una cierta

---

376 Bassiouni, *op. cit.*, págs. 892 a 926. Se citan muchas resoluciones, siendo especialmente clarificadora la dictada por el Tribunal del Distrito Sur de Nueva York en fecha de 15 de mayo de 1978 (450 F. Supp. 672): "*The distinction between «contradictory evidence» and «explanatory evidence» is difficult to articulate. However, the purpose behind the rule is reasonably clear. In admitting «explanatory evidence», the intention is to afford an accused person the opportunity to present reasonably clear-cut proof which would be of limited scope and have some reasonable chance of negating a showing of probable cause. The scope of this evidence is restricted to what is appropriate to an extradition hearing. The decisions are emphatic that the extradite cannot be allowed to turn the extradition hearing into a full trial on the merits. The Supreme Court has twice cited with approval a district court case which aptly summarizes the relevant considerations. The Supreme Court decisions are Collins v. Loisel, 259 U. S. 309, 316, 42 S. Ct. 469, 66 L. Ed. 956 (1922), and Charlton v. Kelly, 229 U. S. 447, 461, 33 S. Ct. 945, 57 L. Ed. 1274 (1913). The district court opinion is In re Wadge, 15 F. 864, 866 (S.D.N.Y.1883), in which the court dealt with the argument of an extradite that he should be given an extensive hearing in the extradition proceedings: «If this were recognized as the legal right of the accused in extradition proceedings, it would give him the option of insisting upon a full hearing and trial of his case here; and that might compel the demanding government to produce all its evidence here, both direct and rebutting, in order to meet the defense thus gathered from every quarter. The result would be that the foreign government, though entitled by the terms of the treaty to the extradition of the accused for the purpose of a trial where the crime was committed, would be compelled to go into a full trial on the merits in a foreign country, under all the disadvantages of such a situation, and could not obtain extradition until after it had procured a conviction of the accused upon a full and substantial trial here. This would be in plain contravention of the intent and meaning of the extradition treaties»*".

377 Sadoff, *op. cit.*, págs. 315 y 316. Aparece recogida —y criticada— también por Parry, J. T., en "International Extradition, the rule of non inquiry, and the problem of sovereignty", Boston Law Review 2010 (n.º 5, October), pág. 1975: "*Finally, the Supreme Court and lower courts repeatedly have invoked the «rule of non-inquiry», under which courts hearing extradition cases may not inquire into the procedures or treatment -including possible physical abuse- that await the extraditee in the requesting state. In its 2008 decision in Munaf v. Geren, for example, the Supreme Court applied this rule to the transfer of two U. S. citizens from U. S. military custody to Iraqi custody for trial in Iraqi courts. In response to their claim that they were likely to be tortured in Iraqi custody, the Court stated that «it is for the political branches, not the judiciary, to assess practices in foreign countries and to determine national policy in light of those assessments». Put plainly, federal courts should not engage in judicial review of the policy decision by U. S. officials to send a person from the United States to another country, even if that person would face arbitrary procedures or harsh treatment in that country*". Como vemos, los Tribunales de los EE. UU., al

revisión de esta doctrina en la Sentencia del Tribunal Supremo de los EE. UU. Munaf *vs.* Geren de 12 de junio de 2008 (553 US 674), que establece una excepción que pudiera ser el origen de un *limited inquiry.* Así, manteniendo formalmente la regla esgrimida en la original Sentencia Neely *vs.* Henkel de 1901, se refiere a la posible denegación por motivos humanitarios, en los que entraría la probada vulneración de derechos básicos del individuo y la acreditada posibilidad de maltrato[378]. Se trataría de extender al ámbito extradicional, lo que ya hacen los Tribunales de EE. UU. en lo tocante a las peticiones de residencia y asilo en las que se valora la perspectiva futura de sufrir tortura o tratos inhumanos o degradantes si es devuelta la persona al país de origen. No se valora directamente la acción de otro Estado ni se ataca su soberanía, sino que, de forma refleja, se analiza la situación existente en otro país al estudiar la propia acción de los funcionarios de la Administración americana cuando posibilitan el riesgo de sufrir maltrato o vulneración de derechos al rechazar las solicitudes de residencia y asilo[379].

Sin embargo, el problema de la Sentencia del caso Munaf es que parece residenciar en el Poder Ejecutivo (Gobierno federal)[380] la competencia para apreciar esta excepción humanitaria y no en los Tribunales de Justicia[381], que, por otra parte, siguen manteniendo la doctrina sentada en Neely *vs.* Henkel[382].

---

considerar que el procedimiento es, en gran parte, competencia del Poder Ejecutivo, hacen descansar en él la capacidad para evaluar posibles vulneraciones de derechos humanos en el país de destino.

La doctrina arranca del caso Neely *vs.* Henkel, dictada en 1901 por el Tribunal Supremo de USA. En dicha sentencia, el Tribunal Supremo declara que, cuando un ciudadano de EE. UU. afronta un juicio por hechos cometidos fuera del país, no puede quejarse de ser sometido a una modalidad de juicio o pena idéntica a la de los propios ciudadanos del lugar. Parry señala que las especificidades del asunto debieran haber limitado que la doctrina sentada al respecto fuera tomada como referencia. Así, señala el autor, que se trataba de una extradición a Cuba, entonces ocupada militarmente por EE. UU., discutiéndose incluso si la jurisdicción americana *de facto* sobre Cuba implicaba la aplicación extraterritorial de las garantías procesales estadounidenses. Esta argumentación fue la causa principal del rechazo de la corte, siendo la regla del *non-inquiry* el corolario de una sentencia encaminada a rechazar la aplicación extraterritorial de las garantías recogidas en la Constitución americana, fundamentalmente, el juicio por jurado, pero no implicaba que el procedimiento en el extranjero fuera a tener menos garantías que el propio del sistema federal (*op. cit.*, págs. 1981 a 1983). En definitiva, el origen de la regla no fue una decisión sobre un sistema judicial extranjero que fuera lesivo en cuanto a las garantías procesales y personales, sino el afán de evitar que pudiera pensarse que la aplicación de las garantías propias supusiera un no reconocimiento de la soberanía del pueblo cubano. El mismo problema surge en Munaf *vs.* Geren, con relación a la justicia iraquí.

Por otra parte, el autor señala que la regla es esgrimida casi rutinariamente en respuesta a alegaciones genéricas sobre el procedimiento o que serían rechazables de todos modos, como la falta de enjuiciamiento por jurado, la existencia de acusación discriminatoria o las condiciones de confinamiento -únicamente en lo relativo a la duración de la pena-, o bien que la vida de la persona corre peligro de ser entregado al país reclamante sin que realmente aparezca tal cosa de manera evidente (*op. cit.*, págs. 1987 a 1991).

378 Parry, *op. cit.*, págs. 2016 y 2017.

379 Parry, *op. cit.*, págs. 2004 a 2007. Como señala rotundamente el folio 2004, "*It is simply not true that federal courts lack the ability to inquire into the treatment that a person will receive form government officials in another country. Indeed, the same federal courts that claim incompetence in extradition cases routinely manage to perform the task in immigration cases*". Como destaca con toda rotundidad, la progresiva afirmación de los derechos fundamentales recogidos en diversos tratados internacionales provoca que el panorama de aplicación de la regla sea totalmente distinto (*op. cit.*, pág. 2013).

380 Cuyas resoluciones solo pueden revisarse si son arbitrarias, caprichosas o suponen un abuso de discrecionalidad. Bassiouni, *op. cit.*, pág. 806.

381 Bassiouni, *op. cit.*, págs. 659 a 661. Ídem págs. 805 a 808.

382 Bassiouni, *op. cit.*, págs. 634 y 635, pone como ejemplo las sentencias *Ex parte Fudera, Ex parte Lamantia* e *In re Mylonas*, relativas a juicio en ausencia, en que los Tribunales federales y de distrito

Motivos de oposición

I. Falta de doble incriminación

La Ley de Extradición Pasiva exige que los hechos sean constitutivos de delito conforme a la legislación del Estado requirente y de acuerdo con la legislación española. Salvo en las relaciones jurídicas de cooperación en materia de personas entre países con una tradición jurídica común y armonía –siquiera relativa– entre sus legislaciones penales, como es el caso del sistema OEDE respecto a 32 categorías delictivas, consideramos es un requisito de obligado mantenimiento, en aras de la preservación del principio de legalidad, que actúa como garantía del *extradendus* en el proceso extradicional[383]. En este sentido, ya el Tribunal Constitucional incluyó el principio de doble incriminación en el derecho a la legalidad penal[384], atribuyéndole naturaleza constitucional, en sus SSTC 11/1983, de 21 de febrero, y 102/1997, de 20 de mayo, consistiendo en que el hecho por el que se solicita la extradición sea delictivo en nuestro territorio. Como afirma la STC 162/2000, de 12 de junio, aunque la extradición pasiva constituye "*un proceso sobre otro proceso penal previamente iniciado e incluso concluido solo que a falta de ejecución en otro Estado*" (STC 141/1998, de 29 de junio, FJ 3), nuestro ordenamiento establece algunas exigencias de carácter material en el procedimiento extraditorio, como la doble incriminación, que, a los efectos que ahora interesan, implica que el hecho sea delictivo según las legislaciones penales del Estado requirente y del Estado requerido. Estamos ante una "*garantía adicional en el procedimiento de extradición (...) se exige que el mismo hecho por el que se solicita la entrega sea constitutivo de delito según la legislación penal del Estado requerido, lo que representa una concesión o reconocimiento de la soberanía de este (en sentido similar, AATC 23/1997, de 27 de enero, FJ 2, y 95/1999, de 14 de abril, FJ 3)*". Mientras subsista, no puede pretenderse prescindir de él contra el criterio del legislador, pues supondría tanto

---

rechazan la aplicabilidad a las extradiciones de los derechos procesales que la constitución americana señala para el enjuiciamiento en los EE. UU. Sin perjuicio de ellos, deniegan por otros motivos.

[383] Bachmaier, L. (2018) "Orden europea de detención y entrega, doble incriminación y reconocimiento mutuo a la luz del caso Puigdemont", en *Cooperar y castigar: el caso de Puigdemont*, Cuenca, ed. UCLM, págs. 34 y 35, recoge los posibles motivos de mantenimiento de este principio: "*El control de la doble tipificación en el ámbito de la extradición está relacionado con una noción tradicional del concepto de soberanía nacional, a menudo vinculado no solo a la protección de los valores nacionales de un Estado, sino también con la protección de sus ciudadanos nacionales. La exigencia de la doble incriminación en la cooperación judicial internacional ha encontrado justificación en diversos motivos. Entre estos motivos se encuentran. La cortesía (...) internacional, la prevención de conflictos políticos; el principio de reciprocidad, la protección del principio de legalidad (...) pero también la protección de la dignidad del individuo y la protección del orden público, este último interpretado desde la perspectiva de la protección de los derechos fundamentales y el Estado de derecho*".

[384] De esta opinión, Gómez Campelo, E. (2005) *Fundamentación teórica y praxis de la extradición en el derecho español*, Burgos, ed. Universidad de Burgos, pág. 85.

como "*acceder a la entrega sin la cobertura legal habilitante, o bien a partir de una cobertura legal manifiestamente errónea– derivará* eo ipso *en el reproche de no estar la decisión judicial que así proceda fundada en Derecho y ser, en consecuencia, arbitraria*", en palabras de la STC 292/2005, de 10 de noviembre. Por otra parte, la supresión de este principio en las relaciones extradicionales, como propugna parte de la doctrina, basada en el establecimiento de tres tipos de infracciones –actos en todo caso no extraditables, casos intermedios y actos extraditables–, es poco realista y supone, incluso, una vuelta al pasado, al sistema de listado del siglo XIX, que haría harto difícil la elaboración y aprobación de los convenios extradicionales, al tener que discutir punto por punto los concretos delitos que podrían ser objeto de entrega, con soluciones dispares y contradictorias según lo negociado en cada tratado[385].

Tradicionalmente, se anuda este principio con el requisito de que el delito esté sancionado con una determinada penalidad en las legislaciones penales del Estado de emisión y de ejecución (mínimo punitivo). Sin embargo, como señala la doctrina, una cosa es que el hecho pueda ser constitutivo de infracción penal conforme a ambas legislaciones – cumpliéndose así el principio de legalidad penal– y otra distinta, aunque relacionada, es la de determinar si un delito concreto puede ser objeto de la extradición, bien por ser constitutivo de una determinada infracción recogida en un convenio –sistema de lista de delitos o de enumeración–, bien porque reúne un requisito de penalidad mínimo –sistema de mínimo punitivo o de eliminación[386]–. La primera cuestión precede lógicamente a la segunda[387]. Analizaremos aquí el problema del listado de delitos y dejaremos para el apartado siguiente la cuestión del mínimo punitivo.

De acuerdo con el art. 2 de la Ley, solo podrá concederse la extradición si los hechos[388] son constitutivos de delito conforme a la legislación de la parte requirente y la parte requerida[389] y si están castigados en ambas con una pena o medida de seguridad cuya

---

[385] Véase, en este sentido, ALMEIDA COSTA, M. J., *Extradition law: reviewing...*, *op. cit.*, págs. 372 y siguientes.

[386] En terminología de BASSIOUNI, *op. cit.*, pág. 509.

[387] PASTOR BORGOÑÓN, *op. cit.*, págs. 239 y 240.

[388] En ocasiones plantea un problema la distinta forma de redactar los hechos que utilizan los diversos países reclamantes, lo que puede dificultar la correcta comprensión del sustrato fáctico extradicional. Como señala CEZÓN, *op. cit.*, pág. 96: "*Normalmente, cada sistema judicial tiene modos consolidados de expresión de los hechos objeto de persecución y la redacción de las resoluciones judiciales no corresponde en los distintos Estados a la misma sistemática ni a la misma técnica. Hay países en que la descripción de los hechos se hace mediante un relato de los hechos y otros en los que se relata la investigación para concluir que de la investigación resultan indicios suficientes de un delito (...) Otros realizan descripciones de hechos muy esquemáticas, con empleo incluso de conceptos jurídicos, no apareciendo los particulares fácticos precisos para la calificación penal sino en la motivación de la resolución, cuando se analiza la prueba o se fundamenta la calificación penal*". En cualquier caso, como afirma el Auto de la Sala de lo Penal de la Audiencia Nacional, Sección 3.ª, 1/2019, de 14 de enero, la descripción de hechos "*debe ser lo suficientemente especificada, con precisión de personas, circunstancias, fechas y lugares, como único modo de permitir la efectividad de la garantía del principio de especialidad (...)*".

[389] La autoridad judicial española no puede cuestionar el rango de normativa de la disposición que establece la tipicidad de la conducta en el país reclamante. En este sentido, Auto, Pleno, de 27 de enero de 2000: "*La salvaguarda en el proceso extradicional de los derechos fundamentales del reclamado, en los términos de nuestra Constitución (...) no impone, de ningún modo, la valoración del principio de legalidad penal en el derecho del Estado requirente, atendiendo a la procedencia y proceso de elaboración de la norma extranjera, insertada en su sistema de fuentes, que no tiene que ser idéntico al nuestro*".

duración no sea inferior a un año de privación de libertad en su grado máximo, o bien para el cumplimiento de una pena o medida de seguridad no inferior a cuatro meses de privación de libertad (principios de doble incriminación y mínimo punitivo). Cuando la solicitud se refiera a varios hechos, basta que uno de ellos cumpla este requisito.

El juicio sobre la doble incriminación se ha de hacer partiendo del relato fáctico que proporciona la autoridad requirente[390],[391] tratándose de comprobar la correspondencia entre las acciones que dan lugar a la infracción, tal como fueron plasmadas por la autoridad de emisión, con la definición del tipo penal que ofrece el ordenamiento jurídico del órgano judicial de ejecución[336]. Los hechos deberán tener una mínima concreción[392], pues, de lo contrario, esto puede dar lugar a la denegación de la entrega, según establecen el Auto de la Sala de lo Penal de la Audiencia Nacional, Sección 4.ª, de 24 de mayo de 2018[393]; el

---

[390] Auto de la Sala de lo Penal de la Audiencia Nacional, Sección 4.ª, de 23 de abril de 2012.

[391] STJUE de 11 de enero de 2017, asunto Grundza, que añade que "38. *De las consideraciones anteriores se infiere que incumbe a la autoridad competente del Estado de ejecución, a la hora de apreciar la doble tipificación, comprobar si los hechos que dan lugar a la infracción, tal como fueron plasmados en la sentencia dictada por la autoridad competente del Estado de emisión, también estarían sujetos, en cuanto tales, a una sanción penal en el territorio del Estado de ejecución si se hubieran producido en dicho territorio*". Frase reiterada en el apdo. 47. Sin embargo, como señala Muñoz de Morales, en *Juicio normativo...*, *op. cit.*, pág. 48, el TJUE introduce un elemento restrictivo que no está presente en el concepto habitual de doble incriminación que se maneja en la extradición, cual es que, de haberse cometido el hecho en el lugar de ejecución, hubiera lesionado un interés jurídico semejante. En este sentido, apdo. 49: "*Sin embargo, a la hora de apreciar dicha doble tipificación, lo que la autoridad competente del Estado de ejecución debe comprobar no es si ha resultado lesionado el interés protegido por el Estado de emisión, sino que debe tratar de determinar si, en el supuesto de que la infracción en cuestión se hubiera cometido en el territorio del Estado miembro al que pertenece aquella autoridad, se habría considerado que un interés semejante, protegido por el Derecho nacional de ese Estado, ha resultado lesionado*". A nuestro juicio, resulta inaceptable tal consideración: si se ha rechazado la exacta correspondencia delictiva por la vía de la antijuricidad formal, resulta absurdo recuperarla por el camino de la antijuricidad material. Finalmente, el propio TJUE, en su Sentencia de 14 de julio de 2022, caso KL, ha rectificado su doctrina anterior, entendiendo que: "48. *Ciertamente, una interpretación del requisito de la doble tipificación de los hechos según la cual este requisito exige que el interés jurídico protegido cuyo menoscabo es un elemento constitutivo del delito con arreglo al Derecho del Estado miembro emisor sea un elemento constitutivo del delito conforme al Derecho del Estado miembro de ejecución podría llevar a la denegación de la entrega de la persona de que se trate a efectos de la ejecución de la orden de detención europea, aun cuando dicha persona haya sido objeto de una condena en el Estado miembro emisor y los hechos por los que se haya dictado la orden de detención europea sean constitutivos de delito de acuerdo con el Derecho del Estado miembro de ejecución.*

49. Por consiguiente, la aplicación del requisito de la doble tipificación de los hechos no puede exigir que la autoridad judicial de ejecución compruebe que el menoscabo del interés jurídico protegido por el Derecho del Estado miembro emisor sea también un elemento constitutivo del delito de acuerdo con el Derecho del Estado miembro de ejecución.

50. Por lo tanto, carece de pertinencia que los hechos que motivaron la emisión de la orden de detención europea sean constitutivos en el Estado miembro emisor de un delito que exija que tales hechos puedan menoscabar un interés jurídico protegido en virtud del Derecho de ese Estado miembro —como, en el presente asunto, la paz pública—, cuando el Derecho del Estado miembro de ejecución no exija ese elemento para que los mismos hechos puedan ser objeto de un delito".

[392] Cezón, *op. cit.*, pág. 99.

[393] "*Como ya hemos anticipado, tanto el Ministerio Fiscal como la defensa del reclamado consideran que no puede accederse a la petición extradicional por falta de concurrencia del principio de doble incriminación (...) puesto que los términos genéricos establecidos en la redacción de los hechos (...) no constituyen en España infracción penal alguna (...) cuando se trata de describir la específica participación del reclamado en actos tan graves como los establecidos en los tipos penales aplicables, se efectúa con un cúmulo de imprecisiones y generalidades, que originan la ausencia de relación del reclamado con los dichos hechos. Son desde luego exiguos e irrelevantes, desde la perspectiva penal española, los datos ofrecidos sobre el supuesto protagonismo del reclamado (...)*".

Auto 40/2018, de 29 de junio, de la Sección 2.ª de la misma Audiencia[394,395]; el Auto de 8 de febrero de 2021, dictado en el Rollo de Sala 37/2020, de la Sección Segunda[396], y el Auto 35/2020, de 30 de octubre, dictado por la Sección 3.ª[397]. Ahora bien, esta evaluación no consiste en una comparación en abstracto de legislaciones, sino en un análisis del encaje de los hechos en la legislación del Estado requerido, lo que hará la autoridad judicial de este Estado de acuerdo con su propia doctrina y jurisprudencia[398], tanto respecto de los actos que se le ofrecen como de aquellos que no están presentes y resultan precisos para el encaje típico del relato fáctico en su normativa, por más que su labor no suponga una calificación jurídica definitiva y amplia: no es un Tribunal sentenciador. Solo comprobará si, tal y como se describen los hechos en la solicitud, pueden ser, *a priori*, subsumibles en los tipos penales[399].Ninguna extrañeza debe causar este proceder, pues, como subraya la

---

394 *"(...) La descripción de los hechos que se imputan al demandado de extradición es tan imprecisa que resulta absolutamente imposible afirmar si los mismos revisten caracteres de delito con arreglo a la legislación española y también del Estado requirente".*

395 *"(...) La descripción de los hechos que se imputan al demandado de extradición es tan imprecisa que resulta absolutamente imposible afirmar si los mismos revisten caracteres de delito con arreglo a la legislación española y también del Estado requirente".*

396 *"(...) los hechos contenidos en la demanda extradicional aparecen redactados en términos de tanta laxitud e indeterminación que cuando se trata de describir la concreta participación del reclamado, lo hace con tal cúmulo de imprecisiones y generalidades que conlleva que no se pueda enmarcar su específica relación con dichos hechos".*

397 En un caso de terrorismo, con cita de la STJUE de 9 de noviembre de 2010, dictada en sede asilo, que exige una análisis concreto de los hechos imputados, sin que sea suficiente la inclusión en un listado de la Unión Europea: *"aun cuando se cometan con un objetivo supuestamente político, los actos de naturaleza terrorista, caracterizados por su violencia contra la población civil, deben ser considerados graves delitos comunes en el sentido del citado apartado b)" (pár. 81), procede comprobar si, como supone el órgano jurisdiccional remitente, los actos cometidos por dicha organización pueden pertenecer a las categorías de delitos graves y de actos contemplados, respectivamente, en los citados apartados b) y c). (pár. 80). Dichos apartados referidos son los del art. 1 f) de la Convención de Ginebra de 28 de julio de 1951 de refugiados: "Que ha cometido un grave delito común, fuera del país de refugio, antes de ser admitida en él como refugiado; c) Que se ha hecho culpable de actos contrarios a las finalidades y a los principios de las Naciones Unidas". La simple inclusión de una organización en un listado de organizaciones terroristas no exime de comprobar los actos concretos cometidos por la persona: "Del conjunto de estas consideraciones se desprende que la exclusión del estatuto de refugiado de una persona que haya pertenecido a una organización que emplee métodos terroristas está subordinada a un examen individual de hechos concretos que permitan apreciar si hay motivos fundados para pensar que, en el marco de sus actividades en el seno de dicha organización, esa persona cometió un grave delito común o se hizo culpable de actos contrarios a las finalidades y a los principios de las Naciones Unidas, o incitó a la comisión de esos delitos o actos, o bien participó en ella de cualquier otro modo, en el sentido del artículo 12, apartado 3, de la Directiva"* (pár. 94).

398 Como señaló el ya lejano Auto de Pleno de 3 de junio de 1999, *"(...) Ahora bien, si para entender cumplido el requisito de la doble incriminación no es necesario que exista identidad literal de tipos, lo que sí es preciso es que el relato de hechos que sirve de fundamento a la reclamación extradicional permita afirmar, clara y concluyentemente, que el núcleo de la conducta descrita en el mismo se encuentra incriminado como delito en una y en otra legislación, sin que, por tanto, sea posible apartarse del supuesto fáctico incriminado, que es indisponible para este Tribunal, independientemente de que merezca la misma calificación que la asignada por el Estado requirente u otra distinta de acuerdo con nuestra propia legislación, siempre, claro está, que se asegure que en ambas legislaciones los hechos se encuentran castigados como delito y, en consecuencia, sea posible afirmar que, de haber sucedido tales hechos en nuestro país, es posible un proceso penal homólogo, pues en ello consiste, en último término, la garantía de la dualidad de incriminación".*

399 En palabras del Auto de la Sala de lo Penal de la Audiencia Nacional, Sección 3.ª, 1/2019, de 14 de enero que explica que *"los datos que deben acompañarse la solicitud de extradición (...) son indicativos de la finalidad que persigue la aportación de estos datos: comprobar que los actos u omisiones supuestamente delictivos atribuidos al reclamado son, prima facie, susceptibles de integrar alguno de los delitos descritos en las disposiciones legales transcritas en la solicitud de extradición y en la legislación española".*

doctrina[400], es inherente a toda solicitud de entrega para enjuiciamiento en que se muestra al Tribunal de ejecución una narración fáctica resultante de los indicios existentes hasta ese momento. De no ser así, no se concebiría una solicitud en esta fase, quedando el mecanismo extradicional reservado a lograr la entrega para la ejecución de una sentencia condenatoria.

Debe subrayarse que una cosa es el examen del encaje típico de los hechos según la legislación del Estado requerido y otra el análisis de la viabilidad de la acusación en este último Estado, o, como lo denomina la doctrina, los *"requisitos relativos a la posibilidad de un proceso penal homólogo"*[401] o punibilidad en concreto[402]. Este último aspecto va mucho más allá del campo de la tipicidad, pues la viabilidad procesal examina cuestiones como la cosa juzgada, la litispendencia, la amnistía, el indulto, la exigencia de previa denuncia, etc., que son ajenas a la tipicidad, como lo prueba su análisis diferenciado en la LEP y la generalidad de los convenios[403]. Es por ello por lo que su tratamiento debe ser diferenciado[404].

La norma española –tanto legal como convencional– exige que los hechos sean constitutivos de delito en el Estado de emisión. Ello facultaría a la autoridad judicial española, al menos en teoría, para realizar un juicio de tipicidad no solo respecto de sus propias normas, sino también en relación con las leyes del Estado requirente. Ahora bien, cuando el Tribunal del Estado requirente formula una reclamación por considerar que unos actos determinados son delictivos en su país, resulta cuanto menos aventurado que una corte de otro Estado, con un conocimiento extremadamente superficial de la normativa del país requirente, se atreva a hacer un examen de tipicidad valorando normas que no le son propias, desconociendo la doctrina, la práctica y la jurisprudencia de los Tribunales del Estado de acusación[405], salvo contando con una pericial de derecho extranjero según el art. 281.2 LEC.

Frente a las tres posibilidades existentes –exigir doble incriminación en el momento de la petición extradicional, en el momento de comisión de los hechos o en ambos– debe subrayarse que, en España, como apunta la doctrina[406], la doble incriminación debe concurrir tanto en el momento de la comisión de los hechos como en el de la petición

---

[400] Alcácer Guirao, R. (2015) *Los derechos fundamentales en la extradición y la euroorden*, Pamplona, ed. Aranzadi, pág. 65.

[401] Pastor Borgoñón, *op. cit.*, pág. 244.

[402] Gómez Campelo, *Fundamentación teórica...*, *op. cit.*, págs. 87 y 88.

[403] Pastor Borgoñón, *op. cit.*, págs. 243 y 244.

[404] Sin embargo, algún autor confunde ambos planos, refiriendo aquí cuestiones como la prescripción, amnistía o indulto. Véase García Sánchez, *op. cit.*, págs. 212 a 215, que describe ambas posturas, optando por la aquí mantenida.

[405] En este sentido, Cezón, *op. cit.*, pág. 103, que niega que el Estado de entrega tenga competencia para analizar el derecho del Estado de emisión, por más que, expresamente, nada se diga. En el mismo sentido, Auto de Sala Pleno 25/2019, de 11 de abril: *"(...) No corresponde a los Tribunales extradicionales efectuar el estudio que se pretende por la parte de la legislación existente en el año 2010 en el Estado requirente, lo que deberá solicitarse y, en su caso, verificarse, tal y como ya se razonó a la parte en la resolución que hoy se recurre, ante los Tribunales que conozcan sobre el fondo del asunto en dicho país"*.

[406] Cezón, *op. cit.*, pág. 90. Sebastián Montesinos, *op. cit.*, pág. 51. No así en los EE. UU. Señala Bassiouni, *op. cit.*, pág. 502: *"But a question remains whether the laws of the requested state criminalize the conduct in question at the time the criminal conduct occurred in the requesting state. Some states, such as the United States, hold that such symmetry in timing is not necessary. Thus, what they rely upon is that conduct is criminal in both legal systems at the time of the request"*.

extradicional[407]. Sería notoriamente fraudulento que el Estado requirente esperase a formular la demanda extradicional al momento en que la legislación del Estado requerido cambiase de manera favorable a sus intereses. En este sentido, aunque referido a un caso de OEDE, se pronuncia el Auto de la Sala de lo Penal de la Audiencia Nacional, Sección 3.ª, 225/2018, de 11 de mayo[408]. Su naturaleza de garantía material, conforme al principio de legalidad penal, implica que no puede soslayarse ni el momento en que se cometieron los hechos ni aquel otro en que se conoce la solicitud extradicional: ni se puede proceder a la entrega por hechos que no eran delito en España en el momento de su comisión ni por hechos que no están tipificados en el momento en que se solicita la extradición[409]. Esta doble exigencia se desprende del texto de la Disposición Transitoria Única de la Ley 4/1985, de Extradición Pasiva[410], y es acogida por la Sala de lo Penal de la Audiencia Nacional[411].

El principio de doble incriminación admite dos modalidades: una primera, consistente en exigir una idéntica imputación penal (doble incriminación en concreto), y otra segunda, que considera que se satisface con la eventualidad de que los hechos que fundamenten la reclamación sean delictivos en ambos Estados, por más que los títulos de imputación no coincidan (doble incriminación en abstracto)[412]. Debe resaltarse que el principio se satisface con esta doble incriminación en abstracto sin que la calificación del Estado requerido tenga

---

[407] Como apunta Sadoff, *op. cit.*, págs. 186 y 187, es un principio derivado de la prohibición constitucional vigente en muchos Estados, incluido el nuestro, del uso de la legislación penal *ex post facto* para tipificar hechos que no lo eran en el momento de su comisión.

[408] "*Tratándose el delito por el que se reclama de los que pueden ser supeditados al cumplimiento del requisito de la doble tipificación, no estando tipificados en España los hechos como delito en el momento de la comisión de los hechos y habiéndose decantado ya el Tribunal por la denegación de la entrega, siendo idéntica la resolución para cuyo cumplimiento se solicita la entrega e idénticas las circunstancias concurrentes en el reclamado, debe resolverse en el mismo sentido que lo hizo la sala en su anterior resolución de fecha 27 de Agosto de 2009, esto es, denegando la misma pues la conducción de vehículo de motor sin disponer de licencia en la fecha de los hechos, 8 de junio de 2007, no era constitutivo de delito en España, pues la ley que penaliza esta conducta no entró en vigor hasta el 1 de mayo de 2008, por lo que los hechos incluidos en la petición no cumplen con los requisitos de doble incriminación y mínimo punitivo exigidos en el artículo 47 y 20.4 de la Ley 23/2014, y, no concurriendo circunstancia alguna para que este Tribunal deje de aplicar esta causa facultativa de denegación, es PROCEDENTE DENEGAR la entrega*".

[409] De este parecer, aunque con otra argumentación, Alcácer Guirao, *op. cit.*, pág. 66.

[410] "*Las disposiciones de naturaleza procesal contenidas en esta Ley solo serán aplicables a las extradiciones que se soliciten a partir de su entrada en vigor. Las de naturaleza sustantiva solo tendrán efecto retroactivo en cuanto favorezcan al reclamado, el cual, en todo caso, será oído para que manifieste lo que le resulta más ventajoso, atendidas sus personales circunstancias*". En este sentido, García Sánchez, *op. cit.*, pág. 30.

[411] Auto 9/2023, de 16 de enero, de la Sección 3.ª de la Sala de lo Penal: "*Es incuestionable que la tiempo de solicitarse la extradición...los hechos objeto de la extradición, tipificados en la legislación de Uruguay (...) constituirían en nuestro vigente Código Penal, delitos de lesa humanidad (...). No obstante, y en una aplicación del tratado de extradición (...) acorde al principio de legalidad (...) nos lleva a tener en consideración nuestra normativa legal vigente al momento de comisión de los hechos, si es más favorable que la vigente al tiempo de la reclamación, ello conforme al principio de irretroactividad de las normas penales menos favorables*".

[412] En este sentido, Auto de 23 de abril de 2012, dictado por la Sección 4.ª de la Sala de lo Penal de la Audiencia Nacional: "(...) *Si el juicio sobre esa doble incriminación se ha de hacer a partir del relato de hechos que nos proporciona la autoridad requirente, ese relato de hechos habremos de tomarlo como punto de referencia, y a él habremos de estar de cara a la valoración jurídico penal que los mismos merezcan, no tanto mirando la calificación legal que nos venga dada por la autoridad requirente, sino la que correspondiera conforme a nuestro derecho*".

la virtualidad de vincular al país requirente y obligarle a conceptuar los hechos según la legislación de aquel. Se entrega por hechos, no por calificaciones jurídicas. Doble incriminación, pues, no significa equivalencia de tratamiento jurídico[413]. Se supera así el sistema de lista de delitos, tan en boga en el siglo XIX. Como ha señalado la doctrina en una feliz comparación, la doble incriminación no juega en horizontal (exacta correspondencia de tipos penales), sino en diagonal (existencia de tipificación, sin necesidad de identidad normativa)[414]. En consecuencia, no es preciso que las normas penales sean idénticas ni que tengan la misma pena ni la misma denominación. Basta que las conductas sean objeto de sanción penal en ambos Estados[415]. Como destaca la Audiencia Nacional, "*(...) para respetar la soberanía y el modo de hacer de cada Estado, no tendrá relevancia el hecho de que las respectivas legislaciones incluyan el acto dentro de la misma categoría de delitos, o que el delito reciba o no la misma denominación, siempre que los hechos tengan carga penal en el ordenamiento jurídico español*[416]. Por otra parte, "*la doble incriminación atañe*

[413] Cezón, *op. cit.*, pág. 89.

[414] Muñoz de Morales, *Juicio normativo...*, *op. cit.*, pág. 44.

[415] *Auto de la Sala Pleno de la Audiencia Nacional, 281/2018, de 9 de julio: "El principio de doble incriminación o identidad normativa (...) no exige identidad de las normas penales de los Estados concernidos, ni la identidad de penas en ambas legislaciones, sino que basta con que se cumplan los mínimos penales previstos en las normas aplicables (STS 102/1997, de 20 de mayo, citada posteriormente en numerosos AATC 121/2000, de 16 de mayo; 49/1999, de 4 de marzo). El ATC 23/1997, de 27 de enero, aclaraba que el principio en cuestión no exige una misma denominación del delito en ambas legislaciones, ni tampoco que las normas penales respectivas sean idénticas". Reitera doctrina fijada en el Auto de la Sala Pleno, 53/2016, de 15 de septiembre. En el mismo sentido, Auto 30/2013, de 22 de julio, de la Sección 2.ª de la misma Sala: "Ya se decía en el Auto del Pleno de la Sala de lo Penal de 3 de junio de 1999 que «dualidad de incriminación significa que el hecho por el que se pide la extradición se encuentre tipificado como delito en la legislación de ambos Estados interesados, sin necesidad de que en ambas leyes se encuentre descrito con la misma denominación, pues identidad normativa no cabe entenderse equivalente a identidad de nomen iuris. Así lo viene entendiendo esta Sala desde sus primeras resoluciones en materia extradicional (Autos de 1 de marzo de 1979 y 30 de junio de 1977) y el mismo Tribunal Constitucional se ha referido a ello, al señalar que la regla de la doble incriminación no significa tanto identidad de las normas penales de los Estados concernidos como que el hecho sea delictivo en las legislaciones penales del Estado requirente y requerido (STC 102/1997 Y AATC 753/1985, 499/1988 Y 23/1997)»". Igualmente, Auto de la Sala del Pleno, 247/2018, de 23 de marzo: "(...) Esta Sala ha declarado en numerosas ocasiones que lo esencial a los efectos de la demanda de extradición, no es el concreto título jurídico o nombre del delito, sino que lo importante a tener en cuenta son los hechos que se le imputan en dicha demanda extradicional y que los mismos tengan su correspondencia con alguno de los delitos previstos en el Código Penal (...) no exige identidad de las normas penales de los Estados concernidos, ni la identidad de las penas en ambas legislaciones, sino que basta con que se cumplan los mínimos penales previstos en las normas aplicables, STS 102/1997, de 20 de mayo, que cita AATC 23/1997, 753/1985 y 499/1988. Igualmente, AATC 121/2000, de 16 de mayo, 95/1999, de 14 de abril y 49/1999, de 4 de marzo y Auto 23/1997, de 27 de enero, que aclaró que el principio en cuestión no exige una misma denominación del delito en ambas legislaciones. Por su parte, el ATC 412/2004, de 2 de noviembre, recalcó que la doble incriminación en los Estados requirente y requerido no exige que los tipos delictivos que sancionan la conducta perseguida tengan la misma estructura y naturaleza, sino tan solo que la misma conducta sea objeto de sanción penal en ambos Estados; añadiendo que, dado que el proceso extradicional limita su naturaleza a la de ser un simple acto de auxilio judicial internacional, el alcance de dicho principio es únicamente el expresado; procediendo exclusivamente la comprobación de las condiciones específicamente recogidas en las leyes y convenios que la regulan, ATC 558/1985 y STC 229/2003". Esta postura es también propia de los Tribunales de USA, como apunta Bassiouni, op. cit., pág. 505.*

[416] *Auto de la Sala de lo Penal de la Audiencia Nacional, Pleno, 19/2019, de 15 de marzo.* En el mismo sentido, Auto de Sala Pleno 42/2023, de 16 de junio: "*Es constante la doctrina de esta Sala de lo Penal en considerar que no es preciso que las normas sean idénticas, ni que tengan la misma pena, ni la misma denominación. Basta que la conducta sea objeto de sanción penal en ambos Estados. Así, en el auto del Pleno 78/2020, de 30 de septiembre se dijo que (...) el principio de doble incriminación, incluido en el derecho fundamental a la legalidad penal, consiste en que el hecho por el que se pide la extradición sea delictivo y esté sancionado con una determinada penalidad en las legislaciones punitivas*

al hecho nuclear imputado, no a las circunstancias de agravación que pueden faltar en el Estado requerido, sin que ello afecte al requisito ni a la posibilidad de que la agravante se aprecie, o haya sido apreciada por los Tribunales del Estado requirente"[417].

Como se apunta doctrinalmente, será indiferente que lo que en un país se considere un solo delito en el otro integre varios, o que en uno sean tres infracciones y en otro un delito continuado, o que en uno de ellos el tipo sea autónomo y en otro no[418]. Asimismo, lo fundamental será el hecho principal, con independencia de los subtipos agravados, siempre que concurra el mínimo punitivo[419].

---

del Estado requirente y del Estado requerido, pero no se exige identidad de las normas penales de los Estados concernidos, ni la identidad de las penas en ambas legislaciones, sino que basta con que se cumplan los mínimos previstos en las normas aplicables, STS 102/1997, de 20 de mayo, que cite los AATC 23/1997, 753/1985 y 499/1988. Igualmente, los Autos del Tribunal Constitucional 121/2000, de 16 de mayo, 95/1999, de 14 de abril y 49/1999, de 4 de marzo, declararon que el principio en cuestión no exige una misma denominación del delito en ambas legislaciones, ni tampoco que las normas penales sean idénticas. El Auto del Tribunal Constitucional 412/2004, de 2 de noviembre, recalcó que la doble incriminación en los Estados requirente y requerido no exige que los tipos delictivos que sancionan la conducta perseguida tengan la misma estructura y naturaleza, sino tan solo que la conducta sea objeto de sanción penal en ambos Estados". Igualmente, Auto 114/2023, de 21 de febrero, de la Sección 4.ª de la Sala de lo Penal. Asimismo, Auto 83/2023, de 15 de febrero, de la Sección 2.ª de la Sala de lo Penal: *"(...) como garantía adicional en el procedimiento de extradición se exige que el mismo hecho por el que se solicita la entrega sea constitutivo de delito según la legislación penal del Estado requerido, lo que representa una concesión o reconocimiento de la soberanía de este (STC 162/2000, de 12 de junio)"*. También, Auto del Pleno de la Sala 7/2023, de 14 de febrero: *"(...) basta que los hechos alcancen trascendencia penal, sin importar en absoluto el* nomen iuris *entre una y otra legislación (...) no exige identidad de las normas penales de los Estados concernidos. Ni la identidad de penas en ambas legislaciones (...)"*. Según el Auto 665/2022, de 24 de noviembre, de la Sección 4.ª de la Sala de lo Penal: *"Lo que determina el juicio de doble incriminación, se ciñe el ámbito de la entrega por las razones indicadas, no es el título de imputación o nomen iuris, sino los hechos que conducen a su subsunción en una u otra figura legal. Ello significa que los mismos hechos, que no pueden en modo alguno ser alterados o interpretados por este Tribunal, pueden dar lugar a una calificación coincidente en ambos países o a calificaciones total o parcialmente distintas. La entrega, en efecto, no se justifica por el nombre que se adjudica al hecho sino por el hecho mismo"*. Asimismo, Auto 339/2022, de 13 de julio, de la Sección 3.ª de la Sala de lo Penal: *"La exigencia de doble incriminación en la extradición no implica identidad de las normas penales de los Estados requirente y requerido, y así lo viene manteniendo el Pleno de la Sala de lo Penal de la Audiencia Nacional en diversas resoluciones, como el Auto 15/2022, de 11 de febrero (...)"*. También, con el mismo razonamiento que el Auto 42/2023, Auto de Pleno 92/2021, de 20 de diciembre, y Auto de Pleno 78/2020, de 30 de diciembre. Ídem, Auto de Pleno 20/2021, de 16 de marzo. Igualmente, Auto del Pleno de la Sala 32/2020, de 10 de julio, que niega el carácter vinculante de la calificación del Estado requirente.

[417] Auto de Pleno 92/2021, de 20 de diciembre. También, Auto del Pleno de la Sala 40/2020, de 14 de septiembre: *"no es a este Tribuna, a quien corresponde examinar si concurre o no una determinada circunstancia agravante (...) pues, obviamente, además de ser especulativo, excede del ámbito del procedimiento de extradición (...)"*.

[418] García Sánchez, *op. cit.*, pág. 211.

[419] Cezón, *op. cit.*, pág. 90. También Autos de Sala de lo Penal, Pleno, 280 y 281/2018, de 9 de julio: *"Por su parte, el ATC 412/2004, de 2 de noviembre, recalcó que la doble incriminación en los Estados requirente y requerido no exige que los tipos delictivos que sancionan la conducta perseguida tengan la misma estructura y naturaleza, sino tan solo que la misma conducta sea objeto de sanción en ambos Estados (...) La doble incriminación no exige que los hechos motivadores de la demanda estén tipificados como delitos autónomos en ambos ordenamientos, sino que existe también doble incriminación aunque el hecho solo esté recogido en un tipo delictivo autónomo en uno de los ordenamientos y en el otro esté integrado en otro tipo, formando un delito complejo o constituya una circunstancia cualificadora del tipo básico (Autos de Sala Pleno 24/1996; 32/1997, de 3 de julio; 19 de abril de 2002; de 22 de julio y de la Sección 3.ª 6/1998, de 7 de abril)"*. En el mismo sentido, Auto de 9 de enero de 2019, dictado por la Sección 4.ª en el Rollo 35/2018: *"Según la jurisprudencia aplicable a casos como el que nos ocupa, basta con que los hechos sean típicos en ambos ordenamientos, con independencia de su concreta tipificación y de su coincidencia (Auto del Pleno de la Sala de lo Penal de la Audiencia Nacional de 26 de abril de 2004, y ATC 23/1997, de 27 de enero)"*.

En los tratados extradicionales basados en listas de delitos el concreto delito cometido sí es determinante de la concesión de la extradición, debiendo encajar los hechos en los tipos penales acordados en el Convenio y existentes en ambos países[420]. En este sistema se consagra un principio de doble incriminación en concreto, que exige una correspondencia entre tipos delictivos atendiendo a su denominación y elementos específicos, según parte de la doctrina[421]. Sin embargo, superando una cierta literalidad, la tesis que se ha impuesto es la de ir a la verdadera naturaleza de la infracción que es objeto de reclamación, con independencia de su *nomen iuris*, a efectos de apreciar su coincidencia con las recogidas en el listado[422]. Según la doctrina de la Audiencia Nacional, habría que acudir a la sustancia de la conducta criminal recogida en el Convenio para evitar que un simple cambio en la denominación delictiva impidiera la extradición por más que el tipo permaneciera idéntico en cuanto a su fondo, como ya señaló el Auto de la Sala Pleno de dicho Tribunal de 3 de junio de 1999[423]. Un intento de superar el sistema de lista cerrada lo constituye la tesis que sostiene que, respecto del resto de los delitos ausentes del Tratado, existiría una laguna o falta de regulación convencional, por lo que entraría en juego la Ley de Extradición Pasiva, que, siguiendo un sistema de lista abierta, permitiría la extradición por otros crímenes siempre que se respetara el mínimo punitivo. Entendemos que dicha postura desconoce la primacía de la norma convencional, pues, circunscrita la relación extradicional entre dos Estados a una serie de infracciones por decisión expresa de estos, es imposible aplicar una norma subsidiaria que contradiga lo acordado por ambos, que pactaron limitar la obligación de entrega a un conjunto de delitos, excluyendo los restantes[424]. Otra alternativa sugerida ha sido la de considerar los delitos contenidos en las listas como un mínimo respecto al cual la entrega resulta obligada, siendo facultativa en el resto de los casos. Sin embargo,

---

420 Véase, en este sentido, art. 2 del Tratado de Extradición entre España y Guatemala, de 7 de noviembre de 1895 (Gaceta 161, de 10 de junio de 1897).

421 Sadoff, *op. cit.*, pág. 191.

422 Pastor Borgoñón, *op. cit.*, pág. 290. Ídem, Auto de la Sala de lo Penal, Pleno, 57/2019, de 1 de julio: *"Es reiterada la jurisprudencia de este Pleno (...) que recalca que el nomen iuris es indiferente a los efectos extradicionales, debiendo estarse a los hechos por los que la entrega se reclama (...)"*.

423 *"A idéntica conclusión, aunque por distinto motivo, hemos de llegar respecto del delito de falso testimonio. Ninguna duda existe acerca de que esta infracción se encuentra contemplada en la legislación de ambos Estados, mas no en el Convenio de Extradición entre España y Colombia, cuyo artículo 3, al menos expresamente, no autoriza la extradición por el delito de falso testimonio. No obstante, este Tribunal entiende que la interpretación del Convenio exige tener en cuenta el contenido del Código Penal vigente en el momento en que fue concertado, en este caso, el Código Penal de 1870. De acuerdo con ello, la resolución impugnada ha entendido que todas las modalidades de falsedad, documentales y de acto, se encuentran comprendidas en los números 8 y 9, los cuales, respectivamente, se refieren a la falsificación, expedición y circulación fraudulenta de documentos públicos y privados y a la falsificación o suplantación de actos oficiales del Gobierno o de la autoridad pública, incluidos los de los tribunales de justicia. Es bien sabido que los delitos contra la administración de justicia, entre los que tradicionalmente se ha incluido el falso testimonio, son de tardía aparición en nuestra codificación penal. En particular, el falso testimonio se incluye en el Código Penal de 1870 entre las falsedades, aunque distinguiendo claramente en su regulación entre las falsedades documentales y de acto, hasta el punto de que las falsedades personales o de acto son sistemáticamente independientes del resto de las conductas falsarias. El contenido de la regulación histórica, junto al hecho de que el sentido literal de los números 8 y 9 del artículo 3 no permite entender incluidas las conductas personales falsarias, nos lleva a rechazar también la demanda extradicional por el hecho consistente en haber inducido a un testigo a declarar falsamente en un juicio criminal"*. Ejemplos anteriores recogidos por Pastor Borgoñón, *op. cit.*, págs. 290 y 291.

424 Sobre la cuestión, Cezón, *op. cit.*, págs. 40 y 41. Refleja la polémica doctrinal Sebastián Montesinos, *op. cit.*, págs. 43 y 44.

como señala la doctrina, la voluntad contractual expresada en un tratado que recoge un sistema de lista nunca es esta, sino la de establecer un *numerus clausus* de delitos, limitando a estos la cooperación internacional en materia de entrega de personas, sin extenderse a otros[425].

Es por ello por lo que la extrema rigidez del sistema y la necesidad de examinar las leyes del Estado requirente caso por caso y por un Tribunal no familiarizado con ellas, así como la obsolescencia de los tratados, originada por los cambios legislativos inevitables en la legislación de las partes contratantes, han abierto paso a los tratados de ausencia de lista o de doble incriminación en abstracto[426].

El juicio sobre la doble incriminación recae, en principio, sobre la tipicidad. No otra cosa se desprende del tenor literal de la Ley, que habla de aquellos hechos *"para los que las leyes españolas y las de la parte requirente señalen una pena o medida de seguridad (...)"*. Dicha referencia anuda una descripción fáctica a su encaje en un tipo y una pena vinculada a él. En consecuencia, son ajenas al examen de la doble incriminación cuestiones tales como la culpabilidad o punibilidad[427]. Distinto es el caso de la concurrencia de causas de exclusión de la antijuricidad, dado que, de considerarse la tipicidad en sentido amplio, según la teoría del injusto total, la acción típicamente antijurídica solo está presente cuando no concurran elementos negativos de exclusión de la antijuricidad (causas de justificación). En esta línea parece situarse el Auto de la Sala de lo Penal de la Audiencia Nacional, Sección 2.ª, 19/2013, de 8 de mayo[428] y parte de la doctrina[429]. En el mismo sentido, Auto del Pleno de la Sala 54/2020, de 16 de octubre, que deniega la entrega por ausencia de antijuricidad material, si bien mezclando los planos de tipicidad y antijuricidad[430].

Cuando se hace referencia a la tipicidad, entendemos que incluirá todos aquellos aspectos relacionados con ella, como la relación de causalidad y el análisis de los elementos jurídicos del tipo penal, por más que parte de la doctrina se posicione en sentido contrario, siquiera sea en sede OEDE[431]. Piénsese que será inevitable y no tan inusual el análisis de si la relación de causalidad es suficiente para tipificar los hechos según la norma del Estado requerido. Así, en un tipo de medios abiertos como es el homicidio, ningún problema habrá si en la

---

425 Pastor Borgoñón, *op. cit.*, págs. 287 y 288.

426 Sadoff, *op. cit.*, págs. 191 y 192.

427 Auto del Pleno de la Sala 40/2020, de 14 de septiembre: *"(...) sin que se pueda entrar a analizar en concreto, más allá de la tipicidad, circunstancias modificativas de la responsabilidad penal como se pretende, pues las mismas o bien modulan el injusto o la culpabilidad, pero no la tipicidad (...)"*.

428 *"El resultado del análisis jurídico del tipo penal realizado hasta ahora es perfectamente extensible al delito de revelación de secreto de empresa del art. 279 CP, por persona que por su relación laboral con la entidad financiera tendría una obligación de guardar reserva (...) por otra parte, operarían las mismas causas de justificación que legitimarían el quebrantamiento del secreto y la cesión de la información a un tercero institucional encargado de la investigación de delitos e infracciones administrativas graves, tras la correspondiente ponderación de derechos (...). La conclusión a la que llega el Tribunal es la de la falta de doble incriminación normativa en el caso"*.

429 Alcácer Guirao, *op. cit.*, pág. 64.

430 *"En ese análisis de los hechos de la demanda extradicional para verificar si se cumple la doble criminalidad se ha de analizar tanto la antijuricidad formal como la material (...)"*.

431 Nieto Martín, A. (2018) "Reconocimiento mutuo, orden público e identidad nacional. La doble incriminación como ejemplo", en la obra colectiva *Cooperar y castigar: el caso de Puigdemont*, Cuenca, ed. UCLM, pág. 27.

descripción fáctica ofrecida por la autoridad judicial requirente se afirma, sin más, que el sujeto A acabó con la vida del sujeto B. Sin embargo, si se amplía el hecho y se especifica que el sujeto A acabó con la vida del sujeto B a través de un hechizo, indudablemente el problema de la imputación objetiva deberá ser objeto de debate conforme al ordenamiento del Estado requerido. Igualmente, esto puede suceder con un elemento normativo del tipo, como es la ajenidad de la cosa en el hurto. Si el hecho ofrecido y que consta en la demanda extradicional hace referencia a que la cosa objeto de apoderamiento no es ajena, difícilmente podrá el órgano judicial que examina la solicitud de extradición sustraerse al análisis de la cuestión. En idéntico sentido, respecto al verbo rector del tipo penal. Por ejemplo, la estafa pivota, en todos los ordenamientos, sobre la existencia de engaño bastante. Pues bien, si el hecho facilitado al país requerido describe una acción que en modo alguno pudiera haber sido considerada como engañosa conforme a los principios de autoprotección de la víctima y exigencia de que el ardid utilizado sea suficiente para inducir a error a una persona media, difícilmente podría entenderse que se cumple la doble incriminación en un caso en que el engaño consista en el ofrecimiento de compra de una cuota parte del sistema solar. También se analizará el elemento subjetivo de la estafa si está claramente ausente[432]. En conclusión, tal y como ya se ha afirmado doctrinalmente, *"la valoración de los elementos normativos de los tipos penales es una operación común que se realiza con carácter general"*[433].

Si bien en principio la culpabilidad resulta ajena al análisis extradicional[434], el dolo y la culpa no serán cuestiones vinculadas a la culpabilidad, sino a la tipicidad. Efectivamente, tras la introducción del art. 6 bis a) en el Código Penal de 1973 y, más tarde, con la redacción del error de prohibición en el art. 14.3 del vigente Código Penal, resulta evidente que el legislador nos ha alejado de la concepción de dolo y culpa como formas de culpabilidad y nos ha acercado a su encuadramiento dentro de la acción típica, pudiendo distinguirse entre el tipo de injusto del delito doloso y el tipo de injusto del delito imprudente, cuyos elementos objetivos y subjetivos son diferentes y de muy difícil compatibilidad estructural. Esto implicará, por ejemplo, que quien se está defendiendo de una acusación por delito doloso no pueda ser condenado, de manera sorpresiva, por delito imprudente, dado que el deber objetivo y subjetivo de cuidado conforman un esquema de tipicidad completamente distinto al propio del delito doloso. Y es por ello por lo que en la parte especial el legislador ha huido del *crimen culpae*, acudiendo a la fórmula de los *crimina culposa*. En este sentido, no existe esta pretendida sutil línea de separación entre dolo y culpa, sino un abismo conceptual entre tipo de injusto doloso e imprudente. Es por ello por lo que la STC 75/2003, de 23 de abril, descarta la homogeneidad de ambos tipos delictivos[435].

---

432 Auto de la Sala de lo Penal, Sección 2.ª, 20/2019, de 21 de junio, dictada en un caso de cheque sin fondos: *"De la documentación acompañada (...) no se desprende la existencia del elemento intencional que debe acompañar dicha figura delictiva, como es el engaño, indispensable a fin de poder incardinar los hechos objeto de la reclamación en esta figura delictiva, y solventar así las exigencias de la doble incriminación (...)"*.

433 Muñoz de Morales, *op. cit.*, pág. 53.

434 Alcácer Guirao, *op. cit.*, pág. 65, con un argumento muy certero: *"No será obstáculo a la extradición desde este requisito (...) que la conducta pudiera no ser punible por haber actuado el autor bajo una causa de inculpabilidad. Ello se deriva de la propia legislación, que permite la entrega cuando el delito lleve aparejada no solo una pena sino también una medida de seguridad privativa de libertad"*.

435 *"Tal como sostiene el Ministerio Fiscal, no puede predicarse la homogeneidad de los tipos delictivos, en tanto en cuanto, situados desde la perspectiva del derecho de defensa, el recurrente no podía defenderse*

Aplicada esta doctrina al Derecho extradicional, esto conllevará que, narrada en la reclamación de entrega una infracción del deber objetivo de cuidado o una impericia o negligencia grave, una hipotética calificación disyuntiva entre tipo doloso y culposo no será intercambiable a los efectos de satisfacer el principio de doble incriminación del art. 2 LEP, de la misma manera que no lo es en nuestro Derecho penal. No estamos ante una cuestión de culpabilidad, sino de tipicidad, y ello debe ser observado por la Sala, que, en esta tesitura, ante la sima conceptual entre la estructura de uno y otro tipo penal, tendrá que escoger aquel que más se ajuste a la infracción del deber de cuidado, que es, siempre y en todo caso, el tipo de injusto del delito imprudente, desechando el doloso.

Debe resaltarse que la referencia que la Ley Extradicional hace a "*penas privativas de libertad*" no tiene un significado autónomo al margen de nuestro Código Penal. Así pues, el concepto debe referirse a lo que como tal entienda el art. 35 CP. Esto tiene singular trascendencia cuando la reclamación lo es a efectos de ejecución de una pena, pues, siendo la responsabilidad personal por impago de multa una pena privativa de libertad según nuestra legislación penal, satisfaría el mínimo punitivo una reclamación a efectos de ejecución de una responsabilidad personal subsidiaria por impago de multa, siempre que no fuera inferior a cuatro meses.

Dentro el examen de la tipicidad de los hechos se analiza la cuestión del delito provocado. En materia de extradición, históricamente, tanto la Sala de lo Penal de la Audiencia Nacional como el Tribunal Constitucional[436] han vinculado delito provocado y doble incriminación,

---

de modo contradictorio ni de los elementos fácticos, ni de los elementos jurídicos del tipo delictivo si la acusación le imputaba una participación a título culposo y no doloso, por lo que al calificarse por la Sala los hechos de modo distinto introdujo respecto del recurrente tanto un elemento fáctico fundamental (no facilitar conscientemente los medios de seguridad necesarios), como una calificación jurídica distinta (la imputación por delito doloso)".

436 STC 11/1983, de 21 de enero: "*La cuestión que acaba de esbozarse vale tanto si el planteamiento de la extradición lo es respecto de una persona condenada, como simplemente acusada o procesada, ya que en uno y otro caso es preciso que se respete el principio de la doble incriminación (art. 2.A Tratado de España con los EE. UU. de 29 mayo 1970); esto es, que los hechos sean punibles según las leyes de ambas partes, por lo que no puede soslayarse su estudio, y a este respecto es necesario señalar, de una parte, que de entre la larga serie de hechos por los que ha sido condenado —de los que deberá ser objeto de nuevo enjuiciamiento— no todos acaecieron del modo que refiere el interesado; esto es, sugeridos y de algún modo imputables a agentes de la autoridad que no solo ocultaron este carácter, sino que simularon ser terroristas o agentes de estos, ya que en varios de ellos estas personas omitieron toda participación. Y, lo que es más importante, esta figura del delito provocado carece en nuestra normativa positiva de un tratamiento concreto, tanto para estimarla punible como innocua, y ha sido la jurisprudencia la que la ha configurado, estableciendo al efecto ciertos criterios, que pueden resumirse afirmando en términos contenidos en la STS 14 junio 1975, Sala 2.ª, que la errónea actuación del sedicente culpable constituiría un supuesto de tentativa inidónea de delito putativo entendido en el amplio sentido o de delito aparente, pero, en todo caso, impune, dado que tanto la actuación del provocador -sea particular o la propia autoridad policial- como la del acusado, han de reputarse absolutamente ineficaces.*

No obstante lo cual la mejor doctrina de la propia Sala extrae de las anteriores consideraciones aquellos casos en que no se trata de provocar la comisión de un delito, sino de descubrir otros ya cometidos, matización especialmente aplicable a ciertos delitos de trato sucesivo, como son los de ciertos tráficos, cuya comisión puede implicar una vasta red, de ámbito incluso internacional, con multitud de agentes o intermediarios, por lo que, en tales casos los agentes de la autoridad no buscan propiamente provocar la comisión de un delito, sino poner al descubierto los canales por los que ya venía fluyendo el tráfico con anterioridad, a fin de cegarlos en lo posible, única forma de luchar con alguna eficacia contra esta forma de delincuencia; conductas que deben castigarse en todo caso si se obtiene la convicción de que el supuestamente provocado estaba ya resuelto a cometer el delito, manifestándose así la provocación como gratuita y evanescente".

siendo unánime el Pleno de la Sala de lo Penal de la Audiencia Nacional en que, sea por ausencia de doble incriminación, sea por falta de buena fe o por considerar que existe un fraude de Ley, si una petición de extradición se sustenta manifiestamente en la previa provocación al delito, debe rechazarse por el principio de interdicción en la arbitrariedad de los poderes públicos recogido en el art. 9.3 de la Constitución española[437].

De acuerdo con la jurisprudencia de nuestro Tribunal Supremo, el delito provocado supone la atipicidad del hecho, partiendo, bien de la atipicidad de la acción por falta del elemento subjetivo imprescindible en toda acción penal (*ex* art. 10 CP[438]), bien por su consideración como tentativa absolutamente inidónea por uso de medios totalmente inadecuados con carencia total de peligro para el bien jurídico y, por tanto, de tipicidad, según el art. 62 CP, bien por inexistencia de antijuricidad material, por más que la acción llene formalmente la antijuricidad[439]. Sea cual sea el fundamento utilizado, para el Alto Tribunal la consecuencia es la atipicidad, en cuanto que se llega a la lógica conclusión de que el sujeto no hubiera actuado de la manera que lo hizo si no hubiere sido por la provocación previa y eficaz del agente incitador[440]. Ahora bien, es muy distinta la actuación policial encaminada a la provocación del delito de aquella otra tendente al afloramiento de los indicios o evidencias de la actividad delictiva. Solo cabe hablar de delito provocado cuando la intervención del agente tiene lugar antes de que los posibles autores hayan comenzado la preparación del hecho punible; por el contrario, cuando la preparación del delito ya ha comenzado y la Policía tiene sospechas fundadas de ello, no existe ya provocación (inducción directa) en el sentido del art. 28 a) CP ni del art. 18.1 CP (incitación a la perpetración del delito). Es distinta la conducta que, sin conculcar legalidad alguna, se encamina al descubrimiento de delitos ya cometidos, generalmente de tracto sucesivo, como suelen ser los de tráfico de drogas, porque en tales casos los agentes no buscan la comisión del delito, sino los medios, las formas o los canales por los que ese tráfico ilícito se desenvuelve, es decir, se pretende la obtención de pruebas en relación a una actividad criminal que ya se está produciendo, pero de la que únicamente se abrigan sospechas. En el primer caso, no se da en el acusado una soberana y libre decisión para cometer el delito. En el segundo supuesto, la decisión criminal es libre y nace espontáneamente. Consecuentemente, solo cabe hablar de un agente provocador cuando la intervención tiene lugar antes de que los posibles autores hayan comenzado la preparación del hecho punible. Por el contrario, cuando la preparación

---

[437] Auto de la Sala de lo Penal, Pleno, 9/2008, de 15 de enero.

[438] *"Son delitos las acciones y omisiones dolosas o imprudentes penadas por la ley"*.

[439] Sobre la cuestión, véase Revello de Toro Cabello, J. (2013) *La delimitación entre provocación policial y delito provocado*. Universidad Internacional de Andalucía.

[440] STS 5/2009, de 8 de enero. En el mismo sentido, STS 863/2011; STS 395/2014, de 13 de mayo; STS 253/2015, de 24 de abril; 589/2015, de 28 de septiembre; STS 77/2016, de 10 de febrero; 173/2019, de 5 de marzo: "*Desde el inicio del* iter criminis *no se aprecia propósito criminal, sino la voluntad de generar en otro ese propósito inútil y condenado en una valoración ex ante a la más absoluta ineficacia, pues, deliberadamente, quien tiene el dominio de la acción y ha desatado su curso actúa con la preconcebida idea de dar paso a las fuerzas y cuerpos de seguridad. El instante concreto en que estas intervienen es secundario. Lo decisivo es definir la inicial intencionalidad de quien desencadena la secuencia. Si ab initio está ya de forma inequívoca presente en ella el plan de activar la intervención de las fuerzas y cuerpos de seguridad la acción no llega a invadir la esfera penal. Lo definitivo no es si en el momento inicial existía ya connivencia con la policía, sino si existía una decisión previa clara y firme de conceder protagonismo a la policía*".

para la comisión del delito ya ha comenzado y la Policía tiene sospechas fundadas de que esto es así, no existe ya una provocación en el sentido de la inducción del art. 28. a) CP, dado que los autores ya tienen decidida la comisión del delito y, por lo tanto, ya no es posible crear el dolo en los autores, pues estos ya están obrando dolosamente[441].

Pues bien, esta cuestión permitirá al Tribunal de la extradición conocer, aunque sea de una manera tangencial, cierta parte de las actuaciones llevadas a cabo en el Estado reclamante para determinar, a los solos efectos de la entrega, si ha existido o no delito provocado, por más que en sí esto sea una cuestión de fondo. Si la respuesta es afirmativa, la conducta será atípica y no se cumplirá el principio de doble incriminación.

La controversia se planteó con toda su crudeza en el caso Monser Al Kassar[442]. En fecha 7 de junio de 2007 esta persona fue detenida en el aeropuerto de Madrid Barajas por orden internacional de detención expedida por los EE. UU. en virtud del acta de acusación del Tribunal Federal del Distrito de Nueva York. Someramente, se le acusaba de conspiración para matar a agentes y ciudadanos de Estados Unidos, conspiración para la venta de misiles antiaéreos, conspiración para el suministro de apoyo material a una organización terrorista y blanqueo de capitales. La prueba esencial consistió en una grabación subrepticia que agentes de la DEA obtuvieron durante una entrevista mantenida con Al Kassar haciéndose pasar por miembros de las Fuerzas Armadas Revolucionarias de Colombia, en la que se llegó a hablar de un acuerdo de venta de armas. La defensa alegó que la acción había sido consecuencia directa de una provocación delictiva de los agentes federales y sostuvo la atipicidad del hecho. El Auto de 26 de octubre de 2007 de la Sección 4.ª de la Sala de lo Penal de la Audiencia Nacional sostuvo que no estábamos ante un delito provocado, sino ante una actuación policial encaminada a la obtención de pruebas de una acción permanente y continuada del sujeto; esto es, que, si bien la compra aislada era producto de la solicitud de los agentes, ponía de manifiesto una actividad continuada en el tiempo. Frente a ello, el voto particular formulado entendió que una cosa era la genérica predisposición para cometer delitos y otra muy distinta la incitación engañosa para la comisión de un delito concreto. El debate se reprodujo en el Pleno de la Sala de lo Penal, que resolvió en virtud de Auto 9/2008, de 15 de enero, que entendió que, al estar indiciariamente acreditada por la parte

---

[441] Entre otras muchas, SSTS 395/2014, de 13 de mayo; 204/2013, de 14 de marzo; 253/2015, 863/2011 y 467/2007, de 1 de junio, y 24/2007, de 25 de enero. En todas ellas se entiende que "*El delito provocado se integra por una actuación engañosa del agente policial que supone una apariencia de delito, ya que desde el inicio existe un control absoluto por parte de la policía. Supuesto distinto es la actividad del agente tendente a verificar la comprobación del delito. No puede pues confundirse el delito provocado instigado por el agente con el delito comprobado a cuya acreditación tiende la actividad policial*". Asimismo, el TEDH, en su STEDH de 1 marzo de 2011, caso Lalas contra Lituania, en la que recogía doctrina establecida en anteriores resoluciones, recordaba en el fundamento jurídico n.º 42, que, tal como se había establecido en la STEDH en el caso Ramanauskas contra Lituania, de 5 de febrero de 2008, "*se considera que ha tenido lugar una incitación por parte de la policía cuando los agentes implicados –ya sean miembros de las fuerzas de seguridad o personas que actúen según sus instrucciones– no se limitan a investigar actividades delictivas de una manera pasiva, sino que ejercen una influencia tal sobre el sujeto que le incitan a cometer un delito que, sin esa influencia, no hubiera cometido, con el objeto de averiguar el delito, esto es, aportar pruebas y poder iniciar un proceso*". La citada sentencia del TEDH, caso Ramanauskas contra Lituania, afirmaba que (54) "*(...) el interés público no podría justificar la utilización de datos obtenidos tras una provocación policial*", pues tal forma de operar es susceptible de privar definitivamente al acusado de su derecho a un proceso equitativo.

[442] Nacional sirio con residencia en Marbella (Málaga) cuya extradición fue solicitada por los Estados Unidos de América.

reclamante la existencia de una organización criminal dedicada al tráfico de armas, estábamos ante algo permanente y, efectivamente, la acción concreta lo ponía de manifiesto. Asimismo, consideró que, aunque estuviéramos ante un caso límite, la propia legislación federal de EE. UU. permitía expulsar la prueba del proceso. El voto particular vino a entender que, si bien era admisible tal construcción jurídica en el crimen organizado, lo cierto es que la demanda extradicional contenía muy vagos indicios de dicha actividad criminal precedente y expresados en términos muy genéricos, insuficientes como para afirmar que estábamos ante una actividad previa de tráfico de armas, y que únicamente se tratara de ponerla de manifiesto con la actuación del agente policial encubierto[443]. El Auto de la Sección 2.ª de la Sala de lo Penal 446/2022, de 19 de septiembre, vuelve a incidir en la apreciación del delito provocado para denegar la entrega. Se trataba de un caso en que la DEA había suministrado cantidades en efectivo procedentes del Tesoro de los EE. UU. para fundamentar una acusación por blanqueo de capitales. La Sala deniega la entrega por atipicidad de los hechos basada en un doble motivo: ausencia de delito precedente en el blanqueo y delito provocado[444].

Como ya señalamos anteriormente, existe otra excepción que permite conocer al Tribunal del fondo del asunto, siquiera de una manera somera. Se trata de las reclamaciones extradicionales con los Estados Unidos, en virtud de lo dispuesto en el art. X, apdo. D), del Tratado de Extradición entre España y los Estados Unidos de América. Siendo este un país de *rule of law*, para que prospere una demanda extradicional a efectos de enjuiciamiento es preciso que la documentación vaya acompañada de la información que justificaría la sumisión a

---

[443] *"Consideramos muy relevante el hecho de que, con independencia de que se parta del principio por las autoridades reclamantes de tener al reclamado por un traficante de armas, según parece por canales oficiales y extraoficiales, lo objetivamente cierto es que no existe constancia de que ni se le haya condenado penalmente con anterioridad ni se le haya seguido causa penal por hechos de esta clase, con excepción del asunto referido al «Aquile Lauro», en que fue absuelto por la Sala de lo Penal de la Audiencia Nacional, ni tan siquiera haber sido objeto de investigación policial o judicial por la comisión de ninguno de los hechos que le son imputados ahora por las autoridades judiciales norteamericanas. En la documentación que se remite y a través de los testimonios que constan en la misma, a lo sumo se hace referencia a conclusiones de inteligencia policial establecidas en términos muy genéricos en relación con presuntas operaciones de suministro de armas a alguna de las partes implicadas en muchos de los conflictos armados internos o incluso internacionales que asolan el mundo, pero que (...) no ha cabido hacer por ninguna instancia judicial nacional o internacional algún pronunciamiento penal teniéndolas por delictivas".*

[444] *"(...) cabe concluir la atipicidad de la conducta (...) en España, porque los fondos manejados por él no provenían de la comisión de ningún delito y por tanto no se cumple el principio de tipicidad expresado en el artículo 301 del Código Penal, y porque sustraída la intervención de los agentes policiales del relato fáctico no se ha evidenciado ninguna otra conducta con relevancia penal, limitándose (...) a actuar de conformidad con lo demandado por aquellos, por lo que no descubrieron una actividad delictiva, sino que configuraron una que sin su intervención no se habría producido. (...) Nos encontramos ante lo que constituye un delito provocado, que según nuestra jurisprudencia lesiona los principios inspiradores del Estado democrático de Derecho y desconoce los principios de legalidad y la interdicción de la arbitrariedad de los poderes públicos contenidos en el artículo 9.3 de la CE, puesto que el delito atribuido al acusado no se habría cometido sin la influencia del agente actuante , quien actúa con la intención de detener a los sospechosos mediante una actuación engañosa en la ejecución de una conducta delictiva que no se habría realizado sin su intervención o no llega a producirse efectiva lesión o puesta en peligro del bien jurídico protegido...por tanto no descubre ningún delito sino que se finge una acción criminal en la que se involucra al sospechoso. Del mismo modo, las Sentencias del Tribunal Europeo de Derechos Humanos de 1 de marzo de 2011, caso Lalas contra Lituania, o del 5 de febrero de 2008, caso Ramanauskas contra Lituania, establecen la atipicidad de la acción en el caso de que el delito no se hubiera producido sin la actuación de los agentes investigadores (...). En tal sentido expone este criterio, entre otros, el Auto del Pleno de la Audiencia Nacional 50/2020, de 28 de septiembre (...) en igual sentido se pronuncia el Auto de Pleno de la Audiencia Nacional 42/2007".*

juicio de la persona reclamada si el delito se hubiere cometido en el territorio del Estado requerido, pudiendo denegarse la extradición si, al examinar el caso en cuestión, la orden de detención parece manifiestamente infundada. Ahora bien, lo que pretende el Tratado no es que se realice un análisis pormenorizado y profundo de la solidez de los indicios existentes sobre los que se basa la petición de extradición, sino un examen externo de suficiencia y razonabilidad, dejando el análisis interno al Tribunal de enjuiciamiento. Reiteramos que, de alguna manera, estaríamos ante algo muy parecido al examen que un Tribunal de apelación hace de un auto de procesamiento, y no es casual que la referencia que hace el Tratado lo sea a esta forma de imputación[445]. Es por ello que el Tratado exige que, para denegar la extradición por este motivo, la solicitud debe ser notoriamente infundada[446]. Por otra parte, no es preciso que se aporten documentos concretos de la causa –testificales, periciales, intervenciones telefónicas–, dado que lo que exige el precepto no es la presencia de un documento específico en el que se contenga la información que se demanda, siendo suficiente que esa información pueda extraerse de la totalidad de la documentación aportada[447].

A nuestro juicio, queda igualmente exceptuada del análisis de la doble incriminación la exención de la punibilidad por motivos concretos de exclusión de pena según la legislación del Estado requerido, en este caso, el Reino de España. Piénsese que tanto las excusas absolutorias como las condiciones objetivas de punibilidad y las causas personales de exclusión de la pena obedecen a estrictas razones de política criminal de un país, que ni tienen que ser idénticas a las de otro ni deben imponerse a la realidad social del Estado reclamante, que es el único capaz de señalar los casos en que *"en una ponderación, las finalidades extrapenales tienen prioridad frente a la necesidad de pena"*[448]. Es por ello que no debieran tomarse en consideración en el análisis de la existencia de doble incriminación[449]. Este ha sido el parecer del Auto de la Sala de lo Penal de la Audiencia Nacional, Pleno, 28/2019, de 26 de abril, respecto al art. 268 del Código Penal español[450].

A diferencia del art. 5 de la Ley de 26 de diciembre de 1958[451], la Ley de Extradición Pasiva no detalla los grados de ejecución por los que es posible la entrega. Ante el silencio de la Ley, consideramos que la cuestión no es una materia de estricta tipicidad, sino de

---

[445] Art. X D): *"(...) acompañada de la información que justificaría el procesamiento de dicha persona (...)"*. Auto del Pleno de la Sala 3/2023, de 30 de enero: *"No se requiere, por tanto, la aportación de las pruebas de la comisión de los hechos por el reclamado, sino la expresión de los indicios que confluyen en él para atribuirle indiciariamente la responsabilidad criminal por estos hechos, similares a los exigidos para dictar un auto de procesamiento, estableciendo la denegación de la entrega cuando la insuficiencia de esos indicios sea evidente o palmaria"*.

[446] Auto de la Sala de lo Penal de la Audiencia Nacional, Pleno, 9/2008, de 15 de enero.

[447] STS Sala Tercera, Sección 6.ª, de 22 de febrero de 2016.

[448] Roxin, C. (1997) *Derecho Penal, Parte General, Tomo I, Fundamentos. La estructura de la Teoría del Delito*, 1.ª ed., Madrid, ed. Civitas, pág. 977.

[449] De contrario parecer, García Sánchez, *op. cit.*, págs. 215 y 221.

[450] *"En el auto apelado se desestima esta alegación formulada ya en vista oral por la defensa del reclamado, razonando que el art. 268 CP es derecho interno español no trasladable al país de ejecución (...) No le corresponde en absoluto a este Tribunal realizar estas valoraciones necesarias para que la excusa absolutoria del art. 268 CP sea aplicable porque carece de jurisdicción y competencia para enjuiciar estos hechos y porque el art. 268 CP es derecho interno español"*.

[451] *"Podrán ser objeto de extradición no solo las personas a quienes se considere responsables de la infracción como autores en grado de tentativa, delito frustrado o consumado (...)"*.

mínimo punitivo, como ya advertía la Exposición de Motivos de la Ley 4/1985[452]. Ahora bien, cabe preguntarse si merece idéntica respuesta la cuestión relativa a las formas de resolución manifestada, dado que, a diferencia de lo que preveía el Código Penal de 1973, no están contempladas en la actual legislación como delictivas, sino en relación con ciertas infracciones caracterizadas por su gravedad. La respuesta debe ser negativa: el equivalente en otros ordenamientos a nuestras formas de resolución manifestada únicamente cumplirá el principio de doble incriminación cuando los hechos que sustenten la reclamación extradicional tengan encaje en nuestros actos preparatorios, pero referidos a una figura penal concreta.

Alguna confusión se suscita en relación con lo que en EE. UU. denominan *conspiracy*. Debe aclararse que la *conspiracy* no es una forma de resolución manifestada, sino una suerte de asociación ilícita enfocada a la comisión de un delito concreto que es penada con independencia de este último, necesitándose el comienzo de la ejecución del segundo para que pueda castigarse la primera[453]. La doctrina de la *conspiracy* se consagra en la Sentencia Pinkerton *vs.* United States [328 US. 640 (1946)], como una respuesta punitiva específica frente a los delitos cometidos de forma organizada[454]. La esencia de la *conspiracy* es la existencia de un plan criminal que se pone en marcha[455] gracias a una cierta estructura de toma de acuerdos, acuerdos que son decisiones del grupo criminal y que se ejecutan como tales[456]. El Tratado de Extradición España-EE. UU., de 29 de mayo de 1970, en su art. 5 b).7, parece equiparar la asociación ilícita o la pertenencia a una banda constituida para cometer delitos según las leyes españolas con la conspiración para cometer delitos según las leyes de Estados Unidos. Sin embargo, la equiparación no es tan sencilla como parece, pues la Sala de lo Penal la ha condicionado al cumplimiento de los requisitos del art. 570 bis CP español, que no siempre aparecen en las solicitudes de extradición[457].

---

[452] *"También se han suprimido las referencias al grado de participación (...) o la de ejecución del delito, por anticuadas e innecesarias. El Convenio Europeo tampoco las recoge. Bastará, en consecuencia, que al reclamado le corresponda una de las penas que pueden motivar la extradición para que, con o sin aquellas indicaciones, pueda acordarse su entrega".*

[453] Sobre la *Conspiracy*, véase Ohlin, J. D. "Group Think: The Law of Conspiracy and Collective Reason", The Journal of Criminal Law & Criminology, vol. 98, n.º I, 2008, Northwestern University, School of Law.

[454] En palabras de Ohlin, *op. cit.*, pág. 171, *"Collective crimes are not limited to the international context and domestic prosecutors now use the conspiracy charge in a large percentage of their cases. Organized crime, drug dealing, and financial crimes are just three examples where group criminality is the norm. In these contexts, individual criminal conduct, unsupported by a network of fellow criminals, would be an exception requiring explanation. It is important that criminal law doctrine remain faithful to the increasingly collectivized elements in criminal behavior. Eliminating conspiracy as a mode of liability in favor of an individualistic account of perpetration would fail to capture these essential characteristics".*

[455] Ohlin, *op. cit.*, pág. 176: *"A common purpose requires a plan for implementation and requires that simple steps be aggregated together to complete a collective endeavor. This is the essence of a criminal conspiracy: a plan. Plans require, necessarily, deliberation and action over time".*

[456] Ohlin, *op. cit.*, pág. 178: *"The conspiracy will have some definite decision-making structure, whether democratic, oligarchic, or plutocratic, and once the decisions are made, they will become the group's decisions, in a fundamental sense, as opposed to merely the decisions of those in the group who supported them. The result is a true group agent dedicated to a common criminal endeavor through collectivized rationality".*

[457] Auto 665/2022, de 24 de noviembre, de la Sección 4.ª de la Sala de lo Penal: "(...) *en el escrito del Fiscal se identifican perfectamente unos hechos, parte de los cuales, en el análisis jurídico del país reclamante, constituirían una asociación para delinquir, mientras que en el ordenamiento jurídico penal español constituirían actos ejecutivos del delito principal* (...) *la consecuencia de cuanto precede es que*

Cuando nos encontramos ante una sentencia no firme, debemos entender que la reclamación lo es a efectos de enjuiciamiento, de manera que, si en el ínterin se produce la firmeza de la sentencia, deberá procederse por el Estado requirente a una nueva petición extradicional a efectos de cumplimiento, tal y como señaló la Audiencia Nacional en sus Autos de Sala Pleno de 13 de marzo de 2000, de 26 de febrero de 2002[458] y de 14 de junio de 2002.

Dentro del análisis de la doble incriminación se suscita la cuestión de la inexistencia subjetiva del hecho. Se produce en aquellos supuestos en que, narrándose un delito, no aparece en el relato fáctico referencia alguna al reclamado. En este caso, la Sala ha entendido que estamos ante una falta de doble incriminación, dado que no se atribuye conducta delictiva alguna al reclamado de manera concreta. De este parecer son el Auto de la Sala de lo Penal de la Audiencia Nacional, Sección 2.ª, 17/2016, de 25 de abril; Auto 75/2016, Sección 4.ª, de 15 de junio de 2017, Rollo de Sala[459]; Auto 91/2017, Sección 4.ª, de 18 de diciembre, Rollo de Sala; Auto 31/2017, Sección 3.ª, de 21 de septiembre[460]; Auto 21/2018, Sección 2.ª, de 12

---

tales actos no pueden caracterizarse como infracción autónoma o independiente del delito principal, por ser insuficientes para integrar el delito de asociación ilícita, menos aún el de organización criminal. Se caracterizan estos últimos, en efecto, no como un delito de resultado, sino de peligro abstracto, dado que la propia existencia de tal organización o asociación supone un permanente riesgo de que se cometan delitos. Ello abre la puerta a una posible compatibilidad en Derecho penal español entre asociación ilícita y delito principal, siempre que ese último no absorba completamente el riesgo representado por la asociación. Dicho en otros términos, cuando todo el desvalor de la acción integrado por el riesgo de la propia asociación ilícita no se agote en el delito principal, el concurso de delitos resultará conforme a nuestro ordenamiento constitucional. No lo será, sin embargo, cuando todo el riesgo se materializa en tal delito principal, pues en tal caso, de extenderse la condena también a la asociación ilícita se estaría incriminando una conducta que ni lesiona ni pone en peligro bien jurídico alguno. Y, en ausencia del principio de ofensividad, la conducta no podría ser tachada de antijurídica en nuestro modelo constitucional (...) los anteriores principios han conducido a la exigencia jurisprudencial de una estabilidad que permita sostener que se trata de una verdadera asociación para cometer delitos en plural, porque fuera de tal estabilidad y permanencia en el tiempo y voluntad concertada en la comisión de delitos, los hechos deben quedar confinados en el ámbito de la mera conspiración para la comisión de un concreto delito. Finalmente, conviene destacar que el Tribunal Supremo ha declarado que la diferencia entre la conspiración para delinquir y la asociación ilícita ha de verse en la mayor estabilidad de esta última y en el cometido concreto de la primera , indeterminado en cuanto al número de infracciones en la asociación (STS 1606/93, de 24 de junio) (...)".

458 *"Ciertamente, esta Sala ha venido entendiendo en sentido muy amplio el concepto de perseguibilidad, concepto que incluye no solamente el sometimiento a juicio, sino incluso los trámites posteriores de recurso, hasta un momento posterior en que la sentencia tuviera ejecutividad por haber devenido firme. Ahora, si de lo que se trata es de hacer cumplir la sentencia que ya ha devenido firme, ese concepto de perseguibilidad no entra dentro de lo que es la doctrina ya asentada por ese Pleno. Una vez que se llega a esta frontera, es cierto que las autoridades del país requirente deberían haber interesado la entrega, no para perseguir, sino para ejecutar una pena ya impuesta. Desde este punto de vista, es claro que se puede apreciar en este caso una vulneración del principio de congruencia, entre otros motivos porque el Tribunal del Estado requerido no ha examinado los presupuestos que debe cumplir toda entrega extradicional que se insta para ejecutar una pena ya impuesta por sentencia firme".*

459 *"Los hechos extradicionales no se refieren a esta persona y, por ello, con independencia de la concurrencia de los demás requisitos de naturaleza personal, sustantiva y procesal, que efectivamente concurren en el supuesto que nos ocupa (...) no podemos acceder a la extradición de (...) por las razones expuestas".*

460 *"Pues bien, tal como vienen relatados los hechos, ya hemos dicho que, materialmente, no cabe imputar el hecho de la muerte al reclamado, porque no se describe que fuera él quien efectuara los disparos (...). Como decimos, ninguna valoración, de ningún tipo, se ha de hacer sobre esos particulares, pero si hemos de realizar una valoración, jurídica, de la participación del reclamado en esos hechos que describe la autoridad requirente, y esto (...) nos impide apreciar cualquier tipo de responsabilidad criminal (...) por lo que, no cumpliéndose el principio de doble incriminación, no cabe acceder a la extradición".*

de marzo[461]; el Auto 42/2018, Sección 2.ª, de 16 de julio[462], y el Auto de 8 de febrero de 2021, dictado en el Rollo de Sala 37/2020, de la Sección 2.ª[463].

Especial referencia al delito fiscal

El rechazo a la entrega extradicional por delitos fiscales ha sido una constante en el derecho convencional. Como señala la doctrina, muchos y variados han sido los argumentos en favor de esta exclusión. Así, desde la posición que refleja el temor de que el delito fiscal encubra una persecución política, pasando por la postura que considera que la política fiscal resulta ser un asunto puramente interno de cada país, sin interés supranacional común que deba ser protegido, terminando en aquellos otros puntos de vista que entienden que estamos ante un derecho penal artificial, con ribetes propios del derecho administrativo. Junto a ello, se ha afirmado que su carácter de norma penal en blanco ofrece notable resistencia al principio de doble incriminación[464]. También se han esgrimido argumentos tales como el poco interés de los Estados en la salud financiera de otros países o la rivalidad económica entre ellos[465].

En consecuencia, bien por la vía de su omisión en los tratados basados en lista de delitos, bien por su expresa exclusión en las convenciones basadas en los principios de doble incriminación y mínimo punitivo, los delitos fiscales eran objeto de general rechazo[466].

Sin embargo, dicha problemática parece desaparecer en países que comparten valores y principios políticos[467]. Por otra parte, la globalización y la estrecha relación del delito fiscal

---

461 *"(...) para resolver si estamos ante lo previsto en el art. 2 de la LEP (...) esto es, si concurren los principios de doble incriminación y mínimo punitivo, es necesario que aquella expresión sumaria de hechos nos permita afrontar un mínimo de análisis subjuntivo de los hechos en algún tipo penal español (...). La lectura de la documentación nos lleva a concluir que en la redacción de los hechos en relación con esta extraditada no concurre este presupuesto, puesto que no se puede determinar de esa somera descripción si su participación en los mismos puede o no constituir algún ilícito penal en España (...). Lo único que ponemos de manifiesto es que la redacción dada a los hechos, en lo que se refiere a la extraditada, no supera ese mínimo descriptivo que exige una también mínima actividad de subsunción que debemos llevar a cabo para determinar si los mismos pueden ser calificados penalmente en nuestro país de alguna forma".*

462 *"(...) Podemos comprobar que no existe ninguna referencia a la intervención del reclamado en los hechos delictivos y que tampoco aparece ninguna mención al respecto en los diferentes elementos de convicción que permita subsanar dicha deficiencia complementando el relato de hechos de la solicitud de extradición (...). Si bien el Tratado de extradición suscrito entre España y Venezuela, respondiendo al modelo continental, no exige la aportación de elementos de convicción o incriminatorios, en todo caso es necesario como requisito formal de la solicitud que el relato de hechos permita como supuesto fáctico la imputación subjetiva de los mismos a la persona del reclamado. Nada de eso acontece en el supuesto actual en el que nos encontramos ante la descripción de un hecho delictivo que sería constitutivo de un delito de homicidio sin referencia alguna a la identidad de los autores y sin mención a la persona del reclamado que permita mantener su vinculación con los hechos".*

463 *"(...) Los hechos contenidos en la demanda extradicional aparecen redactados en términos de tanta laxitud e indeterminación que cuando se trata de describir la concreta participación del reclamado, lo hace con tal cúmulo de imprecisiones y generalidades que conlleva que no se pueda enmarcar su específica relación con dichos hechos".*

464 Manzanares Samaniego, J. L. *La extradición por delitos fiscales. Su problemática general y en el Convenio Europeo de extradición.* Diario La Ley, 1986, págs. 974 y 975, tomo 2.

465 García Sánchez, B., *op. cit.*, pág. 238.

466 Zagaris, B., *U.S. Efforts to extradite person for tax offences*, Loyola of Los Angeles International and Comparative Law Review, Vol. 25, 2003, pág. 654.

467 Manzanares Samaniego, *op. cit.*, pág. 975.

con otros delitos contra el orden socioeconómico con trascendencia supranacional, como la manipulación de mercados, el fraude en las emisiones financieras o el blanqueo de capitales, hace cada vez más cuestionable su exclusión en la extradición[468]. También se alude a la creciente interdependencia fiscal y económica entre los Estados[469]. Esto ha provocado que todos o algunos de los delitos fiscales hayan acabado entrando dentro del campo de infracciones que dan lugar a la entrega extradicional[470].

Las distintas perspectivas expuestas tendrán su reflejo en los tratados: cuanto más antiguos sean estos, más reticentes se mostrarán a la entrega en extradición por delitos fiscales, como veremos inmediatamente.

Por su enfoque en relación con el delito fiscal, podemos clasificar los tratados de extradición en tres categorías: la primera, relativa a aquellos tratados que rechazan dar entrada al delito fiscal dentro de los delitos extraditables; la segunda, que englobaría los tratados que guardan silencio sobre el asunto y, por consiguiente, someten el delito fiscal a la aplicación completa de la regla de doble incriminación, o bien se remiten a esta; por último, aquella que abarcaría los acuerdos extradicionales que hacen una aplicación limitada del principio de doble incriminación, suavizándolo en el ámbito del delito fiscal.

Ejemplo de la primera categoría resulta ser el Convenio Europeo de Extradición de 13 de diciembre de 1957, ratificado por España el 21 de abril de 1982, en su versión original, cuyo art. 5 sometía la entrega por delito fiscal a un acuerdo específico entre las partes. De no producirse, no cabría la extradición: "*En materia de Tasas e Impuestos, de Aduana y de Cambio, la extradición se concederá, en las condiciones prevenidas en el presente Convenio, tan solo cuando así se hubiere decidido entre Las Partes contratantes para cada delito o categoría de delitos*".

De acuerdo con el *Explanatory Report to the European Convention on Extradition*, la redacción obedeció a las profundas discrepancias existentes entre las partes: fue imposible dar a este precepto una composición más imperativa habida cuenta de la profunda diferencia existente entre las leyes de distintos países en relación con este tipo de delitos. Se optó por un texto inspirado en el art. 6 del convenio de extradición francoalemán. En cualquier caso, de producirse el acuerdo entre las partes, la extradición quedaría regida por el Convenio. Esta misma solución se refleja en el art. 6 del Tratado de extradición con Uruguay de 28 de febrero de 1996 y también se encuentra en el art. 6 del Tratado con México, de 21 de noviembre de 1978.

Otro ejemplo de opción negativa, pero dentro del tipo de tratados basados en el listado de infracciones penales, lo constituye el Tratado de extradición con la República de Guatemala de 7 de noviembre de 1895, que recoge el listado de delitos en su art. 2, entre los que no se encuentra el delito fiscal. En el mismo sentido, el Tratado de extradición con Liberia, de 12 de diciembre de 1894, que sigue este mismo sistema, tampoco contempla el delito fiscal en su art. 2.

---

[468] Griffith, G., y Harris, C., *Recent Developements in the law of Extradition*. Melbourne Journal of International Law, Vol. 6, 2005, pág. 3.

[469] Almeida Costa, M. J., *Extradition law: reviewing..., op. cit.*, pág. 417.

[470] Griffith y Harris, *op. cit.*, pág. 655.

La segunda clase de convenios se guiará por la aplicación irrestricta del principio de doble incriminación. Esto afectará a dos elementos fundamentales del delito fiscal, cuales son el hecho imponible y la cuota defraudada[471]. Si hecho imponible, según el art. 20 de la Ley 58 /2003, de 17 de diciembre, General Tributaria, es "*el presupuesto fijado por la ley para configurar cada tributo y cuya realización origina el nacimiento de la obligación tributaria principal*", pudiera parecer que, trasladado el concepto de doble incriminación recogido en el art. 2 de la Ley de Extradición Pasiva a la extradición por delitos fiscales, esto exigiría la coincidencia estricta de tributos afectados en el Estado requirente y requerido. Sin embargo, sería tanto como resucitar aquí el concepto de doble incriminación en concreto, hoy en completo desuso en el derecho extradicional.

---

[471] Sobre la cuota defraudada, García Novoa, C. *El delito fiscal. Aspectos jurídico-tributarios*. Dereito. Revista jurídica de la Universidad de Santiago de Compostela. Vol. 12, n.º 2, pág. 57: "*Siendo la cuota defraudada un elemento del tipo, hay que aclarar qué se entiende por la misma. Y aquí es donde se debe traer a colación el carácter de la ley penal como ley en blanco, cuyo contenido se ha de integrar con normas extrapenales, en este caso, a través de disposiciones tributarias. Precisamente, el art. 55 de la LGT de 1963 hace referencia a la cuota, así como el art. 58, a la hora de diferenciarla de la deuda tributaria, pero el art. 56 de la nueva LGT la perfila con mayor claridad al definirla como la cantidad fija como tal por la ley o el resultado de aplicar el tipo de gravamen a la base liquidable, señalando además la sentencia del TS de 20 de septiembre que la cuota a la que se refiere el Código Penal es la cuota diferencial o la parte de la cuota diferencial dejada de ingresar, sin que sea responsable el contribuyente de la falta de ingreso de las retenciones por parte del pagador*".

[472] Auto de 23 de abril de 2012, dictado por la Sección 4.ª de la Sala de lo Penal de la Audiencia Nacional: "*(...) si el juicio sobre esa doble incriminación se ha de hacer a partir del relato de hechos que nos proporciona la autoridad requirente, ese relato de hechos habremos de tomarlo como punto de referencia, y a él habremos de estar de cara a la valoración jurídico penal que los mismos merezcan, no tanto mirando la calificación legal que nos venga dada por la autoridad requirente, sino la que correspondiera conforme a nuestro derecho*". En el mismo sentido, Auto de Sala Pleno 281/2018, de 9 de julio: "*El principio de doble incriminación o identidad normativa (...) no exige identidad de las normas penales de los Estados concernidos, ni la identidad de penas en ambas legislaciones, sino que basta con que se cumplan los mínimos penales previstos en las normas aplicables (STS 102/1997, de 20 de mayo, citada posteriormente en numerosos AATC 121/2000, de 16 de mayo; 49/1999, de 4 de marzo). El ATC 23/1997, de 27 de enero, aclaraba que el principio en cuestión no exige una misma denominación del delito en ambas legislaciones, ni tampoco que las normas penales sean idénticas*". El Auto reitera doctrina fijada en el Auto de Sala Pleno 53/2016, de 15 de septiembre. También en Auto 30/2013, de 22 de julio, de la Sección 2.ª de la misma Sala: "*ya se decía en el Auto del Pleno de la Sala de lo Penal de 3 de junio de 1999 que «dualidad de incriminación» significa que el hecho por el que se pide la extradición se encuentre tipificado como delito en la legislación de ambos Estados interesados, sin necesidad de que en ambas leyes se encuentre descrito con la misma denominación, pues identidad normativa no cabe entenderse equivalente a identidad de* nomen iuris. *Así lo viene entendiendo esta Sala desde sus primeras resoluciones en materia extradicional (Autos de 1 de marzo de 1979 y 30 de junio de 1977) y el mismo Tribunal Constitucional se ha referido a ello, al señalar que la regla de la doble incriminación no significa tanto identidad de las normas penales de los Estados concernidos como que el hecho sea delictivo en las legislaciones penales del Estado requirente y requerido (STC 102/1997 Y AATC 753/1985, 499/1988 y 23/1997)*". Igualmente, Auto del Pleno de la Sala 247/2018, de 23 de marzo: "*(...) esta Sala ha declarado en numerosas ocasiones que lo esencial a los efectos de la demanda de extradición, no es el concreto título jurídico o nombre del delito, sino que lo importante a tener en cuenta son los hechos que se le imputan en dicha demanda extradicional y que los mismos tengan su correspondencia con alguno de los delitos previstos en el Código Penal (...) no exige identidad de las normas penales de los Estados concernidos, ni la identidad de las penas en ambas legislaciones, sino que basta con que se cumplan los mínimos penales previstos en las normas aplicables, STS 102/1997, de 20 de mayo, que cita AATC 23/1997, 753/1985 y 499/1988. Igualmente, AATC 121/2000, de 16 de mayo, 95/1999, de 14 de abril y 49/1999, de 4 de marzo y Auto 23/1997, de 27 de enero, que aclaró que el principio en cuestión no exige una misma denominación del delito en ambas legislaciones. Por su parte, el ATC 412/2004, de 2 de noviembre, recalcó que la doble incriminación en los Estados requirente y requerido no exige que los tipos delictivos que sancionan la conducta perseguida tengan la misma estructura y naturaleza, sino tan solo que la misma conducta sea objeto de sanción penal en ambos Estados; añadiendo que, dado que el proceso extradicional limita su naturaleza a la de ser un simple acto de auxilio judicial internacional, el alcance de dicho principio es únicamente el expresado; procediendo exclusivamente la comprobación de las condiciones específicamente recogidas en las leyes y convenios que la regulan, ATC 558/1985 y STC 229/2003*".

Al respecto, debemos recordar que el principio de doble incriminación admite dos posibilidades: una primera, consistente en exigir idéntica imputación penal (doble incriminación en concreto), y otra segunda, que considera se satisface con la eventualidad de que los hechos que fundamenten la reclamación sean delictivos en ambos Estados, por más que los títulos de imputación no coincidan (doble incriminación en abstracto). La Audiencia Nacional ha optado por el principio de doble incriminación en abstracto[472]. Doble incriminación, pues, no significa equivalencia de tratamiento jurídico[473] .

Es por ello por lo que, a nuestro juicio, más que una identidad de figuras tributarias, lo que debe existir es una identidad de hechos imponibles; esto es, habría que comprobar si el hecho imponible, que es la base de un tributo en el Estado requirente, se configura también como presupuesto de otro tributo en el Estado requerido, con independencia de que la figura tributaria sea o no coincidente. Aunque difícilmente no va a dejar de existir dicha coincidencia, dada la universalidad, por ejemplo, del impuesto sobre la renta de los trabajadores, sobre los ingresos de las sociedades o el valor añadido de los productos, lo cierto es que, en cualquier caso, ya no sería precisa una exacta coincidencia de institutos tributarios.

En consecuencia, solo dejaría de cumplir el requisito de doble incriminación la petición de entrega por un delito fiscal basado en un hecho imponible que no constituyera la base de ningún tributo en el Estado requerido.

A partir de aquí, como segundo elemento de coincidencia, se plantearía la cuestión de la exigencia de identidad de las cuantías que conforman la cuota defraudada en Estado requirente y requerido y que resultan esenciales para que la infracción fiscal sea delictiva. Estando ante una norma penal en blanco, que requiere para su construcción la referencia a la norma tributaria concreta que define la estructura del impuesto correspondiente, parece que esta sería la primera opción a considerar.

Con carácter general, en relación con las infracciones cuya tipificación se produce en función de la cuantía, la doctrina de la Sala de lo penal de la Audiencia Nacional, recogida en el Auto 28/2017, de 4 de octubre, de la Sección 2.ª, es uniforme: no es suficiente una mera equivalencia cuantitativa, sino que habrá que estar al significado económico que la cuantía en cuestión tenga en cada Estado[474].

---

473 Cezón González, C. (2014) *Derecho extradicional*, Ed Dykinson. Madrid, 2003, pág. 89. Esta postura es también propia de los tribunales USA, como apunta BASSIOUNI, Mohamed Cherif, *International extradition. United States Law and Practice*. Ed. Oxford University Press, 6.ª Ed., pág. 505.

474 *"Así se decía, por ejemplo, en auto del Pleno de 17 de noviembre de 2008, del que trascribimos el siguiente párrafo: a diferencia del parecer del recurrente, es doctrina ya consolidada del Pleno de esta Sala que, para la calificación de los hechos en los procedimientos de extradición, no puede atenderse a los límites cuantitativos que separan, en nuestro país, al delito de la falta, pues el valor del dinero no es homogéneo en los diferentes países, tratándose de realidades distintas, y de políticas criminales diferentes, por lo que los límites cuantitativos de tal diferenciación es solo atribuible a los órganos legislativos de los correspondientes países, debiendo atenderse a las diferenciación cualitativa, esto es, sobre la base de los elementos de la acción que caracterizan al ilícito punitivo, tal y como este se contemple en ambas legislaciones"*. En el mismo sentido, Auto 31/2017, de 9 de octubre, de la Sección 2.ª de la Sala de lo Penal de la Audiencia Nacional: "*La Sala debe rechazar este planteamiento y referirse para ello a la reiterada jurisprudencia en la materia de la Sala de lo Penal de la Audiencia Nacional, que viene a decir que la doble incriminación en ningún caso abarca a la necesidad de equiparación de cuantías mínimas cuando estos sean elementos determinantes del propio delito, ya que su fijación corresponde a cada sistema en función de sus propios parámetros (de) valoración de la gravedad de la conducta para su consideración*

Sin embargo, en algunas infracciones, como la tributaria, el tribunal se apartó de su consolidada doctrina mayoritaria e hizo un atisbo de aplicación de nuestras cuantías típicas a las reclamaciones formuladas por otros Estados.

En este sentido, el Auto 10/2017, de 3 de marzo, de la Sección 3.ª de la Sala de lo Penal de la Audiencia Nacional afirmó que: "*En algunos casos se ha sostenido por este Tribunal que cuando la cuantías es un elemento objetivo del tipo penal no afecta al principio de doble incriminación, que no exige identidad de tratamiento normativo, sino que el hecho constituya en ambas legislaciones delito castigado con pena privativa de libertad superior a un año, pero esto siempre implica que la cuantía no afecte a la naturaleza del hecho y que siga siendo infracción penal más o menos grave, que no es lo que ocurre en este caso, en que las defraudaciones presuntamente realizadas por la reclamada, por su cuantía, no alcanzan el nivel mínimo pata tener relevancia penal conforme a la legislación española, no son delito. En un caso semejante al que nos ocupa y relativo a un fraude tributario, se ha pronunciado (la) Sala de lo Penal de la Audiencia Nacional, Sección 2.ª, en Auto 14/2005, de 17 de febrero (...) apreciando que no existe doble incriminación por la cuantía de la cantidad defraudada, señalando que «resulta cierto que la jurisprudencia de esta Sala de lo Penal no es proclive a hacer una traslación automática y atemporal de cantidades, sin que tiene en cuenta los diferentes niveles adquisitivos entre Estado y la equivalencia de las monedas al momento de producción de los hechos. Sin embargo, en el presente caso la legislación eslovaca aplicable no hace referencia a un mínimo de cantidad y da el mismo tratamiento al fraude tributario que a cualquier otro. Por otra parte, no se aportan datos sobre la equivalencia real de las monedas teniendo en cuenta las fechas y las diferencias de nivel adquisitivo existentes en el momento de los hechos, por lo que la Sala parte en este momento como dato indiciario de la lejanía de la cantidad defraudada y su equivalencia en euros, aproximadamente 9000 con el tope mínimo defraudatorio exigible según el derecho penal español. Por todo ello la Sala estima que no se da el requisito de la doble incriminación*". De manera similar obra la Sala de lo Penal, Sección 1.ª, en el Auto 326/2022, de 27 de mayo, en un supuesto de OEDE relativa a una petición de entrega por falseamiento de la contabilidad. El órgano judicial, partiendo de las cifras previstas en los apdos. c) y d) del art. 310 de nuestro Código Penal, hace una comparación directa entre estas cantidades y las recogidas por la autoridad sueca de emisión, que rondaban los 280.000 euros. Ídem, Auto 52/2021, de 30 de diciembre, de la Sección 2.ª, referido al art. 305 CP. Por el contrario, la Sección 4.ª de la Sala de lo Penal de la Audiencia Nacional en su Auto 95/2023, de 16 de febrero, en sede OEDE, retorna a la doctrina general de la Sala sobre la imposibilidad de la equiparación de cuantías entre Estado requirente y requerido y considera que "*Efectivamente, en el derecho penal español, el delito contra la Hacienda Pública previsto en el artículo 305 del Código Penal, fija en la suma de 120.000 euros el importe de la cantidad no ingresada o cuota defraudada al fisco. Dicho límite cuantitativo que de no alcanzarse remite la conducta a una infracción administrativa, no se erige en todo caso en una exigencia*

---

como delito, sin que la diferencias de escala de las economías entre dos Estados pueda convertirse en un elemento decisivo para la consideración como delito de una determinada conducta que, como en el caso, no se trata además de una mera elusión del pago de impuestos sino de una defraudación tributaria a través de la creación de un artificio que tenían precisamente como finalidad el incumplimiento de las obligaciones tributarias y el perjuicio de la hacienda pública argentina".

trasladable a los demás ordenamientos jurídicos penales y con ello a condicionar la viabilidad y prosperabilidad de una resolución judicial del país emisor de la orden europea detención y entrega, cuando, en una idéntica política penal de sancionar penalmente comportamientos que caen de lleno en el incumplimiento de los deberes tributarios y atendiendo al mismo bien jurídico protegido, se insta la entrega para proseguir el proceso penal por hechos enmarcados en el delito contra la Hacienda Pública, al margen de la coincidencia de la suma defraudada en el Estado emisor y en el destinatario de la orden librada".

De seguirse lo que de momento parece ser la postura mayoritaria de la Sala, la aceptación irrestricta del principio de doble incriminación respecto del delito fiscal supondría la exigencia de identidad de cuotas defraudadas.

En cualquier caso, esto sucedería con la propia Ley de Extradición Pasiva, que no solo no excluye el delito fiscal de las infracciones extraditables, sino que tampoco introduce modulaciones en la aplicación al mismo del principio de doble incriminación. El silencio de la norma equivale a la vigencia plena del art. 2 de la Ley en este tipo de delitos.

Igualmente se situará aquí el Tratado de extradición con Vietnam, de 1 de octubre de 2014, cuyo art. 2.1 hace una llamada a los principios de doble incriminación y mínimo punitivo, guardando silencio sobre el delito fiscal; otro tanto cabe decir del art. 2 del Tratado de extradición con Kazajstán, de fecha 21 de noviembre de 2012.

Nada dice el art. 2 del Tratado de extradición con la República Popular China, de 14 de noviembre de 2005, por lo que igualmente estarán sometidas estas infracciones a la aplicación irrestricta de los principios de doble incriminación y mínimo punitivo; lo mismo cabe afirmar del art. 3 del Tratado de extradición con Colombia de 23 de julio de 1882, texto consolidado de 13 de septiembre de 2005.

El Tratado de extradición con Canadá, de 31 de mayo de 1989, afirma expresamente en su art. 2.5 que los delitos fiscales darán lugar a la extradición, pero sin introducir especialidad alguna en lo relativo al principio de doble incriminación; asimismo, el art. 5 del Tratado de extradición con la India, de 20 de junio de 2002, afirma rotundamente la extraditabilidad de los delitos fiscales, pero de conformidad con las disposiciones del tratado y, por ende, sometidos a la aplicación ilimitada de los principios de doble incriminación y mínimo punitivo.

El Tratado de extradición con Costa Rica, de 23 de octubre de 1997, ratifica la posibilidad de conceder la extradición por delitos fiscales en su art. 3.4, subrayando que "*no podrá denegarse la extradición so pretexto de que en la legislación de la parte requerida no se establece el mismo tipo de impuesto o gravamen ni son iguales en la parte requirente sus disposiciones fiscales, arancelarias o cambiarias*", lo que no es sino una proclamación de la vigencia del principio de doble incriminación en abstracto respecto de este tipo de infracciones, en paralelo a lo dispuesto en el apdo. 3 a) de este mismo precepto. Esa misma referencia se contiene en el art. 3.4 Tratado con El Salvador, de 10 de marzo de 1997; también en el artículo 3.5 del Tratado de extradición con Nicaragua, de 12 de noviembre de 1997.

Por último, podríamos distinguir una tercera categoría de tratados, constituida por aquellas convenciones que contienen una regulación específica respecto del delito fiscal que, inevitablemente, debiera tener consecuencias en relación con el doble requisito antes mencionado (hecho imponible y cuota tributaria).

Así, en primer lugar, el segundo protocolo adicional del Convenio europeo de extradición, de 17 de marzo de 1978, en su art. 2, establece que el art. 5 del Convenio se sustituirá por lo siguiente:

"*1. En materia de tasas e impuestos, de aduana y de cambio, la extradición se concederá entre las Partes Contratantes, con arreglo a las disposiciones del Convenio, por los hechos que se correspondan, según la Ley de la Parte requerida, con un delito de la misma naturaleza.*

2. La extradición no podrá denegarse por el motivo de que la legislación de la Parte requerida no imponga el mismo tipo de impuestos o de tasas o no contenga el mismo tipo de reglamentación en materia de impuestos y tasas, de aduana y de cambio, que la legislación de la Parte requirente".

El apartado segundo, primer inciso, recoge algo ya visto hasta ahora, cual es la aplicación del principio de doble incriminación en abstracto, resultando toda una novedad la afirmación que hace el segundo inciso del apartado cuando afirma que no podrá denegarse la extradición por el hecho de que las legislaciones no contengan el mismo tipo de reglamentación.

Esta misma dicción se contiene en el art. 6.2 del Tratado sobre la base del art. K.3, entre EEMM de la UE, de fecha 27 de septiembre de 1996, en vigor desde el 5 de noviembre de 2019. La mención a la misma reglamentación también la podemos encontrar en el art. 4.2 del Tratado de extradición con Argentina de 3 de marzo de 1987; en el art. 2.5 del Tratado de extradición con Australia, de 22 de abril de 1987; en el art. 4.2 del Tratado de extradición con Bolivia, de 24 de abril de 1990; en el art. 2.6 del Tratado de extradición con Brasil, de 2 de febrero de 1988; en el art. 4 del Tratado de extradición con Chile, de 14 de abril de 1992; en el art. 2.4 del Tratado de extradición con Corea, de 17 de enero de 1994, por más que la alusión lo sea a que no sean iguales que en la Parte requirente sus disposiciones fiscales, arancelarias o cambiarias; idéntica frase a la anterior se contiene en el art. 3.4 Tratado extradición con Costa Rica, de 23 de octubre de 1997; de igual manera, en el Tratado de extradición con Ecuador, de 28 de junio de 1989, en su art. 2.4, segundo párrafo; también aparece la frase reproducida en su literalidad en el art. 3.4 del Tratado de extradición con Honduras; en el art. 4.2 del Tratado de extradición con Perú, de 28 de junio de 1989, se vuelve a la referencia a que no contengan la misma reglamentación en estas materias; lo mismo hace el art. 4.2 del Tratado de extradición con Venezuela, de 4 de enero de 1989.

Opinamos que, no pudiendo ser las menciones expuestas una referencia tautológica y redundante al principio de doble incriminación en abstracto, pues dicho principio ya se introduce cuando el correspondiente tratado afirma que no se deberá denegar la entrega por no estar en presencia del mismo tipo de tasa o impuesto, necesariamente la alusión a la misma reglamentación tiene que significar algo diferente y distinto, so pena de estar en presencia de un simple pleonasmo legislativo.

Si volvemos a pensar en los dos elementos del delito fiscal, hecho imponible y cuota defraudada, la no exigencia de identidad de tasas o impuestos ya venía resuelta por la alusión a imposibilidad de rechazo de la entrega por el simple hecho de que no se estableciera el mismo tipo de impuesto o gravamen, como regla específica de aplicación del principio de doble incriminación respecto de los delitos fiscales: se concretaba en esa innecesaridad de coincidencia en la figura tributaria. Incluso, este primer elemento quedaba resuelto con el simple silencio o la cita genérica del principio de doble incriminación.

En consecuencia, consideramos que la mención a la misma reglamentación debe referirse al segundo elemento en juego, a saber, las cuantías que separan el delito de la infracción administrativa en cualquier ordenamiento: cuando el tratado correspondiente recalque la innecesaridad de que exista una misma reglamentación, estará remitiéndose, un tanto elípticamente, al carácter prescindible de las cuantías que en el correspondiente tributo y Código Penal de cada país separan la acción delictiva de la que no lo es.

Por tanto, en la comparación normativa que exige el principio de doble incriminación sería posible acceder a la extradición respecto de infracciones penales de carácter tributario que no aparezcan anudadas a cuantías concretas o cuyas cuantías sean notoriamente inferiores a las propias del Estado requerido.

II. Ausencia de mínimo punitivo

Como recuerda la doctrina[475], no es suficiente que los hechos sean constitutivos de infracción penal en ambos ordenamientos —del Estado requirente y requerido—, sino que, además, es necesario que alcancen un mínimo de gravedad en uno y otro país. Solo se concede la extradición respecto a aquellos delitos que tienen un mínimo de reprochabilidad, lo cual se puede hacer, como hemos visto, bien a través de un sistema de lista de delitos, bien fijando un umbral de punición. Nuestro ordenamiento opta por este segundo sistema y, según el art. 2 LEP, se podrá conceder la extradición por aquellas acciones para los que las leyes españolas y las de la parte requirente señalen una pena o medida de seguridad cuya duración no sea inferior a un año de privación de libertad en su grado máximo o a una pena más grave o cuando la reclamación tuviere por objeto el cumplimiento de una pena o medida de seguridad no inferior a cuatro meses de privación de libertad por hechos también tipificados en la legislación española. En algunos tratados puede que este mínimo sea superior[476]. Por tanto, la pena para tener en cuenta será la fijada como cuantía máxima[477]. No es preciso que la penalidad mínima prevista en el tipo penal cumpla el umbral

475 Serrano Amado, *op. cit.*, pág. 67. Bassiouni, *op. cit.*, pág. 511.

476 Véase, por ejemplo, el art. 2 a) del Tratado de Extradición con los EE. UU., que establece un mínimo de "*un año o superior*". También el Tratado de Extradición con Colombia, tras modificación de su art. 3 a través del Protocolo de 16 de marzo de 1999, según recuerda el Auto de la Sala de lo Penal de la Audiencia Nacional, Pleno, 50/2019, de 14 de junio: "*Una adecuada interpretación del citado precepto obliga a entender que ese año de privación de libertad constituye el mínimo legal punitivo tanto para los supuestos en los que, como el presente, la solicitud de entrega es para su persecución de un delito que lleve aparejada una pena mínima de un año de prisión, como para los casos en que lo que se pretende es el cumplimiento de una pena privativa de libertad de un año de prisión*".

477 En relación con el Tratado de extradición con Marruecos se planteó un debate, al hilo de su art. 2.1, que establece una referencia a que los hechos estén castigados "(...) *con una pena privativa de libertad de dos años de duración como mínimo*". La Fiscalía de la Audiencia Nacional entendió que nos encontrábamos

exigido por la legislación nacional o convencional, salvo mención expresa en contrario. Es posible, incluso, que se contemple una pena alternativa no privativa de libertad como mínima siempre que el máximo alcance el tipo de sanción y la cifra requerida por nuestra legislación o el convenio correspondiente.

En cuanto al modo en que debe calcularse dicho mínimo punitivo, en los casos de reclamación para ejecución, deben reseñarse dos cuestiones. La primera de ellas que, a diferencia de lo que recoge el precepto en el supuesto de reclamación para enjuiciamiento en el que se exige que los hechos sean típicos en ambos ordenamientos y señalen una "*pena o medida de seguridad cuya duración no sea inferior al año en su grado máximo o una pena más grave*", en la petición de extradición para cumplimiento únicamente se requiere que la condena impuesta no sea inferior a cuatro meses de privación de libertad respecto de hechos "*también tipificados en la legislación española*"; esto es, no se contiene otra exigencia que la relativa a la tipificación del hecho, sin entrar a valorar si la pena imponible en España hubiera podido alcanzar dicho mínimo o no. La segunda, si el mínimo punitivo se refiere a la sanción impuesta o a la pena que queda por cumplir. Si nos atenemos a la literalidad del art. 2.1 del Convenio Europeo de Extradición, la mención lo es a la *sanción impuesta*, utilizando un criterio formal, con independencia de la que quede por cumplir, y así se ha pronunciado la Sala de lo Penal[478]. Por el contrario, en el art. 2 de la Ley de Extradición Pasiva, la referencia lo es al "cumplimiento" de una condena no inferior a cuatro meses, lo que permite entender que, si la parte restante de la condena impuesta pendiente de servicio es inferior a dicho umbral, dado que cumplimiento "*es la acción o efecto de cumplir*", valiéndose el legislador de una perspectiva material, no se satisfaría el mínimo punitivo en ejecución. Respecto de dicho mínimo punitivo, la Sección 1.ª de la Sala de lo Penal de la Audiencia Nacional, en su Auto 400/2023, de 15 de junio, se ha encargado de precisar que una condena en régimen abierto cumple con dicho requisito[479].

---

ante una excepción a la regla general de referencia al grado máximo de los delitos, remitiéndose aquí a su límite mínimo, pero el Pleno de la Sala de lo Penal, en su Auto 26/2023, de 18 de abril, ha entendido que "*sin perjuicio de que en alguna resolución aislada se haya seguido distinto criterio, sin duda erróneo, esta Sala considera sin fisuras que el mínimo al que se refiere el precepto citado no es el mínimo legal imponible para cada delito, sino que se emplea para establecer que el cumplimiento del requisito del mínimo exige que ha de tratarse de un delito cuya pena lleve aparejada como mínimo dos años de prisión, referido a la pena máxima legal que puede imponerse*". Algún apoyo puede tener esta postura en la Exposición de Motivos de la Ley 4/1985, pues a la hora de referirse al sistema instaurado –que se basa en el máximo fijado al tipo penal–, hace referencia como novedad a la *fijación de un límite mínimo a la gravedad del hecho*, con lo que parece siempre equiparar umbral mínimo de gravedad con un determinado máximo de pena imponible. Sin embargo, la Sala no lo ha tenido siempre tan claro. Así, el Auto 644/2022, de 24 de octubre, de la Sección 1.ª, estableció: "*Por otro lado, tampoco concurre el requisito del mínimo punitivo exigible ya que las infracciones por las que se ha de pedir la extradición han de tener una pena superior a un año de prisión, y siendo que el artículo 227 del Código Penal Español prevé una pena de prisión de tres meses a dos años, es por lo que tampoco concurre este requisito legal*". Ciertamente existen argumentos en contra de la línea establecida en el Pleno de Sala de lo Penal: en primer lugar, la interpretación literal, pues claramente el convenio con Marruecos hace referencia a "*dos años como mínimo*", siendo así que mínimo, según la RAE es "*límite, valor o punto mínimo*", lo que difícilmente puede equipararse con un máximo; en segundo término, de orden sistemático, pues si el resto de los convenios, casi sin excepción, han huido del término "mínimo" y siempre se han referido al "máximo" es porque han entendido que mínimo podía asimilarse a límite mínimo de la pena; por último, de orden bilateral en relación con el Reino de Marruecos, pues la Sala, al fijar su postura, no ha comprobado si esta misma interpretación es la que hacen las autoridades judiciales marroquíes, con lo que podríamos encontrarnos ante una grave discrepancia interpretativa que conllevaría una falta de reciprocidad en la aplicación del tratado.

478 Auto de Sala Pleno 13/2021, de 19 de febrero.

479 "*Debemos considerar que, aunque la pena en abstracto impuesta es de dos años, la forma de ejecución penitenciaria en régimen abierto determina que sea una modalidad de pena que no pueda considerarse*

Centrada, pues, la cuestión en la solicitud de entrega para enjuiciamiento, la doctrina considera que debe tenerse en cuenta el grado de consumación de la infracción y los distintos tipos de autoría y complicidad, así como la existencia de subtipos agravados[480]. Sin discutir lo relativo a los subtipos agravados, en lo referido al grado de consumación la Sala de lo Penal, se muestra rotundamente en contra. Variando nuestra postura anterior, entendemos que es razonable la postura de la Sala: de la misma forma que, internamente, se tiene en cuenta la pena "*señalada al tipo penal para el autor del delito consumado*" (art. 61 CP) a efectos de prescripción, por ejemplo, al emplear el art. 131 CP los términos "*pena máxima señalada al delito*" o "*pena máxima señalada por la ley*", parece coherente entender que esa misma dicción contenida en los convenios, "*señale una pena (...) en su máximo*", debe tener idéntica interpretación, por lo que la referencia será siempre al delito consumado[481]. Por este mismo motivo, no se tomarían en consideración las distintas modalidades de participación criminal. También debieran desecharse a la hora de determinar el mínimo punitivo las atenuaciones especiales en que la penalidad final resultante se mueve en campos de discrecionalidad más propios de la aplicación judicial que de la tipicidad, pues de utilizarlos el tribunal de la extradición se situaría incorrectamente en el lugar del órgano de enjuiciamiento, a diferencia de lo que sucede en los tipos complementados, que se diferencian de la tipificación específica de los delitos base por la introducción de elementos objetivos.

Con relación a los tipos cuya tipificación se produce en función de la cuantía y en los que podemos encontrarnos con subtipos atenuados que no alcanzan el mínimo punitivo, al ser la cantidad objeto de la acción penal inferior a la que fija la legislación española para la infracción ordinaria (como sucede en la estafa, la apropiación indebida y el hurto en cantidad inferior a 400 euros), la doctrina de la Sala de lo Penal de la Audiencia Nacional, recogida en el Auto 28/2017, Sección 2.ª, de 4 de octubre, es uniforme, como ya vimos en páginas anteriores: no es suficiente una mera equivalencia cuantitativa, sino que habrá que estar al significado económico que la cuantía en cuestión tenga en cada Estado[482].

---

equivalente a la de prisión de cumplimiento carcelario, lo que plantea ciertas dudas al respecto (...) lo que es cierto que los términos del art. 2.1 del CEEX son muy amplios y establecen que la pena de que sean susceptibles los delitos o la impuesta ha de ser de prisión o medida de seguridad, por lo que la pena de dos años de privación de libertad en su modalidad de ejecución en penitenciaría abierta en principio no se puede descartar que quedaría cubierta por esta previsión del CEEX, por lo que en puridad no puede considerarse como que no cumpla el mínimo penológico".

480 Alcácer Guirao, *op. cit.*, pág. 65.

481 Auto del Pleno de la Sala 65/2020, de 13 de noviembre, "*(...) como apunta el Auto recurrido a la hora de determinar la pena máxima asignada a determinado delito en las relaciones internacionales, se ha de partir de la sanción señalada para el delito consumado, con independencia por tanto del grado de ejecución del ilícito penal*".

482 "*Así se decía, por ejemplo, en auto del Pleno de 17 de noviembre de 2008, del que trascribimos el siguiente párrafo: «A diferencia del parecer del recurrente, es doctrina ya consolidada del Pleno de esta Sala que, para la calificación de los hechos en los procedimientos de extradición, no puede atenderse a los límites cuantitativos que separan, en nuestro país, al delito de la falta, pues el valor del dinero no es homogéneo en los diferentes países, tratándose de realidades distintas, y de políticas criminales diferentes, por lo que los límites cuantitativos de tal diferenciación es solo atribuible a los órganos legislativos de los correspondientes países, debiendo atenderse a las diferenciación cualitativa, esto es, sobre la base de los elementos de la acción que caracterizan al ilícito punitivo, tal y como este se contemple en ambas legislaciones»*". En el mismo sentido, Auto de la Sala de lo Penal de la Audiencia Nacional, Sección 2.ª, 31/2017, de 9 de octubre: "*La Sala debe rechazar este planteamiento y referirse para ello a la reiterada jurisprudencia en la materia de la Sala de lo Penal de la Audiencia Nacional, que viene a decir que la doble incriminación*

Esta tesis tiene apoyo en la doctrina, que entiende que nos encontramos ante infracciones absolutamente similares en esencia, y en que la variación típica se refiere a umbrales económicos o numéricos (incluyendo aquí también los porcentajes de alcohol en sangre o aire espirado en la conducción alcohólica), por lo que aboga por la entrega a pesar de que la suma nominal no coincida con la establecida en la propia legislación penal, atendiendo a la relevancia económica de la cantidad en el Estado requirente más que su significado en el Estado requerido[483].

No obstante lo anterior, salvo en aquellas materias en que las que el legislador convencional se ha pronunciado claramente en contra de la equiparación de las cuantías, como es el caso de ciertos tratados en relación con el delito fiscal, seguimos pensando que se introduce un elemento de inseguridad jurídica evidente, dado que la Sala nunca va a estar en condiciones de calibrar la verdadera equivalencia de las cantidades de un modo cierto y fiable, limitándose a realizar una asimilación *ex ante* entre nuestro tipo ordinario y el delito extranjero con independencia de las cuantías ofrecidas y su verdadera significación en el país requirente atendida su realidad económica y social, por lo que no estará en condiciones de compararlas con las nuestras de una manera verdadera. La Sala, en la práctica, parte siempre de la base de que la suma que fundamenta el delito menos grave o grave en el país de acusación es asimilable a nuestro tipo ordinario, por más que, materialmente, pudiera encajarse en un subtipo atenuado que no reuniera las condiciones del mínimo punitivo exigido en la LEP. En consecuencia, para no hacer de la doctrina de la propia Sala una ficción, debiera admitirse al menos una prueba encaminada a demostrar con rigor la correspondencia o falta de correspondencia de los importes que fundamentan la punición en el Estado requirente y requerido para ver si existe o no una "*similitud cualitativa entre cantidades dispares*", teniendo en cuenta el distinto nivel adquisitivo de ambos y la equivalencia monetaria. Doctrinalmente se ofrece como solución la consulta del índice de precios de referencia de ciertos bienes y servicios básicos en el estado requirente como forma de ayudar a los tribunales del estado requerido en su evaluación[484].

Ligado al mínimo punitivo se encuentra el llamado principio de proporcionalidad. Dicho principio, salvo como uno de los criterios decisorios en materia de extradición de nacionales o en la consideración de un delito como delito político, no tiene cabida en materia extradicional, pues se identifica con el principio de *minimis non curat praetor* o principio de mínima gravedad, también llamado principio del olvido o marginación de hechos leves, que juega en el momento de establecer los hechos extraditables. Es en dicha ocasión, y en abstracto, cuando el legislador, bien en la Ley de Extradición Pasiva, bien en los tratados correspondientes, realiza una ponderación entre el derecho a la libertad del potencial

en ningún caso abarca a la necesidad de equiparación de cuantías mínimas cuando estas sean elementos determinantes del propio delito, ya que su fijación corresponde a cada sistema en función de sus propios parámetros (de) valoración de la gravedad de la conducta para su consideración como delito, sin que la diferencia de escala de las economías entre dos Estados pueda convertirse en un elemento decisivo para la consideración como delito de una determinada conducta que, como en el caso, no se trata además de una mera elusión del pago de impuestos sino de una defraudación tributaria a través de la creación de un artificio que tenía precisamente como finalidad el incumplimiento de las obligaciones tributarias y el perjuicio de la hacienda pública argentina".

483 Almeida Costa, M. J., *Extradition law: reviewing..., op. cit.*, pág. 376

484 Almeida Costa, M. J., *Extradition law: reviewing..., op. cit.*, pág. 376.

extraditurus y la gravedad de los delitos que puedan justificar la extradición, estableciendo el mínimo de punición que deben requerir las infracciones que motiven una demanda extradicional para justificar la entrega. Más allá de ese momento, el principio de proporcionalidad no juega en concreto en el momento de decidir sobre una específica petición, pues de manera deliberada el legislador ha evitado utilizar dicho criterio como causa de denegación. El motivo es claro: siendo la política criminal una cuestión propia de cada Estado, esto se traduce en disparidad de criterios acerca de la gravedad de los delitos y el castigo a que son acreedores. En consecuencia, una alegada falta de proporcionalidad no puede ser causa de denegación fuera de su rechazo en los casos de penalidad excesiva, como son la pena de muerte o tratos inhumanos o degradantes recogidos en el art. 4 LEP, entendidos estos últimos, según doctrina del Tribunal Constitucional ya citada, como la cadena perpetua efectiva o los castigos corporales. Más allá de dichos extremos, la simple disparidad en la respuesta punitiva para las mismas infracciones no puede ser causa ni de denegación ni de condicionamiento. De admitirse, se introduciría una enorme carga de subjetividad en la decisión e incluso en los parámetros a utilizar: los sistemas de comparación pueden ser variados, pues, frente a quienes sostienen que dicha evaluación debe hacerse por comparación de las penas previstas en el Estado requerido, otros abogan por considerar el contexto penológico del país requirente, opción esta última que se mantendría en el límite de la interferencia en los asuntos internos de dicho Estado, pues se evaluaría la pena dentro del contexto de su sistema penal[485].

En este sentido, la doctrina recuerda que, durante la tramitación parlamentaria del proyecto de Ley de Extradición Pasiva, se rechazó una enmienda de la entonces conocida como minoría catalana encaminada a inadmitir la extradición cuando la pena a imponer por los hechos fuera superior a la que correspondería conforme a la legislación española[486]. Este principio general se refleja incluso en los casos de ejecución de pena extranjera en España, en los que el criterio más frecuente resulta ser el de prosecución de la pena impuesta, según el Tribunal Supremo[487].

---

485 Almeida Costa, M. J., *Extradition law: reviewing..., op. cit.*, pág. 327. El autor, en casos flagrantes y patentes de absoluta desproporción, aboga por encomenzar la competencia para rechazar la entrega al ejecutivo, dado que es quien tiene una capacidad enteramente discrecional de denegación que va más allá del propio ámbito de actuación de los tribunales, según puede verse en la pág. 328.

486 Pastor Borgoñón, citando a Serrano Alberca, *op. cit.*, pág. 244.

487 STS 71/2018, de 8 de febrero: "*Por ende, la duración de la pena vincula al Estado de ejecución, salvo que la naturaleza o duración de la pena sean incompatibles con la legislación del Estado de cumplimiento. Expresado en los términos de la STS 47/2018, de 29 de enero, que glosa la misma norma: «La lectura combinada de esos apartados permite concluir que el principio que inspira la relación entre ambas jurisdicciones en los supuestos de traslado de condenados, no es otro que el de prosecución de la pena impuesta por las autoridades remitentes, en este caso, la autoridad judicial panameña».*

En definitiva, la mera falta de concordancia de la pena impuesta por el tribunal extranjero, con el marco punitivo sobre el que operaría la individualización judicial en nuestro ordenamiento, e incluso con la conminación en el tipo penal aplicado, por sí sola, en nada empece a la denegación de la adaptación. Salvo la incompatibilidad de esa pena con nuestra legislación, ya fuere por su naturaleza o su duración; cuestión que se analiza en los fundamentos subsiguientes, al integrar tal circunstancia el enunciado común de las normas que, en los sucesivos motivos, se afirman incumplidas". En esta materia incluso, la STC 81/2022, de 27 de junio, diferencia entre compatibilidad y proporcionalidad: "*La norma emplea la palabra «incompatible», no «desproporcionada». Una mera exégesis gramatical permite distinguir ambos conceptos. La «incompatibilidad» hace referencia a todo aquello que no pueda estar, funcionar o coexistir con otra persona o cosa, es decir, que sea sustancialmente diferente, antagónico, contradictorio, imposible o irreconciliable. La «desproporción», en cambio, hace alusión a todo aquello que no guarde*

Al respecto, nos remitimos a la opinión del Juez Elias, de la High Court de Londres, en el caso Sandru *vs.* Government of Rumania, de 28 de octubre de 2009 (2009) EWHC 2.879 (admin.), relativo a un robo o muerte de 10 gallinas: "*The appropriate sentence is, in part, a function of culture (...). It may be, for example, that in this case the Romanian courts treat theft of livestock and its subsequent destruction far more seriously than English courts would typically do. If the sentence is thought to be too high, the answer is to challenge it in Romania*". En España, el Auto de Sala de lo Penal de la Audiencia Nacional, Pleno, 251/2018, de 6 de abril y otros posteriores, rechazan la aplicación del principio de proporcionalidad, desechando que las penas previstas en la legislación española sean las únicas proporcionales, pues debe tenerse en cuenta la realidad social del país requirente, recalcando que solo en casos realmente extremos tendría cabida[488]. Efectivamente, si, como

---

una adecuada o equilibrada relación con otro u otros elementos, lo que no implica necesariamente que sean excluyentes entre sí".

[488] "*(...) Hay que tener en cuenta que los procedimientos de extradición no son ni pueden ser la vía para armonizar las penas previstas en las legislaciones de los Estados. El principio de proporcionalidad implica que la pena debe atemperarse a la gravedad del hecho, pero ello no supone que solo las previstas en nuestra legislación actual sean las proporcionales al delito. No nos encontramos ante la ejecución en España de una condena impuesta en un país extranjero, que sería un supuesto distinto donde podrían tener entrada formas de adaptación de la pena a la legislación española. En materia de extradiciones ni en convenio alguno suscrito por España, ni en la LEP, se posibilita la exigencia de que las penas no sean superiores a las previstas en nuestra legislación, tampoco que sean equivalentes. Solo en supuestos realmente extremos de divergencia entre penas podrá entenderse conculcado el principio de proporcionalidad, entendido como una garantía de pena e inserto en el principio de legalidad*". Discrepamos de la última consideración de la Sala. La proporcionalidad aquí no se debe poner en relación con el principio de legalidad penal, pues no es la legalidad española la que resulta de aplicación en el proceso extradicional, sino con la garantía de no imposición de tratos inhumanos y degradantes. Por esto, los límites de admisión de la penalidad extranjera serán notoriamente más amplios, excluyendo dicha pena de muerte o los tratos inhumanos o degradantes. Últimamente, Auto 336/2023, de 12 de mayo, de la Sección 1.ª: "*Es criterio consolidado del Pleno de esta Sala (autos 57/2019, de 1 de julio, y 10/2021, de 15 de febrero, entre otros), que a este Tribunal (...) no le corresponde hacer una crítica sobre la penalidad que atribuye el Estado reclamante a los tipos delictivos aplicables a las conductas supuestamente protagonizadas por el reclamado, pues ningún precepto legal convencional lo impone*". También, Auto 353/2023, de 24 de mayo, de la Sección 1.ª: "*por último, y en relación con el principio de proporcionalidad, se afirma en la vista extradicional, por la defensa del reclamado, que la pena que podría imponerse al. reclamado, según la legislación penal argentina que figura en la demanda extradicional, excedería con mucho, especialmente cuando se trata de concurso de delitos, de la pena prevista por nuestro Código Penal para supuestos semejantes. Respecto de este principio, hemos dicho en algunas resoluciones, como la del Pleno de 18 de diciembre de 2020, en casos de diferente la respuesta penológica, «(...) su desproporción en nada afecta al cumplimiento de los requisitos necesarios para acceder a la extradición. Ni el Tratado de extradición aplicable ni la Ley de Extradición pasiva condicionan la aceptación de la extradición a la semejanza de las penas Imponibles en uno y otro ordenamiento (...)». Igualmente, en el Auto del Pleno de 15 de enero de 2016, respecto de la alegada desproporcionalidad de la pena, indicamos que «(...) la diferente respuesta punitiva prevista en la ley no es argumento que obstaculice la entrega y que en materia extradicional el principio de proporcionalidad referido al máximo punitivo opera en relación a la pena de muerte y a la de reclusión perpetua. Incluso en este caso se autoriza la extradición siempre que el Estado de emisión garantice que se impondrá una pena que no signifique necesaria e indefectiblemente privación de libertad de por vida; concluyendo que la pena prevista en abstracto no permite considerar que atenta contra el principio de proporcionalidad. Y, en el mismo sentido, entre otros, el auto de Pleno de esta Sata 81/2019 de 22 noviembre aclara que la diferencia penológica no afecta a los principios de doble incriminación y mínimo punitivo y no puede obstar a la entrega, salvo que la pena prevista fuera inhumana o degradante y contraviniera los principios establecidos en los artículos 15 y 25 de la Constitución Española. Además de todo ello, en modo alguno, como se dijo en el auto del Pleno de 16 de octubre de 2020 (Recurso de Súplica 58/2020) la previsión máxima de pena que resulta de sumarias previstas en el ordenamiento jurídico del país reclamante no puede considerarse como la imposición de penas que atenten a la integridad corporal del reclamado o que puedan suponer someterse a tratos inhumanos o degradantes, que es lo que determina según el art. 4 en su n.º 6 de la Ley de Extradición Pasiva la concurrencia de una causa para denegarla extradición (...)»*". De la misma sección, Auto 410/2022, de 29 de junio: "*En otro Auto de Pleno de 15 de*

afirma la doctrina constitucional, el proceso de asignación de penas "*implica un complejo juicio de valoración política y social*"[489], lo que no puede hacer el tribunal de ejecución es pasar por encima del proceso de elaboración de una norma ajena que ha tenido en consideración circunstancias sociales y políticas propias del Estado de emisión.

Consideramos que los requisitos contenidos en el art. 2 LEP son cumulativos; esto es, sería un fraude de ley que, no reuniéndose el mínimo punitivo requerido para la extradición a efectos de enjuiciamiento (duración en su máximo de, al menos, un año de prisión), el país requirente esperase a la condena en el caso en cuestión para, seguidamente, solicitar la extradición para ejecución de una pena de, al menos, cuatro meses. Como se ha dicho por la doctrina, no estamos ante normas autónomas, sino complementarias[490]. Asimismo, deberá tenerse en

---

enero de 2016, respecto de una alegada desproporcionalidad de pena, indicamos que la diferente respuesta punitiva prevista en la ley no es argumento que obstaculice la entrega y que en materia extradicional el principio de proporcionalidad referido al máximo punitivo opera en relación a la pena de muerte y a la de reclusión perpetua. Incluso en este caso se autoriza la extradición siempre que el Estado de emisión garantice que se impondrá una pena que no signifique necesaria e indefectiblemente privación de libertad de por vida; concluyendo que la pena prevista en abstracto no permite considerar que atenta contra el principio de proporcionalidad. Y , en el mismo sentido, entre otros, el auto de Pleno de esta Sala 81/2019, de 22 de noviembre aclara que la diferencia penológica n afecta a los principios de doble incriminación y mínimo punitivo y no puede obstar a la entrega, salvo que l pena prevista fuera inhumana o degradante y contraviniere los principios establecidos en los artículos 15 y 25 de la Constitución Española". En el mismo sentido, Auto del Pleno de la Sala 48/2023, de 19 de junio: "*(...) cabe recordar que la diferencia penológica no afecta a los principios de doble incriminación y mínimo punitivo y no puede obstar a la entrega, salvo que la pena prevista fuera inhumana o degradante y contraviniera los principios establecidos en los artículos 15 y 25 de la Constitución española; lo que no ha sido objeto de acreditación en el caso que nos ocupa y, por otro lado, en el caos presente la pena a imponer no es una pena de prisión indefinida por lo que dure la vida del reclamado, sino una pena con un límite marcado*". Asimismo, Auto 665/2022, de 24 de noviembre, de la Sección 4.ª de la Sala de lo Penal: "*Como ha señalado el Pleno de la Sala de lo Penal en numerosas ocasiones. Como la de 18 de diciembre de 2020, en casos de diferente respuesta penológica, su desproporción en nada afecta al cumplimiento de los requisitos para acceder a la extradición. No el Tratado de extradición aplicable ni la ley de Extradición pasiva condicionan la aceptación de la extradición a la semejanza de penas imponibles en uno y otro ordenamiento (...). Por este motivo, en otro auto de Pleno de 15 de enero de 2016, respecto de la alegada desproporcionalidad de la pena, indicamos que la diferente respuesta punitiva prevista en la ley no es argumento que obstaculice la entrega y que en materia extradicional el principio de proporcionalidad referido al máximo punitivo opera en relación a la pena de muerte y a la de reclusión perpetua. Incluso en este caso se autoriza la extradición siempre que el Estado de emisión garantice que se impondrá una pena que no signifique necesaria e indefectiblemente privación de libertad de por vida, concluyendo que la pena prevista en abstracto no permite considerar que atenta contra el principio de proporcionalidad. Y, en este mismo sentido, el auto de Pleno de esta Sala 81/2019, de 22 de noviembre, aclara que la diferencia penológica no afecta a los principios de doble incriminación y mínimo punitivo y no puede obstar a la entrega, salvo que la pena prevista fuera inhumana o degradante*". También, Auto 066/2021, de 12 de noviembre, de la Sección 1.ª de la Sala de lo Penal.

En materia OEDE, la STJUE de 14 de julio de 2002, caso KL, ha rechazado que la falta de proporcionalidad sea motivo de denegación de la entrega: "66. *Por otro lado, como señaló el Abogado General en el punto 63 de sus conclusiones, el posible carácter desproporcionado de la pena impuesta en el Estado miembro emisor no figura entre los motivos de no ejecución obligatoria y facultativa de una orden de detención europea contemplados en los artículos 3, 4 y 4 bis de la Decisión Marco 2002/584*".

[489] ATC 4/2019, de 29 de enero: "*Nuestra jurisprudencia ha reiterado que la decisión de cuál es la pena proporcionada que la ley debe asignar a un hecho determinado implica un complejo juicio de valoración política y social que —en principio— es competencia del legislador, por lo que el control constitucional solo puede corregir su criterio en casos de una desproporción evidente, esto es, en casos en los que la pena mínima prevista por la ley impusiera un sacrificio injustificado o cuando, por su duración, constituyera de hecho un trato inhumano o degradante desde la perspectiva del artículo 15 CE, como también ha indicado el Tribunal Europeo de Derechos Humanos (caso Vinter c. Reino Unido, antes citada) en relación con la prohibición establecida en el artículo 3 CEDH*".

[490] Cezón, *op. cit.*, pág. 105. En el mismo sentido, Pastor Borgoñón, *op. cit.*, pág. 295, considerando que responde al deseo de evitar la extradición por infracciones menores. De otra opinión, Bellido Penadés, *op. cit.*, pág. 72, argumentando sobre el tenor literal de la Ley, olvidando la finalidad del precepto

cuenta el respeto al mínimo penológico en los casos en que, concedida la extradición por un hecho que reúna el mínimo penológico en el país requerido, un cambio de calificación de los hechos en el país requirente implique la no superación de los umbrales mínimos de pena[491].

Anudado a la cuestión del mínimo punitivo surge el llamado principio de accesoriedad. El art. 2 de la Ley de Extradición Pasiva permite, en caso de concurrencia de varios hechos en la reclamación extradicional, que solo uno de ellos reúna la penalidad mínima requerida. En este caso, podrá concederse la extradición por todos[492], entendiendo parte de la doctrina que no es preciso que sean conexos entre sí, lo que, en nuestra opinión, abriría la puerta a un fraude de ley. Bastaría agrupar causas enteramente dispares e inconexas para sortear la regla del mínimo punitivo[493]. Dado que la norma no contiene excepción alguna, no habría obstáculo para aceptar la entrega por hechos que fueran constitutivos de delitos leves conforme a nuestro ordenamiento[494]. Ahora bien, siempre será preciso que la pena prevista sea privativa de libertad, dado que la norma se refiere a menor duración, pero no a la distinta naturaleza de penas, que deberán ser siempre privativas de libertad[495], a diferencia de lo que sucedía durante la vigencia de la Ley de 26 de diciembre de 1958. La anterior Ley no contenía referencia alguna a esta cuestión y permitía sostener que era posible conceder la extradición accesoria incluso cuando las penas previstas en el ordenamiento del país requirente no fueran privativas de libertad[496].

Un último debate es el referido a la dimensión temporal del principio de accesoriedad. Así, frente a quien sostiene la posibilidad de aplicar esta excepción en segundas o ulteriores solicitudes de extradición[497], consideramos que estamos ante una excepción a la regla general que debe ser aplicada restrictivamente y que es acotada por la norma al supuesto de presentación conjunta de varios hechos dentro de la solicitud extradicional.

(art. 3.1 CC). El Auto 25/2021, de 21 de junio, de la Sección 2.ª de la Sala de lo Penal, considera que la LEP establece criterios alternativos. No obstante, entiende que "*hemos de recordar que esta norma es puramente de aplicación subsidiaria o en ausencia de tratado, sin que por ello constituya un criterio interpretativo generalizable (...) en relación al CEEX, siendo un tratado multilateral, su interpretación debe tener ese mismo carácter (...) el informe explicativo al Convenio Europeo de Extradición (...) se pronuncia en el sentido de que el art. 2 CEEX contiene un doble requisito, de doble incriminación y mínima sanción, de al menos un año de prisión, además, complementariamente, de un mínimo de cuatro meses, cuando se trata de extradiciones para cumplimiento de condena (...), por tanto, el sistema que sigue el CEEX viene a establecer un criterio de proporcionalidad complementario (...)*". En el mismo sentido, Auto 465/2023, de 16 de octubre, de la Sección 3.ª.

491 Cezón, *op. cit.*, pág. 108, citando el Convenio Europeo de Extradición, concretamente, su art. 14.3: "*Cuando la calificación del hecho imputado se modificare durante el procedimiento la persona entregada no será perseguida o sentenciada sino en la medida en que los elementos constitutivos de la infracción nuevamente calificada hubieran permitido la extradición*".

492 "*Cuando la solicitud se refiera a varios hechos y solo concurran en algunos de ellos los requisitos del párrafo anterior sobre duración de penas o medidas de seguridad, el acuerdo de extradición podrá extenderse también a los que tengan señalada penalidad inferior*".

493 Cezón, *op. cit.*, pág. 112.

494 En este sentido, Bellido Penadés, *op. cit.*, pág. 74, que recoge postura contraria de una antigua jurisprudencia de la Sala de lo Penal de la AN.

495 Bellido Penadés, *op. cit.*, pág. 75.

496 Pastor Borgoñón, *op. cit.*, pág. 327, era de esta opinión, citando además el art. 2.2 del Convenio Europeo de Extradición tras el Segundo Protocolo Adicional de 17 de marzo de 1978, que lo permite en casos de sanciones pecuniarias y será de aplicación preferente a la LEP.

497 Cezón, *op. cit.*, págs. 111 y 112.

III. Juicio en ausencia

La LEP sigue una sistemática de tipo continental y dispersa en varios motivos de denegación lo que en la doctrina anglosajona se agrupa en una única causa de denegación por vulneración de derechos fundamentales, dividida en motivos de carácter material (torturas y tratos inhumanos y degradantes), de carácter procesal (ausencia de juicio justo –con referencia a los juicios en ausencia–, vulneración de derechos fundamentales procesales y acusación discriminatoria) y de naturaleza penal (pena de muerte, cadena perpetua y pena discriminatoria)[498]. Teniendo en cuenta, pues, que todos los motivos de denegación citados y existentes en los arts. 4 y 5 de la Ley obedecen a una lógica común –protección de los derechos fundamentales–, iniciaremos el análisis del primero de ellos, según el orden en que aparecen en la LEP.

Según el art. 2 de la Ley, si la solicitud de extradición se basa en una sentencia dictada en rebeldía y el reclamado ha sido condenado a una pena que según nuestra legislación no cabe imponer en ausencia, se concederá la extradición condicionada a que la representación diplomática en España del país requirente ofrezca garantías de que el reclamado será sometido a un nuevo juicio en el que deberá estar presente y debidamente defendido. Nótese que, como ha señalado la doctrina, la LEP se refiere solo a una de las condiciones que permiten el enjuiciamiento en ausencia en nuestro derecho, cual es la pena máxima imponible[499]. Sin embargo, las exigencias del proceso debido implican que, en una interpretación integradora del art. 2 con lo dispuesto en los arts. 24 de la Constitución –derecho de defensa–, 786.1 LECrim. y 3 del Segundo Protocolo Adicional del Convenio Europeo de Extradición, tenga que entenderse referido este art. 2 LEP a la totalidad de las condiciones que permiten el enjuiciamiento en ausencia, incluida la citación personal o en el domicilio o en persona designada, según el trámite del art. 775 LECrim.[500], de manera que pueda

---

[498] Sadoff, *op. cit.*, págs. 293 a 313.

[499] Bellido Penadés, R. "La condena en rebeldía en el proceso español de extradición pasiva", Revista Española de Derecho Constitucional n.º 57, año 19, septiembre-diciembre 1999, pág. 292.

[500] De este parecer, Bellido Penadés, *La condena en rebeldía...*, op. cit., pág. 292. No es esta la posición de la Sala, que únicamente pone su atención en el límite penológico. En este sentido, Auto de 17 de enero de 2019, dictado por la Sección 1.ª de la Sala de lo Penal de la Audiencia Nacional en el Rollo 45/2018. Por contra, el Auto 156/2022, de 1 de abril, de la Sección 2.ª de la Sala de lo Penal, tras recoger la argumentación expuesta, afirma que "*No consta la existencia de citación personal o en la persona o domicilio designados que le pudiera hacer llegar la citación, que nunca le fue entregada. Por ello, y de acuerdo además con la doctrina establecida (...) por la STJUE de 17 de diciembre de 2020, caso TR, habrá que acceder a la entrega siempre que se garantice un nuevo juicio. Esta garantía ha de entenderse cumplida por cuanto la autoridad emisora de la orden de detención hace constar que la sentencia por la que se reclama está sujeta al principio de contradicción, garantizando que la sentencia se recibirá personalmente a la mayor brevedad tras su emisión y, cuando la haya recibido, será informado expresamente de su derecho a un nuevo juicio o a un recurso de apelación, en el que el interesado tiene derecho a participar y permite reexaminar el fondo de la causa, teniendo en cuenta nuevas pruebas, y puede dar lugar a una invalidación de la resolución inicial, y será informado del plazo en el que debe solicitar un nuevo juicio o un recurso de apelación*".

[501] "*En conclusión, la jurisprudencia de este tribunal sobre la eventual constitucionalidad de la entrega a un tercer país a efectos de cumplimiento de una pena impuesta en un juicio celebrado en ausencia y, por lo que respecta únicamente a la exigencia de conocimiento y emplazamiento del condenado, puede concretarse en los siguientes aspectos relevantes: (i) la regla general desde la perspectiva del derecho a un proceso con todas las garantías (art. 24.2 CE) es que las personas condenadas en ausencia tienen derecho a que un tribunal se pronuncie de nuevo sobre el fondo del asunto tras ser oídas; (ii) solo por vía de excepción se reconoce que no será necesario garantizar ese derecho de revisión cuando se constate que*

afirmarse sin lugar a dudas que dicha ausencia fue voluntaria, en línea con lo establecido por la STC 132/2020, de 23 de septiembre[501], y STJUE de 24 de mayo de 2016, caso Dworzecki[502].

El derecho a estar presente en la vista oral no es absoluto, pues ni está recogido en el Segundo Protocolo Adicional al Convenio Europeo de Extradición como causa de denegación ni impone como remedio una nueva vista, sino un nuevo proceso, lo que no es exactamente lo mismo[503]. Será suficiente un mecanismo, cualquiera que este sea, que permita al condenado ser oído, así como proponer y practicar pruebas como medio de rebatir la sentencia dictada[504].

Como ya señalamos en su día[505], el art. 47.2 de la Carta de Derechos Fundamentales de la Unión Europea —que tiene el mismo valor jurídico que los Tratados, según el vigente art. 6.1 del Tratado de la Unión— establece el derecho de toda persona a que su causa sea oída por un Tribunal independiente e imparcial. No menciona el derecho a su asistencia personal a juicio, en congruencia con el párrafo siguiente, que afirma que toda persona podrá hacerse aconsejar, defender y representar. Se abre la puerta a la innecesaridad de su presencia física en la vista oral, siempre que esté debidamente representada. Lo trascendente, como subraya la doctrina, es que la ausencia en la vista no haya supuesto una merma efectiva de las posibilidades de defensa más que el frío dato de la condena en rebeldía[506], que, por otra parte, puede ser un simple procedimiento para evitar la prescripción[507]. Es por eso que afirmábamos[508] que la cuestión estriba en si el acusado ha tenido conocimiento del

---

la persona condenada ha sido debidamente emplazada y ha decidido libremente renunciar a su presencia en el juicio, siempre que cuente durante el mismo con la asistencia de abogado para la defensa de sus intereses; (iii) el debido emplazamiento exige que el acusado, con la suficiente antelación, haya sido informado en persona de la fecha y el lugar del juicio o pueda establecerse por otros medios que sin lugar a dudas ha tenido un conocimiento efectivo de esos aspectos; y (iv) la renuncia a estar presente en el acto de juicio debe de constar de manera inequívoca mediante una expresión de voluntad expresa o tácita".

[502] *"47. (...) debe establecerse sin lugar a dudas que el interesado «tenía conocimiento de la celebración prevista del juicio», el hecho de que la citación se entregara a una tercera persona que se comprometió a entregarla a su vez al interesado, tanto si esa persona vive en el domicilio del interesado como si no vive allí, no puede, por sí solo, satisfacer estas exigencias. En efecto, esa forma de citación no permite demostrar sin lugar a dudas que el interesado recibiera «efectivamente» la información referente a la fecha y el lugar del juicio que le afectaba ni tampoco, en su caso, el momento preciso de esa recepción".*

[503] Art.3.2 del Protocolo: *"Cuando una parte contratante pida a otra Parte Contratante la extradición de una persona con el fin de ejecutar una resolución dictada contra ella en rebeldía, la Parte requerida podrá denegar dicha extradición si, en su opinión, el proceso que dio lugar a la sentencia no respetó los derechos mínimos de defensa reconocidos a cualquier persona acusada de un delito.*

No obstante, se concederá la extradición si la parte requirente diese la seguridad que se estimare suficiente para garantizar a la persona cuya extradición se solicita el derecho a un nuevo proceso que salvaguarde los derechos de defensa. Esta decisión autorizará a la Parte requirente, bien a ejecutar la sentencia de que se trate, si el condenado no se opusiere a ello, bien en caso contrario a proceder contra la persona objeto de extradición".

[504] Bellido Penadés, *La condena en rebeldía..., op. cit.*, pág. 294.

[505] Bautista Samaniego, *Aproximación crítica..., op. cit.*, pág. 85.

[506] Rodríguez Sol, L. (2006) "Sentencia dictada en rebeldía", en VV. AA. *La orden de detención y entrega europeas*, Cuenca, ed. UCLM, pág. 284. Ídem, García Sánchez, *op. cit.*, pág. 322.

[507] Como señala el art. 14.2 del Convenio Europeo de Extradición: *"Sin embargo, la parte requirente podrá tomar las medidas necesarias, de un lado, para una posible expulsión de su territorio y, de otro, para una interrupción de la prescripción con arreglo a su legislación, incluido el procedimiento en rebeldía".*

[508] Bautista Samaniego, *Aproximación..., op. cit.*, pág. 85.

proceso, ha podido articular una estrategia de defensa, ha tenido oportunidad de comparecer a través de representante nombrado por él, ha seguido o podido seguir la estrategia de su defensa y, en caso de comparecer posteriormente, se le ha dado la oportunidad de celebrar un nuevo juicio o se le ha facilitado el acceso a un recurso en el que pueda ser oído y presentar evidencias[509], en la línea con lo recogido en el art. 4 bis de la Decisión Marco de 23 de junio de 2002[510], sobre Orden Europea de Detención y Entrega. Nótese que, como señala la doctrina, el carácter potestativo de la revisión de una sentencia

---

[509] Como afirma De Miguel Zaragoza, en *Algunas causas de rechazo de la extradición*, Boletín de Información del Ministerio de Justicia n.º 1847, de 1 de julio de 1999, pág. 1691 (15) respecto del Tratado Modelo de Extradición de Naciones Unidas. "*El Tratado modelo de Naciones Unidas, menciona esta causa entre las causas de denegación obligatoria [art. 3 g)], pero no impone un automatismo acrítico, pues solo se permite el rechazo si «a la persona condenada no se le avisó con suficiente antelación de que iba a comparecer en juicio, ni se le dio la oportunidad de organizar su defensa». Es decir, las sentencias contra el contumaz son admisibles. Tampoco exige estrictamente la repetición del juicio, sino la posibilidad de revisión de la causa, por lo que un recurso tipo apelación, no limitado por tanto a puntos de derecho, salvaguardaría esta exigencia*". En el mismo sentido, Sadoff, *op. cit.*, pág. 301.

[510] "*Artículo 4 bis. Resoluciones dictadas a raíz de un juicio celebrado sin comparecencia del imputado. -1. La autoridad judicial de ejecución también podrá denegar la ejecución de la orden de detención europea a efectos de ejecución de una pena o de una medida de seguridad privativas de libertad cuando el imputado no haya comparecido en el juicio del que derive la resolución, a menos que en la orden de detención europea conste, con arreglo a otros requisitos procesales definidos en la legislación nacional del Estado miembro de emisión, que el imputado:*

a) con suficiente antelación:

i) o bien fue citado en persona e informado así de la fecha y el lugar previstos para el juicio del que se deriva esa resolución, o bien recibió efectivamente por otros medios, de tal forma que pueda establecerse sin lugar a dudas que tenía conocimiento de la celebración prevista del juicio, información oficial de la fecha y lugar previstos para el mismo, y ii) fue informado de que podría dictarse una resolución en caso de incomparecencia, o

b) teniendo conocimiento de la celebración prevista del juicio, dio mandato a un letrado, bien designado por él mismo o por el Estado, para que le defendiera en el juicio, y fue efectivamente defendido por dicho letrado en el juicio, o

c) tras serle notificada la resolución y ser informado expresamente de su derecho a un nuevo juicio o a interponer un recurso -en el que tendría derecho a comparecer y volverían a examinarse los argumentos presentados e incluso posibles nuevos elementos probatorios-, y de que el juicio podría dar lugar a una resolución contraria a la inicial:

i) declaró expresamente que no impugnaba la resolución, o

ii) no solicitó un nuevo juicio ni interpuso un recurso dentro del plazo establecido, o

d) no se le notificó personalmente la resolución, pero:

i) se le notificará sin demora tras la entrega y será informado expresamente de su derecho a un nuevo juicio o a interponer un recurso en el que tendría derecho a comparecer y volverían a examinarse los argumentos presentados e incluso posibles nuevos elementos probatorios, y de que el juicio podría dar lugar a una resolución contraria a la inicial, y

ii) será informado del plazo en el que deberá solicitar el nuevo juicio o interponer el recurso, tal como conste en la correspondiente orden de detención europea.

2. En caso de que una orden de detención europea se emita a efectos de ejecutar una pena privativa de libertad o una orden de detención con arreglo a las condiciones del apartado 1, letra d), y el interesado no haya recibido con anterioridad una información oficial sobre la existencia de una acción penal contra él, dicha persona, al serle informado el contenido de la orden de detención europea, podrá solicitar recibir una copia de la sentencia antes de ser entregada.

Inmediatamente *después de haber sido informada sobre la petición, la autoridad de emisión proporcionará la copia de la sentencia a través de la autoridad de ejecución a la persona buscada. La solicitud de la persona buscada no deberá demorar el procedimiento de entrega ni la decisión de ejecutar una orden de detención europea. El suministro de la sentencia a la persona interesada se hará con fines puramente informativos; no se considerará ni envío formal de la sentencia ni servirá para establecer plazos a efectos de solicitar un nuevo proceso o interponer un recurso.*

3. En caso de que una persona que sea entregada con arreglo a las condiciones del apartado 1, letra d), y haya solicitado un nuevo proceso o interpuesto un recurso, se revisará la detención de la persona que aguarde dicho nuevo proceso o recurso, hasta que las actuaciones hayan finalizado, de conformidad con la legislación del Estado miembro de emisión, ya sea de forma periódica o a solicitud de la persona

mediante un nuevo juicio está íntimamente relacionado con la protección del *extraditurus*, que puede preferir el cumplimiento de la pena a una vista cuyo desenlace puede ser una condena aún mayor. No tiene sentido alguno el obligarle a ser sometido a una nueva vista[511], como parece desprenderse del tenor literal de la LEP, que debiera interpretarse en el sentido del Segundo Protocolo del Convenio Europeo de Extradición. Es por ello por lo que la STDH (Gran Sala) de 1 de marzo de 2006, Sejdovic c. Italia, considera que los procesos en ausencia no son en sí mismos incompatibles con el art. 6 del Convenio; ahora bien, se hace preciso un nuevo pronunciamiento judicial en presencia salvo que el sujeto haya renunciado a dicho derecho, bien de forma expresa, bien de forma tácita. La renuncia debe ser inequívoca y el renunciante tiene que haber gozado de todas las garantías procesales en el momento de hacerlo[512]. Esta línea es reiterada en la posterior STDH de 22 de mayo de 2018, caso Topi contra Albania[513]. En el mismo sentido se ha pronunciado la STJUE de 2 de mayo de 2006, caso Eurofoods, apdo. 66, que permite idéntica restricción de este derecho siempre que vaya acompañada de la posibilidad de formular alegaciones[514]. En materia de OEDE, la STJUE de 23 de febrero de 2013 subraya con toda rotundidad que la

---

interesada. Dicha revisión incluirá, en particular, la posibilidad de suspensión o interrupción de la detención. El nuevo proceso o el recurso comenzará en el plazo debido tras la detención".

[511] Véase, Bellido Penadés, *La condena en rebeldía..., op. cit.*, págs. 292 y 293.

[512] *"Los procesos que se sustancian en ausencia del acusado no son en sí mismos incompatibles con el art. 6 del Convenio, se produce una denegación de justicia si un individuo condenado in absentia no puede obtener posteriormente un nuevo pronunciamiento por un Tribunal, tras haberle oído, sobre el fundamento de la acusación tanto de hecho como de derecho, a no ser que se pueda establecer de manera inequívoca que hubiere renunciado a su derecho a comparecer y a defenderse (vid. Colozza, previamente citada, p. 15, § 29; Einhorn v. France (dec.), núm. 71555/01, § 33, ECHR 2001-XI; Krombach v. France, núm. 29731/96, § 85, ECHR 2001-II; y Somogyi v. Italy, núm. 67972/01, § 66, ECHR 2004-IV) o que hubiere tenido la intención de sustraerse a la justicia (Medenica, previamente citada, ap. 55)» (apartado 82). En efecto, «[n]i la letra ni el espíritu del art. 6 impiden que una persona renuncie de forma voluntaria, expresa o tácitamente, a las garantías propias de un proceso justo (vid. Kwiatkowska v. Italy (dec.), núm. 52868/99, 30 de noviembre de 2000). Sin embargo, para ser eficaz a los efectos del Convenio, la renuncia del derecho a participar en el proceso ha de haberse realizado de manera inequívoca y estar rodeada de una serie de garantías acordes con su importancia (vid. Poitrimol v. France, Sentencia de 23 de noviembre de 1993, Serie A núm. 277-A, pp. 13-14, § 31)» (apartado 86). Asimismo, el «Tribunal ha establecido que cuando una persona acusada de un crimen no ha sido notificada personalmente de la acusación, no es posible inferir tan solo a partir de su estatus de fugitivo (latitante), que a su vez se fundaba en una presunción que adolecía de una base fáctica insuficiente, que había renunciado a su derecho a estar presente en el proceso y a defenderse a sí mismo (vid. Colozza, previamente citada, pp. 14-15, § 28). También ha tenido la ocasión de señalar que, para poder concluir que un acusado ha renunciado implícitamente, a raíz de su comportamiento, a un derecho importante reconocido en el art. 6 del Convenio, es necesario que aquel razonablemente hubiera podido prever las consecuencias de su actuación»".* En este sentido, Sadoff, *op. cit.*, pág. 299.

[513] *"53. The Court notes that the general principles as regards proceedings in absentia have been described in Sejdovic v. Italy ([GC], no. 56.581/00, §§ 81-95, ECHR 2006-II). The Court further notes that although proceedings that take place in the accused's absence are not of themselves incompatible with Article 6 of the Convention, a denial of justice nevertheless undoubtedly occurs where a person convicted in absentia is unable subsequently to obtain from the court which has heard his case a fresh determination of the merits of the charge, in respect of both law and fact, where it has not been established that he or she has waived his or her right to appear and to defend him or herself (see Sejdovic, cited above, 82 and Hokkeling v. the Netherlands, no. 30.749/12, § 58, 14 February 2017)".*

[514] *"El derecho a ser oído ocupa «un lugar preeminente en la organización y el desarrollo de un juicio justo" y, "aunque la aplicación concreta del derecho a ser oído puede variar en función de la urgencia con que deba resolverse el litigio, toda restricción al ejercicio de este derecho ha de estar debidamente justificada y debe ir acompañada de las garantías procesales que ofrezcan a las personas afectadas por dicho procedimiento la posibilidad efectiva de impugnar las medidas urgentes adoptadas" (en este mismo sentido, vid, entre otras, la STJUE de 15 de julio de 2010, Purrucker, C-256/09, apartado 95).*

presencia en la vista oral no es un derecho absoluto[515]. El Auto 56/2020, de 19 de octubre, del Pleno de la Sala de lo Penal recoge la doctrina anterior.

El Tribunal Constitucional ha desarrollado una amplia doctrina sobre la posibilidad de vulneración indirecta de los derechos fundamentales por parte de un juez español en caso de que exista un riesgo relevante de quebranto de estos en el Estado reclamante y, sin embargo, se acceda a la extradición, tal y como se señala en la STC 91/2000, de 30 de marzo[516]. De manera concreta, referida a la condena *in absentia*, la posición del Tribunal

---

[515] *"Como ha expuesto el Abogado General en los puntos 65 y 70 de sus conclusiones, la solución elegida por el legislador de la Unión, consistente en prever de forma exhaustiva los supuestos en los que debe considerarse que la ejecución de una orden de detención europea emitida para ejecutar una resolución dictada en rebeldía no vulnera el derecho de defensa, es incompatible con el mantenimiento de una facultad de la autoridad judicial de ejecución para someter esa ejecución a la condición de que la condena de que se trata pueda ser revisada con objeto de garantizar el derecho de defensa del interesado"*.

[516] *"Los poderes públicos españoles pueden vulnerar «indirectamente» los derechos fundamentales cuando reconocen, homologan o dan validez a resoluciones adoptadas por autoridades extranjeras (...). [E]l control del Poder Judicial español (y, en su caso, del Tribunal Constitucional) sobre la conformidad a los derechos fundamentales de la actuación de un poder público extranjero (...) no desaparece cuando la actuación del juez español produce un riesgo relevante de vulneración de los derechos fundamentales por parte de los órganos de un Estado extranjero o ejecuta resoluciones de tales órganos vulneradoras de dichos derechos (F. 6)"*. Fundamento de esta afirmación es *"la especial fuerza vinculante de los derechos fundamentales que, como bases objetivas de nuestro Ordenamiento, se imponen a los poderes públicos de forma incondicionada"* (F. 7). A esta proyección *ad extra* de los derechos fundamentales, no obstante, *"no pertenecen todas y cada una de las características con las que la Constitución consagra cada uno de ellos, por más que, en el plano interno, todas ellas vinculen inexcusablemente incluso al legislador, en razón de su rango. Solo el núcleo irrenunciable del derecho fundamental inherente a la dignidad de la persona puede alcanzar proyección universal"*. Puede así concluirse *"que hay un núcleo absoluto de los derechos fundamentales (...) conforme al cual los Tribunales españoles pueden y deben valorar la repercusión de los actos de los poderes públicos de los Estados extranjeros. Si tales actos han producido una lesión o representan un peligro relevante para ese núcleo de los derechos de cualquier ciudadano la resolución de la jurisdicción española que les otorga validez o eficacia puede infringir «indirectamente» la Constitución española"* (F. 8).

En relación con el contenido absoluto del derecho a un juicio justo (art. 24.2 CE), concluye la STC 91/2000, de 30 de marzo, que *"de ningún modo resulta compatible"* con el mismo *"la condena in absentia sin la (...) posibilidad ulterior de subsanar las deficiencias que la falta de presencia haya podido ocasionar en los procesos penales seguidos por delitos muy graves. Imponer, sin audiencia y defensa personal previa ni posterior, penas que afectan profundamente a los derechos más estrechamente ligados a la personalidad, sobre la base de imputaciones que comportan una reprobación de tal gravedad que se proyecta sobre la condición de la persona misma parece ya, prima facie, incompatible con su dignidad. Todo ello permite, además, afirmar que, al menos, en los procesos penales por delito muy grave, aquellos en los que está en juego una imputación que afecta a su dignidad personal y que comporta una seria privación de su libertad, la presencia en el acto del juicio oral no es solo un derecho fundamental del acusado sino también una de las que hemos denominado «reglas esenciales del desarrollo del proceso» (SSTC 41/1997, 218/1997, de 4 de diciembre y 138/1999, de 22 de julio), sin cuya concurrencia la idea de juicio justo es una simple quimera. De ahí se desprende, inmediatamente, que la falta de comparecencia temporánea no determina la preclusión de la facultad de estar presente en el juicio, pues, según acaba de verse, no se trata de una facultad cualquiera, sino de un componente básico de los juicios penales por delito grave.*

Por lo tanto cabe concluir que constituye una vulneración «indirecta» de las exigencias absolutas dimanantes del derecho proclamado en el art. 24.2 CE, al menoscabar el contenido esencial del proceso justo de un modo que afecta a la dignidad humana, según precisamos en el fundamento jurídico 8, acceder a la extradición a países que, en casos de delito muy grave, den validez a las condenas en ausencia, sin someter la entrega a la condición de que el condenado pueda impugnarlas para salvaguardar sus derechos de defensa".

En igual sentido, STC 181/2004, de 2 de noviembre: *"Sentado lo anterior, se hacen necesarias algunas precisiones relativas a la procedencia de las vulneraciones que el demandante achaca a las resoluciones judiciales. Algunas de esas vulneraciones se atribuyen directamente a la Audiencia Nacional, en tanto que otras se le imputan indirectamente, en cuanto reconocen, homologan o dan validez a un acto de un poder público extranjero, que es o pudiera ser contrario a alguno de los derechos fundamentales reconocidos por la Constitución española. Pues bien, esta posibilidad de vulneraciones indirectas de la Norma Fundamental no impide nuestro examen, ya que, como hemos afirmado en varias ocasiones y especialmente en la STC*

parece invariable pese a las críticas doctrinales[517], que consideran incorrecto determinar si se satisface el derecho a un juicio justo partiendo simplemente del análisis fragmentario de uno de los aspectos de un ordenamiento procesal extranjero —el juicio en ausencia— sin considerar dicho ordenamiento en su globalidad.

La postura "aparente" del Tribunal Constitucional, si nos atenemos en exclusiva a la parte dispositiva de sus sentencias, muy condicionada por el tenor literal de la Ley de Extradición Pasiva, ha sido la de supeditar la entrega a la celebración de un nuevo juicio. Sin embargo, en los razonamientos jurídicos de sus resoluciones se apunta de manera más precisa a una revisión de la sentencia dictada mediante un trámite que, en presencia del reclamado y con plenas garantías, le permita presentar alegaciones y pruebas a fin de reexaminarla. La STC 91/2000, de 30 de marzo, antes citada, contiene esta perspectiva, mucho más matizada, que se basa en la necesidad de que exista una posibilidad amplia de revisión de la sentencia dictada en ausencia en los términos arriba expresados.

Debemos reiterar que, pese a la literalidad de la Ley de Extradición Pasiva y la parte dispositiva de las sentencias del Tribunal Constitucional, en muchas ocasiones estas no son del

---

91/2000, de 30 de marzo, dictada por el Pleno de este Tribunal, los derechos fundamentales manifiestan una especial fuerza vinculante, imponiéndose a los poderes públicos españoles no solo en sus relaciones ad intra, sino también en sus relaciones ad extra.

Según hemos recordado recientemente, «el procedimiento de extradición (...) exige una cuidadosa labor de verificación por el órgano judicial en relación con las circunstancias alegadas por el reclamado, con el fin de evitar que, en caso de accederse a la extradición, se pudiera convertir en autor de una lesión contra los derechos del extraditado, bien porque hubiera contribuido a que la cesión de un derecho ya acaecida en el extranjero no fuera restablecida o a que no se impidiera que de la misma se derivaran consecuencias perjudiciales para el reclamado, bien porque, existiendo un temor racional y fundado de que tales lesiones se produzcan en el futuro, estas resulten favorecidas por la actuación de los órganos judiciales españoles al no haberlas evitado con los medios de que, mientras el reclamado se encuentra sometido a su jurisdicción, disponen, de modo que la actuación del Juez español produzca un riesgo relevante de vulneración de los derechos del reclamado (SSTC 13/1994, FJ 4, 141/1998, FJ 1, y 91/2000, FJ 6)» (SSTC 32/2003, de 5 de marzo, FJ 2; 148/2004, de 13 de septiembre, FJ 6)". Igualmente, STC 123/2009, de 18 de mayo, que reproduce literalmente la STC 91/2000, de 30 de marzo.

517 Cezón, *op. cit.*, pág. 116: "*(...) Es siempre incorrecto comparar fragmentariamente el sistema procesal extranjero con el nuestro, atender un elemento aislado del sistema extranjero sin considerar -muchas veces sin instrumentos para poder considerar- el proceso extranjero en toda su plenitud y sus concretos medios correctivos. El alcance de la segunda instancia, la celebración de juicios en ausencia, las condiciones en que el imputado puede declarar en el proceso, las exigencias de admisión de las pruebas de descargo, la forma de realizarse estas ante el tribunal, la misma regularidad de las pruebas y las normas sobre composición de los tribunales son cuestiones cuya idoneidad a efectos de conformación de un juicio equitativo (artículo 6 del Convenio de Roma) no puede resolverse a través del cotejo entre sus manifestaciones en nuestras instituciones y las que tienen en las del Estado requirente*". En el mismo sentido, Torres Muro, I. *Enseñar al que ya sabe. Las extradiciones ante el Tribunal Constitucional (STC 91/2000)*, Repertorio Aranzadi del Tribunal Constitucional 2000 II mayo-agosto, págs. 1881 y 1882: "*En estas condiciones, no creemos que pueda hablarse seriamente de condena sin garantías (...). El señor Paviglianiti no ha sido juzgado, es cierto, de acuerdo con las reglas del procedimiento penal español, pero sí lo ha sido aplicándole un sistema procesal que respeta, a nuestro juicio, los estándares mínimos en este campo, tal y como lo expresa el artículo 6.3.e) CEDH (...) que hay que recordar que habla de derecho a defenderse por sí mismo o ser asistido por un defensor a su elección, o el artículo 14.3.d) del Pacto Internacional de Derechos Civiles y Políticos, que considera garantía mínima del proceso penal la de hallarse presente (...) y defenderse personalmente o a ser asistida por un defensor de su elección. Erigir la presencia a toda costa para la condena pena supone ignorar que pueden darse múltiples circunstancias en las que la misma no se dé por razones que no tienen que ver con violaciones de los derechos del acusado sino con la conducta rebelde de este, conducta de la que, en ningún caso, debiera beneficiarse.*

La reflexión correcta para resolver el problema planteado (...) es la que ya sugiriera el magistrado RUBIO LLORENTE en su voto particular la sentencia 11/1983. La pregunta que hay que hacer es si el extraditado tuvo o no ocasión de oponerse a su condena en ausencia".

todo coherentes con sus razonamientos jurídicos. Como ya afirmamos en su día[518], a pesar de que miméticamente se ha venido afirmando que el Tribunal Constitucional ha exigido siempre y en todo caso un nuevo juicio, esta afirmación es errónea: esa no ha sido, con carácter general, la posición del Tribunal. Lo que se dice, realmente, es que vulnera el derecho a la tutela judicial el hecho de que una persona sea condenada *in absentia* sin poder defenderse, bien antes, bien después, según, por ejemplo, la STC 123/2009, de 28 de mayo[519], por más que de la parte dispositiva de las sentencias dictadas en la materia pueda extraerse otra conclusión: la articulación de la defensa con posterioridad a la vista no equivale, de manera necesaria, a un nuevo juicio, sino a que existan posibilidades de impugnación y presencia del condenado. Esto lo afirmó con toda claridad la STC 199/2009, de 28 de septiembre[520]. Además, en al menos una ocasión (STC 160/2002, de 16 de septiembre[521]), el Tribunal admitió la entrega de una persona que no asistió a juicio,

---

[518] Bautista Samaniego, *Aproximación Crítica…, op. cit.*, págs. 87 y 88.

[519] *"En relación con el contenido absoluto del derecho a un juicio justo (art. 24.2 CE), concluye la STC 91/2000 que «de ningún modo resulta compatible» con el mismo «la condena in absentia sin la (…) posibilidad ulterior de subsanar las deficiencias que la falta de presencia haya podido ocasionar en los procesos penales seguidos por delitos muy graves. Imponer, sin audiencia y defensa personal previa ni posterior, penas que afectan profundamente a los derechos más estrechamente ligados a la personalidad, sobre la base de imputaciones que comportan una reprobación de tal gravedad que se proyecta sobre la condición de la persona misma parece ya, prima facie, incompatible con su dignidad» (F 14)".*

[520] *"En efecto, en la STC 91/2000, de 30 de marzo, citada por el recurrente y el Ministerio Fiscal, declaramos que la autorización judicial de entrega incondicionada a Italia del reclamado para cumplir una pena que le fue impuesta tras un juicio celebrado en rebeldía vulneró su derecho de defensa (art. 24.2 CE), toda vez que «constituye una vulneración 'indirecta' de las exigencias dimanantes del derecho proclamado en el art. 24.2 CE, al menoscabar el contenido esencial del proceso justo de un modo que afecta a la dignidad humana (…) acceder a la extradición a países que, en casos de delito muy grave, den validez a las condenas en ausencia, sin someter la entrega a la condición de que el condenado pueda impugnarlas para salvaguardar sus derechos de defensa» (FJ 14). Doctrina que hemos reiterado en decisiones posteriores (entre otras, SSTC 134/2000, de 16 de mayo; 162/2000, de 12 de junio; 156/2002, de 23 de julio; y 183/2004, de 2 noviembre), precisando, en lo que ahora importa, que no se trata de que la Audiencia Nacional exija a las autoridades del Estado requirente la prestación de garantía como condición previa para declarar procedente la extradición del reclamado, sino de que, al acordarse la procedencia de la extradición, la misma incluya la exigencia de que en el Estado requirente se den al extraditado las posibilidades de impugnación reseñadas, pesando sobre dicho Estado la responsabilidad del cumplimiento de dicha condición a la que se sujeta expresamente el acuerdo de extradición (STC 156/2002, de 23 de julio, FJ 7, citando el ATC 19/2001, de 30 de enero)".*

[521] *"Pues bien, las específicas circunstancias concurrentes en el caso enjuiciado determinan, adelantémoslo ya, que no puede considerarse que se hayan vulnerado los derechos de defensa o a un proceso con todas las garantías.*

Tales singulares circunstancias determinan que exista una sustancial diferencia, a los efectos que nos ocupan, entre el presente caso y los que fueron resueltos por la STC 91/2000, de 30 de marzo, del Pleno de este Tribunal, y las posteriores que aplicaron su doctrina en casos sustancialmente análogos (SSTC 134/2000, de 16 de mayo, 162/2000 y 163/2000, ambas de 12 de junio). En efecto, tal y como exponen los Autos recurridos en amparo que, precisamente, fundamentan su decisión de conceder la extradición sin sometimiento a condición alguna en esas específicas circunstancias, y se desprende de lo que consta en las actuaciones, el ahora recurrente en amparo no solo contó con un Letrado de su libre elección en el proceso penal que se siguió en Italia, sino que el Letrado ostentaba incluso, al menos en la apelación interpuesta contra la Sentencia condenatoria de primera instancia, poderes especiales, en virtud de los cuales renunció a todos los motivos de impugnación formulados que no fueren los relativos a la entidad de la pena impuesta (inicialmente de 21 años de reclusión), concordando con el Procurador General o Ministerio Fiscal la imposición de la pena de 14 años de reclusión, lo que fue acogido por la Sentencia del Tribunal de Segunda Instancia de Roma de 24 de mayo de 1995.

De este modo, no puede considerarse que se hayan vulnerado los derechos de defensa de quien, en estas concretas y específicas circunstancias, renunció expresa y libremente a su ejercicio, apartándose de la apelación interpuesta y conformándose con determinada reducción de la pena, de tal manera que, a diferencia de los casos resueltos por las SSTC 91/2000, 134/2000, 162/2000 y 163/2000, el recurrente

haciéndolo en su nombre un letrado dotado con poderes especiales y que más tarde renunció al recurso de apelación.

La posición actual del Tribunal, concretada en la STC 26/2014, de 13 de febrero, en materia de OEDE, supone la aceptación clara y diáfana tanto de la doctrina del Tribunal Europeo de Derechos Humanos antes vista como de la fijada por la STJUE de 26 de febrero de 2013, dictada en un caso de juicio en ausencia[522], y determina con claridad los supuestos en que la ausencia del imputado en juicio no causa indefensión: "*Debemos afirmar ahora, revisando, por tanto, la doctrina establecida desde la STC 91/2000, que no vulnera el contenido absoluto del derecho a un proceso con todas las garantías (art. 24.2 CE) la imposición de una condena sin la comparecencia del acusado y sin la posibilidad ulterior de subsanar su falta de presencia en el proceso penal seguido, cuando la falta de comparecencia en el acto del juicio consta que ha sido decidida de forma voluntaria e inequívoca por un acusado debidamente emplazado y este ha sido efectivamente defendido por letrado designado*", doctrina reiterada en la STC 132/2020, de 23 de septiembre. Únicamente cuando tal ausencia no fuera voluntaria entraría en juego la exigencia de revisión de lo actuado como garantía de la entrega. Al no establecerse matización alguna en cuanto al ámbito de aplicación de esta doctrina, lo será respecto a los dos sistemas existentes en nuestro ordenamiento jurídico en materia de entrega de personas: OEDE y extradición[523]. Así lo ha entendido el Auto de la Sala de lo Penal de la Audiencia Nacional, Pleno, 32/2015, de 14 de mayo, si bien remitiendo al caso particular en cuanto a las consecuencias concretas[524], y también el Auto de 15 de febrero de 2022, de la Sección 4.ª de la Sala de lo Penal (Rollo 5/2021)[525].

---

en amparo simplemente renunció al recurso de apelación en sí, no solo a su presencia física, quedando sometida tan solo a la decisión del Tribunal de apelación italiano la determinación de si el acuerdo al que libremente había llegado con el Fiscal para la fijación de la pena podía ser acogido, como así fue, de modo que en este concreto supuesto la presencia física del reo no cumpliría ninguna de las posibles finalidades determinantes de su trascendencia a efectos constitucionales, en relación con el derecho a la autodefensa.

En este sentido, debe tenerse presente que la STC 110/2002, de 6 de mayo, en la línea que recoge el ATC 177/2000, de 12 de julio, establece que a través del recurso de apelación se goza en Italia de la posibilidad de impugnación suficiente para salvaguardar los derechos de defensa, sin excluir ninguno, sin que, como señala la STC 110/2002, resulte constitucionalmente exigible la repetición del juicio. En definitiva, al no impugnar la sentencia condenatoria de instancia, renunciando al recurso de apelación, el condenado y ahora demandante de amparo, desatendió la posibilidad, siquiera eventual, de evitar la lesión de sus derechos de defensa, sin hacer valer y denunciar la misma, ni tampoco otras circunstancias que pudieran evitar su condena, conformándose con esta".

522 Sobre la Sentencia del Tribunal de Justicia, la del Tribunal Constitucional, análisis y significado, véase Alcácer Guirao, *op. cit.*, págs. 150 a 166.

523 De este parecer, Álcacer Guirao, R., *op. cit.*, pág. 17.

524 "*Parece, pues, que el Tribunal Constitucional, cuando revisa su anterior posición, lo hace de manera extensiva, estableciendo, en principio, un único y mismo canon de protección respecto al derecho e defensa, en lo que concierne a las relaciones de cooperación judicial con cualquier país, y aunque lo dice con carácter general, no significa que sea de manera indiscriminada, sino que habrá que estar al caso de la concreta relación con el concreto país de que se trate (...)*".

525 "*Para que un juicio en ausencia puede cumplir con los estándares mínimo del derecho de defensa, será necesario que concurran determinados requisitos exigidos por nuestra doctrina constitucional, y uno de ellos consiste precisamente en la posibilidad de que el reclamado haya conocido la existencia de proceso, y haya podido por tanto asistir a dicho acto, y si no lo ha hecho, se entiende que ello obedece exclusivamente a una decisión voluntaria; y que haya podido ser defendido por letrado que haya podido formular alegaciones, proponer prueba, y en definitiva, participar de dicho acto*"· *Precede cita de las SSTC 91/2000, 134/2000 y 163/2000.*

Ahora bien, una cosa es que el Tribunal Constitucional acoja una doctrina concordante con la fijada por el TEDH y el TJUE respecto de los supuestos en que la ausencia del acusado no implica indefensión y otra muy distinta es la determinación de remedios procesales para los casos en que dicha ausencia no cumpla los criterios de admisibilidad expuestos. Son dos planos distintos que no pueden confundirse. Pues bien, mientras el art. 2 LEP, con total rotundidad, exige como remedio procesal la garantía de un nuevo juicio *"en que deberá estar presente y debidamente defendido"*, la LRM, en su art. 49, hace referencia a su *"derecho a un nuevo juicio o a interponer recurso"*. En consecuencia, la situación legislativa actual es contradictoria: mientras en el terreno de la LEP la norma exige rotundamente un nuevo juicio, en el espacio de la eurorden el juicio en ausencia no tiene idéntica solución, admitiéndose la figura de un recurso comprensivo de todas las cuestiones de hecho y de derecho que se puedan suscitar con proposición plena de pruebas. Una futura reforma de la LEP debiera ir en el camino ya emprendido por la legislación OEDE, siguiendo las directrices del TEDH y del TJUE. Dicha modificación resultará de obligada ejecución dada la necesidad de adecuar nuestra normativa procesal a la Directiva 2016/343 UE de 9 de marzo[526], sobre Presunción de Inocencia y Presencia en Juicio, que sistematiza la doctrina de ambas instancias judiciales europeas sobre el derecho a estar presente en la vista oral y sus excepciones[527]. La norma permite que el derecho a la revisión del caso se satisfaga por vía de un recurso que permita una nueva apreciación del fondo del asunto, incluido el examen de nuevas pruebas, y pueda desembocar en la revocación de la resolución original[528]. Será preciso, en todo caso, que nos

---

[526] Según el art. 14 de dicha Directiva, *"los Estados miembros pondrán en vigor las disposiciones legales, reglamentarias y administrativas necesarias para dar cumplimiento a lo establecido en la presente Directiva a más tardar el 1 de abril de 2018"*.

[527] *"Art. 8: 1. Los Estados miembros garantizarán que los sospechosos y acusados tengan derecho a estar presentes en el juicio.*

2. Los Estados miembros pueden disponer que, aun en ausencia del sospechoso o acusado, pueda celebrarse un juicio que pueda dar lugar a una resolución de condena o absolución del sospechoso o acusado, siempre que:

a) el sospechoso o acusado haya sido oportunamente informado del juicio y de las consecuencias de la incomparecencia, o

b) el sospechoso o acusado, tras haber sido informado del juicio, esté formalmente defendido por un letrado designado o bien por el sospechoso o acusado o bien por el Estado.

3. Cualquier resolución adoptada de conformidad con el apartado 2 podrá ejecutarse contra el sospechoso o acusado en cuestión.

4. Si los Estados miembros establecen la posibilidad de celebrar juicio en ausencia del sospechoso o acusado, pero no es posible cumplir las condiciones establecidas en el apartado 2 del presente artículo, porque el sospechoso o acusado no ha podido ser localizado pese a haberse invertido en ello esfuerzos razonables, los Estados miembros podrán prever que, no obstante, se pueda adoptar y ejecutar una resolución. En tal caso, los Estados miembros garantizarán que, cuando los sospechosos o acusados sean informados de la resolución, en particular cuando se les detenga, se les informe además de la posibilidad de impugnarla y del derecho a un nuevo juicio o a interponer otro tipo de recurso con arreglo al artículo 9.

5. El presente artículo se entiende sin perjuicio de las normas nacionales que dispongan que el juez o el tribunal competente puede excluir temporalmente del juicio a un sospechoso o acusado cuando sea necesario para asegurar el curso adecuado del proceso penal, siempre que se respete el derecho de defensa.

6. El presente artículo se entiende sin perjuicio de las normas nacionales con arreglo a las cuales el procedimiento, o ciertas fases del mismo, se desarrolla por escrito, siempre que se respete el derecho a un juicio justo".

[528] *"Art. 9: Los Estados miembros velarán por que, cuando los sospechosos o acusados no estén presentes en el juicio y no se cumplan las condiciones fijadas en el artículo 8, apartado 2, estos tengan derecho a un nuevo juicio, u otras vías de recurso, que permita una nueva apreciación del fondo del asunto, incluido el examen de nuevas pruebas, y pueda desembocar en la revocación de la resolución original. En*

encontremos ante un supuesto en que el reclamado ni tuvo conocimiento del juicio, ni fue citado ni defendido por un letrado de su elección ni tampoco notificado de la sentencia dictada con advertencia de los recursos existentes.

Sin perjuicio de ello, mientras no se reforme la Ley Extradicional, los poderes públicos –Jueces y Magistrados– no pueden hacer un uso directo de la posibilidad prevista en la norma europea en perjuicio de los particulares. El efecto directo de las directivas es de carácter vertical ascendente. Esto implica que los preceptos de estas pueden ser invocados por los particulares para hacer valer un derecho frente a la Administración, pero no pueden ser alegados en pleitos habidos entre ellos (efecto horizontal) ni por la Administración en perjuicio de estos (efecto vertical descendente), amparando una actuación propia a pesar de su propio incumplimiento en la trasposición[529]. De otra opinión es el Auto de la Sala de lo Penal de la Audiencia Nacional, Sección 3.ª, 17/2018, de 7 de mayo, que, tras cita de la Directiva mencionada, desestima el recurso y concede la extradición sometida a la garantía de que "*el reclamado tendrá una revisión de dichas sentencias que salvaguarde su derecho de defensa, estando presente en los nuevos juicios que se celebren, o que pueda recurrir las referidas sentencias que han dado lugar a la acumulación*". A nuestro juicio, resulta una interpretación *contra legem* hacer decir al art. 2 LEP lo que no dice y aplicar a la extradición la solución prevista en el art. 49 LRM. Sin embargo, sí resultará posible una respuesta distinta (revisión de sentencia sin necesidad de juicio) cuando el Tratado de Extradición correspondiente se pronuncie expresamente sobre la materia y prevea dicha posibilidad[530].

Esta es la doctrina que fijó la Sala de lo Penal de la Audiencia Nacional respecto de las extradiciones con Colombia en sus Autos de Pleno 32/2015, de 14 de mayo, y 2/2017, de 16 de enero[531], así como en el Auto 48/2016, Sección 2.ª, de 29 de noviembre, y Auto 912/2021, de 26 de noviembre, de la Sección 1.ª. La Audiencia Nacional consideró que no podía hacerse una interpretación formal del art. 2 de la LEP, sino integradora con el resto del ordenamiento jurídico, dentro del cual destacan los tratados internacionales, que tienen preferencia, como ley especial, frente a la LEP, tal y como recoge el art. 1 de esta norma. Siendo eso así, en caso de existir en el convenio particular una regulación del juicio en ausencia y sus consecuencias, la exigencia de nueva vista oral contenida en el art. 2 LEP quedaría desplazada por la norma concreta del tratado. Partiendo de esta base, la Sala apreció, de acuerdo con la regla interpretativa del art. 2 del Código Civil, que el precepto contenido en el art. 3 del

---

este sentido, los Estados miembros garantizarán que dichos sospechosos o acusados tengan derecho a estar presentes, a participar efectivamente, de conformidad con los procedimientos previstos en el Derecho nacional, y a ejercer su derecho de defensa".

529 Martínez García, J., y Elez Gómez, M. I. *Comentario a la aplicación directa de las nuevas directivas en materia de contratación pública*, Gabilex n.º 5, marzo 2016, pág. 2. Un completo estudio sobre el efecto directo de las directivas puede verse en Trayter Jiménez, J. M. "El efecto directo de las directivas comunitarias: el papel de la Administración y de los jueces en su aplicación", Revista de Administración Pública n.º 125, mayo-agosto de 1991, págs. 227 a 280.

530 Como hace el art. 12.1 del Tratado de Extradición con Perú de 28 de junio de 1989.

531 En un caso en que el reclamado había estado asistido por un abogado de confianza y a la vista del contenido del art. 457 del Código Procesal colombiano. El voto particular, admitiendo que si el Tratado previera esta posibilidad existiría la obligación de entrega, lo que cuestiona es que el Tratado con Colombia diga lo que afirma la mayoría. Como excepción, basada en el principio de igualdad en la aplicación de la Ley, pero atendiendo al caso concreto, Auto de la Sala de lo Penal de la Audiencia Nacional, Sección 3.ª, 44/2016, de 4 de noviembre.

Convenio de Extradición con Colombia era incompatible con lo dispuesto en el art. 2 de nuestra norma extradicional y, en consecuencia, otorgó preferencia a la primera. Dicha norma del convenio establece que "*el juzgamento o enjuiciamiento de las personas solicitadas en extradición se realizará siempre, de conformidad con los procedimientos establecidos por la ley interna del Estado requirente*". A partir de aquí, la Sala entendió que el tratado imponía una aceptación irrestricta de los sistemas de enjuiciamiento de las partes contratantes, incluido el aspecto relativo a juicios en ausencia y remedios posibles, recogiendo la doctrina de la STC 26/2014 para definir cuándo un juicio en ausencia exige un remedio procesal para satisfacer el derecho de defensa, descartando que la ausencia del reclamado en la vista, sin más, equivaliera a una vulneración de este derecho. A nuestro juicio, la literalidad del precepto transcrito permite afirmar que la remisión a la ley interna en materia de enjuiciamiento de personas abarca todas sus posibles modalidades –presencia o ausencia– y las opciones de recurso, por lo que compartimos la opinión de la mayoría. La STC 132/2020, de 23 de septiembre, referida a una extradición a Colombia, sin rechazar esta doctrina, pues cita expresamente la sentencia Meloni[532], consideró que, en el caso concreto, se habían vulnerado los derechos del *extraditurus*: reconociendo que el derecho a comparecer en juicio no es absoluto y cabe renuncia, únicamente será posible esta previo conocimiento de la existencia de aquel a través de una notificación en forma, lo que consideró no se había producido[533]. A partir de aquí, la doctrina de la Sala de lo Penal de la Audiencia Nacional siempre parte del dato de si el sujeto ha tenido conocimiento o no de la vista y, de ser negativa la respuesta, solicita garantías sobre la celebración de nuevo juicio[534].

---

[532] "*El acusado puede renunciar a ese derecho por su libre voluntad, expresa o tácitamente, siempre que la renuncia conste de forma inequívoca, se acompañe de garantías mínimas correspondientes a su gravedad y no se oponga a ningún interés público relevante. Más concretamente, no se produce una vulneración del derecho a un proceso equitativo, aun si el interesado no ha comparecido en el juicio, cuando haya sido informado de la fecha y del lugar del juicio o haya sido defendido por un letrado al que haya conferido mandato a ese efecto (sentencia del Tribunal de Justicia de la Unión Europea de 26 de febrero de 2013, C-399/11, asunto Melloni, apartado 49)*" (STC 26/2014, FJ 4). Por otra parte, la jurisprudencia del Tribunal de Justicia de la Unión Europea sobre este particular se ha ido enriqueciendo desde la citada STC 26/2014 en cuanto a precisar el alcance de las garantías exigibles, en pronunciamientos como la STJUE de 24 de mayo de 2016, C-108/16 PPU, asunto Dworzecki.

En conclusión, la jurisprudencia de este tribunal sobre la eventual constitucionalidad de la entrega a un tercer país a efectos de cumplimiento de una pena impuesta en un juicio celebrado en ausencia y, por lo que respecta únicamente a la exigencia de conocimiento y emplazamiento del condenado, puede concretarse en los siguientes aspectos relevantes: (i) la regla general desde la perspectiva del derecho a un proceso con todas las garantías (art. 24.2 CE) es que las personas condenadas en ausencia tienen derecho a que un tribunal se pronuncie de nuevo sobre el fondo del asunto tras ser oídas; (ii) solo por vía de excepción se reconoce que no será necesario garantizar ese derecho de revisión cuando se constate que la persona condenada ha sido debidamente emplazada y ha decidido libremente renunciar a su presencia en el juicio, siempre que cuente durante el mismo con la asistencia de abogado para la defensa de sus intereses; (iii) el debido emplazamiento exige que el acusado, con la suficiente antelación, haya sido informado en persona de la fecha y el lugar del juicio o pueda establecerse por otros medios que sin lugar a dudas ha tenido un conocimiento efectivo de esos aspectos; y (iv) la renuncia a estar presente en el acto de juicio debe de constar de manera inequívoca mediante una expresión de voluntad expresa o tácita.

[533] "*Una de las garantías esenciales para considerar por vía de excepción que la celebración de un juicio en ausencia no vulnera el contenido del derecho a un proceso con todas las garantías (art. 24.2 CE) es que el sujeto sea debidamente emplazado al juicio en el sentido de que sea informado de la fecha y el lugar de celebración. En el presente caso, el mero conocimiento de que se estaba desarrollando una investigación judicial contra él e incluso su actitud renuente o no colaborativa para que pudiera acceder al conocimiento de esa circunstancia no resulta relevante a los efectos pretendidos. En ningún caso las autoridades del país reclamante han acreditado que entre la información que se pretendía dar al investigado aquel día estaba el día y la fecha de la celebración del juicio que culminó con la sentencia condenatoria de 6 de diciembre de 2009 para cuya ejecución ahora se solicita la extradición del demandante de amparo*".

[534] Auto 54/2022, de 14 de febrero, de la Sección 2.ª de la Sala de lo Penal.

IV. No extradición de nacionales

Se distinguen tres tipos de posibilidades en lo tocante a la extradición de nacionales: en primer término, la negativa absoluta a su entrega; en segundo lugar, la prohibición o autorización relativa, determinando el envío del nacional en cada caso concreto y según las circunstancias concurrentes; por último, la no restricción por motivo de nacionalidad, tradicional en los países anglosajones, aunque compensada por la posibilidad de análisis de fondo del expediente. Se requerirá aquí para la entrega, bien la presencia de indicios que permitirían someter el asunto a enjuiciamiento, bien la existencia de evidencias que posibilitarían el dictado de una sentencia condenatoria[535].

El fundamento de la no extradición de nacionales reside en la consideración de que existe un especial vínculo entre el Estado y el nacional, que se traduce en la idea de su mejor derecho para enjuiciar y, en su caso, condenar a sus ciudadanos con preferencia al resto de los Estados[536]. Se afirma, además, que el Estado tiene la obligación de proteger y garantizar los derechos fundamentales de sus ciudadanos al ser dichos ciudadanos y derechos la propia razón de ser del Estado y su fuente de legitimación[537]. Esta idea late todavía en las resoluciones de la Sala de lo Penal de la Audiencia Nacional[538]. Igualmente, se desconfía de un Estado y de una legislación que no se conocen y que se entiende no otorgan el mismo nivel de protección que se puede garantizar al propio nacional. Finalmente, razones de una mayor facilidad de defensa de este y de una mejor reinserción son modernamente utilizadas para defender este principio[539].

A diferencia de otros textos constitucionales[540], la Constitución española no introduce la prohibición de entrega de nacionales. Esto hará que, en palabras de la doctrina, la extradición de estos no sea un problema constitucional *per se*[541]. Es la legislación ordinaria –art. 3 LEP– la que sigue la primera de las posturas antes citadas al prohibir la extradición de españoles[542]. La cualidad de español será apreciada, a los solos efectos de resolver, por

---

[535] García Sánchez, *op. cit.*, pág. 264.

[536] Gómez-Jara Díez, *Garantismo Penal Europeo...*, *op. cit.*, pág. 116. En el mismo sentido, Rovira Viñas, *op. cit.*, pág. 50. Ídem Alcácer Guirao, *op. cit.*, pág. 42. Serrano Amado, *op. cit.*, pág. 80. Ídem García Sánchez, *op. cit.*, pág. 261.

[537] Voto particular al Auto de Pleno de la Sala de lo Penal de la Audiencia Nacional 33/2017, de 25 de julio, que sigue la STC 87/2000: "*Como se declara en la Exposición de Motivos de esta Ley, dicha prohibición se sustenta en la propia soberanía estatal (...). De otra parte, tampoco puede desconocerse el deber del Estado de proteger y garantizar los derechos fundamentales de quienes integran y constituyen la razón de ser del propio Estado (...)*". Bassiouni, *op. cit.*, pág. 749.

[538] Auto de la Sala de lo Penal de la Audiencia Nacional, Sección 1.ª, 4/2018, de 16 de octubre: "*Esta Audiencia Nacional, en un reciente auto de Pleno 30/2017, de 20 de julio, denegó la entrega a Perú de una ciudadana española para ser enjuiciada (...) en dicha resolución se hacía referencia a la protección de los derechos fundamentales que los Tribunales españoles deben dispensar a los ciudadanos españoles en el procedimiento de extradición (...)*".

[539] Pastor Borgoñón, *op. cit.*, pág. 273, sintetiza estas y otras razones de este folio y hasta el 275.

[540] República Bolivariana de Venezuela y Guatemala, a modo de ejemplo.

[541] Alcácer Guirao, *op. cit.*, pág. 43.

[542] Por razón de soberanía, según explica el Preámbulo de la Ley. La simple residencia no es equiparable a la condición de nacional, de acuerdo con el Auto de la Sala de lo Penal de la Audiencia Nacional, Sección 2.ª, 23/2016, de 8 de junio, referido a una ciudadana dominicana residente en España: "*(...) Viene siendo doctrina del pleno de esta Sala de lo Penal el que, salvo supuesto extraordinarios de conflicto con*

el Tribunal de la extradición y al tiempo de decidir sobre la extradición[543], no en el momento de la comisión del hecho que motiva la reclamación[544]. Asimismo, puede valorar si la nacionalidad se adquirió con el propósito de eludir fraudulentamente la extradición y acceder a la entrega. La nacionalidad en trámite no es causa de rechazo de la extradición, según Auto de la Sala de lo Penal, Pleno, 25/2016, de 29 de abril[545].

Partiendo de la base de que la doble nacionalidad no debiera suponer cambio alguno en la solución prevista en nuestra norma extradicional[546], el problema que se plantea a la hora de aplicar el art. 3 LEP es el referido a los casos de doble nacionalidad patológica (no prevista en nuestro ordenamiento) y, más concretamente, respecto a aquellos supuestos en que, habiéndose adquirido la nacionalidad española con obligación de renuncia a la nacionalidad anterior, de acuerdo con el art. 23 b) del Código Civil, que fija esta exigencia como un requisito de validez, se ha eludido el cumplimiento de dicha condición. A nuestro juicio, resulta perfectamente posible que en uno y otro caso el Tribunal de la extradición, a los solos efectos prejudiciales, de conformidad con el art. 3 de la LECrim.[547], valore si la nacionalidad española puede tomarse en consideración, en caso de utilizar exclusivamente otra, o bien

---

derechos fundamentales, no impide la extradición el arraigo social, laboral o familiar en España de la persona reclamada, debiendo cumplir el Estado español sus compromisos internacionales en virtud de los tratados suscritos a tal efecto (...)".

[543] En la misma línea que el art. 6 del Convenio Europeo de Extradición. Como señala el Explanatory Report, pág. 7, "*The committee agreed that, at the time of signature or deposit of the instrument of ratification, the Parties might make a special declaration defining what they meant by the term «national». It was also decided that nationality would be determined at the time of decision*".

[544] Como excepción, art. 3.2 del Convenio con Marruecos de 24 de junio de 2009: "*La condición de nacional se apreciará en relación con el momento en que se hubiere cometido el delito por el que se solicita la extradición*".

[545] "*Por lo que a la adquisición de la nacionalidad respecta, la misma se encuentra en mera tramitación, estando pendiente aún la cumplimentación de varios requisitos (...) por lo que el tratamiento no puede ser otro que el de un ciudadano extranjero (...)*".

[546] Pastor Borgoñón, *op. cit.*, pág. 280.

[547] Consideramos inaplicable el art. 6 LECrim. por derogación tácita, de conformidad con la STS 599/2018, de 27 de noviembre: "*Como ya ha recordado esta Sala en relación con el tema de las cuestiones prejudiciales en el proceso penal (STS 24 de julio de 2001, entre otras) el art. 3.1.º de la LOPJ de 1985 dispone que «La Jurisdicción es única y se ejerce por los Juzgados y Tribunales previstos en esta Ley, sin perjuicio de las potestades jurisdiccionales reconocidas por la Constitución a otros órganos». Como consecuencia de este principio de «unidad de jurisdicción», que no permite hablar de distintas jurisdicciones sino de distribución de la jurisdicción única entre diversos «órdenes» jurisdiccionales, el art. 10.1 de la citada LOPJ establece el principio general de que «a los solos efectos perjudiciales, cada orden jurisdiccional podrá conocer de asuntos que no le estén atribuidos privativamente».*

Esta regla viene también avalada por el reconocimiento en el art. 24.2 de la Constitución Española de 1978 del derecho fundamental a un proceso público sin dilaciones indebidas, que aconseja que en un mismo litigio se resuelvan aquellas cuestiones previas tan íntimamente ligadas a la cuestión litigiosa que sea racionalmente imposible su separación, sin necesidad de diferirla a un nuevo y dilatorio proceso -con todas sus instancias- ante otro orden jurisdiccional.

El párrafo segundo del art. 10 de la LOPJ añade como excepción que «no obstante, la existencia de una cuestión prejudicial penal de la que no pueda prescindirse para la debida decisión o que condicione directamente el contenido de esta determinará la suspensión del procedimiento, mientras aquella no sea resuelta por los órganos penales a quien corresponda, salvo las excepciones que la ley establezca».

En consecuencia la regla general del art. 10.1.º de la LOPJ —que deroga las denominadas cuestiones prejudiciales devolutivas, cuyo conocimiento era obligado deferir a otro orden jurisdiccional— tiene como excepción aquellos supuestos en que la cuestión prejudicial tenga una naturaleza penal y condicione de tal manera el contenido de la decisión que no pueda prescindirse de su previa resolución por los órganos penales a quien corresponda (STS 13 de julio, 24 de julio y 29 de octubre de 2001, 27 de septiembre de 2002 y 28 de marzo de 2006, entre otras).

si cabe conceptuar como nula la adquirida con incumplimiento de las condiciones de validez estipuladas, de acuerdo con el art. 25.2 del Código Civil[548]. Y si bien en el primer caso es indiscutible que la nacionalidad española no puede obviarse, a tenor del art. 9.9, segundo párrafo, del Código Civil[549] entendemos que en el segundo supuesto es clara la nulidad del acto al no cumplirse uno de sus requisitos esenciales. Sin embargo, la Sección 4.ª de la Audiencia Nacional, en su Auto de 2 de marzo de 2012, Rollo 25/11, ratificado por posterior Auto del Pleno de 11 de mayo de 2012, en la primera ocasión en que se presentó este debate no optó por esta tesis. Se trataba de una reclamación extradicional efectuada por Egipto, país con el que España no tiene Tratado de Extradición, de dos nacionales españoles que seguían utilizando y poseyendo la nacionalidad egipcia original. La Sala, dando por buena la adquisición de la nacionalidad española, optó por entender que existía un abuso de derecho que permitía no tomar en consideración la ciudadanía española, levantando así la prohibición del art. 3.1 LEP[550]. A raíz del caso, el Tribunal Constitucional, en su STC 205/2012, de 12 de noviembre, partiendo de la necesidad de satisfacer un canon de motivación reforzada por afectarse el derecho a la libertad del art. 17 CE y a la libertad de circulación del art. 19 CE[551], tras recordar que la Sala no había cuestionado la adquisición de la nacionalidad

El mantenimiento exclusivo de las cuestiones prejudiciales devolutivas de naturaleza penal en el sistema jurisdiccional establecido por la LOPJ se encuentra además limitado por el condicionamiento consignado en el último apartado del precepto. La suspensión de los litigios seguidos ante otros órdenes jurisdiccionales para la resolución de las cuestiones prejudiciales de naturaleza penal tampoco será necesaria en los casos en que la ley así lo establezca.

Ahora bien, la regla contenida en el párrafo 1.º del art. 10.º de la LOPJ no se encuentra limitada por excepción alguna que se refiera a cuestiones de naturaleza civil, administrativa o laboral que se susciten en el orden jurisdiccional penal, por lo que ha de estimarse que esta norma posterior y de superior rango ha derogado tácitamente lo prevenido en el art. 4.º de la decimonónica LECrim.".

Incluso, de no aceptarse tal criterio jurisprudencial, y si consideráramos el artículo vigente en lo relativo a la imposibilidad de que el Tribunal Penal entienda de cuestiones relativas a la supresión del estado civil, debe distinguirse entre estado civil y hechos inscribibles. El art. 1 de la Ley de Registro Civil de 8 de junio de 1957 establece que "*se inscribirán aquellos hechos concernientes al estado civil de las personas y aquellos otros que determine la ley*", distinguiendo así entre hechos relativos al estado civil y hechos inscribibles. Cabe pensar que la nacionalidad es un hecho inscribible y no un hecho relativo al estado civil. Buena prueba de ello es que la nacionalidad originaria no se inscribe, a diferencia del nacimiento que la provoca, en los términos del art. 17 CC.

548 "*La sentencia firme que declare que el interesado ha incurrido en falsedad, ocultación o fraude en la adquisición de la nacionalidad española produce la nulidad de tal adquisición*".

549 Que establece que "*prevalecerá en todo caso la nacionalidad española del que ostente además otra no prevista en nuestras leyes y tratados internacionales*".

550 "*Esta situación de doble nacionalidad efectivamente ejercida por el reclamado, impide conceder primacía a lo establecido en el artículo 3.1 de la Ley de Extradición Pasiva, sobre prohibición de extraditar a los nacionales españoles, ya que se reitera que el reclamado también es nacional egipcio por voluntad propia. Obrar de otro modo, como pretende la defensa del interesado, crearía un espacio de impunidad contrario a los principios de respeto a las reglas de la buena fe y de proscripción del abuso del derecho, respectivamente consagrados en los artículos 11.1 de la Ley Orgánica del Poder Judicial y 7.2 del Código Civil*".

551 "*Este razonamiento debe ser objeto de control en este proceso de amparo a fin de determinar si cumple el canon de suficiencia y razonabilidad de la fundamentación, debiendo tomarse en consideración que el control a realizar por este Tribunal es en este caso más intenso puesto que se exige del órgano jurisdiccional un canon de motivación reforzado, dada la directa conexión existente en el presente caso con los derechos a la libertad (art. 17 CE) y a la libertad de residencia (art. 19 CE), que se hallan siempre concernidos en los procedimientos de extradición (por todas, SSTC 292/2005, de 10 de noviembre, FJ 2; 30/2006, de 30 de enero).*

Con arreglo a tal canon reforzado debe exigirse «un plus de motivación que hace referencia a criterios de orden cualitativo y no cuantitativo (por todas STC 196/2002, de 28 de octubre), al ser perfectamente posible que existan resoluciones judiciales que satisfagan las exigencias del meritado art. 24.1 CE, pues expresen las razones de hecho y de derecho que fundamenten la medida acordada, pero que, desde la

española y que no se había dictado sentencia en los términos del art. 25.2 del Código Civil, consideró que la interpretación efectuada por la sala extradicional era irrazonable. Entendió el Tribunal Constitucional que resultaba difícilmente sostenible introducir una salvedad a la regla general que taxativamente recoge el art. 3.1 LEP, máxime cuando dicha norma ya contempla con carácter expreso una excepción –adquisición con el fin de impedir la extradición–, lo que aboca a entender que, si no hay otras, es porque no fue esa la voluntad del legislador. Igualmente, estimó que quien poseía doble nacionalidad no dejaba de ostentar la ciudadanía española, por lo que el sentido literal de la LEP no contemplaba la excepción introducida por la Audiencia Nacional en las resoluciones judiciales citadas[552]. En consecuencia, el Tribunal convino que no se había satisfecho el canon de motivación reforzada que ya hemos visto exige en estos casos. A nuestro juicio, este óbice se hubiera salvado de entender la Sala de lo Penal la presencia de fraude y nulidad en la adquisición de la nacionalidad, afirmar seguidamente su competencia para establecerlo así y decidir después sobre la entrega de quien no podía ser ya considerado como español.

Como consecuencia de la doctrina fijada por el Tribunal Constitucional, la Sala de lo Penal ya no distingue entre doble nacionalidad contemplada en el ordenamiento y acumulaciones anómalas de más de una ciudadanía, entendiendo que basta con que el sujeto sea español para que juegue la prohibición del art. 3 LEP. En este sentido se ha pronunciado el Auto de la Sala Pleno 33/2017, de 25 de julio[553], en la línea de lo que afirma la STJUE de 13 de noviembre de 2018[554].

Ahora bien, debemos recordar que el art. 3 LEP se aplica en defecto de normativa convencional preferente[555]. La cuestión resulta clave si se tiene en cuenta que, en muchas ocasiones,

---

perspectiva del libre ejercicio de los derechos fundamentales, no exterioricen o manifiesten de modo constitucionalmente adecuado las razones justificativas de las decisiones adoptadas» (STC 292/2005, de 10 de noviembre, citando a su vez el ATC 412/2004, de 2 de noviembre) una persona que tiene la condición de nacional español, como es el caso contemplado, en el que los autos impugnados no ponen en cuestión que el recurrente ostente la nacionalidad española y descartan que hubiera sido obtenida con fines fraudulentos. No obstante, consideran que al haber mantenido la nacionalidad egipcia a su conveniencia y con abuso de derecho, no le es aplicable la prohibición prevista en el art. 3.1 LEP".

[552] Como ya afirmó en su día la STC 87/2000, de 27 de marzo, *"sería posible sostener que, en ausencia de Tratado, la prohibición de extraditar nacionales contenida en la Ley de Extradición Pasiva cobraría su fuerza vinculante y, en consecuencia, su relevancia constitucional en el marco del derecho a la tutela judicial efectiva dado el taxativo tenor literal de su art. 3.1, pues difícilmente podría considerarse razonable o no arbitraria una resolución que a pesar del mismo acceda a la extradición de un nacional".*

[553] *"El criterio mantenido en este auto de 14 de febrero de 2011 es el que sigue la resolución recurrida, cuando pide idéntica garantía para este caso. Sin embargo, las sentencias n.º 205, 206 y 232/2012 del TC de 13 de diciembre de 2012 las dos primeras y de 11 de enero de 2013 la tercera, impiden que este Pleno siga manteniendo ese criterio. En esas sentencias se concede el amparado a unos ciudadanos que mantenían una doble nacionalidad de hecho egipcio y española, y en relación a los cuales este tribunal había concedido la extradición a Egipto, por estimar que pese a haber adquirido la nacionalidad española seguían utilizando la nacionalidad egipcia. En ese caso no existía convenio de extradición y la prohibición de entrega de nacionales procedía del art. 3 de la LEP. El Tribunal Constitucional expresamente señala que quien posee doble nacionalidad no deja de ostentar la nacionalidad española por el hecho de usar también otra y que si el texto legal no contempla excepción no se puede introducir".* En el mismo sentido, Auto de la Sala de lo Penal de la Audiencia Nacional, Sección 2.ª, 34/2018, de 31 de mayo.

[554] *"En efecto, poseer simultáneamente la nacionalidad de un Estado miembro y la de un país tercero no priva al interesado de las libertades que le confiere el Derecho de la Unión en su condición de nacional del Estado miembro".*

[555] Rodríguez-Piñero y Bravo-Ferrer, M. *Extradición y ciudadanía europea*, Diario La Ley n.º 8834, de 29 de septiembre de 2016, pág. 4.

los tratados sí permiten la extradición de sus ciudadanos[556]. Esta disparidad de criterios hace que podamos afirmar que nuestro ordenamiento no contiene una interdicción de la entrega de nacionales, pues no existe una única posición al respecto si tomamos en cuenta la legislación infraconstitucional. Solo si el legislador constituyente hubiera establecido dicha proscripción, al margen del cambiante criterio del legislador ordinario, habría podido afirmarse tal cosa. Es por ello por lo que la Audiencia Nacional ha entendido que el concepto de legislación interna, en este aspecto, está referido a la norma constitucional[557].

En caso de que el Tratado correspondiente permita la extradición de nacionales, su aplicación puede verse condicionada por el principio de reciprocidad —en un sentido técnico jurídico— tras el examen de la Constitución o la doctrina de los Tribunales del país correspondiente si tanto una como otra rechazan de plano la extradición de sus propios nacionales[558]. En este caso, la Audiencia Nacional ha entendido que debe procederse de igual

---

[556] En este sentido, Auto de la Sala de lo Penal, Pleno, 31/2017, de 24 de julio: "*La parte sostiene la aplicación del artículo 3 de la Ley de Extradición Pasiva, acudiendo en el suplico a la mención del art. 7 del tratado bilateral. El argumento sobre la aplicabilidad del primero de los preceptos no puede tener acogida, habida cuenta que la cualidad de nacional solo puede ser tenida como causa de oposición facultativa en los términos del tratado bilateral que es fuente principal, recogiendo su preferencia, a tal efecto, la resolución a examen*".

[557] Sobre la cuestión, Cezón, *op. cit.*, págs. 188 y 189, al hilo de la polémica que suscitó en su día el art. IV del Tratado de Extradición con EE. UU., dado que permitía la extradición de nacionales siempre que no lo prohibiera su propia legislación interna. La mayoría de la Sala, según un Auto de la Sala de lo Penal de la Audiencia Nacional, Pleno, citado por el autor, de fecha 28 de julio de 1998, entendió que "*el núcleo del recurso al que la Sala ahora se está refiriendo lo constituye la afirmación de que la entrega (...) no es posible porque lo prohíbe la Ley de Extradición pasiva -legislación interna- en su artículo 3.1. El motivo no puede ser acogido.*

En efecto, acierta el auto recurrido cuando sostiene que en nuestra Constitución no se contiene disposición alguna que prohíba la entrega de nacionales españoles. Y acierta porque -prescindiendo de la eficacia de obligar que pudiera tener otra norma de idéntico rango y naturaleza que el propio tratado de extradición del caso-, solo una prohibición de entrega de nacionales que estuviera contenida en el propio texto constitucional tendría la virtualidad impeditiva que la parte recurrente pretende asignar al n.º 1 del artículo 3 de la Ley de Extradición Pasiva".

En el mismo sentido, Auto de Sala Pleno 21/2003, de 13 de febrero: "*El art. 4 del Tratado de Extradición entre España y los Estados Unidos de América de 29 de mayo de 1970 (BOE 14 de septiembre de 1971) establece que «ninguna de las Partes contratantes tendrá la obligación de entregar a sus propios nacionales pero la autoridad competente de España o el Poder Ejecutivo de los Estados Unidos tendrá la facultad de entregarlos, si a su juicio lo considera procedente siempre que no lo prohíba su propia legislación interna».*

artículo 13.3 de la Constitución española.

Establece que «la extradición solo se concederá en cumplimiento de un tratado o de la Ley, atendiendo al principio de reciprocidad quedan excluidos de la extradición los delitos políticos, no considerándose como tales los actos de terrorismo» y, subsidiariamente.

- artículo 3.1 de la Ley Española de Extradición Pasiva.

Preceptúa: «No se concederá la extradición de los españoles ni de los extranjeros por delitos que corresponda conocer a los Tribunales españoles, según el ordenamiento nacional. La cualidad de nacional será apreciada por el Tribunal competente para conocer de la extradición en el momento de la decisión sobre la misma con arreglo a los preceptos correspondientes del Ordenamiento Jurídico español, y siempre que no fuere adquirida con el fraudulento propósito de hacer imposible la extradición».

Pues bien, como explica el Auto objeto de recurso, el Pleno de la Sala de lo Penal de la Audiencia Nacional ha interpretado el alcance de la cláusula contenida en el transcrito artículo 4 del Tratado hispanoamericano, entendiendo que es posible acceder a la extradición de un nacional a los Estados Unidos de América, ya que nuestra Constitución, en su artículo 13.3 no prohíbe la extradición de los españoles. Sin embargo, es obvio que, el hecho de que el Tratado reconozca la posibilidad de acceder, no significa la obligación de hacerlo; y este Tribunal, cuando ha accedido a la entrega de los propios nacionales, lo ha hecho partiendo de la base de que se trataba de delitos de singular gravedad: violación (Auto de 28 de julio de 1998); tráfico de estupefacientes (Autos de 30 de julio 1998 y 17 de junio de 1999); estafa agravada por afectar a múltiples perjudicados (Auto de 21 de mayo de 1999)".

[558] La Constitución de la República de Guatemala, en su art. 27, prohíbe la extradición de nacionales. Así, establece que "*la extradición se rige por lo dispuesto en los tratados internacionales. Por delitos*

modo[559]. Lo que no se admite es la tesis de que, permitiendo un tratado con carácter facultativo la entrega de ciudadanos de los países firmantes, dicha posibilidad quede cegada por nuestra regulación interna en sentido opuesto[560]. Como ya hemos visto anteriormente, el carácter prevalente de los convenios impide tal interpretación.

Ahora bien, una cosa es que el tratado correspondiente autorice entregar a los nacionales y otra muy distinta que esta regla eventual se convierta en automática[561]. El que actualmente se mantenga, aunque con carácter facultativo, la cláusula de no entrega de nacionales, obedece a que, de alguna manera, sigue latiendo en ello la idea de un deber de protección por parte del Estado para con su ciudadanía, que tiene su arraigo en criterios soberanistas. Es cierto que hay otras razones que contrapesan la anterior, como las que derivan de la necesaria cooperación entre jurisdicciones de diferentes países o el interés en la realización de la justicia, que se han tenido en cuenta para tornar en facultativo lo que antes era una incondicional cláusula denegación.

La Sala de lo Penal de la Audiencia Nacional ha venido actuando en atención a las circunstancias concurrentes en cada caso, valorando factores como la gravedad del delito, la vinculación o arraigo del reclamado con el Estado requirente y con el requerido y la posibilidad de enjuiciamiento efectivo en España o atendiendo a razones de proporcionalidad entre la entrega y su finalidad o la desproporción existente entre el régimen punitivo del país requirente y del requerido[562]. Incluso, en algún caso extremo, cuestiones graves de salud[563]. Es por ello por lo que debe analizarse la cuestión caso por caso; esto es, no puede mecanizarse la entrega una vez examinado el cumplimiento de los criterios ordinarios de

---

políticos no se intentará la extradición de guatemaltecos, quienes en ningún caso serán entregados a gobierno extranjero, salvo lo dispuesto en tratados y convenciones con respecto a los delitos de lesa humanidad o contra el derecho internacional".

A su vez, la Corte Constitucional de Guatemala, en la Sentencia de 21 de septiembre de 1995 (Gaceta n.º 35, expediente n.º 458-94, pág. 31), ha tenido ocasión de pronunciarse sobre el alcance de la norma constitucional: "*(...) Esta norma regula la extradición pasiva y tiene carácter general y prohibitivo, que impide que los guatemaltecos sean entregados por el Estado de Guatemala a gobierno extranjero que los reclame. Esta prohibición tiene sus excepciones y es cuando se trate de delitos de lesa humanidad o contra el derecho internacional, siempre que así se haya dispuesto en tratados y convenciones*".

Por consiguiente, un ciudadano de nacionalidad española, en virtud del principio de reciprocidad, no puede ser extraditado a Guatemala, salvo que se haya adquirido con el fraudulento propósito de imposibilitar la extradición (art. 3 LEP).

[559] Es el caso de la República Bolivariana de Venezuela, cuya Constitución, en el art. 69, prohíbe la extradición de los ciudadanos venezolanos. Como señala el Auto de la Sala de lo Penal de la Audiencia Nacional, Sección 2.ª, 18/2017, de 3 de julio, "*dice el artículo 69 de la Constitución de la República Bolivariana de Venezuela que dicha República reconoce y garantiza el derecho de asilo y refugio. Se prohíbe la extradición de venezolanos y venezolanas (...). Siendo esto así, y teniendo en cuenta, por otra parte, que el art. 13.3 de la CE establece que la extradición solo se concederá en cumplimiento de un tratado de una ley atendiendo el principio de reciprocidad (...) la extradición no ha de ser atendida (...)*".

[560] De este parecer, Bellido Penadés, *op. cit.*, pág. 107. Alcácer Guirao, sin decantarse expresamente, parece apoyar la doctrina mayoritaria, *op. cit.*, pág. 45.

[561] Auto 88/2023, de 14 de febrero, de la Sección 1.ª de la Sala de lo Penal: "*Como se indica en el auto del Pleno de la Sala de lo Penal de esta Audiencia, n.º 32/2022, de 8 de abril (...) es obvio que el hecho de que el tratado reconozca la posibilidad de acceder a la entrega de los propios nacionales no significa la obligación de hacerlo; y este Tribunal cuando ha accedido a la entrega de los propios nacionales lo ha hecho partiendo de la base de que se trataba de delitos de singular gravedad*".

[562] En este sentido, voto particular al Auto de la Sala de lo Penal, Pleno, 33/2017, de 25 de julio.

[563] Véase Auto de Sala Pleno 42/2016, de 27 de junio, transcrito en nota 787.

decisión estatuidos para evitar la extradición arbitraria, como son los relacionados con los principios de identidad o de doble incriminación, de insignificancia o mínimo punitivo, de especialidad, de exclusión de los delitos de carácter político y de respeto a los principios básicos de derecho penal, como los de prohibición de doble condena o de humanidad de penas. Se exigirá algo más, dado que no resulta indiferente extraditar a un nacional a un país que desconoce y con el que no tiene vínculos, máxime si el enjuiciamiento es posible en el nuestro: habrá de atenerse a la gravedad de la infracción y de la pena[564], a la vinculación del reclamado con el Estado requirente, a la posibilidad de enjuiciamiento efectivo en España[565] y a la existencia o no de una organización criminal de la que forma parte el reclamado[566] o el concierto delictivo de varios autores que deben ser enjuiciados conjun-

---

[564] Auto de la Sala de lo Penal de la Audiencia Nacional 9/2019, Sección 1.ª, de 11 de marzo: "*Junto a lo anterior, en aquellos casos en que se ha accedido a la extradición de nacionales, ha sido por delitos de especial gravedad y complejidad en cuanto a su enjuiciamiento (...). Por último, los criterios de gravedad del delito y de proporcionalidad de la pena han sido factores importantes a valorar y sucede que, en el caso que nos ocupa, la pena máxima imponible en España por el delito que se le imputa no podría superar los cinco años de prisión, y sin embargo se le pide en la causa (...) una de diez años, es decir, el doble superando criterios de proporcionalidad que viene marcando nuestra jurisprudencia*". Igualmente, Auto de la Sección 1.ª de la Sala de lo Penal 88/2023, de 14 de febrero.

[565] Auto de la Sala de lo Penal de la Audiencia Nacional, Sección 4.ª, de 2 de marzo de 2018, dictado en el Rollo 147/2017: "*Basamos esta posición denegatoria de este último motivo de oposición a la entrega en que todas las fuentes de prueba se hallan en el país de comisión de los hechos, constituidas estas por variadas testificales de particulares y funcionarios públicos, múltiples periciales biológicas (...) abundante documentación y, sobre todo, la declaración de la presunta víctima de los abusos sexuales, para cuya valoración resulta indispensable la inmediación por parte del órgano judicial juzgador*". En el mismo sentido, Auto 40/2016, Sección 2.ª, de 28 de octubre: "*La facultad de no entrega en caso de nacional español se trata de una cláusula que faculta tanto para conceder la extradición de nacionales como para lo contrario, correspondiendo inicialmente la decisión a este Tribunal, sin perjuicio de que también esta facultad pueda ser actuada en el posterior momento gubernativo, sin que ello tenga porqué implicar ni infracción del Convenio ni de la legislación interna española sea cual fuere la decisión que se adopte; ahora bien, en este ámbito judicial la decisión ha de ser tomada necesariamente bajo estrictos criterios jurisdiccionales, en atención a razones tales como la necesaria cooperación de las jurisdicciones en interés de la justicia, en el sentido de efectividad y eficacia de la persecución penal, proporcionalidad, menor perjuicio para el reclamado, etc. Como ya ha dicho esta misma Sección en Auto de 29 de marzo de 2012, se debe decidir en atención a las circunstancias del caso, estando sujeto a arbitrio judicial, que no es arbitrariedad y, en definitiva, debiendo ser administrada de forma motivada por el Tribunal; en esta previsión sigue latiendo el viejo principio de un deber de protección por parte del Estado a sus nacionales que tiene arraigo en criterios soberanistas.*

Partiendo de que la nacionalidad española no es una causa automática denegación de la extradición, sino facultativa, la Sala de lo Penal de esta Audiencia Nacional ha venido actuando en atención a las circunstancias concurrentes en cada caso, valorando factores como la gravedad del delito, vinculación o arraigo del reclamado con el Estado requirente y con el requerido, y también atendiendo a razones de proporcionalidad entre la entrega y su finalidad (...). En Auto de Pleno 53/2011, de 28 de noviembre, además de reiterar el no automatismo de la denegación, se estableció como parámetros de su uso la gravedad de la infracción, la vinculación de reclamado con el Estado requirente y la posibilidad de enjuiciamiento en España". Ídem, Auto de la Sala Penal, Pleno, 43/2019, de 3 de junio: "*(...) Tres son los motivos por los que consideramos que no debe denegarse la entrega del reclamado (...) la gravedad de la infracción por la que se reclama, el hecho de que el país requirente se encuentra mucho mejor posicionado para el efectivo enjuiciamiento de los hechos, especialmente graves, dado que las pruebas se encuentran todas allí, debiéndose tener en cuenta el hecho de que la víctima, especialmente vulnerable, se encuentre en Chile, y, por último, la reciente vinculación con España del reclamado, en todo caso posterior a la ocurrencia de los hechos por los que se le reclama*". Igualmente, Auto de la Sección 1.ª de la Sala de lo Penal 88/2023, de 14 de febrero: "*También se manejan criterios como que las fuentes de prueba se encuentren todas en el Estado requirente, la abundancia y complejidad de esas fuentes de prueba, o bien que estemos ante un concierto delictivo de varios autores que deben ser enjuiciados conjuntamente (en este sentido, Auto del Pleno 77/2021, de 19 de noviembre)*". Asimismo, Auto de 21 de julio de 2020, dictado el Rollo 17/2019, de la Sección 4.ª.

[566] Auto de la Audiencia Nacional, Sección 3.ª, 24/2019, de 3 de mayo: "*A la dificultad para enjuiciar los hechos en España se refiere el auto del Pleno de la Audiencia Nacional de 9 de octubre de 2017, concedió*

tamente[567]. También puede tomarse en consideración, en los casos de doble nacionalidad, si la nacionalidad española, aunque lo sea de origen, no ha sido efectivamente ejercida[568]. Dar el visto bueno a la extradición de un nacional cuando estamos hablando de un delito de escasa gravedad y el arraigo en el país reclamante es nulo, teniendo el reclamado en España su vida personal y profesional estabilizada, haría entrar en quiebra el principio de proporcionalidad. En este sentido se pronuncian, entre otros, el Auto de la Sala de lo Penal de la Audiencia Nacional, Pleno, 74/2015, de 25 de septiembre[569]; el Auto de la Sección 4.ª

---

la 6 de abril de 2018, (que) concedió la extradición de una persona con nacionalidad española señalando que cuando se trata de la comisión de hechos delictivos en el seno de una organización, es lo suyo ventilar la presunta participación de los copartícipes en el mismo procedimiento que, en este caso, se ha iniciado en el Estado requerido (sic), donde ha sido condenado otra persona de nacionalidad española y donde se apunta a la conformación de una organización para el tráfico de drogas contando con dicha persona y con el ahora reclamado, al margen de que se cuente o no con datos que identifiquen al resto de los que pudieran constituirla. En similar sentido, el auto de 16 de junio de 2017 señala como circunstancias que deben ser tenidas en cuenta en estos casos la gravedad del hecho, la proximidad del material probatorio, la posibilidad de desarrollo del juicio en nuestro país o el riesgo de que se produzcan resoluciones contradictorias por la existencia de otros implicados en los mismos hechos, así como también las circunstancias personales del reclamado".

[567] Auto 88/2023, de 14 de febrero, de la Sección 1.ª de la Sala de lo Penal, con referencia al Auto de Pleno 77/2021. Ídem Auto 156/2022, de 8 de abril, de la Sección 3.ª. También, Auto del Pleno de la Sala 40/2020, de 14 de septiembre en que, junto a la existencia de estructuras penitenciarias poco compatibles con el respeto debido a la dignidad humana, se valora: *"la gravedad del hecho, la proximidad del material probatorio, la posibilidad de nuevo juicio en nuestro país, el riesgo de que se produzcan resoluciones contradictorias por la existencia de otros implicados en los mismos hechos así como también las circunstancias personales del reclamado (...) sin que la misma (la extradición) (...) pueda denegarse solo por tener nacionalidad española el reclamado (...)".*

[568] STC 181/2004, de 2 de noviembre, que rechaza que existe un trato discriminatorio entre los españoles y los españoles con doble nacionalidad, puesto que *"se ha de tener en cuenta que el art. 8.1 del Tratado de extradición aplicable, acabado de mencionar, así como el art. 3.1 de la Ley de extradición pasiva de 1985, establecen una excepción a la norma que prohíbe la extradición de los nacionales para aquellos casos en los que la nacionalidad haya sido adquirida con el propósito fraudulento de impedir la extradición. Y, si bien dicha excepción no tiene su ámbito propio de aplicación respecto de los nacionales de origen, es lo cierto que, en supuestos de doble nacionalidad como el presente, en los que de facto solo se ejerce una nacionalidad —la venezolana—, el fundamento material de dicha excepción cobra sentido a los efectos de entender que no rehusar la entrega no supone una discriminación injustificada o irrazonable".*

[569] *"El Fundamento Jurídico Tercero de la resolución recurrida abordó este asunto, dando primacía al principio de territorialidad como fuero preferente, frente al alegado fuero subjetivo de la nacionalidad, que debe decaer porque los hechos son de cierta gravedad, el procedimiento abierto radica en Perú y la prueba sobre la que se construyó la acusación se encuentra en Perú (...). Tales acertadas argumentaciones las ratifica este Pleno, que se decanta ponderadamente por la opción de la entrega de la reclamada a su país de origen, ante los graves inconvenientes existentes para ser eficazmente juzgada en España -donde no se ha incoado procedimiento penal alguno contra la interesada-, si las autoridades de Perú hicieren uso de la posibilidad de pedir su enjuiciamiento en nuestro país, como recoge el artículo 7.2 del Tratado bilateral. Reiteramos que la totalidad de las fuentes de prueba se hallan en el país de comisión de los hechos, sin que se haya acreditado circunstancia o impedimento físico, psíquico o familiar alguno que haga modificar a este Pleno aquel parecer denegatorio del motivo de recurso que analizamos".*

[570] *"Es obvio que nos encontramos ante una cláusula facultativa que autoriza tanto para conceder la extradición de nacionales como para denegarla, correspondiendo, inicialmente, la decisión a este Tribunal, que ha de adoptar la oportuna decisión guiado solo y exclusivamente por criterios jurisdiccionales y actuando en atención a las circunstancias concurrentes en cada caso, sopesando factores diversos como son la gravedad del delito, la vinculación o arraigo del reclamado con el Estado requirente y con el requerido, atendiendo también a razones de proporcionalidad entre la entrega y su finalidad, y sin perder de vista en ningún momento que en la facultad denegatoria late el criterio de protección del nacional, reforzado por el hecho de su posible enjuiciamiento en España, previo ofrecimiento a las autoridades del país reclamante la posibilidad de que el reclamado sea juzgado en nuestro país por los hechos objeto de extradición".*

de 31 de mayo de 2018[570]; el Auto de la Sala Pleno 56/2019, de 1 de julio[571]; el Auto de la Sección 4.ª de 8 de julio de 2019, dictado en el Rollo de Sala 80/2019[572]; Auto 258/2023, de 23 de mayo, de la Sección 2.ª[573], y Auto 335/2023, de 12 de mayo, de la Sección 1.ª[574]. En conclusión, la entrega o denegación del ciudadano español no dependerá tanto del riesgo de padecer un proceso injusto —pues ello fundamentará la existencia de otra causa o motivo de extradición—, sino que, partiendo del carácter ordinario de la jurisdicción reclamante, respetuosa con el *due process of law*, la decisión a tomar dependerá de la concurrencia de una vinculación fuerte con el Estado reclamante, la gravedad de los hechos, la seriedad de las condenas y la inviabilidad de celebrar el juicio en España[575].

A diferencia de lo que podía interpretarse según la Ley de 26 de diciembre de 1958, la dicción del art. 3 LEP, que afirma expresamente que la cualidad de nacional, en este caso, será apreciada por un órgano judicial, basta para descartar que el Gobierno tenga facultades para denegar la extradición basada solo en este dato, sin perjuicio de lo recogido en el art. 6 de la Ley. En consecuencia, la regla solo se activará tras la resolución que dicte el Tribunal de la extradición[576].

---

[571] *"(...) La cláusula facultativa de denegación de la entrega de nacionales, que según criterio reiterado de este Pleno, debe actuar cuando se den condiciones especiales, objetivas y subjetivas, para hacer valer la protección del Estado frente a sistemas judiciales diferentes y, sobre todo, ante estructuras penitenciarias poco compatibles con el respecto debido a la dignidad humana, debiendo tenerse en cuenta, además, una serie de circunstancias como la gravedad del hecho, la proximidad del material probatorio, la posibilidad de desarrollo del juicio en nuestro país, o el riesgo de que se produzcan resoluciones contradictorias por la existencia de otros implicados en los mismos hechos, así como también las circunstancias personales del reclamado".*

[572] Misma argumentación que el Auto anterior.

[573] *"Es doctrina de esta Sala que, para una adecuada ponderación de los intereses en juego, a la hora de adoptar la decisión de si procede hacer uso de la facultad de no entrega de los nacionales (...) se debe tener en cuenta el lugar de los hechos, su gravedad, la accesibilidad a las pruebas, el grado de vinculación y el arraigo del reclamado en cada uno de los países y, en su caso, si así lo prevé la norma que regule la extradición, la posibilidad de enjuiciamiento por el Estado requerido".* Igualmente, Auto 69/2023, de 17 de febrero, de la Sección 3.ª de la Sala de lo Penal.

[574] *"Ciertamente, los hechos ocurren en su integridad en territorio mexicano, y es en dicho país donde se encuentran las principales fuentes de prueba (...) dada la naturaleza de los hechos, de producción instantánea y que se agotaron en el momento de su producción, características de las pruebas, posibilidad de utilización de la video conferencia, y si así lo instase el Estado requirente (...) sería perfectamente factible su enjuiciamiento en nuestro país (...) respecto de otros factores a tener en cuenta (...) en la legislación del Estado reclamante (...) el hecho está castigado con penas de cuarenta a setenta años de prisión (...) o de prisión vitalicia (...) esta distancia entre las penas contempladas en uno y otro ordenamiento llevan a este Tribunal a considerarla como una factor a tener en cuenta a efectos de aplicar la cláusula de denegación, por cuanto, o bien estaríamos hablando de la imposición de pena de prisión a perpetuidad, o bien de una extensión tal que, dada la edad del reclamado, podría llegar a considerarse de similar gravedad a la de la cadena perpetua (...) en cuanto a las circunstancias personales del reclamado (...) se encuentra plenamente enraizado en España (...) se encuentra cursando estudios, suponen el elemento más sustancial en aras de aplicación de la cláusula de protección de nacionales, con el fundamental objeto de que el reclamado tenga la posibilidad de aumentar las oportunidades de reinserción social, si finalmente resulta condenado por los hechos de los que se le acusa".*

[575] Ollé Sesé, M. (2019) *Crimen internacional y jurisdicción penal nacional: de la justicia universal a la jurisdicción pena interestatal*, Pamplona, ed. Aranzadi, pág. 47. Parece vincular el enjuiciamiento en España con el riesgo de que en el país reclamante se impongan penas inaceptables o castigos punitivos desproporcionados, con la ausencia de garantías de un juicio justo o cuando la vida e integridad del reclamado puedan correr peligro. Insistimos que la concurrencia de dichos factores motivará la denegación de la entrega, pero por la apreciación de otras causas de denegación, no por la nacionalidad española del reclamado.

[576] De otra opinión, pero según la legislación anterior, Pastor Borgoñón, *op. cit.*, pág. 371. Entendía que la negativa del Gobierno permitía la persecución del delito en España.

El principio *aut dedere aut iudicare*[577] se hace presente en el caso de que el Tribunal extradicional deniegue la entrega. El rechazo a la extradición del nacional abrirá la puerta a la persecución de los hechos en nuestro país. La posibilidad de encausamiento del español cuya extradición se deniega supone la expresión de la reciprocidad en un sentido material, tal y como señala la doctrina, que considera que aquí reciprocidad implica una equivalencia material y no formal de prestaciones; por consiguiente, la obligación de perseguir al nacional será equivalente a su entrega[578].

Debe resaltarse la distinta dicción que presentan el art. 3 LEP y el art. 23.2 LOPJ en cuanto a los requisitos que deben existir para el enjuiciamiento de españoles por hechos cometidos en el extranjero. Así, mientras el art. 3 LEP exige, en caso de haberse denegado la extradición, la previa solicitud del Gobierno del país de acusación al Gobierno de España y el posterior traslado de la petición al Ministerio Fiscal para que este presente querella, el art. 23.2 LOPJ únicamente requiere la presentación de querella por el Ministerio Fiscal, partiendo de otro requisito que implícitamente está también presente en la LEP: que el hecho sea delito en el país requirente, dado que, si no lo fuera, no existiría procedimiento abierto en dicho Estado.

En el primer caso, la LEP establece una persecución rogada o instada por Gobierno extranjero, mientras que en el segundo supuesto nos encontramos ante una persecución de oficio a cargo del Ministerio Fiscal. Ante la disparidad de enunciados, existen dos opciones interpretativas: la primera, considerar que, dado que la LOPJ es texto posterior a la LEP, esta ha quedado implícitamente derogada por aquella; la segunda, atendiendo al principio de especialidad y a la práctica extradicional uniforme e ininterrumpida desde la entrada en vigor de la LEP, entender que la norma extradicional es una ley especial frente a la LOPJ y que la persecución de los delitos cometidos por españoles en el extranjero está sometida al requisito adicional de la petición expresa del país de emisión al Gobierno de España. La acción diaria en la Audiencia Nacional avala esta última tesis, dado que no se presenta querella de manera sistemática por el Ministerio Fiscal frente a todos aquellos españoles cuya extradición es denegada. Junto a ello, un criterio sistemático: si el art. 23.5 LOPJ condiciona la persecución de los delitos del apdo. 4.º a la denegación previa de la extradición solicitada por el país de emisión que tiene un procedimiento abierto, parece que el mismo criterio debe seguirse en el supuesto de delito cometido por español del apdo. 2.º, en que existe una previa acción penal emprendida en otro país motivadora de una petición de extradición rechazada. En este caso, la acción penal quedaría subordinada a la petición del Gobierno extranjero con subsiguiente transferencia del procedimiento, a efectos de evitar la concurrencia de dos causas en paralelo y el sometimiento a doble juicio penal[579].

---

[577] Como señala Bassiouni, *op. cit.*, pág. 7, este principio fue formulado por primera vez en 1624, en su dicción *aut dedere aut punire*, por el jurista holandés Hugo Grocio en su libro *De iure belli ac pacis*, estableciendo una obligación de castigar a quien no fuera entregado. De manera extensa, Bassiouni, *op. cit.*, págs. 7 a 48.

[578] Schultz, citado por Bueno Arús, *La reciprocidad…*, *op. cit.*, pág. 69.

[579] Como ya señalaba el Tribunal Constitucional, al hilo del recurso de revisión, en la STC 41/1997, de 10 de marzo, *"la LECrim, en los arts. 954 y siguientes solo admite el recurso de revisión en favor del reo, a semejanza de otros ordenamientos continentales". A ello añadimos "que esta decisión legislativa es fruto de consideraciones constitucionales, profundamente arraigadas en el respeto a los derechos fundamentales y al valor superior de la libertad, lo pone de manifiesto el simple dato de que en la V enmienda de la*

Asimismo, el distinto fundamento de una y otra institución avala esta postura. Nótese que la extradición se basa en un acto de soberanía, según el cual el Estado decide si entrega a una persona y en qué condiciones lo hace o enjuicia, delimitando las normas extradicionales la acción penal y su ejercicio, mientras que la Ley Orgánica del Poder Judicial define el principio de personalidad pasiva para aquellos casos en que la competencia es originaria, no vinculada a una petición y subsiguiente denegación de la reclamación extradicional. En definitiva, la Ley de Extradición se configura como una norma procesal específica que añade requisitos adicionales a los recogidos en el art. 23.2 LOPJ. Sin perjuicio de ello, nada obstaría a que, durante el curso de la causa, pudieran cumplimentarse las condiciones exigidas y subsanarse los defectos procesales que pudieran existir, tal y como ya ha manifestado el Tribunal Supremo en otras ocasiones respecto a la exigencia de querella del Fiscal contenida en el art. 23.2 LOPJ[580].

Por otra parte, repárese en que, contra lo que pudiera desprenderse de la lectura aislada del último inciso del n.º 2 del art. 3 LEP, que hace referencia a "*continuar el procedimiento penal en España*", es ajena al precepto la ejecución de pena impuesta en el extranjero en caso de denegación de la entrega, como lo prueba que el párrafo anterior precisa que se dará cuenta del hecho al Ministerio Fiscal "*para que se proceda judicialmente contra el reclamado*". La frase da a entender que el supuesto de hecho de la norma queda acotado a los casos de demanda extradicional para enjuiciamiento que es rehusada. La solicitud de ejecución de sentencia extranjera en España, en casos de rechazo de la entrega, irá por los cauces del tratado correspondiente –si lo hubiere–, siendo competente para conocer de dicha ejecución la propia Audiencia Nacional, de conformidad con el art. 65.2 LOPJ[581]. Así, por ejemplo, en el caso de Perú, el art. 7.2 del Tratado precisa que se dará cuenta del hecho al Ministerio Fiscal, "*a fin de que pueda procederse judicialmente contra el reclamado*". La frase da a entender que el supuesto de hecho de la norma queda acotado a los casos de demanda extradicional para enjuiciamiento que es rehusada[582]. Prueba de ello es que el mismo precepto dispone la entrega de documentos, informaciones y objetos relativos al *delito*, sin hacer referencia a la "*pena o a su ejecución*". Únicamente cuando se trata de

---

Constitución norteamericana se consigna la interdicción de someter al reo a un doble juicio penal (double jeopardy). Las razones que en aquel país se aducen como fundamento de esa interdicción son semejantes a las que el legislador español avanzaba, en la exposición de motivos de la LECrim., para justificar la proscripción de la absolución en la instancia, cuyo significado es análogo al de la prohibición de la revisión «contra reo»: evitar que el ciudadano sea «víctima de la impotencia o del egoísmo del Estado», evitarle las «vejaciones» que resultarían de una situación de permanente inseguridad y, en fin, no dispensarle un trato incompatible con la condición de ciudadano de un pueblo libre".

580 Véase STS 101/2015, de 23 de febrero.

581 De otra opinión, Pastor Borgoñón, *op. cit.*, pág. 372. El tenor literal de la actual LEP impide introducir aquí la ejecución de sentencias penales.

582 En este sentido, Auto 61/2023, de 21 de julio, del Pleno de la Sala de lo Penal: "*La expresión a fin de que pueda procederse judicialmente contra aquel debe interpretarse como el inicio o continuación de un procedimiento contra un sujeto, es decir, solamente resulta aplicable en supuestos de entrega para enjuiciamiento y no para ejecución de una pena. Desde una dimensión gramatical, cabe recordar que el Diccionario RAE contiene la siguiente acepción de proceder: inicial o seguir procedimiento contra alguien; y en el mismo sentido, el Diccionario Panhispánico de español jurídico lo define como iniciar una serie de acciones ordenadas, según lo acordado o dispuesto (...) haciendo referencia a un elemento sistemático, es necesario tener en cuenta que el artículo 7.2 permite el enjuiciamiento en España del español reclamado por las autoridades peruanas; sin embargo, si se trata de cumplimiento de pena, sería aplicable el Tratado entre el Reino de España y la República de Perú sobre cumplimiento de penas (...)*". En idéntico sentido, Auto 65/2023, de 27 de julio, del Pleno de la Sala.

enjuiciamiento es cuando se remitirán tales documentos, informaciones y objetos. Por el contrario, de encontrarnos ante una sentencia firme, no es posible la negativa a la entrega por aplicación de esta norma, sino que, en su caso, se aplicará el Tratado entre el Reino de España y la República del Perú sobre transferencia de personas sentenciadas a penas privativas de libertad y medidas de seguridad privativas de libertad, hecho en Lima el 25 de febrero de 1986, BOE del 5 de agosto de 1987, cuyo art. 1.2 establece que "*las sentencias a penas privativas de libertad y medidas de seguridad privativas de libertad, impuestas en la República del Perú a nacionales españoles, podrán ser cumplidas en establecimientos penales del reino de España o bajo la vigilancia de sus autoridades, de conformidad con las disposiciones del presente tratado*", fijando como requisitos "*que las disposiciones de la sentencia, fuera de la privación de la libertad, hayan sido satisfechas*" (art. 3.7, que obligaría al pago de las indemnizaciones) y el consentimiento del penado (art. 6.3).

Relacionado con este tema y con el principio *aut dedere aut iudicare* está la cuestión de si el art. 3 LEP responde a un principio de enjuiciamiento ilimitado en casos de denegación de la entrega o si, por el contrario, el silencio de la norma en este punto implica que debemos partir del principio contrario –regla general de no enjuiciamiento en supuestos de rechazo de la entrega–, con dos excepciones previstas con carácter expreso: las de competencia de los Tribunales españoles o las de nacionalidad española del reclamado.

Por más que el principio se planteara en su origen no como una obligación *inter partes*, sino como una pauta de derecho internacional[583], nunca se ha considerado una regla de obligatorio seguimiento. A nuestro juicio, el principio de legalidad vigente en materia extradicional, recogido en nuestra norma constitucional, impide adoptar el criterio de enjuiciamiento con carácter general ante el obstinado silencio de la Ley: cuando el legislador ha querido que el rechazo a la entrega vaya seguido de un enjuiciamiento del asunto en España lo ha hecho constar expresamente, como es el caso de la reclamación de ciudadanos españoles. No existe una norma orgánica que imponga que, cualquiera que sea el fondo y la naturaleza del asunto, los Tribunales españoles deban enjuiciar los hechos tras el rechazo de la pretensión extradicional[584]. En esto, la legislación española no es una excepción, ni mucho menos: no existe, por lo común, una articulación del principio que, con carácter general, obligue al enjuiciamiento en el país requerido una vez se deniegue la extradición[585]. En cualquier caso, dicha fijación normativa correspondería al Estado de ejecución[586].

En definitiva, si el Estado donde han ocurrido los hechos pide que se siga causa en España contra el reclamado, el Gobierno de España dará cuenta al Ministerio Fiscal para que proceda, en su caso, contra aquel. Es el único supuesto en que se recoge esta regla en la legislación extradicional, sin perjuicio de lo señalado por los concretos convenios. Sigue así la Ley una extendida tendencia a limitar la facultad de enjuiciamiento en el país requerido al rechazo de la entrega por motivos de nacionalidad[587], lo cual es lógico: piénsese

583 Van den Wijngaert, *op. cit.*, pág. 8.

584 Como reconoce Pastor Borgoñón, *op. cit.*, pág. 371.

585 Van den Wijngaert, *op. cit.*, pág. 219.

586 Van den Wijngaert, *op. cit.*, pág. 221.

587 Pastor Borgoñón, *op. cit.*, pág. 371.

que, si se deniega la extradición por la concurrencia de cosa juzgada, litispendencia, amnistía, prescripción, etc., no tiene sentido alguno solicitar un enjuiciamiento en el Estado requerido cuyo resultado es absolutamente previsible.

Los tratados internacionales sí establecen, en ocasiones, la obligación de enjuiciar cuando se ha rehusado la entrega por haberse apreciado la excepción de delito político. Es el caso del Convenio de Represión del Terrorismo del Consejo de Europa[588]. Dos alternativas caben respecto de los preceptos de un convenio o tratado que otorgan la competencia para enjuiciar el hecho cuando se ha rechazado la extradición: o bien pueden considerarse como una norma procesal específica que impone el encausamiento sin necesidad de depender de una ley interna, o bien cabe entender necesaria una norma procesal interna de desarrollo. De optarse por esta segunda idea, esto significaría que solo en los casos en que la Ley Orgánica del Poder Judicial atribuyera la competencia a nuestros Tribunales para abrir un procedimiento —normalmente, a través del apdo. 4 del art. 23 LOPJ— podría comenzarse causa en nuestro país, y siempre que no concurrieran elementos que imposibilitasen un proceso homólogo, tales como prescripción, cosa jugada, indulto, etc., que ya hubieran sido apreciados por el Tribunal de la extradición[589].

La cuestión se trasladaría a otra sede, la de la competencia de la jurisdicción española para conocer de los hechos y el principio de legalidad en la persecución de los delitos, pues el establecimiento de una obligación general de enjuiciamiento supondría la introducción de una norma competencial específica en la Ley Orgánica del Poder Judicial[590].

De apreciarse la excepción de delito político, el art. 20.7 del Convenio del Consejo de Europa para la Prevención del Terrorismo se remite a las leyes de la parte requerida, lo cual puede originar un problema de competencia que no existiría de ser otro el tenor literal del convenio. Fuera de este supuesto específico, de entender que una norma procesal contenida en un convenio o tratado de extradición no necesita de desarrollo interno para enjuiciar al reclamado cuando se deniegue su entrega, sería innecesaria la reforma de la legislación orgánica interna.

Un último debate se suscita con relación a la extradición a un tercer Estado de ciudadanos de otros países de la Unión europea en conexión con el principio de libre circulación de personas. Este punto ha sido analizado por el Tribunal de Justicia de la Unión en el llamado caso Petruhhin, resuelto por Sentencia de 6 de septiembre de 2016 y que ha sido recogido en España en el Auto de la Sala de lo Penal, Pleno, de 7 de diciembre de 2016 (Súplica

---

588 Art. 20.7 del Convenio del Consejo de Europa para la Prevención del Terrorismo de 16 de mayo de 2005: *"Cuando una Parte, después de haber recibido una solicitud de extradición de otra Parte, decida no conceder la extradición de una persona en virtud de la aplicación de esta reserva, someterá el asunto, sin excepción alguna y sin demora injustificada, a sus autoridades competentes para que se inicien actuaciones penales, salvo en caso de que se hayan convenido otras disposiciones entre la Parte requirente y la Parte requerida. Las autoridades competentes, teniendo presentes las actuaciones seguidas en la Parte requerida, adoptarán su decisión en las mismas condiciones que para cualquier otro delito de carácter grave, conforme a las leyes de esta Parte. La Parte requerida comunicará sin dilación injustificada el resultado final de las actuaciones a la Parte requirente y al Secretario General del Consejo de Europa, que lo someterá a la Consulta entre las Partes prevista en el artículo 30"*.

589 Pastor Borgoñón, *op. cit.*, pág. 371.

590 Van den Wijngaert, *op. cit.*, pág. 225.

71/2016)[591]. Efectivamente, siendo habitual en muchos ordenamientos el principio de no extradición de nacionales, se formuló por las autoridades judiciales de Letonia cuestión prejudicial ante el TJUE sobre la posible contradicción con el Tratado de la Unión que resultaría de la disparidad de trato entre los nacionales del Estado requerido, cuya extradición se prohíbe, y los ciudadanos de otros Estados de la Unión que han hecho uso de su libertad de circulación y son residentes en dicho Estado, frente a quienes no rige dicha prohibición[592]. Se consideró por el órgano judicial proponente que, dada la literalidad de los arts. 18 y 21 del Tratado de Funcionamiento de la Unión Europea, podría existir una discriminación por razón de nacionalidad y contrariarse la libertad de circulación[593]. El Tribunal de Justicia de la Unión, partiendo de la base de que, a falta de convenio entre la Unión y un país tercero, las reglas extradicionales son de la exclusiva competencia de los Estados, considera que la normativa de la Unión no exige que el país requerido dispense al ciudadano europeo una protección idéntica a la del nacional. Ahora bien, como quiera que su residencia en dicho país es fruto del ejercicio de libertades, que son la esencia misma de la Unión, la normativa europea impone que, para estar en situación similar a la que tendría en su propio país y no verse perjudicado por su decisión de ejercer la libertad de circulación y residencia, sufriendo un trato diferente al que hubiera tenido de no haberse desplazado, es exigible que el Estado requerido ofrezca al Estado del nacional su previa entrega y, solo si este último Estado no responde afirmativamente, resultará posible su extradición a un país tercero. Esta opción deriva directamente del concepto de ciudadanía europea y trata de conseguir por esta vía que la Unión dispense una cierta protección a sus ciudadanos, similar, aunque no idéntica, a la que el Estado miembro otorgaría a sus propios nacionales. Estamos ante una medida intermedia y menos lesiva para el principio de libre circulación que la pura y simple entrega a países terceros de ciudadanos de la Unión residentes en el Estado requerido. Se hace frente así a una práctica recurrente en determinados países que consiste en esperar a que el ciudadano de la Unión salga de su propio Estado para activar la extradición y evitar de esta forma el principio de prohibición de entrega de nacionales vigente en aquel[594]. Por otra parte, se garantiza la inexistencia de impunidad, que es la base del derecho extradicional, pues se enjuiciará el hecho en todo

[591] Que rechaza la alegación del Fiscal en el sentido de que la doctrina no es aplicable respecto a los extranjeros que han adquirido la nacionalidad de un país de la Unión *una vez* han entrado en territorio español.

[592] Salvo en aquellos países que matizaron el concepto de nacional del art. 6.1 b) del Convenio Europeo de Extradición, extendiéndolo a los residentes o domiciliados, al valorar el arraigo en el territorio, según recoge Belllido Penadés, *op. cit.*, pág. 104.

[593] Art. 18: "*En el ámbito de aplicación de los Tratados (...) se prohibirá toda discriminación por razón de nacionalidad*". La Audiencia Nacional rechazó en su día esta posibilidad en el Auto de la Sala de lo Penal, Pleno, 48/2001, de 7 de noviembre: "*La pretensión de extensión del estatuto de nacional a todos los que lo sean de países de la Unión Europea es, hoy por hoy, imposible de admitir al estar fuera de cobertura legal e iría en contra, entre otros, de los acuerdos bilaterales en vigor suscritos por España*". Por demás, la ciudadanía europea no sustituye a la nacional, caso en que se justificaría una postura favorable a la equiparación pura y simple, sino que la complementa.

Art. 21: "*1. Todo ciudadano de la Unión tendrá derecho a circular y residir libremente en el territorio de los Estados miembros (...)*".

[594] Gómez-Jara Díaz, C., y Santos Alonso, J. *Extradición y ciudadanía europea: la revolución de la STJUE de 6 de septiembre de 2016 (caso* Petruhhin*) y el primer pronunciamiento de la Audiencia Nacional.* La Ley Penal n.º 126, mayo-junio de 2017, 1 de mayo de 2017, pág. 2.

caso[595]. El uso de la ciudadanía europea como método de llamada al Estado de la Unión del que el reclamado es nacional sería la vía elegida para que pudiera cumplirse el principio *aut debere, aut iudicare,* dado que, al no ser nacional del Estado requerido, no podría aplicarse el principio de personalidad activa[596].

En el mismo sentido se ha pronunciado más tarde la STJUE de 10 de abril de 2018, asunto Pisciotti, referida a un caso de extradición a EE. UU., país con el que la Unión Europea tiene Tratado. El Tribunal entiende, en la misma línea, que los arts. 18 TFUE y 21 TFUE deben interpretarse en el sentido de que no se oponen a que el Estado miembro requerido establezca una distinción, basándose en una norma de Derecho constitucional, entre sus nacionales y los nacionales de otros Estados miembros y autorice la extradición, pese a no permitir la extradición de sus propios nacionales. Ahora bien, es preciso que las autoridades competentes del Estado miembro del que dicho ciudadano es nacional hayan podido reclamarlo previamente en el marco de una orden de detención europea y no hayan adoptado ninguna medida en este sentido. La posterior STJUE de 2 de abril de 2020, caso I.N., con intervención de la Ruska Federacija, ha extendido la aplicación de la doctrina anterior a los nacionales de Islandia y Noruega, habida cuenta de los estrechos vínculos normativos existentes con dichos países[597].

La preferencia del Estado de la Unión para enjuiciar a su nacional no implica que el Estado miembro que recibe una solicitud de extradición de un país tercero deba esperar a la contestación formal del primero, ni que este deba manifestar expresamente su renuncia a enjuiciarlo, siendo suficiente que se conceda un plazo razonable al Estado del nacional para contestar, según la STJUE de 17 de diciembre de 2020, caso BY[598].

En definitiva, cabe afirmar que la doctrina emanada de dos las sentencias del Tribunal de la Unión supone una ingeniosa manera[599] de aplicar el principio *aut dedere aut iudicare* a los ciudadanos europeos: en caso de no entregar la persona al país tercero reclamante, se propicia su enjuiciamiento en el Estado del que es nacional por vía de la emisión y aceptación de una orden europea de detención y entrega concurrente con la extradición.

No obstante, debemos recalcar que, en las distintas ocasiones en que el asunto ha llegado al Tribunal, el país del nacional no ha emitido la orden europea, lo que, al margen

[595] Gimbernat, E. *Protección de la ciudadanía europea frente al procedimiento de extradición. STJUE de 6 de septiembre de 2016.* La Ley Unión Europea n.º 44, de 31 de enero de 2017, págs. 6 y 7.

[596] Gómez-Jara Díez, *Garantismo Penal Europeo..., op. cit.,* pág. 125

[597] Apartados 75 a 77.

[598] "54. *En tal supuesto, el Estado miembro requerido puede, por tanto, proceder a esa extradición sin estar obligado a esperar, más allá de ese plazo razonable, a que el Estado miembro del que la persona reclamada posee la nacionalidad adopte una decisión formal por la que renuncie a la emisión de una orden de detención europea contra esa persona. En efecto, el enfoque contrario iría más allá de lo que implica la aplicación de los mecanismos de cooperación y asistencia mutua existentes en materia penal en virtud del Derecho de la Unión y podría retrasar indebidamente el procedimiento de extradición*".

[599] En palabras de Gómez-Jara Díez y Santos Alonso, *Extradición y ciudadanía europea..., op. cit.,* pág. 9: "*Indicamos que se trata de una ingeniosa solución toda vez que articula un mecanismo, no previsto legislativamente para, por un lado, salvaguardar la necesaria protección de los ciudadanos europeos por mor de su ciudadanía nacional y, por otro lado, garantizar la inexistencia de lagunas de impunidad. La institución que permite esta vertebración singular de ambos intereses es la ciudadanía europea que, de esta manera, refuerza su importancia en el espacio de libertad, seguridad y justicia de la Unión Europea*".

de cuestionar la eficacia práctica de la solución arbitrada por el Tribunal, ha obviado el espinoso tema de a quién correspondería, en este caso, la facultad de decidir sobre la preferencia entre una u otra, si a la autoridad central o al Tribunal que estuviera conociendo de la extradición.

Nótese que tanto el art. 23 de la Decisión Marco de 23 de junio de 2002 como el art. 57.2 LRM conceden la competencia a la autoridad central, no al órgano judicial de ejecución de la OEDE, en coherencia con la regulación general en el ámbito extradicional, que atribuye siempre la última palabra en la materia a la autoridad gubernativa. Esto parece indicar que aquí también dicha autoridad debiera ser quien tomara la decisión oportuna[600]. Incluso, el Tratado de Extradición con los EE. UU.[601], adaptado al acuerdo de extradición entre los EE. UU. y la Unión Europea de 25 de junio de 2003[602], asigna dicha competencia al Ministerio de Justicia en estos casos.

Tiene cierta lógica este endoso competencial. Como ya señalamos anteriormente[603], en materia de cooperación internacional penal no es insólita la atribución de competencia a la autoridad administrativa que, por ejemplo, toma decisiones en los expedientes de extradición por motivos que son por completo discrecionales, basados en el interés general de España. Pero no es el único caso. Como ejemplo, el ATC 122/2016, de 7 de junio, ha negado que la potestad administrativa para crear y autorizar equipos conjuntos de investigación invada competencia jurisdiccional alguna ni menoscabe las facultades jurisdiccionales[604].

---

600 En contra, Gómez-Jara Díez y Santos Alonso, *Extradición y ciudadanía europea…*, *op. cit.*, pág. 15. Sin embargo, centran su argumentación en el Tratado de Extradición EE. UU.-UE, perdiendo de vista que la solución que otorga preferencia a la autoridad central es general en la normativa europea de OEDE, lo que lleva a pensar que el criterio aquí tampoco tiene excepción.

601 Art. XIV: "*Si España recibe una solicitud de extradición de los Estados Unidos de América y una solicitud de entrega en virtud de una orden europea de detención respecto de la misma persona, ya sea por el mismo delito y otro distinto, su Ministerio de Justicia determinará a qué Estado, si procede, entregará a la persona reclamada*".

602 Art. 10.2: "*Si el Estado requerido recibe una solicitud de extradición de los Estados Unidos de América y una solicitud de entrega en virtud de una orden europea de detención respecto de la misma persona (…) la autoridad competente del Estado miembro entregará, si procede, a la persona reclamada. A estos efectos, la autoridad competente será la autoridad ejecutiva del Estado miembro si, conforme al tratado bilateral vigente entre los Estados Unidos y el Estado miembro, la decisión en caso de concurrencia de solicitudes de entrega se atribuye a dicha autoridad (…)*".

603 Bautista Samaniego, C. *Cuestiones varias relacionadas con la aplicación de la OEDE en la Ley 23/2014, de reconocimiento mutuo*. La Ley Penal n.º 122, septiembre octubre de 2016, de 1 de septiembre, pág. 8.

604 "*Así pues, la autorización de la constitución de un equipo conjunto de investigación no implica ejercicio de una potestad jurisdiccional, reservada constitucionalmente a jueces y magistrados. Desde una perspectiva político-legislativa puede criticarse quizá la regulación prevista por el legislador; y sin duda pueden concebirse fórmulas más flexibles y directas para los supuestos de equipos conjuntos de investigación que no actúan en el ámbito de los delitos que competen a la Audiencia Nacional. Sin embargo, desde la perspectiva estricta del control de constitucionalidad que se nos reclama lo determinante es que la decisión del legislador de atribuir a un órgano administrativo la facultad de formalizar la voluntad del Estado en trance de constituir un equipo conjunto de investigación no es incompatible con los apartados 1 y 3 del art. 117 CE. En segundo lugar, puede distinguirse perfectamente entre la facultad de autorizar los acuerdos de constitución o ampliación de los equipos conjuntos de investigación, por un lado, y la dirección de las investigaciones que se realizan en el marco de los equipos conjuntos, por otro. Como señala la Fiscal General del Estado, las facultades asignadas al Ministerio de Justicia por la Ley 11/2003 como «autoridad nacional competente» para la creación de equipos conjuntos de investigación en determinados supuestos no constituyen funciones de decisión o dirección de las investigaciones judiciales. Son las autoridades judiciales y fiscales quienes deciden utilizar dicho instrumento de cooperación con las autoridades de otros Estados miembros de la Unión Europea y quienes establecen los términos del equipo conjunto de*

En definitiva, no se puede afirmar que la intervención gubernamental sea un cuerpo extraño en el espacio de la cooperación internacional en la entrega de personas, como afirma parte de la doctrina[605]. En todo caso, vista la literalidad de la STJUE de 6 de septiembre de 2016, la autoridad central deberá, eso sí, dar siempre preferencia a la OEDE[606].

A modo de coda sobre el asunto, debemos exponer que parte de la doctrina propugna que, sobre la base de la sentencia Petruhhin, se dispense a los residentes la misma protección que a los nacionales, de modo y manera que, si existe una prohibición de entrega de estos –o criterios de decisión específicos, en caso de que sea potestativa, basados en la proporcionalidad–, dicha solución sea igualmente aplicable a residentes con arraigo equivalente en territorio nacional[607]. Esta opción, que podría encontrar cierto apoyo en la aplicación analógica de los arts. 4.6 y 5.3 de la Decisión Marco de OEDE y 48.2 b) y 55 LRM y de la STJUE de 5 de septiembre de 2012, dictada en el asunto López Da Silva, parece chocar con la literalidad de la decisión del Tribunal de Justicia, que manifiesta que no es obligado que el Estado miembro trate de igual forma a residentes y nacionales y entiende no contrario al derecho de la Unión ni discriminatoria tal diferenciación, sin que pueda conseguirse por vía interpretativa lo que no es reconocido legislativamente. La existencia de una prohibición general de entrega de residente comunitario por asimilación al nacional a modo de regla ordinaria nos parece, pues, descartable[608]. Ahora bien, el razonamiento del TJUE se refiere a la no obligación de establecer

---

investigación, pues son quienes conocen la conveniencia de una investigación conjunta. La Ley 11/2003 exige, ciertamente que dichos acuerdos, cuando se refieren a delitos cuya investigación y persecución que no corresponden a la Audiencia Nacional, se sometan a la autorización del Ministerio de Justicia con el propósito antes mencionado. Pero la regulación legal no permite contemplar la decisión de autorización de los equipos conjuntos de investigación como una intervención en la dirección y control de la investigación penal o en la dirección y composición del equipo de investigación, como aduce el órgano promotor de la cuestión. Ni en el sistema de la Ley 11/2003, ni en el concreto precepto cuestionado en este proceso se halla facultad alguna de injerencia o intromisión en la dirección y contenido de las investigaciones. El órgano administrativo no interviene en la investigación penal como tal, sino en un momento anterior, el de la formalización del correspondiente equipo conjunto de investigación. La investigación posterior se realiza bajo la dirección de un fiscal o de un juez, o bajo el liderazgo de ambos. Una vez constituido el equipo, este funciona con total independencia y autonomía, con sujeción a las normas procesales que resulten aplicables. Así pues, la dirección de la investigación está en manos del juez o fiscal designado como jefe del equipo de investigación, como es norma y práctica en el ámbito penal. El órgano administrativo no participa en la realización de la investigación y su única intervención se produce en el supuesto de que se le solicite una prórroga de la vigencia del equipo o una ampliación de los hechos objeto de investigación, a los efectos de renovar la declaración de voluntad estatal de participar o mantener la participación en el equipo conjunto de investigación"

605 Gómez-Jara Díez, *Garantismo Penal Europeo…* *op. cit.*, pág. 151.

606 *"Los arts. 18 TFUE y 21 TFUE deben interpretarse en el sentido de que, cuando un Estado miembro al que se ha desplazado un ciudadano de la Unión, nacional de otro Estado miembro, recibe una solicitud de extradición de un Estado tercero con el que el primer Estado miembro ha celebrado un acuerdo de extradición, deberá informar al Estado miembro del que dicho ciudadano es nacional y, en su caso, a solicitud de este último Estado miembro, entregarle a este ciudadano, con arreglo a las disposiciones de la Decisión Marco 2002/584/JAI, del Consejo, de 13 de junio de 2002, relativa a la orden de detención europea (…)".*

607 Gómez-Jara y Santos Alonso, *Extradición y ciudadanía europea…* op. cit., pág. 12.

608 El Auto de la Sala de lo Penal, Pleno, 289/2018, de 26 de octubre, ya lo ha rechazado en los casos de nacional no comunitario residente en España: "*(…) La reclamada no goza de la condición de ciudadana española, lo que impide la aplicación del principio de reciprocidad extradicional aplicado a los españoles reclamados por Venezuela (…)*". En el mismo sentido, Auto de la Sala de lo Penal, Sección 4.ª, de 14 de enero de 2019, Rollo de Sala 11/2018: "*El procedimiento de extradición parte en su origen del hecho de que se trata de personas que se encuentran circunstancialmente, viven, residen o son nacionales de otro país al que se demanda la extradición. Solo respecto de nacionales cabe cierta protección (…) que en este*

una igualdad de trato legislativo, pero no impide que el art. 18 TFUE, que recoge el principio de igualdad de trato y prohibición de discriminación por razón de nacionalidad, en conjunción con el art. 21 del mismo texto, actúe como guía interpretativa que permita extender a los nacionales de la Unión las exigencias de motivación reforzada que nuestro Tribunal Constitucional requiere para la extradición de nacionales[609], máxime cuando las sentencias Petruhhin y Pisciotti parecen haber establecido un principio de preferencia de no extradición del nacional comunitario residente frente a países terceros, lo que justificaría una explicación minuciosa de por qué se accede a su entrega, de la misma forma que sucede frente a los propios nacionales.

El principio de libre circulación y prohibición de discriminación se abre camino también en materia de reclamaciones para cumplimiento de pena formulada por países terceros frente a un residente de la Unión Europea. Aquí, aunque no cabe el mecanismo arbitrado en la sentencia Petruhhin, el Tribunal de la Unión, en su STJUE de 13 de noviembre de 2018, caso Raugevicius, ha entendido que la prohibición de entrega de nacionales contemplada en la legislación nacional debe extenderse a los residentes, siempre que esté previsto un mecanismo de cumplimiento de la pena impuesta por Tribunales terceros y tanto el residente

---

momento ni siquiera es absoluta en la mayoría de los tratados que permiten la extradición facultativa. La mera residencia, con arraigo personal o familiar, sin otras razones añadidas no es susceptible de una protección equivalente (Autos 7/2015, de 13 de febrero, 247/2018, de 23 de marzo".

[609] STC 87/2000, de 27 de marzo, que, si bien referida a los casos en que es aplicable el art. 3.1 LEP, contiene una doctrina de aplicación a los supuestos en que un tratado permite la extradición.

[610] "*42. Pues bien, si tal es el caso, de ese precepto resulta que el Sr. Raugevicius podría cumplir en territorio finlandés la pena que se le ha impuesto en Rusia, siempre que este último Estado y el propio Sr. Raugevicius lo consientan.*

43. Es preciso recordar a este respecto que, según reiterada jurisprudencia, la vocación del estatuto de ciudadano de la Unión es convertirse en el estatuto fundamental de los nacionales de los Estados miembros (véanse, en particular, las sentencias de 20 de septiembre de 2001, Grzelczyk, C-184/99, EU:C:2001:458, apartado 31; de 8 de marzo de 2011, Ruiz Zambrano, C-34/09, EU:C:2011:124, apartado 41, y de 5 de junio de 2018, Coman y otros, C-673/16, EU:C:2018:385, apartado 30).

44. Así pues, todo ciudadano de la Unión puede invocar la prohibición de discriminación por razón de la nacionalidad, recogida en el artículo 18 TFUE, en todas las situaciones comprendidas en el ámbito de aplicación ratione materiae del Derecho de la Unión, situaciones que comprenden, como en el proceso principal, el ejercicio de la libertad fundamental de circulación y de residencia en el territorio de los Estados miembros, reconocida en el artículo 21 TFUE (véanse las sentencias de 4 de octubre de 2012, Comisión/Austria, C-75/11, EU:C:2012:605, apartado 39, y de 11 de noviembre de 2014, Dano, C-333/13, EU:C:2014:2358, apartado 59).

45. Además, si bien, a falta de normas de Derecho de la Unión que rijan la extradición de los nacionales de los Estados miembros a Rusia, los Estados miembros mantienen la competencia para adoptar tales normas, están obligados a ejercerla con observancia del Derecho de la Unión, en particular de la prohibición de discriminación recogida en el artículo 18 TFUE, así como de la libertad de circulación y de residencia en el territorio de los Estados miembros, garantizada en el artículo 21 TFUE, apartado 1.

46. Pues bien, en relación con el objetivo de evitar el riesgo de impunidad, los nacionales finlandeses, por una parte, y los nacionales de otros Estados miembros que residen de manera permanente en Finlandia y demuestren así un grado de integración cierto en la sociedad de este Estado, por otra parte, se hallan en una situación comparable (véase, por analogía, la sentencia de 6 de octubre de 2009, Wolzenburg, C-123/08, EU:C:2009:616, apartado 67). No obstante, corresponde al órgano jurisdiccional remitente comprobar que el Sr. Raugevicius está comprendido en esa categoría de nacionales de otros Estados miembros.

47. Por lo tanto, los artículos 18 TFUE y 21 TFUE exigen que los nacionales de otros Estados miembros con residencia permanente en Finlandia contra los que un país tercero haya emitido una solicitud de extradición con fines de ejecución de una pena privativa de libertad estén amparados por la norma que prohíbe la extradición de los nacionales finlandeses y puedan cumplir su pena, en las mismas condiciones que estos, en territorio finlandés.

48. En cambio, en caso de que no pueda considerarse que un ciudadano como el Sr. Raugevicius reside de manera permanente en el Estado miembro requerido, la decisión sobre su extradición deberá resolverse con arreglo al Derecho nacional o al Derecho internacional aplicable".

como el Tribunal reclamante lo consientan[610]. En el mismo sentido, STJUE S.M., de 22 de diciembre de 2022[611].

Un examen de la doctrina desarrollada por el Tribunal de Justicia de la Unión en sus distintas sentencias permite afirmar que la Corte europea se resiste a formular una regla general de equiparación de residentes a nacionales, pues equivaldría tanto como considerar la ciudadanía de la Unión Europea como sustitutiva de las respectivas nacionalidades de cada uno de los Estados miembros, arbitrando caso por caso fórmulas alternativas referidas al enjuiciamiento o a la ejecución de penas.

V. Principio de territorialidad positiva

Según el art. 3.1 de la Ley, no procede la extradición por delitos de los que corresponde conocer a los Tribunales españoles según nuestro ordenamiento. La norma no es sino una manifestación de la idea de soberanía, pues se considera que entre los deberes más importantes de un país está el de enjuiciar los delitos que se cometan en su territorio[612]. En el debate acerca de si el precepto debe interpretarse como prevalencia jurisdiccional en abstracto o como ejercicio concreto de jurisdicción, esto es, existencia de procedimiento abierto en España, nos inclinamos por la segunda tesis: aunque la LEP no especifique que la jurisdicción deba ya estar ejercida mediante procedimiento abierto en nuestro país —a diferencia de lo que sí recogen convenios posteriores, como el suscrito con la República

---

[611] *"42. En estas circunstancias, los artículos 18 TFUE y 21 TFUE exigen que los nacionales de otros Estados miembros que residan de manera permanente en el Estado miembro requerido y sean objeto de una solicitud de extradición de un tercer Estado, a efectos de la ejecución de una pena privativa de libertad, puedan cumplir su pena en el territorio de ese Estado miembro en las mismas condiciones que los nacionales de este último.*

47. Habida cuenta de estas consideraciones, ha de señalarse, en tercer lugar, que, como ha señalado el Abogado General en el punto 32 de sus conclusiones, la jurisprudencia del Tribunal de Justicia derivada de la sentencia Raugevicius no ha consagrado un derecho automático y absoluto en favor de los ciudadanos de la Unión a no ser extraditados fuera del territorio de la Unión.

48. En efecto, como se desprende de los apartados 35 a 42 de la presente sentencia, ante una norma nacional que introduce, como en el litigio principal, una diferencia de trato entre los nacionales del Estado miembro requerido y los ciudadanos de la Unión que residen en él de manera permanente prohibiendo únicamente la extradición de los primeros, recae sobre ese Estado miembro la obligación de buscar activamente si existe una medida alternativa a la extradición, menos lesiva para el ejercicio de los derechos y libertades que los artículos 18 TFUE y 21 TFUE reconocen a los ciudadanos de la Unión cuando son objeto de una solicitud de extradición emitida por un tercer Estado.

49. Así pues, cuando la aplicación de tal medida alternativa a la extradición consiste, como en el caso de autos, en que los ciudadanos de la Unión que residen de manera permanente en el Estado miembro requerido puedan cumplir su pena en ese Estado miembro en las mismas condiciones que los nacionales de dicho Estado miembro, pero esa aplicación está supeditada a la obtención del consentimiento del Estado tercero autor de la solicitud de extradición, los artículos 18 TFUE y 21 TFUE obligan al Estado miembro requerido a buscar activamente el consentimiento del Estado tercero. Para ello, el Estado miembro requerido deberá utilizar todos los mecanismos de cooperación y de asistencia en materia penal de que disponga en el marco de sus relaciones con dicho Estado tercero.

50. Si el Estado tercero autor de la solicitud de extradición consiente en que la pena privativa de libertad se ejecute en el territorio del Estado miembro requerido, este Estado miembro podrá permitir a los ciudadanos de la Unión que sean objeto de dicha solicitud y que residan de manera permanente en ese territorio cumplir en él su pena y garantizar así un trato idéntico al que dispensa a sus propios nacionales en materia de extradición".

[612] LAMMASH, citado por SEBASTIÁN MONTESINOS, *op. cit.*, pág. 91. Para SADOFF, *op. cit.*, págs. 63 a 66, la jurisdicción implica tres tipos de poderes: *prescriptive power* o poder de formular normas, *enforcement power* o poder de obligar a su cumplimiento o castigar su incumplimiento y, finamente, *adjudicative power* o poder de hacer valer un control judicial sobre personas o cosas.

Popular China[613], los cuales matizan la simple existencia de jurisdicción como causa de denegación, introduciendo requisitos adicionales–, la legislación interna debe entenderse en dicho sentido.

Efectivamente, si nos atenemos al art. 4.5 LEP, que recoge como causa de denegación la litispendencia, vemos que, a diferencia de lo dispuesto en el art. 48.2 a) de la Ley de Reconocimiento Mutuo, que expresamente se refiere a "*estar sometido a procedimiento en España*", la norma extradicional únicamente apunta a una secuencia concreta del procedimiento: el juicio oral. En consecuencia, de entenderse que el art. 3.1 LEP se refiere a jurisdicción "*en acto, mediante causa abierta, y no en potencia*", no existiría concurrencia con el motivo de denegación basado en la litispendencia. Si el legislador no quiso en su momento introducir el requisito de estar sometido a procedimiento en el apdo. 5 del art. 4 es porque se entendió que dicha exigencia estaba implícita en el n.º 1 del art. 3 LEP. Por otra parte, una interpretación sistemática basada en el contexto que proporciona la Ley de Reconocimiento Mutuo permite afirmar dos cosas: la primera, que la simple existencia de jurisdicción no es causa de denegación en nuestro ordenamiento, visto que allí solo se utiliza para articular un motivo de denegación basado en la prescripción[614]; la segunda, que el considerar que el art. 3.1 LEP se refiere a la jurisdicción efectiva permitiría cubrir el lapso que deja vacío el art. 4.5 LEP, que se refiere en exclusiva al acto de la vista oral, evitando la posible impunidad que se derivaría del hecho de denegar la entrega por el puro dato de la competencia en abstracto sin posterior ejercicio en concreto[615]. Por otro lado, nos encontraríamos ante una solución única para ambas regulaciones en materia de entrega de personas: no se consideraría la simple jurisdicción como causa de denegación de la entrega, sino su ejercicio mediante procedimiento existente en cualquiera de sus fases, incluido el juicio oral.

En cualquier caso, ni siquiera sería una prevalencia absoluta: la doctrina de la Sala de lo Penal de la Audiencia Nacional, en los casos de infracciones penales cometidas tanto en España como en el país requirente, ha entendido que no existe razón para denegar la entrega cuando una parte sustancial del hecho se ha cometido en el extranjero[616]. El Tribunal

---

[613] Art. 4 a) del Convenio de 14 de noviembre de 2005 (BOE de 28 de marzo de 2007): "*La extradición se podrá denegar si (...) a) la parte requerida posee jurisdicción respecto del delito por el que se solicita la extradición, de acuerdo con su legislación, y está llevando o piensa llevar a cabo un procedimiento penal contra la persona reclamada, por ese delito*".

[614] Art. 32.1 b) LRM.

[615] Que es lo que impulsa a García Sánchez a decir que, en caso de jurisdicción universal, la petición de extradición debiera ser siempre denegada, lo que, obviamente, no compartimos. *Op. cit.*, pág. 282.

[616] Auto de la Sala de lo Penal de la Audiencia Nacional, Sección 2.ª, 21/2016, de 25 de mayo: "*(...) Bastará con que una parte relevante de ese complejo delictivo se cometa en un territorio para que, por arrastre, no se le deba negar jurisdicción para el enjuiciamiento del todo ya que lo que en realidad habrá sucedido es que el delito se habrá cometido en los dos territorios, una parte en uno y otra parte en otro, de modo que, en aplicación del principio de ubicuidad, ambos serán igualmente competentes para conocer del asunto. Así hemos de considerarlo, siguiendo el Acuerdo de Pleno de la Sala Segunda del Tribunal Supremo, de 3 de febrero de 2005, cuyo primer inciso dice como sigue: «El delito se comete en todas las jurisdicciones en las que se haya realizado algún elemento del tipo»*". En el mismo sentido, Auto de la Sala de lo Penal de la Audiencia Nacional, Sección 3.ª, 11/2017, de 14 de marzo: "*En consecuencia, una parte del hecho delictivo contemplado en su conjunto se ha producido en España, pero no por ello puede decirse que en Marruecos no se ha cometido delito alguno, pues es en Marruecos donde se consumó el hecho delictivo considerado en su conjunto, mediante la comisión de un delito de estafa (...). De ahí que*

Constitucional ha corroborado dicha postura al afirmar que, en estos casos, se trata de "*un caso de criminalidad organizada y transnacional, que solo puede ser apreciado en su complejidad por quien ya ha conocido de la mayor parte de los actos antecedentes que explican la actuación conjunta de otros, por lo que la atomización de la causa en diferentes jurisdicciones nacionales solo puede obrar en contra de ese más adecuado análisis de conjunto*[617]".

Se opta por la teoría de la ubicuidad, conjugada con el principio de eficacia[618].

Como señala la doctrina[619], el principio de territorialidad no debe entenderse como una causa de denegación absoluta que no admita excepciones, señalando el Pleno de la Sala de lo Penal, en su Auto 30/2023, de 4 de mayo, que la jurisdicción española no es excluyente de otras, ni el único criterio competencial a manejar[620]. En los supuestos de concurrencia jurisdiccional entre Estado requirente y requerido debe primar una evaluación caso

---

no pueda decirse que Marruecos carece de jurisdicción para juzgar al reclamado por los hechos que se le imputan y que motivaron la demanda de extradición. Ello conlleva, siguiendo el criterio de la jurisprudencia española, que debe aplicarse la teoría de la ubicuidad, que hace que Marruecos tenga jurisdicción para juzgar al reclamado, recogiéndose lo dispuesto en la STS 14.811/2005, de 7 de diciembre como en un caso idéntico (...)". Igualmente, Auto de Sala Pleno 47/2017, de 31 de octubre: "*(...) No hay incoado en España procedimiento judicial alguno al respecto (...) no consta la existencia de investigación, siquiera policial (...) y es además en los Estados Unidos donde se ubican las pruebas de la estafa y se identifica a sus perjudicados (...) además de remitir al principio de ubicuidad (...)*".

[617] ATC 4/2019, de 29 de enero.

[618] Auto de Pleno de la Sala de lo Penal 55/2023, de 4 de julio: "*como se explica en el auto recurrido, en realidad el principio de eficacia no ha venido a sustituir el principio de ubicuidad que se viene aplicando por el TS en los supuestos de estafas informáticas. La Sala Segunda reitera su doctrina y se pueden citar resoluciones muy recientes a modo de ejemplo, como son los autos de 23 y 31 de mayo de 2023 que resuelven cuestiones negativas de competencia. En el primero de estos autos se reitera el criterio de la Sala: es cierto que la competencia territorial para el conocimiento de los delitos de estafa, cuando el engaño y el acto de disposición tienen lugar a distancia, ha estado unida últimamente a la teoría de la ubicuidad, conforme a la cual, cualquiera de los juzgados que territorialmente esté en disposición de investigar el delito (...) sería competente para el conocimiento del asunto, aportándose por aquel que primero haya comenzado a instruir el procedimiento como criterio de otorgamiento de la competencia. También es verdad que en los delitos informáticos se desplaza o matiza la teoría de la ubicuidad referida por el criterio de eficacia en la instrucción o facilidad en la obtención de elementos de prueba (...) en este auto de 23-5-203 concluye el Tribunal (...) la teoría de la ubicuidad puede llevarnos a un tribunal extranjero o a la nube. Lo relevante no será tanto (...) el lugar en el que efectivamente se produjo el desplazamiento patrimonial o el de ubicación de las cuentas bancarias, sino el lugar del domicilio del intermediario o del investigado, pues es en dicho lugar donde la investigación,* prima facie, *pudiera resultar más eficaz, por cuanto es donde podrán más fácilmente recibirse declaraciones y actuar sobre equipos informáticos (...) del investigado (...) no se trata de sustituir el principio de ubicuidad por el principio de eficacia, sino de dar preferencia al órgano judicial que está en mejores condiciones para llevar a cabo la investigación del delito (ATS 20446/2023, de 29 de julio) (...) cuando se menciona el principio de eficacia no se hace alusión a una eficacia abstracta, sino a una investigación más eficaz*". En el mismo sentido, Auto 254/2023, de 8 de junio, de la Sección 3.ª.

[619] Almeida Costa, M. J., *Extradition law: reviewing..., op. cit.*, pág. 355.

[620] "*(...) lo cierto es que, sin perjuicio de la competencia de las autoridades judiciales españolas que pudieran tener sobre los hechos de la extradición, los tribunales brasileños han ejercido jurisdicción efectiva sobre ellos, atendiendo, según se indica en la propia sentencia brasileña, el principio de ubicuidad, a los efectos de establecer su competencia (...) para el enjuiciamiento de los mismos, al producirse el delito, según entienden, parcialmente en territorio brasileño, aunque también existan actos materiales del delito que se hayan podido producir en España (...) debe tenerse en cuenta que el principio de territorialidad no es el único criterio competencial que atribuye jurisdicción a los Estados, ya que también se produce como consecuencia de la aplicación de otros criterios como puede ser el de personalidad activa, , tal y como acontece en nuestro artículo 23.2 de la Ley Orgánica del Poder Judicial (...). En cualquier caso, la circunstancia de que las autoridades judiciales españolas pudieran tener jurisdicción sobre los hechos, pero que como tal no la hayan ejercitado, no implica de ninguna manera que no la puedan tener (...) los tribunales brasileños (...). Igualmente, de ninguna manera la posible jurisdicción española es exclusiva ni excluyente sobre el hecho concretado ...*".

por caso, teniendo en cuenta quién está en mejor disposición para enjuiciar los hechos para así evitar la impunidad. Así pues, nos encontraríamos ante un motivo opcional de rechazo de la entrega[621]. Un elemento normativo que puede servir de guía para determinar la preferencia jurisdiccional lo podemos encontrar en el artículo 26.5 de la Ley 29/2022, de 21 de diciembre.

Sin perjuicio de ello, hay que recalcar que la negativa a la entrega queda anudada a la posibilidad de persecución del hecho en España si el Gobierno extranjero lo solicitase, según el apdo. 2 del art. 3 LEP[622].Ahora bien, para evitar que ello derive en una simultaneidad de procedimientos, el país requirente inicial debiera ceder su jurisdicción y transmitir el expediente original.

Partiendo, pues, del ejercicio concreto de la jurisdicción, debe decirse que el precepto va más allá de la pura prevalencia territorial de esta al conectarse con todos los foros jurisdiccionales recogidos en el art. 23 LOPJ, incluidos los extraterritoriales. A pesar de todo, dicha preeminencia ha quedado notoriamente atenuada en los casos de delitos cometidos fuera del territorio nacional tras la reforma operada en la Ley Orgánica del Poder Judicial por la LO 1/2014, pues el procedimiento abierto en España puede decaer. Efectivamente, el apdo. 5 del art. 23 de la norma establece un supuesto de cesión de jurisdicción y un principio de subsidiariedad jurisdiccional vinculado a la existencia de un procedimiento de extradición[623], salvo que esta no fuera autorizada. Respecto a este último punto, debe recordarse que es el Gobierno, tanto al inicio de la tramitación del expediente (art. 9 LEP), como al final (art. 6 LEP), y el Tribunal (art. 15 LEP) quien tiene facultades para denegar la entrega. Como apunta la doctrina, por más que en el trámite inicial la literalidad del texto haga referencia a *"no continuar"* a diferencia de la expresión *"denegar"*, utilizada en los otros dos artículos, dado que el efecto es el mismo en todos los casos deben entenderse como equivalentes. En consecuencia, también esta decisión gubernativa de no continuación tendrá como resultado la atribución de competencia en los términos del apdo. 5 del art. 23 LOPJ[624].

---

[621] Almeida Costa, M. J., *Extradition law: reviewing..., op. cit.*, pág. 355.

[622] En el mismo sentido que la legislación, véase Almeida Costa, M. J., *Extradition law: reviewing..., op. cit.*, pág. 357.

[623] Como apunta Sadoff, *op. cit.*, págs. 87 a 93, el principio de jurisdicción universal otorga competencia a los Estados para perseguir los delitos, cualquiera que sea el lugar de comisión y la nacionalidad del autor o las víctimas, incluso aunque el delito no afecte a los intereses del Estado perseguidor. Ciertos crímenes pueden ser castigados por todos los países en cuanto que los autores son enemigos de toda la humanidad y todas las naciones tienen el mismo interés en su persecución. La aplicación de este principio implica mandar una señal de intolerancia hacia ciertos tipos de conductas; asimismo, refuerza la disuasión en su comisión, al aumentar el número de foros de persecución posibles y disminuir los paraísos seguros. En contra de su aplicación se ha apuntado la socavación de la soberanía estatal, la creación de tensiones políticas con otros Gobiernos, el problema de carga de los Tribunales propios con una cantidad de causas complejas con un beneficio no discernible para la población local y la posible aplicación selectiva de este principio por parte de países desarrollados frente a países menos desarrollados.

Nuestro ordenamiento sigue el principio vicarial o de subsidiariedad, condicionando la persecución de delitos. Este principio surge cuando el Estado que detiene al presunto autor en su territorio elige perseguir a este ante sus Tribunales, incluso cuando el país no tiene relación alguna con el delito, sus víctimas o sus autores, y ni siquiera está afectado su interés nacional, en los casos en que el Estado llamado a ejercer jurisdicción no lo hace o no tiene capacidad para hacerlo. Normalmente, operará cuando el Estado en que la persona acusada está detenida, o bien no puede, o bien opta por no realizar la entrega extradicional.

[624] Ollé Sesé, *op. cit.*, págs. 54 y 55.

Así, en los supuestos de jurisdicción universal del apdo. 4, el Reino de España no será competente cuando se haya iniciado un procedimiento en el lugar de comisión del delito (principio de territorialidad[625]) o de nacionalidad del autor (principio de personalidad activa[626]) siempre que exista un procedimiento de extradición pasiva en España instado por el país de comisión de hecho (principio de territorialidad) o en el país *"de cuya nacionalidad sean las víctimas"* (principio de personalidad pasiva). Nótese que existe un criterio coincidente y otro contradictorio en el establecimiento de los requisitos de cesión jurisdiccional. Así, mientras ninguna duda cabe en el primer caso –existencia de un procedimiento iniciado en el lugar de comisión del delito y procedimiento de extradición instado por las autoridades de dicho Estado–, la regulación del segundo supuesto es absolutamente contradictoria, pues se da la paradoja de que, de tomarse la norma literalmente, se exigiría, por una parte, un procedimiento iniciado en el Estado de nacionalidad del autor y, a la par, una reclamación del país de nacionalidad de las víctimas, que no tienen por qué ser coincidentes, lo que puede hacer inviable la cesión jurisdiccional arbitrada. Y la causa es la mezcla lamentable entre el principio de personalidad activa (del autor) y el principio de personalidad pasiva (de las víctimas), que, por otra parte, es harto discutido en derecho internacional[627]. De hecho, nuestro ordenamiento

---

625 Con variantes como el principio territorial subjetivo, que atribuye jurisdicción cuando la conducta delictiva comienza en su territorio, el principio territorial objetivo, que atribuye jurisdicción cuando el delito despliega los efectos en el territorio, y el principio de ubicuidad, que entiende que la competencia corresponde tanto al lugar en el que la conducta se despliega como a aquel donde los efectos se producen. Véase Sadoff, *op. cit.*, págs. 74 a 76. Para Joyner, *op. cit.*, pág. 503, *"The territorial principle determines jurisdiction according to the location of the crime and holds that a state may punish crimes committed within its territory. A variant of this, the theory of «floating» territoriality, recognizes the jurisdiction of a state for criminal acts committed aboard its flag vessels and aircraft. This notion assumes that all flag-bearing air and sea vessels are detached pieces of a state's territory. Any harm to its vessels constitutes an offense against the state itself. Thus, criminal jurisdiction for terrorist acts committed against these vessels anywhere in the world attaches to the flag state. Of the jurisdictional principles for extradition, the territorial principle remains the most widely accepted and most traditionally applied"*.

626 Como señala Sadoff, *op. cit.*, pág. 79 a 81, este principio implica que el Estado ejerce jurisdicción sobre sus propios nacionales por los delitos cometidos fuera de su territorio. El Estado no necesita demostrar un daño específico para sus intereses a la hora de justificar su aplicación. Como señala el autor, existe una tendencia reciente a asumir la jurisdicción respecto de los extranjeros que actúan de consuno con los propios nacionales. En palabras de Joyner, *op. cit.*, pág. 503, *"The generally accepted nationality principle allows a state to prescribe laws that bind its nationals, regardless of the location of either the national or the offense. The nationality principle extends a state's jurisdiction to actions taken by its citizens outside its territorial boundaries. The government is expected not only to protect its citizens when they are abroad, but it may also punish its citizens' criminal conduct, regardless of where it occurs"*. En algunos Estados –como el nuestro, art. 23.2 LOPJ– se extiende la competencia a aquellos individuos que, si bien no eran nacionales en el momento de cometerse los hechos, adquirieron más tarde la nacionalidad. Sobre este punto, véase Bassiouni, *op. cit.*, pág. 406.

627 En este sentido, Sadoff, *op. cit.*, págs. 81 a 84: *"The passive principle is arguably the most controversial basis of jurisdiction"*. Señala el autor que la tendencia se ha incrementado por la progresiva incidencia de crímenes graves como el terrorismo internacional, la tortura, la toma de rehenes, los crímenes contra la humanidad o el genocidio. Los Estados asumen la jurisdicción como forma de proteger a sus nacionales, que, precisamente, son tomados como objetivos por su nacionalidad.

En contra de este principio se ofrecen variados argumentos: en primer término, que socava la soberanía del Estado donde el presunto crimen ha ocurrido; en segundo lugar, que puede ser visto como sinónimo de un voto de no confianza en los sistemas de justicia penal de otros Estados y su capacidad de llevar de forma efectiva a los criminales frente a la justicia; además, puede dar lugar a acusaciones selectivas y abusivas; por último, se cuestiona su utilidad a la luz del principio de interés real, que tiene un apoyo internacional mucho mayor.

Señala asimismo el autor que pocos Estados tienen ese principio en estado puro. Algunos países requieren la existencia de doble incriminación; otros solo afirman su jurisdicción cuando sus nacionales

no lo recoge con carácter general, sino como uno de los requisitos moderadores de una jurisdicción universal expansiva. En consecuencia, nos podremos encontrar con que un procedimiento abierto en el Estado de nacionalidad de las víctimas y una subsiguiente petición extradicional de dicho Estado no sean suficientes para ceder la jurisdicción, dado que el primer requisito del apartado quinto es que el procedimiento se haya abierto en otro país, el de nacionalidad del autor. De *lege ferenda*, sería necesario arreglar este desaguisado legislativo.

Una última precisión debe hacerse acerca de lo que se considera territorio extranjero: no lo es la legación diplomática de otro país en España. Como recuerda la doctrina[628], las embajadas de otros países no pueden ser consideradas territorio extranjero. La teoría de la extraterritorialidad, introducida por Hugo Grocio en su obra *De iure belli ac pacis* (1624), consistía en una ficción jurídica, a saber, que los locales ocupados por la misión diplomática eran una prolongación del territorio del país en cuestión. Suponía que la inviolabilidad reconocida al agente diplomático necesitaba para su aseguramiento y concreción de la inviolabilidad del lugar donde residía y trabajaba, como si fuera su propio territorio nacional. Esto implicaba, en el ámbito procesal penal, que los delitos cometidos en la legación diplomática del país en cuestión eran competencia de sus Tribunales, y no de los propios del Estado en el que se hallaba. Esta teoría, muy en boga en el siglo xix, ha sido definitivamente abandonada y sustituida por la teoría del interés de la función diplomática, tanto por motivos del principio de soberanía como por las consecuencias absurdas a las que llevaba. Piénsese que, según esta teoría, de cometerse un crimen en el interior del recinto de una legación diplomática, el Estado receptor de la representación diplomática de un país debiera solicitar a este último la extradición del autor del hecho de querer enjuiciarle por la acción realizada. Por el contrario, la teoría del interés de la función diplomática, partiendo del respeto a la soberanía del Estado receptor y de que la función de representación de otro Estado exige que los locales necesarios para el ejercicio de la labor diplomática de un país no sean perturbados de modo alguno, establece la inmunidad o limitación de jurisdicción: el país receptor, siendo la sede y locales de una legación diplomática parte de su territorio nacional, se abstiene de ejercer en él su jurisdicción salvo consentimiento o autorización del jefe de la legación correspondiente, en los términos previstos en los arts. 22 de la Convención de Viena de Relaciones Diplomáticas de 18 de abril de 1961[629] y 31 del Convenio

son víctimas de delitos que afectan a la seguridad nacional del país. Existen Estados que establecen un umbral mínimo de punibilidad, mientras que otros establecen su jurisdicción solo en casos en que sus nacionales son víctimas de delitos tales como terrorismo o toma de rehenes. Para Joyner, *op. cit.*, pág. 504, el principio de personalidad pasiva "*challenges the fundamental premise of a state's sovereign jurisdiction over its own territory, which would undercut the fundamental principle of territorial sovereignty*". De acuerdo con Ollé Sesé, *op. cit.*, pág. 51, este principio no aparece como tal en la legislación española, pero sí como criterio de conexión en la jurisdicción universal. En palabras de la STC 35/2019, de 25 de marzo: "*En suma, que el acceso a la jurisdicción española de víctimas de nacionalidad española no se articule en virtud de este criterio de origen nacional, sino en virtud de la concurrencia de otros criterios seleccionados por el legislador, claramente expuestos en el precepto, y que se presuponen coherentes con el sistema de derecho internacional aplicable a la persecución de determinados delitos, no puede ser considerado más que como una opción legislativa que en nada se opone al respeto al principio de seguridad jurídica [...]*".

[628] Espinosa Lloveras, A. "Refugio, asilo y extraterritorialidad: aclarando conceptos y recordando antecedentes", Letras Internacionales n.º 167-7 (2013), Uruguay, Revista Universidad ORT.

[629] BOE de 24 de enero de 1968: "*Los locales de la misión son inviolables. Los agentes del Estado receptor no podrán penetrar en ella sin el consentimiento del Jefe de la misión*".

de Viena de Relaciones Consulares de 24 de abril de 1963[630]. El Estado receptor, por tanto, tendrá plena competencia para investigar los delitos cometidos en el interior de una legación por ser el facultado para ello, pero, a su vez, el jefe de la legación diplomática tiene la potestad de autorizar o denegar la entrada de los investigadores en el recinto de la embajada.

En lo tocante a las peticiones de entrega de personas que realice el Tribunal Penal Internacional, se regirán por la normativa interna de cada nación, según recuerda el Estatuto del Tribunal[631]. En el caso español, se ha desarrollado un procedimiento autónomo, independiente del procedimiento ordinario de extradición y del recogido en la orden europea de detención y entrega, en la Ley Orgánica 18/2003, de 10 de diciembre, de Cooperación con la Corte Penal Internacional, a cargo del Juez Central de Instrucción y con recurso de apelación ante la Sala de lo Penal de la Audiencia Nacional.

VI. Principio de territorialidad negativa

Además de la afirmación de la propia jurisdicción en determinados supuestos, la LEP establece una vinculación del Estado reclamante a los fueros jurisdiccionales propios en los casos de persecución extraterritorial de delitos. Según el art. 3.3 de la Ley, si el delito se cometiera fuera del país que solicite la extradición, esta podrá ser denegada si la legislación española no autorizase la persecución de un delito del mismo género cometido fuera de España[632]. La Ley no hace sino recoger una excepción absolutamente extendida en el derecho extradicional[633] con tres posibilidades distintas: la primera, que se rechace de forma tajante la entrega por delitos extraterritoriales; la segunda, que se permita, pero sometiendo tal posibilidad a los límites que establezcan las leyes propias del Estado requerido para la persecución extraterritorial del delito de ser competentes sus propios Tribunales, y, por último, aquellos casos en que se introduce una cláusula de reciprocidad. Obviamente, todo ello en ausencia de tratado extradicional que fije unas reglas distintas[634]. A nuestro juicio, en caso de silencio de la norma convencional, será de aplicación lo

[630] BOE del 6 de marzo de 1970: "*1. Los locales consulares gozarán de la inviolabilidad que les concede este artículo 2. Las autoridades del Estado receptor no podrán penetrar en la parte de los locales consulares que se utilice exclusivamente para el trabajo de la oficina consular, salvo con el consentimiento del Jefe de la oficina consular, o de una persona que él designe, o del Jefe de la misión diplomática del Estado que envía. Sin embargo, el consentimiento del Jefe de la Oficina consular se presumirá en caso de incendio o de otra calamidad que requiera la adopción inmediata de medidas de protección*".

[631] Art. 89 del Estatuto (BOE 126, de 27 de mayo de 2002): "*Los Estados parte cumplirán las solicitudes de detención y entrega de conformidad con las disposiciones de la presente parte y el procedimiento establecido en su derecho interno*".

[632] En el mismo sentido, art. 7 del Convenio Europeo de Extradición. De acuerdo con el Explanatory Report, pág. 8, cada país es libre de considerar de acuerdo con su Ley si el hecho se ha cometido en todo o en parte en su territorio, permitiendo considerar como tales un buque o aeronave: "*Paragraph 1 permits a Party to refuse extradition for an act committed in whole or in part within its territory or in a place considered as its territory. Under this paragraph it is for the requested Party to determine in accordance with its law whether the act was committed in whole or in part within its territory or in a place considered as its territory. Thus, for example, offences committed on a ship or aircraft of the nationality of the requested Party may be considered as offences committed on the territory of that Party*".

[633] Sebastián Montesinos, *op. cit.*, págs. 90 y 91.

[634] Pastor Borgoñón resume las distintas posibilidades: que el Tratado se refiera a las normas de competencia del Estado requirente; que se remita a las normas de competencia del Estado requerido;

recogido en la LEP, por los motivos ya expuestos anteriormente en el apdo. 2.º sobre la interpretación que debe darse al art. 1 LEP[635].

La norma aplica de manera refleja a la nación requirente lo dispuesto en el art. 23 LOPJ. No se recoge una pura cláusula de denegación potestativa por la comisión de delitos extraterritoriales, sino que se condiciona la posibilidad de entrega en estos casos al cumplimiento de la propia legislación orgánica del Reino de España en materia de competencia extraterritorial[636].

La posible contradicción entre los apartados primero y tercero del art. 3 LEP, puesta de manifiesto por la doctrina[637], debe resolverse teniendo en cuenta que la Ley distingue ente competencia territorial española como causa de denegación imperativa (3.1 LEP) y competencia extraterritorial de otro país —en concurrencia o no con la nuestra— como motivo facultativo de rechazo (3.3 LEP):

– En los casos de delitos cometidos en territorio español debe prevalecer la jurisdicción española como pura manifestación del principio de soberanía, de acuerdo con el art. 3.1 LEP, siempre que exista causa abierta en España. De estar en fase de juicio oral, jugaría el motivo de denegación del art. 4.5 LEP.

– En los casos de competencia extraterritorial española tendrá preferencia el enjuiciamiento en el lugar de comisión del delito, *ex* art. 23.5 LOPJ y 3.3 LEP *sensu contrario*, siempre que exista causa abierta en dicho país, procediendo la entrega en extradición. No será de aplicación el motivo de denegación previsto en el art. 3.1 LEP; en el mismo sentido, *ex* arts. 23.5 LOPJ y 3.3 LEP *sensu contrario*, respecto de competencia extraterritorial española en concurrencia con la jurisdicción de nacionalidad del autor y víctimas.

– En los supuestos de competencia extraterritorial de otra nación, en virtud de un criterio reconocible en la LOPJ, en conflicto con la propia competencia extraterritorial española no concurrirá causa de denegación facultativa del art. 3.3 LEP, debiendo utilizarse como criterio de la entrega la determinación de qué jurisdicción está en mejor posición para el enjuiciamiento.

– Por último, en aquellos casos de jurisdicción extraterritorial extranjera no reconocidos en el art. 23 LOPJ significadamente, la pura y simple nacionalidad de las víctimas como criterio general concurrirá causa de denegación facultativa *ex* art. 3.3 LEP. Nótese, además, que, de no concurrir un foro competencial que atribuya la competencia a la jurisdicción española, tampoco podrá perseguirse el hecho en España[638].

---

que el convenio fije reglas propias; que el Tratado se remita a las normas resultantes de principios de derecho internacional o, finalmente, que guarde silencio. *Op. cit.*, págs. 211 a 214.

635 De otra opinión, Pastor Borgoñón, *op. cit.*, pág. 214. También de otra opinión, García Sánchez, *op. cit.*, pág. 277.

636 Cazón, *op. cit.*, pág. 23.

637 Bellido Penadés, *op. cit.*, págs. 110 y 111.

638 A pesar de que, según Pastor Borgoñón, la negativa en este caso debiera ser un supuesto que activase la persecución en España, *op. cit.*, pág. 372.

VII. Delito político

Un delincuente político es aquella persona que viola la ley penal por móviles políticos o ideológicos. Esta motivación es la única forma de distinguir a los delincuentes políticos de los criminales comunes, siendo esto especialmente claro en los casos de los delitos políticos relativos, que son, de hecho, delitos comunes asimilados a los delitos políticos puros por su motivación ideológica[639]. Esta distinción, que tendrá relevancia a efectos extradicionales, tiene escasa función práctica a la hora de fijar la responsabilidad criminal que, de ordinario, se determina por el hecho objetivo y el dolo del sujeto, no por su motivación[640].

A su vez, debe diferenciarse el delincuente político del refugiado político. El primero realiza una acción, asume un papel activo, mientras que el segundo no puede retornar a su país de origen por el miedo a ser perseguido por su raza, religión, nacionalidad, pertenencia a un grupo social o por sus convicciones políticas, pero tiene un rol puramente pasivo[641].

Muchos Estados no extraditan a delincuentes políticos. Es un principio generalmente aceptado, aunque no sea una obligación[642]. Sin embargo, en lo que no existe consenso alguno es sobre cuál es el significado del término y los estándares o reglas de aplicación. Los tratados no suelen definir en abstracto qué es el delito político, siendo los Jueces y Tribunales los que, en concreto, deciden caso por caso cuando estamos en presencia de aquel[643].

Nuestra normativa no es una excepción. Según el art. 13 de la Constitución de 1978, queda excluida la extradición por delitos políticos, no considerándose como tales los actos de terrorismo[644]. A tenor del art. 4 LEP, que sigue la estela de la Ley de 26 de diciembre de 1958[645], no se concederá la extradición por delitos políticos ni por delitos militares. Ninguno de los preceptos citados ofrece una descripción del delito político.

Curiosamente, en sus inicios, la extradición fue el instrumento al cual los Estados recurrían para la entrega de delincuentes de naturaleza política. Estas personas eran culpables de crímenes de lesa majestad, que incluían, entre otros, la traición y los ataques contra la vida del monarca. Así, se significa el Tratado para la Entrega de Delincuentes Políticos firmado entre Inglaterra y Escocia en 1174, así como el firmado entre Francia y Saboya en 1305. En consecuencia, hasta la Revolución francesa la extradición se consideraba una manifestación de la cooperación existente entre naciones regidas por las distintas familias

---

639 Van den Wijngaert, *op. cit.*, pág. 27.

640 Van den Wijngaert, *op. cit.*, pág. 32.

641 Van den Wijngaert, *op. cit.*, págs. 27 y 28.

642 Van den Wijngaert, *op. cit.*, págs. 48 y 49.

643 Van den Wijngaert, *op. cit.*, pág. 1.

644 La Constitución de 1931, en su art. 30, excluía ya la extradición de delincuentes "político-sociales".

645 Art. 6.1: "*No se concederá la extradición (...) «por delitos de carácter político, salvo que el hecho constituya esencialmente un delito común o revelare una singular perversidad en el delincuente, sean cuales fueren sus alegaciones respecto de la motivación o finalidad de aquel. El gobierno apreciará libremente en cada caso el carácter de la infracción. El atentado contra la vida de un Jefe de Estado, de un miembro de su familia o de quienes ejerzan funciones de gobierno no se considerará delito político»*". Como señala Bueno Arús en *El delito político y la extradición en la legislación española*, Boletín de Información del Ministerio de Justicia n.º 1561, de 25 de abril de 1990, pág. 2031 (93), se rechaza la teoría subjetiva del delito político, pero tampoco se termina de adoptar la objetiva, lo cual revela una cierta inseguridad del legislador.

reinantes en Europa[646]. No era sino un acto de cortesía entre soberanos por el cual se entregaban sus respectivos enemigos políticos[647].

Como apunta la doctrina, la excepción del delito político como causa de denegación de la entrega nace en la era de la Revolución francesa, que recoge los ideales de libertad, democracia y rebeldía frente a la opresión[648]. Supone, pues, la trasformación de lo que era la causa de entrega por excelencia en lo que resulta ser el motivo de denegación extradicional por antonomasia[649]. Los intelectuales liberales sostenían que, cuando un Gobierno no respondía a las necesidades de los ciudadanos o no protegía ciertos derechos inalienables, a aquellos les asistía siempre el derecho a comprometerse en una revolución, trayéndose a colación la propia Declaración de Independencia de 4 de julio de 1776, cuando afirmaba que "*cuando quiera que una forma de gobierno se haga destructora de estos principios, el pueblo tiene derecho a reformarla, a abolirla, e instituir un nuevo gobierno que se funde en dichos principios (...)*"[650]. Es por ello por lo que, en ese tiempo, al afrontarse solicitudes de entrega de instigadores de revoluciones fallidas, se entendía que quienes usaban la violencia para derribar regímenes despóticos debían ser considerados como verdaderos demócratas[651]. Ejemplo de esto es el art. 120 de la Constitución francesa de 1793, que establecía que (el pueblo francés) "*da asilo a los extranjeros desterrados de su patria por la causa de la libertad. Lo niega a los tiranos*". Hasta entonces, la uniformidad autoritaria de las monarquías absolutas hacía inviable tal excepción[652]. La teoría del delito político, a partir de este momento, trata de servir de escudo a aquellas personas cuya acusación o condena por el Estado requirente está políticamente motivada o se basa en una ofensa cuya génesis es la expresión de una creencia religiosa o política[653].

En ese marco, el Reino de Bélgica es el primer país que codifica el delito político como motivo de denegación de la extradición en el art. 6 de la Ley de 1 de octubre de 1833[654], que es también la primera ley de extradición codificada[655]. Recoge no solo la excepción por la comisión de un delito político, sino también sus conexos.

---

[646] Bassiouni, *op. cit.*, pág. 669.

[647] Van den Wijngaert, *op. cit.*, pág. 5.

[648] Lieberman, D. M., *Sorting the Revolutionary from the Terrorist: The Delicate Application of the Political Offense Exception in U. S. Extradition Cases*, Stanford Law Review n.º 81, 2006, pág. 186. En el mismo sentido, Loughman, P. *Carron vs. McMahon: The Widening Scope of the Political Offense Exception to Extradition*, Brooklyn Journal of International Law n.º 18, enero de 1992, pág. 636.

[649] Bassiouni, *op. cit.*, pág. 670.

[650] Lieberman, *op. cit.*, pág. 186. Ídem, Van den Wijngaert, *op. cit.*, pág. 9.

[651] Lieberman, *op. cit.*, pág. 186.

[652] García Sánchez, *op. cit.*, págs. 365 y 366.

[653] Bassiouni, *op. cit.*, pág. 676.

[654] Sebastián Montesinos, *op. cit.*, pág. 58. El artículo hace referencia al delito político como antecedente de la extradición o a cualquier acto conectado con este tipo de delitos. Más tarde, en virtud de la Ley de 22 de marzo de 1856, se introduce, por primera vez, la excepción del atentado contra el Jefe del Estado, tras el ataque que sufre Napoleón III en el norte de Francia (caso Jacquin) y la negativa belga a extraditar al autor refugiado en su territorio. Por eso se la denomina cláusula belga, tras ser recogida en posteriores convenios.

[655] Van den Wijngaert, *op. cit.*, pág. 12.

Esta causa de rechazo de la extradición se generaliza desde finales del siglo xix, hasta tal punto que hoy es difícil encontrar un tratado de extradición que no la incluya[656]. Ahora bien, como señala la doctrina[657], las primeras previsiones concernientes al delito político se realizan en una atmósfera de romanticismo y glorificación de los delincuentes políticos, partiendo de una bastante ingenua identificación de estos con la revolución liberal, sin tener en cuenta la posibilidad de que otros delincuentes políticos podrían, a su vez, oponerse a ese nuevo orden liberal. Esto se hace patente de manera gradual desde la segunda mitad del siglo xix, tan pronto como nihilistas o anarquistas empiezan a atacar las democracias liberales. A partir de aquí, se desarrolla una tendencia encaminada a restringir su ámbito de aplicación[658]. Muestra de ello es la introducción de la cláusula de atentado como excepción al delito político, que supone, por primera vez, el uso de una fórmula de despolitización[659]. No se considerará delito político el atentado contra un Jefe de Estado extranjero o cualquier miembro de su familia. Es por esto por lo que se afirma que la excepción de delito político tiene una clara función política, pero también una limitación política implícita en su aplicación, que no en los textos legales: la regla supone una protección de aquellos comprometidos con la causa de la democracia. En consecuencia, se han formulado diversas teorías para restringir su aplicación respecto de delitos graves o crímenes internacionales[660].

Del concepto de delito político se ha dicho que es indefinible por su carácter polimórfico, admitiendo solo una concreción *ad casum*[661] dada la absoluta falta de acuerdo acerca del concepto[662], por más que sí exista un consenso absoluto en la imposibilidad de entrega del

656 Capella i Roig, M. *¿Qué queda del delito político en el derecho internacional contemporáneo? (observaciones en los ámbitos de la extradición y del asilo)*, Revista electrónica de Estudios Internacionales n.º 28, 2014, pág. 10. Loughman, *op. cit.*, pág. 636, subrayando que ninguno contiene una definición de qué sea el delito político.

657 Van den Wijngaert, *op. cit.*, pág. 14.

658 Van den Wijngaert, *op. cit.*, pág. 14. En palabras de Mena y Zorrilla, A., *La extradición y los delitos políticos*, Imprenta de la Revista de legislación, Madrid, 1887, pág. 23: "*Durante muchos años, presidió a las relaciones internacionales el principio de la no extradición de los delincuentes políticos, sin que su aplicación suscitara dificultad alguna. Inspirado por un sentimiento de humanidad, destinado a hacer menos dolorosa las vicisitudes de la política y menos sangrientas las luchas de los partidos, cubría con su protección al patriota fugitivo, de ordinario temerario y fanático, pero desgraciado en todo caso, y a quien se podía mirar más bien como vencido que como delincuente. El autor de crímenes que la conciencia reprueba de un modo absoluto y que no pueden hallar justificación ni aun excusa en el fin político a que se dirigen, en vano hubiera aspirado a esa inmunidad*".

659 Véase Van den Wijngaert, *op. cit.*, págs. 15 y 16.

660 Van den Wijngaert, *op. cit.*, págs. 18 y 19, 100 y 101. En estos últimos hace referencia al contenido político implícito del concepto y a su significado político explícito.

661 Valle-Riestra González-Olaechea, *op. cit.*, pág. 63. En el mismo sentido, Bueno Arús, F. *El delito político y la extradición en la legislación española*, Boletín de Información del Ministerio de Justicia n.º 1561, 25 de abril de 1990, pág. 2028 (90): "*Siempre se ha dicho que la seguridad constituye uno de los fines esenciales del Derecho, y la seguridad exige definiciones precisas de las categorías jurídicas (lo que, en materia penal, conduce al principio de la tipicidad), pero el delito político es imposible de definir, y lo es porque los Estados van a considerar siempre los delitos políticos como fenómenos sociales y políticos, cuya solución vendrá determinada en cada caso concreto por criterios de oportunidad, y no como categorías normativas a priori que requieren una sistematización científica y una respuesta basada en la justicia. Por ello, todas las tentativas doctrinales de introducir precisión en un terreno tan resbaladizo están de antemano condenadas al fracaso*". Ídem, Kineally, *op. cit.*, pág. 207.

662 Sebastián Montesinos, *op. cit.*, pág. 58. Capella i Roig, *op. cit.*, pág. 3, señala que "*el propio término de delito político ya es en sí contradictorio, pues político, en el contexto de la extradición, significa no criminal*

delincuente político[663]. Esta disparidad se traslada igualmente a las categorías y clasificaciones doctrinales. Como apunta la doctrina, se distingue entre delitos puros y mixtos, absolutos y relativos, conexos y complejos, objetivos y subjetivos, por más que en los tratados únicamente se suela hacer referencia a delitos políticos y a delitos conexos con los anteriores[664].

Las tesis acerca del delito político van desde las puramente objetivas –en atención a los intereses e instituciones atacados[665]–, las subjetivas –que tienen en cuenta la voluntad del autor– y, finalmente, las mixtas –que mezclan ambas perspectivas[666]–, que parecen plasmarse en las sucesivas leyes españolas de amnistía, tal y como recogió en su día la STC 76/1986, de 9 de junio[667], y apunta la doctrina[668]. Es casi imposible señalar alguna

---

y, en la práctica, la excepción por delito político tiene el mismo efecto que la justificación o las excusas en el derecho penal nacional". Ya en el siglo XIX, Mena y Zorrrila, *op. cit.*, pág. 27, decía que "*Innumerables definiciones se han ensayado del delito político; cual más, cual menos, todas han suscitados objeciones. El hecho, decisivo en este caso, es que no hay definición alguna universalmente aceptada. Y que los confines del delito político (...) continúan siendo fluctuantes e inciertos (...)*".

[663] Cantrell, C. L., *The Political Offense Exemption in International Extradition: A Comparison of the United States, Great Britain and the Republic of Ireland*, Marquette Law Review, vol. 60, spring 1977, pág. 778.

[664] Van den Wijngaert, *op cit.*, págs. 105 y 106.

[665] Dondé Matute, *op cit.*, pág. 66.

[666] Valle-Riestra González-Olaechea, *op. cit.*, págs. 63 a 73. Capella i Roig, *op. cit.*, pág. 6. Kineally, *op. cit.*, págs. 208 y 209.

[667] "*(...) La amnistía, sea como sea definida, está estrechamente vinculada a la existencia de una previa responsabilidad por actos ilícitos, ya sean administrativos, penales o de otra índole: sobre este presupuesto operará la amnistía extinguiendo la responsabilidad según unos (el delito o la falta, según otros), para hacer desaparecer, con fundamento en la idea de justicia, las consecuencias de un derecho anterior, que se repudian al constituirse un orden político nuevo, basado en principios opuestos a los que motivaron la tacha de ilicitud de aquellas actividades. Un claro ejemplo de esta extensión objetiva de la amnistía se deduce de las normas que la concedieron en el período preconstitucional: del art. 1 del Real Decreto Ley 10/1976, de 30 de julio, que abarca a todos los delitos y faltas de intencionalidad política y de opinión comprendidos en el Código Penal o Leyes Especiales, a los delitos de rebelión y sedición tipificados en el vigente Código de Justicia Militar, a los prófugos o desertores o a los delitos o a los que por objeción de conciencia se hubieran negado a prestar el servicio militar, y la misma extensión objetiva, por lo que a este aspecto se refiere, es posible verla reproducida en la Ley 46/1977, de 15 de octubre, y en las normas que la desarrollaron (...)*".

En el mismo sentido, STS 88/1978, de 3 de febrero: "*Que el artículo 1.º del Real Decreto-ley de 30 de julio de 1976 concedió amnistía a todos los delitos de «intencionalidad política y de opinión» comprendidos en el Código Penal o en Leyes especiales y cometidos con anterioridad a la referida fecha, y aunque la expresión «intencionalidad política» permita entender que la gracia es de posible aplicación no solo a los delitos políticos puros -los que atentan o ponen en peligro el orden político de una comunidad, bien en su aspecto externo (delitos contra la independencia del Estado, su seguridad exterior, integridad territorial, etc.), bien, en el interno (delitos contra el Jefe del Estado, forma de Gobierno, Cuerpos legislativos, etc.)-, sino también a los delitos complejos o conexos de naturaleza común, pero esmaltados o matizados por una motivación, generalmente próxima, de carácter político (...)*".

[668] Bueno Arús, en *El delito político y la extradición en la legislación española*, Boletín de Información del Ministerio de Justicia n.º 1561, de 25 de abril de 1990, pág. 2032 (94). Sebastián Montesinos, *op. cit.*, pág. 61, siguiendo el criterio suizo, ofrece una definición basada en tres elementos: "*El criterio que está obteniendo mayor respaldo en la jurisprudencia internacional es el suizo que, para la apreciación de la excepción, impone la necesaria concurrencia de tres elementos siguientes. a) Que predomine el elemento político sobre el común entendiendo que este existe solo si la ofensa va dirigida hacia el fin perseguido y para que ello se aprecie el delito ha de ser un método eficaz para la obtención de tal fin o constituir una parte integral de los actos que pretendan su consecución o ser un incidente en un movimiento político general en que las partes puedan valerse de tales métodos, de tal manera que si el delito está alejado de los fines, el elemento político no predominará, b) Que exista una proximidad temporal entre el delito y los fines, y c) Que los métodos sean proporcionales*".

resolución de la Audiencia Nacional que acoja la tesis de delito político y opte por alguna de estas teorías.

Las tesis objetivas entienden que el concepto de delito político se refiere a la comisión de actos prototípicamente políticos, que resultan acotados por su afección al armazón estatal. Doctrinalmente, se incluyen en esta categoría los tipos criminales de traición, sedición, subversión, espionaje y asociación para lograr un derrocamiento de Gobierno, dirigidos exclusivamente contra el Estado y que no suponen violencia física o la comisión de un crimen común ni afectan a intereses privados. Se ponen como ejemplo los discursos de protestas, pintadas o panfletos subversivos[669]. Estamos ante delitos que atacan la soberanía y sus estructuras políticas sin poseer ninguno de los elementos de un delito común. Se trata de un delito político porque ataca la soberanía o el orden público, que se distinguen de cualquier daño privado. De existir este, perdería su carácter de delito político[670]. El fundamento de la excepción residiría en la necesidad de que el Estado requerido preservase su neutralidad respecto de las disputas internas habidas en el Estado requirente. Un razonamiento mucho más cínico pone el acento en el ofensor y en la posibilidad de que cambien las tornas de poder político en el país reclamante y el reclamado pase a ser parte de un nuevo Gobierno con el cual el Estado ejecutado quiera tener relaciones[671].

En cuanto a las tesis subjetivas o relativas, tratan de explicar por qué un delito que a primera vista es de naturaleza común se considera una infracción política. Ya no estamos ante acciones encaminadas a destruir el corazón del Estado, sino ante actos que encuentran, en principio, acomodo en otros tipos de los códigos penales. Es por ello por lo que ya no podemos hablar de delitos políticos absolutos, sino relativos. Serían aquellos que son dirigidos por una agenda o voluntad política u ocurridos dentro de un contexto político y que se manifiestan, al menos en parte, como crímenes comunes que afectan a intereses privados. Es por ello por lo que también se introducen aquí los llamados delitos políticos complejos, en cuanto que se produce un concurso ideal entre un delito común y un delito político en la misma acción[672]. Serían ejemplo de los primeros, dentro de esta tesis, el secuestro de un avión comercial o la colocación de una bomba en un hotel para llamar la atención internacional sobre la difícil situación de personas marginadas[673], y

---

[669] Sadoff, *op. cit.*, pág. 202. Idem, Cantrell, *The Political Offense Exemption...* *op. cit.*, pág. 780. Capella i Roig, *op. cit.*, pág. 8. Señala la autora que, en estos casos, el Estado requerido no tiene por qué defender la seguridad interna del Estado requirente. Kineally, *op. cit.*, pág. 209, hace hincapié en que el criterio se centra en el objeto, rechazando las motivaciones, lo que lleva a rechazar que sea delito político el asesinato de una persona, con independencia de las motivaciones: "*The most restrictive interpretation focuses solely on the objective act with complete disregard for the actor's motives. In re Giovanni Gatti, a 1947 French case, the court applied this restrictive interpretation to an extradition request for an individual convicted in absentia of murdering a communist. Despite the seemingly persuasive argument that the act was politically motivated, the court approved extradition because the political character of the offense emanated not from the offender's motive, but from the nature of the rights injured. Therefore, under the objective test, a country will not comply with an extradition request unless the nature of the injured rights is political*". A favor del criterio objetivo parece estar Cantrell, *The Political Offense Exemption...* *op. cit.*, págs. 778 y 779.

[670] Bassiouni, *op. cit.*, pág. 677.

[671] Petersen, A. *Extradition and the Political Offense Exception in the Suppression of Terrorism*, Indiana Law Journal, vol. 67, 1992, pág. 776. Ídem, Van den Wijngaert, *op. cit.*, págs. 3 y 204.

[672] Capella i Roig, *op. cit.*, pág. 9. Cantrell, *The Political Offense Exemption...* *op. cit.*, pág. 780.

[673] Sadoff, *op. cit.*, pág. 203. Bassiouni, *op. cit.*, págs. 675 y 676.

del delito político complejo, el asesinato de un Jefe de Estado, que constituiría un ataque al Estado y un delito de homicidio. Otra modalidad o subtipo de estas infracciones serían los delitos indirectos o conexos con el delito político, que incluiría aquellos delitos que, por sí mismos, no estarían dirigidos contra el orden político existente, pero sí estarían en conexión con o en apoyo de un acto que sí constituiría un delito político[674]. Se diferencian de los delitos políticos complejos en que en estos estamos ante un único acto criminal, mientras que en los delitos conexos nos encontramos ante dos acciones: el delito político puro y la infracción común[675].

El problema que plantean las tesis subjetivas, e incluso las mixtas, a la hora de enmarcar el concepto de delito político relativo es el de la absoluta arbitrariedad y dispersión de criterios que provoca la vaguedad de la categoría, que permite que actos que indudablemente tienen la consideración de delitos comunes en cualquier ordenamiento penal adquieran un tinte o barniz político, arrojando inevitablemente un haz de decisiones contradictorias sobre el mismo asunto. La doctrina pone como ejemplo de ello resoluciones dispares de los Tribunales de EE. UU. sobre esta cuestión[676]. Es por esto por lo que parte de la doctrina las rechaza por inadmisibles[677].

Esta misma disparidad se traduce en la falta de uniformidad en los métodos utilizados para determinar la aplicación de la excepción en el caso de los delitos políticos relativos. Vamos a examinar a continuación los más importantes: la apreciación sobre la incidencia política del hecho, el test sobre los derechos afectados y el criterio del motivo predominante.

En lo tocante al primero (incidencia política), se pretende circunscribir el término a los casos en que el acto criminal es realizado por un miembro de un grupo que es parte de un conflicto político, levantamiento o disturbio[678] relacionado con la lucha de distintos individuos para alterar o abolir el Gobierno existente en su país o cuando el acto, en sí mismo considerado, fue en apoyo de dicho conflicto[679] o incidental a este, debiendo constatarse la motivación ideológica o política[680]. Es un test predominantemente objetivo en cuanto que el elemento fundamental a valorar es el contexto de la acción[681]. El Tribunal, en ningún caso, puede analizar la legitimidad de los ideales o motivos políticos que guían la acción, existiendo determinados delitos, como los de fraude financiero, incluso en asuntos

---

674 Sadoff, *op. cit.*, pág. 203. Capella i Roig, *op. cit.*, pág. 9. Ídem Van den Wijngaert, *op. cit.*, pág. 109.

675 Van den Wijngaert, *op. cit.*, pág. 109.

676 Sadoff, *op. cit.*, págs. 205 y 206 y pie de página 119, pone varios ejemplos relacionados con la jurisprudencia menor de los EE. UU. Así, la Corte de Apelaciones del 7.º Circuito Federal y la Corte Federal del Distrito Sur de Nueva York (caso Eain *vs.* Wilkes, 641. F.2.d 504, Circuito 7.º, bomba por miembro de la OLP en un mercado en Israel, y Ahmad versus Wigen, 726 F. Supp 389, bomba en un autobús) consideran que los actos que se dirigen de manera indiscriminada a objetivos civiles no pueden calificarse de políticos, mientras que la Corte de Apelaciones 9.º discrepa (Quinn, 783 F.2d 776, Circuito 9.º, que concede la extradición, pero afirma que el hecho de que los insurgentes traten de cambiar el Gobierno está políticamente legitimado). En la misma línea, subrayando la complejidad de la cuestión, Capella i Roig, *op. cit.*, pág. 9.

677 Rodríguez Devesa, *op. cit.*, pág. 233.

678 Concepto este que, como señala Lieberman, *op. cit.*, pág. 188, nunca ha tenido una definición precisa.

679 Capella i Roig, *op. cit.*, pág. 12. Cantrell, *The Political Offense Exemption...' op. cit.*, págs. 785 y 786.

680 Bassiouni, *op. cit.*, pág. 683. Van den Wijngaert, *op. cit.*, pág. 111.

681 Van den Wijngaert, *op. cit.*, pág. 111.

de corrupción política, que se consideran ajenos al concepto por su tenue vinculación política, como es el caso Koskotas *vs.* Roche, 931 F.2d 169, 172 (1st Cir. 1991)[682]. El criterio es comúnmente usado en los Estados Unidos y en el Reino Unido, habiéndose formulado por primera vez por la Divisional Court del Reino Unido en 1891 en el asunto In Re Castioni[683], un caso relativo a un individuo acusado de asesinar a un representante electo en el curso de un levantamiento popular en un cantón suizo y como parte de él. Los Jueces consideraron que los crímenes eran políticos porque fueron incidentales y parte de un disturbio político[684].

Fue el criterio también adoptado por el Tribunal Supremo de los Estados Unidos en 1894 en el caso In re Ezeta[685], y, más tarde, en 1896, en el asunto Ornelas *vs.* Ruiz[686]. La clave del test reside en que el Tribunal se abstenga de valorar los motivos políticos del autor[687]. Aquí reside el problema que plantea dicho test y del que resultará su más que difícil utilización en la práctica, pues la valoración del fin del autor lleva irremisiblemente a su confusión con la tesis subjetiva[688]. Cuando el Tribunal no comparte los fines políticos del reclamado, resulta más que improbable que aprecie el valor redentor de la conducta del fugitivo, la considere política e impida la extradición. Cuanto menos popular sea el motivo,

---

682 Lieberman, *op. cit.*, pág. 189. También el caso Jiménez *vs.* Arisguieta, de 12 de diciembre de 1962, dictada por el 5.º Circuito de Apelaciones (311. F.2d 547), relativa a una reclamación de un expresidente de la República de Venezuela. Se denegó la reclamación por homicidio, pero se concedió la relativa a crímenes financieros. Citado por Bassiouni, *op. cit.*, pág. 690.

683 Divisional Court. *In re Castioni* (1891) 1Q.B.149. Cantrell, en *The Political Offense Exemption…, op. cit.*, pág. 785, ofrece las dos opiniones formuladas en el siglo xix sobre el término carácter político que recogía la Extradition Act británica de 1870 y que suponen un alineamiento con la teoría de la incidencia política: "*The phrase «offence of a political character was not defined in the Act. The only two interpretations of the phrase were offered by John Stuart Mill and Mr. Justice Stephen. The former was of the opinion that a political offense was any offense committed in the course of or furthering a civil war, insurrection, or riot. The latter's view was that a political offense was one committed during a political disturbance and was incidental to and formed a part of such a disturbance*". Como señala Bassiouni, *op. cit.*, pág. 684, el requisito del levantamiento armado fue abandonado por los Tribunales ingleses en el asunto "*Ex parte Kolczynski, en que la corte indicó que no era un requisito absoluto la existencia de una revuelta o levantamiento cuando el Estado requirente es un Estado totalitario que busca la extradición de un opositor al régimen*".

684 Van den Wijngaert, *op. cit.*, pág. 111.

685 Kineally, *op. cit.*, pág. 212: "*The alleged crimes were committed in a Mexican border town at approximately the same time as a rebellion. The Supreme Court recognized the two-part requirement of existing revolutionary activity and an alleged criminal act as a part of the activity. Applying this test, the Court found that the raid was committed, not as an act of revolution, but as an act of banditry, separate from the ongoing revolution*".

686 Como explica Bassiouni, *op. cit.*, pág. 687, el Gobierno mexicano solicitó la extradición de Ruiz y otros dos por los delitos de asesinato, robo, incendios y secuestro cometidos durante el ataque a un pueblo mexicano, después de lo cual los autores huyeron a los EE. UU. El Tribunal Supremo de USA entendió que los delitos no eran políticos y que los reclamados, que se tildaban a sí mismos de revolucionarios, no estaban comprometidos en una lucha política con las fuerzas gubernamentales mexicanas en el tiempo en que los crímenes ocurrieron.

687 Lieberman, *op. cit.*, pág. 191, con cita de la opinión del Juez Hawkins en Castioni: "*[O]ne cannot look too hardly and weigh in golden scales the acts of men hot in their political excitement. We know that in heat and in heated blood men often do things which are against and contrary to reason; but none the less an act of this description may be done for the purpose of furthering and in furtherance of a political rising, even though it is an act which may be deplored and lamented, as even cruel and against all reason, by those who can calmly reflect upon it after the battle is over*".

688 Kineally, *op. cit.*, pág. 216.

más improbable será su consideración como político[689]. La doctrina en los Estados Unidos[690] pone dos ejemplos: In re Mackin y Eain *vs.* Wilkes. El primero versaba sobre la reclamación del Reino Unido contra Desmond Mackin en relación con la tentativa de homicidio de un soldado británico en Irlanda del Norte. Mackin era acusado y se solicitó la extradición por los delitos de intento de homicidio y tenencia ilícita de armas. El Tribunal del Distrito Sur de Nueva York consideró que había un levantamiento contra los británicos en el territorio y que el hecho cometido era incidental a este, entendiendo que debía aplicarse la excepción del delito político. Por consiguiente, rechazó la entrega[691]. Esta misma tesis la reiteran los Tribunales de EE. UU. en los casos In re Mcmullen (Sentencia del Tribunal del Distrito Norte de California de 11 de mayo de 1979) e In re Doherty (Sentencia del Tribunal del Distrito Sur de Nueva York de 1984). En estos tres asuntos, los Tribunales llegaron a la conclusión de que los hechos ocurrieron en el contexto del conflicto político y agitación entre el IRA y el Gobierno británico acerca del nacionalismo en Irlanda del Norte. Entendieron que el delito común no tenía que ocurrir como una incidencia directa e inmediata de un disturbio de carácter político para constituir un delito político, así como que existía un nexo racional entre el objetivo político y el acto de violencia. Estas tres sentencias terminaron motivando un cambio del Tratado de Extradición entre el Reino Unido y los EE. UU.[692].

Por el contrario, en Eain *vs.* Wilkes el Tribunal no mantuvo la neutralidad que requiere el test de la incidencia política y pasó a analizar las motivaciones del autor. Eain era una persona cuya extradición solicitaba el Estado de Israel acusada de poner una bomba en un mercado de Tiberíades y asesinar a dos personas. La Corte del 7.º Distrito Federal distinguió entre casos de batallas organizadas con contendientes definidos y aquellos otros supuestos que implicaban a organizaciones como la OLP, considerando, además, que la finalidad de la OLP de alterar la estructura social en el área era inaceptable. Se distinguió, por primera vez, entre la perturbación de la estructura política de un Estado y la de su estructura social, sugiriendo implícitamente la despolitización de cierto tipo de ataques, cualquiera que sea su objetivo, por más que no acertara a expresarlo con claridad[693]. En consecuencia, accedió a la extradición.

Esta doble visión del test de la incidencia ha desembocado en resoluciones contradictorias a cargo de los distintos Tribunales Federales de Circuito y a posteriores intentos de acotación de la teoría tras tomar conciencia de los fallos del test. Estos son la doctrina de la limitación geográfica (Quinn *vs.* Robinson, 783 F.2d 776, 819 (9th Cir. 1986) y la exclusión de los casos de antiguos oficiales gubernamentales (In re Suárez Mason, 694 F. Supp. 676 (N. D. Cal. 1988). En cuanto a la primera, tras acotar el concepto de levantamiento a aquellos casos de revuelta de personas autóctonas contra su propio Gobierno o un poder

---

689 Lieberman, *op. cit.*, pág. 190.

690 Kineally, *op. cit.*, págs. 216 a 218.

691 Véase Kineally, *op. cit.*, págs. 219 a 23.

692 Bassiouni, *op. cit.*, págs. 693 a 701.

693 Lieberman, *op. cit.*, pág. 194. Apunta que este razonamiento está falto de apoyo, máxime cuando los ataques a la estructura social se engloban dentro de un plan de carácter político (pág. 195). Véanse folios 196 y 197, en que se cuestiona que se aplicara la llamada doctrina anarquista para rechazar la excepción del delito político: los anarquistas fueron excluidos porque no competían por el poder de un Estado.

ocupante, entendió el Tribunal que el concepto de delito político únicamente era aplicable a aquellas acciones ocurridas dentro de las fronteras del país o del territorio en el cual los ciudadanos buscan un cambio de Gobierno o de la estructura gubernamental, excluyendo las acciones producidas fuera[694]. El problema de esta tesis reside en la imposibilidad de limitar el alcance de las acciones realizadas a un ámbito geográfico determinado cuando el objetivo pretendido puede alcanzarse realizando actos fuera de las fronteras del territorio[695]. En lo tocante a la exclusión de los actos de oficiales gubernamentales, en un caso de reclamación por acciones cometidas durante la guerra sucia argentina, la Corte entendió que la excepción se aplicaba a actos de rebelión frente a un Gobierno opresivo, pero no a acciones emprendidas para la anulación del activismo político. La doctrina americana también matiza la afirmación realizada, explicando que, mientras un levantamiento está en curso, las posiciones de las partes quedan desenfocadas, y conceder la excepción de delito político solo a una de las partes puede ser arbitrario en muchas circunstancias[696]. En definitiva, se afirma que las restricciones apuntadas incurren en un error contrario al del caso Eain, pues sustituyen subjetividad por reducciones[697].

En cualquier caso, compartimos la opinión extendida en la doctrina de los EE. UU. en el sentido de que el test de incidencia política, nacido como una excepción encaminada a proteger a aquellos que luchaban por la democracia liberal, resulta ser ahora un concepto utilizado por quienes intentan destruirla[698]. Quizá por esto se abre paso la idea de aplicar al test de la incidencia política una cláusula de despolitización, haciendo hincapié en el dato de que, en el siglo XIX, la excepción se aplicaba a casos en que normalmente se encontraban implicadas víctimas que, a su vez, eran adversarios compitiendo por el poder de las entidades gubernamentales, mientras que ahora las víctimas normalmente solo tienen una relación muy tangencial con el conflicto subyacente, lo que se considera inaceptable[699]. Se propone excluir del concepto de delito político aquellas conductas que suscitan un universal rechazo según las leyes internacionales, cualesquiera que sean sus objetivos[700].

En el propio Reino Unido, la exigencia de una revuelta política en curso se vio atenuada en el caso Ex parte Kolczynski, de 1955, en el que el Tribunal rechazó la necesidad de estar en presencia de un disturbio político en el supuesto de que el Estado reclamante fuera de tipo totalitario. Se trataba de un caso en que la Polonia comunista reclamaba la entrega de cinco marineros acusándolos de traición. Se habían amotinado con el propósito de dirigir el barco a Inglaterra y allí pedir asilo político, lo que efectivamente hicieron[701]. Igualmente, en el caso Schtraks *vs.* Government of Israel de 1962 se entendió que era suficiente para

---

694 Lieberman, *op. cit.*, págs. 197 y 198.

695 Lieberman, *op. cit.*, págs. 198 y 199. Van den Wijngaert, *op. cit.*, pág. 114.

696 Lieberman, *op. cit.*, págs. 199 y 200.

697 Lieberman, *op. cit.*, pág. 200.

698 Gilbert, citado por Lieberman, *op. cit.*, pág. 193.

699 Miriam Sapiro, citada por Lieberman, *op. cit.*, pág. 193.

700 Lieberman, *op. cit.*, pág. 201.

701 Cantrell, en *The Political Offense Exemption...*, *op. cit.*, págs. 786 y 787.

apreciar la incidencia política que el Estado reclamante quisiera la entrega del *extradendus* para un propósito distinto al simple interés en el cumplimiento de sus leyes penales[702].

En lo tocante al test de los derechos afectados o teoría objetiva, considera que los delitos políticos son aquellos que directamente atacan la organización política de un Estado, sin tomar en cuenta cualquier motivación o finalidad política. Como señala la doctrina, este criterio también ha evolucionado hacia una práctica de despolitización, excluyendo cierto tipo de hechos graves del concepto, sobre todo en los casos de crímenes terroristas[703].

En lo que se refiere al criterio del motivo predominante o teoría de la proporcionalidad, también conocido como test suizo, fue establecido en 1908 por los Tribunales de dicho país en el caso Wassilief, y es usado a partir de entonces[704]. Examina tres factores: en primer término, si el acto tiene una finalidad política; en segundo lugar, si hay una vinculación próxima entre el acto y los fines políticos, y, por último, si la dimensión política es predominante o es proporcionalmente mayor que su dimensión como delito común, lo que sirve para rechazar el uso de medios no proporcionados para alcanzar el objetivo político[705]. Como apunta la doctrina, el problema de este método reside en que al autor le basta con probar que ha cometido el hecho durante un conflicto político, lo que no descarta incluir dentro del espacio del delito político los casos de violencia terrorista. Por ello se introdujo finalmente una cláusula añadida al test del interés predominante analizando la desproporción entre medios y objetivos y, si se está en presencia de actos atroces, se excluyen estos casos del delito político[706].

La práctica de los Tribunales suele considerar tres elementos en relación con estos crímenes: en primer lugar, el pasado del reclamado y su implicación anterior en movimientos políticos, así como el análisis de su peculiar creencia acerca de la justificación del crimen por sus creencias políticas; en segundo término, el nexo de unión entre el delito y el objetivo político; por último, la proporcionalidad entre el delito y su forma de comisión y el fin político[707].

Con relación a la finalidad política del acto, se trata de acreditar que el delito se ha cometido en marco de una lucha por el poder político en un Estado, si bien se aplica de una forma más laxa en aquellos supuestos en que el Estado afectado es de naturaleza totalitaria, dado que la ordinaria lucha por el poder no es posible[708].

En lo tocante a la proporcionalidad, los crímenes extremadamente graves no cumplen con este requisito. Por ello, los Tribunales suelen considerar que las infracciones terroristas no son delitos políticos, sino crímenes comunes. En lo relativo a los delitos contra la vida, se añade la exigencia de que este ataque sea la *ultima ratio,* sin otra alternativa posible, y

---

702 Cantrell, en *The Political Offense Exemption...*· *op. cit.*, pág. 787.

703 Capella i Roig, *op. cit.*, pág. 13.

704 Bassiouni, *op. cit.*, pág. 713.

705 Sadoff, *op. cit.*, págs. 203 a 208. Capella i Roig, *op. cit.*, pág. 9.

706 Capella i Roig, *op. cit.*, pág. 13.

707 Cantrell, *The Political Offense Exemption...*· *op. cit.*, pág. 781.

708 Van den Wijngaert, *op. cit.*, págs. 127 y 128.

basado en una perspectiva objetiva, *ex ante*, por más que se encuentran resoluciones –como pone de manifiesto la doctrina– que aceptan una perspectiva subjetiva (la del autor del hecho[709]).

Dentro de las críticas formuladas a esta teoría sobresale aquella que destaca el análisis de la efectividad de la acción para conseguir el fin pretendido. Se considera que el estudio que se puede realizar acerca de la efectividad de la acción cometida raya la arbitrariedad. Resulta virtualmente imposible evaluar en términos objetivos si un determinado acto es instrumental respecto del logro de una determinada finalidad política[710], máxime cuando se utiliza una aproximación subjetiva al caso basada en el plan del autor.

A favor de esta teoría se afirma que, a diferencia del test de la incidencia política o las teorías puramente subjetivas u objetivas, al expresar la necesidad de que determinados crímenes sean la *ultima ratio*, recoge de manera firme la máxima de que el fin no justifica los medios, a diferencia de las tesis mencionadas[711].

Similar a la anterior –en cuanto que introduce un criterio de proporcionalidad, pero parcialmente distinta, dado que evalúa la conducta del Estado reclamante– resulta ser la doctrina de la legítima defensa política, que analiza tres elementos: los factores que inciden en la naturaleza de los derechos originalmente violados, los factores relativos a si la conducta del Estado ha vulnerado seriamente esos derechos fundamentales y, finalmente, los vinculados a la conducta del reclamado, su infracción del derecho positivo del Estado reclamante y la proporcionalidad de su conducta[712].

A nuestro juicio, partiendo de la base de que el legislador no da noción alguna sobre lo que sea el delito político, debemos utilizar un concepto objetivo matizado, centrándonos en los derechos estatales afectados, que atienda tanto a la clase de acción cometida como al tipo de Estado atacado (elemento positivo), excluyendo, en cualquier caso, determinadas acciones que, o bien dañan a particulares, o bien suponen el uso de medios inaceptables de lucha política (elemento negativo o cláusula de despolitización) como único medio para reducir la disparidad de criterios y la imprevisibilidad y volubilidad de las resoluciones de los Tribunales.

Así, sea cual sea la tesis que se siga, no puede equipararse el ataque a las instituciones de un país democrático o con la finalidad de subvertir su orden constitucional con los actos cometidos contra Estados de una indudable naturaleza autoritaria, por más que, en ambos casos, la motivación del ataque sea política[713]. La excepción del delito político no tiene

[709] Van den Wijngaert, *op. cit.*, págs. 129 y 130.

[710] Van den Wijngaert, *op. cit.*, págs. 131 y 132.

[711] Van den Wijngaert, *op. cit.*, pág. 132.

[712] Bassiouni, *op. cit.*, págs. 719 y 720.

[713] Es precisamente la existencia de este tipo de Estados la que aconseja el mantenimiento de la cláusula del delito político. Como sintetiza Serrano Amado, *op. cit.*, pág. 123: "*Son muchas las razones que la doctrina ha esgrimido y esgrime en orden a admitir la exclusión de los delitos políticos en la extradición: las infracciones políticas solo atentan contra los intereses del Estado cuya organización política trata de modificar el delincuente; los delincuentes políticos son solo peligrosos para el país contra el que atentaron y no para el país que les protege, pues su régimen político suele hallarse inspirado en las mismas ideas que proclama el refugiado o asilado; el interés nacional en no ayudar*

cabida en los tratados de extradición acordados entre democracias estables en que el sistema político es capaz de desagraviar quejas legítimas y en el que el aparato judicial proporciona un tratamiento equitativo[714]. No se concibe entre Estados que han experimentado una evolución democrática[715]. Es por ello por lo que la causa de denegación debiera limitarse en su aplicación a los delitos de naturaleza política cometidos contra y perseguidos por Estados no democráticos. Así, en ningún caso debiera ser considerado delito político el ataque contra las instituciones de un Estado democrático por medio de la traición o rebelión, la sedición, el espionaje o la asociación para derrocar un Gobierno, a diferencia de lo que sucedería de ser ataques contra un Estado autoritario y con la finalidad de acabar con él. Se recupera así el sentido originario de la excepción, que nació en un tiempo en que las naciones europeas trataban de acabar con los residuos del *Ancien Régime*[716], circunscribiéndola a los Estados totalitarios.

El ámbito indudable de la excepción de delito político será el de la comisión de un acto tipificado según la legislación de un Estado no democrático como exceso punitivo contra el ejercicio de los derechos de libertad de expresión, reunión o manifestación, de conciencia u otros derechos fundamentales[717] cometido en el ejercicio de tales derechos por quien aspira como ideal a un Estado basado en la división de poderes y en el reconocimiento de

---

a la consolidación de regímenes distintos y opuestos al propio; el reclamado no será juzgado con imparcialidad en el país en el que los hechos se han producido, pues se le quebrantarían los derechos fundamentales; los delitos políticos son de menor gravedad que los comunes y el delincuente político debe verse como un vencido en la lucha política; y el respeto de los derechos fundamentales reconocidos en el ámbito internacional".

714 Sofaer, citado por Kineally, *op. cit.*, págs. 220 y 221.

715 Petersen, *op. cit.*, pág. 792: "*Eliminating the political offense exception would send a strong signal to terrorists that nations will consider it their foremost duty to combat crime; thus, supporting struggle, even democratic struggle, in other countries becomes subordinate to that goal*".

716 Rodríguez Devesa, *op. cit.*, pág. 231. En palabras de Kineally, *op. cit.*, págs. 205 y 206: "*During the eighteenth century, political offenders' status underwent a metamorphosis. Increasing acceptance of the right to dissent and respect for personal liberty were hallmarks of the American Revolution and were advocated by such writers as John Locke and J. S. Mill. Other factors that influenced the political offense exception's development include: (1) a growing reluctance to engage in «victor's justice»; (2) an increasing respect for due process rights of individuals; and (3) an unwillingness to interfere in the internal affairs of other countries. The political changes of the eighteenth century, therefore, marked the transformation of the political offense into a «non extraditable offense par excellence»*". Sin embargo, de manera sorprendente, este autor sigue manifestándose a favor de la excepción del delito político, entendiendo que procede también en los supuestos de regímenes "*unresponsive*" (insensibles) a las necesidades de los ciudadanos y poniendo como ejemplo en régimen de Fernando Marcos en Filipinas (*op. cit.*, pág. 224). No podemos compartir tal postura: la falta de sensibilidad a las necesidades de los ciudadanos y la falta de receptividad a sus propuestas no es sin más signo de presencia de un régimen autoritario, pues es algo que puede suceder también en las democracias, siendo objeto de reprobación y castigo ciudadano por vía de elecciones periódicas. Es por otra parte inverosímil que se ponga como ejemplo de esto el régimen de Marcos, que era sin más, autoritario, por más que se vistiera de otros ropajes. Sobre la cuestión de la *responsiveness* o capacidad de respuesta del representante -democrático-, véase Pitkin, H. F. (1985) *El concepto de representación*, Madrid, ed. CEC, págs. 170, 178, 233, 247, 249, 257 y 259.

717 De esta opinión Rodríguez Devesa, *op. cit.*, págs. 233 y 234. Ídem, Bassiouni, *op. cit.*, pág. 679.

718 Como señala Bueno Arús en *El delito político y la extradición en la legislación española*, Boletín de Información del Ministerio de Justicia n.º 1561, de 25 de abril de 1990, pág. 2029 (91), ya el Código de 1822, en su art. 133, establecía que en los tratados de extradición no podían considerarse comprendidas las opiniones políticas.

los derechos fundamentales. Estaríamos ante el hecho político por excelencia[718], que no podría dar lugar a la entrega[719].

Otro tipo de actos criminales cometidos contra persona o bienes de un Estado o contra persona o bienes particulares debieran expulsarse de la excepción, debido al establecimiento de límites éticos provenientes de consenso internacional que propugnan su inadmisibilidad en la contienda política, incluso frente a regímenes no democráticos. Esto se traducirá en las llamadas "*cláusulas de despolitización*[720]", que excluyen, en cualquier caso, cierto tipo de infracciones que se conceptúan como desproporcionadas o atroces, siguiendo así, como apunta la doctrina[721], los criterios de ACNUR en el párrafo 152 del Manual y Directrices sobre Procedimientos y Criterios para Determinar la Condición de Refugiado[722]. Se entiende que, cualquiera que sea la motivación que se persiga, no son permisibles determinadas acciones que repugnan a la comunidad internacional en su conjunto. En definitiva, del concepto del delito político deben quedar desgajados, en todo caso, cierto tipo de acciones por más que se realicen con finalidad política, identificadas por su desproporción o manifiesta crueldad[723].

Siguiendo este criterio, excluiríamos del delito político todas aquellas infracciones a las que se ha aplicado *ex lege* la cláusula de despolitización, que son, junto a las recogidas en el art. 4.1 de la LEP —a saber, terrorismo[724], crímenes de guerra y crímenes contra la

---

719 Bautista Samaniego, C. *La ley de amnistía y el planteamiento de cuestiones de inconstitucionalidad.* Diario La Ley n.º 8253, 18 de febrero de 2014, pág. 13.

720 Capella i Roig, *op. cit.*, pág. 12.

721 Capella i Roig, *op. cit.*, pág. 15.

722 Pág. 33, 3.ª edición de diciembre de 2011. Aunque, como señala Capella i Roig, el problema se traslada a la ausencia de definición del criterio de proporcionalidad y de crimen atroz. *Op. cit.*, págs. 19 y 20.

723 Como señala De Miguel Zaragoza en *Algunas causas de rechazo de la extradición*, Boletín de Información del Ministerio de Justicia n.º 1847, de 1 de julio de 1999, pág. 1847 (9), "*En realidad lo que ha cambiado es el concepto de delito político del que aparte la antigua cláusula de atentado o cláusula belga, se han desgajado ciertas formas violentas de acción política. No se puede negar que esos delitos, son políticos por sus objetivos y motivaciones, pero que, pese a ello, no se pueden beneficiar del privilegio de la no extradición.* Capella i Roig, *op. cit.*, pág. 7.

724 Sin embargo, del texto de la STJUE de 9 de noviembre de 2010, en contexto de derecho de asilo, parece desprenderse que no bastará una genérica imputación de pertenencia a organización terrorista, sino que será preciso atender al acto concreto. Así, partiendo de que "*aun cuando se cometan con un objetivo supuestamente político, los actos de naturaleza terrorista, caracterizados por su violencia contra la población civil, deben ser considerados graves delitos comunes en el sentido del citado apartado b)*" (párr. 81), "*procede comprobar si, como supone el órgano jurisdiccional remitente, los actos cometidos por dicha organización pueden pertenecer a las categorías de delitos graves y de actos contemplados, respectivamente, en los citados apartados b) y c)*" (párr. 80). Dichos apartados referidos son los del art. 1 f) de la Convención de Ginebra de 28 de julio de 1951 de refugiados: "*Que ha cometido un grave delito común, fuera del país de refugio, antes de ser admitida en él como refugiado; c) Que se ha hecho culpable de actos contrarios a las finalidades y a los principios de las Naciones Unidas*". La simple inclusión de una organización en un listado de organizaciones terroristas no exime de comprobar los actos concretos cometidos por la persona: "*Del conjunto de estas consideraciones se desprende que la exclusión del estatuto de refugiado de una persona que haya pertenecido a una organización que emplee métodos terroristas está subordinada a un examen individual de hechos concretos que permitan apreciar si hay motivos fundados para pensar que, en el marco de sus actividades en el seno de dicha organización, esa persona cometió un grave delito común o se hizo culpable de actos contrarios a las finalidades y a los principios de las Naciones Unidas, o incitó a la comisión de esos delitos o actos, o bien participó en ella de cualquier otro modo, en el sentido del artículo 12, apartado 3, de la Directiva*" (párr. 94).

humanidad[725]–, las previstas en el Convenio de represión del genocidio y el atentado contra un jefe de un Estado o su familia[726]. Junto a ellas, las cláusulas de despolitización recogidas en los distintos convenios internacionales, como ataques con bombas, financiación del terrorismo, supresión del terrorismo nuclear, etc.[727]. Además, las previstas en el art. 2.4 de la Ley Modelo de Extradición de Naciones Unidas, versión 2004: homicidio, lesiones, secuestro, rapto, extorsión, explosivos, aparatos incendiarios y dispositivos o sustancias que puedan poner en peligro la vida humana o producir lesiones.

El problema reside en que alguno de los conceptos mencionados ni siquiera tiene una definición general universal, como es el caso del terrorismo[728]. Así, a modo de ejemplo, la Directiva (UE) 2017/541, de 15 de marzo[729], en su art. 3, considera terrorista la comisión de determinados delitos –que se enumeran en el precepto– con la finalidad de "*intimidar gravemente a una población, obligar indebidamente a los poderes públicos o a una organización internacional a realizar un acto o a abstenerse de hacerlo o desestabilizar gravemente o destruir las estructuras políticas, constitucionales o sociales fundamentales de un país o de una organización internacional*", definición similar a la recogida en el art. 1 de la Convención Árabe sobre la Represión del Terrorismo de 22 de abril de 1998, cuyo art. 2, sin embargo, exceptúa "*los casos de lucha, por cualquier medio, incluida la lucha armada, contra la ocupación y la agresión extranjeras y para la liberación y la autodeterminación (...)*", en una mal disimulada alusión al problema palestino.

---

725 En una interpretación integradora, deberán entenderse comprendidos en este concepto los delitos de genocidio (art. 607 CP), los delitos de lesa humanidad (arts. 607 bis), los delitos contra personas y bienes protegidos en caso de conflicto armado (arts. 608 a 614 bis CP), en cuanto se aprecia identidad de razón. Como señala De Miguel Zaragoza, en *Algunas consideraciones...· op. cit.*, pág. 1570 (112), la no expresa inclusión de los delitos contra personas protegidas resulta una anomalía técnica. En apoyo de esta interpretación milita el Primer Protocolo Adicional al Convenio Europeo de Extradición de 15 de octubre de 1975, en cuyo art. 1 se establece que no se considerarán delitos políticos, junto a los crímenes de lesa humanidad y genocidio del Convenio de 9 de diciembre de 1948, "*las infracciones previstas en los artículos 50 del Convenio de Ginebra de 1949 para mejorar la suerte de los heridos, enfermos de las fuerzas armadas en campaña, 51 del Convenio de Ginebra de 1949 para mejorar la suerte de los heridos, enfermos y náufragos de las fuerzas armadas en el mar, 130 del Convenio de Ginebra de 1949 relativo al tratamiento de los prisioneros de guerra y 147 del Convenio de Ginebra relativo a la protección de personas civiles en tiempo de guerra*", así como "*cualesquiera violaciones análogas de las leyes de la guerra en vigor cuando empiece a aplicarse el presente protocolo y de las costumbres de la guerras existentes en ese momento, que no estén ya previstas por las susodichas disposiciones de los convenios de Ginebra*".

726 Van den Wijngaert, *op. cit.*, pág. 136, recoge las críticas a esta cláusula. Por un lado, que es demasiado amplia; por otro, que es demasiado restringida. Demasiado restringida porque recoge solo a una determinada categoría de personas, cuando hay otro tipo de personas internacionalmente protegidas que merecen igual protección. Demasiado amplia porque el Jefe de Estado es considerado *a priori* parte inocente en un conflicto político.

727 Art. 7 del Convenio para la Prevención y Sanción del Delito de Genocidio, de 9 de diciembre de 1948 (BOE de 8 de febrero de 1969). Art. 11 bis del Convenio para la Represión de Actos Ilícitos contra la Seguridad de la Navegación Marítima, de 14 de octubre de 2005 (BOE de 14 de julio de 2010). Art. 11 del Convenio Internacional para la Represión de Atentados Terroristas Cometidos por Bombas, de 15 de diciembre de 1997 (BOE de 12 de junio de 2001). Art. 15 del Convenio para la Prevención de los Actos de Terrorismo Nuclear, de 13 de abril de 2005 (BOE de 19 de junio de 2007). Art. 14 del Convenio Internacional para la Represión de la Financiación del Terrorismo, de 9 de diciembre de 1999 (BOE de 23 de mayo de 2002).

728 Capella i Roig, *op. cit.*, págs. 3 y 35.

729 DOUE de 31 de marzo de 2017.

Una consideración añadida cabe hacer respecto al delito político: no cabe confundir la alegación sobre el carácter político de un acto ya cometido y que motiva la reclamación extradicional de un Estado con la alegación de que el sujeto, reclamado de presente por un delito común, pudiera ser objeto de persecución en el futuro por razones políticas en base a unos hipotéticos hechos que pudieran eventualmente cometerse con posterioridad. Este alegato, basado en simples hipótesis, resulta totalmente ajeno a la causa de denegación de la entrega por delito político, que se basa siempre en un hecho ya realizado[730]. Dicho de otro modo, no es admisible una alegación de futuro "*y por si acaso*".

En los casos en los que no deba tener cabida el concepto de delito político, el debate acerca de la entrega se situará en el riesgo de vulneración de derechos procesales y del derecho a un juicio justo, introduciendo la llamada "*cláusula no discriminatoria*[731]". Ahora bien, no es cierto que la extradición de un delincuente "político" suponga su sometimiento a un juicio injusto. Hay países que son capaces de garantizar un juicio justo e imparcial a un delincuente político[732].

VIII. Delitos militares

De acuerdo con un principio clásico señalado en el Derecho extradicional[733], el art. 4 de la Ley española sigue la línea del art. 4 del Convenio Europeo de Extradición y prohíbe la extradición por delitos militares. Se definen los delitos militares como "*aquellos que afectan a la disciplina o el honor militares o a los fines y medios de las fuerzas armadas y sean cometidos por militares*[734]". La interdicción de la extradición en los delitos puramente militares reside, según la doctrina, en que se afecta a un interés puramente interno del Estado, sin causar daño alguno a terceros[735]. Siguiendo el Explanatory Report del Convenio Europeo de Extradición, entendemos que únicamente prohíbe la extradición por delitos puramente militares, pero nada impide la entrega de militares por delitos

---

[730] Posición de los Tribunales británicos en el caso Keane vs. Governor of Brixton Prison de 1971, citada por Cantrell en *The Political Offense Exemption*...' *op. cit.*, págs. 790 y 791.

[731] Capella i Roig, *op. cit.*, pág. 12.

[732] Wan Den Wijngaert, *op. cit.*, pág. 203.

[733] Como señala Cerezo Mir, *op. cit.*, pág. 233, el Instituto de Derecho Internacional, en su reunión de Oxford de 1880, ya estableció que "*la extradición no debe aplicarse a la deserción de los militares pertenecientes al ejército de tierra o mar o a los delitos puramente militares*".

[734] Cerezo Mir, *op. cit.*, pág. 233.

[735] Pastor Borgoñón, *op. cit.*, págs. 320 y 321. Ídem, García Sánchez, *op. cit.*, pág. 387.
No obstante lo anterior, la Sección 3.ª de la Sala de lo Penal de la Audiencia Nacional, en su Auto 721/2019, de 19 de septiembre, ha extendido el concepto extradicional de delito militar a aquellos casos en que un militar comete un delito común previsto en el Código Penal ordinario, esto es, a supuestos en los que no estamos ante delitos estrictamente militares, por más que sean capaces de afectar a la prestación del servicio y comporten un riesgo evidente para quienes utilizan armas bienes. No compartimos el criterio de la sala. El concepto de delito militar en la extradición es más reducido que el previsto en el Código Penal militar, pues se ciñe, exclusivamente "*a los delitos que se refieran a hechos ajenos al derecho penal común y que deriven únicamente de una legislación especial aplicable a los militares*..." en palabras del art. 4.4 del Tratado de Extradición entre España y Brasil de 2 de febrero de 1988. Si bien dicho Auto ha sido revocado por el posterior Auto de Sala Pleno 77/2019, de 8 de noviembre, la Sala de alzada parte del concepto amplio antes mencionado.

ordinarios[736] ni tampoco por delitos militares que no son sino una agravación de un delito común en atención a la condición de militar, también llamados delitos militares mixtos[737]. Esto excluirá del motivo aquellos casos de reclamación por delitos militares, según la calificación del Estado reclamante, que sean considerados como delito común por la parte reclamada[738]. También se excluyen aquellos supuestos recogidos en los tratados internacionales en los que España sea parte, recogiendo así la opinión doctrinal que entiende que no debe aplicarse la excepción de no entrega en los supuestos de alianzas o pactos defensivos de los que forme parte el Reino de España[739]. Incluso, se aboga por permitir la extradición por delitos puramente militares en aquellos casos en que el Estado reclamante y reclamado forman parte de una misma alianza militar, señalando que lo contrario constituye una pura incoherencia[740].

Distinto a la extradición es el enjuiciamiento de un militar por el Estado en cuyo ejército está encuadrado por delito cometido en otro país formando parte de fuerzas militares desplegadas en el extranjero en misión internacional. En este caso, es de frecuente aplicación el llamado *status of forces agreement* (SOFA) que, a cambio de la inmunidad de jurisdicción por los hechos cometidos en el Estado donde se desarrolla la misión, impone la obligación de enjuiciamiento en el Estado de cuyas fuerzas armadas forma parte el sujeto.

IX. Otros delitos por los que no se concede la extradición

Según el art. 4 LEP, no se concederá la extradición por delitos cometidos a través de los medios de comunicación social en el ejercicio de la libertad de expresión ni por aquellos que solo pueden perseguirse a instancia de parte, salvo los delitos de violación, estupro, rapto y abusos deshonestos.

En cuanto a los primeros, la doctrina considera que la mención resulta reiterativa y confusa[741]. Reiterativa en cuanto que se confunde con la causa de denegación del delito político[742], y normalmente lo será aquel que supone una tipificación abusiva del ejercicio de los derechos de reunión, expresión y manifestación por parte de regímenes no democráticos, por lo que no podría concederse la entrega en ningún caso. También es confusa en cuanto que pudiera entenderse que los delitos comunes cometidos a través de medios de comunicación, como los relativos al derecho al honor, están exentos, por lo que se considera que hubiera sido preferente no mencionarlos, del mismo modo en que no lo hace el Convenio Europeo de Extradición[743].

[736] Explanatory Report, pág. 6: "*It forbids extradition for purely military offences, but extradition must be granted for an ordinary criminal offence committed by a member of the armed services if the conditions of the Convention are fulfilled*".

[737] Pastor Borgoñón, *op. cit.*, pág. 320. Bassiouni, *op. cit.*, pág. 739.

[738] En este sentido, Sección 10 del Capítulo II de la Ley Modelo de 2004 de la ONU.

[739] Cerezo Mir, *op. cit.*, pág. 233. García Sánchez, *op. cit.*, pág. 388.

[740] Almeida Costa, M. J., *Extradition law: reviewing ground...*, *op. cit.*, pág. 413.

[741] Bellido Penadés, *op. cit.*, pág. 70.

[742] En el mismo sentido, Pastor Borgoñón, *op. cit.*, pág. 325.

[743] Un ejemplo de denegación por ejercicio de la libertad de expresión lo constituye el Auto 27/2021, de 30 de junio, de la Sección 3.ª de la Sala de lo Penal. También el Auto 9/2021, de 2 de marzo, de la

Con relación a los delitos perseguibles a instancia de parte —con excepción de los delitos de violación, estupro, rapto y abusos deshonestos—, la doctrina critica la exclusión absoluta de estos delitos, entendiendo que hubiera sido más lógico condicionarlos a la presentación de previa denuncia por el perjudicado u ofendido[744]. Asimismo, la LEP no aclara qué norma habrá de considerarse a la hora de determinar si los delitos son perseguibles a instancia de parte, si la del país requirente o la propia. A nuestro juicio, dado que estamos ante una excepción introducida en la norma extradicional, el ordenamiento que hay que tener en cuenta será el español. Nótese que, cuando la LEP ha querido que se tomen en cuenta ambas legislaciones, la del requirente y la del requerido, lo ha hecho constar expresamente, como es el caso de la extinción de la responsabilidad criminal del apdo. 4.º del art. 4. Igualmente, cuando en otros apartados se toma como referencia un ordenamiento que no es el propio, la LEP hace referencia expresa a este, como es el supuesto del Convenio de Prevención del Genocidio (art. 4.1.º) y la excepción a la no entrega por delitos militares contenida en convenios internacionales (art. 4.2.º)[745]. En esa tesitura, resulta absurdo que aquí se tenga en cuenta un ordenamiento extranjero y no el propio, que es el que basa el resto de causas de denegación con carácter general.

La doctrina apunta que, entre los Estados firmantes del acuerdo Schengen, no será de aplicación tal régimen en virtud de lo dispuesto en el apdo. 3 del art. 62, que expresamente establece que la obligación de conceder la extradición no se verá afectada por la ausencia de denuncia, que solo sea necesaria en la legislación de la parte requerida[746].

En cualquier caso, resulta evidente que la regulación necesita un cambio en la dirección antes apuntada.

X. Tribunal de excepción

El art. 117.6 de la Constitución española prohíbe los Tribunales de excepción. Dicha prohibición es la otra cara del derecho al Juez ordinario predeterminado por la Ley recogido en el art. 24.2 de la misma norma. Es también la expresión del más amplio derecho a un proceso con todas las garantías.

La Ley de Extradición Pasiva no es ajena a la regulación constitucional y condiciona la extradición a la ausencia de un Tribunal que pueda calificarse de excepcional o *ad hoc*. En este sentido, el art. 4 impide la extradición cuando la persona reclamada deba ser juzgada por un Tribunal de excepción[747].

Sección 2.ª de la Sala de lo Penal: "*Coincide el Tribunal con el Fiscal, en el sentido de que la grabación va inserta en un contexto de crítica y oposición al régimen de Marruecos, en un entorno de contienda política donde se pronuncian frases a todas luces excesivas, pero que carecen de trascendencia amenazante*".

744 Quintano Ripollés, A. *Glosas a la Nueva Ley española de extradición Pasiva*, Revista Española de Derecho Internacional, Vol. 12, n.º 1/2, 1959, pág. 110.

745 De otra opinión, García Sánchez, *op. cit.*, pág. 398, que entiende deben considerarse ambos ordenamientos.

746 Bellido Penadés, *op. cit.*, pág. 133.

747 A diferencia del art. 7.3 de la Ley de 26 de diciembre de 1958, que lo consideraba como un motivo de entrega condicionada.

Como afirma la doctrina, dos posibilidades interpretativas se abren a la hora de determinar si estamos ante un sistema de justicia penal que pueda calificarse de injusto o excepcional. Una sería la perspectiva objetiva y otra la perspectiva subjetiva. La primera parte del análisis de un sistema legal determinado y analiza si responde a los principios mínimos de garantía propios del procedimiento penal. La segunda estudia si, en el caso concreto, la acusación sirve como medio de persecución por motivos de raza, religión, nacionalidad u opiniones políticas[748]. Nuestros Tribunales optan por la primera vía metodológica, dado que la persecución por motivos discriminatorios está recogida en la llamada cláusula de discriminación, contenida en otro apartado de la Ley de Extradición Pasiva.

Así, el Tribunal Constitucional entiende que, si el derecho al Juez ordinario predeterminado por la Ley "*exige, en primer término, que el órgano judicial haya sido creado previamente por la norma jurídica, que esta le haya investido de jurisdicción y competencia con anterioridad al hecho motivador de la actuación o proceso judicial y que su régimen orgánico y procesal no permita calificarle de órgano especial o excepcional*" (por todas, SSTC 32/2004, de 8 de marzo, FJ 4; 60/2008, de 26 de mayo, FJ 2, y 177/2014, de 3 de noviembre, FJ 2)[749], su reverso, el Tribunal de excepción, será aquel cuyo régimen orgánico y procesal es excepcional, constituido ex post facto para enjuiciar los hechos, cuya composición no es prefijada con anterioridad ni conforme a reglas universales, cuyo régimen procedimental es asimismo ad hoc y sin relación con el ordinario utilizado en el resto de los Tribunales de un país[750]. Nuestro Tribunal Constitucional, partiendo del concepto de Juez ordinario predeterminado por la Ley, como distinto del llamado "Juez natural"[751], ha establecido una doctrina, condensada en la STC 181/2004, de 2 de noviembre, que entiende que la garantía constitucional del Juez ordinario predeterminado por la Ley supone "*tanto la interdicción del «juez excepcional», del «juez ad hoc», en el sentido de situado fuera tanto de la jurisdicción ordinaria como de las jurisdicciones especiales reconocidas constitucionalmente (ATC 324/1993, de 26 de octubre), como del «juez ex post facto», es decir, del juez creado con posterioridad a la iniciación del proceso (STC 65/1994, de 28 de febrero, FJ 2)*". El derecho al llamado Juez legal comprende, entre otros extremos, la exclusión en sus distintas modalidades del Juez ad hoc, excepcional o especial, junto a la exigencia de predeterminación del órgano judicial, así como de su jurisdicción y competencia. Dicha predeterminación debe hacerse por una norma dotada de generalidad y dictada con anterioridad al hecho motivador del proceso y respetando la reserva de Ley en la materia[752]. La interdicción de los Tribunales de excepción

---

748 Van den Wijngaert, *op. cit.*, pág. 211.

749 ATC 4/2019, de 29 de enero.

750 Cezón, *op. cit.*, pág. 133. En el mismo sentido, Pastor Borgoñón, *op. cit.*, pág. 220, citando a Lemontey.

751 STC 181/2004, de 2 de noviembre: "*La norma constitucional no tutela un pretendido derecho al juez natural, en el sentido del juez más próximo en sentido territorial al justiciable, sino un derecho al juez ordinario, lo que significa el juez establecido por el legislador y que merece un tratamiento orgánico y funcional común con el de los demás órganos jurisdiccionales (SSTC 55/1990, de 28 de marzo, FJ 3; 56/1990, de 29 de marzo, FJ 35; 39/1994, de 15 de febrero, FJ 1; 131/2001, de 7 de junio, FJ 3; ATC 324/1993, de 26 de octubre). Tampoco asegura la norma constitucional un juez concreto (SSTC 97/1987, de 10 de junio, FJ 4; 55/1990, de 28 de marzo, FJ 3; 64/1993, de 1 de marzo, FJ 2), pues los factores de casualidad y aleatoriedad en las normas de reparto entre jueces previamente competentes sirven precisamente para preservar la imparcialidad (véase ATC 652/1986, de 23 de julio, FJ 2)*".

752 STC 193/1996, de 26 de noviembre, que recoge la doctrina sentada en la anterior STC 138/1991 y STC 148/1987.

se basa en la exigencia de evitar las intromisiones no sometidas a la Ley de los restantes poderes del Estado.

Asimismo, la Asamblea General de Naciones Unidas, en sus Resoluciones 40/32, de 29 de noviembre de 1985, y 40/146, de 13 de diciembre de 1985, hizo suyas las reglas adoptadas en el Séptimo Congreso de Naciones Unidas sobre Prevención del Delito y Tratamiento de Delincuente, celebrado en Milán del 25 de agosto al 6 de septiembre de 1985. Dichas resoluciones han establecido un acervo común conceptual en la materia, definiendo los principios básicos de independencia de la judicatura. Podríamos afirmar que aquel órgano judicial que no reúna las características que enumeraremos a continuación podría considerarse un Tribunal de excepción[753], pues la necesidad de independencia de los Jueces está integrada en el contenido esencial del derecho fundamental a un proceso equitativo.

En primer término, de acuerdo con el art. 1, la independencia de la judicatura debe estar garantizada por el Estado y reconocida en la Constitución o la legislación del país. Asimismo, de conformidad con el art. 3, la judicatura debe tener competencia exclusiva en la cuestión que le ha sido sometida. Entra dentro de la competencia que le haya atribuido la Ley, estando vedadas, según el art. 4, las intromisiones indebidas o no justificadas en el proceso judicial. También están prohibidas, a tenor de este mismo artículo, las revisiones de las actuaciones judiciales de los Tribunales. Junto a ello, el art. 5 consagra el derecho de toda persona a ser enjuiciada por los Tribunales ordinarios con arreglo a procedimientos legalmente establecidos, prohibiéndose la creación de Tribunales que no apliquen las normas procesales debidamente fijadas para sustituir la jurisdicción que corresponda normalmente a los Tribunales ordinarios. Se señala en el art. 10 un deber de selección de Jueces basado en el mérito y capacidad y se prohíbe la discriminación por motivos ideológicos, la inamovilidad judicial en los arts. 11 y 12, la inmunidad judicial en el art. 16 y las garantías en los procedimientos disciplinarios en los arts. 17 a 20.

En el ámbito de la Unión Europea, la STJUE de 25 de julio de 2018[754] ha definido lo que debe entenderse por Tribunal independiente e imparcial según el art. 47 de la Carta de Derechos Fundamentales de la Unión:

– En primer lugar, el órgano judicial debe ejercer sus funciones con plena autonomía sin estar sometido a ningún vínculo jerárquico o de subordinación respecto a terceros y sin recibir órdenes o instrucciones de ningún tipo cualquiera que sea su procedencia, de tal modo que quede protegido de injerencias o presiones externas que puedan hacer peligrar la independencia de sus miembros a la hora de juzgar o que puedan influir en sus decisiones.

---

[753] Pueden verse en https//www.ohchr.org/sp/professionalinterest/independencejudiciary.aspx. Consultada en agosto de 2018.

[754] Ya la STJUE de 27 de febrero de 2018, caso Jueces portugueses, entendió: "*44. La noción de independencia supone, entre otras cosas, que el órgano en cuestión ejerza sus funciones jurisdiccionales con plena autonomía, sin estar sometido a ningún vínculo jerárquico o de subordinación respecto a terceros y sin recibir órdenes ni instrucciones de ningún tipo, cualquiera que sea su procedencia, de tal modo que quede protegido de injerencias o presiones externas que puedan hacer peligrar la independencia de sus miembros a la hora de juzgar o que puedan influir en sus decisiones (véanse, en este sentido, las sentencias de 19 de septiembre de 2006, Wilson, C 506/04, EU:C:2006:587, apartado 51, y de 16 de febrero de 2017, Margarit Panicello, C 503/15, EU:C:2017:126, apartado 37 y jurisprudencia citada)*".

– En segundo término, esa indispensable libertad frente a tales elementos externos exige ciertas garantías, como la inamovilidad, idóneas para proteger a la persona de quienes tienen la misión de juzgar. El hecho de que estos perciban un nivel de retribuciones en consonancia con la importancia de las funciones que ejercen constituye igualmente una garantía inherente a la independencia judicial.

– En tercer lugar, será precisa la existencia de reglas, especialmente en lo referente a la composición del órgano, así como al nombramiento, a la duración del mandato y a las causas de inhibición, recusación y cese de sus miembros, que permitan excluir toda duda legítima en el ánimo de los justiciables en lo que respecta a la impermeabilidad de dicho órgano frente a elementos externos y en lo que respecta a su neutralidad con respecto a los intereses en litigio. Para considerar cumplido el requisito relativo a la independencia del órgano de que se trate, la jurisprudencia exige, en particular, que los supuestos de cese de sus miembros estén previstos en disposiciones legales expresas.

– Por último, la necesidad de independencia exige igualmente que el régimen disciplinario que se aplique a quienes tienen la misión de juzgar presente las garantías necesarias para evitar cualquier riesgo de que dicho régimen pueda utilizarse como sistema de control político del contenido de las resoluciones judiciales. A este respecto, el establecer normas que definan, en particular, tanto los comportamientos constitutivos de infracciones disciplinarias como las sanciones aplicables concretamente, que prevean la intervención de un órgano independiente con arreglo a un procedimiento que garantice plenamente los derechos consagrados en los arts. 47 y 48 de la Carta, especialmente el derecho de defensa, y que consagren la posibilidad de impugnar judicialmente las decisiones de los órganos disciplinarios da lugar a un conjunto de garantías esenciales para preservar la independencia del Poder Judicial.

Ahora bien, no cabe confundir Tribunal de excepción con Tribunal especializado en conocer de ciertas infracciones, legalmente investido *ex ante* para conocer de estas y cuyo régimen orgánico y procesal no pueda calificarse de extraordinario[755].

Para la Audiencia Nacional estaremos en presencia de un Tribunal que no respeta el derecho al Juez ordinario predeterminado por la ley en aquel caso en que el Tribunal es creado por ley posterior a los hechos y en cuyo nombramiento de Magistrados existe una intromisión del Gobierno, siendo asimismo utilizado para perseguir a un adversario político[756]. También en aquellos casos en que se generaliza el uso de detenciones arbitrarias, malos tratos y ejecuciones extrajudiciales, con participación en la investigación de delitos de servicios de inteligencia incontrolados, sin que los órganos judiciales pongan reparo alguno a su intervención ni exijan responsabilidades por su actuación, convirtiendo el proceso en un castigo en sí mismo[757].

---

[755] Valle-Riestra González-Olaeceha, J. *(1989) La extradición, principios, legislación, jurisprudencia*, Lima, ed. Editores-Importadores, S. A., pág. 51. Ídem. Auto de la Sala de lo Penal de la Audiencia Nacional, Sección 1.ª, de 23 de abril de 2019, Rollo de Sala 82/2018.

[756] Auto de la Sala de lo Penal de la Audiencia Nacional, Sección 1.ª, de 23 de abril de 2019, Rollo de Sala 82/2018.

[757] Referidos a Venezuela, Autos de Sala de lo Penal de la Audiencia Nacional, Pleno, Sección 3.ª, 8 y 11/2019, de 11 de febrero, y, Sección 4.ª, 8/2019, de 18 de enero y de 18 de febrero de 2019, dictada en

La LEP no recoge como motivo independiente de denegación la vulneración de los derechos fundamentales procesales que son considerados como esenciales para poder definir un proceso como juicio justo en los términos del art. 6 del Convenio Europeo de Derechos Humanos. Sin embargo, dicha ausencia explícita no implica que no puedan alegarse y tenerse en cuenta por el Tribunal de la extradición. No es concebible la entrega en tales circunstancias. En este sentido se ha pronunciado en innumerables ocasiones el Tribunal Europeo de Derechos Humanos[758]. El lugar sistemático en que debieran residenciarse tales motivos es, a nuestro juicio, el del Tribunal de excepción, extendiendo el término a aquel órgano judicial que no respeta los derechos fundamentales procesales, tal y como hemos visto en las resoluciones de Naciones Unidas citadas anteriormente. Dichos derechos procesales, que constituyen la esencia del derecho a un juicio justo, son el derecho una vista pública presidida por un Tribunal competente, independiente e imparcial[759]; el derecho a la presunción de inocencia; el derecho a tener el tiempo y los medios adecuados para preparar su defensa; el derecho a ser juzgado sin dilaciones indebidas; el derecho a ser asistido por abogado de su elección o a tener asistencia legal gratuita en caso de falta de medios económicos; el derecho a no declarar contra sí mismo, y el derecho a que la sentencia sea revisada por un Tribunal superior[760]. Esta idea es la que subyace en el Auto de la Sala de lo Penal de la Audiencia Nacional, Sección 4.ª, de 17 de junio de 2019, dictado en el Rollo de Sala 3/2019[761].

Doctrinalmente se subraya, con profusa cita de resoluciones del TEDH[762], que el Convenio Europeo de Derechos Humanos no exige que las partes impongan sus estándares procesales

---

el Rollo de Sala 61/2018.

758 Tribunal Europeo de Derechos Humanos: Casos *Soering v. the United Kingdom*, 7 July 1989, Series A, No. 161; *Vilvarajah and Others v. the United Kingdom*, 30 October 1991, Series A, No. 215; *Chahal v. the United Kingdom*, 15 November 1996, Reports 1996-V; *Ahmed v. Austria*, 17 December 1996, Record 1996-VI, No. 26; *D. v. the United Kingdom*, 2 May 1997, Record 1997-III, No. 37; see also *Einhorn v. France*, 16 October 2001, Admissibility Decision; *Özbey v. Turkey*, 31 January 2002, No. 31883/96; and also *Mouisel v. France*, 14 November 2002, Section I, No. 67263/01.

759 En lo tocante a la falta de competencia del Tribunal, el ATC 4/2019, de 29 de enero, considera que *"cuando se cuestiona ante este Tribunal la atribución de competencia como parte del contenido del derecho al Juez ordinario predeterminado por la ley, su garantía solo «puede quedar en entredicho cuando un asunto se sustraiga indebida e injustificadamente al que la ley lo atribuye para su conocimiento, manipulando el texto de las reglas de distribución de competencias con manifiesta arbitrariedad» (ATC 262/1994, de 3 de octubre, y, por todas, SSTC 47/1983, de 31 de mayo; 171/1994, de 7 de junio, y 35/2000, de 14 de febrero, FJ 2)"*.

760 Sadoff, *op. cit.*, pág. 305.

761 *"Por lo demás, el Parlamento Europeo, en la reciente resolución de 14 de marzo de 2019, constata que últimamente el Ministerio de Inteligencia iraní y otros poderes públicos han emprendido una dura represión de la sociedad civil, así como los defensores de los derechos humanos, los periodistas, los abogados y los activistas (...) siguen sufriendo acoso, detenciones arbitrarias, encarcelamiento y enjuiciamiento por ejercer su labor. También proclama que los juicios no acostumbran a ser imparciales en los tribunales iraníes, en los cuales se emplean como prueba las confesiones obtenidas bajo tortura; que las autoridades siguen criminalizando el activismo en favor de los derechos humanos y limitan el acceso de los detenidos a la asistencia letrada; y que dentro del poder judicial no se disponen de mecanismos independientes para garantizar la rendición de cuentas. Añade que el poder judicial iraní sigue reprimiendo los actos pacíficos de resistencia por parte de los defensores de los derechos de las mujeres (...). Obran en las actuaciones sendos informes de Amnistía Internacional (...) y de Human Rights Watch (...) sobre la flagrante violación de los derechos humanos en Irán, incidiendo en que la tortura y otros malos tratos siguen siendo frecuentes, especialmente en los interrogatorios, imponiendo y aplicando, a veces en público, penas crueles e inhumanas, como los latigazos (...)"*.

762 Almeida Costa, M. J., *Extradition law: reviewing ground...*, *op. cit.*, págs. 86 a 88.

a terceros países ni tampoco están obligados a verificar si el procedimiento que da lugar a la condena es compatible con todos los requerimientos del art. 6 del Convenio[763]. Esto es, el Estado de ejecución no puede imponer sus requisitos, garantías y tradición jurídica al Estado de emisión. El entendimiento aislado y fragmentario de un sistema procesal ajeno no permite observar que la falta de un elemento considerado esencial en nuestro ordenamiento puede ser suplido por otra vía inexistente en la ley procesal española. Como se apunta por la doctrina, de lo que se trata es de que nos encontremos ante una flagrante denegación de la justicia, expresión que trata de transmitir que estemos en presencia de una ruptura de los principios del derecho a un proceso debido tan fundamental que constituya una destrucción de la esencia misma del art. 6 del Convenio. Lo anterior se traduce en la vulneración del derecho a un proceso debido en los supuestos siguientes: el juicio en ausencia sin posibilidad de revisión; juicios sumarios conducidos con total menosprecio al derecho de defensa; detención gubernativa sin posibilidad de revisión judicial por un tribunal independiente e imparcial; deliberado y sistemático rechazo de acceso a un abogado, ni siquiera en detención; uso en el procedimiento penal de evidencias personales obtenidas mediante malos tratos; falta de independencia e imparcialidad de un tribunal extraordinario con jurisdicción en casos de terrorismos y formado en exclusiva por miembros de las fuerzas armadas o falta de legitimación del tribunal debido a que no ha sido establecido por la ley.

Cabe añadir a los anteriores casos la entrega en caso de condena en apelación sin presencia del reclamado, revocatoria de una absolutoria anterior, valorando de nuevo el material probatorio. En este caso, no se trata de recoger como parámetro de calidad procesal la concreta regulación de nuestro recurso de apelación (art. 790 a 792 LECrim), sino los requisitos generales recogidos por el Tribunal Europeo de Derechos Humanos como expresión de una tradición jurídica común a los países miembros del Consejo de Europa, que se traducen en una idea de equidad procesal que trasciende los ordenamientos concretos[764].

---

[763] STEDH de 26 de junio de 1992, apdo. 110: "*As the Convention does not require the Contracting Parties to impose its standards on third States or territories, France was not obliged to verify whether the proceedings which resulted in the conviction were compatible with all the requirements of Article 6 (art. 6) of the Convention*".

[764] Auto 334/2022, de 12 de julio, de la Sección 3.ª de la Sala de lo Penal: "*Como expresan las partes, la extradición debe ser denegada, pues la condena en apelación sin presencia del reclamado no es apta para generar una media tan severa como la extradición. Efectivamente, la STEDH dictada en el caso Porcel Terribas contra España, de 8 de marzo de 2016, afirma que: «28. Cuando se celebra una vista en primera instancia, la ausencia de debates públicos en apelación puede justificarse por las peculiaridades del procedimiento en cuestión, atendiendo a la naturaleza del sistema de apelación interno, la extensión de los poderes de la jurisdicción de apelación, la forma en que los intereses del demandante han sido realmente expuestos y protegidos ante ella, y, particularmente, la naturaleza de las cuestiones que está llamado a resolver. Así, ante un tribunal de apelación que goza de plena jurisdicción, el artículo 6 no garantiza necesariamente el derecho a una vista oral ni, si tal vista se celebra, el de asistir en persona a los debates.*

29. Por el contrario, el Tribunal ha declarado que cuando la instancia de apelación está llamada a conocer de un asunto de hecho y de derecho, y a estudiar en su conjunto la cuestión de su culpabilidad o inocencia, no puede, por motivos de equidad del proceso, decidir estas cuestiones sin Una valoración directa de los medios de prueba presentados en persona por el acusado que niega haber cometido la acción, considerada como una infracción penal...

Dado que nos encontramos ante una extradición sin convenio, en que es de plena aplicación la Ley española, interpretada y conformada por la jurisprudencia de los tribunales nacionales y de los órganos jurisdiccionales de los sistemas de garantías penales europeos de los que forma parte, no puede admitirse como título de ejecución válido una sentencia condenatoria, revocatoria de una absolución anterior, dictada por un tribunal de apelación en ausencia del condenado, que valora de nuevo el material probatorio". En

Un ejemplo de denegación por vulneración de dichos derechos lo constituye el Auto 575/2022, de 13 de octubre, de la Sección 4.ª de la Sala de lo Penal, relativo a la situación del Salvador, que resulta ser un compendio de todas las vulneraciones posibles de derechos procesales fundamentales y de estado penitenciario calamitoso[765].

XI. Extinción de la responsabilidad criminal

El art. 4 de la LEP impide la extradición cuando se haya extinguido la responsabilidad criminal conforme a la legislación española o la del Estado requirente. Debe decirse que la norma española se refiere no solo, aunque también, a la prescripción, sino a todas y cada una de las formas de extinción de la responsabilidad criminal que contempla el art. 130 de nuestro Código Penal. El problema se planteará respecto de aquellos países relacionados con el nuestro por medio de convenio extradicional en el que la única causa de extinción de la responsabilidad criminal reconocida sea la prescripción. A nuestro juicio, conforme a lo expuesto en apartados anteriores, la regulación incompleta de una materia –en este caso, la extinción de responsabilidad– en un acuerdo extradicional no empece a la aplicación del resto de las causas de extinción que prevé nuestro ordenamiento jurídico[766]. Es manifiesto que, por mucho que no esté mencionada en un tratado, la muerte del *extradendus* supone

---

el mismo sentido, Auto del Pleno de la Sala 14/2021, de 1 de marzo, al haberse realizado prueba completa ante el tribunal de apelación que revocó la absolución, contando con la presencia del reclamado.

[765] *"Frente a la suspensión de garantías, la Corte Internacional de Derechos Humanos ha señalado que, si bien el Estado tiene el derecho y la obligación de garantizar su seguridad y mantener el orden público, su poder no es ilimitado, pues tiene el deber , en todo momento, de aplicar procedimientos conformes al ordenamiento vigente y respetuoso de los derechos fundamentales a toda persona que esté bajo su jurisdicción...Asimismo, la Corte ha establecido que los Estados tienen la obligación de asegurar que las garantías judiciales indispensables para la protección de los derechos y libertades consagrados en la Convención se mantengan vigentes en toda circunstancia, inclusive durante los estados de excepción. Además, que se consideran garantías indispensables aquellos procedimientos judiciales que ordinariamente son idóneos para garantizar el pleno ejercicio de los derechos y libertades, las cuales serán distintas según los derechos afectados (...). Asimismo, la CIDH ha afirmado que el mantenimiento del orden público. Y la seguridad ciudadana deben estar primordialmente reservados a los cuerpos policiales civiles. En tal medida, la participación de las fuerzas armadas en tareas de seguridad debe ser extraordinaria, temporal, subordinada y complementaria a las labores de las corporaciones civiles (...). Finalmente, la CIDH insta al Estado de El Salvador a investigar a quienes resulten responsables de violaciones a los derechos humanos en observancia al debido proceso legal y absoluto respecto a las garantías judiciales. Asimismo, a que adopte una política de seguridad integral que tenga como premisa la protección a los derechos humanos (...) la Convención americana establece en su artículo 27.2 una serie de derechos que no pueden ser suspendidos, y reconoce que tampoco pueden ser suspendidas las garantías judiciales indispensables para la protección de tales derechos. Por su parte, la Corte Interamericana ha sostenido que la suspensión de garantías no constituye un medio para enfrentar la criminalidad común...Las garantías judiciales y protección judicial deben ser garantizadas respecto de toda persona y en todas las circunstancias relacionadas con la privación de la libertad, incluyendo en el marco del régimen de excepción. Ello, teniendo en cuenta que constituyen un medio para salvaguardar el respeto a la vida e integridad de la persona, para impedir la desaparición forzada y bridan , a su vez, una protección contra la tortura u otros tratos o penas crueles, inhumanos o degradante (...). La CIDH (...) expresa preocupación por las deplorables condiciones de detención que enfrentarían las personas detenidas (...) deficiente infraestructura, condiciones de insalubridad, falta de higiene, atención médica insuficiente, escaso e inadecuado acceso al agua (...) esta situación se ha agravado en el marco del régimen de excepción (...). Los Estados (...) tienen el deber jurídico ineludible de realizar acciones concretas para garantizar la vida, salud e integridad de todas las personas que se encuentren bajo su custodia (...) entre ellas, implementar acciones para prevenir actos de violencia (...) y proporcionar servicios de salud oportunos y adecuados"*. Un anterior Auto de Sala Pleno 43/2022, de 20 de mayo, sí accedió a la entrega en un momento en que el estado de excepción se había alzado momentáneamente.

[766] Es por ello por lo que consideramos innecesaria la reserva española al art. 10 del Convenio Europeo de Extradición en materia de formas de extinción de responsabilidad criminal no mencionadas en el mentado artículo.

causa de denegación de la entrega. Siendo evidente esto en caso de muerte, no lo es menos cuando estamos en presencia de indulto concedido en el país requerido respecto de hechos que son la base de la reclamación de la autoridad requirente y sobre los cuales media competencia del Estado requerido y subsiguiente medida de gracia[767]. La competencia del Estado requerido es requisito lógico imprescindible para la posible adopción de una medida de gracia: solo es concebible el perdón respecto de personas y hechos que son objeto de un procedimiento en el Estado requerido (amnistía), o bien sobre una pena ya impuesta en este último (indulto). Teniendo el país requerido competencia para conocer de los hechos que son objeto de reclamación, lo que ocurrirá en todos los casos de fueros extraterritoriales de atribución de la jurisdicción, no vemos impedimento alguno en que dicho Estado, que ha amnistiado o indultado a una persona por hechos para cuyo enjuiciamiento es competente, alegue dicha condonación punitiva para oponerse a la reclamación extradicional[768]

En cuanto a las medidas de gracia adoptadas en el país requirente, realmente sería un contrasentido la existencia aquí de una petición extradicional. En caso de formularse, se plantea la cuestión de si los Tribunales españoles pueden apreciar la existencia de dicha amnistía o indulto y su alcance o si, por el contrario, la interpretación de su hipotética extensión únicamente compete a los Tribunales de dicho Estado. A nuestro juicio, dado que nuestra ley recoge como supuesto de denegación la extinción de la responsabilidad criminal conforme a la legislación española o del Estado requirente, esta dicción normativa no hace sino apoderar al Tribunal español para conocer del efecto de dichas medidas de gracia. Será una cuestión de prueba de derecho extranjero según el art. 281.2 LEC –normalmente, a través de una exposición de peritos–.

Con respecto a la prescripción, la doctrina ha señalado que caben dos opciones: o bien tener en cuenta exclusivamente la legislación del Estado requirente, o bien optar por un sistema cumulativo, que exige que los hechos no hayan prescrito conforme a las legislaciones del Estado de acusación y del Estado requerido[769]. A diferencia de lo que puede suceder en relación con la cosa juzgada, no se contempla el cumplimiento del período de prescripción en un tercero Estado. Sin embargo, parte de la doctrina propugna que, cuando dicho tercer Estado tuviera un vínculo con los hechos más fuerte que el que poseyera el Estado requirente, el Estado requerido debiera tomar en consideración la extinción de responsabilidad criminal por prescripción en el Estado tercero[770].

---

[767] En contra, Pastor Borgoñón, *op. cit.*, págs. 259 y 260. La precisión acerca de la competencia del Estado requerido aparece recogida en el Tratado de Extradición entre España y Marruecos, cuyo art. 8 c) establece que "*si se hubiera concedido una amnistía o indulto en el Estado requirente o en el Estado requerido, a condición de que, en este último caso, el delito figure entre los que sean perseguibles en este Estado cuando se hayan cometido fuera del territorio de este Estado por una persona que no sea nacional del mismo*". En el mismo sentido, art. 9 del Convenio Simplificado de Extradición de 27 de septiembre de 1996, formulado conforme al art. K.3 del Tratado de la Unión, hoy sustituido por la OEDE.

[768] La polémica es expuesta por García Sánchez, *op. cit.*, pág. 303.

[769] Véase García Sánchez, *op. cit.*, págs. 307 a 312. Sadoff, *op. cit.*, pág. 213, hace una clasificación tripartita, incluyendo como tercera categoría aquellos casos en que solo se tiene en cuenta el plazo de prescripción del Estado requerido. A nuestro juicio, esto es más que dudoso, pues ningún Estado va a emitir una solicitud extradicional sin haber comprobado previamente que los hechos no han prescrito conforme a su propia legislación.

[770] Almeida Costa, M. J., *Extradition law: reviewing ground...*, *op. cit.*, pág. 433.

En algunos países, la denegación por cumplimiento de plazo de prescripción se aplica de forma discrecional cuando se considera que la entrega extradicional pudiera considerarse como injusta u opresiva a la luz del tiempo transcurrido[771]. A nuestro juicio, salvo en los casos de convenios bilaterales o multilaterales entre países cuyo régimen de derechos y libertades sean homologables al español, es conveniente mantener el sistema cumulativo, dado que, a los ojos de nuestro ordenamiento, puede parecer excesivo e incluso inaceptable el régimen de prescripción de países cuyo exacerbamiento punitivo lo aleja del nuestro.

Debe decirse que este es el criterio de la LEP, la cual exige en su art. 4.4 que la responsabilidad no se haya extinguido conforme a la legislación española o del Estado requirente. En los tratados extradicionales, salvo excepciones[772], suele establecerse una cláusula similar. Así, el Tratado de Extradición firmado por España y la República Oriental del Uruguay recoge, en su art. 10, que *"la parte requerida podrá denegar la extradición si la acción o la pena hubieran prescrito conforme a su legislación"*. Los plazos de prescripción españoles serán los referidos a la prescripción del delito (caso de reclamación para enjuiciamiento) considerando la pena en abstracto, con independencia de la concurrencia de circunstancias modificativas de la responsabilidad criminal[773] o de prescripción de la pena (en caso de sentencia firme dictada y reclamación a efectos de cumplimiento[774]). A nuestro juicio, de estar ante una sentencia dictada en rebeldía en supuestos que exceden de los previstos en la legislación española —lo que obligaría a la repetición del juicio en el Estado reclamante—, el plazo de prescripción aplicable sería el de la acción —pues la entrega por el Juez español

---

771 SADOFF, *op. cit.*, pág. 213.

772 Tratado de Extradición con los EE. UU.

773 STS 764/2017, de 27 de noviembre: *"La jurisprudencia más tradicional siempre consideró que la pena señalada al delito, a los efectos de estimar su prescripción, era la asignada al tipo en toda su extensión, es decir, la abstracta (STS de 22 de junio de 1963). Esta línea quebró tras la STS de 23 de septiembre de 1974, que aplicó la imperativa degradación de la pena prevista para la tentativa antes de resolver sobre la prescripción del delito, opción que la STS de 2 de marzo de 1990 extendió incluso a las degradaciones legales potestativas.*

El retorno a la doctrina clásica se produjo con el Pleno no jurisdiccional de esta Sala 2.ª de 29 de abril de 1997: se acordó «tener en cuenta la pena abstracta fijada en el respectivo tipo penal, con independencia del grado de ejecución, forma de participación o circunstancias modificativas que puedan determinar una pena distinta».

Ese criterio ha sido seguido en numerosas resoluciones: entre otras, SSTS 198/2001, de 7 de febrero, 2040/2002, de 9 de diciembre o 1267/2004, de 28 de octubre. La pena en abstracto dirá esta última resolución es la que hemos de tener en cuenta, entendiendo por tal la prevista por el legislador para el tipo de delito de que se trate, es decir, la fijada en la norma de la parte especial para el autor del delito (tipo genérico o, en su caso, subtipo) en grado de consumación.

La reforma del art. 131 CP obrada por LO 15/2003 refuerza el criterio interpretativo abstracto al referirse a la pena máxima señalada al delito y a la pena máxima señalada por la ley (antes no se incluía el adjetivo «máxima»)".

En el mismo sentido, STS 735/2018, de 1 de febrero de 2019, que remarca incluso que la pena en abstracto se fija atendiendo a los subtipos agravados y al delito continuado: *"Sin embargo, la STS 222/2002 proclamará paladinamente ya que «a efectos de la determinación de la pena para calcular el plazo de prescripción ha de tenerse en cuenta la exasperación penal derivada de la posible aplicación de los subtipos agravados o de la continuidad delictiva» (...). Así pues, la pena que ha de tenerse en cuenta a los efectos de estimar el plazo prescriptivo aplicable para cada delito en particular será la máxima prevista de forma genérica para la infracción en la parte especial del Código Penal, teniendo en cuenta en su caso las posibilidades agravatorias art. 74 CP"*.

774 En este caso, según el Auto 255/2023, de 7 de junio de 2023, de la Sección 3.ª, *"reclamándose la entrega en extradición para el cumplimiento de una condena firme, lo que debe dilucidarse en este caso es si concurre la causa taxativa de denegación de la extradición de prescripción de la pena, según las leyes del Estado requirente o del Estado requerido"*.

lo sería condicionada a la prestación de garantía de un nuevo juicio– y no el de la de la pena impuesta, sin perjuicio del valor de la sentencia dictada para interrumpir la prescripción.

La consecuencia de la entrada de la legislación del Estado requerido en materia de prescripción, según en sistema cumulativo, será la utilización de los criterios vigentes en el derecho español sobre interrupción de la prescripción. Estas reglas se aplicarán a los hechos señalados por el Estado requirente como hitos que, conforme a su propia legislación, han interrumpido la prescripción, existiendo la posibilidad de que las pautas utilizadas en ambas normativas no coincidan. Así, un hecho que en el Estado requirente tiene capacidad para interrumpir la prescripción puede que no tenga tal virtualidad en el Derecho español. Por ejemplo, criterios de interrupción de la prescripción como la existencia de una situación de guerra, la necesidad de obtener evidencias en el extranjero o la huida del reclamado, señalados por autores anglosajones[775], no tienen cabida en nuestro ordenamiento[776].

Al respecto, como se ha afirmado por la doctrina[777], debe señalarse que lo único irrenunciable en materia de prescripción es la seguridad jurídica, en su regulación y en su funcionamiento. Esto es, dependiendo del caso concreto, no podemos variar los criterios utilizados

---

[775] Sadoff, *op. cit.*, pág. 214.

[776] De hecho, la situación de conflicto en Ucrania no es considerada por la Audiencia Nacional como causa de denegación de la extradición. En este sentido, Auto del Pleno de la Sala 40/2017, de 6 de octubre: "*Este pleno, respecto del conflicto armado existente y cómo ha de influir en las peticiones de extradición cursadas a Ucrania, ya ha puesto de manifiesto que constituye una circunstancia que, excepto en el caso de que se aleguen riesgos concretos para la persona, no puede ser valorada a efectos de dictaminar sobre los aspectos de la extradición*". En el mismo sentido, Auto del Pleno 277/2018, de 22 de junio. Ídem el Auto 44/2017, de 27 de octubre, del Pleno: "*(...) Situaciones como la de la reclamada, sometida a un procedimiento común que nada tiene de relación con aquel conflicto, ni desde el plano objetivo (pues no se perpetraron los hechos en la zona de conflicto), ni desde la perspectiva subjetiva (puesto que en modo alguno aparecen los implicados en tales hechos a enjuiciar aparecen vinculados a dicho conflicto armado)*". También Auto de la Sala Pleno, 269/2018, de 30 de mayo: "*(...) La parte recurrente alega* ex novo *en esta instancia la situación de guerra civil que se vive en Ucrania, para dudar de la efectividad de la entrega (fundándolo en un inaplicable 4.6 de la LEP), motivo que debe desestimarse de plano porque la meritada situación no solo carece de relación con el delito común por el que el recurrente es reclamado, sino porque la situación de que se habla (...) no se describe tan anormal que impida la realización de la justicia ordinaria en tiempo de guerra y fuera del espacio geolocativo de conflicto armado (...)*". En el mismo sentido, Auto de Sala Pleno 14/2023, de 17 de marzo de 2023, y posterior Auto del Pleno de la Sala 34/2023, de 22 de mayo: "*(...) en cuanto a la situación de conflicto bélico (...) corresponde al Gobierno de la nación la valoración de la conveniencia de la entrega atendido el principio de reciprocidad y a razones de seguridad, orden público o demás intereses de España (...) en relación con la situación bélica que atraviesa Ucrania (...) el Auto del Pleno de la Sala de lo Penal 34/2022, de 11 de abril, expresa los siguiente: La situación de guerra que se vive en territorio ucraniano, cuestión que no corresponde valorar en fase jurisdiccional de la extradición, sino en fase gubernativa (...)*". Ídem, Auto 276/2022, de 28 de abril, de la Sección 4.ª. Asimismo, Auto 429/2022, de 8 de septiembre, de la Sección 3.ª.

Con respecto a Venezuela, por haberse formulado alegaciones genéricas, Auto del Pleno de la Sala 7/2018: "*(...) Si bien es cierto el clima de inestabilidad política y social que reina en la República Bolivariana de Venezuela, y la superpoblación de sus establecimientos penitenciarios, las manifestaciones vertidas constituyen meros alegatos genéricos, no sustentados en datos concretos reveladores, en mayor o menor medida, de un peligro concreto para la integridad física del reclamado, referido a la posibilidad de que este pudiera sufrir torturas o tratos crueles, inhumanos o degradantes, o que vayan a ser anulados de manera sistemática los derechos y garantías procesales que como encausado le corresponden, aunque sea a título de mera sospecha*". Igualmente, Auto de la Sala de lo Penal de la Audiencia Nacional, Sección 3.ª, 27/2017, de 27 de julio: "*(...) La defensa se ha limitado a exponer una situación genérica que no determina prueba de un riesgo concreto de violación de los derechos de la reclamada si fuese entregada a Venezuela, sino que, por el contrario, ese Estado ha garantizado tales derechos a través de su Tribunal Supremo y de la Fiscalía General*".

[777] Gili Pascual, A. (2015) *La interrupción de la prescripción penal, diez años después de la STC 63/2005*, Estudios penales y criminológicos, vol. XXXV, pág. 305.

con carácter general para definir los actos susceptibles de interrumpir la prescripción. Y, en Derecho español, únicamente las resoluciones judiciales en sentido propio —excluyendo, pues, los actos preprocesales de la Fiscalía— tienen virtualidad para interrumpir la prescripción, y siempre que materialmente sean actos de prosecución o avance del procedimiento frente a una persona. En ese sentido, únicamente satisfará este requisito una resolución judicial motivada en la que se atribuya la presunta participación en un hecho delictivo, sin recurrir a subterfugios interpretativos. Es este el criterio de la STC 63/2005, de 14 de marzo, que hace descansar de manera exclusiva en los Jueces y Tribunales los actos interruptivos de la prescripción, sin que actos procesales ajenos al Poder Judicial tengan tal capacidad. Una interpretación contraria, como ya ha dicho el Tribunal, vulneraría la tutela judicial efectiva de la parte[778].

Pues bien, aplicado tal criterio a la prescripción como causa de denegación de la entrega, únicamente si en el procedimiento judicial del país reclamante encontramos resoluciones judiciales en sentido propio —no por asimilación, cuales son las del Ministerio Fiscal[779]—

[778] *"Pues si bien es cierto que los denunciantes o querellantes tienen un tiempo limitado para el ejercicio de su derecho a entablar la acción penal, y que ese plazo coincide con el establecido para el ejercicio del ius puniendi por parte del Estado, ello no debe hacer olvidar que los que están obligados a poner en marcha el instrumento penal en el indicado plazo son los órganos judiciales, pues solo ellos son titulares del ius puniendi en representación del Estado (por todas, STC 115/2004, de 12 de julio, FJ 2). De manera que no puede considerarse razonable una interpretación del indicado precepto que deje la interrupción del plazo de prescripción exclusivamente en manos de aquellos, sin requerir para ello actuación alguna de interposición judicial, con la perturbadora consecuencia, entre otras muchas posibles, de que, lejos de verse el Juez compelido al ejercicio del ius puniendi dentro del plazo legalmente establecido, goce de una ampliación extralegal de dicho plazo por virtud de la actuación de los denunciantes o querellantes al tener como efecto la interrupción del mismo que comience a correr de nuevo en su totalidad (...). Incluso pueden extraerse de nuestra jurisprudencia elementos suficientes para avalar la conclusión obtenida acerca de que, para poder entender dirigido el procedimiento penal contra una persona, no basta con la simple interposición de una denuncia o querella, sino que se hace necesario que concurra un acto de intermediación judicial. Así, hemos calificado a dichas actuaciones de parte como meras solicitudes de «iniciación» del procedimiento penal (por todas, STC 11/1995, de 4 de julio, FJ 4), lo que implica que, en tanto no sean aceptadas, dicho procedimiento no puede considerarse «iniciado» ni, por consiguiente, «dirigido» contra persona alguna, interpretación esta que, por otra parte, se corresponde exactamente con lo dispuesto en los arts. 309 y 750 de la Ley de enjuiciamiento criminal (LECrim.), a cuyo tenor la dirección del procedimiento penal contra una persona corresponde en todo caso a los Jueces y Tribunales de la jurisdicción penal".*

[779] En este sentido, Auto de la Sala de lo Penal de la Audiencia Nacional, Pleno, 255/2018, de 16 de abril, citando el escrito del Ministerio Fiscal: *"Únicamente las resoluciones judiciales en sentido propio —excluyendo, pues, los actos preprocesales de la Fiscalía—, tienen virtualidad en nuestro ordenamiento para interrumpir la prescripción, y siempre que materialmente sean actos de prosecución o avance del procedimiento frente a una persona. En ese sentido, solo satisfará este requisito una resolución judicial motivada en la que se atribuya la presunta participación en un hecho delictivo, sin que sea admisible recurrir a subterfugios interpretativos. Es este el criterio de la STC 63/2005, de 14 de marzo, que hace descansar de manera exclusiva en los jueces y tribunales los actos interruptivos de la prescripción, sin que actos procesales ajenos al poder judicial tengan tal capacidad. Una interpretación contraria, como ya ha dicho el Tribunal, vulneraría la tutela judicial efectiva de la parte. Así, establece que: «Pues si bien es cierto que los denunciantes o querellantes tienen un tiempo limitado para el ejercicio de su derecho a entablar la acción penal, y que ese plazo coincide con el establecido para el ejercicio del ius puniendi por parte del Estado, ello no debe hacer olvidar que los que están obligados a poner en marcha el instrumento penal en el indicado plazo son los órganos judiciales, pues solo ellos son titulares del ius puniendi en representación del Estado (por todas, STC 115/2004, de 12 de julio, FJ 2). De manera que no puede considerarse razonable una interpretación del indicado precepto que deje la interrupción del plazo de prescripción exclusivamente en manos de aquellos, sin requerir para ello actuación alguna de interposición judicial, con la perturbadora consecuencia, entre otras muchas posibles, de que, lejos de verse el Juez compelido al ejercicio del ius puniendi dentro del plazo legalmente establecido, goce de una ampliación extralegal de dicho plazo por virtud de la actuación de los denunciantes o querellantes al tener como efecto la interrupción del mismo que comience a correr de nuevo en su totalidad.*

podremos afirmar que, conforme a nuestro ordenamiento, la acción pernal no ha prescrito, sin que sean válidos a este efecto sucedáneos gubernativos (Policía) o no propiamente judiciales (de un Fiscal investigador). Una excepción a esta regla general se contiene en el ámbito del Convenio Europeo de Extradición, a tenor de la equiparación que el Explanatory Report hace entre autoridades judiciales y el Ministerio Fiscal: si existe equiparación a los efectos del art. 1 de la norma, puede extenderse también en lo tocante a la valoración de los actos interruptivos de la prescripción, tomando en consideración los actos de impulso procesal realizados por un Fiscal[780].

El *dies a quo* también puede plantear un problema en caso de sentencias en cúmulo o unificadas, propias de la legislación italiana o alemana, en el caso de que el plazo de prescripción de alguna de las penas individualmente consideradas se hubiera cumplido según la legislación española. De entenderse que la sentencia de acumulación nova las penas anteriores y es una pena distinta, no operaría la prescripción. Sin embargo, de considerar

---

Incluso pueden extraerse de nuestra jurisprudencia elementos suficientes para avalar la conclusión obtenida acerca de que, para poder entender dirigido el procedimiento penal contra una persona, no basta con la simple interposición de una denuncia o querella, sino que se hace necesario que concurra un acto de intermediación judicial. Así, hemos calificado a dichas actuaciones de parte como meras solicitudes de «iniciación» del procedimiento penal (por todas, STC 11/1995, de 4 de julio, FJ 4), lo que implica que, en tanto no sean aceptadas, dicho procedimiento no puede considerarse «iniciado» ni, por consiguiente, «dirigido» contra persona alguna, interpretación esta que, por otra parte, se corresponde exactamente con lo dispuesto en los arts. 309 y 750 de la Ley de enjuiciamiento criminal (LECrim.), a cuyo tenor la dirección del procedimiento penal contra una persona corresponde en todo caso a los Jueces y Tribunales de la jurisdicción penal". En el mismo sentido, Auto de la Sala de lo Penal de la Audiencia Nacional, Sección 3.ª, 7/2019, de 12 de febrero. De igual opinión, Auto de la Sala de lo Penal, Sección 2.ª, 22/2019, de 11 de julio: "*Dichas resoluciones, al no haberse dictado por una autoridad judicial, carecen de relevancia jurídico procesal para poder interrumpir la prescripción, por cuanto y aunque quisiéramos otorgar al investigador superior del comité de investigaciones la cualidad de Fiscal, lo que no cabría, dado el carácter estrictamente policial de dicha autoridad, al no formar parte Bielorrusia del Convenio Europeo de Extradición, no puede verse beneficiada de la equiparación que dicho Convenio y su informe explicativo hacen de las figuras del juez y la del fiscal a efectos de extradición*".

[780] *Explanatory Report..., op. cit.*, pág. 4: "*The term «competent authorities» in the English text corresponds to autorités judiciaires in the French text. These expressions cover the judiciary and the Office of the Public Prosecutor but exclude the police authorities*". La Sección 2.ª de la Sala de lo Penal de la Audiencia Nacional, en su Auto 32/2016, de 22 de septiembre, respecto de una solicitud de extradición formulada por la Federación Rusa, ha dado valor interruptivo de la prescripción a la formulación de la acusación como equivalente al auto de procesamiento. En el mismo sentido, Auto del Pleno de la Sala 35/2020, de 16 de julio, recurso de Súplica 32/2020: "*En este sentido, siguiendo la línea del recurso del M.F., es conveniente comenzar por la cita que, en el informe explicativo del CEEx, se hace a los comentarios sobre los artículos de dicho Convenio, que, cuando se refiere al art. 1, donde se establece la obligación de conceder la extradición, y que, textualmente, dice que «las partes contratantes se obligan a entregarse recíprocamente, según las reglas y en las Condiciones prevenidas en los artículos siguientes, a las personas a quienes las autoridades judiciales de la Parte requirente persiguieren por algún delito o buscaren para la ejecución de una pena o medida de seguridad», explica el informe (versión francesa) que «le terme 'competent authorities' contenu dans le texte anglais correspond aux mots 'autorités judiciaires' contenus dans le texte français. Ces expressions visent les autorités judiciaires proprement dites et le Parquet à l'exclusion des autorités de police» [en traducción libre, hecha por este Magistrado Ponente: «el término 'autoridades competentes' que figura en el texto inglés corresponde a las palabras 'autorités judiciaires' que figuran en el texto francés. Estas expresiones se refieren a las autoridades judiciales propiamente dichas y el Ministerio Público con exclusión de las autoridades policiales»].*

Pues bien, aceptada la equiparación entre Ministerio Fiscal y Autoridad Judicial a los efectos de la investigación, no cabe negar su naturaleza procedimental a los actos realizados por la Fiscalía Moldava, por lo tanto, con efectos interruptivos de la prescripción, caso de considerarlos relevantes, que es así como los consideramos, y como tales afectantes a todos cuantos individuos sean investigados, pues no encontramos razón para que no lo fueran respecto del reclamado, por cuanto que, como actos de investigación, conciernen a cuantas personas pudieran estar implicadas en el hecho que se investiga".

que la acumulación de penas no significa una nueva pena, sino un límite de cumplimiento, la pena concreta podría entenderse prescrita[781]. A nuestro juicio, la cuestión deberá ser resuelta según la legislación del país requirente: si, según su normativa, estamos en presencia de una nueva pena que sustituye a las anteriores, el plazo de prescripción deberá contarse respecto a esta última.

Enlazada con la materia anterior está la cuestión de la solicitud de extradición por distintos hechos, gozando cada uno de ellos con un período de prescripción distinto según el Derecho español. Dos posibles criterios se nos ofrecen: en primer término, el de la llamada conexidad procesal, entendiendo que, estando las diversas infracciones unidas en un único pedimento extradicional, debe aplicarse el plazo de prescripción correspondiente a la infracción más grave. Nótese que aquí la unidad procesal puede perfectamente referirse a hechos diversos conocidos por distintas instancias judiciales del Estado reclamante; esto es, no tiene por qué existir una unidad o conexión natural entre las distintas infracciones. De aceptarse que la simple solicitud extradicional respecto de una pluralidad de delitos sin conexión alguna entre sí en el país requirente fuera suficiente para eludir los plazos de prescripción más cortos propios de las infracciones menos graves, se estaría generando una suerte de fraude de ley, dejando al albur de la voluntad del Estado requirente la elusión de nuestros plazos de prescripción. En definitiva, la unidad de proceso no debe comportar, en estos casos, la unidad de plazos prescriptivos a partir del previsto para la infracción más grave. Es por ello por lo que consideramos que debe aplicarse el criterio de conexidad natural de las acciones que recoge el art. 131.5 del Código Penal: siempre que las infracciones cuya extradición se solicita tengan relación entre sí, siendo especialmente vinculadas[782], se aplicará el plazo de prescripción de la más grave de ellas[783], al estar ante un conjunto

[781] Sobre la cuestión, Cezón, *op. cit.*, págs. 151 a 153, extendiendo la problemática al supuesto de doble incriminación.

[782] Según la terminología de la STS 592/2006, de 28 de abril.

[783] Como recuerda la STS 600/2013, de 10 de julio, citada, a su vez, en la STS 1006/2013, de 7 de enero de 2014, "*el artículo 131.5.º del Código Penal dispone, desde la entrada en vigor de la reforma operada por la Ley Orgánica 5/2010, que en los casos de concurso de infracciones o de infracciones conexas el plazo de prescripción será el que corresponde al delito más grave; una disposición, se dice expresamente en esta resolución, coincidente con la doctrina jurisprudencial que ya venía aplicando este Tribunal siguiendo la doctrina fijada en el Pleno no Jurisdiccional de 26 de octubre de 2010, según la cual, en los delitos conexos o en el concurso de infracciones, se tomaría en consideración el delito más grave declarado cometido por el Tribunal sentenciador para fijar el plazo de prescripción del conjunto punitivo enjuiciado. Ya la STS 1100/2011, de 27 de octubre, con cita de la STS núm. 912/2010, de 11 de octubre, entiende que no cabe aplicar la prescripción en supuestos en los que se condena por varios delitos conexos, ya que hay que considerarlos como una unidad, al tratarse de un proyecto único en varias direcciones y, por consiguiente, no puede aplicarse la prescripción por separado, cuando hay conexión natural entre ellos. Mientras el delito más grave no prescriba tampoco puede prescribir el delito con el que está conectado, no pudiendo apreciarse la prescripción autónoma de las infracciones enjuiciadas*". En el mismo sentido, STS 634/2018, de 12 de diciembre: "*En caso de conexidad meramente procesal no hay obstáculo para apreciar separadamente la prescripción de los delitos que se enjuician en un único proceso (STS 630/2002, de 16 de abril) –y obviamente también de las antiguas faltas–, pero en los casos de conexidad natural hay que considerarlo todo como una unidad, al tratarse de un proyecto único en varias direcciones y por consiguiente, no puede aplicarse la prescripción por separado y mientras el delito más grave no prescriba tampoco puede prescribir el delito con el que está conectado (SSTS 758/1999, de 12 de mayo, 544/2007, de 18 de marzo, 2040/2003, 9 de diciembre, 590/2004, de 6 de mayo, 1182/2006, de 12 de mayo, 964/2008, de 23 de diciembre)*". En el mismo sentido, STS 613/2018, de 29 de noviembre: "*(...) En los casos de conexidad natural hay que considerarlo todo como una unidad, al tratarse de un proyecto único en varias direcciones y por consiguiente, no puede aplicarse la prescripción por separado y mientras el delito más grave no prescriba tampoco puede prescribir el delito con el que está conectado*".

punitivo, no así en caso contrario; en el supuesto de encontrarnos ante sentencia no firme, jugará el plazo de prescripción del delito[784]. En caso de prescripción de penas, de encontrarnos ante una refundición, se aplicará[785] el plazo de prescripción de la pena refundida.

Siendo la prescripción en nuestro ordenamiento una institución de derecho material, deberá tenerse en cuenta el plazo de prescripción vigente en nuestro ordenamiento al tiempo de cometerse los actos perseguidos, sin que sea posible aplicar uno posterior más perjudicial por el hecho de que, al momento de entrar en vigor una nueva reforma que amplíe los plazos, no se hubiera extinguido el período prescriptivo anterior, de acuerdo con las SSTS 189/2018, de 20 de abril[786]; 885/2012, de 12 de noviembre[674]; STS 624/2021, de 14 de julio[787], y STS 428/2022, de 29 de abril[788]. También, ATC 80/2021, de 15 de septiembre[789]. Eso ha hecho que, por ejemplo, se rechace la entrega respecto de países con quienes el actual

---

Igualmente, Auto de la Sala de lo Penal de la Audiencia Nacional, Sección 2.ª, 41/2018, de 13 de julio: "*(...) Hay que atender al plazo requerido por los delitos más graves (...). Todo ello en virtud del Acuerdo del Pleno de la Sala 2.ª de 26-10-2010: en los delitos conexos o en el concurso de infracciones, se tomará en consideración el delito más grave declarado cometido por el Tribunal sentenciador para fijar el plazo de prescripción del conjunto punitivo enjuiciado*". En el mismo sentido, Auto de la Sala Pleno 35/2016, de 17 de junio: "*(...) En las situaciones de concurso de delitos la prescripción solo puede operar en relación con el delito más grave. De modo que, si el delito más grave no se encuentra prescrito, tampoco lo están el resto de los delitos que se encuentren en concurso con ese delito*".

[784] Auto de la Sala de lo Penal de la Audiencia Nacional, Sección 2.ª, 30/2018, de 20 de abril: "*Por tanto los plazos prescriptivos a tener en cuenta conforme a nuestro ordenamiento son los que señala la Ley para el delito, no para la pena, a falta de reglas específicas de cómputo para la fase en que, dictada sentencia, esta no ha ganado firmeza, como reitera la doctrina legal y tiene perfecto acomodo a la literal advertencia del artículo 134 del Código Penal, que fija como dies a quo para el cómputo de la prescripción de la pena la fecha de la sentencia firme*".

[785] Auto 27/2021, de 5 de julio, de la Sección 2.ª de la Sala de lo Penal, con cita de la STS 692/2018, de 21 de diciembre.

[786] "*Es ahí donde cobra sentido afirmar que lo que prescribe es el delito y no la acción penal. Como señala la doctrina del Tribunal Constitucional sesgadamente invocada por el recurrente. Al margen de la escasa actualidad dogmática de esta categoría conceptual de la acción (en su sentido procesal) está claro que la norma que impone la prescripción es de naturaleza penal. Y ello cualquiera que sea el presupuesto a que se anuda el efecto: la fecha del hecho, la pena prevista para el tipo penal, la duración del período de tiempo que ha de transcurrir desde la comisión del hecho y las condiciones del acto requerido para que no pueda computarse el tiempo transcurrido hasta el acto que conlleva la interrupción del citado período. No parece razonable predicar naturaleza diversa por un lado a la norma que fija el tiempo que ha de transcurrir, y por otro lado, aquella que fija cómo se computa su transcurso.*
En conclusión: si la norma que fija cuánto tiempo ha de transcurrir para que se declare extinguida por prescripción la responsabilidad penal derivada de un delito es la vigente al tiempo de su comisión, la norma que determina cómo se computa, o deja de computar el transcurso de ese período de tiempo también tiene que ser la vigente al tiempo de los hechos".

[787] "*Sobre el tema de la prescripción tiene declarado esta Sala en numerosos precedentes –por todas SSTS 760/2014, de 20-11; 414/2015, de 6-7; 649/2018, de 14-12– que presenta naturaleza sustantiva, de legalidad ordinaria y próxima al instituto de la caducidad, añadiendo que por responder a principios de orden público y de interés general puede ser proclamada de oficio en cualquier estado del proceso en que se manifieste con claridad la concurrencia de los requisitos que la definen y condicionan*".

[788] "*Esta concepción de la prescripción que enfatiza su carácter sustantivo o material ha sido desde antiguo seguida por esta Sala como más acorde con la finalidad del proceso penal*".

[789] "*Los órganos de la jurisdicción ordinaria atribuyen una naturaleza material a la prescripción, que lleva aparejada la irretroactividad de los cambios desfavorables y la retroactividad de los que no lo sean (...) así se ha entendido también por la jurisprudencia constitucional, que sostiene que la prescripción extingue la responsabilidad penal –no la acción penal–, en atención a la función preventiva de la pena y el derecho del inculpado a que n ose dilate indebidamente la situación que supone la virtual amenaza de una sanción penal, contribuyendo con su existencia al valor constitucional de la seguridad jurídica (...) la determinación de las previsiones legales aplicables sobre la prescripción han de ser las vigentes y correspondientes a la infracción penal que se hubiera cometido. Y por las que habría de ser condenado*".

convenio no contempla un sistema dualista de prescripción, pero en relación con los cuales en el pasado estaba en vigor un tratado bajo cuya vigencia sí se había ganado la prescripción conforme a nuestro ordenamiento[790].

Una[791] última cuestión puede suscitarse, y es la de si la autoridad judicial del Estado requerido puede analizar si los hechos están prescritos según la normativa del Estado requirente. Efectivamente, el sistema cumulativo exige que las acciones no estén prescritas conforme a ambas legislaciones, lo que, en pura teoría, facultaría al órgano judicial de ejecución para realizar semejante análisis. Sin embargo, dichas autoridades judiciales, que no conocen la legislación del Estado requirente ni la interpretación que debe dársele según la jurisprudencia de sus Tribunales, no estarán en condiciones de efectuar tal tipo de examen. Únicamente por medio de una prueba de derecho extranjero, al modo previsto en los arts. 281.2 y 282 LEC, estaría en condiciones de resolver la cuestión[792]. En cualquier caso, deberá partirse de la presunción *iuris tantum* de que los hechos no están prescritos según la legislación del Estado requirente, dado que una autoridad judicial de dicho Estado ha

[790] Auto 163/2023, de 10 de abril, de la Sección 3.ª de la Sala de lo Penal: "*La última fecha en la que supuestamente se cometió el primer delito fue el 8 de octubre de 1968. Entonces para el 8 de octubre de 1983 ese supuesto delito alcanzó la prescripción. La ley 3/2pp23, de 14 de marzo, no llegó a existir sino casi veinte años después de la prescripción. Antes aún, tal y como señala el Ministerio Fiscal para propugnar la prescripción, conforme al Tratado de Extradición entre el Gobierno de España y el Gobierno del Reino Unido de la Gran Bretaña e Irlanda del Norte, artículo 10: No se concederá la extradición en el caso de que la responsabilidad criminal hubiere quedado extinguida por cualquier causa prevista en la legislación de la Parte requirente o de la Parte requerida (...). La prescripción, entonces, estaba ganada, y no caben disposiciones retroactivas que perjudiquen al interesado*". Igualmente, Auto 677/2022, de 10 de noviembre, dictado por la Sección 1.ª de la Sala de lo Penal: "*La aplicación de la doctrina expuesta acerca de la irretroactividad de las normas sustantivas desfavorables en el ámbito extradicional supone que si cuando se dictó sentencia condenatoria (...) el tratado en vigor con España (...) contemplaba la aplicación de la legislación del Estado requerido en materia de prescripción (...) puede concluirse (...) que la pena impuesta estaría prescrita (...) con posterioridad, se aprobó el Primer Tratado suplementario de 1993 y el Tercer Tratado suplementario en 1996 y, finalmente, el de 2003, en vigor desde 2010, siendo el Tercer Tratado el que cambió de criterio, pasando de un criterio acumulativo al criterio único de la declaración del Estado requirente acerca de la no prescripción de la acción penal o de la pena (...). Sin embargo, cuando la norma procesal se modificó, la prescripción ya estaba ganada por el trascurso del tiempo establecido en el tratado entonces en vigor (...)*". En el mismo sentido, Auto del Pleno de la Sala de lo Penal 25/2023, de 18 de abril: "*El criterio de la Sala de lo Penal respecto de la aplicación en el tiempo de las normas que se contienen en los tratados de extradición ha sido siempre el de considerar que se trata de normas asimilables a las normas de carácter procesal, y por consiguiente son aplicables en el momento en que se resuelve por el Tribunal, y ello con la única excepción de la cuestión relativa a la prescripción. En efecto, si la prescripción ya estaba ganada antes de la entrada en vigor del tratado, entonces se entiende por el Pleno de la Sala, como así se ha venido manifestando de forma reiterada, que la entrada en vigor de un nuevo tratado no puede perjudicar a una prescripción ganada*". En el mismo sentido, Auto del Pleno de la Sala 21/2023, de 14 de abril. También, Auto 569/2022, de 16 de noviembre, de la Sección 2.ª de la Sala de lo Penal. La misma línea sigue el Auto 57/2023, de 4 de julio, del Pleno de la Sala.

[791] "*Ahora bien, la modificación operada en esta materia por la LO 5/2010, al tener la prescripción un claro componente sustantivo, que hace que esta materia se proyecte retroactivamente cuando beneficia al reo, y ello sin duda cuando el proceso está vivo, es decir, cuando aún no se ha dictado sentencia firme, como ocurre en el supuesto de autos, exige que esa cuestión sea examinada a la luz del nuevo cuadro normativo que instaura la referida novedad legislativa*".

[792] En contra, Cezón, *op. cit.*, págs. 157 y 158, precisamente por la ignorancia que pueda tener el órgano judicial requerido respecto del derecho de la parte requirente. Sin embargo, entendemos que confunde dos planos, el de la facultad jurídica y el de su ejercicio en las debidas condiciones. El que un órgano judicial, en la práctica, ignore cómo se interpreta o aplica una norma extranjera no quiere decir que dicha ignorancia le prive de una potestad reconocida por la Ley o el Tratado correspondiente. Cuestión distinta es que obre con error o ligereza. Pastor Borgoñón, *op. cit.*, pág. 252, considera preciso que la acción no haya prescrito conforme a la legislación del Estado requirente, pues no tendría sentido de otro modo, pero admite que, si el Estado requerido tiene dudas, debe solventarlas consultando a los órganos judiciales requirentes.

formulado una petición extradicional, lo que implícitamente equivale afirmar la inexistencia de prescripción. Sin embargo, la Sala de lo Penal de la Audiencia Nacional ha rechazado su competencia para analizar la prescripción de los hechos según las normas del Estado requirente en algunas ocasiones[793], si bien abre la puerta a esta posibilidad en otras, siempre que la extinción de responsabilidad sea evidente[794].

Por último, debe decirse que, tanto la petición extradicional como los sucesivos requerimientos del Estado reclamante a través de nota verbal interesándose por el curso de la causa interrumpen la prescripción, tal y como ha señalado el Auto de la Sala de lo Penal de la Audiencia Nacional, Sección 3.ª, 7/2019, de 12 de febrero[795].

XII. Cosa juzgada y litispendencia

El art. 4 LEP impide la extradición cuando la persona reclamada haya sido juzgada en España, o lo esté siendo, por los mismos hechos que sirven de base a la solicitud. Podrá, no obstante, accederse a esta cuando se hubiera decidido no entablar persecución o poner fin al procedimiento pendiente por los referidos hechos y no haya tenido lugar por sobreseimiento libre o por cualquier otra resolución que deba producir efectos de cosa juzgada[796].

---

[793] Auto de la Sala de lo Penal de la Audiencia Nacional, Pleno, 25/2019, de 11 de abril: "*(...) Tal y como ya se le expuso en la resolución combatida, la concreta subsunción penal de los hechos es una cuestión que corresponde al Tribunal de Enjuiciamiento, que es el que, en caso de condena, debe determinar cuál es el tipo penal aplicable, la pena con que corresponde sancionarlo y, en función de ello, si debe o no considerarse extinta la acción por prescripción, sin que ello se desprenda con absoluta nitidez de los propios datos aportados en la documentación extradicional, sino que, por el contrario, esta señala que no se ha producido la prescripción que por la parte se alega (...)*".

[794] Auto de la Sala de lo Penal, Sección 2.ª, 18/2019, de 11 de junio: "*La prescripción es una causa de extinción de la responsabilidad penal, y el artículo 10 del Convenio Europeo establece que no se concederá la extradición cuando de acuerdo a la Ley de alguna de las partes requirente o requerida se hubiera extinguido la pena o la acción penal correspondiente al delito por el cual se solicitó la extradición; de ahí la necesidad de examinar si la acción penal pudiera encontrarse prescrita, teniendo presente la competencia de los tribunales moldavos para interpretar y aplicar su legislación, y la facultad que les asiste de examinar la posible concurrencia de la prescripción antes de formular la solicitud de entrega y en su caso después de producirse esta, pues la Sala no conoce en su integridad el ordenamiento jurídico del país requirente y su exégesis, por lo que solo procederá denegar la entrega, en base a la legislación foránea, cuando sea evidente por textos aportados al procedimiento que la reclamación se basa en una acción penal ya prescrita y extinguida (...)*". En el mismo sentido, Auto de la Sala de lo Penal, Sección 2.ª, 19/2019, de 19 de junio, con idéntico argumento.

[795] "*Según el Auto del Pleno de la Sala de lo Penal (...) de 27 de febrero de 2017, en el derecho español la solicitud de extradición interrumpe la prescripción porque, como dice la STS 851/2012, de 24 de noviembre, es indudable que una petición de extradición desplegada de acuerdo con el procedimiento exigible, oportunamente fijado en la norma, que cumple además los presupuestos y garantías preconcebidos por ambos Estados en el ejercicio de su potestad soberana y que, no adoleciendo de defectos sustanciales, ha sido tramitada a través de los órganos habilitados a tal fin, constituye una actuación material de dirección del proceso contra el presunto responsable. De ello se sigue la necesaria consecuencia de interrumpir el plazo de prescripción*".

[796] Que es el efecto del sobreseimiento libre. En este sentido, STS 1216/2000, de 7 de julio: "*Procesalmente, el sobreseimiento (arts. 634 y siguientes LECrim.) es una resolución dictada en forma de Auto que produce la terminación del proceso (si es libre) o su suspensión (cuando se trata del provisional), por ausencia de los presupuestos necesarios para la apertura del juicio oral. El sobreseimiento libre se configura, así como una resolución definitiva, que produce el efecto de la cosa juzgada material, es decir, equivalente a una sentencia absolutoria anticipada. De ahí las especiales cautelas y acopio de fundamentos que es necesario reunir para su adopción. Sin embargo, su previsión en el art. 637 LECrim. autoriza el mismo en los tres casos previstos por aquel, siendo el tercero el referido a la exención de*

Con respecto al sobreseimiento libre, dado que la Ley no distingue entre los distintos tipos de sobreseimiento libre ni limita los efectos impeditivos de este al n.º 2 del art. 637 LECrim., el motivo de denegación incluirá los casos de inexistencia del hecho, por más que en el Estado reclamante sí existan los indicios que faltaron en nuestro territorio, y de exención de la responsabilidad criminal[797].

Respecto de la cosa juzgada, la doctrina afirma que ni la *causa petendi* ni el *petitum* son sus elementos definitorios en el ámbito del proceso penal[798]; de otorgarle relevancia, bastaría calificar una acción como un delito distinto para que entonces quedaran inutilizados los institutos de la litispendencia y cosa juzgada[799]. Tampoco el sujeto de la acción es elemento definitorio de la cosa juzgada en el proceso penal. Es bien cierto que no hay conducta humana sin sujeto, pero, a efectos del proceso, el sujeto de la conducta solo importa en la medida en que pueda ser elemento decisivo en la identificación histórica del hecho punible[800]. Fuera de tal caso, la relevancia de la persona del sospechoso es importante, pero no desde el punto de vista del objeto del proceso, sino de los principios de audiencia, defensa y derecho a un proceso contradictorio, entre otros. El elemento esencial de la cosa juzgada en el proceso penal es un hecho natural, acción humana que produce efectos en el mundo exterior y es considerada relevante por la norma penal y descrita en esta[801].

En el ámbito europeo, el Tribunal de Justicia de la Unión sostiene una tesis eminentemente práctica, refiriéndose a un conjunto de hechos inextricablemente unidos entre sí con independencia de su calificación jurídica. En este sentido se pronuncian las SSTJUE de 28 de septiembre de 2006 y de 18 de julio de 2007[802].

En materia extradicional, la referencia normativa lo es a hechos, no a calificaciones jurídicas, lo que subraya la irrelevancia del *petitum* y *causa petendi;* por más que la calificación

---

responsabilidad criminal de los procesados, aun cuando los hechos constitutivos del tipo penal estén presentes en la instrucción.

La STC 40/1988, de 10/3, con cita de la 46/82, de 12/7 y 34/83, de 6/5, fundamento jurídico tercero, señala que la fase preliminar de un proceso penal, conocida con el nombre de sumario o de investigación sumarial, puede concluir legítimamente por una resolución distinta de la sentencia y, en especial, mediante auto de sobreseimiento, añadiendo que desde la perspectiva constitucional no resulta posible formular crítica a la regulación que del sistema de sobreseimiento hace nuestra Ley de Enjuiciamiento Criminal, ni puede oponerse tacha alguna «al sistema de sobreseimiento libre previsto por el art. 637 para los casos en que no existen indicios racionales de haberse perpetrado los hechos y para los casos en que los hechos no son constitutivos de delito o en que hay una manifiesta exención de responsabilidad criminal (...)». Si la presencia de una causa de inimputabilidad o de justificación se deduce nítida, rotunda y diáfana del material instructorio, el Órgano judicial competente puede acordar el sobreseimiento libre".

797 En contra, respecto al sobreseimiento del art. 637.1 LECrim., Pastor Borgoñón, *op. cit.*, págs. 263 y 264, dado que la ausencia de pruebas en España, hecho que motiva el sobreseimiento libre, no es tal en el Estado requirente, que desde el principio pudo estar en mejor posición para encontrar material probatorio y enjuiciar al individuo.

798 Nieva Fenoll, J. (2006) *La cosa juzgada*, ed. Atelier Libros Jurídicos, pág. 117.

799 De la Oliva (2007) *Derecho procesal penal*, 8.ª ed., Madrid, ed. Ramón Areces, pág. 203.

800 De la Oliva, *op. cit.*, págs. 207 y 208.

801 De la Oliva, *op. cit.*, págs. 202 a 203, 208 a 212, citando a Gómez Orbaneja.

802 *"A la vista de estas consideraciones, procede responder a la primera cuestión prejudicial que el art. 54 del CAAS debe interpretarse en el sentido de que:*
- El criterio pertinente a efectos de la aplicación del citado artículo está constituido por el de la identidad de los hechos materiales, entendida como la existencia de un conjunto de hechos indisolublemente ligados entre sí, con independencia de su calificación jurídica o del interés jurídico protegido".

realizada por los Tribunales españoles haya sido distinta a la que hacen las autoridades judiciales requirentes, no procederá la entrega si el sujeto ha sido enjuiciado por hechos que son sustancialmente los mismos.

La norma únicamente contempla el supuesto del previo enjuiciamiento en España por los mismos hechos[803], al que une el dictado de resoluciones que tienen carácter de cosa juzgada, como el sobreseimiento libre, pero no prevé como causa de denegación de la entrega el dictado en un tercer país distinto al requirente de sentencia sobre las mismas acciones que motivan la petición extradicional. La Ley parte del no reconocimiento de la sentencia extranjera como causa de denegación, enlazando con un principio, clásico en Derecho internacional, de desconocimiento de los efectos de sentencias dictadas por Tribunales extranjeros. La razón de ello es que no puede anticiparse, en abstracto, cual es el Estado de donde emana la sentencia que provoca la protección y, por ende, qué credibilidad tiene dicha sentencia. Si la sentencia no es creíble, existe el riesgo de contribuir a la impunidad de la persona denegando una legítima petición punitiva del Estado requirente. Esto explica por qué muchos Estados que recogen a nivel constitucional el *ne bis in idem* como garantía fundamental, sin embargo, no adoptan tal postura en el ámbito trasnacional rechazando siempre la extradición cuando existen sentencias de terceros Estados[804].

Los convenios extradicionales han matizado esta postura. Así, como ya dijimos en su momento[805], en la redacción original del art. 9 del Convenio Europeo de Extradición de 13 de diciembre de 1957[806], se impedía la extradición cuando se hubiera dictado resolución definitiva por las autoridades competentes de la parte requerida. Se imposibilitaba un posterior enjuiciamiento en otra nación, aunque permitiendo la entrega cuando la causa no se había incoado o bien cuando se había decidido no iniciar procedimiento o poner fin al mismo sin llegar a la fase de juicio oral. El Convenio trataba el problema del *ne bis in idem* de una manera clásica, ignorando el efecto de las decisiones judiciales extranjeras si existía una propia. Sin embargo, la posición varía cuando se añade el Protocolo Adicional de fecha de 15 de octubre de 1975, que complementa el art. 9 con los párrafos segundo y tercero, pues comienza a plantearse la cuestión de la validez y eficacia de las resoluciones

---

803 Como señala la STC 3/2019, de 14 de enero, "*la jurisprudencia constitucional, a pesar de algunos pronunciamientos contrarios (así, ATC 282/2000, de 30 de noviembre, FJ 3), no ha objetado la aplicación de la garantía del ne bis in idem procesal al concreto ámbito de la cooperación judicial internacional en los supuestos en que la persona reclamada lo es por hechos que ya hubieran sido objeto de enjuiciamiento penal en España, estableciendo, de modo paralelo a como sucede en derecho interno, la imposibilidad de la entrega del reclamado para un ulterior enjuiciamiento penal en el país reclamante si un primer proceso penal ha concluido en España con una resolución de fondo con efecto de cosa juzgada (así, ATC 365/1997, de 10 de noviembre, FJ 2, o SSTC 191/2009, de 28 de septiembre, FJ 4). En relación con esta extensión, es preciso destacar que, en el ámbito multilateral, bilateral e interno, es ubicua la cláusula de establecer como causa de denegación obligatoria de la extradición la circunstancia de que la persona reclamada ya haya sido juzgada en España por los mismos hechos que sirven de base a la solicitud de entrega [así, art. 4.5 de la Ley 4/1985, de 21 de marzo, de extradición pasiva*".

804 Almeida Costa, M. J., *Extradition law: reviewing..., op. cit.*, pág. 332.

805 Bautista Samaniego, *Aproximación crítica..., op. cit.*, págs. 125 y 126.

806 Art. 9 del Convenio Europeo, ratificado por España en virtud del Instrumento de 21 de abril de 1982 (BOE 136 de 8 de junio): "*No se concederá la extradición cuando la persona reclamada hubiera sido definitivamente sentenciada por las autoridades competentes de la Parte requerida, por el hecho o hechos motivadores de la solicitud de extradición. Podrá ser denegada la extradición si las autoridades competentes de la Parte requerida hubieren decidido no entablar persecución, o poner fin a los procedimientos pendientes por el mismo o los mismos hechos*".

judiciales dictadas por un tercer Estado sobre los mismos hechos a efectos de impedir la extradición, aunque limitándolo a resoluciones de terceros Estados firmantes del Tratado. El protocolo instaura un reconocimiento pleno de la validez de las sentencias extranjeras absolutorias y limitado respecto de las condenatorias, permitiendo un doble enjuiciamiento en determinados supuestos. Con respecto a las primeras, se impide la entrega; con relación a las segundas, se condiciona dicho reconocimiento a que la pena no se haya ejecutado por completo o ya no puede ejecutarse, bien por cumplimiento, bien por su extinción por otras causas[807]. Incluso, dicha prohibición puede levantarse cuando esté afectado un bien público de la parte requirente o bien cuando sea la persona reclamada una persona de carácter público en el Estado requirente[808]. Se aleja así el Convenio del clásico y absoluto desconocimiento de las decisiones judiciales ajenas.

En el mismo sentido se pronuncia el art. 54 del Convenio Schengen, que impide el doble enjuiciamiento cuando exista una previa sentencia firme condenatoria que haya comenzado a ejecutarse, lo cual vuelve a ser un plus añadido a la tradicional exigencia de firmeza. Así, establece que una persona juzgada por sentencia firme por una parte contratante no podrá ser perseguida por los mismos hechos por otra parte contratante, siempre que, en caso de condena, *"se haya ejecutado la sanción, se esté ejecutando o no pueda ejecutarse ya según la legislación de la Parte contratante donde haya tenido lugar la condena*[809]*"*.

En cuanto a las sentencias absolutorias, están incluidas dentro del ámbito del precepto de acuerdo con la STJUE de 28 de septiembre de 2006 (Gasparini)[810], ateniendo al tenor literal de la norma, pues, tras hacer referencia a las sentencias –en general–, luego realiza una

---

[807] Art. 2 del Protocolo Adicional. Instrumento de Ratificación por España publicado en el BOE de junio de 1985: "*El art. 9 del Convenio se completará con el texto que figura a continuación y el art. 9 del Convenio original constituirá el párrafo 1 y las disposiciones que siguen los párrafos 2, 3 y 4:*

2. No se concederá la extradición de una persona sobre la que haya recaído sentencia firme en un tercer Estado, Parte contratante del Convenio, por el delito o los delitos por razón de los cuales se haya presentado la solicitud:

a) Cuando dicha sentencia sea absolutoria.

b) Cuando la pena privativa de libertad o la otra medida impuestas. i Se haya cumplido íntegramente. ii Haya sido objeto de gracia o amnistía sobre la totalidad o la parte no cumplida.

c) Cuando el Juez hubiere declarado la culpabilidad del autor sin imponer sanción alguna".

[808] Art. 2.3: "*Sin embargo, en los casos previstos en el párrafo 2, podrá concederse la extradición:*

Si el delito que hubiere dado lugar a la sentencia se hubiere cometido contra una persona, una institución o un bien que tenga carácter público en el Estado requirente. Si la persona sobre la cual recayere la sentencia tuviera ella misma un carácter público en el Estado requirente".

[809] El Tribunal de Justicia de la Unión Europea, en su STJUE de 28 de septiembre de 2006 (caso Gasparini y otros) 83, entendió que, si el art. 54 trata de impedir que el principio de libre circulación se vea impedido por la posible persecución de un ciudadano comunitario por los mismos hechos en distintos países, esto sucedía tanto cuando se dictaba una sentencia condenatoria como cuando esta era absolutoria, concluyendo que estas últimas también estaban incluidas en el citado precepto, posición reiterada más tarde en la STJUE de 16 de noviembre de 2010: "*45. A este respecto, debe señalarse que se considera que una persona buscada ha sido juzgada en sentencia firme por los mismos hechos, en el sentido del art. 3, punto 2, de la Decisión marco, cuando, a resultas de un procedimiento penal, la acción pública se extingue definitivamente (véanse, por analogía, las sentencias de 11 de febrero de 2003, Gözütok y Brügge, C 187/01 y C 385/01, Rec. p. I 1345, apartado 30, y de 22 de diciembre de 2008, Turansk, C 491/07, Rec. p. I 11039, apartado 32) o incluso cuando las autoridades judiciales de un Estado miembro adoptan una resolución mediante la cual se absuelve definitivamente a un acusado de los hechos imputados (véanse, por analogía, las sentencias Van Straaten, antes citada, apartado 61, y Turansk, antes citada, apartado 33).*

46. El carácter «definitivo» (firme) de una sentencia a que se refiere el art. 3, punto 2, de la Decisión marco se define con arreglo al Derecho del Estado miembro donde se ha dictado la sentencia".

[810] "*55. Conforme al mencionado artículo 54, una persona no puede ser perseguida en un Estado contratante por los mismos hechos por los que ya ha sido «juzgada en sentencia firme» en otro Estado*

segunda precisión referida a las condenatorias, lo que implica que en el primer párrafo del precepto están comprendidas también las absolutorias. Sigue así la línea marcada por el art. 9.2 a) del Convenio Europeo de Derechos Humanos.

Como asimilado a sentencia absolutoria, dentro del ámbito de la Unión Europea deben tomarse también en consideración todas aquellas resoluciones que supongan la extinción definitiva de la acción penal, aunque no hayan sido dictadas por un órgano judicial en sentido estricto, sino por un Fiscal. Es el caso de la STJUE de 11 de febrero de 2003[811], que, conectando el principio de *ne bis in idem* con el de libre circulación, entiende que este último quedaría menoscabado si se limitara su aplicación a las infracciones graves, excluyendo las leves, pues provocaría la paradoja de que la comisión de delitos leves –cuya resolución puede quedar en manos del Fiscal en algunos países–, quedaría en peor posición que la realización de actos graves[812]. En el mismo sentido, STJUE de 16 de noviembre de 2010 (caso Mantello)[813]. Como señala la doctrina, el derecho a la libre

---

contratante, siempre que, en caso de condena, se haya ejecutado la sanción, se esté ejecutando o ya no pueda ejecutarse.

56. La proposición principal contenida en la única oración que forma el artículo 54 del CAAS no hace ninguna referencia al contenido de la sentencia convertida en sentencia firme. El artículo 54 del CAAS solo contempla la hipótesis de una condena en la proposición subordinada, estableciendo que, en ese caso, la prohibición de persecución penal queda sometida a una condición específica. Si la norma general enunciada en la proposición principal solo se aplicara a las sentencias condenatorias, sería superfluo precisar que la norma especial es aplicable en caso de condena.

El principio non bis in idem (...) resulta aplicable a la resolución de un Tribunal de un Estado Contratante, dictada tras haberse ejercitado la correspondiente acción penal, en virtud de la cual se absuelve definitivamente a un inculpado por haber prescrito el delito que dio lugar a la incoación de diligencias penales".

[811] Reiterada por la STJUE de 29 de junio de 2016 (caso Kossowski), que estima que es preciso que la resolución se adopte tras apreciar el fondo del asunto: "*El principio non bis in idem enunciado en el artículo 54 del Convenio de aplicación, interpretado a la luz del artículo 50 de la Carta de Derechos Fundamentales de la Unión Europea, debe entenderse en el sentido de que una resolución del Ministerio Fiscal por la que se sobreseen las diligencias penales y se cierra con carácter definitivo, sin perjuicio de la eventualidad de una posterior reapertura del procedimiento o de una anulación de la resolución, el procedimiento de instrucción seguido contra una persona, sin imponerle sanciones, no puede calificarse de resolución firme, en el sentido de dichos artículos, cuando se desprende de la motivación de esa resolución que se puso fin al procedimiento sin llevar a cabo una instrucción en profundidad, siendo indicio de la inexistencia de esa instrucción la falta de audiencia de la víctima y de un eventual testigo*".

[812] "*38. El artículo 54 del CAAS, que pretende evitar que una persona, por el hecho de que ejerza su derecho a la libre circulación, se vea perseguida por los mismos hechos en el territorio de varios Estados miembros, solo puede contribuir eficazmente al íntegro cumplimiento de tal objeto si se aplica también a las decisiones por las que se archivan definitivamente las diligencias penales en un Estado miembro, aun cuando se adopten sin intervención de un órgano jurisdiccional y no adopten la forma de una sentencia.*

39. Por otro lado, los ordenamientos jurídicos nacionales que prevén procedimientos de extinción de la acción pública como los controvertidos en los litigios principales circunscriben su uso a los casos en que concurren circunstancias concretas o se dan ciertas infracciones taxativamente enumeradas o preestablecidas que, por lo general, no son de las más graves y se sancionan únicamente con penas que no pasan de determinado grado de severidad.

40. En estas circunstancias, limitar la aplicación del artículo 54 del CAAS a las decisiones de extinción de la acción pública que se adopten por un órgano jurisdiccional o que revistan la forma de una sentencia equivaldría a que solo pudieran acogerse al principio ne bis in idem previsto en dicha disposición y, en consecuencia, a la libre circulación que esta pretende facilitar los acusados que hubieran sido condenados por infracciones que, debido a su gravedad o a las sanciones que lleven aparejadas, impidan que se haga uso de la solución simplificada de algunos asuntos penales que ofrecen los procedimientos de extinción de la acción pública como los controvertidos en los litigios principales".

[813] "*A este respecto, debe señalarse que se considera que una persona buscada ha sido juzgada en sentencia firme por los mismos hechos, en el sentido de articulo 3, punto 2, de la Decisión Marco cuando, a resultas de un procedimiento penal, la acción pública se extingue definitivamente (véanse, por analogía, las sentencias de 11 de febrero de 2003 (...) y de 22 de diciembre de 2000 (...) o, incluso cuando las autoridades*

circulación solo se garantiza si el autor del acto sabe que, una vez condenado y cumplida su pena o, en su caso, tras haber sido absuelto definitivamente en un Estado, puede trasladarse a otro sin temor a que se le persiga por los mismos hechos[814]. Únicamente aquellas resoluciones que no extinguieran definitivamente la acción pública en el ámbito nacional carecerían de la condición de impedimento procesal para el ejercicio de acciones en otro Estado de la Unión[815]. Esta vía evita un indeseable *forum shopping* que naciones ajenas a la Unión emplean en una solicitud sucesiva de pedimentos de extradición "*en una especie de espiral de requerimientos de extradición (...) según el ciudadano europeo en cuestión se vaya moviendo en el territorio de la UE, hasta que caiga en alguno en el que tenga éxito la solicitud*"[816] y es consecuencia directa de la activación de la ciudadanía europea *ad extra*[817].

En nuestra opinión, el art. 54 CAAS debiera entenderse superado por la posterior Carta de Derechos Fundamentales de la Unión Europea, cuyo art. 50 prescinde de cualquier exigencia relativa a la ejecución de la previa condena dictada en otro país de la Unión para apreciar la existencia de cosa juzgada y la subsiguiente prohibición de *ne bis in idem*[818]. La Carta supone un avance importantísimo en el reconocimiento de la excepción de cosa juzgada respecto a las resoluciones de Tribunales extranjeros debido, precisamente, a la supresión de la exigencia de ejecución que recogía el art. 54 CAAS. Esta redacción de la Carta, a juicio de la doctrina, supone que el *ne bis in idem* adquiere la categoría de un verdadero derecho fundamental dentro de la Unión[819], cuyo contenido exige que un Estado debe aceptar la aplicación del derecho penal efectuada por otro aun cuando la aplicación de su propio Derecho conduzca a una solución diferente[820].

A pesar de ello, desde el caso Spasic, STJUE de 27 de mayo de 2014, la Corte europea ha entendido que dicha exigencia es aplicable incluso aunque el art. 50 de la Carta de Derechos de la Unión Europea no la mencione. Esta posición del Tribunal, calificada de sorprendente por la doctrina[821], se basa en la idea de que la cláusula de limitación del art. 52.1 de la Carta debe ponerse en relación con el requisito de ejecución recogido en el art. 54 CAAS, para evitar así la impunidad, entendiendo, además, que cumple el requisito de proporcionalidad[822].

---

judiciales de un Estado miembro adoptan una resolución mediante la cual se absuelve definitivamente a un acusado de los hechos imputados (...)".

[814] Gómez-Jara Díez, C. *Artículo 54 del Convenio Schengen y proceso de extradición: a propósito del auto de la Audiencia Nacional de 14 de enero de 2013 y el concepto de cosa juzgada europea.* Diario La Ley n.º 8.042, de 13 de mayo de 2013, pág. 5.

[815] Gómez-Jara Díez, *Artículo 54 del Convenio Schengen..., op. cit.*, pág. 3.

[816] Gómez-Jara Díez, *Artículo 54 del Convenio, Schengen..., op. cit.*, pág. 7.

[817] Gómez-Jara Díez y Santos Alonso *Extradición y ciudadanía europea..., op. cit.*, pág. 3.

[818] "*Nadie podrá ser acusado o condenado penalmente por una infracción respecto de la cual ya haya sido absuelto o condenado en la Unión mediante sentencia penal firme conforme a la ley*". En este sentido, Gómez-Jara Díez, C. (2018) *Garantismo penal europeo*, 1.ª ed., Madrid, ed. Iustel, pág. 62.

[819] Gómez-Jara Díez, *Artículo 54..., op. cit.*, pág. 6.

[820] Gómez-Jara Díez, *Garantismo penal europeo..., op. cit.*, pág. 57.

[821] Mitsilegas V. y Giuffrida, F., "Ne bis in idem", en la obra colectiva *Principios Generales de Derecho Penal en la Unión Europea*, Ed. BOE, Madrid, 2020, pág. 310.

[822] Apdos. 54 a 65.

Esta postura es reiterada en la STJUE de 29 de abril de 2021, caso X[823], y en la STJUE de 12 de mayo de 2021, caso WS[824].

Sin embargo, creemos que el Tribunal Europeo no tiene en cuenta el contexto histórico en que se dictaron una y otra norma: mientras la primera –el CAAS– supuso uno de los primeros instrumentos precomunitarios de cooperación en el área de seguridad y justicia, en un momento en que la Unión daba sus primeros pasos para convertirse en una estructura política cuasi federal o confederal, el art. 50 de la Carta se produce en un contexto de consolidación de la Unión como entidad política, con un avance importante en derechos y libertades, por lo que cabe cuestionar la utilización como elemento interpretativo de un instrumento nacido en una realidad muy distinta. Si bien el art. 54 del Convenio Schengen supuso un indudable avance, ahora supone una rémora, al establecer una serie de requisitos para para dar valor a la cosa juzgada –que la sentencia no se haya ya ejecutado, no esté ejecutándose o sea de imposible ejecución– que no han sido recogidos en la literalidad del art. 50 de la Carta de Derechos Fundamentales de la Unión Europea, que define la cosa juzgada en el ámbito comunitario con carácter transnacional y sin sujeción a requisito alguno. Parece que, en este punto, el tribunal sustituye el principio de confianza por el principio de desconfianza. Por otra parte, resulta discutible que se utilice un instrumento normativo del que forman parte países que no son miembros de la Unión Europea para marcar la interpretación que debe darse a una declaración de derechos que solo vincula a los Estados parte de la Unión, introduciendo un requisito sumamente restrictivo para los ciudadanos de esta. El tribunal lo soluciona equiparando el tratamiento jurídico que debe darse a unos y otros países en este punto.

Por último, al exigir los mismos requisitos, equipara injustificadamente dos realidades distintas, cuales son la sentencia firme o resolución equivalente dictadas por un país de la Unión y país tercero, cuando lo cierto es que el tratamiento procesal es distinto: mientras que el primero tiene carácter de causa imperativa de rechazo (art. 3.2 Decisión Marco), el segundo no es sino motivo facultativo de denegación (art. 4.5 Decisión Marco).

En consecuencia, podríamos sistematizar la cuestión relativa las sentencias extranjeras dictadas en terceros países de la siguiente forma:

– Dentro del ámbito del Convenio Europeo de Extradición, se reconocerá el carácter de cosa juzgada a las sentencias condenatorias extranjeras dictadas por un tercer Estado parte siempre que se haya cumplido la pena íntegramente o sea ya de imposible cumplimiento por haberse aplicado un derecho de gracia, sin perjuicio de las excepciones recogidas en el art. 9.3 del Convenio. Concurrirá causa de denegación de la entrega.

– Dentro del espacio de la Unión Europea, también se exigirá garantía de ejecución, sin que sea suficiente que un tercer Estado de la Unión haya dictado sentencia condenatoria sobre los mismos hechos para que se deniegue una nueva petición extradicional. Dentro de dicho espacio, una sentencia dictada por un tercer Estado de la Unión, ya cumplida, impedirá la entrega en extradición a un Estado no miembro, incluso cuando el correspon-

823 Apdo. 57.

824 Apdos. 69 y 70.

diente tratado de extradición desconozca las sentencias emitidas por terceros Estados y la persona reclamada no sea nacional de un país de la Unión, según la STJUE de 28 de octubre de 2022, caso HF[825].

– En ambas esferas, la europea y la de la Unión, bastará el dictado de una sentencia absolutoria para que opere la cosa juzgada, puesto que, como señala la doctrina, lo trascendente no es que sea doblemente condenado, sino que sea doblemente juzgado por los mismos hechos[826]. Se asimilan todas aquellas resoluciones que supongan la extinción definitiva de la acción penal. En lo tocante al Convenio Europeo de Extradición, juega como excepción el art. 9.3.

– En el resto de los casos, la Ley parte del desconocimiento absoluto de las sentencias ajenas dictadas por Tribunales de países terceros sobre los mismos hechos, dado que los convenios internacionales vedan el *ne bis in idem* nacional, sin pronunciarse sobre un posible *ne bis in idem* internacional. Fuera de la polémica doctrinal al respecto[827], lo cierto es que el tenor literal de la LEP no da valor alguno a dichas sentencias, sin que pueda pretenderse la puesta en valor de las resoluciones emitidas por terceros por una pretendida aplicación directa de la Constitución, dado que el Tribunal Constitucional refiere la cosa

---

[825] "*74. En efecto, el artículo 50 de la Carta, a la luz del cual debe interpretarse el artículo 54 del CAAS, dispone que «nadie» podrá ser juzgado o condenado penalmente por una infracción respecto de la cual ya haya sido absuelto o condenado en la Unión mediante sentencia penal firme conforme a la ley. Por consiguiente, el artículo 50 de la Carta tampoco establece un vínculo con la condición de ciudadano de la Unión. Por otra parte, como ha señalado el Abogado General en el punto 49 de sus conclusiones, dicho artículo 50 no figura en el capítulo V de la Carta, relativo a la «ciudadanía», sino en su capítulo VI, relativo a la «justicia».*

75. Por último, la interpretación del artículo 54 del CAAS según la cual el concepto de «persona» contemplado en esa disposición incluye a un nacional de un tercer Estado se ve corroborada asimismo por los objetivos que persigue dicha disposición.

76. En efecto, por una parte, se desprende de la jurisprudencia que el principio non bis in idem consagrado en el citado artículo pretende evitar, en el espacio de libertad, seguridad y justicia, que una persona juzgada en sentencia firme se vea perseguida por los mismos hechos en el territorio de varios Estados miembros por el hecho de ejercer su derecho a la libre circulación, a fin de garantizar la seguridad jurídica mediante el respeto de las resoluciones de los órganos públicos que han adquirido firmeza (véase, en este sentido, la sentencia Noticia roja de Interpol, apartado 79).

77. Por otra parte, el Tribunal de Justicia ha declarado que, como corolario del principio de fuerza de cosa juzgada, el principio non bis in idem tiene por objeto garantizar la seguridad jurídica y la equidad, velando por que, cuando haya sido objeto de un procedimiento sancionador y, en su caso, sancionada, la persona afectada tenga la certeza de que no se la enjuiciará de nuevo por la misma infracción (sentencia de 22 de marzo de 2022, Nordzucker y otros, C 151/20, EU:C:2022:203, apartado 62). El artículo 54 del CAAS garantiza así la tranquilidad jurídica de las personas que han sido juzgadas en sentencia firme, tras haberse incoado contra ellas diligencias penales (sentencia de 28 de septiembre de 2006, Gasparini y otros, C 467/04, EU:C:2006:610, apartado 27).

78. Por lo tanto, habida cuenta de los objetivos que persigue el artículo 54 del CAAS, procede considerar que su aplicación no puede limitarse exclusivamente a los nacionales de un Estado miembro, ya que dicha disposición pretende, de manera más amplia, garantizar que cualquiera que haya sido condenado y haya cumplido su pena, o, en su caso, haya sido absuelto definitivamente en un Estado miembro, pueda desplazarse dentro del espacio Schengen sin temor a verse perseguido, por los mismos hechos, en otro Estado miembro (véase, en este sentido, la sentencia de 29 de junio de 2016, Kossowski, C 486/14, EU:C:2016:483, apartado 45).

90. De ello se deduce que el artículo 54 del CAAS, interpretado a la luz del artículo 50 de la Carta, se opone a la extradición, por las autoridades de un Estado miembro, de un nacional de un tercer Estado a otro Estado tercero cuando, por una parte, ese nacional ya haya sido juzgado mediante sentencia firme en otro Estado miembro por los mismos hechos a los que se refiere la solicitud de extradición y, por otra parte, en caso de condena, la pena se haya ejecutado, esté actualmente ejecutándose o no pueda ya ejecutarse con arreglo a la legislación de ese otro Estado miembro".

[826] Alcácer Guirao, *op. cit.*, pág. 75.

[827] Véase Pastor Borgoñón, *op. cit.*, págs. 264 a 268.

juzgada al previo dictado de sentencias "en España[828]". Si a ello unimos el dato de que, cuando el legislador, por vía convencional, ha querido darles cierto valor, lo ha hecho[829], podemos concluir que la regla general debe ser el absoluto desconocimiento de lo resuelto por un Tribunal ajeno al propio de los Estados requirente y requerido. Por último, no puede esgrimirse de contrario la regla del art. 23.2 c) LOPJ: una cosa es limitar la atribución extraterritorial de competencia de la jurisdicción española respecto de los delitos cometidos por nacionales a aquellos casos de delitos que no hayan sido previamente absueltos o penados, sin cumplimiento total de pena, y otra muy distinta es la delimitación del reconocimiento del carácter de cosa juzgada de una sentencia extranjera en el caso de reclamación extradicional[830]. Por otro lado, el requisito ni siquiera se repite en los apdos. 3 y 4 del art. 23 LOPJ. Aunque de *lege ferenda* pudiera plantearse el reconocimiento de las sentencias absolutorias dictadas en terceros países, esto tampoco debiera hacerse de forma automática e indiscriminada, sino tras un análisis riguroso de las características del Tribunal sentenciador y del procedimiento seguido a efectos de evitar la búsqueda de jurisdicciones de conveniencia que garantizasen al extradendus una previa sentencia absolutoria que esgrimir ante el Juez de la extradición. Debe evitarse dar valor a una jurisdicción de conveniencia. Podría entenderse por jurisdicción de conveniencia aquellos casos en que se dicta una resolución con la finalidad de blindar a la persona reclamada por un tercer Estado, bien cuando el procedimiento no es dirigido de forma independiente o imparcial o bien cuando es conducido de forma inconsistente con la voluntad de llevar a la persona ante la justicia[831]. Ahora bien, la calificación de jurisdicción de conveniencia no puede hacerse a la ligera, sino tras un estudio de su doctrina y jurisprudencia que determine si la sentencia absolutoria o la forma de seguir el procedimiento puede ser incluso contraria al ordenamiento de dicho país y encaminada al fraude.

Siendo este el ámbito natural de la causa de denegación del art. 4 de la Ley, se ha venido abriendo camino la posibilidad de aplicar esta norma a aquellos supuestos en que exista una resolución previa, bien propia, bien ajena, de denegación de la extradición. En este punto tiene singular importancia la exclusión de la *causa petendi* y del *petitum* del ámbito de la cosa. Piénsese que bastaría un cambio en la calificación jurídica del hecho que motiva la petición para provocar un nuevo pronunciamiento contradictorio con otro anterior; de idéntica manera, la variación del motivo de pedir —para enjuiciamiento, en un primer caso, para cumplimiento de la pena impuesta, en el segundo— sería una vía fraudulenta para intentar conseguir en una segunda ocasión lo denegado en la primera.

---

828 Véase STC 3/2019, con cita literal en nota 559.

829 Artículo 5 a).2 del Tratado de Extradición con EE. UU. de 29 de mayo de 1970, y únicamente para las sentencias absolutorias. También el art. 3.1 c) del Tratado de Extradición con Perú de fecha 28 de junio de 1989, tanto en relación con las sentencias absolutorias como en lo tocante a las condenatorias, ya que no distingue entre unas y otras. En el mismo sentido, art. 3 f) del Tratado con Kazajstán de 21 de noviembre de 2012: "*Los tribunales de la Parte requerida ya han dictado sentencia firme o concluido un procedimiento judicial contra la persona reclamada respecto al delito por el que se solicita la extradición, o bien la persona reclamada haya sido juzgada en un tercer Estado por el delito por el cual se solicita la extradición, y haya sido absuelta o hubiera cumplido la correspondiente pena*".

830 Confusión en la que incurre García Sánchez, *op. cit.*, pág. 295.

831 Almeida Costa, M. J., *Extradition law: reviewing grounds…*, *op. cit.*, pág. 89. En el mismo sentido, art. 23.5, tercer párrafo, apdo. a) LOPJ.

Con respecto al primer supuesto, la Sala de lo Penal de la Audiencia Nacional no tiene duda alguna de que juega aquí la cosa juzgada extradicional, al haberse denegado una petición anterior por los mismos hechos y respecto al mismo reclamado en las condiciones que veremos en el punto 14 sobre la decisión extradicional y sus efectos. Con relación a la existencia de una previa resolución emitida por un Tribunal extranjero denegatorio de la extradición, la doctrina está ciertamente dividida acerca de sus efectos vinculantes en España, como explicaremos en el mismo punto.

Se plantea como excepción a la aplicación de este motivo de denegación aquellos casos en que se haya decidido no entablar persecución o poner fin al procedimiento por los hechos que motivan la reclamación, siempre que no lo haya sido por sobreseimiento libre o cualquier resolución que tenga efecto de cosa juzgada. Se considera que la expresión *"no entablar (...) o poner fin"*, se refiere a supuestos de crisis anticipada del proceso por imposibilidad de averiguar los datos precisos sobre los dos ejes que fundamentan la investigación de los delitos: la persona y el hecho, concretando distintas modalidades del sobreseimiento provisional[832]. Tradicionalmente se entendió que el sobreseimiento provisional no puede ser alegado como motivo de oposición equiparable al sobreseimiento libre. En este sentido, el ATC 365/1997, de 10 de noviembre, consideró que una decisión de sobreseimiento provisional carecía con carácter general del necesario efecto de cosa juzgada material como para suponer una limitación a una ulterior entrega extradicional por esos mismos hechos. Además, se afirma que la situación de causa sobreseída implica que no se está sometido a procedimiento, entre otras cosas, porque la reapertura de un procedimiento sobreseído provisionalmente no está al libre albedrío del Tribunal, sino que es precisa la aportación de nuevos elementos de prueba, nuevos elementos o indicios que la fundamenten. Esta postura es congruente con el entendimiento del sobreseimiento provisional, como el hecho de cesar el procedimiento o curso de la causa por no existir méritos bastantes para entrar en el juicio[833]. En definitiva, el auto firme de sobreseimiento provisional cierra el procedimiento, aunque puede ser dejado sin efecto si se cumplen ciertas condiciones. La STC 34/1983 vino a recoger este criterio al establecer que la firmeza corresponde tanto al sobreseimiento definitivo como al provisional y que es firme toda resolución que ya no puede ser recurrida, manteniendo este mismo criterio la STS de 30 de mayo de 1997.

Ahora bien, la tesis tradicional que rechaza su equiparación al sobreseimiento libre como causa de denegación de la entrega debe ponerse en cuestión a la luz de la STJUE de 5 de junio de 2014, por lo menos respecto a aquellos casos en que la investigación española ha sido previa y su cierre no se ha producido tras el dictado inicial y burocrático de un auto o resolución equivalente de sobreseimiento provisional, sino tras una indagación en profundidad de los hechos[834]. Efectivamente, podríamos encontrarnos ante un caso de *forum shopping* cuando, cerrada la pesquisa por un asunto en territorio español, el denunciante

---

832 Pastor Borgoñón, *op. cit., pág.* 270.

833 SSTS 189/2012, de 21 de marzo; 75/2014, de 11 de febrero, y 463/2018, de 11 de octubre.

834 No concurrirá cuando *"se desprende de la motivación de esa resolución que se puso fin al procedimiento sin llevar a cabo una instrucción en profundidad, siendo indicio de la inexistencia de esa instrucción la falta de audiencia de la víctima y de un eventual testigo"* (STJUE 29 de junio de 2016).

o perjudicado, no conforme con dicha decisión, optara por intentar reabrir el asunto en otro país a efectos de, en su caso, conseguir la extradición del denunciado y su enjuiciamiento en una jurisdicción más favorable. A nuestro juicio, en este supuesto, resultaría de plena aplicación la doctrina sentada por el TJUE arriba mencionada, debiéndose entender que "*un auto de sobreseimiento dictado después de una instrucción en la que se recabaron y examinaron distintas pruebas ha sido objeto de una apreciación en cuanto al fondo en el sentido de la sentencia Miraglia (EU:C:2005:156), en la medida en que contiene una decisión definitiva sobre el carácter insuficiente de dichas pruebas y excluye toda posibilidad de que el proceso vuelva a abrirse sobre la base del mismo conjunto de indicios*", por lo que, "*dada la necesidad de comprobar el carácter verdaderamente nuevo de las pruebas invocadas para justificar la reapertura, cualquier nuevo procedimiento basado en esa posibilidad de reapertura, contra la misma persona y por los mismos hechos, solo puede iniciarse en el Estado contratante en cuyo territorio se dictó dicho auto*". En definitiva, a estos efectos, dado que el auto de sobreseimiento es firme mientras no se aporten nuevas pruebas, esa firmeza y subsiguiente estado de cosas, por un principio de seguridad jurídica, no puede eludirse fraudulentamente hurtando el procedimiento y el análisis de la existencia de nuevos indicios al Tribunal que ha conocido previamente de la causa, por lo que, a estos efectos, habrá que entender aplicable la excepción de cosa juzgada. Por otra parte, dado que el Tribunal español que ha conocido de la causa retendrá la competencia para examinar la existencia de nuevos indicios que justifiquen la reapertura, esta *perpetuatio iurisdictionis* significará también la existencia de causa pendiente a los efectos de la extradición, pues "*impide la apertura de nuevas diligencias contra la misma persona por los mismos hechos en otro Estado*".

El Tribunal Constitucional, en su STC 3/2019, de 14 de enero, ha abrazado esta idea, entendiendo que "*el eventual efecto de cosa juzgada material de una decisión de sobreseimiento no depende de la calificación definitiva o provisional del archivo –y, por tanto, de la imposibilidad absoluta de la reapertura del procedimiento– sino de las concretas circunstancias concurrentes en el caso y relativas a que (i) dicha decisión haya sido adoptada una vez que se ha desarrollado un procedimiento penal al que el sujeto haya quedado sometido con la carga y gravosidad que ello implica; (ii) se hayan desarrollado por el órgano encargado de la instrucción de ese procedimiento penal todas las diligencias necesarias y razonables de investigación para determinar el carácter delictivo del hecho y la concreta participación de interesado en el mismo, y (iii) como consecuencia de la firmeza de dicha decisión de archivo, la reapertura quede condicionada a la ponderación de la aparición de nuevos indicios relevantes sobre el carácter delictivo del hecho o de la participación del interesado en el mismo*". En el mismo sentido, la STS la STS, Sala Segunda, 299/2021, de 8 de abril[835]. El Auto 31/2021, de 30 de julio, de la Sección 3.ª, ha acogido el criterio anterior, rechazando la entrega en

[835] "*En conclusión, en atención a la jurisprudencia constitucional y del Tribunal de Justicia de la Unión Europea mencionada, el eventual efecto de cosa juzgada material de una decisión de sobreseimiento no depende tanto de la calificación definitiva o provisional de la misma –y, por tanto, de la imposibilidad absoluta de la reapertura del procedimiento–, sino de las concretas circunstancias concurrentes en el caso y relativas a que: primero, dicha decisión haya sido adoptada una vez que se ha desarrollado un procedimiento penal al que la persona haya quedado sometida con la carga y gravosidad que ello implica; segundo, se hayan desarrollado por el órgano encargado de la instrucción de ese procedimiento penal todas las diligencias necesarias y razonables de investigación para determinar el carácter delictivo del hecho y la concreta participación del interesado en el mismo; tercero, y como consecuencia de la firmeza*

caso de previo sobreseimiento provisional acordado por la autoridad judicial española tras investigar los hechos.

Ambas perspectivas, pues, limitan la posibilidad de que el Estado reclamante "espere" al resultado del procedimiento en España para, en caso de ser desfavorable para sus intereses, "probar suerte" incoando uno propio y, a renglón seguido, solicitar la extradición.

En lo relativo a la litispendencia, doctrinalmente se define esta como aquella situación que se produce cuando existen varios procesos pendientes sobre una misma cuestión litigiosa[836]. Su fundamento, evitar una duplicación inútil de la actividad pública[837], velando por la economía procesal como concepto genérico equivalente al buen orden y funcionamiento de la Administración de Justicia[838]. Por más que se encuentre íntimamente relacionada con la cosa juzgada, no siempre puede afirmarse que existe hoy litispendencia donde mañana existirá cosa juzgada[839], puesto que el primer proceso puede terminar sin un pronunciamiento de fondo[840].

En cuanto a sus requisitos, doctrinalmente se señalan los siguientes[841]:

– Que existan dos procesos judiciales pendientes, en sentido estricto, sin considerar como tales las diligencias de Fiscalía[842]. Es obvio que, si el primer proceso se encuentra cerrado, no podremos hablar de una situación de litispendencia. En su día, la STC 191/2009, de 28 de septiembre, dictada en un caso de OEDE, afirmó que un auto de sobreseimiento provisional no equivalía a estar sometido a proceso hasta que no se cumpliera el plazo de prescripción de la infracción sobreseída.

– Que el primer proceso se encuentre abierto ante Tribunal competente. En nuestro caso, debe interpretarse como una falta de jurisdicción de los Tribunales españoles para conocer del asunto, más que una falta de competencia objetivo o territorial. Como quiera que el juez de la extradición no es necesariamente el órgano judicial que está conociendo de la causa en España, se verá obligado, a los solos efectos de decidir sobre la entrega, a analizar la jurisdicción del Tribunal que conoce de la causa en nuestro territorio.

– Que concurra identidad en el proceso. En este punto, las especificidades que presenta el objeto del proceso en el ámbito penal y que vimos con anterioridad deben ser trasladadas a la litispendencia. Debe señalarse, además, que no bastará con una simple conexidad procesal.

---

de dicha decisión de archivo, la reapertura quede condicionada a la ponderación de la aparición de nuevos indicios relevantes sobre el carácter delictivo del hecho o de la participación del interesado en el mismo".

836 Vegas Torres, J. "La eficacia excluyente de la litispendencia", *Revista REDUR* n.º 0, junio de 2002, pág. 170.

837 Chiovenda, J. (1989) *Principios de derecho procesal civil*, t. II, México, ed. Cádenas, pág. 59.

838 Vegas Torres, *op. cit.*, pág. 172.

839 En palabras de Fernández López, M. Á. (1998) *Derecho procesal práctico*, Madrid, ed. Ceura, vol. II, pág. 294.

840 Vegas Torres, *op. cit.*, pág. 171.

841 Vegas Torres, *op. cit.*, págs. 176 a 188.

842 Auto de la Sala de lo Penal de la Audiencia Nacional, Sección 2.ª, 17/2017, de 15 de junio: "*A pesar de los esfuerzos del reclamado por provocar la iniciación de un procedimiento en su contra ante las autoridades españolas, incluyendo autodenuncia formulada en el marco de las Diligencias de Investigación xxx seguidas ante la Fiscalía (...) lo cierto es que no existe procedimiento abierto en España pues las diligencias de Fiscalía no han sido judicializadas (...)*".

– Prioridad temporal. El criterio general que mantiene la doctrina dominante es el de otorgar prioridad al proceso que primero comenzó en detrimento del posterior, en un esfuerzo para evitar segundas demandas infundadas, a fin de evitar un posible fraude y mala fe procesal[843]. Sin embargo, esta solución es excesivamente simplista en el ámbito del proceso penal, impulsado de oficio, y en la búsqueda de la verdad material, en la que están en juego intereses que van mucho más allá de los particulares que se ventilan en un proceso civil, pues se encuentra presente el *ius puniendi* estatal. Por ello, más que el dato temporal, habrá que tomar en consideración otros criterios, como el de las mayores posibilidades de éxito de cada proceso.

En el ámbito extradicional, y a diferencia de lo que disponen tanto el art. 4.2 de la Decisión Marco de 23 de junio de 2002 como el art. 48.2 a) de la Ley 23/2014, de Reconocimiento Mutuo, no es suficiente con estar sometido a procedimiento en España, sino que, precisando mucho más, la causa o motivo de oposición es, estrictamente, estar sometido a juicio, esto es, inmerso ya en una vista oral. En consecuencia, la pendencia de otro procedimiento por los mismos hechos quedará residenciada, como hemos visto en el art. 3.1 LEP, que únicamente constituirá un motivo de rechazo de la entrega cuando la jurisdicción se haya traducido en un procedimiento concreto. Esta norma se aplicará incluso en supuesto de que el tratado correspondiente guarde silencio sobre la materia. No remitimos, nuevamente, a la interpretación hecha sobre el art. 1 LEP. La exégesis contraria abocaría al absurdo de suspender el procedimiento extradicional por causa no prevista en la normativa a la espera de que recayera sentencia en el procedimiento para así esgrimir la cosa juzgada. No sería sino una negativa–puente ante la perspectiva de la materialización de otra causa de denegación[844].

Como señala la doctrina, el art. 4.5 LEP, no permite denegar la extradición cuando exista juicio oral (o procedimiento pendiente, *ex* art. 3.1 LEP) en tercer Estado por los mismos hechos. De considerar este último preferente su jurisdicción, debiera asimismo solicitar la extradición, resolviéndose conforme al art. 16 LEP[845].

XIII. Pena de muerte o tratos inhumanos o degradantes

Dentro de lo que la doctrina denomina, con acierto, principio de no entrega vinculada a la *"naturaleza civilizada de la pena"*[846], el art. 4 impide la entrega cuando el Estado requirente no ofrezca garantías de que la persona reclamada en extradición no será ejecutada o sometida a penas que atenten contra su integridad corporal o a tratos inhumanos o degradantes[847]. Como se ha apuntado con acierto, estamos ante un peligro clásico dentro del espacio de la cooperación judicial en materia de entrega de personas[848].

---

843 Vegas Torres, *op. cit.*, pág. 188.

844 De otra opinión, García Sánchez, *op. cit.*, pág. 281.

845 Bellido Penadés, *op. cit.*, pág. 121.

846 García Sánchez, *op. cit.*, pág. 345.

847 En el mismo sentido que el art. 11 el Convenio Europeo de Extradición. También art. 3.1 del Convenio Contra la Tortura y Otros Tratos o Penas Crueles, Inhumanas o Degradantes de 10 de diciembre de 1984.

848 Muñoz de Morales, *Dime cómo son tus cárceles...*, *op. cit.*, pág. 4.

El Tribunal extradicional español es custodio de los derechos fundamentales del extraditado[849]. La jurisprudencia constante del Tribunal Europeo de Derechos Humanos ha determinado que la extradición concedida por un Estado contratante puede plantear un problema respecto al art. 3 del Convenio Europeo de Derechos Humanos al comprometer la responsabilidad del Estado en cuestión cuando existan motivos serios y probados para creer que el interesado, si es extraditado al país de destino, puede correr en él un riesgo real de ser sometido a un trato contrario a dicha disposición. Aunque para establecer esta responsabilidad no se puede evitar apreciar la situación en el Estado de emisión respecto a las exigencias del art. 3, no se trata por ello de constatar o probar la culpabilidad de dicho país según el derecho internacional general, en virtud del Convenio o de otra forma. En la medida en que estuviera o pudiera estar comprometida una obligación en el terreno del Convenio, sería la del Estado contratante que extradita, debido a un acto que tiene como resultado directo exponer a alguien a malos tratos prohibidos (Sentencia Soering de 7 de julio de 1989, pág. 35, ap. 89-91). Es lo que la doctrina ha dado en llamar *teoría de las libertades implícitas*, según la cual, por más que la extradición no aparezca regulada en el Convenio, la entrega a un país que pueda someter al *extradendus* a tratos inhumanos tiene entidad suficiente como para vulnerar de forma indirecta el art. 3 del Convenio[850]. Como señala la STEDH de 6 de febrero de 2003, caso Nanatkulov y Abdurasulovic contra Turquía, el Tribunal de la extradición no puede desentenderse del riesgo de que, una vez entregada, la persona reclamada pueda ser sometida a tratos inhumanos o degradantes[851], siendo idéntica la posición del Tribunal Constitucional en su STC 13/1994.

La[852] primera cuestión que hay que tratar es la de la existencia o realidad del riesgo. En lo relativo a la vulneración de derechos o tratos inhumanos o degradantes, es doctrina común

---

849 Muñoz de Morales, *Dime cómo son tus cárceles…, op. cit.*, pág. 7.

850 García Sánchez, *op. cit.*, pág. 151.

851 *"(…) Según la jurisprudencia constante del Tribunal, la extradición por un Estado contratante puede plantear un problema respecto al artículo 3, el de comprometer la responsabilidad del Estado en cuestión en virtud del Convenio cuando se trata de motivos serios y probados para creer que el interesado, si es extraditado al país de destino, correrá en él un riesgo real de ser sometido a un trato contrario a dicha disposición. Si, para establecer esta responsabilidad, no se puede evitar el apreciar la situación en el país de destino respecto a las exigencias del artículo 3, no se trata por ello de constatar o probar la responsabilidad de dicho país en derecho internacional general, en virtud del Convenio o de otra forma. En la medida en que estuviera o pudiera estar comprometida una responsabilidad en el terreno del Convenio, sería la del Estado contratante que extradita, debido a un acto que tiene como resultado directo exponer a alguien a malos tratos prohibidos".*

En el mismo sentido, la STEDH de 17 de febrero de 2009 (caso Gasayev contra España) afirma que *"la extradición por un Estado Contratante puede plantear un problema de acuerdo con el artículo 3 y, por tanto, suponer la responsabilidad del Estado en causa en virtud del Convenio, cuando existen motivos serios y probados para creer que el interesado, si se le extradita hacia el país de destino, correrá un riesgo real de ser sometido a un trato contrario a esta disposición (Soering contra Reino Unido, Sentencia de 7 julio 1989, aps. 89-91, serie A núm. 161 y Olaechea Cahuas contra España, Sentencia de 10 agosto 2006). Un Estado Contratante se conducirá en efecto de una manera incompatible con el «patrimonio común del ideal y de tradiciones políticas, de respeto de la libertad y de preeminencia del derecho» al que se refiere el Preámbulo del Convenio, si entrega conscientemente una persona a otro Estado en el que existen motivos serios para pensar que un peligro de tortura o de penas o de tratos inhumanos o degradantes amenaza al interesado (Sentencia Soering, previamente citada, ap. 88). Asimismo, la extradición podría plantear un problema de acuerdo con el artículo 2 del Convenio, si el interesado corre el riesgo de ser condenado a la pena capital [Bader y otros contra Suecia, núm. 13284/2004, ap. 42, CEDH-2005]".*

852 *"La responsabilidad de los órganos judiciales españoles por acción u omisión en los procedimientos de extradición no se limita a las consecuencias de su propia conducta. En la medida en que con dicho*

a distintos Tribunales la que considera que no basta una alegación genérica basada en la aportación de informes sobre el estado de los derechos humanos en el país reclamante, sino que es precisa una argumentación que trascienda de lo general a lo particular, explicando cómo la situación puede afectar de manera concreta al reclamado. En este sentido, la STEDH de 9 de abril de 2018 considera que es el demandante el que debe justificar la existencia del riesgo[853], no bastando las meras manifestaciones[854]. Por su parte, la STJUE de 5 de abril de 2016, dictada en un caso de OEDE, pero aplicable, *mutatis mutandi*, a la materia[855], exige que la autoridad judicial del Estado miembro de ejecución tenga evidencia de un riesgo real de trato inhumano o degradante de los detenidos en el Estado miembro de expedición. En igual sentido, la STJUE de 6 de septiembre de 2016 entiende que es precisa la existencia de fuentes fiables que pongan de manifiesto prácticas de las autoridades —o toleradas por estas, lo que incluye las provenientes de sujetos privados[856]— manifiestamente contrarias a los principios del Convenio Europeo de Derechos Humanos. Es

---

procedimiento se concreta un estrecho complejo de actuaciones imbricadas, en el país requirente y en el requerido, el destino del extraditado en aquel no es ni puede ser indiferente para las autoridades de este. Por ello, se encuentran obligadas a prevenir [esto es, a impedir que se convierta en daño un peligro efectivo] la vulneración de derechos fundamentales, que les vinculan como bases objetivas de nuestro Ordenamiento, incluso si esa vulneración se espera de autoridades extranjeras, atrayéndose la competencia de los Tribunales españoles por el dominio de que disponen sobre la situación personal del extraditado, y, por tanto, por los medios con que cuentan para remediar los efectos de las irregularidades denunciadas". La razón de ellos es que *"aunque los derechos fundamentales y libertades públicas que la Constitución garantiza solo alcanzan plena eficacia allí donde rige el ejercicio de la soberanía española, nuestras autoridades públicas, incluidos los Jueces y Tribunales, no pueden reconocer ni recibir resoluciones dictadas por autoridades extranjeras que supongan vulneración de los derechos fundamentales y libertades públicas garantizados constitucionalmente a los españoles o, en su caso, a los españoles y extranjeros"* (STC 43/1986).

[853] *"107. A priori, es el demandante quien tiene que aportar evidencias que prueben la existencia de razones fundadas para creer que, si la medida denunciada se ejecutase, se expondría a un riesgo real de sufrir un trato contrario al art. 3 (ver N. v. Finlandia, n.º 38885/02, § 167, 26 de julio de 2005). De hecho, el demandante tiene que demostrar que la pena máxima se impondría sin haber considerado debidamente todos los elementos atenuantes y agravantes, o que dicha condena no fuese revisable [Findikoglu v. Alemania (dec.), n.º 20672/15, § 37; comparar con* Čalovskis, *anteriormente citado, § 146]"*.

[854] STEDH de 17 de diciembre de 1996 y STEDH de 28 de marzo de 2000. La STEDH de 6 de febrero de 2003, caso Mamatkulov y Addurasulov contra Turquía, establece que: *"Aunque es cierto que el nivel de prueba requerido se puede alcanzar gracias a un cúmulo de indicios, o de presunciones no refutadas, suficientemente graves, previas y concordantes, su valor probatorio debe ser considerado teniendo en cuenta las circunstancias del caso, así como la gravedad y la naturaleza el cargo que imputan al Estado reclamado"*.

[855] Debe tenerse en cuenta que el principio que inspira la OEDE, de reconocimiento mutuo, es distinto al propio de la extradición y puede motivar que el Tribunal de Justicia exija que se extreme la acreditación del riesgo de trato inhumano o degradante para justificar la denegación de la OEDE, lo que no sucedería de ordinario en una extradición. Un comentario a esta sentencia puede verse en Muñoz de Morales, M. "Dime cómo son tus cárceles y ya veré yo si coopero. Los casos Caldararu y Aranyosi como nueva forma de entender el principio de reconocimiento mutuo", Revista electrónica INDRET, Barcelona, enero de 2017.

[856] STEDH HLR contra Francia, de 29 de abril de 1997: *"40. Owing to the absolute character of the right guaranteed, the Court does not rule out the possibility that Article 3 of the Convention (art. 3) may also apply where the danger emanates from persons or groups of persons who are not public officials. However, it must be shown that the risk is real and that the authorities of the receiving State are not able to obviate the risk by providing appropriate protection.*

41. Like the Commission, the Court can but note the general situation of violence existing in the country of destination. It considers, however, that this circumstance would not in itself entail, in the event of deportation, a violation of Article 3 (art. 3).

42. The documents from various sources produced in support of the applicant's memorial provide insight into the tense atmosphere in Colombia, but do not contain any indication of the existence of a situation comparable to his own. Although drug traffickers sometimes take revenge on informers, there is no relevant evidence to show in HLR's case that the alleged risk is real. His aunt's letters cannot by

precisa la existencia de elementos que acrediten un riesgo real de que se inflija un trato inhumano o degradante en el Estado requirente basado en elementos objetivos, fiables, precisos y debidamente actualizados. Incluso la constatación de la existencia del riesgo, por sí sola, puede no abocar a que se deniegue la entrega, pues, aun así, el Estado de ejecución deberá comprobar si existen razones fundadas y serias para creer que la persona de que se trate correrá ese riesgo. La única excepción sería, según la STJUE de 17 de febrero de 2009, caso Elgafaji, los supuestos de conflicto armado existente en un país que impliquen un grado de violencia extremo, de modo que su mera presencia equivalga al riesgo real de sufrir amenaza grave contra su vida e integridad física[857]. Estaríamos ante casos de descomposición extrema de un Estado, con instituciones inoperantes y degradadas, en que el riesgo resulta ser sistémico. Asimismo, como otra excepción, el Tribunal Europeo de Derechos Humanos, en su STEDH de 6 de octubre de 2022, firme el 30 de enero de 2023, caso Liu contra Polonia, parágrafo 83, ha entendido que las extradiciones a la República Popular China incurren en una situación de riesgo sistémico derivado de la existencia de una situación general de violencia, lo que hace innecesario demostrar motivos

---

themselves suffice to show that the threat is real. Moreover, there are no documents to support the claim that the applicant's personal situation would be worse than that of other Colombians, were he to be deported.

Amnesty International's reports for 1995 and 1996 do not provide any information on the type of situation in which the applicant finds himself. They describe acts of the security forces and guerilla movements. Only in the 1995 report is there any reference, in a context which is not relevant to the present case, to criminal acts attributable to drug trafficking organizations.

43. The Court is aware, too, of the difficulties the Colombian authorities face in containing the violence. The applicant has not shown that they are incapable of affording him appropriate protection.

44. In the light of these considerations, the Court finds that no substantial grounds have been established for believing that the applicant, if deported, would be exposed to a real risk of being subjected to inhuman or degrading treatment within the meaning of Article 3 (art. 3). It follows that there would be no violation of Article 3 (art. 3) if the order for the applicant's deportation were to be executed". Referida a sujetos privados, STEDH de 20 de julio de 2020, firme el 20 de octubre, sobre riesgo de sufrir violencia de género en caso de ser expulsada a Afganistán. También al ser miembro de una minoría étnica perseguida por una Milicia local somalí, la STEDH de 28 de junio de 2011 declara improcedente la expulsión.

El voto particular al Auto del Pleno de la Sala 47/2019, de 6 de junio, sigue (sin mentarla) esta doctrina del TEDH y sí da virtualidad como causa impeditiva de la entrega la acción de grupos armados. Se trata de un caso relativo a un líder social enfrentado a los clanes de la droga. Analiza tanto las amenazas y consecuencias que existen en Colombia para este tipo de personas como la incapacidad del Estado colombiano para neutralizarlas, sobre todo, dentro de un centro penitenciario.

[857] Dictada al hilo del derecho de asilo. En el mismo sentido, STEDH H. y B. contra Reino Unido, de 9 de abril de 2013, párr. 91: "*The Court has never excluded the possibility that a general situation of violence in a country of destination will be of a sufficient level of intensity as to entail that any removal to it would necessarily breach Article 3 of the Convention. Nevertheless, the Court would adopt such an approach only in the most extreme cases of general violence, where there was a real risk of ill treatment simply by virtue of an individual being exposed to such violence on return*". Igualmente, STEDH NA contra el Reino Unido, de 17 de julio de 2008, párr. 114: "*However, a general situation of violence will not normally in itself entail a violation of Article 3 in the event of an expulsion (see HLR, cited above, § 41). Indeed, the Court has rarely found a violation of Article 3 on that ground alone. For example, in Müslim v. Turkey, no. 53.566/99, 26 April 2005, where the Court considered the expulsion of an Iraqi national of Turkmen origin to Iraq, it found the mere possibility of ill-treatment because of the unstable situation in that country at the material time would not in itself amount to a breach of Article 3 (paragraph 70 of the judgment). Equally, in Sultani, cited above, § 67, the Court took notice of the general situation of violence at that time in Afghanistan but found that this, without more, was not sufficient to find a violation of Article 3*". Ídem, STJUE de 30 de enero de 2014, que define el conflicto armado interno como aquel "*en que los enfrentamientos entre tropas regulares de un Estado y uno o varios grupos armados entre sí generen amenazas individuales contra la vida e integridad física del solicitante de protección (...) porque el grado de violencia indiscriminada que los caracteriza ha llegado a tal extremo que existen motivos fundados para creer que un civil expulsado al país de que se trate se enfrentaría, por el solo hecho de su presencia (...) a un riesgo real de sufrir dichas amenazas*".

personales específicos de miedo o temor, pues es suficiente con que se haya acreditado que será ingresado en un centro de detención o establecimiento penitenciario, habida cuenta de la existencia de informes de Naciones Unidas y de organizaciones no gubernamentales que la Corte considera de peso considerable, y que acreditan que la tortura y otras formas de maltrato son utilizadas de manera generalizada en los centros de detención y prisiones. Si es incontestable que el reclamado va a ser detenido una vez sea concedida la extradición, el tribunal considera establecido que existe un riesgo real de maltrato derivado de tal entrega.

De igual forma, la STC 199/2009, de 28 de septiembre, entiende que, para que el órgano judicial español competente pueda denegar la entrega del reclamado en virtud del procedimiento extradicional o de una orden europea de detención y entrega con fundamento en la existencia de un riesgo relevante de vulneración de los derechos del reclamado a la vida o la integridad física y moral (art. 15 CE) , es preciso que el reclamado haya aportado determinados y concretos elementos que sirvan de apoyo razonable a su argumentación, lo que implica que el temor o riesgos aducidos han de ser fundados, en el sentido de mínimamente acreditados por el propio reclamado, debiendo efectuar concretas alegaciones en relación a su persona y derechos y sin que sea suficiente la formulación de alusiones o alegaciones genéricas sobre la situación del país (entre otras, STC 91/2000, de 30 de marzo, FJ 8; 32/2003, de 13 de febrero, FJ 7; 148/2004, de 13 de septiembre, FJ 8, y 140/2007, de 4 de junio, FJ 2).

Asimismo, el ATC 434/2006, de 23 de noviembre, considera que, aunque no se exige al recurrente la prueba cumplida de que efectivamente ese peligro va a hacerse efectivo, tampoco es bastante su mera alegación, siendo preciso que esta sea fundada –en el sentido de mínimamente acreditada por el propio reclamado–, y que, además, no bastan alusiones o alegaciones genéricas sobre la situación del país, sino que el reclamado ha de efectuar concretas alegaciones con relación a su persona y derechos, citando la STC 181/2004, de 2 de noviembre[858]. La doctrina[859] recoge tres supuestos en los que, de manera un tanto excepcional, el Tribunal Constitucional consideró que tales alegaciones resultaban fundadas, resueltos por las SSTC 32/2003, de 23 de febrero –que exigió una "*cuidadosa labor de verificación por el órgano judicial en relación con las circunstancias alegadas por el reclamado*"–; 148/2004, de 13 de septiembre, y 140/2007, de 4 de junio.

Ahora bien, si el *extradendus* aporta un principio de prueba sobre los hechos, es obligación del Tribunal de la extradición comprobar y evaluar los riesgos de vulneración presentes en el caso. Es preciso que desarrolle una imprescindible actividad de indagación del riesgo alegado con los medios de que disponga[860]. En este sentido, la STC 32/2993, de 23 de febrero, establece que, si de una actividad probatoria mínimamente diligente desarrollada

---

[858] Ídem, ATC 4/2019, de 29 de enero: "*No basta con la mera alegación abstracta de una futura vulneración, sino que el reclamado debe desplegar la diligencia que sea precisa a tal efecto (...) es preciso, como ya hemos señalado, que el reclamado haya aportado determinados y concretos elementos que sirvan de apoyo razonable a su argumentación, en el sentido de mínimamente acreditados por el propio reclamado, a quien incumbe efectuar concretas alegaciones en relación a su persona y derechos, y sin que sea suficiente la formulación de alusiones o alegaciones genéricas sobre la situación del país*".

[859] Alcázar Guirao, *op. cit.*, págs. 123 a 126.

[860] Voto particular al Auto de la Sala de lo Penal, Pleno, 48/2016, de 12 de julio.

por la parte se desprende la existencia de motivos o indicios que justifiquen razonablemente la existencia del riesgo, el Tribunal debe llevar a cabo la actividad precisa para descartarlo sin exigir una prueba plena acerca de su existencia[861]. Sobre qué significa el término actividad precisa arroja una luz la doctrina del Tribunal Europeo de Derechos Humanos, que, en la Sentencia de 15 de noviembre de 1996, caso Chahal contra Reino Unido, afirma que (97) "*In determining whether it has been substantiated that there is a real risk that the applicant, if expelled to India, would be subjected to treatment contrary to Article 3 (art. 3), the Court will assess all the material placed before it and, if necessary, material obtained of its own motion*"; esto es, admite la posibilidad de una iniciativa probatoria del Tribunal que, en España, tendría cabida por la aplicación analógica al proceso de extradición de lo dispuesto en el art. 729.2 LECrim., máxime si se tiene en cuenta que se acordarían en beneficio del reclamado.

La Audiencia Nacional acoge la doctrina fijada por los Tribunales internacionales. Es por ello que, a modo de ejemplo, el Auto de la Sala de lo Penal de la Audiencia Nacional, Sección 2.ª, 37/3016, entiende que las alegaciones son tan genéricas que no son atendibles, de acuerdo con las SSTC 181/2004 y 49/2016, siguiendo así la doctrina sentada en el Auto de Pleno de la Sala, 57/2016, de 30 de septiembre. En el mismo sentido, Auto 17/2016, Sección 3.ª, de 1 de junio[862]; Auto 17/2017, Sección 2.ª, de 15 de junio[863]; Auto de Pleno de

---

[861] "*(...) Cuando el reclamado sostiene la concurrencia de alguna de las circunstancias determinantes de que el órgano judicial pueda o deba denegar la entrega al Estado requirente, y desarrolla al efecto una actividad probatoria mínimamente diligente, de la que pueda extraerse razonablemente la existencia de motivos o indicios para creer que, efectivamente, tales circunstancias pudieron acontecer, el órgano judicial debe desarrollar una actividad encaminada a obtener los datos precisos para adoptar adecuadamente su decisión que, por lo demás, no podrá fundarse sin más en la inexistencia de una prueba plena y cumplida sobre las apuntadas circunstancias alegadas por el reclamado, sino que tendrá que ponderar y valorar todos los factores y aspectos concurrentes para determinar si, a la vista de los mismos, debe accederse o no a la extradición*".

[862] "*(...) El informe anual de Amnistía Internacional es del todo genérico y se refiere a supuestos muy distintos al del reclamado, que lo es para ser enjuiciado por delitos de naturaleza común, esto es, sin conexión con cuestiones ideológicas o políticas, raza o motivación étnica*".

[863] "*(...) Se ha de recordar que es reiterada doctrina del Pleno de la Sala Penal que señala que las alegaciones genéricas, carentes de respaldo probatorio, sobre presuntas violaciones de derechos fundamentales con apoyo en la situación carcelaria en el Estado reclamante, incluso en supuestos de países en los que existe un conflicto bélico, no pueden ser acogidas como causa de denegación de la entrega.*

Entre otras, en resolución de 12 de septiembre de 2016, citando el auto del pleno 28/2009, de 2 de julio, señalamos que no bastan las alegaciones genéricas sobre la situación de los derechos humanos y del sistema jurídico penal y carcelario del Estado reclamante, si la parte no hace alegación alguna concreta en relación con la persona o derechos del reclamado, rechazando alegatos relativos a que el Estado reclamante no podría garantizar el respeto a los derechos humanos, ni que el reclamado no sería sometido a tortura o a tratos inhumanos y degradantes y de falta de garantías del sistema judicial o carcelario del país requirente (...). Igualmente en el auto del Pleno de la Sala de lo Penal de 15 de diciembre de 2015, recordamos que la STC 199/2009, que cita las STC 91/2000, de 30 de marzo, 32/2003, de 13 de febrero, 148/2004, de 13 de septiembre y 140/2007, de 4 de junio, aclaró que para que por el órgano judicial español competente pueda denegar la entrega del reclamado en virtud del procedimiento extradicional o de una orden europea de detención y entrega con fundamento en la existencia de un riesgo relevante de vulneración de los derechos del reclamado a la vida o a la integridad física y moral (art. 15 CE) en caso de accederse a la entrega, es preciso que el reclamado haya aportado determinados y concretos elementos que sirvan de apoyo razonable a su argumentación, lo que implica que el temor o riesgos aducidos han de ser fundados, en el sentido de mínimamente acreditados por el propio reclamado, debiendo efectuar concretas alegaciones en relación con su persona y derechos, sin que sea suficiente la formulación de alusiones o alegaciones genéricas sobre la situación del país. También añadió la STC 181/2004 que, para archivar el específico deber de tutela que corresponde a los órganos judiciales competentes en materia de extradición, no basta con alegar la existencia de un riesgo, sino que es preciso que el temor o riesgos

Sala, 69/2016, de 5 de diciembre[864]; Auto 9/2017, Sección 2.ª, de 23 de marzo[865]; Auto de Pleno de la Sala, 76/2016, de 19 de diciembre[866]; Auto del Pleno de la Sala, 32/2017, de 21 de julio[867]; Auto del Pleno de la Sala, 53/2017, de 22 de diciembre, que rechaza, además, que la Sala deba hacer una comparación genérica entre los niveles de protección de derechos humanos del Estado requirente y requerido[868], en consonancia con el ATC 4/2019,

---

aducidos sean fundados, en el sentido de mínimamente acreditados por el propio reclamado y, además, no bastan alusiones o alegaciones genéricas sobre la situación del país, sino que el reclamado ha de formular concretas alegaciones sobre su persona y derechos".

864 *"(...) Debe estimare suficiente que se justifique la existencia de un temor racional y fundado de que estos derechos del reclamado puedan ser vulnerados por parte de los órganos del Estado requirente, y deberá excluirse la entrega de sujetos que, presumiblemente, con cierto grado de seguridad, puedan sufrir vulneraciones relevantes, por existir al respecto un temor racional y fundado. El TEDH (...) ha aludido a la existencia de motivos serios y acreditados para creer que si el interesado es entregado (...) correrá un riesgo real de ser sometido a torturas o a penas o tratos inhumanos o degradantes (...)".*

865 *"(...) No bastan las alegaciones genéricas sobre la situación de los derechos humanos y del sistema jurídico penal y carcelario del Estado reclamante, si la parte no hace alegación alguna concreta en relación con la persona o derechos del recamado (...)".*

866 *"(...) Es preciso que el temor o los riesgos aducidos sean fundados, en el sentido de mínimamente acreditados por el propio reclamado y, además, no bastan alegaciones genéricas sobre la situación del país, sino que el reclamado ha de efectuar concretas alegaciones en relación a su persona y derechos (STC 148/2004, de 13 de septiembre) (...) la parte (...) ni acierta a demostrar incidencia alguna de cómo el hecho de su nacionalidad y etnia (...) podría influir de cara a unas supuestas torturas y malos tratos, ningún indicio o dato meramente consistente aporta la defensa que pudiera hacernos pensar que en este supuesto se fueran a producir algún tipo de torturas o tratos inhumanos (...)".*

867 *"(...) Elementos fiables, preciso y debidamente actualizados relativos a las condiciones de reclusión (...) que demuestren la existencia de deficiencias sistémicas o generalizadas (...) en el presente supuesto, ni hay datos concretos de riesgo para el reclamado y, además, las autoridades reclamantes han ofrecido elementos de control adicionales (...)".*

868 *"(...) Hemos rechazado argumentos semejantes, de índole genérica o difusa sobre quebranto de derechos o represalia política, descartando el auto del pleno de la Sala 28/2009, de 2 de junio, la suficiencia de las alegaciones genéricas sobre la situación de los derechos humanos y del sistema jurídico penal si la parte no hace alegación alguna concreta en relación con su persona o derechos, y señalando que la reciprocidad jurídica, única que corresponde a este Tribunal, no abarca la existencia en el Estado reclamante de los mismos niveles de respeto a los derechos humanos y de garantía formal de las libertades públicas y privadas similares a las de España, sino que la misión corresponde al Gobierno, conforme a lo dispuesto en el art. 278.2 LOPJ -redacción anterior a la reforma introducida por la Ley Orgánica 7/2015-; en parecidos términos se expresa el auto 53/2016, de 15 de septiembre, del Pleno de esta Sala (...) y, en definitiva, la Sala no tiene obligación de desarrollar una actividad encaminada obtener los datos precisos para adoptar la decisión cuando lo único que existe es una alegación global sobre el estado de derecho en el país reclamante, sin cumplimiento por el recurrente de su deber de diligencia probatoria, postura refrendada por la doctrina del Tribunal Constitucional (vid. SSTC 148, 181/2004 y 49/2006)".* Dentro del ámbito de la vulneración de los derechos fundamentales y del derecho a un juicio justo, la Audiencia Nacional se ha planteado si es posible la valoración de la prueba practicada en el país requirente con vulneración del derecho a la presunción de inocencia. La respuesta es negativa por varias razones, todas ellas expresadas en el Auto de la Sala de lo Penal, Pleno, de 13 de julio de 2000: "*Se está pidiendo al tribunal de la extradición un juicio sobre la legalidad de las pruebas base de la imputación del Estado requirente y el pleno de esta Sala, en orden a la vulneración de derechos fundamentales por autoridades o agentes de otros países que podrían sufrirse a consecuencia de una entrega acordada por España, tiene ya establecido (Auto de 29 de junio de este mismo año), que la vulneración indirecta de derechos fundamentales a causa de la falta de garantías en el proceso seguido en el Estado reclamante solo cabría apreciarse por el órgano de la extradición en el supuesto de derechos fundamentales absolutos, esto es, que no admitan injerencias reguladas por la ley en necesario y proporcionado interés de otros derechos tutelables o fines constitucionalmente legítimos y, además, que difícilmente puede ser estimado en el caso de países que tiene suscrito el Convenio Europeo para la protección de los derechos del hombre y libertades fundamentales y están sujetos a la competencia del Tribunal Europeo de Estrasburgo, pues estos países tienen sus propios instrumentos de garantía de derechos fundamentales en el orden interno y supranacional, en el marco diseñado por el propio convenio.*

de 29 de enero, que rechaza la posibilidad de hacer un juicio de *calidad* en abstracto sobre el régimen jurídico del Estado reclamante[869]; Auto de la Sala de lo Penal, Sección 3.ª, 33/2018, de 26 de octubre, que rechaza la suficiencia de informes de organismos internacionales para acreditar el riesgo concreto[870]; Auto de 17 de diciembre de 2018, dictado por la Sección 4.ª en el Rollo 43/2018, que exige una mínima acreditación[871]; Auto de la misma Sección, de fecha de 9 de enero de 2019, dictado en el Rollo 45/2018[872], y Auto 17/2019, Sección 2.ª, de 6 de junio, que rechaza la mera presentación de informes internacionales[873]. Siguen esta línea, igualmente, el Auto del Pleno 34/2023, de 22 de mayo[874]; Auto del Pleno de la Sala 31/2023, de 4 de mayo[875]; el Auto 276/2022, de 28 de abril, de

En este caso, además, la vulneración denunciada tendría que producirse en el curso del juicio que se celebre en Italia, donde podrán denunciarse oportunamente los vicios procesales que la defensa del reclamado haya creído encontrar en la instrucción y donde podrá deducirse respuesta adecuada al derecho italiano y al supranacional en materia de derechos humanos y libertades públicas".

869 "*Se trata de alegaciones que no ponen en relación la conducta futura que se imputa a las autoridades reclamantes con la persona reclamada, ni incluyen ninguna referencia hacia la persona o concreta situación de la recurrente de la que poder inferir indicios racionales en torno al riesgo de lesión denunciado, sino que serían válidas para cualquier ciudadano chino cuya extradición se solicite al Estado español. Suponen en definitiva una impugnación global del régimen jurídico del Estado requirente y se apoyan en un juicio de calidad que extravasa el ámbito competencial de los órganos judiciales en el procedimiento extradicional (STC 148/2004, de 13 de septiembre, FJ 8)*". En el mismo sentido, ATC 4/2019, de 29 de enero: "*Suponen en definitiva una impugnación global del régimen jurídico del Estado requirente y se apoyan en un juicio de calidad que extravasa el ámbito competencial del órganos judiciales en el procedimiento extradicional (STC 148/2004, de 13 de septiembre)*".

870 "*La alegación (...) de que es perseguida por motivos políticos y por tener ideas contrarias al régimen actual de Venezuela no es atendible. Sin desconocer que existe un clima de convulsión e inestabilidad política y social en Venezuela. El informe del Alto Comisionado de Naciones Unidas para los Derechos Humanos en la República Bolivariana de junio de 2008 y los Reglamentos (UE) 2017/2063, de 13 de noviembre... Reglamento de Ejecución (UE) 2018/88 del Consejo de 22 de enero (...) y Reglamento de Ejecución (UE) 20187899 del Consejo de 25 de junio (...) relativo(s) a medidas restrictivas habida cuenta la situación de Venezuela y sus anexos, no deja de ser una alegación absolutamente genérica que no acredita, ni siquiera a modo de sospecha fundada, que la persecución por delitos a que se refiere la demanda extradicional fuera por tener ideas contrarias al régimen o que exista un peligro concreto de que vayan a ser anulados los derechos como encausada de la hoy reclamada*". En el mismo sentido, con relación a Venezuela, Auto 52/2022, de 7 de febrero, de la Sección 3.ª: "*En el caso de autos el vacío probatorio es significativo, limitándose le recurrente a efectuar alegaciones genéricas sobre le deficiente sistema venezolano, circunstancias que nos llevan a desestimar el recurso*".

871 "*(...) No existe prueba alguna, ni siquiera indiciaria, acerca de la concreta y real exposición del reclamado a tratos inhumanos o degradantes en el supuesto de que se accediese a su entrega. Ha de descartarse, por ausencia de acreditación, la vulneración del artículo 15 de la Constitución (...)*".

872 "*Es doctrina reiterada del Pleno que las alegaciones genéricas sobre presuntas violaciones de derechos fundamentales, carentes de sustento probatorio, incluso en países donde existe algún tipo de conflicto bélico, no pueden ser acogidas como causa de denegación de la entrega (Autos de Pleno Sala penal 73/2016, de 12 de diciembre; 36/2017; 40/2017, de 6 de octubre; de 18 de septiembre; 53/2017, de 22 de diciembre y de 12 de julio de 2018)*".

873 "*(...) La defensa se limita a exponer una situación genérica, sobre la base de diversos informes de organismos internacionales, que no acreditan un riesgo concreto en relación al caso que nos ocupa (...). Así, el Auto del Pleno de la Sala 53/2016, de 15 de septiembre (...) ya indicaba que es reiterada doctrina de esta Sala que viene rechazando argumentos semejantes a los ahora examinados (...). Entre otros muchos, en el Auto del Pleno de la Sala 28/2009, de 2 de junio, se señaló que no bastan las alegaciones genéricas sobre la situación de los derechos humanos y del sistema jurídico penal y carcelario del Estado reclamante, si la parte no hace alegación alguna concreta en relación con la persona y derechos del reclamado (...)*".

874 "*En este sentido, es unánime y reiterada la opinión de esta Sala de lo Penal al respecto, en el sentido de que, tratándose de una alegación genérica, carece de virtualidad como causa obstativa de la entrega*".

875 "*Como viene estableciendo el Pleno de la Sala de lo Penal de la Audiencia Nacional (Auto de 43/2020, de 17 de septiembre, entre otros muchos), respecto a las alegaciones de riesgo para los derechos fundamentales del reclamado como causa obstativa a la autorización de entrega, carecen de virtualidad las*

la Sección 4.ª[876]; Auto 81/2023, de 21 de febrero, de la Sección 3.ª[877]; Auto 78/2023, de 8 de febrero, de la Sección 1.ª. Igualmente, Auto 89/2022, de 2 de marzo, de la Sección 3.ª[878] y Auto del Pleno de la Sala 83/2021, de 26 de noviembre[879]. También, Auto del Pleno de la Sala 35/2021, de 31 de mayo[880]. Asimismo, Auto del Pleno 70/2020, de 27 de noviembre. En la misma línea, Auto del Pleno de la Sala 40/2020, de 14 de septiembre; Auto del Pleno de la Sala 33/2021, de 31 de mayo, y Auto 59/2021, de 21 de septiembre. Admite la alegación, al acreditarse motivos concretos, el Auto 339/2022, de 13 de julio, de la Sección 3.ª, en relación con Kazajstán[881].

Común a esta causa de denegación y a la relativa a las garantías de celebración de nuevo juicio tras enjuiciamiento *in absentia* es, en primer término, qué debe entenderse por

---

meramente genéricas. En este sentido, el auto 1/2020, de 24 de enero, citaba el auto de 8 de junio de 2018, que se pronunciaba sobre la cuestión en los siguientes términos: en los procedimientos de extradición la jurisprudencia del TC de forma reiterada viene reconociendo que cabe que se produzca la vulneración de estos derechos −a la vida, integridad física y moral y no ser sometido a torturas ni a penas o tratos inhumanos o degradantes− cuando se acuerde su entrega a un país donde vaya a producirse tal violación (...) para estimar esta eventual vulneración no cabe (...) exigir que la persona acredite de modo pleno y absoluto la vulneración de sus derechos en el extranjero, de la que van a derivarse consecuencias perjudiciales para la misma, o que esa vulneración va a tener lugar en el futuro, toda vez que ello supondría normalmente una carga exorbitante para el afectado (STC 32/2003, de 13 de febrero). Así debe estimarse suficiente que se justifique la existencia de un temor racional y fundado de que estos derechos del reclamado pueden ser vulnerados por parte de los órganos del Estado requirente y deberá excluirse la entrega de sujetos que, presumiblemente, con cierto grado de seguridad, puedan sufrir vulneraciones relevantes (...) ello supone que es preciso que el temor o riesgos aducidos sean fundados, en el sentido de mínimamente acreditados por el propio reclamado y, además, no bastan alusiones o alegaciones genéricas sobre la situación del país, sino que el reclamado ha de efectuar concretas alegaciones en relación a su persona y derechos (STX 148/2004, de 13 de septiembre) en el Auto de 5.3.2019 señalábamos que reiteradamente este pleno (...) ha afirmado que para que por el órgano judicial español competente pueda denegar la entrega de persona reclamada (...) con fundamento en la evidencia de un riesgo relevante de vulneración de los derechos del reclamado en caso de accederse a la entrega, es preciso que se hayan aportado determinados y concretos elementos que sirvan de apoyo razonable a su argumentación, lo que implica que el temor o riesgo además ha de sr fundados, sin que sea suficiente la formulación de vulneración de los derechos por parte de los órganos nacionales de un Estado extranjero (...)".

876 *"Ante alegaciones tan genéricas como las esgrimidas, debemos recordar que la STC 181/2004, de 2 de noviembre (...) proclama que no basta con alegar la existencia de un riesgo, sino que es preciso que el temor o riesgos aducidos sean fundados, en el sentido de mínimamente acreditados por el propio reclamado y, además, no bastan alusiones o alegaciones genéricas sobre la situación del país (...)".*

877 *"Como viene estableciendo el Pleno de la Sala de lo Penal de la Audiencia Nacional (Auto 43/2020, de 17 de septiembre, entre otros muchos), respecto a las alegaciones de riesgo para los derechos fundamentales del reclamado como causa obstativa de la autorización de la entrega, carecen de virtualidad las meramente genéricas".*

878 *"No bastan las alegaciones genéricas sobre la situación de los derechos humanos y del sistema jurídico penal y carcelario del Estado reclamante (...)".*

879 Con cita de otros anteriores del Pleno, como el 53/2016, de 15 de septiembre; 57/2016, de 30 de septiembre; 69/2016, de 5 de diciembre; 76/2016, de 19 de diciembre; 32/2017, de 21 de julio; 53/2017, de 22 de diciembre; 1/2020, de 24 de enero; 9/2020, de 7 de febrero; 9/2021, de 12 de febrero, y 10/2021, de 15 de febrero.

880 *"Es suficientemente conocida la doctrina que la simple alegación de la posibilidad de que una persona vaya a ser sometida a penas inhumanas o degradantes, o que exista peligro para la vida o la integridad física, no es motivo suficiente como para poder denegar la solicitud de extradición, ya que es preciso que se concreten (...) tales probabilidades" (con cita de la STC de 13 de marzo de 2006).*

881 *"(...) no nos encontramos ante la mera alegación genérica de una situación deteriorada de los derechos humanos en el Estado requirente, sino ante concretas manifestaciones de vulneración de derechos fundamentales específicamente producidas en el proceso penal seguido contra el reclamado, y que afectan de manera específica a este, especialmente en lo concerniente a sus derechos a la defensa y a un proceso con todas las garantías. La defensa alega −y aporta elementos de prueba que razonablemente lo acreditan− irregularidades en la instrucción seguida en el país requirente (...)".*

garantía y cuál es su diferencia respecto de una simple condición; en segundo lugar, cuál es la forma en que dichas garantías deben prestarse, y, por último, cuál es el nivel de concreción que se exige.

Una condición no es sino el requisito de comportamiento o acción que la autoridad judicial de ejecución española impone al Estado reclamante en la resolución que acuerda la extradición[882]. Por el contrario, una garantía supone la exigencia al Estado reclamante de una prueba de que la condición de entrega va a ser cumplida, fijando un plazo para su presentación en el expediente y sometida a su posterior examen por el Tribunal, previa opinión de las partes[883]. Así pues, la garantía va más lejos que la condición, pues implica una nueva actuación del Estado reclamante en el expediente extradicional, comprometiéndose formalmente a dar cumplimiento a los requisitos fijados en la resolución de entrega[884]. Dicho compromiso es sometido a la evaluación del Tribunal. Tanto en uno como en otro caso, estamos ante auténticas limitaciones al ejercicio de la jurisdicción en el Estado requirente. No será precisa la prestación de garantía cuando la legislación del Estado requirente

---

882 Cezón, *op. cit.*, págs. 260 y 261, distingue entre condiciones implícitas y explícitas. Las primeras serían las "*recogidas en un tratado extradicional, a cuyo cumplimiento está obligado el Estado requirente. Tal ocurre en materia del principio de especialidad. No se impone nunca al Estado requirente que no persiga al reclamado por delitos anteriores a la entrega distintos de aquellos por los que se concede la extradición, salvo consentimiento del Estado requerido, por lo que se trata de una obligación establecida en el tratado para la parte requirente. Tampoco en el caso de la extradición por un hecho y otorgamiento de la entrega por otro se impone expresamente la condición de que el reclamado no sea perseguido por el hecho por el que la extradición se ha rechazado*". Condiciones explícitas serían "*las consignadas en los autos de declaración de procedencia de la extradición (...) son los referidos a que la prisión perpetua no implique indefectiblemente prisión de por vida o el de la condición de que por parte del Estado requirente se den al reclamado las posibilidades de impugnación suficientes para salvaguardar los derechos de defensa*". Por más que aceptemos el concepto, no creo que el primer ejemplo sea afortunado. Debe decirse que la práctica extradicional de los últimos años en la Audiencia Nacional entiende que, en estos casos de prisión perpetua, deben solicitarse al Estado requirente garantías de no cumplimiento de cadena perpetua; esto es, se va más allá de la simple condición, atendiendo al tenor literal del art. 4.6 LEP. En cuanto al derecho de defensa, en los mismos términos, según el art. 4.7 LEP. El Auto de la Sala de lo Penal de la Audiencia Nacional, Pleno, 282/2018, de 10 de julio, parece acoger estas condiciones implícitas: "*(...) La Sala coincide con el Ministerio Fiscal en que el principio de especialidad (...) al que no ha renunciado la reclamada, impide sin necesidad de una expresa exclusión en la parte dispositiva del auto accediendo a la extradición, que fuera enjuiciada por delitos distintos a los que se dicen en el pronunciamiento final de dicho auto (...)*". Van den Wijngaert, *op. cit.*, pág. 84, justifica que el cumplimiento del principio de especialidad no sea de la competencia del Tribunal requerido en cuanto que es una consecuencia, no una condición de la extradición. Almeida Costa, M. J., *Extradition law: reviewing grounds...*, *op. cit.*, pág. 348, rechaza asimismo que se pueda articular como una causa de rechazo de la entrega, pues, en su opinión, el principio de especialidad no conlleva el deber del Estado requerido de evaluar *ex ante* si existe un serio riesgo de vulneración de dicho principio en el Estado requirente. No obstante, en los casos en que dicho principio no esté recogido en un tratado o en la ley interna del país reclamante, de existir riesgo flagrante y patente de vulneración, aboga por que el Estado de ejecución exija garantías al Estado de emisión sobre el cumplimiento del principio (pág. 349) lo que, añadimos nosotros, únicamente podría vehicularse a través de nota verbal.

883 En contra, el Auto de la Sala de lo Penal de la Audiencia Nacional, Pleno, 282/2018, de 10 de julio, relativiza la distinción: "*Fuera de disquisiciones terminológicas entre condición y garantía, lo cierto es que ambas modalidades surten iguales efectos en cuanto que, en uno y otro caso, el Estado requirente queda constreñido al cumplimiento de lo que, como condición o como exigencia de garantía previa, se establece en el auto extradicional (...)*". Sin embargo, doctrinalmente sí tiene acogida tal diferenciación. En este sentido, Ollé, *La extradición...*. *op. cit.*, pág. 188: "*Condición es la obligación que impone cualquiera de los poderes públicos extradicionales, por lo general el judicial, al Estado requirente, para conceder y/o materializar la entrega extradicional. Y la garantía es la declaración formal unilateral del estado requirente, y vinculante para él, por la que asume el cumplimiento de la condición impuesta por el Estado requerido*".

884 Cezón, *op. cit.*, pág. 259.

contenga materialmente las exigencias concretas que se derivarían de nuestra legislación interna[885].

Las garantías son exigidas al Estado reclamante, pero no necesariamente a la autoridad judicial requirente; esto es, se satisfacen por el Estado requirente a través de su representación diplomática, que informará del cumplimiento de los requisitos que fija la autoridad judicial española. Es el único medio del que disponen las autoridades judiciales españolas para conocer del cumplimiento del requisito fijado[886], tal como establece el Auto de Sala Pleno de la Audiencia Nacional, 9/2017, de 27 de febrero[887] . Dicha forma de prestación de garantías suscita el rechazo de parte de la doctrina[888] y de la minoría de la Sala de lo Penal[889]. A pesar de ello, consideramos que un compromiso de inejecución de determinada pena, realizado por los órganos ejecutivos de un Estado, supone una limitación de jurisdicción comúnmente aceptada en las relaciones internacionales entre las naciones y asumida por los propios Tribunales reclamantes en todos los casos, so pena

---

[885] Auto del Pleno de la Sala de lo Penal 86/2022, de 21 de octubre: "*El examen que se efectúa del sistema británico lleva al tribunal recurrido a la conclusión de la existencia de suficientes garantías en el ordenamiento y práctica británica, por lo que considera innecesaria la prestación o exigencia de garantías en concreto (...). El Pleno es de este mismo parecer, estimando que con la expresión del sistema de revisión de sentencias existente en el momento, que se ajusta materialmente a las exigencias del Acuerdo, se está cumpliendo suficientemente la garantía establecida en su artículo 604, sin necesidad de establecer una petición de garantía en concreto*". En el mismo sentido, Auto 577/2022, de 28 de septiembre, de la Sección 1.ª de la Sala de lo Penal, también referido al Reino Unido. También Auto 528/2022, de 19 de septiembre, de la Sección 4.ª, igualmente en lo tocante al Reino Unido.

[886] Según el ATC 165/2006, de 22 de mayo, en que se trataba de saber si una nota verbal emitida por la embajada de Estados Unidos que entendía que la petición de que la cadena perpetua no fuera de por vida era contraria al Tratado de Extradición era suficiente o no. El Tribunal Constitucional entendió que "*sin que la nota verbal emitida por representantes diplomáticos de dicho país en el sentido de oponerse a la segunda de ellas sea necesariamente indicativa de que, una vez dictada resolución firme en la que se condicionaba la extradición del actor a que no hubiera de sufrir prisión de por vida, dicha condición sea incumplida por los órganos judiciales de aquel país arriesgándose con ello a una denuncia ante los correspondientes organismos internacionales por vulneración de sus obligaciones convencionales. Por consiguiente, ninguna vulneración los derechos fundamentales invocados en la demanda cabe atribuir al Auto recurrido*". En este sentido, García Sánchez, *op. cit.*, pág. 341.

[887] Aunque referido a un caso de prescripción, es significativo: "*La petición de que informase directamente el Tribunal ante el que se seguía la causa (...) era innecesaria cuando las autoridades ucranianas ya habían informado (...)*".

[888] Gómez Campelo, *Los derechos individuales..., op. cit.*, pág. 984.

[889] Voto particular al Auto del Pleno de la Sala de lo Penal de la Audiencia Nacional 32/2017, de 21 de julio: "*(...) Las llamadas garantías diplomáticas están desacreditadas en el sistema universal de protección de los derechos humanos. Como muestra traemos dos opiniones, en distintos momentos, del relator especial de Naciones Unidas sobre la cuestión de la tortura Manfred Nowak; una en su primer informe, de 2005, a la entonces comisión de derechos humanos. El mero hecho de que se pidan garantías diplomáticas (...) es un reconocimiento de que el Estado a quien se solicitan, a juicio del Estado solicitante, practica la tortura (...). Las garantías diplomáticas no son jurídicamente vinculantes. Por ello, es dudoso que los Estados que no respetan las obligaciones vinculantes del derecho de tratados y el derecho consuetudinario internacional vayan a cumplir garantías no vinculantes (...). Los mecanismos de supervisión después de la entrega no son garantía contra la tortura (...). La segunda opinión es del informe que presentó al Consejo de Derechos Humanos en 2010: como el Relator Especial ha reiterado tantas veces, las garantías diplomáticas relativas a la tortura no son más que un intento de eludir la naturaleza absoluta del principio de no devolución. Y recordamos la advertencia, sobre la cuestión, que el Comité contra la tortura dirigió a España en sus observaciones finales al 5.º informe periódico. El Comité quiere reiterar que (...) bajo ninguna circunstancia se debe recurrir a las garantías diplomáticas como salvaguardia contra la tortura o malos tratos cuando haya razones fundadas para creer que una persona estaría en peligro de ser sometida a tortura o malos tratos a su regreso (CAT/C/ESP/CO/5, 19 de noviembre 2009, párrafo 13)*". Voto particular idéntico en el Auto del Pleno de la Sala 95/2013, de 15 de noviembre.

de correr el riesgo de que se bloquee cualquier futura cooperación con el Estado requerido. Incluso, cabría una demanda ante el Tribunal Internacional de Justicia por el incumplimiento del tratado correspondiente[890].

La prestación diplomática de garantías tiene la consideración de instrumento vinculante de derecho internacional siempre que sean prestadas por un representante oficial autorizado del Estado en cuestión[891]. Ahora bien, si en los Estados centralizados la solución expuesta resulta aceptable, en los Estados federales la cuestión puede no ser tan clara cuando las relaciones exteriores pertenecen al Estado federal y los órganos judiciales y los códigos penales y procesales son de la competencia del Estado federado. Como pone de manifiesto la doctrina norteamericana con relación a las prácticas seguidas al respecto por el Gobierno federal americano [892], el problema se presenta cuando las garantías diplomáticas se formulan de manera oportunista e incluso cínica, realizando afirmaciones vagas con el fin de asegurar la entrega, sin tener en cuenta su ejecutividad delante de los Tribunales. Dicho de otro modo, según esta doctrina, los Gobiernos realizan afirmaciones que no están en disposición de poder cumplir debido a la existencia de limitaciones constitucionales y estructurales. En los EE. UU. esto es especialmente así debido a la significativa extensión de los poderes reservados a los Estados, e incluso a las autoridades locales dentro de los mismos Estados, sin que el Gobierno federal pueda realizar compromisos vinculantes respecto a estas instituciones estatales y locales. Es por ello por lo que propugna que la petición de garantías se extienda al concreto individuo o institución que tiene control real sobre las acusaciones a formular, puesto que, de lo contrario, las garantías prestadas no serían vinculantes para dicha autoridad y podrían no ser aceptadas por esta. Como ejemplo[893], se pone la sentencia dictada en el asunto People *vs.* Kirkwood (115.353 1987) en que el Gobierno de EE. UU., en un supuesto de petición de extradición al Reino Unido por delito castigado con pena de muerte, dio garantía de que recomendaría que el reclamado no fuera enjuiciado en California por un procedimiento que pudiera llevar a la imposición de la pena capital. El Gobierno federal adoptó la postura de entender que era de la incumbencia del Estado de entrega el saber que el gobierno de los EE. UU. no podía realizar afirmaciones vinculantes con relación a materias que entraban dentro de la jurisdicción de los Estados federados. Consecuentemente, el Fiscal del distrito de California dirigió el procedimiento como si al final de este fuera a solicitarse la pena de muerte. En

---

[890] Donde Matute, *op. cit.*, pág. 91.

[891] Sadoff, *op. cit.*, pág. 318. La Sala Pleno de lo Penal, en su Auto 462/2022, de 26 de septiembre, ha considerado suficientes las garantías prestadas por la Federación rusa y prestadas por vía diplomática, comprometiéndose a respetar el Pacto Internacional de Derechos Civiles y Políticos de 1966, sin perjuicio de lo que el Gobierno de España pueda decidir en fase gubernativa, donde se podrán tener en cuenta los diferentes elementos sobre la situación política y social de la Federación de Rusia. Igualmente, Auto del Pleno de la Sala 66/2022, de 14 de septiembre, que además pone de manifiesto que Rusia no ha abandonado el Convenio europeo de extradición. También Auto 163/2022, de 17 de marzo, de la Sección 3.ª. Con anterioridad, los Autos de 22 de octubre de 2020, dictado por la Sección 4.ª en el Rollo 69/2019; 12/2021, de 26 de marzo de 2021, dictado por la Sección 3.ª; 31/2020, de 16 de septiembre, dictado por la Sección 3.ª ; 432/2021, de 2 de junio, dictado por la Sección 1.ª, y 647/2021, de 15 de noviembre, de la Sección 4.ª, han considerado suficientes las garantías prestadas por la Federación Rusa y han accedido a la extradición.

[892] Bassiouni, *op. cit.*, págs. 599 y 600.

[893] Bassiouni, *op. cit.*, págs. 620 y 621.

el debate que subsiguió, el Gobierno federal arguyó que las garantías prestadas eran iniciativas de buena fe y que, legalmente, el Estado de California no estaba sujeto a obligación dada la naturaleza federal de los EE. UU. Esto no le fue expresado al Reino Unido en el momento de solicitar la entrega, por lo que este país tomó dichas garantías como compromisos firmes. Finalmente, el asunto fue resuelto pragmáticamente por el Magistrado presidente, y ello a pesar de que un entendimiento razonable de un sistema federal permitiría afirmar que las competencias exclusivas de los Estados no debieran ser absolutas cuando entran en colusión con las propias del Gobierno federal, como es el caso de las relaciones exteriores de un país.

Junto a quién debe prestar la garantía, el debate se traslada a los términos en que esta se formula. Así, la doctrina norteamericana entiende que, si el lenguaje contenido en el escrito de garantías no es específico o bien si la resolución que acuerda la entrega no introduce con claridad las garantías exigidas, estas pueden no ser consideradas vinculantes por el Gobierno de los EE. UU.[894]. Debe huirse de cualquier ambigüedad para que, en estricta interpretación, no quepa duda de su naturaleza vinculante[895]. Otro ejemplo que pone de manifiesto la necesidad de clarificar en lo posible las garantías que se prestan es el bien conocido en España caso Mendoza. Como explica la doctrina norteamericana[896], la clave del caso fue que la nota verbal presentada por el Gobierno de los EE. UU. contenía la afirmación de que *"no objetaría"* el retorno a España del reclamado a efectos del cumplimiento de la pena. Una vez impuesta la sentencia, Mendoza solicitó la ejecución de la condición impuesta por la autoridad judicial de retornar a España para ejecutar allí el fallo. El Gobierno de EE. UU., sin embargo, tomó la posición de que solo había prometido no objetar su trasferencia a España, como algo distinto a un compromiso de certeza de la devolución. El departamento de justicia de los EE. UU. mantuvo que la decisión final estaba exclusivamente en manos del buró de prisiones, como si este fuera una entidad legal separada no comprometida con la garantía prestada. En consecuencia, el Gobierno de los EE. UU. entendió que no rompía ningún acuerdo, dado que, literalmente, solo se había comprometido a no objetar el retorno.

Con relación a la pena de muerte[897], el fundamento de la denegación, como resalta la doctrina, estriba en que resulta ilógico que un Estado que la ha excluido de su ordenamiento acceda a entregar al reclamado, sin matiz alguno, a otro Estado que sí la contempla[898]. Es, pues, una cuestión de norma de orden público interno[899]. Resultaba por ello un tanto incongruente[900] la postura de la Ley de 26 de diciembre de 1958, que denegaba la extradición en este caso y en cuyo art. 7 se establecía, además, la forma concreta en que debía prestarse, que ha desaparecido de la actual normativa: debía conmutarse por otra, debiendo

[894] Bassiouni, *op. cit.*, pág. 616.

[895] Bassiouni, *op. cit.*, pág. 622.

[896] Bassiouni, *op. cit.*, págs. 624 y 625.

[897] Se incluirían los casos en que a la pena de muerte se le añade el llamado fenómeno del corredor de la muerte, donde se juntan condiciones de reclusión muy duras y la expectativa constante de la ejecución de la pena. Véase Sadoff, *op. cit.*, pág. 296, en relación con la sentencia Soering del TEDH.

[898] Pastor Borgoñón, *op. cit.*, pág. 330.

[899] García Sánchez, *op. cit.*, pág. 339.

[900] Pastor Borgoñón, *op. cit.*, pág. 330.

expresarse por el Estado requirente cuál era esa nueva pena antes de concederse la extradición. Dicha norma, calificada en su día de maximalista[901], eliminaba cualquier suspicacia que se pudiera suscitar acerca de la efectividad de las garantías prestadas sobre la no ejecución de la pena capital. Nótese que ahora la Ley no impide la imposición de la pena, sino que veda su ejecución, en línea con lo recogido en el art. 11 del Convenio Europeo de Extradición[902]. Cierto es que alguna reserva formulada al Convenio en este punto está en la línea de la extinta legislación española, cual es la de Liechtenstein[903]. Lo que sucedía es que resultaba irrealizable, dado que, por más que estuviera en un aparente punto de equilibrio entre la denegación de la entrega[904] y la exigencia de no ejecución, suponía la anticipación formal del ejercicio de la prerrogativa de gracia al proceso en sí, lo que, se mire por donde se mire, resulta contrario a cualquier lógica procesal: no es posible conmutar una pena que ni siquiera se ha impuesto[905]. Como precisa la doctrina, "*un Gobierno no puede de antemano conmutar una pena que no ha sido impuesta, ni tampoco asegurar cuál será la sentencia que los tribunales impondrán al reclamado, lo que sí puede hacer el Ejecutivo es asegurar la no ejecución de la pena de muerte en caso de que fuera impuesta*[906]". Por otra parte, no resultaba muy acorde con un principio de separación de poderes: el Estado reclamante no podía asegurar algo –no imposición– que era de la entera competencia de sus respectivos Tribunales[907].

En cuanto al nivel de concreción de las garantías, el Explanatory Report to the European Convention[908] admite varias alternativas: el compromiso formal de no llevar a cabo la pena de muerte, una declaración en el sentido de que se recomendará la conmutación de la pena de muerte o el compromiso de retornar a la persona al Estado reclamado si la persona

[901] Bueno Arús, F. (1981) *Extradición y pena de muerte en el ordenamiento jurídico español*, Anuario de Derecho Penal y Ciencias Penales n.º 2-3, pág. 402.

[902] "*Si el hecho que motivare la solicitud de extradición estuviere castigado con pena capital por la ley de la parte requirente y, en tal caso, dicha pena no se hallare prevista en la legislación de la parte requerida, o generalmente no se ejecutare, podrá no concederse la extradición sino a condición de que la parte requirente de seguridades, consideradas suficientes por la parte requerida, de que la pena capital no será ejecutada*".

[903] Bueno Arús, *Extradición y pena..., op. cit.*, págs. 402 y 403: "*El Principado se reserva la facultad de aplicar el artículo 11 por analogía cuando el Estado requirente no garantice suficientemente que no impondrá pena o medida alguna extraña al Derecho del Principado o que afecten a la integridad corporal de una manera incompatible con el mismo*".

[904] Posición de Italia en la reserva formulada al Convenio Europeo de Extradición: "*Italia declara que no concederá la extradición por infracciones castigadas con la pena capital por la Ley del Estado requirente*".

[905] Sobre los problemas que planteaba la redacción del art. 7, Bueno Arús, *Extradición y pena..., op. cit.*, págs. 405 a 409.

[906] García Sánchez, *op cit.*, pág. 342.

[907] Pastor Borgoñón, *op. cit.*, pág. 330.

[908] "*Under this article extradition may be refused if the law of the requesting Party lays down the death penalty for the offence committed by the person whose extradition is requested and if the death penalty is not provided for under the laws of the requested Party. The requested Party may, however, grant extradition if the requesting Party gives such assurance as may be considered satisfactory that the death penalty will not be carried out. The assurance given may vary according to the country concerned and even according to the particular case. It may, for example, be a formal undertaking not to carry out the death penalty, an undertaking to recommend to the Head of the State that the death penalty be commuted, a simple statement that it is intended to make such a recommendation or an undertaking to return the person extradited if he is condemned to death. It is in any case for the requested Party to decide whether the assurances given are satisfactory*".

fuera condenada a muerte, dejando al entendimiento del país requerido la consideración de si dichas garantías son satisfactorias.

También se incluye dentro del campo de la denegación de la entrega por posible riesgo de tratos inhumanos o degradantes la imposición y ejecución de la cadena perpetua, siempre que sea material y no formalmente perpetua, según la STDH de 9 de abril de 2018 (caso López Elorza *vs.* España)[909], que señala la incompatibilidad de la pena con el Convenio Europeo de Derechos Humanos cuando no puede reducirse *de iure* o *de facto*, según doctrina que puede encontrarse en la STEDH Kafkaris contra Chipre, de 12 de febrero de 2008[910]. Ahora bien, la cuestión fundamental es cuándo nos encontramos ante una sentencia reducible o irreducible. En un principio, el Tribunal Europeo de Derechos Humanos había mantenido que la pena podía ser considerada como reducible cuando su acortamiento dependía de una autoridad gubernativa (Jefe del Estado) o de un indulto[911]. Sin embargo, su doctrina ha evolucionado. Así, tras hacer hincapié en la necesidad de que exista un sistema de reducción de pena que tenga en cuenta la rehabilitación del sujeto[912], ha concluido exigiendo que el condenado sepa desde el momento de la imposición de la pena las posibilidades de revisión existentes, que tenga una perspectiva de liberación y conozca

---

[909] "*97. Es jurisprudencia consolidada del Tribunal que imponer una pena de cadena perpetua a un delincuente adulto no está prohibida en sí mismo o resulta incompatible con el art. 3 o con cualquier otro artículo del Convenio (ver Kafkaris, citado anteriormente, § 97, y referencias citadas al respecto), siempre que no sea manifiestamente desproporcionada (ver Vinter y otros, anteriormente citado, §§ 88 y 89). El Tribunal, sin embargo, mantiene que la imposición de una pena de cadena perpetua sin posibilidad de ser reducida en un adulto puede suponer un problema con arreglo al art. 3 (ver Kafkaris, anteriormente citado, § 97).*

98. Este último principio da lugar a otros dos. En primer lugar, el art. 3 no evita que las penas de cadena perpetua sean en la práctica cumplidas en su integridad. Lo que el art. 3 prohíbe es que la cadena perpetua no se pueda reducir de jure y de facto. En segundo lugar, al determinar si la cadena perpetua en un caso concreto no puede reducirse, el Tribunal intenta dilucidar si un condenado a cadena perpetua tiene perspectivas de ser puesto en libertad. El hecho de que la legislación interna permita la posibilidad de revisar una cadena perpetua con vistas a ser conmutada, condonada, finalizada o resulte en la libertad condicional del prisionero, sería suficiente para ajustarse al art. 3 (ver Kafkaris, anteriormente citado, § 98, y referencias citadas al respecto)". Debe recordarse también que el Tribunal Constitucional, en cuanto al carácter eventualmente perpetuo de la pena de *ergastolo*, ha afirmado que la calificación como inhumana o degradante de una pena no viene determinada exclusivamente por su duración, sino que exige un contenido material, pues "*depende de la ejecución de la pena y de las modalidades que esta reviste, de forma que por su propia naturaleza la pena no acarree sufrimientos de una especial intensidad (penas inhumanas) o provoquen una humillación o sensación de envilecimiento que alcance un nivel determinado, distinto y superior al que suele llevar aparejada la simple imposición de la condena*" (STC 65/1986, de 22 de mayo).

[910] Apdo. 98.

[911] STDH de 9 de abril de 2018 (caso López Elorza *vs.* España): "*99. Hasta una fecha reciente, el Tribunal había mantenido que la mera posibilidad de adaptar la cadena perpetua era suficiente para respetar los requisitos del art. 3. De esta forma, resolvió que la posibilidad de libertad condicional, incluso cuando dicha decisión dependía del Jefe de Estado (ver Kafkaris, anteriormente citado, § 103) o la expectativa del indulto presidencial en forma de indulto o conmutación de la pena (ver Iorgov v. Bulgaria (no. 2), n.º 36.295/02, §§ 51-60, 2 de septiembre de 2010), se consideraba suficiente para establecer dicha posibilidad*".

[912] STDH de 9 de abril de 2018 (caso López Elorza *vs.* España): "*100. En Vinter y otros (citado anteriormente), el Tribunal examinaba de nuevo el problema de cómo determinar si, en un caso concreto, una cadena perpetua podía reducirse. Este aspecto fue considerado a la vista de los objetivos de prevención y rehabilitación de la pena impuesta (§§ 112 a 118). En relación con el principio ya establecido en la Sentencia del caso Kafkaris, el Tribunal subrayó que si una cadena perpetua podía reducirse, debía ser revisada para permitir que las autoridades nacionales tuvieran en cuenta si se había producido algún cambio significativo en el condenado a cadena perpetua, y que su progreso hacia la rehabilitación se había producido a lo largo de la condena, por lo que la prisión ya no se justificase por razones penales legítimas (§ 119)*".

cuál debe ser su conducta para satisfacer las exigencias que la justificarían. Además, estas deben estar basadas en criterios objetivos y preestablecidos en una previsión legal o en la jurisprudencia que la interpreta. Estos criterios tendrán en cuenta el progreso del recluso hacia la rehabilitación, evaluando si dicho progreso ha sido tan significativo que la detención continuada ya no puede justificarse por otros motivos penológicos legítimos[913].

En consecuencia, el penado no solo ha de tener una perspectiva de liberación y conocer cuál debe ser su conducta para satisfacer las exigencias que la justificarían, sino que ha de contar con una posibilidad de recurso para exigirla. Se cuestiona que la simple posibilidad de un indulto presidencial, en sí mismo considerado, sea suficiente[914]. El Auto de Sección 4.ª de la Sala de lo Penal de la Audiencia Nacional, 201/2023, de 29 de marzo, sintetiza de manera perfecta la doctrina del TEDH: "*(...) últimamente (...) se viene estableciendo por el Pleno de esta Sala de lo Penal una mayor concreción, sobre la base de la (...) doctrina Vinter (...) doctrina que establece como estándar aplicable a las posibles condenas*

---

[913] STEDH de 3 de febrero de 2015. Ídem, ATC 4/2019, de 29 de enero. Véase STEDH Vinter contra el Reino Unido, de 9 de julio de 2013, apdo. 122: "*A whole life prisoner is entitled to know, at the outset of his sentence, what he must do to be considered for release and under what conditions, including when a review of his sentence will take place or may be sought. Consequently, where domestic law does not provide any mechanism or possibility for review of a whole life sentence, the incompatibility with Article 3 on this ground already arises at the moment of the imposition of the whole life sentence and not at a later stage of incarceration*". Asimismo, la STEDH Trabelsi contra Bélgica, de 4 de septiembre de 2014, firme el 16 de febrero de 2015, apdo. 113: "*This latter principle gives rise to two further ones. First of all, Article 3 does not prevent life prison sentences from being, in practice, served in their entirety. What Article 3 does prohibit is that a life sentence should be irreducible de jure and de facto. Secondly, in determining whether a life sentence in a given case can be regarded as irreducible, the Court seeks to ascertain whether a life prisoner can be said to have any prospect of release. Where national law affords the possibility of review of a life sentence with a view to its commutation, remission, termination or the conditional release of the prisoner, this will be sufficient to satisfy Article 3 (see Kafkaris, cited above, § 98, and references cited therein)*". Asimismo, en su apdo. 115: "*Furthermore, the Court explained for the first time that a whole-life prisoner was entitled to know, at the outset of his sentence, what he must do to be considered for release and under what conditions, including when a review of his sentence would take place or could be sought. Consequently, where domestic law did not provide any mechanism or possibility for review of a whole-life sentence, the incompatibility with Article 3 on this ground already arose at the moment of the imposition of the whole-life sentence and not at a later stage of incarceration*". La STEDJH Matiosaitis y otros contra Lituania, de 23 de mayo de 2017, firme el 23 de agosto, reitera que "*The Court has also stated that to the extent necessary for the prisoner to know what he or she must do to be considered for release and under what conditions, it may be required that reasons be provided, and this should be safeguarded by access to judicial review (see Murray, cited above, § 100). The Court has already established that presidential pardon in Lithuania de facto does not allow a life prisoner to know what he or she must do to be considered for release and under what conditions. It has also noted the absence of judicial review which could lead to full or partial commutation of a life sentence*". Sin perjuicio de compartir el razonamiento del Tribunal, no deja de resultar chocante que el artículo 5 de la Decisión Marco de 13 de junio de 2002, de Orden europea de detención y entrega, siga considerando suficiente garantía la medida de gracia en casos de pena privativa de libertad a perpetuidad.

[914] STDEH de 9 de abril de 2018: "*101. Más tarde, en el caso Trabelsi (anteriormente citado), la Sala consideró que las garantías ofrecidas por el Gobierno de EE. UU. al Gobierno belga no habían sido suficientemente precisas, y concluyó que la legislación estadounidense que regula la reducción de cadenas perpetuas y el indulto presidencial no satisfacen los requisitos del art. 3 porque ninguna de ellas suponen «un mecanismo de revisión que requiera de las autoridades nacionales determinar o averiguar, en base a los criterios objetivos y preestablecidos de los que el prisionero tiene conocimiento exacto en el momento de imponerse la cadena perpetua, si en el momento de comunicar la condena, el prisionero ha cambiado y progresado hasta tal punto que la prisión no pueda justificarse por razones penales legítimas» (ibid., § 137). El Tribunal decidió que la extradición del Sr. Trabelsi a EE. UU. hubiera supuesto una vulneración de sus derechos con arreglo al art. 3. En el asunto Harkins (anteriormente citado), que suscitó una cuestión parecida, la solicitud se declaró inadmisible por otros motivos por decisión de la Gran Sala*". El Auto 390/2023, de 21 de julio, de la Sección 4.ª de la Sala de lo Penal, hace un compendio de la doctrina del TEDH. Ídem Auto 78/2023, de 8 de febrero, de la Sección 1.ª de la Sala de lo Penal.

de prisión perpetua en materia de extradición: a) que la revisibilidad de la prisión perpetua no puede quedar en una mera hipótesis o garantía formal y b) que la garantía debe alcanzar a que exista una revisibilidad de iure *(o sea, que la legislación nacional concernida debe contar con mecanismos ciertos o posibles de revisión, que además sean conocidos por el penado) y de facto (es decir, que deben existir condiciones o situaciones que, de darse, puedan generar en el condenado una expectativa cierta de libertad, atendiendo a principios de prevención y rehabilitación): Ambas condiciones deben conjugarse, de tal manera que determinan que la cadena perpetua debe necesariamente revisarse pasado cierto tiempo (condición* de iure*), para comprobar si se ha producido en el penado un cambio significativo y ha progresado en su rehabilitación, a efectos de poder llegar a la consideración de si la prisión ha dejado de tener justificación por razones legítimas y ha dejado de ser necesaria (condición de facto).*

De este modo, se ha ido abriendo paso un criterio más alejado del mero formalismo, que está presente en las últimas resoluciones dictadas sobre la materia por el Pleno de esta Sala del o pena (Auto 19/2023, de 20 de marzo) (...) decidimos utilizar (...) la siguiente fórmula: Que por parte de las autoridades competentes se comprometan a la posibilidad de una revisión efectiva de la cadena perpetua, de forma que en ningún caso pueda entrañar prisión de por vida, en los términos fijados en la jurisprudencia del TEDH, debiendo indicarse por dichas autoridades los mecanismos concretos y con arreglo a qué base legal y bajo qué criterios tiene el reclamado derecho a que la pena sea revisada".

Ahora bien, como señala la decisión de inadmisión del Tribunal Europeo de Derechos Humanos, Sección 5.ª, en la apelación 13869/2022, de 13 de julio de 2023, caso Carvajal Barrios, para que entre en juego la doctrina expuesta es preciso que se acredite de forma indudable que existe un riesgo real de que sea impuesta una pena de prisión perpetua irreducible de *iure o de facto*, sin consideración de circunstancias agravantes o atenuantes. Solo una vez acreditada esta cuestión se procedería al examen del carácter irreducible de la condena y la inexistencia de un sistema objetivo, previo y previsible de reducción de esta (parágrafos 79 a 97). Esta Decisión, en la práctica, supondrá un límite a la aplicación de la exigente doctrina del Tribunal acerca de cuáles son los requisitos para entender que la pena es irreducible, pues apunta a toda una serie de circunstancias de mitigación de la pena a imponer que parece difícil que no se acrediten por el Estado requirente, como que ninguno de los cargos tenga una pena obligatoria y exclusiva de cadena perpetua, o que pueda alcanzar una conformidad con cargos menores, o que puede presentar una moción pidiendo a la Sala que tenga en cuenta su cooperación para imponer las penas mínimas. Junto a ello, toda una serie de factores que se detallan en el apdo. 85, con referencia al título 18, sección 3553(a) del Código procesal de EE. UU. pueden llevar, según la corte, a que la pena puede ser significativamente inferior.

Por otra parte, frente a la tesis que postula que debiera fijarse como garantía la prohibición de cumplimiento por un tiempo superior al permitido en nuestro ordenamiento, la idea predominante es que el órgano judicial español no puede imponer máximos de cumplimiento que están fijados pensando en una realidad criminal y social propia y que nada tiene que ver con la del país requirente, debiéndose rechazar una equiparación punitiva nominal[915], máxime cuando la Audiencia Nacional ha rechazado que la discrepancia en la respuesta penal sea motivo de denegación de la extradición, dado que la falta de proporcionalidad de dicha respuesta, más allá del límite de la cadena perpetua efectiva, no es causa de rechazo de la entrega[916]. Incluso, visto el progresivo endurecimiento punitivo de

---

[915] Bellido Penadés, *op. cit.*, pág. 80. García Sánchez, *op. cit.*, pág. 347, recoge el giro de la Audiencia Nacional en la materia. En ese sentido, el ATC 4/2019, de 29 de enero, afirma que "*Nuestra jurisprudencia ha reiterado que la decisión de cuál es la pena proporcionada que la ley debe asignar a un hecho determinado implica un complejo juicio de valoración política y social que –en principio– es competencia del legislador (...)*". Pues bien, máxime cuando dicho criterio lo establece un legislador extranjero. En el mismo sentido, Auto del Pleno de la Sala 78/2020, de 30 de diciembre: "*Tampoco cabe acoger la pretensión de que debiera fijarse un límite máximo de cumplimiento por acumulación de las penas imponibles en el Estado requirente, ni atender como causa de denegación de la entrega la desproporcionalidad de las penas (...)*". Igualmente, Auto del Pleno de la Sala 6/2022, de 18 de enero, que recoge la doctrina fijada en el Auto anterior.

[916] Autos de la Sala de lo Penal de la Audiencia Nacional, Pleno, 36/2018, de 26 de febrero; 118/2018, de 26 de febrero; 103/2018, de 26 de febrero; 38/2018, de 26 de febrero, y 37/2018, de 26 de febrero, entre otros. Más recientemente, Auto de Pleno de la Sala 74/2020, de 18 de diciembre: "*(...) por este motivo, en dicha resolución de 15 de enero de 2016, respecto de la alegada desproporcionalidad de la pena, indicamos que la diferente respuesta punitiva prevista en la ley no es argumento que obstaculice la entrega y que en materia extradicional el principio de proporcionalidad referido al máximo punitivo opera en relación a la pena de muerte y a la de reclusión perpetua...concluyendo que la pena prevista en abstracto no permite considerar que atenta contra el principio de proporcionalidad*". También, Auto 866/2021, de 12 de noviembre, de la Sección 1.ª. Últimamente, Auto 336/2023, de 12 de mayo, de la Sección 1.ª: "*Es criterio consolidado del Pleno de esta Sala (autos 57/2019, de 1 de julio, y 10/2021, de 15 de febrero, entre otros), que a este Tribunal (...) no le corresponde hacer una crítica sobre la penalidad que atribuye el Estado reclamante a los tipos delictivos aplicables a las conductas supuestamente protagonizadas por el reclamado, pues ningún precepto legal convencional lo impone*". También, Auto 353/2023, de 24 de mayo, de la Sección 1.ª: "*Por último, y en relación con el principio de proporcionalidad, se afirma en la vista extradicional, por la defensa del reclamado, que la pena que podría imponerse al. reclamado, según la legislación penal argentina que figura en la demanda extradicional, excedería con mucho, especialmente cuando se trata de concurso de delitos, de la pena prevista por nuestro Código Penal para supuestos semejantes. Respecto de este principio, hemos dicho en algunas resoluciones, como la del Pleno de 18 de diciembre de 2020, en casos de diferente la respuesta penológica, «(...) su desproporción en nada afecta al cumplimiento de los requisitos necesarios para acceder a la extradición. NI el Tratado de extradición aplicable ni la Ley de Extradición pasiva condicionan la aceptación de la extradición a la semejanza de las penas Imponibles en uno y otro ordenamiento (...)». Igualmente, en el Auto del Pleno de 15 de enero de 2016, respecto de la alegada desproporcionalidad de la pena, indicamos que «(...) la diferente respuesta punitiva prevista en la ley no es argumento que obstaculice la entrega y que en materia extradicional el principio de proporcionalidad referido al máximo punitivo opera en relación a la pena de muerte y a la de reclusión perpetua. Incluso en este caso se autoriza la extradición siempre que el Estado de emisión garantice que se impondrá una pena que no signifique necesaria e indefectiblemente privación de libertad de por vida; concluyendo que la pena prevista en abstracto no permite considerar que atenta contra el principio de proporcionalidad. Y, en el mismo sentido, entre otros, el auto de Pleno de esta Sata 81/2019 de 22 noviembre aclara que la diferencia penológica no afecta a los principios de doble incriminación y mínimo punitivo y no puede obstar a la entrega, salvo que la pena prevista fuera inhumana o degradante y contraviniera los principios establecidos en los artículos 15 y 25 de la Constitución Española. Además de todo ello, en modo alguno, como se dijo en el auto del Pleno de 16 de octubre de 2020 (Recurso de Súplica 58/2020) la previsión máxima de pena que resulta de sumarias previstas en el ordenamiento jurídico del país reclamante no puede considerarse como la imposición de penas que atenten a la integridad corporal del reclamado o que puedan suponer someterse a tratos inhumanos o degradantes, que es lo que determina según el art. 4 en su n.º 6.º de la Ley de Extradición Pasiva la concurrencia de una causa para denegarla extradición (...)»*". De la misma sección, Auto 410/2022, de 29 de junio: "*En otro Auto de Pleno de 15 de enero de 2016, respecto de una alegada desproporcionalidad de pena, indicamos que la diferente respuesta punitiva prevista en la ley no es argumento que obstaculice la entrega y que en materia extradicional el principio de proporcionalidad referido al máximo punitivo opera en relación a la pena de muerte y a la de reclusión perpetua. Incluso en este caso se autoriza la extradición siempre que el Estado de emisión garantice que se impondrá una pena que no signifique necesaria e indefectiblemente privación de libertad de por vida; concluyendo que la pena prevista en abstracto no permite considerar que atenta contra el principio de proporcionalidad. Y , en el mismo sentido, entre otros, el auto de Pleno de esta Sala 81/2019, de 22 de noviembre aclara que la diferencia penológica n afecta a los principios de doble incriminación y*

nuestro Código Penal en algunos aspectos, la imposición de dicha garantía resultaría contraproducente para los intereses del *extraditurus*.

No será precisa la exigencia de garantías cuando la legislación del Estado requirente ya contemple formas de reducción de la pena, demostrando así que no es indefectiblemente de por vida[917].

Se plantea doctrinalmente si la entrega de una persona enferma puede significar un trato inhumano o degradante. Con carácter general, salvo que alcancemos tal punto por las circunstancias concretas de la enfermedad, como la imposibilidad de tratamiento adecuado en el Estado de emisión que acarree un deterioro grave del sujeto, con padecimientos innecesarios, consideramos que no será causa o motivo de denegación[918]. En lo tocante a la enfermedad mental sobrevenida, que en el ordenamiento español supone la imposibilidad de ser sometido a enjuiciamiento, a tenor del art. 383 LECrim., como ya dijimos en su momento[919], el concepto de trato inhumano o degradante, junto a un indudable sentido material, puede adquirir una dimensión procesal, referida a aquellos casos en que el ordenamiento español no permite el enjuiciamiento de personas que incurren en demencia sobrevenida tras la comisión del delito, en los términos del mentado art. 383 LECrim., si en el Estado reclamante no existiera un impedimento semejante que imposibilitara el juicio en estado de demencia. Resultaría contrario a la dignidad humana que fuera sometida a juicio una persona que ni puede saber en qué lugar se encuentra, ni comprender siquiera lo que se le está preguntando ni sea capaz de percibir de qué se le acusa. En este sentido, el Tribunal Constitucional, en su STC 192/2003, de 27 de octubre, define la dignidad de la persona como "*el derecho de todas las personas a un trato que no contradiga su condición de ser racional igual y libre, capaz de determinar su conducta en relación consigo mismo y su entorno, esto es, la capacidad de «autodeterminación consciente y responsable de la propia vida» (STC 53/1985, FJ 8.), así como el libre desarrollo de su personalidad (art. 10.1 CE). Recordemos una vez más que «la regla del art. 10.1 CE, proyectada sobre los derechos individuales, implica que la dignidad ha de permanecer inalterada cualquiera que sea la situación en que la persona se encuentre, constituyendo, en consecuencia, un minimum invulnerable que todo estatuto jurídico debe asegurar, de modo que las limitaciones que se*

---

mínimo punitivo y no puede obstar a la entrega, salvo que l pena prevista fuera inhumana o degradante y contraviniere los principios establecidos en los artículos 15 y 25 de la Constitución Española". De forma coincidente, Auto 17/2020, de 29 de junio, de la Sección 2.ª, así como el Auto 81/2019, de 22 de noviembre, del Pleno de la Sala.

[917] Auto de la Sala de lo Penal de la Audiencia Nacional, Pleno, 26/2019, de 26 de abril.

[918] Cezón, *op. cit.*, págs. 225 y 226, lo extiende a los casos en que la enfermedad pueda acarrear males desproporcionados, sin llegar a los tratos inhumanos o degradantes. Sin embargo, ni en la Ley ni en los tratados encontramos la falta de proporcionalidad como criterio de denegación, y ni en una u otros existe una cláusula abierta de rechazo por motivos análogos o semejantes a los previstos en la norma legal o convencional. La existencia de *numerus clausus* en relación con los motivos de denegación de la entrega implica que no es posible extenderlos a casos ajenos a los previstos. La falta de proporcionalidad únicamente tiene traducción, bien por abajo —exclusión de la entrega en penas mínimas—, bien por arriba —tratos inhumanos o degradantes—, en dos motivos concretos de rechazo de la entrega previstos en las normas, pero no puede utilizarse como criterio general *extralegem* de denegación, pues ambas exclusiones satisfacen plenamente el respeto del valor de la justicia y la dignidad de la persona, que no se hallan en peligro en casos intermedios, como parece dar a entender el autor citado.

[919] Bautista Samaniego, C. *Trato inhumano o degradante y su naturaleza material y procesal como motivo de denegación de la extradición*, La Ley Penal n.º 116, 1 de septiembre de 2015, págs. 2 y 3.

impongan en el disfrute de derechos individuales no conlleven un menosprecio para la estima que, en cuanto ser humano, merece la persona –SSTC 120/1990, de 27 de junio, FJ 4 y 57/1994, de 28 de febrero, FJ 3 A–»".

A nuestro juicio, resulta palpable que el enjuiciamiento de una persona que padece una enfermedad que le imposibilita de manera absoluta la percepción y comprensión mínima del entorno vulnera el derecho a un trato digno que todo individuo puede exigir del Estado y de sus órganos. Esta es la tesis a la que ha llegado la jurisprudencia, que, tras alguna oscilación, ha concluido afirmando la incompatibilidad del ejercicio del derecho de defensa con la situación de incapacidad sobrevenida[920]. Pues bien, si, en palabras de la STS 1033/2010, de 24 de noviembre, "*acordar la celebración del juicio contra quien no es capaz de entender lo que en él ocurre también resulta inconstitucional por lesionar el adecuado ejercicio del derecho de defensa (art. 24 de la CE) y el derecho a un proceso justo, la celebración de un juicio contra quien no entiende ni puede defenderse supone el quebranto de*

---

[920] STS 669/2006, de 14 de junio, que resume la jurisprudencia al respecto, establece: "*Es de aplicación la opinión mayoritaria de la Sala en la STS 2.4.93, que en su Fundamento Jurídico cuarto estableció que «el equilibrio necesario entre las partes que intervienen en el proceso penal exige de manera imperiosa el pleno ejercicio del derecho de defensa que se vertebra en diversas opciones. El derecho de asistencia letrada y el derecho a la autodefensa constituyen los pilares básicos sobre los que se asienta un proceso con la debida adecuación a las exigencias constitucionales. Las facilidades para dotar a una persona de la debida asistencia técnica de Letrados aparecen recogidas en nuestro ordenamiento a través de varias disposiciones de la Ley de Enjuiciamiento Criminal y han sido debidamente satisfechas en este proceso. Pero el complemento ineludible de esta garantía viene constituido por la posibilidad efectiva de ejercitar con eficacia el derecho a la autodefensa siguiendo con la debida atención todas las vicisitudes del proceso y haciendo a su abogado y al Tribunal aquellas observaciones que fuesen pertinentes sobre el desarrollo de las pruebas o sobre cualquier otra incidencia o circunstancia que pueda surgir en el desarrollo del juicio. No existió una verdadera igualdad de armas procesales. El recurrente no se encontraba con las facultades mentales necesarias para afrontar un juicio de gran trascendencia para sus intereses en cuanto que se solicitaba y se impuso la pena máxima prevista por nuestro ordenamiento penal, lo que hacía necesario que hubiese gozado de todos los medios necesarios para defenderse y especialmente, para afrontar su interrogatorio desde el principio del juicio y para poder ponerse de acuerdo eficazmente con su Abogado» (...). En definitiva, el derecho defensa queda vulnerado por la merma de posibilidades de autodefensa, modalidad que sí está presente en la legislación procesal: En el proceso penal, donde se enfrentan el derecho de la sociedad a castigar las conductas punibles y el derecho del acusado a defenderse, estando en juego primordialmente el derecho de libertad y la propia dignidad de la persona, el derecho a la autodefensa o defensa privada cobra singular relieve y la misma LECrim. (...) la contempla, aunque limitadamente. Así, por ejemplo, en la fase instructora, la asistencia personal a las diligencias de investigación, art. 333 con posibilidad de formular observaciones en la diligencia de inspección ocular y asistir al reconocimiento por peritos de los lugares, armas, instrumentos y efectos a que los arts. 334 y 335 se refieren, art. 336, en los casos de prueba preconstituida, art. 448, a declarar cuantas veces quiera y cuando estime pertinente para su defensa a lo largo del sumario, arts. 396 y 400; a su presencia al acto del informe pericial, art. 476, registro de un domicilio, art. 569.1, de papeles y efectos, art. 576, y apertura y registro de la correspondencia postal, art. 584. Por su parte, en la fase del juicio oral, el acusado puede plantear su conformidad a la pena solicitada por la acusación, arts. 655 y 688, así como ejercitar su derecho a la última palabra, art. 739. Estas posibilidades de autodefensa se resumen en que la participación del imputado exige su presencia activa y audiencia, exigencia que se reconduce a la propia significación del principio de contradicción en su desarrollo procesal y que constituyen lo que la doctrina denomina un conjunto de «derechos instrumentales». Con arreglo a este entendimiento o interpretación del art. 24.2 CE. relación con el art. 6.3 c) CEDH, el derecho a defenderse por sí mismo no se agota, aun comprendiéndolo en determinados supuestos, en su dimensión de derecho alternativo al derecho a la asistencia técnica, sino que posee siempre un contenido propio, relativamente autónomo, en cuanto expresión del carácter, en cierto modo, dual de la defensa penal, integrada normalmente por la concurrencia de dos sujetos procesales, el imputado y su abogado defensor, con independencia del desigual protagonismo de ambos. Una de las manifestaciones más expresivas y genuinas de la autodefensa se ha considerado por la doctrina el llamado «derecho a la última palabra» del art. 739 LECrim. que se inscribe plenamente en el derecho de defensa, en cuanto es la oportunidad procesal penal para corregir cualquier olvido u error o matizar hechos o afirmaciones barajadas en el curso del juicio (STC 65/2003 de 7 de abril, 207/2002 de 11 de noviembre)*".

los derechos más elementales que conforman un juicio justo, sin obviar que la imposición de la medida de seguridad necesitará un previo pronunciamiento sobre el hecho y su antijuricidad", no cabe duda de que celebrar una vista frente a un enajenado resulta un trato degradante, en este caso procedimental, que debe parigualarse, en su tratamiento procesal, a la brutalidad física. Debe hacerse notar que el art. 4.6 LEP, a la hora de definir los tratos inhumanos o degradantes como motivo de oposición, no utiliza la expresión "pena", sino la más amplia de "trato". Así, mientras pena, en la primera acepción del RAE, significa "*castigo impuesto por autoridad legítima al que ha cometido un delito o falta*" , trato significa "*acción u oficio de tratarse*", lo que es indudablemente más amplio, pues incluye todo acto del cual resulte una vejación inhumana o degradante contraria a la dignidad de la persona, y ello puede venir provocado no solo por la pena impuesta, sino por el sometimiento indebido a procesos penales cuando dicha sujeción, en sí misma, puede entenderse lesiva a la dignidad de la persona. Equivaldrá a una vejación atendida la enfermedad mental que padece el sujeto, que le hace incapaz de entender lo que está sucediendo en juicio, de articular una defensa y de contribuir eficazmente a la estrategia diseñada por su representación letrada. En consecuencia, podría invocarse la causa de denegación del art. 4.6 LEP frente a cualquier demanda de extradición proveniente de un Estado que permitiese el enjuiciamiento de personas en quienes concurra una demencia sobrevenida, circunstancia esta que supone un óbice de enjuiciamiento de orden público procesal de obligado respeto por los órganos judiciales[921]. El Pleno de la Sala de lo Penal de la Audiencia Nacional, en su Auto 42/2016, de 27 de junio, relativo a un español con grave enfermedad física reclamado en extradición, denegó la entrega no por los motivos antedichos, sino por consideraciones de puro carácter práctico: de accederse a la entrega, habría que posponerla *sine die*, y, además, la decisión impediría una segunda opción, cual es la de realizar su enjuiciamiento en España[922]. Por su parte, la STEDH de 16 de abril de 2013, firme el 9 de junio, caso Aswat contra el Reino Unido, considera que, con relación a las personas que padecen enfermedad mental, la ausencia de tratamiento médico en el Estado de emisión y las condiciones de la detención pueden contrariar las previsiones del art. 3 del Convenio Europeo de Derechos Humanos. En estos casos, la extradición a un país distinto y potencialmente más hostil así como el ambiente carcelario pueden suponer una deterioro significante de la salud mental y físico del reclamado, pudiendo alcanzar dicho deterioro los límites del art. 3 del Convenio. Según la corte europea, el sentimiento de inferioridad e impotencia que es típico de personas que sufren desórdenes mentales hace que se deba ser especialmente vigilante a efectos de determinar si se ha cumplido el Convenio, teniendo en cuenta la condición médica del detenido, la adecuación de la asistencia médica que pueda facilitarse en detención y la conveniencia de mantener o no la medida de privación

---

921 Bautista Samaniego, *Trato inhumano o degradante..., op. cit.*, pág. 8.

922 *"(...) Partiendo de las consideraciones encontradas en los informes médicos, que hablan del deterioro progresivo general en el estado de salud del reclamado y de un empeoramiento con el paso del tiempo (...) no es descartable que, en caso de haber accedido a la extradición, llegado el caso de tener que materializarla, ese empeoramiento de salud pudiera llegar al punto de tener que suspender el traslado, posiblemente sine die, por razones humanitarias, con la consecuencia de que, concedida la extradición, habría quedado cerrado el paso a la posibilidad de enjuiciamiento en España, por incompatibilidad con el principio aut dedere aut iudicare, por cuanto que, habiendo optado por dar al reclamado en extradición (dedere), ya no habría lugar a la otra opción (iudicare) (...)".*

de libertad en atención al estado médico del detenido[923]. A su vez, la Sección 4.ª de la Sala de lo Penal de la Audiencia Nacional, en su Auto 114/2023, de 21 de febrero, rechaza la entrega cuando la "*enfermedad que padece el reclamado le impide , no solo valerse por sí mismo en las tareas cotidianas, sino que le impide tener conocimiento del sentido y alcance de la reclamación (...)*". En el mismo sentido se pronunció el voto particular al Auto del Pleno 67/2020, de 24 de noviembre[924], relativo a una persona con discapacidad visual.

En lo tocante al traslado del reclamado, la doctrina entiende que, si debido a razones médicas, una persona afronta un cierto peligro de muerte a consecuencia del viaje requerido para efectuar la extradición, o por la ausencia de un adecuado tratamiento médico, este hecho podría encuadrarse dentro del riesgo para el derecho a la vida[925]. Los convenios internacionales ofrecen distintas respuestas a este supuesto: desde no mencionar tal circunstancia, pasando por entender que estamos ante una causa de aplazamiento de la entrega y terminando por considerarla como motivo de denegación. Así, la Ley Modelo de Extradición de Naciones Unidas, en su art. 26.4 c) establece que "*el [poder ejecutivo del país que adopta la ley] podrá negarse a ordenar la entrega de la persona reclamada al Estado requirente, si piensa que hay motivos sustanciales que: c) [la extradición de esa persona sería incompatible con consideraciones humanitarias en vista de su edad o estado de salud [u otra circunstancia personal].* De igual forma, en su artículo 29, referido al aplazamiento de la entrega, recoge en su apartado b) como una de las causas de aplazamiento que "*la entrega de esa persona hubiese puesto su vida en peligro o hubiese sido extremadamente perjudicial para su salud o hubiese otra razón humanitaria grave para demorar su entrega al Estado requirente*". Asimismo, el Tratado de extradición entre España y Canadá[926] pone el acento en la persona del *extraditurus* cuando establece en su artículo 4.4 como causa facultativa de denegación de la extradición "*Si el Estado requerido, aun teniendo en cuenta la naturaleza del delito y los intereses del Estado requirente, considera que, por razones de salud o edad, la extradición sería incompatible con consideraciones humanitarias*". Muy similar es el art. 4 c) del Tratado de extradición con Vietnam, de 1 de octubre de 2014[927]: "*La parte requerida (...) considera que la extradición sería incompatible con consideraciones humanitarias, a la vista de la edad de la persona, su salud o cualquier otra circunstancia personal*". En el mismo sentido se pronuncia el Tratado de extradición entre España y Panamá, de 10 de noviembre de 1997[928], al recoger en su art. 6.1 c) como motivo de rechazo facultativo de la extradición "*si la parte requerida (...) considera que, dadas las circunstancias personales de la persona reclamada, tales como la edad, salud, la situación familiar u otras circunstancias similares, la extradición de esa persona no serían compatible con consideraciones de tipo humanitario*". También como causa de rechazo la contempla el artículo 7.1 d) del Tratado de extradición con la República de El Salvador de 10 de marzo de 1997[929]: "*Si la*

---

923 Apdos. 49, 50, 52, 55, 56 y 58.

924 "*La reclusión penitenciaria de una persona con grave discapacidad sensorial y física supone un sacrificio añadido a la privación de libertad, máxime en un sistema penitenciario como el del Estado requirente, que no contempla la desigualdad que padece y que, por ello, agrava su reclusión por encima de lo tolerable*".

925 Almeida Costa, M. J., *Extradition law: reviewing grounds..., op. cit.*, pág. 77.

926 BOE de 8 de agosto de 1990.

927 BOE de 3 de abril de 2017.

928 BOE de 5 de septiembre de 1998,

929 BOE de 13 de febrero de 1998.

parte requerida (...) considera que, dadas las circunstancias personales de la persona reclamada, tales como la edad, salud, la situación familiar u otras circunstancias similares, la extradición de la persona no sería compatible con consideraciones de tipo humanitario". Igualmente, el art. 7.1 d) del Tratado de extradición con Honduras, de 13 de noviembre de 1999[930], con el mismo tenor literal. También, con idénticas palabras, art. 7.1 e) del Tratado de extradición con la República de Nicaragua, de 12 de noviembre de 1997[931].

Como motivo de aplazamiento basado en consideraciones humanitarias lo encontramos en el Tratado de extradición entre el Reino de España y la República de Perú, de 28 de junio de 1989 cuando, en su artículo 19.2 contempla el aplazamiento del traslado si "*pusiere seriamente en peligro la vida o la salud de la persona reclamada*", en cuyo caso "*la entrega podría ser postergada hasta que desaparezca la circunstancia*". Del mismo modo, en el art. 19.2 del Tratado de extradición con Argentina de 3 de marzo de 1987[932]: "*Cuando el traslado pusiese seriamente en peligro la vida o la salud de la persona reclamada, la entrega podrá ser postergada hasta que desaparezca tal circunstancia*". Ídem, en el art. 19 del Tratado de extradición con Bolivia, de fecha 24 de abril de 1990[933]: "*Cuando el traslado pusiere seriamente en peligro la vida o la salud de la persona reclamada, podrá ser postergada hasta que desaparezca esta circunstancia*". Referencia al carácter personal del motivo humanitario se contiene en el art. 13.2 c) del tratado de extradición con Brasil de 2 de febrero de 1988[934]: *la entrega se aplazará (...) cuando por circunstancias excepcionales, de carácter personal y suficientemente serias, el traslado sea incompatible con razones humanitarias*". Lo mismo recoge el art. 12.2 del Tratado de extradición con la República de Ecuador[935]: "*El Estado requerido puede postergar la entrega de una persona cuando su estado de salud u otras circunstancias de carácter personal sean de tal naturaleza que pongan en peligro su vida o ser enteramente incompatibles con consideraciones de tipo humanitario*".

En el ámbito de los tratos inhumanos o degradantes surge asimismo la cuestión de las condiciones de cumplimiento de una pena o medida privativa de libertad. Ya en la STDH de 22 de octubre de 2009, caso Orchowski, el Tribunal ha considerado que el hacinamiento penitenciario, unido a carencias ciertas en higiene y salubridad de los centros, puede constituir un trato inhumano o degradante. Esta línea es reiterada por la doctrina uniforme del mismo Tribunal, que considera que el art. 3 del CEDH impone a las autoridades del Estado en cuyo territorio se lleve a cabo un encarcelamiento la obligación positiva de cerciorarse de que cualquier reo esté recluido en condiciones que garanticen el respeto de la dignidad humana, de que las modalidades de ejecución de la medida de privación de libertad no expongan al recluso a una angustia o a dificultades cuya

930 BOE de 30 de mayo de 2002. Ejemplo de aplicación de esta cláusula, Auto 160/2022, de 8 de abril, de la Sección 3.ª de la Sala de lo Penal, en atención a estar ante un delito de escasa gravedad e interés de una menor que se vería perjudicada.

931 BOE de 30 de septiembre de 2000.

932 BOE 17 de julio de 1990.

933 BOE de 30 de mayo de 1995.

934 BOE de 21 de junio de 1990. Idéntica redacción se contiene en el artículo 19.3 del Tratado de extradición de 14 de abril de 1992 con la República de Chile (BOE de 10 de enero de 1995)

935 BOE de 28 de junio de 1989.

intensidad supere el nivel inevitable de sufrimiento inherente a la reclusión y de que, dadas las limitaciones prácticas del encarcelamiento, se vele adecuadamente por la salud y el bienestar del recluso (véase TEDH, Sentencia Torreggiani y otros *vs.* Italia de 8 de enero de 2013, n.os 43517/09, 46882/09, 55400/09, 57875/09, 61535/09, 35315/10 y 37818/10, apdo. 65).

Las SSTEDH Petrescu contra Portugal, de 3 de diciembre de 2019, y JMB y otros contra Francia, de 30 de enero de 2020, señalan una serie de parámetros para poder evaluar si estamos ante una situación de hacinamiento que equivale a un trato degradante. El Tribunal ha entendido que, cuando el hacinamiento alcanza un cierto nivel, la falta de espacio en un establecimiento puede constituir el elemento central a tener en cuenta a la hora de evaluar si las condiciones de detención en cuestión pueden ser consideradas como "degradantes" en el sentido del art. 3 CEDH. En los casos tratados en estas sentencias, la corte europea confirmó lo expuesto en resoluciones precedentes sobre la materia, en el sentido de que el requisito de tres metros cuadrados de espacio personal en el piso por detenido (incluido el espacio ocupado por muebles, pero no por instalaciones sanitarias) en una celda colectiva debe seguir siendo el estándar mínimo relevante para los fines de evaluación de las condiciones de detención en virtud del art. 3 CEDH. Aclaró que un espacio personal menor al indicado en una celda colectiva da lugar a una presunción fuerte –pero no irrefutable– de violación a esta disposición.

En particular, la fuerte presunción en cuestión solo puede ser refutada si se cumplen todos estos factores:

– Las reducciones en el espacio personal en comparación con el mínimo requerido de tres metros cuadrados son cortas, ocasionales y menores.

– Están acompañados de suficiente libertad de movimiento fuera de la celda y actividades adecuadas fuera de ella.

– El solicitante está encarcelado en un establecimiento que generalmente ofrece condiciones dignas de detención y no está sujeto a otros factores considerados como circunstancias agravantes de malas condiciones de detención.

Además, se debe tener en cuenta la capacidad que tiene el detenido de usar el inodoro en forma privada, la ventilación disponible, el acceso a la luz y al aire natural, la calidad de la calefacción y el cumplimiento de los requisitos sanitarios básicos.

Ahora bien, de acuerdo con la STJUE de 5 de abril de 2016 (Aranyosi-Caldararu), la mera existencia de elementos que acrediten deficiencias sistémicas o generalizadas que afecten a ciertos grupos de personas o a ciertos centros de reclusión en lo referente a las condiciones de reclusión no implica necesariamente que, en un caso concreto, la persona de que se trate vaya a sufrir un trato inhumano o degradante en el supuesto de que sea entregada a las autoridades de ese Estado[936].

[936] En este sentido, Auto 57/2022, de 1 de febrero, de la Sección 1.ª de la Sala de lo Penal, que rechaza la alegación sobre el estado de las prisiones, en general, sea causa de rechazo, siendo preciso que se determine cómo dicha circunstancia puede afectar de forma concreta al reclamado. En esta línea, la mera argumentación referida a la condición de juez del reclamado no es suficiente.

Junto a lo anterior, la situación de seguridad en las prisiones con riesgo para la vida e integridad física de los reclusos puede llegar a ser causa obstativa de la entrega, según la doctrina de la Sala[937].

Una última consideración merece este apartado, y es la de si la exigencia de garantías está constreñida a los supuestos expresamente previstos en la Ley o si, por el contrario, es posible introducir en las resoluciones accediendo a la entrega garantías no previstas ni en la Ley ni en los tratados. Nos referimos, de forma más concreta, al establecimiento como garantía del cumplimiento de la pena en territorio español. A nuestro juicio, estando vinculado al Derecho extradicional el principio de legalidad, bien convencional, bien normativo interno, no es posible introducir de manera indiscriminada cláusulas de seguridad no previstas en las normas aplicables, tal y como establece el Auto de la Sala Pleno, 282/2018, de 10 de julio[938]. Únicamente si se apreciase riesgo cierto de tratos inhumanos o degradantes durante la ejecución de la pena, y como expresión del principio *pro actione* en materia extradicional, podría admitirse dicha garantía como vía intermedia para evitar optar entre una negativa rotunda o una entrega sin matices, pero no en otro caso. La cierta confusión en la materia arranca

---

[937] Auto del Pleno de la Sala de lo Penal 75/2021, de 8 de noviembre: "*(...) la falta de garantía por parte del Estado ecuatoriano de preservar el derecho a la vida y a la integridad física de su defendido en los centros ecuatorianos. Al respecto, esgrime y describe un cúmulo de gravísimos incidentes producidos en los centros penitenciarios ecuatorianos en lo que va de 2021 (...) esgrime que nos encontramos ante concretos hechos violentos, sin que las autoridades ecuatorianas tengan control alguno sobre sus centros penitenciarios y que en lo que va de año se ha causado la muerte de centenares de reclusos. No son hechos aislados, sino un problema sistémico que pone de manifiesto la falta de capacidad de las autoridades ecuatorianas para garantizar la seguridad de los internos de sus centros penitenciarios (...). El Tribunal debe tener necesariamente en consideración los episodios de violencia extrema en las prisiones de Ecuador que relata y documenta el recurrente y otros posteriores producidos después del Auto recurrido y de la interposición del recluso, ampliamente recogidos en la prensa internacional, que refiere la instauración del estado de excepción en todo el territorio ecuatoriano y la adopción de medidas extraordinarias en relación con la situación de violencia endémica en sus cárceles, entre ellas el estado de emergencia para todo el sistema penitenciario de Ecuador, lo que pone de manifiesto el reconocimiento de facto de una situación de grave crisis en el sistema penitenciario, ante la imposibilidad real de garantizar la vida y la integridad física de los internos. La Comisión Interamericana de Derechos Humanos (...) ha mostrado a lo a lo largo de 2021 en varias ocasiones (...) su preocupación por los graves sucesos carcelarios en Ecuador señalando que, no obstante las diversas acciones implementadas por el Estado ecuatoriano para responder a la crisis penitenciaria en el país, reitera que los Estados tienen el deber ineludible de adoptar medidas concretas e inmediatas para garantizar los derechos a la vida e integridad personal y que, como parte de esta obligación, el Estado ecuatoriano debe tomar acciones efectivas e inmediatas para garantizar los derechos a la visa e integridad personal y que, como parte de esta obligación, el Estado ecuatoriano debe tomar acciones efectivas para prevenir y controlar los posibles brotes de violencia en los centros de detención. Estas acciones incluyen implementar protocolos para prevenir amotinamientos y restablecer las condiciones de seguridad; incrementar el personal destinado a la seguridad y vigilancia interior; imponer controles efectivos para impedir la entrada de armas y otros objetos ilícitos, y prevenir el accionar de organizaciones delictivas con presencia en las cárceles. Adicionalmente, es también deber de los Estados garantizar la seguridad e integridad personal de los funcionarios que cumplen tareas en los centros de detención. El escenario descrito evidencia sin duda una situación gravemente deficitaria de garantías concretas para la vida e integridad personal de todas las personas reclusas en Ecuador, lo que impone un deber de acciones concretas por parte de las Autoridades del Estado de Ecuador para resolverlo, tal y como se le pide por los órganos regionales de protección de los derechos humanos, de ajustarse a los estándares internacionales de respeto de los derechos humanos más elementales de las personas privadas de libertad en sus centros penitenciarios (...) la solución por la que finalmente opta el Tribunal es (...) la paralización o aplazamiento de la ejecución de la entrega (...) en tanto persista la situación de falta de garantías de respeto de su derecho a la vida e integridad física (...) corresponde al Estado reclamante aportar las seguridades necesarias (...)*". En el mismo sentido, Auto 526/2022, de 24 de octubre, de la Sección 2.ª de la Sala de lo Penal. Igualmente, Auto 505/2022, de 11 de octubre, de la Sección 3ª. De la misma Sección, con cita del Auto 75/2021, Auto 42/2022, de 3 de febrero.

[938] "*Por otro lado, no cabe condicionar la entrega a una garantía previa de que el reclamado, en el caso de condena, debería ser entregado para cumplimiento de la pena en España, por cuanto el mismo no es nacional español, no existiendo norma convencional que ampare dicha exigencia*".

del llamado caso Mendoza y del defectuoso entendimiento que el Tribunal Supremo, Sala Tercera, en sus SSTS de 17 de noviembre de 2014 y de 16 de marzo de 2015, hizo del Auto de la Sala de lo Penal de la Audiencia Nacional, Sección 2.ª, 26/2008, de 1 de agosto. Contra lo que se afirma, dicha resolución de la Audiencia Nacional nunca puso como condición de la entrega el cumplimiento de la pena en España, sino su posible cumplimiento en España atendido en el Convenio sobre Traslado de Personas Condenadas hecho en Estrasburgo el 21 de marzo de 1983. Esto es, no imponía de modo categórico el cumplimiento de la pena en territorio español, sino que se activasen los mecanismos previstos en el Convenio[939]. Como señala el posterior Auto de la Sala de lo Penal de la Audiencia Nacional, Sección 2.ª, 21/2016, de 25 de mayo, los términos en que se redacta la garantía, en lo relativo al cumplimiento de la pena en España, hacen que quepa entenderla sujeta a dos condiciones: la primera, que lo solicite el reclamado, y la segunda, que sea posible su cumplimiento en España. Aquí se encuentra la clave del asunto, dado que no se requiere el cumplimiento en España, sino que se hace referencia al "*posible cumplimiento*", hasta en dos ocasiones, en el mismo Auto de 2008. Es por ello por lo que no cabe descartar que pueda ser entendida en términos de posibilidad en vez de imposición categórica, pues, como afirma el Auto 21/2016, "*como resulta del empleo del adjetivo «posible» y del sustantivo «posibilidad», cuyo significado, si no es suficientemente claro, queda reforzado con el empleo de la locución adverbial «en su caso», como equivalente a que se actuará si se dan unas determinadas circunstancias que permitan su actuación*[940]". El posterior Auto de la Sala Pleno, 42/2016, de 27 de junio, corrobora esta doctrina, lo que también hace el Auto de Sala Pleno de 9 de mayo de 2018, dictado en el recurso de súplica 247/2018[941] y el Auto 74/2020, de 18 de diciembre, del Pleno de la Sala[942].

---

[939] "*La Sala, además de la garantía de posible cumplimiento de pena en España si así lo solicita el reclamado estima que, dada la susceptibilidad de que algunos de los delitos pudieran llevar aparejada hasta la pena de prisión perpetua, debe establecer la garantía suplementaria de no imposición de dicha pena o su sustitución por una pena limitada en el tiempo que no implique que la prisión del reclamado pueda ser de por vida (...). La Sala, establece al efecto la previsión del posible cumplimiento de la pena que le fuera impuesta en los EE. UU. en España, si así lo solicitare, a lo que, en su caso, deberán acceder las autoridades americanas, como condición para la extradición*".

[940] Añade el Auto 21/2016 que "*lo que queremos decir es que, tal y como se concibió la entrega del reclamado, y tal y como se asumieron las garantías prestadas por el país requirente, es razonable que este considerase que, en ningún caso y momento, adquirió un compromiso de devolución directa y automática a nuestro país para cumplimiento de la pena, y que, si así llegara a producirse debería ser siguiendo el procedimiento establecido en el citado Convenio de Traslado de Condenados, con arreglo al cual la mera solicitud no implica un traslado automático, sino que queda sujeta a unos requisitos que, si no se cumplen, no es posible se lleve a efecto (...)*".

[941] "*Por la representación procesal de la persona sometida a extradición se presenta escrito en que se solicita (...) que en el caso de que se entregue dicha persona al país requirente se haga con la condición de que la pena que en su caso se le imponga pueda cumplirse en España (...). En el presente caso no cabe condicionar la entrega de la persona sometida a extradición a Estados Unidos por cuanto que en el Tratado suscrito por España con ese país no se prevé tal posibilidad, tan solo en el artículo VII para los supuestos de que la pena prevista a imponer en el Estado requirente sea la pena de muerte, en cuyo caso, se condicionará la entrega a que no se imponga dicha pena y si se impone a que no se llegue ejecutar, amén de que no existen datos en el procedimiento como para poder pensar que la ejecución de la pena, en su caso podría llevarse a cabo con una violación o conculcación de derechos humanos o de las previsiones legales del país requirente. Ha de entenderse pues que no cabe esa posibilidad y que la misma no se puede imponer al Estado requirente, sin que consten razones especiales para ello, cosa que no sucede en el presente caso en el que se dice que la persona sometida a extradición tiene arraigo social en España y tiene la residencia legal desde el año 2012, lo cual, a nuestro juicio, insistimos, no es una excusa excepcional para condicionar la entrega*".

[942] "*En el recurso se alega con carácter subsidiario (...) que debe condicionarse la entrega a que por parte del Estado requirente se garantice previamente que autorizará el traslado inmediato el reclamado*

En consecuencia, no será posible condicionar la entrega al cumplimiento en el país de ejecución, salvo pacto expreso en convenio[943] o bien mediante la referencia a una posterior aplicación del Convenio de 21 de marzo de 1983, de traslado de personas condenadas, a diferencia de lo previsto en los arts. 55 y 48.2 B) LRM. Doctrinalmente se apunta a la posibilidad de que el propio órgano judicial proponga al Gobierno que exija esa garantía o que dicha solicitud la haga el propio *extraditurus*[944]. Ciertamente, al moverse el ejecutivo en el marco de la *oportunidad*, expresada en los muy generales criterios del art. 6 LEP, sí parece factible que introduzca esta condición en la decisión de entrega.

XIV. Asilo

Doctrinalmente, se define el asilo como la protección que un Estado ofrece a personas que no son nacionales suyos y cuya vida o libertad están en peligro por actos, amenazas y persecuciones de las autoridades de otro Estado o, incluso, por personas o multitudes que hayan escapado al control de dichas autoridades[945]. Por su parte, la Ley 12/2009, de 30 de octubre, en su art. 2, vincula la concesión del asilo a la condición de refugiado, que se define en el art. 3 como "*la condición (que) se reconoce a toda persona que, debido a* fundados temores de ser perseguida por motivos de raza, religión, nacionalidad, opiniones políticas, pertenencia a un determinado grupo social, de género u orientación sexual, se encuentra fuera del país de su nacionalidad y no puede o, a causa de dichos temores, no quiere acogerse a la protección de tal país, o al apátrida que, careciendo de nacionalidad y hallándose fuera del país donde antes tuviera su residencia habitual, por los mismos

---

para el cumplimiento de la eventual pena privativa de libertad (...) de conformidad con lo dispuesto en el Convenio de traslado de personas condenadas hecho en Estrasburgo el 21 de marzo de 1983.

El artículo 3 del Convenio (...) establece:

1. Las Partes se obligan, en las condiciones previstas por el presente convenio, a prestarse mutuamente a más amplia colaboración posible en materia de traslado de personas condenadas.

2. Una persona condenada de una Parte podrá, con arreglo a lo dispuesto en el presente Convenio, ser trasladada a la otra parte para cumplir la condena que se le haya impuesto. A tal fin, podrá expresar, bien al Estado de condena, bien al Estado de cumplimiento, su deseo de que se le traslade en virtud del presente Convenio.

3. El traslado podrá solicitarse bien por el Estado de condena, bien por el Estado de cumplimiento.

Entre las condiciones que señala a continuación el art. 3 de ese Convenio se establece uva duración mínima de la condena 8 seis meses), salvo en casos excepcionales, y además que el Estado de condena y el Estado de cumplimiento estén de acuerdo en el traslado.

Y, en consonancia, su artículo 5 dispone que las demandas de traslado se dirigirán por el Ministerio de Justicia del Estado requirente al Ministerio de Justicia del Estado requerido.

Correspondiendo, por tanto, a los Gobiernos de dos Estados decidir el traslado, no puede condicionar esta Sala la extradición a la asunción por las autoridades de EE. UU. del compromiso que solicita la defensa del reclamado, sin perjuicio de que, en efecto resultara conveniente el traslado a España del reclamado, si finalmente fuera condenado y así lo solicitara en su momento".

[943] En relación con la República Argentina, Auto del Pleno de la Sala 28/2023, de 3 de mayo: "*Es necesario tener presente que el artículo 4.6 del citado Tratado dispone lo siguiente: La parte requerida podrá condicionar la extradición de un nacional a que la pena que eventualmente se imponga sea ejecutada en su territorio de conformidad con su legislación interna y siempre que la persona consienta expresamente el traslado de forma libre, voluntaria y con conocimiento de sus consecuencias (...). La solicitud de enjuiciamiento en España contenida en del recurso de súplica supone el consentimiento al traslado a nuestro país para el citado cumplimiento*". En relación con Costa Rica, el Auto de Pleno 67/2020, de 24 de noviembre, accede a la extradición al no figurar la condición de cumplimiento en España entre las causas obstativas o facultativas para denegar la entrega. Con relación a México, Auto del Pleno de la Sala 10/2020, de 10 de febrero.

[944] Ollé, *La extradición..., op. cit.*, pág. 184.

[945] Pastor Ridruejo, J. A. (1989) *Curso de derecho internacional público y organizaciones internacionales*, 3.ª ed., Madrid, ed. Tecnos, pág. 326.

motivos no puede o, a causa de dichos temores, no quiere regresar a él". El art. 19 de la Carta de Derechos Fundamentales de la Unión Europea afirma que nadie puede ser devuelto, expulsado o extraditado a un Estado en el que corra un grave riesgo de ser sometido a la pena de muerte, a tortura o a otras penas o tratos inhumanos o degradantes.

El asilo y la extradición son las dos caras de un mismo fenómeno, a saber, la huida de una persona de un Estado extranjero. Están conectadas teleológicamente en la medida que, tratándose de hacer entrega de un residente en un Estado a otro que lo reclama, bien para enjuiciamiento o bien para cumplimiento de condena ya firme, en ambas instituciones se toman en consideración los derechos humanos de la persona requerida. De una parte, porque sus derechos han de ser garantizados en todo caso y por todos los Estados, también por aquel que requiere su entrega en la extradición; de otra, porque la garantía del respeto a sus derechos puede condicionar la extradición y, además, implicar el otorgamiento de la condición de refugiado y su estatuto privilegiado con derecho de permanencia en el país donde la persona reclamada se encuentra[946]. Como con mucha precisión señala la doctrina, "*si un Estado deniega la extradición de un sujeto que ha cometido un delito político (...) está reconociendo que a ese sujeto le persiguen por sus opiniones políticas o por un delito político y, por tanto, se estaría admitiendo la existencia de supuestos que dan lugar al asilo (...) estaría reconociendo (...) que cumple a priori los requisitos para adquirir la condición de asilado (...). Por tanto sería una consecuencia lógica que la denegación de la extradición (...) llevara consigo el reconocimiento de la condición de asilado (...). Ahora bien, si se concede la extradición se estaría reconociendo que ese sujeto no ha cometido delito político ni peligran sus derechos fundamentales en el Estado requirente, por lo que no cabría el asilo para dicho sujeto*[947]". Este último caso plantea el problema del grado de vinculación que la oficina administrativa de asilo, primero, y, posteriormente, la Sala de lo Contencioso-Administrativo de la Audiencia Nacional tienen respecto de la decisión de la Sala de lo Penal cuando esta rechaza la existencia de persecución alguna y concede la extradición. Dicho de otro modo, la cuestión de fondo, en este supuesto, es la de si es posible la concesión de asilo cuando un órgano judicial, la Audiencia Nacional, Sala de lo Penal, ya ha valorado y rechazado la posible existencia de riesgos de persecución y ha considerado que no concurre motivo alguno que justifique la denegación de la extradición[948]. A nuestro juicio, la comisión administrativa —Oficina de Asilo del Ministerio del Interior— encargada de resolver la petición de asilo debe estar a lo previamente resuelto en vía judicial, pues de lo contrario entraría en contradicción directa con lo decidido anteriormente por una instancia judicial, siendo así que es doctrina constitucional constante la que entiende que unos mismos hechos no pueden existir y dejar de existir para los distintos órganos del Estado, tal y como han señalado las

[946] SSTS, Sala Tercera, 78/2019, de 29 de enero, y 93/2019, de 30 de enero.

[947] García Sánchez, *op. cit.*, pág. 359.

[948] Como señaló el ATS de 6 de abril de 2018, dictado en el recurso 4.835/2017, que admitió a trámite un recurso de casación interpuesto por la Abogacía del Estado, "*en este caso, consideramos que la jurisprudencia merecería un cierto esfuerzo clarificador puesto que, si bien la STS de 23 de febrero de 2015 (casación 2944/2014) afirma, sin matiz alguno, la compatibilidad entre extradición y asilo, la STS de 29 de junio de 2004 (casación 3.605/2000), sí ha acudido a la invocación del artículo 1.F.b) de la Convención sobre el Estatuto de los Refugiados de 1951 para denegar el asilo*".

SSTC 77/1983, de 21 de mayo[949], y 62/1984, de 21 de mayo[950], por afectar gravemente al principio de seguridad jurídica, según recalca la STC 14/2012, de 24 de mayo[951]. Este principio de seguridad jurídica (art. 9.3 de la Constitución), implicaría que la Sala de lo Contencioso tampoco podría contradecir la previa valoración realizada por la jurisdicción penal, del mismo modo que, concedido el asilo, el art. 4.8 LEP veda la extradición de la persona reclamada, por más que no exista, de *lege data*, norma alguna que prohíba tal posible doble valoración. El debate ha sido resuelto de forma impecable por las SSTS 78/2019, de 29 de enero, y 93/2019, de 30 de enero (Sala Tercera), acogiendo el criterio expuesto. Así, si partimos de que el riesgo de que el interesado pueda ser objeto de torturas, tratos inhumanos o degradantes, o de que sufra persecución por motivos discriminatorios, obliga a la denegación de la extradición, de conformidad con lo establecido en los arts. 4.6 y 5 LEP, deberá convenirse que, si se accede a la extradición, es porque no se han apreciado esos temores. Esto es, adquirida firmeza dicha resolución denegatoria, procederá a la entrega del interesado, al no apreciarse la concurrencia de ese riesgo de vulneración de los derechos humanos, bien específico, bien sistémico, en los términos de la STJUE de 17 de febrero de 2009. En tal supuesto, carecería de fundamento decidir sobre el derecho de asilo —en caso de que en el tiempo que medie hasta la entrega pudiera ser solicitado— porque ese derecho comporta declarar que sí existe ese riesgo de vulneración de tales derechos, lo cual sería contrario a lo ya declarado, y con carácter firme, por una resolución judicial anterior. No puede de manera contradictoria un órgano del Estado considerar que no existe ese riesgo de vulneración de derechos a efectos de la extradición y luego otro apreciarlo a los efectos del derecho de asilo, o viceversa, siempre y cuando la extradición reúna las exigencias que la institución comporta, que exceden de esa mera vulneración de derechos humanos[952]. Es

[949] *"(...) Imposibilidad de que cuando el ordenamiento permite una dualidad de procedimientos por los mismos hechos, estos hechos existan para un órgano estatal y no existan para otro".*

[950] *"Es evidente que a los más elementales criterios de la razón jurídica repugna aceptar la firmeza de distintas resoluciones judiciales en virtud de las cuales resulte que unos mismos hechos ocurrieron y no ocurrieron, o que una misma persona fue su autor y no lo fue".*

[951] *"Constituye reiterada doctrina de este Tribunal que el principio de seguridad jurídica consagrado en el art. 9.3 CE y el derecho a la tutela judicial efectiva (art. 24.1 CE) impiden a los Jueces y Tribunales, fuera de los casos expresamente previstos en la ley, revisar el juicio efectuado en un caso concreto, incluso si entendieran con posterioridad que la decisión no se ajusta a la legalidad, pues la protección judicial carecería de efectividad si se permitiera reabrir el debate sobre lo ya resuelto por una resolución judicial firme en cualquier circunstancia. Un efecto que puede producirse no solo en los supuestos en que concurran las identidades propias de la cosa juzgada formal, sino también cuando se desconoce lo resuelto por una resolución firme en el marco de procesos que examinan cuestiones que guardan con aquella una relación de estricta dependencia, aunque no sea posible apreciar el efecto mencionado de cosa juzgada (...). En tal sentido hemos dicho que «[n]o se trata solo de una cuestión que afecte a la libertad interpretativa de los órganos jurisdiccionales, sino de salvaguardar la eficacia de una resolución judicial que, habiendo adquirido firmeza, ha conformado la realidad jurídica de una forma determinada que no puede desconocerse por otros órganos judiciales (y menos aún si se trata del mismo órgano judicial) sin reducir a la nada la propia eficacia de aquella. La intangibilidad de lo decidido en resolución judicial firme, fuera de los casos legalmente establecidos es, pues, un efecto íntimamente conectado con la efectividad de la tutela judicial tal como se consagra en el art. 24.1 CE, de tal suerte que esta es también desconocida cuando aquella lo es, siempre y cuando el órgano jurisdiccional conociese la existencia de la resolución firme que tan profundamente afecta a lo que haya de ser resuelto» (SSTC 58/2000, de 25 de febrero, FJ 5; 219/2000, de 18 de septiembre, FJ 5; 151/2001, de 2 de julio, FJ 3; 163/2003, de 29 de septiembre, FJ 4; 15/2006, de 16 de enero, FJ 4; 231/2006, de 17 de julio, FJ 2; y 62/2010, de 18 de octubre, FJ 4)".*

[952] SSTS, Sala Tercera, 78/2019, de 29 de enero, y 93/2019, de 30 de enero. Sigue esta tesis el Auto de 10 de marzo de 2022 de la Sección 4.ª de la Sala de lo Penal de la Audiencia Nacional, dictado en el Rollo de Sala 51/2020.

más, la conclusión última del art. 4.8 de la Ley de Extradición, partiendo de la independencia de ambos procedimientos, llevaría a esa misma conclusión. En efecto, si concedido el asilo –por los fundados temores de sufrir tratos inhumanos o degradantes o ser objeto de tortura– no puede accederse a la extradición, deberá concluirse, a *sensu contrario*, que, concedida la extradición, no puede accederse al asilo –con independencia de que pueda tramitarse el procedimiento, como permite concluir el mencionado precepto y los antes reseñados 18.1 d) y 19.2 de la Ley de Asilo– porque supondría que esos temores fundados ya fueron excluidos, con expresa declaración por los Tribunales, a los efectos de la extradición[953]. Esta conclusión es también compartida por otros Tribunales. Como precisa la doctrina, ya en los años 80 del siglo pasado el Tribunal Supremo de Holanda rechazó la aplicación en los procedimientos extradicionales de la Convención relativa al Estatuto de los Refugiados al entender que la Ley extradicional y los tratados correspondientes contenían suficientes garantías al respecto[954].

De *lege data,* y sin perjuicio de lo anterior, vista la estrecha relación que en este caso existiría entre el procedimiento de extradición y el subsiguiente expediente de asilo, consideramos que el Estado interesado, previamente personado en el expediente extradicional y objetivamente portador de un interés legítimo en la resolución del expediente de asilo, estaría legitimado para recurrir en vía contencioso-administrativa la resolución que se dictara de estimarla contraria a sus intereses, de acuerdo con lo dispuesto en el art. 19.1 a) de la Ley 29/1998, de 13 de julio, reguladora de la Jurisdicción Contencioso-Administrativa.

La solicitud de asilo suspende la entrega, pero no el procedimiento extradicional, según ha establecido la Sala de lo Penal de la Audiencia Nacional, Pleno, en su Auto 264/2017, de 16 de mayo[955]; Auto 20/2016, Sección 3.ª, de 7 de junio[956], del mismo órgano; Auto 1/2017,

---

953 SSTS, Sala Tercera, 78/2019, de 29 de enero, y 93/2019, de 30 de enero. Sigue esta tesis el Auto de 10 de marzo de 2022 de la Sección 4.ª de la Sala de lo Penal de la Audiencia Nacional, dictado en el Rollo de Sala 51/2020.

954 Van den Wijngaert, *op. cit.*, pág. 78.

955 *"Se fundamenta el recurso formulado (...) en dos motivos, siendo el primero de ellos la vulneración de la tutela judicial efectiva por falta de motivación de los arts. 24 y 120 de la CE e infracción de la Ley por no aplicación del art. 19 de la Ley 12/2009, de 30 de octubre, reguladora del derecho de asilo y de la protección subsidiaria.*

Esta motivación formulada conjuntamente obedece al hecho de que considera vulnerado su derecho en base a que el Tribunal a quo no se ha pronunciado sobre la petición de asilo en España del reclamado, que motivaría según su criterio la suspensión del presente trámite hasta el pronunciamiento administrativo.

La norma citada por el reclamado antes mencionada, en modo alguno impide el pronunciamiento que realizó el tribunal a quo, ya que los efectos del mismo recaen sobre la ejecución posible de la entrega al país reclamante, labor distinta de la del mero enjuiciamiento que nos ocupa, y que será en su caso objeto de examen y estudio por el órgano judicial ejecutante de la presente.

La cuestión ya fue contestada incluso en el momento de la vista en el que se puso de manifiesto que tal decisión correspondería al órgano de ejecución y no al de enjuiciamiento.

No existe por tanto vulneración alguna, ni del principio de tutela judicial efectiva, por falta de motivación, ni de la norma específica sobre el derecho de asilo, por lo que estimamos que procede la desestimación del motivo planteado".

956 *"(...) La misma no es causa de suspensión de la tramitación del presente procedimiento, ni de oposición a la extradición, sino que determina conforme al artículo 19.1 a de la Ley 12/2009, de 30 de octubre (...) que hasta la decisión definitiva se suspenderá la ejecución del fallo de cualquier proceso de extradición, tal y como viene reconociéndolo además el Pleno de la Sala de lo Penal de la Audiencia Nacional (Autos Pleno Sala Penal 38/2001, de 15 de septiembre y 26/2011, de 26 de junio, entre otros). Este no es el caso, ya que la decisión en vía administrativa ha ido denegada definitivamente (...) abriendo así la vía jurisdiccional, en la que la paralización de procedimiento que nos ocupa exigiría una resolución, vía cautelar, del órgano*

Sección 3.ª, de 10 de enero; Auto 34/2017, Sección 2.ª, de 10 de octubre; Auto de la Sala Pleno, 248/2018, de 23 de marzo; Auto de 14 de enero de 2019, Sección 4.ª, dictado en el Rollo de Sala 11/2018[957]; Auto de Pleno de la Sala 15/2019, de 5 de marzo[958]; Auto 231/2020, de 9 de octubre, de la Sección 3.ª; Auto del Pleno 107/2022, de 21 de diciembre[959], que, además, niega que la mera solicitud tenga efectos suspensivos de la entrega; Auto 29/2022, de 30 de marzo, del Pleno de la Sala[960], y Auto 90/2021, de 16 de diciembre, del Pleno de la Sala, entre otros. Efectivamente, durante la vigencia de la Ley 9/1994, de 19 de mayo, su art. 5.2 establecía que *"la solicitud de asilo suspenderá, hasta la decisión definitiva, el fallo de cualquier proceso de extradición del interesado que se halle pendiente o, en su caso, la ejecución del mismo"*, lo que atribuía un carácter suspensivo a la simple solicitud[961]. Sin embargo, la Ley 12/2009, en su art. 19.2, ha eliminado el carácter suspensivo que tenía la solicitud de asilo respecto al procedimiento de extradición, limitándola a su ejecución: *"Asimismo, la solicitud de protección suspenderá, hasta la decisión definitiva, la ejecución del fallo de cualquier proceso de extradición (...)"*. En conclusión, ya no son válidas las opiniones que entienden que la petición de asilo suspende el proceso extradicional[962]. Tampoco tiene efecto alguno el régimen de protección temporal al concedido al amparo del Real Decreto 1325/2003, de 24 de octubre[963].

---

jurisdiccional competente en tal sentido, que acordase la suspensión de la devolución del solicitante de asilo, lo que no consta se haya producido. Es reiterada jurisprudencia en el sentido de que una vez denegada en vía administrativa la solicitud de asilo, la Sala no necesita esperar a la resolución del Tribunal de lo Contencioso para ejecutar la extradición (Auto de la Audiencia Nacional, Sección 2.ª, de 19 de octubre de 1998)".

957 *"(...) El procedimiento extradicional debe seguir su curso, y en el supuesto de declaración judicial gubernativa firme acerca de la entrega del reclamado, solo en ese supuesto, deberá suspenderse la ejecución de la entrega hasta que sea definitiva la decisión adoptada sobre protección internacional instada (...). Así se pronuncian, entre otros, los Autos 10/218, de 9 de febrero, de la Sección 2.ª; y de 3 de octubre de 2018, de esta misma Sección 4.ª, Auto de Pleno de la Sala de lo Penal de la Audiencia Nacional 294/2018, de 19 de diciembre, y de 23 de marzo de 2018".*

958 *"(...) El artículo 19.2 de la Ley 12/2009, de 30 de octubre (...) precisa como efectos de la presentación de la solicitud la suspensión, hasta la decisión definitiva, de la ejecución del fallo ende cualquier proceso de extradición (...) permitiendo pues que el proceso siga su trámite, pero no autoriza a ejecutar la entrega sino una vez denegado el asilo o protección internacional (...)".*

959 *"Existe ya una doctrina reiterada y constante de este Pleno en el sentido de que la mera solicitud de protección internacional o petición de asilo no es causa de denegación de la extradición, sino que podría incidir en la suspensión de la entrega. No obstante, también se ha señalado en numerosas ocasiones por el Pleno que la mera petición de asilo, sin que conste resolución del Ministerio del Interior por la que se admita a trámite dicha solicitud, tampoco es causa de suspensión de la entrega, sino que es preciso, como decimos, que se haya admitido a trámite en vía administrativa dicha solicitud, en cuyo caso sí es preciso esperar a que recaiga la correspondiente resolución administrativa".*

960 *"Sobre la solicitud de asilo es pacífico que no paraliza el procedimiento de extradición; y todo ello, sin perjuicio de lo que pudiere resultar procedente respecto de la materialización de la entrega del reclamado, que deberá diferirse hasta la resolución de la solicitud de asilo en nuestro país (...)".*

961 Y así lo recogía la doctrina. Véase Sebastián Montesinos, *op cit.*, pág. 66.

962 Por todas, García Sánchez, *op. cit.*, págs. 351 y 352. Bellido Penadés, *op. cit.*, págs. 283 a 285. En el mismo sentido se ha pronunciado el Auto de la Sala de lo Penal de la Audiencia Nacional, 38/2011, de 15 de septiembre.

963 Auto 82/2023, de 21 de febrero, de la Sección 3.ª de la Sala de lo Penal de la Audiencia Nacional: *"El régimen de protección temporal, en los términos que viene regulado en nuestro ordenamiento jurídico (...) no tiene el efecto de impedir la extradición. No está la exclusión de concesión de extradiciones solicitadas por terceros países entre los derechos que conforman el contenido de la está la exclusión de concesión de extradiciones solicitadas por terceros países entre los derechos que conforman el contenido de la protección temporal, especificado en los artículos 14 a 21 del Real Decreto 1325/2003, de 24 de octubre (...) existe, eso sí, la posibilidad, contemplada en el art. 21 de dicho Real Decreto, de que el beneficiario de*

En caso de rechazarse el pedimento de asilo, una medida cautelar adoptada por la jurisdicción contencioso-administrativa en la demanda interpuesta frente a la resolución denegatoria extiende sus efectos a la ejecución de la extradición, según los arts. 21.2 y 29.2 de la Ley 12/2009, de 30 de octubre. quedando esta suspendida. Ahora bien, si dicha medida cautelar no se ha adoptado, es ejecutiva la decisión desestimatoria y, por tanto, se alza la suspensión de la ejecución del auto extradicional contenida en el art. 19 de la Ley de Asilo. Lo contrario sería tanto como conferir efectos suspensivos a la simple presentación de una demanda extradicional, desconociendo tanto lo dispuesto en la Ley 29/1998, de 13 de julio, de la jurisdicción contencioso-administrativa, que atribuye la competencia para acordar la suspensión al órgano que está conociendo del recurso contencioso, como *lo no acordado* por dicha sala de lo contencioso que, al amparo del art. 130.1 de la Ley, ha entendido improcedente la adopción de medidas cautelares en el momento de la admisión de la demanda, pues ha llegado a la conclusión de que la ejecución del acto o la aplicación de la disposición no hacen perder su finalidad legítima al recurso. Esto es así porque el concepto al que hace referencia el art. 19.2 de la Ley 12/2009, de asilo, es el de acto administrativo definitivo, en los términos del art. 123 de la Ley 39/2015, de 1 de octubre, de Procedimiento Administrativo, que es el único que puede ser objeto de recurso ante la jurisdicción contencioso-administrativa, salvo los de trámite que pongan fin al procedimiento. No de otra manera cabe entender el término cuando la resolución de asilo es dictada por un órgano administrativo y el art. 29.1 de la Ley de Asilo establece que "*Las resoluciones previstas en la presente Ley pondrán fin a la vía administrativa*". Que ello es así se desprende, por ejemplo, de la STS, Sala Tercera, de 14 de noviembre de 2012, dictada en un recurso contra acto administrativo denegatorio del asilo, que se refiere a un acto administrativo definitivo en su FJ 1. Que la Ley 12/2009 se refiere a un acto administrativo definitivo y no a otra cosa se deduce del valor ejecutorio que tiene dicha resolución denegatoria con relación a la expulsión de territorio nacional. Así, el art. 37 de la citada Ley de asilo establece que "*La no admisión a trámite o la denegación de las solicitudes de protección internacional determinarán, según corresponda, el retorno, la devolución, la expulsión, la salida obligatoria del territorio español o el traslado al territorio del Estado responsable del examen de la solicitud de asilo de las personas que lo solicitaron (...)*". Si esto ocurre en relación con el retorno, devolución o expulsión, no parece que deba tener un significado distinto en lo tocante a la extradición. El recurso de revisión en vía administrativa del art. 125 de la Ley 39/2015 no afecta al carácter firme de la resolución dictada, pues precisamente por eso se llama recurso extraordinario de revisión, porque se interpone contra actos firmes, como se desprende del primer inciso del apdo. 1 del art. 125.

Partiendo de lo anterior, una decisión administrativa firme es ejecutable salvo que medie medida cautelar, pues uno de los privilegios de la administración es la autotutela ejecutiva. Si dicha medida cautelar no se ha adoptado por la Sala de lo Contencioso-Administrativo de la Audiencia Nacional, la ejecutividad de la denegación de asilo, y, por tanto, el alzamiento de la suspensión de la ejecución del auto extradicional que contiene el art. 19 de la Ley de Asilo, se impone. Por consiguiente, si la Sala de lo Penal mantuviera suspendido el procedimiento, sería tanto como si asumiese competencias suspensivas propias de otro

la protección temporal solicite la condición de refugiado, caso en el cual dicho precepto dispone que no se acumulará el beneficio de la protección temporal con los beneficios del solicitante de asilo cuando se esté tramitando la solicitud (...)".

orden jurisdiccional: no puede mantener la suspensión *con independencia de si la Sala de lo Contencioso ha adoptado medidas cautelares*[964].

Debe reseñarse que la Audiencia Nacional ha reconocido idéntico valor al asilo concedido en otro país de la Unión Europea como causa de denegación de la entrega[965]. Dicha posición recoge lo dispuesto en el art. 71 del Tratado de Funcionamiento de la Unión Europea[966], así como el esquema establecido con el surgimiento del Sistema Europeo Común de Asilo (SECA), cuya finalidad es garantizar a los solicitantes de asilo un trato idéntico con independencia del lugar del territorio comunitario en que presenten su solicitud. Según este esquema común de asilo de la Unión Europea, un Estado tramitará la solicitud de asilo, teniendo la resolución que adopte efectos en el resto de Estados miembros[967].

---

[964] En este sentido, Auto 575/2022, de 13 de octubre, de la Sección 4.ª de la Sala de lo Penal. Ídem, Auto de 28 de abril de 2022 (Rollo 52/2020), de la Sección 1.ª de la Sala de lo Penal: "*(...) la sola interposición de recurso contencioso-administrativo frente a la denegación automática de asilo o protección subsidiaria no paraliza automáticamente la materialización de la entrega hasta la resolución del recurso contencioso-administrativo, lo que sería contrario a la ejecutividad de los actos administrativos. Para ello es necesario que el tribunal que conozca del recurso contencioso-administrativo adopte una medida cautelar acordando la suspensión de la entrega (...)*".

[965] Auto de la Audiencia Nacional, Sección 4.ª, de 20 de diciembre de 2010: "*(...) Adquiere especial relevancia la documentación aportada a las actuaciones procedente de la Embajada de Alemania, de la que se extrae que el reclamado (...) tiene reconocido el estatuto de refugiado político y asilado (...) si bien es cierto que tal condición la tiene en Alemania y no en España, debe significarse que ambos Estados pertenecen a la misma comunidad jurídica que consagra el respeto a los derechos humanos y que la protección concedida en Alemania al reclamado tiene efectos en España, a través de la ratificación de los convenios internacionales en la materia. Así, el artículo 33.1 de la Convención de Ginebra de 1951 consagra el principio de non refoulement, en virtud del cual ningún Estado contratante podrá poner a un refugiado en frontera de territorios donde su vida o su libertad personal peligre por causa de su raza, religión, nacionalidad, pertenencia a grupo social u opiniones políticas. Por lo demás, el artículo 14.1 de la Declaración Universal de los Derechos Humanos establece que, en caso de persecución, toda persona tiene derecho a buscar asilo y a disfrutar de él, en cualquier país, en tanto que el artículo 18 de la Carta de los Derechos Fundamentales de la Unión Europea garantiza el derecho de asilo dentro del respecto a las normas de la Convención de Ginebra de 28 de julio de 1951 y del Protocolo de 31 de enero de 1967 sobre el estatuto de los refugiados y de conformidad con el Tratado Constitutivo de la Comunidad Europea*".

Recientemente, el Tribunal Supremo, Sala Tercera, parece haberse inclinado por tal parecer en su STS 1166/2018, de 9 de julio, en un acuerdo de no continuación de la extradición en vía judicial acordado por el Gobierno respecto de un asilo concedido por Alemania: "*Respecto a la cuestión de fondo, necesariamente debemos partir de la consideración de que no han sido desvirtuadas las razones expuestas en el acuerdo recurrido para denegar la no continuación el procedimiento de extradición (sic, debiera decir denegar la continuación). Ni la condición de refugiado ni la nacionalidad alemana de quien se pretende la extradición puede ponerse en duda, por lo que mal puede este Tribunal acoger el recurso cuando el acuerdo impugnado se fundamenta en el artículo 4.8.ª de la Ley 4/1985, de 21 de marzo, de extradición pasiva, que prevé como supuesto de denegación de extradición el reconocimiento a la persona reclamada de la condición de asilada, reforzada, como se dice en el acuerdo impugnado, por la obtención de la nacionalidad alemana*".

[966] "*La Unión desarrollará una política común en materia de asilo, protección subsidiaria y protección temporal destinada a ofrecer un estatuto apropiado a todo nacional de un tercer país que necesite protección internacional y a garantizar el respeto del principio de no devolución. Esta política deberá ajustarse a la Convención de Ginebra de 28 de julio de 1951 y al Protocolo de 31 de enero de 1967 sobre el Estatuto de los Refugiados, así como a los demás tratados pertinentes*".

[967] Se han dictado normas como el Reglamento 604/2013, de 26 de junio de 2013, por el que se establecen los Criterios y Mecanismos de Determinación del Estado Miembro Responsable del examen de una Solicitud de Protección Internacional Presentada en uno de los Estados Miembros por un Nacional de un Tercer País o un Apátrida; la Directiva 2013/32, de 26 de junio de 2013, sobre Procedimientos Comunes para la Concesión o la Retirada de la Protección Internacional; la Directiva 2013/33, de 26 de junio de 2013, por la que se Aprueban Normas para la Acogida de los Solicitantes de Protección Internacional; o la Directiva 2011/95, de 13 de diciembre de 2011, por la que se establecen Normas Relativas a los Requisitos para el Reconocimiento de Nacionales de Terceros Países o Apátridas como Beneficiarios de Protección Internacional.

Con relación a la condición de asilado reconocida por terceras naciones ajenas a la Unión, consideramos que debe optarse por la misma solución, como única forma de cumplimiento efectivo del principio de *non refoulement*[968], y así evitar que el Estado reclamante pueda esperar a que el reclamado esté en un foro más conveniente para sus intereses y distinto de aquel que le ha concedido el asilo. Debe tenerse en cuenta, a la hora de valorar el rigor con el que se determina la condición de asilado, que en todos los expedientes que se tramitan en los distintos países interviene siempre ACNUR (Alto Comisionado de Naciones Unidas para los Refugiados), que incluso actúa en sustitución en aquellos casos en que la organización del asilo en el país en cuestión es inexistente o deficiente[969]. La Audiencia Nacional, en su Auto 16/2019, Sección 2.ª, de 24 de mayo, ha acogido esta postura con relación a un asilo concedido por los EE. UU. al entender que "*su sola condición de asilado en EE. UU. desde 1998, situación que mantiene en la actualidad, es causa de denegación de la extradición, como así lo establece de forma taxativa el art. 4 de la Ley de Extradición Pasiva (...). A este respecto, se ha venido reconociendo por este Tribunal idéntico valor al asilo concedido en otro país de la Unión Europea al objeto de considerarlo como causa de denegación de la entrega. Dicha posición no hace sino recoger tanto lo dispuesto en el art. 71 del TFUE como lo establecido con el surgimiento del Sistema Europeo Común de Asilo, cuya finalidad es garantizar a los solicitantes de asilo un trato idéntico con independencia del lugar del territorio comunitario en que presenten su solicitud, de manera que, según este esquema común de asilo europeo un Estado tramitará la solicitud de asilo y la resolución que adopte tendrá efectos en el resto de los Estados miembros.*

Y con relación a la condición de asilado reconocida por terceras naciones ajenas a la Unión, como es el caso de EE. UU., debe optarse por la misma solución, como única forma de cumplimiento efectivo del principio de non refoulement y evitar que el Estado reclamante pueda esperar a que el reclamado esté en un foro más conveniente a sus intereses y distinto de aquel que le ha concedido el asilo". Últimamente, también la Sala de lo Penal, Sección 1.ª, en su Auto 797/2023, de 5 de diciembre, ha reconocido el asilo concedido en Reino Unido como causa impeditiva de la extradición.

Ahora bien, como precisa la doctrina, la concesión de asilo impedirá la entrega con relación al país respecto del cual se ha concedido, pero no en lo tocante a otros países terceros[970].

---

[968] Art. 33 de la Convención de Ginebra de 1951 sobre el Estatuto de los Refugiados. "*1. Ningún Estado contratante podrá, por expulsión o devolución, poner en modo alguno a un refugiado en las fronteras de territorios donde su vida o su libertad peligre por causa de su raza, religión, nacionalidad, pertenencia a determinado grupo social o de sus opiniones políticas*".

[969] Con carácter general, la competencia para examinar la concurrencia de los criterios que definen la condición de asilado recae en el Estado en que las personas han buscado asilo. En este caso, ACNUR interviene de diversas maneras: en la preparación de los casos para su examen por parte del organismo nacional encargado; en la votación sobre la solicitud de asilo o participando como observador en la votación, y votando o participando como observador en el procedimiento de revisión de la solicitud inicial. Sin embargo, puede que ACNUR otorgue por sí misma condición de refugiado. Esto ocurrirá en los países que no sean parte de la Convención de 1951 o bien cuando, aun siendo parte, no han establecido aún procedimientos para la determinación de asilo o estos son manifiestamente inadecuados. Finalmente, en aquellos casos en que es un requisito para la puesta en práctica de soluciones duraderas, como el reasentamiento.

[970] García Sánchez, *op. cit.*, pág. 352, con cita de Pastor Borgoñón.

XV. Extradición por delito de naturaleza común que encubre persecución

El art. 14 de la Declaración Universal de los Derechos Humanos establece que toda persona tiene derecho a buscar asilo en caso de persecución, sin que este derecho pueda ser invocado contra una acción judicial realmente originada por delitos comunes. A *contrario sensu*, sí gozará de tal derecho cuando estemos ante una acción judicial por delitos comunes que encubra una persecución. En el ámbito extradicional nos encontraremos ante la denominada cláusula de discriminación[971]. Supone un complemento de la cláusula de denegación de la entrega por delito político: aquí los hechos no pueden considerarse políticos, sino que se predica el carácter político de la reclamación extradicional[972]. Como con acierto señala la doctrina, "*es posible comprobar cómo se ha trasladado la motivación o persecución política, que antes se buscaba en el fugitivo, al Estado donde se ha cometido el delito y así, en la práctica, el juicio de valor no se emite sobre la motivación política del fugitivo, sino sobre el sistema de garantías y libertades del Estado donde se ha cometido el delito (...)*"[973].

De acuerdo con el art. 5 LEP, si se tuvieran razones fundadas para creer que la solicitud de extradición, motivada por un delito común, se ha presentado con la finalidad de perseguir o castigar a una persona por consideraciones de raza, religión, nacionalidad u opiniones políticas o que la situación de dicha persona corra el riesgo de verse agravada por tales consideraciones, podrá denegarse la extradición. El motivo tiene una doble naturaleza: por un lado, de carácter procesal, referido a la acusación discriminatoria basada en dichos motivos discriminatorios; por otro, de naturaleza material, fundamentada en la imposición de una pena por las mismas causas. La doctrina considera su aplicabilidad en los casos de gran impacto mediático adverso al acusado, en que puede levantarse una oleada de opinión pública que podría influir potencialmente en los miembros de un jurado, provocando la debilitación del derecho a un juicio justo[974].

Como señalan las SSTC 148/2004, de 13 de septiembre, y 49/2006, de 13 de febrero, resulta precisa la concurrencia de razones fundadas para apreciar este motivo "*sin que sea preciso que el reclamado acredite de modo pleno y absoluto la vulneración de sus derechos en el extranjero toda vez que ello (...) supondría normalmente una carga exorbitante para el afectado*"[975], y, frente a esta clase de alegación, será exigible "*una cuidadosa labor de*

---

[971] Cezón, *op. cit.*, pág. 86.

[972] Van den Wijngaert, *op. cit.*, pág. 2.

[973] Capella i Roig, M., *¿Qué queda..., op. cit.*, pág. 42.

[974] Sadoff, *op. cit.*, pág. 307.

[975] Sigue diciendo el Tribunal Constitucional que "*(...) si bien es cierto que en el modelo continental de extradición al que se adscribe el configurado en la Ley de Extradición Pasiva, no cabe el control de la solidez de los elementos probatorios que sustentan la acusación o condena penal con base en la cual se solicita la extradición, no puede desconocerse que el recurrente estaba alegando, como uno de los indicios que sustentaban su alegación de ser objeto de persecución política, que (el país reclamante) le imputaba delitos que no había cometido como medio de conseguir su vuelta a su país. De modo que no se trataba de que el órgano judicial revisara la corrección del procedimiento penal ni la solidez de las imputaciones penales contra el recurrente, sino de valorar, con base en lo aportado, si existían indicios de que la solicitud extradicional, sustentada formalmente en la eventual comisión de un delito común, encubría una persecución política, lo que difícilmente podrá evidenciarse a partir de las propias resoluciones judiciales que sustentan la solicitud de extradición*". El Auto de la Sala de lo Penal de la

verificación por el órgano judicial", en palabras de la STC 32/2003, de 13 de febrero. Una descripción minuciosa de los hechos constitutivos de infracción común aleja de inicio una construcción artificial de la demanda de extradición[976]. Por otra parte, que el reclamado haya cometido el hecho por motivos políticos no permite inferir, sin más, que la reclamación extradicional está basada en ese mismo tipo de motivos[977].

La doctrina apunta, con bastante certeza, que esta cláusula será de aplicación relativamente infrecuente y dubitativa cuando estemos ante una reclamación formulada por una nación amiga. En estos casos, los Tribunales partirán de la base de que la cláusula no es de aplicación a Estados que gozan de la reputación de ser respetuosos con el Estado de derecho[978].

Ejemplos de la aplicación de esta cláusula son la STEDH de 6 de junio de 2013, firme el 6 de septiembre, caso M. E. contra Francia[979], referida a la religión; STEDH de 16 de octubre de 2012, firme el 11 de febrero de 2013, caso Ergashev contra Rusia, referida a grupo étnico [980], y STEDH de 1 de abril de 2010, firme el 4 de octubre, caso Klein contra Rusia, referida a actividades políticas[981]. Para el concepto de persecución por opinión política y su relación con agentes no estatales unidos con un Estado por vínculos de corrupción resulta fundamental, la STJUE de 12 de enero de 2023, caso P. I.[982], de cuya argumentación se hace eco el Auto de la Sección 3.ª de 14 de marzo de 2023 (Rollo 56/2022).

Audiencia Nacional, Sección 2.ª, 1/2019, de 11 de febrero, hace referencia a la "*descripción concreta de riesgos objetivos, precisos, fiables y debidamente actualizados que concluyan privaciones de derechos sistemáticas y generalizadas de carácter grave y serias referidas a concretos grupos de personas o a concretos derechos procesales que lesionen el estándar mínimo de dignidad humana y que provengan, bien de sentencias recientes internacionales, bien del propio Estado de emisión o de informes solventes internacionales o documentos de instituciones confiables (p. ej., ONU)*".

[976] Auto, Sala Pleno, 5/2019, de 25 de enero.

[977] Auto de la Sala de lo Penal de la Audiencia Nacional, Sección 3.ª, 1/2019, de 14 de enero.

[978] Van den Wijngaert, *op. cit.*, pág. 86.

[979] Apdo. 50: "*Sur la situation générale en Egypte, les rapports consultés dénoncent les nombreuses violences et persécutions subies par les chrétiens coptes d'Egypte au cours des années 2010 et 2011, mais également la réticence des autorités égyptiennes à poursuivre les agresseurs. Les parties ne fournissent aucun élément permettant de penser que la situation des coptes s'est améliorée au cours de l'année 2012. Malgré cela, la Cour, en l'état des informations dont elle dispose, est d'avis que l'on ne peut conclure à un risque généralisé, pour tous les coptes, suffisant à entraîner une violation de l'article 3 en cas de retour vers l'Egypte*".

[980] Apdo. 73: "*However, it appears from the sources before the Court that, while the said practice of torture and other ill-treatment of ethnic Uzbeks is particularly evident in the context of prosecution of the June 2010 related offences, given their nature and mass character (more than 5,000 criminal cases opened, see paragraphs 38 and 43 above), it is not limited to those offences, being described by Human Rights Watch as «routine in cases involving ethnic Uzbek suspects detained on charges unrelated to the June 2010 violence»*".

[981] Apdo. 54: "*However, it appears that the statement expressing the wish of a high-ranking executive official to have a convicted prisoner «rot in jail» may be regarded as an indication that the person in question runs a serious risk of being subjected to ill-treatment while in detention*".

[982] "40 *Habida cuenta de todas las razones anteriores, procede responder a la cuestión prejudicial planteada que el artículo 10, apartados 1, letra e), y 2, de la Directiva 2011/95 debe interpretarse en el sentido de que el concepto de «opinión política» comprende los intentos de un solicitante de protección internacional, en el sentido del artículo 2, letras h) e i), de dicha Directiva, de defender sus intereses patrimoniales y económicos personales por medios legales contra agentes no estatales que actúan ilegalmente cuando estos, debido a los vínculos de corrupción que mantienen con el Estado de que se trate, pueden utilizar el aparato represivo de este en detrimento de dicho solicitante, en la medida en que los agentes*

XVI. Minoría de edad

Según el art. 5 LEP, puede denegarse la entrega cuando la persona reclamada sea menor de 18 años en el momento de la demanda de extradición y, teniendo su residencia habitual en España, se considere que la extradición pueda impedir su reinserción social. Debe recordarse que la responsabilidad penal de los menores de edad, según la Ley de Responsabilidad Penal del Menor, comienza a los 14 años. En consecuencia, por debajo de dicha edad no se cumpliría con el principio de doble incriminación, al ser los hechos atípicos. La causa de denegación jugaría respecto a los mayores de 14 años y menores de 18 en el momento de comisión de los hechos.

---

de persecución perciban esos intentos como una oposición o una resistencia en un asunto relacionado con ellos o con sus políticas o métodos".

Decisión

Según el art. 15 LEP, el Tribunal resolverá, por medio de auto motivado y en el plazo improrrogable de los tres días siguientes a la vista, sobre la procedencia de la extradición y, si procede, la entrega de valores, objetos y dinero ocupados al reclamado.

Ya en su día se planteó el problema de la existencia de cosa juzgada extradicional y de si las resoluciones denegatorias anteriores impedían la estimación de una nueva solicitud de entrega. El Tribunal Constitucional, en su STC 83/2006, de 13 de marzo[983], parte de la base de que las resoluciones en que se decide sobre la procedencia o no de la entrega no suponen pronunciamiento alguno sobre la culpabilidad o inocencia y, por ende, en principio no producen efectos de cosa juzgada. Sin embargo, en esa misma sentencia, a continuación de sentar dicho principio general, el Tribunal termina afirmando que la doctrina ha de ser modulada en atención a la *ratio decidenci* del fallo extradicional, línea jurisprudencial que se ratificará en la posterior STC 293/2006, de 10 de octubre[984]. Pues bien, cuando el Tribunal Constitucional se refiere a la *ratio decidenci* de la decisión que rehúsa la petición, distingue entre denegaciones que traen causa en motivos contingentes (denegación de entrega de nacionales que luego desparece como causa de denegación, por ejemplo) y aquellas otras que son inmanentes (*de fondo*) a los hechos narrados en la demanda extradicional (falta de doble incriminación) o a las circunstancias del Estado reclamante o de su sistema penal (penas inhumanas o degradantes, por ejemplo)[985].

[983] "*Un procedimiento en el que se decide acerca de la procedencia o no de la entrega solicitada por dicho Estado en su demanda de extradición, sin que se formule pronunciamiento alguno acerca de la hipotética culpabilidad o inocencia del sujeto reclamado, sino que se verifica el cumplimiento de los requisitos y garantías previstos en las normas para acordar la entrega del sujeto reclamado*", siendo pues la consecuencia que "*las resoluciones que resuelven los procedimientos de extradición no producen efectos de cosa juzgada y, por tanto, pueden en determinados momentos ser sustituidos por otras*".

[984] "*Parece conveniente resaltar que, debido a las particularidades que presentan los Autos dictados en estos procedimientos en los que «se decide acerca de la procedencia o no de la entrega solicitada por dicho Estado en su demanda de extradición, sin que se formule pronunciamiento alguno acerca de la hipotética culpabilidad o inocencia del sujeto reclamado» (entre otras, SSTC 277/1997, de 16 de julio; 141/1998, de 29 de junio, FJ 3; 156/2002, de 23 de julio, FJ 3) y siendo la finalidad del proceso extradicional el verificar el cumplimiento de los requisitos y garantías previstos en las normas para acordar la entrega del sujeto afectado, en principio, las resoluciones que resuelven tales procedimientos «no producen el efecto de cosa juzgada y, por lo tanto, pueden en determinados supuestos ser sustituidas por otras» (SSTC 227/2001, de 26 de noviembre, FJ 5, y 156/2002, de 23 de julio, FJ 3) (FJ 3) (...) La aplicación de la citada doctrina ha de ser modulada en atención a las circunstancias de cada caso concreto, pues «la cuestión podría recibir diferente respuesta en función de cuál fuera la* ratio decidendi *sobre la que se hubiera fundado la denegación de la entrega del reclamado en el primer proceso extradicional cuyo efecto de cosa juzgada se discute*".

[985] Cezón, *op. cit.*, pág. 265, incluye dentro de las resoluciones de fondo el mínimo punitivo, la prescripción, el delito político y militar, la finalidad desviada, el enjuiciamiento por Tribunal de excepción, la insuficiencia de garantías en pena de muerte, la minoría de edad y el asilo, entre otras. Sin embargo, puede ser discutible que la extradición no pueda volver a plantearse si, por ejemplo, cambia la penalidad en el

Un posterior pronunciamiento judicial que desconociera lo afirmado anteriormente por el Tribunal respecto a un motivo de fondo supondría tanto como vulnerar el principio de seguridad jurídica, tal y como ha sido definido en la STC 14/2012, de 24 de mayo, antes citada[986]. En el mismo sentido se ha pronunciado el Auto 50/2018, de 17 de septiembre, dictado por la Sección 2.ª de la Sala de lo Penal de la Audiencia Nacional, citando las SSTC 15/2002, 83/2006, 293/2006 y 120/2008.

Una vez denegada la entrega para enjuiciamiento por la concurrencia de un motivo de fondo, ello impediría que se accediera a una posterior solicitud para cumplimiento respecto a la misma persona y los mismos hechos. Por más que varíe la *causa petendi*, debe recordarse que en el procedimiento penal la variación de la *causa petendi* es indiferente para la existencia de cosa juzgada[987]. De lo contrario, nos encontraríamos ante un manifiesto fraude de ley. Sin embargo, como apunta la doctrina, la decisión que se tome no tiene efectos de prejudicialidad positiva respecto a otro individuo en la misma situación ni tampoco en relación con el *extradendus* en otra reclamación distinta[988].

Una interesante cuestión se plantea en aquellos casos en que el fallo denegatorio anterior procede de un país de la Unión Europea, tema que, como afirma la doctrina, no ha sido abordado en profundidad[989]. Debemos aclarar que no nos referimos a aquellos casos en que, junto a dicha decisión de rechazo, el Estado de la Unión también emprendió y cerró una investigación sobre el fondo del asunto, que fue el supuesto que fundó el Auto de la Sala de lo Penal de la Audiencia Nacional, Pleno, de 14 de enero de 2013, ampliamente comentado doctrinalmente[990]. Lo que es objeto de análisis son aquellos supuestos en que otro Estado de la Unión ha rechazado ya una previa petición de un Estado tercero y el grado de vinculación de la que dicha resolución goza en nuestro territorio.

Es bien cierto que, como hemos comentado con anterioridad, el reconocimiento puro y simple del carácter de cosa juzgada extradicional respecto a estas decisiones emitidas por otro Tribunal de la Unión acabaría con la indeseable práctica que realizan algunos Estados,

---

Estado requirente y desparece la pena de muerte o el régimen de garantías, o si el régimen orgánico y procesal del Tribunal de enjuiciamiento adquiere caracteres de normalidad, o si, en caso de la prescripción, se firma un convenio con el país en cuestión que únicamente tenga en cuenta su legislación en la materia y no la nuestra. A mi juicio, en todos estos casos podría solicitarse de nuevo la entrega extradicional. Incluso el mínimo punitivo, si es el de la legislación española el incumplido, podría revisarse si cambiara después de la primera demanda fallida. García Sánchez, *op. cit.*, pág. 297, incluye entre motivos contingentes o formales, con acierto, la falta de coincidencia entre la persona detenida y reclamada. Discutible es que la apreciación de cosa juzgada no pueda considerarse como un requisito de fondo a efectos de la denegación de la entrega, con independencia de su naturaleza procesal; en idéntico sentido, con respecto a la litispendencia.

[986] Véase nota 799.

[987] En contra, Cezón, *op. cit.*, pág. 265, que parece no haber tenido en cuenta la irrelevancia de la variación de la *causa petendi*, pues hace bandera de ello para afirmar la inexistencia de cosa juzgada.

[988] Pastor Borgoñón, *op. cit.*, pág. 336.

[989] Gómez-Jara Díez, *Garantismo Penal..., op. cit.*, pág. 49, nota al pie n.º 49: "*(...) Ni en el Libro Verde sobre los conflictos de jurisdicción y el principio ne bis in idem en los procedimientos penales, 2005, ni en la conocida Freiburg Proposal on Concurrent Jurisdictions and Prohibition of Multiple Prosecutions in the European Union (...) aparece abordado este delicado asunto*".

[990] Gómez-Jara Díez, *Art. 54 del Convenio..., op. cit.*

ampliamente comentada por la doctrina[991], consistente en articular una sucesión indefinida de peticiones extradicionales frente a los distintos Estados de la Unión en función de los movimientos que realice el ciudadano de un país miembro. Se trataría de "probar suerte" en todos ellos y conseguir así una jurisdicción favorable a sus intereses, en un cierto filibusterismo extradicional. Es igualmente cierto que el principio de ciudadanía europea, que obliga a una suerte de protección homogénea de los nacionales de la Unión, y el derecho de libre circulación, que solo se garantiza si el sujeto sabe que, una vez juzgado, puede trasladarse a otro Estado sin temor a ser perseguido de nuevo por los mismos hechos[992], abonarían esta tesis. Sin embargo, no lo es menos que el Tribunal de Justicia de la Unión, en las dos ocasiones en que ha tenido oportunidad de pronunciarse sobre esta práctica, no lo ha hecho, y no por casualidad.

A nuestro juicio, debe recordarse que ningún efecto vinculante ha querido otorgar la legislación europea y nacional a las previas resoluciones dictadas por otros Tribunales de la Unión[993]. Ni la Decisión Marco de 23 de junio de 2002 sobre OEDE, ni la Ley 3/2003, de 14 de marzo, ni la vigente Ley 23/2014, de 20 de noviembre, han considerado la posibilidad de extender los efectos de la decisión sobre la entrega, acordándola o no, más allá del ámbito bilateral conformado por la autoridad judicial de emisión y la autoridad judicial de ejecución. Si se hubiera querido hacer, el legislador europeo lo habría hecho, aplicando lo que ya existe en los arts. 33 y 36 del Reglamento 44/2001, regulador de la Competencia Judicial, Reconocimiento y Ejecución de Resoluciones Judiciales en Materia Civil y Mercantil (Bruselas I), de 22 de diciembre de 2000. Nada hay en este sentido y dicho silencio es enteramente significativo sobre cuál es la postura del legislador: no se ha querido ampliar el principio de reconocimiento mutuo al ámbito de la cooperación en materia de entrega de personas, dejando libertad a los órganos judiciales nacionales para valorar de manera autónoma y sin condicionamientos previos la petición de entrega formulada por el órgano judicial de emisión. En este sentido se ha pronunciado ya la Sección 3.ª de la Sala de lo Penal de la Audiencia Nacional en su Auto 202/2016, de 26 de abril, dictado en un asunto OEDE. La Sala desestima el recurso de apelación frente al auto que acordó la entrega debido a que la resolución anterior del Tribunal austríaco que rechazó la OEDE emitida por un tercer país de la Unión estaba basada en la nacionalidad austríaca del reclamado[994]. En el mismo sentido, el Auto 16/2017, de 2 de junio, dictado por la Sección 2.ª de la Sala de lo Penal de la Audiencia Nacional, ha entendido que ni el art. 54 del Convenio Schengen ni el art. 50 de la Carta de Derechos Fundamentales justifican la existencia de la llamada cosa juzgada extradicional con respecto a resoluciones de terceros países, al referirse ambos instrumentos normativos a decisiones de enjuiciamiento sobre el fondo del asunto[995].

[991] Gómez-Jara Díez, *Art. 54 del Convenio..., op. cit.*, pág. 7. Ídem en *Garantismo Penal Europeo..., op. cit.*, pág. 68.

[992] Gómez-Jara Díez, *Garantismo penal europeo..., op. cit.*, pág. 58.

[993] Bautista Samaniego, *Cosa juzgada y denegación de la extradición.* Diario La Ley n.º 8.852, 27 de octubre de 2016, pág. 4.

[994] Bautista Samaniego, *Cosa juzgada..., op. cit.*, pág. 4.

[995] *"(...) El art. 50 de la Carta de los Derechos Fundamentales de la Unión Europea (...) contempla únicamente que nadie podrá ser acusado o condenado penalmente por una infracción respecto de la cual ya haya sido absuelto o condenado en la Unión mediante sentencia penal firme conforme a la ley. Por su parte, el art. 54 del Tratado Schengen circunscribe la aplicación del principio non bis in idem a la*

Dicha resolución fue posteriormente ratificada por el Auto del Pleno de la Sala 32/2017, de 21 de julio[996]. También, por el Auto del Pleno de la Sala 72/2020, de 30 de noviembre, citado por el posterior Auto 52/2021, de 30 de diciembre, de la Sección 2.ª de la Sala de lo Penal[997].

Consideramos que la extensión a todo el ámbito de la Unión de los efectos de una resolución denegatoria de la reclamación extradicional hubiera sido la solución más sencilla. Sin embargo, como ya hemos visto, el legislador de la Unión no ha querido ir por este camino en la Decisión Marco de 13 de junio de 2002[998].

La clave, pues, estaría en la interpretación que pueda hacerse del art. 50 de la Carta de Derechos Fundamentales de la Unión, que consagra el *ne bis in idem* a nivel europeo. Efectivamente, de acuerdo con este artículo, "*nadie podrá ser juzgado o condenado penalmente por una infracción respecto de la cual ya haya sido absuelto o condenado en la Unión Europea*[999]".

Dos posibilidades interpretativas se alzan: una primera, tradicional, que entendería que, cuando la carta hace referencia a juzgar, se refiere únicamente a un enjuiciamiento y decisión sobre el fondo del asunto, ejercitando el *ius puniendi* nacional; y una segunda, que consideraría que, cuando un Tribunal de un Estado de la Unión ha examinado la petición de extradición de un tercero y la ha denegado por motivos que pueden considerarse de transversalidad jurídica y extensivos a todos los países de la Unión, tales como el riesgo de torturas, tratos inhumanos o degradantes, riesgo de ser juzgado por un Tribunal de excepción, persecución por motivos políticos o similares, el verbo juzgar equivaldría a la comprobación del cumplimiento de los requisitos extradicionales, habida cuenta que aquí el órgano judicial actuaría como garante de los derechos del *extraditurus*. No parece muy coherente que para un Estado de la Unión hubiese, por ejemplo, riesgo de torturas y para otro no existiese tal peligro. El art. 21 TFUE abonaría esta interpretación, pues la no extensión de efectos de una resolución protectora de los derechos fundamentales de un ciudadano de la Unión supondría una restricción injustificada de la libre circulación de personas. Sin embargo, no deja de ser una interpretación extensiva y contra la literalidad de la norma, que se refiere a un enjuiciamiento o condena que verse sobre culpabilidad o inocencia, lo

previsión de que una persona haya sido jugada en sentencia firme por una Parte contratante no podrá ser perseguida por los mismos hechos por otra Parte contratante (...). Atendido el alcance y naturaleza del procedimiento extradicional, se ha de concluir que las resoluciones denegatorias de extradición en otros países de la Unión no resultan comprendidas en el ámbito de dichas previsiones por ser actos de mera cooperación internacional, no resoluciones condenatorias o absolutorias de fondo".

996 "*A este respecto, se ha de decir que ya se han producido múltiples pronunciamientos de esta Sala en el sentido de, en general, considerar que no se producen efectos de cosa juzgada, haciéndolo solo en situaciones en las que la petición de extradición pasiva se haya denegado por razones de fondo*".

997 "*(...) no estimamos que con ello se esté pretendiendo dar general extensión a jurisprudencia del Tribunal Constitucional sobre los efectos de cosa juzgada en las extradiciones incluyendo los pronunciamientos sobre extradición dictados por un tribunal extranjero. Como tampoco que deba producirse un mutuo reconocimiento a todos los efectos y en todos los casos de dichas resoluciones extranjeras procedentes de países europeos, vía 82 del TFUE, amparándose en principios generales aplicables a la cooperación judicial entre Estados europeos (...)*".

998 Bautista Samaniego, *Cosa juzgada...*, *op. cit.*, pág. 5.

999 Bautista Samaniego, *Cosa juzgada...*, *op. cit.*, págs. 5 y 6.

que difícilmente casa con un procedimiento como el extradicional, en el que no existe un pronunciamiento de tal tipo[1000].

Otra posibilidad alternativa –ya en el plano nacional y referida a aquellos casos en que un Tribunal de la Unión haya previamente denegado la entrega en extradición por la concurrencia de los motivos de fondo que hemos apuntado con anterioridad– sería que la Audiencia Nacional, haciendo una aplicación directa del principio de reconocimiento mutuo recogido en el art. 82 del Tratado de Funcionamiento de la Unión Europea, extendiese a dicha resolución el efecto que el Tribunal Constitucional entiende que poseen las previas decisiones denegatorias de la extradición emitidas por la propia Audiencia cuando se apoyan en motivos de fondo. En el bien entendido caso, claro está, estaríamos ante una acción unilateral de nuestro Tribunal que no necesariamente tendría recíproca respuesta por parte de otros Tribunales de la Unión Europea en idénticas circunstancias al no haber una legislación europea que lo imponga[1001].

En cualquier caso, de *lege ferenda*, puede ser distinto el planteamiento. Así, el principio de reconocimiento mutuo, sobre el cual se asienta la cooperación en materia de justicia entre los países de la Unión Europea, nos hubiera debido llevar un paso más allá, admitiendo el efecto *erga omnes* de la decisión tomada por la autoridad judicial de ejecución en todo el ámbito de la Unión Europea. Denegada la reclamación, la misma no podría reproducirse en ningún otro país de la Unión y, aceptada, sus efectos tendrían validez en el resto de los Estados, sin necesidad de abrir nuevamente un procedimiento de entrega. En definitiva, no sería sino acoger en este ámbito lo que ya existe en el Reglamento 44/2001, regulador de la Competencia Judicial, Reconocimiento y Ejecución de Resoluciones Judiciales en Materia Civil y Mercantil (Bruselas I), de fecha 22 de diciembre de 2000.

La conveniencia de ello se puede observar tanto en los casos de denegación como en los de concesión de la entrega.

En el primer supuesto, no es infrecuente que, denegada la ejecución de la entrega en un Estado, la autoridad judicial de emisión mantenga la vigencia de la solicitud extradicional y aproveche la estancia del reclamado en otro país de la Unión para formular de nuevo la petición de entrega. A nuestro juicio, esta práctica afecta al derecho a la libre circulación de personas que consagra el art. 45 de la Carta de Derechos Fundamentales de la Unión Europea, puesto que el reclamado no tendrá una protección y estatus jurídico similar en todos los Estados. Por lo demás, reiteramos que debiera limitarse el bucanerismo procesal que ahora se produce cuando un tercer Estado solicita una y otra vez a los distintos países de la Unión extradiciones denegadas con anterioridad por otros Estados miembros.

1000 A pesar de ello, el voto particular al Auto de la Sala de lo Penal de la Audiencia Nacional, Pleno, 7/2017, de 13 de febrero, apoya esta postura, pero sin explicar cómo soslaya la literalidad de la norma, sin que pueda servir de precedente el Auto de 14 de enero de 2013, en que el país que rechaza la entrega había realizado una investigación cerrada más tarde por resolución con valor de cosa juzgada. Por más que cite la STJUE de 9 de marzo de 2006, no puede dejar de referirse al principio inspirador de dicha resolución: que, una vez condenado o absuelto, no pueda serlo de nuevo en otro Estado de la Unión. Pero aquí resulta que el sujeto no ha sido antes condenado o absuelto, sino que ha existido un pronunciamiento denegatorio de la entrega que no se ha pronunciado sobre su culpabilidad o inocencia.

1001 Bautista Samaniego, *Cosa juzgada…*, *op. cit.*, pág. 6.

En lo que respecta al segundo supuesto, si todas las naciones de la Unión tienen un similar estatuto de protección de los derechos fundamentales y un *corpus iuris* equivalente en cuanto al derecho a un juicio justo, no hay por qué negar efecto *erga omnes* a la decisión de entrega acordada en un país de la Unión, evitando así que, en caso de fuga, sea preciso un nuevo procedimiento de entrega a instancia de la autoridad judicial de emisión[1002], siempre que nos encontremos ante una denegación por motivos de carácter general.

Sin perjuicio, hoy por hoy, de la inexistencia de cosa juzgada como tal, cabe considerar que el principio de confianza, que es la base del reconocimiento mutuo, como piedra angular del derecho de la Unión Europea en el área de justicia, puede jugar no solo en un nivel horizontal –de relaciones entre los Estados– sino también en vertical –de los Estados de la Unión con relación a sus ciudadanos– de manera que los ciudadanos de la Unión que ejercen su derecho a la libre circulación tengan la expectativa de tener igual trato por los distintos tribunales nacionales ante situaciones idénticas. Este principio de confianza así expresado sería la base que fundamentaría una cierta vinculación de los tribunales españoles respecto de lo resuelto por otros tribunales de un país de la Unión en relación con la demanda extradicional de un Estado tercero ajeno a aquella[1003].

[1002] Bautista Samaniego, ídem, pág. 6

[1003] Como señala el Auto del Pleno de la Sala de 30 de noviembre de 2020, citado por el Auto 52/2021, de 30 de diciembre, de la Sección 2.ª: "(...) *las legítimas expectativas, una de cuyas bases es el principio de seguridad jurídica, que se encuentra particularmente involucrado en el caso, de la persona reclamada a la obtención de una idéntica resolución judicial en otro Estado de la UE, que igualmente reconozca y proteja sus derechos fundamentales frente a situaciones críticas, que han sido objeto de un previo análisis por parte del tribunal italiano que apreció una motivación política (...)*". Referido a la Federación rusa, Auto 26/2021, de 23 de junio, de la Sección 3.ª: "(...) *la Sala no puede dejar de tener en consideración que lo que ambas resoluciones ponen de manifiesto, en proceso idéntico al que da lugar a la solicitud de extradición que hoy resolvemos, aunque en referencia a otras personas, ambas calificadas como de mayor poder de decisión dentro de la trama delictiva descrita en los hechos, es la situación de peligro que se crea para el respeto de los derechos fundamentales de la persona reclamada, derivado tanto de las relaciones de poder existentes entre determinados miembros y grupos de poder de la Federación de Rusia, y la vulnerabilidad a la posibles presiones políticas de los jueces que hubieran de decidir en el caso presente, cuestiones ambas que ponen en tensión el derecho a un juicio con todas las garantías recogido como derecho fundamental en el artículo 6 del Convenio Europeo de Derechos Humanos (...)*".

Recurso

De acuerdo con el art. 15.2 LEP, contra la decisión de la Sala cabe recurso de súplica, que deberá ser resuelto por el Pleno de la Sala de lo Penal de la Audiencia Nacional[1004]. En dicho Pleno intervienen todos los Magistrados de la Sala, incluidos los que han dictado la resolución de instancia, con la única limitación de que no pueden ser ponentes en la súplica.

Sobre si dicha participación pone en riesgo el derecho a un Juez imparcial, el Tribunal Constitucional ha entendido que no es así en su ATC 282/2000, de 30 de noviembre[1005]. En el mismo sentido se pronuncia una doctrina consolidada de la Audiencia Nacional, de la que son expresión los Autos de Sala de lo Penal, Pleno, 280, 281 y 282, de 9 y 10 de julio de 2018[1006]. Dado que no es un procedimiento en que se aplique el *ius puniendi* del Estado, ni existe pronunciamiento acerca de la culpabilidad o inocencia del reclamado, no tiene cabida el principio de doble instancia recogido en el art. 14 del Pacto Internacional de

---

1004 A diferencia de lo que fijaba el art. 19 de la Ley de 1958, que establecía la imposibilidad de formular recurso alguno contra la decisión.

1005 "*La quiebra de la imparcialidad objetiva, objeto de la pretensión del recurrente, se habría producido entonces, como consecuencia inherente al propio modelo de recursos legalmente establecido en la Ley de Extradición Pasiva, dado que, en principio, al resolver el recurso de súplica el Pleno de la Sala de lo Penal formarán parte del mismo quienes integraron la Sección que adoptó la resolución recurrida. Sin embargo, no puede sostenerse que el modelo de recurso en materia de extradición ni, en el caso, la efectiva integración de los magistrados que formaron la Sección en la Sala que resolvió el recurso, vulnere la garantía de imparcialidad objetiva. Pues, si, de un lado, no existe un deber constitucional de configurar el recurso en materia de extradición como segunda instancia, sino que el legislador goza de libertad de configuración en este ámbito, y, de otro, el legislador ha optado legítimamente por un recurso de súplica al que son inherentes su carácter no devolutivo y de reconsideración de la decisión, carece de sentido proyectar en este ámbito una regla de incompatibilidad de la actividad procesal del Juez –revisar el fallo en ulterior instancia el Juez que lo ha dictado en anterior instancia–, cuyo fundamento, evitar que el órgano superior «pueda constituirse con prejuicios sobre el objeto procesal derivados de su anterior conocimiento en primera instancia» (STC 137/1994, FJ 3), está pensado para garantizar el cumplimiento efectivo del carácter devolutivo de los recursos (STC 137/1994, FJ 3) o con carácter más amplio, para «no privar de eficacia al derecho del justiciable (...) al recurso» (STC 157/1993, FJ 3). En este caso ni resulta necesario garantizar el carácter devolutivo del recurso, pues legalmente no ha sido establecido, ni el derecho del recurrente al recurso, derivado de su derecho a la tutela judicial efectiva, puede amparar exigencias de garantías, que legalmente no han sido configuradas, puesto que tampoco sería constitucionalmente exigible la estructuración legal del recurso como segunda instancia*".

1006 En palabras del Auto de la Sala de lo Penal, Pleno, 281/2018, de 9 de julio: "*(...) La intervención de los tres magistrados que participaron en la resolución de la instancia, en el Pleno que resuelve el presente recurso, no implica vulneración alguna del derecho al juez imparcial. El artículo 15 de la LEP que incorpora el recurso contra la resolución que decida la extradición solo prevé que no sea designado ponente ninguno de los magistrados que dictaron el auto suplicado, pero no que no participen en dicho pleno. Lo contrario supone una pretensión ultra legem carente de sustento legal alguno. Estamos en presencia de un recurso de súplica especial con garantías reforzadas, en cuya resolución van a intervenir todos los miembros de la Sala. La ley instaura un recurso devolutivo con garantías superiores a una súplica ordinaria, que lo aproxima más a un recurso de apelación. En esta línea, de no exigencia de abstención de los magistrados que participaron en la instancia, se pronuncian el ATC 282/2000, de 30 de noviembre, y numerosos Autos del Pleno de la Sala de lo Penal, entre los que son exponentes los de 23 de diciembre de 2002, de 8 de febrero de 2001, entre otros muchos. Al igual que tampoco puede exigirse objetivamente la participación necesaria del magistrado que hizo un voto particular contra la resolución de la Sala, y que fue objeto de análisis en la STC 162/2000, de 12 de junio*".

Derechos Civiles y Políticos[1007]. En esa línea, se mantiene que, siendo libre el legislador para configurar o no un recurso, es enteramente libre para hacerlo de una forma o de otra, y lo mismo podría haber previsto una súplica ordinaria, que en la LECrim. es resuelta por los mismos Magistrados que dictan la resolución recurrida. Por lo demás, dándose cabida a todos los Magistrados que conforman el Pleno, se configura una súplica con garantías reforzadas. En definitiva, nos encontramos ante un recurso cuya naturaleza no deja de ser horizontal, por más que sea una súplica con características propias[1008]. Por eso mismo, una entrega acordada en súplica contra el parecer de la primera resolución dictada por la Sección no vulnera el principio de doble instancia por el hecho de no existir recurso ordinario frente a su decisión, pues solo está prevista necesariamente la doble instancia para las condenas penales[1009].

Sin perjuicio de lo anterior, parece que, constituida orgánicamente una Sala de Apelaciones en el seno de la Audiencia Nacional, debiera atribuirse la competencia para conocer del recurso a dicha Sala de Apelaciones, como ya ha sugerido el propio Pleno de la Sala en su Auto de 29 de septiembre de 2020 (recurso de súplica 32/2020).

Hay que resaltar que, según la doctrina de la Sala de lo Penal de la Audiencia Nacional, el Estado reclamante, en caso de haberse personado en el proceso extradicional, carece de legitimación propia para recurrir la decisión tomada por la sección correspondiente. Su posición es la de parte accesoria, la de un litisconsorte adhesivo del Ministerio Fiscal. En consecuencia, si este no recurre, no podrá hacerlo dicho Estado[1010].

El objeto del proceso queda delimitado por las cuestiones planteadas en la instancia, sin que puedan suscitarse otras nuevas, como así lo estableció el Auto de la Sala de lo

[1007] Auto del Pleno de la Sala de 29 de septiembre de 2020 (Recurso de súplica 32/2020): "*no se debe olvidar que nos encontramos en un procedimiento de extradición, en el que no se resuelve sobre la culpabilidad del reclamado, sino sobre la procedencia de acceder (...) a la solicitud de entrega (...) por lo que (...) ni siquiera es exigible al legislador que contemple esa doble instancia en un recurso de apelación*".

[1008] Auto del Pleno de la Sala de 29 de septiembre de 2020 (recurso de súplica 32/2020).

[1009] Auto del Pleno de la Sala de 29 de septiembre de 2020 (recurso de súplica 32/2020).

[1010] En este sentido, Auto de Pleno de la Sala 39/2016, de 21 de junio: "*(...) La cuestión de la legitimación del Estado requirente para recurrir el auto de la Sección resolutorio sobre la demanda extradicional ha sido abordado por este Pleno en dos supuestos referidos a los Estados Unidos de México (...). En ambos autos de Pleno se concluyó (...) que la regulación de la LEP, la no vigencia en el procedimiento extradicional del principio acusatorio y la necesidad de postulación respecto a la adopción de medidas cautelares (...) y evidentemente en materia de recursos, lleva a entender conforme a la literalidad del art. 14.1, inciso final, que la intervención en el procedimiento del Estado requirente queda limitada a la vista extradicional y a su preparación con el trámite previo a la misma encaminada (art. 13.1 LEP), pudiendo así proponer prueba que verse sobre extremos relacionados con las condiciones exigidas por el Tratado o Convenio o por la LEP (art. 14.2 LEP), informar independientemente a la postura que mantengan el Ministerio Fiscal, pero carece de legitimación para, con independencia del Ministerio Fiscal, instar medidas cautelares contra el reclamado y formular recursos. Únicamente podrá coadyuvar a la petición de medidas cautelares y a los recursos que formule el M. Fiscal, que sí es parte en el procedimiento desde el inicio por exigencia del art. 12.1 LEP.La solicitud y concesión de garantía de reciprocidad que como potestativa contempla el art. 14.1 inciso final de la LEP no transforma la naturaleza y alcance de la intervención que en el procedimiento de extradición pasiva pueda tener el estado requirente, que sigue siendo no parte procesal, lo que única y exclusivamente son el Ministerio Fiscal y el reclamado*".

[1011] "*En atención a la naturaleza del recurso de súplica no deberían someterse al Pleno de esta Sala cuestiones nuevas que no hubieren sido planteadas previamente en el acto de la vista que precedió a la adopción de la resolución recurrida. Y, de acuerdo con lo que consta en el fundamento jurídico cuarto de la resolución recurrida, la cuestión de la prescripción no fue planteada en aquel momento, aunque sí introducida ahora en el recurso de súplica (...)*".

Penal, Pleno, de 24 de abril de 2000[954]. De idéntica opinión es el Auto del Pleno de la Sala 56/2019, de 1 de julio[1012].

Frente al Auto de Pleno no cabe recurso de casación[1013].

[1012] *"En el caso que nos ocupa (...) dicha cuestión ha sido planteada en esta sede, sin que lo hubiere hecho la defensa con anterioridad, lo que ha impedido un inicial pronunciamiento de la Sala y el sometimiento de aquella al principio de contradicción en el acto de la vista"*.

[1013] Auto de 30 de junio de 2022, de la Sección 3.ª de la Sala de lo Penal, con cita del ATS de 9 de junio de 2022. También, Auto de 2 de septiembre de 2021, de la misma Sección. Del mismo parecer, Auto de 10 de mayo de 2021, de la Sección 4.ª. Dictado en el Rollo 27/2020: *"(...) no estando previsto por la Ley el recurso de casación, y no siendo el dictado por el Pleno en súplica auto dictado en primera instancia y en apelación, de carácter definitivo, que suponga la finalización del proceso por falta de jurisdicción o sobreseimiento libre y la causa se haya dirigido contra el encausado mediante una resolución judicial que suponga una imputación fundada, que son los supuestos que el art. 848 Lecrim. contempla de autos recurribles en casación (...) debe tenerse por no anunciado recurso de casación (...)"*.

Ulteriores recursos

No existen más recursos, sin perjuicio de que el reclamado pueda recurrir en amparo ante el Tribunal Constitucional[1014] y ante el Tribunal Europeo de Derechos Humanos. En relación con el recurso de amparo, la doctrina tradicional del Tribunal Constitucional es la de acordar la suspensión de la extradición mientras se sustancia el amparo, dado que la imposibilidad de vinculación de instancias judiciales o gubernamentales extranjeras respecto de lo acordado por el Tribunal comprometería su efectividad y haría ilusorio el otorgamiento del amparo[1015].

En cuanto a los motivos de fondo, la doctrina recalca que el art. 13 de la Constitución no consagra un derecho subjetivo que pueda fundamentar un recurso de amparo. Sin perjuicio de ello, el Tribunal puede entrar a conocer del proceso extradicional para enjuiciar la posible vulneración de derechos fundamentales que sí son susceptibles de amparo, como los recogidos en los arts. 24.1 (tutela judicial), 17.1 (libertad) y 19 (circulación por el territorio nacional)[1016]. Con relación a la tutela judicial efectiva, el Tribunal establece una exigencia de motivación que va más allá de la clásica inexistencia de irrazonabilidad, error patente o arbitrariedad[1017], añadiendo algo cualitativamente distinto, como es la presencia de una

---

[1014] Sobre la evolución de la doctrina del Tribunal Constitucional acerca de la admisibilidad del amparo en casos de extradición, véase Bellido Penadés, *op. cit.*, págs. 264 a 271.

[1015] En este sentido, ATC 78/2001, de 2 de abril: "*La aplicación al caso de la doctrina reseñada obliga a considerar, como hemos venido haciendo en situaciones análogas (...) que en los supuestos de extradición la ejecución de las resoluciones impugnadas puede convertir en ilusoria la eventual concesión de amparo, toda vez que si la persona requerida fuera entregada a las autoridades el Estado requirente podría perder el amparo su finalidad, pues, en definitiva, su objeto es cuestionar la decisión de acceder a la extradición. En efecto (...) una vez el recurrente se encuentre bajo la potestad de otro Estado, sería muy difícil que un eventual pronunciamiento estimatorio de este Tribunal por el que se anularan los Autos que acceden a la extradición pudiera tener plena eficacia en este Estado*". En el mismo sentido y con respecto a una OEDE, ATC 139/2005, de 6 de abril.

[1016] Alcácer Guirao, *op. cit.*, págs. 13 y 14.

[1017] SSTC 15/2002, de 28 de enero, FJ 3; 156/2002, de 23 de julio, FJ 3; 204/2003, de 1 de diciembre, FJ 3; 83/2006, de 13 de marzo, FJ 3, y 177/2006, de 5 de junio, FJ 3, en materia de OEDES. Con carácter general, STC 57/2010, de 4 de octubre: "*Es necesario precisar que es función de este Tribunal la de controlar que la subsunción de los hechos en el correspondiente tipo penal no sea ajena al significado posible de la norma aplicada, ni se haga con una argumentación ilógica o indiscutiblemente extravagante, o se efectúe con una base valorativa que conduzca a soluciones esencialmente opuestas a la orientación material de la norma [por todas, SSTC 123/2001, de 4 de junio, FJ 11; 120/2005, de 10 de mayo, FJ 6; 76/2007, de 16 de abril, FJ 4; 258/2007, de 18 de diciembre, FJ 10; y 91/2009, de 20 de abril, FJ 6 a)]. No debe olvidarse que el derecho a la legalidad penal supone que nadie puede ser condenado por acciones u omisiones que no constituyan delito o falta según la legislación vigente en el momento de la comisión del hecho, quebrándose este derecho «cuando la conducta enjuiciada, la ya delimitada como probada, es subsumida de un modo irrazonable en el tipo penal que resulta aplicado» [por todas, SSTC 137/1997, de 21 de julio, FJ 6; 262/2006, de 11 de septiembre, FJ 4; 29/2008, de 20 de febrero, FJ 6; 129/2008, de 27 de octubre, FJ 3; y 91/2009, de 20 de abril, FJ 6 a)]. Y en el examen de razonabilidad de la subsunción de los*

motivación directamente conectada con la salvaguardia de los derechos fundamentales en juego, una debida ponderación de estos y una valoración armónica y equilibrada de los intereses constitucionales en presencia[1018].

hechos probados en la norma penal el primero de los criterios a utilizar está constituido por el respeto al tenor literal de la norma y la consiguiente prohibición de la analogía in malam partem. Este criterio inicial debe complementarse con el recurso a un doble parámetro de razonabilidad: metodológico, de una parte, enjuiciando si la exégesis de la norma y subsunción en ella de las conductas contempladas no incurre en quiebras lógicas y resultan acordes con modelos de argumentación aceptados por la comunidad jurídica; y axiológico, de otra, verificando la correspondencia de la aplicación del precepto con las pautas valorativas que informan el ordenamiento constitucional [SSTC 129/2008, de 27 de octubre, FJ 3; y 91/2009, de 20 de abril, FJ 6 a)]".

[1018] En palabras del propio Tribunal, "*si la fundamentación exteriorizada por la Audiencia Nacional ha vulnerado el derecho a la tutela judicial efectiva sin indefensión (art. 24.1 CE), de conformidad con el canon reforzado que este Tribunal utiliza cuando la cuestión de fondo sobre la que se proyecta la tutela se conecta con otros derechos fundamentales del recurrente (SSTC 83/2006, de 13 de marzo, FJ 3; 293/2006, de 10 de octubre, FJ 3)*". Como señala la STC 57/2010, de 4 de octubre, "*cuando estamos frente a decisiones judiciales restrictivas de la libertad, esta afectación del valor libertad exige que la decisión adoptada, «no solo represente la aplicación no arbitraria de las normas adecuadas al caso, sino también que su adopción sea presidida, más allá de por la mera exteriorización de la concurrencia o no de los requisitos legales de ella, por la ponderación, de conformidad con los fines constitucionalmente fijados a las penas privativas de libertad, de los bienes y derechos en conflicto» (por todas, STC 222/2007, de 8 de octubre, FJ 4). La trascendencia de los valores en juego en la aplicación del Derecho penal exige, en consecuencia, tanto la exteriorización del razonamiento por el que se estima que concurre o no el supuesto previsto en la ley, como que el mismo se manifieste a través de una motivación en la que, más allá de su carácter razonado, sea posible apreciar un nexo de coherencia entre la decisión adoptada, la norma que le sirve de fundamento y los fines que justifican cada concreta institución (en sentido parecido, aunque con relación al instituto de la prescripción penal, SSTC 11/2004, de 9 de febrero, FJ 2; 63/2005, de 14 de marzo, FJ 3; y 29/2008, de 20 de febrero, FJ 9)*".Sobre la distinción entre ausencia de error o arbitrariedad y la motivación reforzada en la valoración de los derechos fundamentales, véase Alcácer Guirao, *op. cit.*, pág. 27 y 28.

Concurrencia de solicitudes

En caso de concurrencia de solicitudes, la decisión corresponde tomarla al Gobierno, según el art. 16 LEP[1019], manejando como criterios las circunstancias concurrentes y, en especial, la existencia o no de Tratado y la gravedad de la acción delictiva, partiendo de una previa resolución de la Audiencia que, sin preferencia alguna, habrá accedido a todas ellas. También son relevantes el lugar de comisión del delito, las fechas de las respectivas solicitudes, la nacionalidad de la persona reclamada y la posibilidad de una ulterior extradición a otro Estado[1020]. Debe decirse que la competencia también corresponde al Gobierno de la Nación en caso de concurrencia entre una extradición y una OEDE, de acuerdo con el art. 57.2 de la Ley 23/2014, de 23 de noviembre. La decisión será recurrible ante la Sala Tercera del Tribunal Supremo, ya que no es un acto de mero trámite, sino que determina la preferencia en la ejecución del fallo adoptado en ambos procedimientos y, con ello, su efectividad[1021].

[1019] El art. 17 del Convenio Europeo de Extradición establece los mismos criterios. También recogidos por Sadoff, *op. cit.*, págs. 290 y 291.

[1020] Esta potestad gubernamental la recuerda el Auto de la Sala de lo Penal de la Audiencia Nacional, Sección 3.ª, 21/2018, de 28 de mayo, que rechaza la aplicación analógica de la causa de denegación por litispendencia: *"(...) El motivo de litispendencia no concurre, no siendo de aplicación el artículo 7 del Convenio Europeo de Extradición, que prevé como causa potestativa, nunca imperativa, que la parte requerida podrá denegar la extradición de la persona reclamada por causa de delito que, según su legislación, se hubiere cometido en su territorio o lugar asimilado al mismo, puesto que Suiza es un territorio soberano y lo ha reclamado por utilización de tarjetas en su espacio jurisdiccional en perjuicio de la entidad bancaria de Gabón, y, por ende, resulta inviable la causa denegatoria prevista en el artículo 4.5 de la Ley de Extradición Pasiva"*.

[1021] En este sentido, STS, Sala Tercera, de 23 de febrero de 2010.

Consecuencias en caso de que la decisión fuese denegatoria de la extradición

De conformidad con el art. 17 de la Ley, cuando sea firme el pronunciamiento denegatorio de la extradición, el Tribunal, sin dilación, librará testimonio de este al Ministerio de Justicia, que a su vez lo comunicará al de Asuntos Exteriores para su notificación a la representación diplomática del país que formuló la demanda de extradición. Como señala la doctrina, resulta un tanto incongruente que, pudiéndose realizar la petición extradicional por otros cauces distintos a la vía diplomática, como la comunicación directa entre ministerios de Justicia, no se contemple idéntica posibilidad para la notificación de la resolución denegatoria[1022].

Asimismo, el Tribunal ordenará la puesta en libertad de la persona requerida de extradición. A dicha persona se le notificará la resolución que se dicte, de acuerdo con las normas generales de la LOPJ y la LECrim.[1023]. Es indiferente la ausencia de mención a dicha cuestión en la LEP, sin perjuicio de que, de *lege ferenda*, resultaría conveniente su introducción.

[1022] Bellido Penadés, *op. cit.*, pág. 255.

[1023] Pastor Borgoñón, *op. cit.*, pág. 367.

Consecuencias en caso de que el Tribunal accediere a la extradición

Según el art. 18 LEP, si el Tribunal dictare auto declarando procedente la extradición, librará testimonio de este al Ministerio de Justicia, a fin de que el Gobierno decida sobre la entrega de la persona. Asimismo, el Tribunal notificará las indicaciones que, de oficio o a instancia del representante diplomático, estime pertinente formular para la entrega de la persona reclamada, así como el tiempo en que esta fue privada de libertad a fines de extradición, que quedará condicionada a que se compute como período de cumplimiento de condena.

Fase final gubernativa

Como se señala doctrinalmente en los sistemas en que la extradición debe ser aprobada por una autoridad judicial, existe una certeza: que la intervención política, articulada como una facultad de veto, únicamente opera en beneficio de la persona interesada. No puede ser acordada la extradición si el tribunal previamente ha decidido que debe ser rechazada de acuerdo con las normas que establecen motivos de rechazo[1024].

En este sentido, según el art. 6 LEP, si la resolución firme del Tribunal denegare la extradición, dicho fallo será definitivo y el Gobierno no podrá concederla. Por el contrario, si el pronunciamiento del Tribunal declara procedente la extradición, dicha decisión no es vinculante para el Gobierno, que podrá denegarla en atención al principio de soberanía nacional, el principio de reciprocidad o a razones de seguridad, orden público o demás intereses esenciales de España. Como se ha dicho, la facultad del Gobierno es puramente negativa, estándole vedada la entrega si la Audiencia Nacional la ha rechazado[1025]. El fundamento de esta potestad gubernamental parece claro: nos encontramos ante un acto de política exterior, en cuya adopción se encuentran variables de oportunidad, tanto en relación con el Estado requirente como con otros Estados que puedan estar concernidos por la decisión[1026].

La naturaleza de este acto gubernamental es la de un puro acto de soberanía, basado en unos criterios entre los que no se encuentra el control de legalidad de lo que haya resuelto la Audiencia Nacional[1027]. No es posible, pues, que el Gobierno realice un nuevo juicio sobre la concurrencia de los requisitos legales previstos en los arts. 3 a 5 LEP para acceder a la extradición[1028]. Tampoco sobre la conformidad de la extradición con los derechos fundamentales. Si dicha vulneración pudiera ser imputada a la Audiencia Nacional, sería controlada a través de los mecanismos procesales ordinarios y extraordinarios previstos para ello[1029]. El significado de estos criterios, en los que exclusivamente se puede apoyar el Gobierno para denegar la extradición, es explicado con toda claridad en el Preámbulo

---

[1024] Almeida Costa, M. J., *Extradition law: reviewing…*, *op. cit.*, pág. 315.

[1025] Alcácer Guirao, *op. cit.*, pág. 20.

[1026] Pastor Borgoñón, *op. cit.*, pág. 140.

[1027] STS, Sala Tercera, Sección 6.ª, de 22 de noviembre de 2002. En el mismo sentido, STS, Sala Tercera, Sección 6.ª, de 11 de junio de 2008 y STS, Sala Tercera, Sección 6.ª, de 4 de marzo de 2009. Ídem, STS, Sala Tercera, 303/2022, de 10 de marzo.

[1028] STS, Sala Tercera, Sección 6.ª, de 21 de julio de 2015. En el mismo sentido, STS, Sala Tercera, 349/2018, de 6 de marzo.

[1029] STS, Sala Tercera, Sección 6.ª, de 4 de marzo de 2009.

de la Ley, en el sentido de que estos, en ningún caso, implicarán el incumplimiento de resoluciones judiciales, habida cuenta del distinto campo y finalidad en que actúan y persiguen los Tribunales y el Gobierno, técnico y tutelar del derecho a la libertad los primeros y político el segundo[1030]. El acuerdo de entrega será motivado, pero sin necesidad de que la motivación se extienda a por qué no se ha rechazado la extradición en contradicción con el criterio previo de la Audiencia Nacional, dado que la "*motivación es de lo que se decide, no de lo que se omite, de tal forma que si el Gobierno no considera procedente ejercer sus potestades discrecionales, no requiere una reseña específica, sino que está implícita en la decisión adoptada de la que se concluye la no concurrencia de intereses esenciales para el País*"[1031].

La naturaleza discrecional del acto gubernamental la encontramos también en otros países. Así, en los EE. UU., se define como una potestad presidencial, delegada desde el 19 de marzo de 1970 en el Secretario de Estado. Su naturaleza es enteramente discrecional, ejercitada por primera vez en 1871. Puede basarse en motivos técnicos, humanitarios o políticos, sin posibilidad de revisión alguna. Incluso, dicha facultad discrecional puede manifestarse en la fase inicial del procedimiento: el Gobierno, simplemente, puede no dar curso a la solicitud extradicional de un país y no entregarla al Fiscal de los EE. UU. para su tramitación. El corolario de esta facultad es la posibilidad de imposición de condiciones de entrega no fijadas siquiera por los Tribunales[1032].

De acuerdo con la Ley, contra el acuerdo del Gobierno no cabe recurso alguno. Sin embargo, la jurisprudencia sí ha admitido la posibilidad de recurso contra la decisión gubernamental. Siendo una decisión de carácter político y un típico acto de soberanía, no cabe un control en cuanto al fondo, pero sí respecto a los elementos reglados[1033], según, entre otras, la STS, Sala Tercera, de 11 de junio de 2008, más recientemente, STS 8/2022, de 11 de enero. Un ejemplo de ello es la STS de 20 de septiembre de 2005, que anuló un acuerdo de un Gobierno en funciones[1034] que consintió la extradición por vulnerar el art. 21 de la Ley 50/1997, de Gobierno, dado que la norma prohíbe a un Gobierno en tal situación ir más allá del despacho ordinario de asuntos, absteniéndose de adoptar,

[1030] STS, Sala Tercera, Sección 6.ª, de 13 de mayo de 2011. Doctrina reiterada en la STS, Sala Tercera, 1353/2021, de 22 de noviembre: "*Es conveniente detenernos en la potestad que el Legislador confiere al Gobierno para apartarse de la decisión propia que comporta la declaración de legalidad de la extradición realizada en vía jurisdiccional. Es una decisión amparada en la propia naturaleza de la institución de la extradición, que no solo se ampara en criterios de legalidad estricta, como frecuente en el ámbito de las potestades administrativas, sino que se confiere una potestad discrecional para que, en función de las circunstancias a que específicamente se refiere el precepto, pueda denegar la entrega del reclamado, aun declarada la procedencia de la extradición de manera irrevocable. Y en ese sentido se declara en la Exposición de Motivos de la LEP que "en ningún caso implicará incumplimiento de las resoluciones judiciales, habida cuenta del distinto campo y finalidad en que actúan y persiguen los Tribunales y el Gobierno, técnico y sobre todo tutelar del derecho a la libertad los primeros y políticos, esencialmente, el segundo*".

[1031] STS, Sala Tercera, 1353/2021, de 22 de noviembre.

[1032] Bassiouni, *op. cit.*, págs. 974 a 984.

[1033] STS, Sala Tercera, Sección 6.ª, de 27 de enero de 2010.

[1034] Art. 101 de la Constitución: "*El Gobierno cesa tras la celebración de elecciones generales, en los casos de pérdida de la confianza parlamentaria previstos en la Constitución, o por dimisión o fallecimiento de su Presidente*".

salvo casos de urgencia, cualesquiera otras medidas[1035]. Sobre la cuestión, la doctrina distingue dos posturas[1036]: por un parte, una teoría más estricta, que entiende que al Gobierno en funciones no debe adoptar ninguna decisión que conlleve una valoración o actuación de contenido político; y, por otra parte, una tesis más amplia que, partiendo de la base de que este tipo de ejecutivo puede tomar decisiones políticas, entiende que lo que está vedado es que emprenda actuaciones que signifiquen una nueva dirección política y comprometan la actividad del futuro Gobierno. Pues bien, aun a pesar de que la sucinta regulación constitucional no contiene referencia alguna a las posibles limitaciones de la actividad de un Gobierno mientras está en funciones, hasta el punto de que se ha llegado a cuestionar la constitucionalidad de la limitación contenida en la Ley de Gobierno[1037], la Sala Tercera opta por la alternativa más restrictiva al entender que el art. 21 de la Ley de Gobierno impide a este tomar decisiones que vayan más allá de la "*gestión administrativa ordinaria ausente de valoraciones y decisiones en las que entren criterios políticos*". Sin embargo, no podemos compartir tal idea, al menos de modo absoluto. Como se ha encargado de reseñar la doctrina[1038], cabe distinguir dos posibilidades, por más que la extradición se conceptúe, en todos los casos, según la concepción clásica, como un acto de soberanía: por un lado, el acuerdo de confirmación de la extradición, en el que el Gobierno no hace uso de la facultad de negar la entrega invocando el interés general de España, lo que es llamado por la doctrina ejercicio negativo de la soberanía; por otro, aquellos casos en que el Gobierno, contradiciendo una previa decisión judicial en la segunda fase del procedimiento extradicional, realiza una valoración estrictamente política de la cuestión y deniega la extradición invocando el interés general de España, lo que es denominado ejercicio positivo de la soberanía. Es en ese último supuesto donde podemos hablar de una valoración política que puede comprometer la futura relación que tiene que afrontar el Gobierno entrante con el Estado reclamante, la cual puede verse indudablemente comprometida por una decisión gubernamental negativa tomada contrariando el criterio precedente de un Tribunal. Parece que la acción política exterior del nuevo Gobierno en el ejercicio de su competencia, de acuerdo con el art. 97 de la Constitución, puede verse seriamente afectada[1039].

[1035] "*(...) En consecuencia, el Gobierno en funciones, al pronunciarse sobre la procedencia o no de la extradición pasiva ejercita siempre una facultad de valoración de los intereses nacionales que conlleva un juicio político que excede de la gestión ordinaria de los asuntos públicos, y priva al futuro Gobierno de una decisión política que en el uso de su soberanía nacional le corresponde en orden a conceder o denegar la extradición pasiva (...). La Ley 50/1997, de 27 de noviembre, que desarrolla el artículo 101 de la Constitución, establece una serie de requisitos y limitaciones (...) el número 3 del citado artículo 21 precisa que limitará su gestión al despacho ordinario de los asuntos, absteniéndose de adoptar, salvo casos de urgencia debidamente acreditados o por razones de interés general cuya acreditación expresa así lo justifique, cualesquiera otras medidas (...) es decir, gestión administrativa ordinaria ausente de valoraciones y decisiones en las que entren criterios políticos (...)*".

[1036] Bragué Manzano, J., y Reviriego Picón, F. "Gobierno en funciones y despacho ordinario de los asuntos públicos (las SSTS de 20 de septiembre y 2 de diciembre de 2005)", Revista UNED Teoría y Realidad Constitucional n.º 18, 2006, pág. 454.

[1037] Sobre este debate, véase Bragué Manzano y Reviriego Picón, *op. cit.*, pág. 450.

[1038] Bragué Manzano y Reviriego Picón, *op. cit.*, págs. 469 y 470.

[1039] Es por ello por lo que la STS de 2 de diciembre de 2005, tomada por el Pleno de la Sala Tercera de lo Contencioso, supone un giro total en la materia, esta vez, al hilo de la concesión de un indulto. Aquí opta por la tesis amplia, vedando al Gobierno en funciones a adoptar políticas nuevas que comprometan la acción del futuro Gobierno. Matiza, pues, la definición de actos ordinarios de gestión que parecía

La STS 1326/2020, de 15 de octubre, sigue esta última postura, considerando que el acuerdo del Gobierno en funciones concediendo la extradición ha de entenderse amparado en el despacho ordinario al que el gobierno cesante ha de atender hasta la toma de posesión del nuevo Gobierno. Resalta que semejante criterio sobre el alcance del concepto "*despacho ordinario de los asuntos públicos*" se ha venido aplicando por la Sala en varias sentencias, como la de 27 de diciembre de 2017 (rec. 5058/2016) relativa al Real Decreto que aprobó el Plan director de la Red de Parques Nacionales y las de 18 de marzo de 2019

---

desprenderse de la interpretación literal de la Ley de Gobierno hecha por la anterior de 20 de septiembre, identificado acto político con el ejercicio de las funciones que la Constitución atribuye al Gobierno de la Nación. Efectivamente, afirmó que "*el Gobierno cesante debe seguir gobernando hasta que sea sustituido efectivamente por el nuevo. La Constitución es tajante, ordena al que continúe ejerciendo sus funciones tras su cese y no excluye expresamente ninguna de entre las que quiere que sigan siendo ejercidas. Se comprende sin dificultad que España no puede quedarse sin Gobierno ni siquiera unas horas. También el hecho de que no se establezcan constitucionalmente límites explícitos a la actuación del Gobierno en funciones no quiere decir que no existan, pues la propia naturaleza de esta figura, cesante y transitoria, conlleva su falta de aptitud para ejercer la plenitud de las atribuciones gubernamentales. Sin embargo, el silencio del artículo 191 del texto fundamental sobre las eventuales restricciones del cometido del Gobierno en funciones después de haber impuesto su existencia e, incluso, el hecho de que no se remite a tal efecto a la Ley, a diferencia de lo que hace en otras hipótesis, nos han de advertir sobre el sumo cuidado con el que ha de afrontarse la tarea de definir qué es lo que se puede hacer (...). De la regulación constitucional cabe extraer otros datos que debemos tener presentes a la hora de interpretar la Ley pues configuran el contexto en el que se encuentra el Gobierno en funciones. Tal es el caso de su duración en el tiempo. Son varios los supuestos que determinan el cese del Gobierno según el artículo 101.1 de la Constitución: la celebración de elecciones generales, la pérdida de la confianza parlamentaria en los casos previstos en la Constitución, la dimisión y el fallecimiento de su Presidente. El interregno que se abre como consecuencia de estas circunstancias solamente será breve, en principio, cuando prospere una moción de censura porque su aprobación, al mismo tiempo que supone la retirada de la confianza a un presidente del Gobierno, comporta la investidura del que figuraba como candidato alternativo en ella, de manera que en pocos días puede producirse la toma de posesión del nuevo Gobierno. En cambio, en las demás hipótesis, la interinidad que producen puede extenderse a lo largo de varias semanas e. incluso, de varios meses si procediera la disolución de las Cortes Generales prevista en el artículo 99.5 de la Constitución. En consecuencia, el Gobierno puede permanecer en funciones un periodo significativo*". En cuanto al alcance de las limitaciones, señala que "La *Constitución, ciertamente, no establece de modo expreso limites o restricciones a la actuación del Gobierno en funciones. No obstante, nos facilita el criterio para distinguir cuáles son los confines dentro de los que debe moverse, fuera de los casos en que la urgencia determine la necesidad de su intervención, pues la habilitación para resolver sobre estos últimos va implícita en la propia imposición de su existencia. El criterio al que nos referimos es el que resulta de la función constitucional del Gobierno. De la que ha de desempeñar el que está en plenitud de sus facultades tras haber completado el proceso de su formación. Esa función no es otra que la dirección de la política interior y exterior y, en estrecha relación con ella, la defensa del Estado. Esos son los cometidos con los que el artículo 97 de la Constitución singulariza la función gubernamental y para cuya realización atribuye al órgano Gobierno la dirección de la Administración civil y militar y le encomienda la función ejecutiva y la potestad reglamentaria. Pues bien, si esto es lo que debe hacer el Gobierno que se forma, es, al mismo tiempo, lo que no puede hacer el Gobierno en funciones, porque el cese ha interrumpido la relación de confianza que le habilita para ejercer tal dirección y le ha convertido en un órgano cuya composición debe variar necesariamente en el curso de un proceso constitucionalmente regulado*". En este contexto, la sentencia delimita el concepto de despacho ordinario de asuntos, admitiendo una cierta discrecionalidad: "*(...) se deduce que ese despacho no es el que no comporta valoraciones políticas o no implica ejercicio de discrecionalidad. Tampoco el que versa sobre decisiones no legislativas, sino el que no se traduce en actos de orientación política...situados en esa perspectiva, es posible apreciar que el mismo legislador asume esta interpretación porque en el apartado quinto del artículo 21 se preocupa por prohibir al Gobierno en funciones aprobar el proyecto de Ley de Presupuestos Generales del Estado y presentar proyectos de ley al Congreso de los Diputados o, en su caso, al Senado. Es decir, la Ley prohíbe al Gobierno en funciones utilizar los principales instrumentos de orientación política (...). La misma Ley 50/1997 (...) veda al presidente en funciones proponer al Rey la disolución de una o ambas cámaras, presentar la cuestión de confianza o proponer al Rey la convocatoria de un referéndum consultivo, todos ellos actos de clara orientación política. Esto significa que la línea divisoria entre lo que el Gobierno en funciones puede y no puede hacer no pasa por la distinción entre actos legislativos y no legislativos, sino la que hemos señalado entre actos que no conllevan dirección política y los que la expresan (...) en definitiva, el despacho ordinario de asuntos comprende todos aquellos cuya resolución no implique el establecimiento de nuevas orientaciones políticas ni signifique condicionamiento, compromiso o impedimento para las que deba fijare el nuevo Gobierno*".

(rec. 4439/2016) y 8 de julio de 2019 (rec. 4434/2016) relativas a la revisión de diversos Planes Hidrológicos, y ello aun tratándose de normas reglamentarias. La sentencia pone fin a la dualidad interpretativa suscitada al hilo del concepto acto ordinario de gestión recogido en el art. 21 de la Ley de Gobierno, optando por una tesis más amplia que, partiendo de la base de que el gobierno en funciones puede tomar decisiones políticas, entiende que lo que está vedado es que emprenda actuaciones que signifiquen una nueva dirección política y comprometan la actividad del futuro gobierno. De esta forma, el puro acto confirmatorio de la decisión que un tribunal ha tomado en la fase anterior no implica el ejercicio de las potestades de soberanía que la ley vincula a la decisión de rechazo de la entrega. Únicamente cuando un Gobierno en funciones tome la decisión de denegar la extradición por entender afectado el interés general de España nos encontraremos ante un acto de soberanía que excederá de las facultades propias de un Gobierno en funciones, al tener la potencialidad de comprometer la acción política del futuro Gobierno. En apoyo de esta tesis judicial cabe señalar que la STC 104/2019, de 16 de septiembre, ha entendido que *"el Consejo de Ministros no decide sobre la extradición, sino que se limita a no ejercer las potestades discrecionales y excepcionales que le confiere el mencionado precepto, de tal forma que en esos supuestos se limita a ejecutar la decisión judicial"*.

Otras alegaciones, como la que intentaba que el Gobierno efectuara un control de la legalidad de los acuerdos tomados por la Audiencia Nacional[1040], o la pretensión de que la Sala sustituyera al Gobierno en lo que es un puro acto de soberanía[1041], han sido rechazadas por

[1040] STS, Sala Tercera, de 22 de noviembre de 2002. En el mismo sentido, STS, Sala Tercera, de 27 de enero de 2015: *"De tal forma que, como se declara en la sentencia de 9 de mayo de 2013, no es posible cuestionar, con motivo de la impugnación de esta resolución, el control de legalidad sobre la extradición ejercido por el tribunal penal, en concreto, por la Sala de lo penal de la Audiencia Nacional.Si ello es así, debemos tener en cuenta que en el presente proceso no procede realizar un nuevo juicio sobre la concurrencia de los requisitos legales previstos en los artículos 3 a 5 de la ley para acceder a la extradición, sin que puedan examinarse nuevamente en sede contencioso-administrativa la concurrencia de los requisitos procesales y sustantivos de la decisión judicial que estuvo sujeta a un procedimiento penal y contradictorio, concluyendo con una decisión que goza de los requisitos y efectos de las decisiones judiciales"*. Asimismo, STS, Sala Tercera, 349/2018, de 6 de marzo: *"Si ello es así, debemos tener en cuenta que en el presente proceso no procede realizar un nuevo juicio sobre la concurrencia de los requisitos legales previstos en los artículos 3 a 5 de la Ley para acceder a la extradición, sin que puedan examinarse nuevamente en sede contencioso-administrativa la concurrencia de los requisitos procesales y sustantivos de la decisión judicial que estuvo sujeta a un procedimiento penal y contradictorio, concluyendo con una decisión que goza de los requisitos y efectos de las decisiones judiciales (...). A la vista de la doctrina expuesta el recurso, como ya se adelantó, no puede prosperar. En efecto, sería suficiente para constatar la improcedencia de la pretensión revocatoria que se pretende por el recurrente, con hacer la observación que de los argumentos de la demanda ninguno de ellos está referido propiamente a la decisión del Consejo de Ministros en cuanto ejecuta la decisión judicial de entrega del recurrente al Estado solicitante, sino a la previa fase judicial, sin que podamos imponer al Gobierno el ejercicio de su potestad discrecional de soberanía en la forma pretendida por el recurrente sobre unos pretendidos riesgos de vulneración de derechos humanos que se vinculan a actuaciones políticas que nada tienen que ver con los delitos por los que se solicita la extradición"*.

[1041] STS, Sala Tercera, de 27 de enero de 2010: *"La actuación posterior y última del Gobierno, es un típico acto de soberanía propio del poder ejecutivo, para cuya efectividad ha fijado el art. 6 de la Ley 4/1985, unos criterios que, desde luego, no se refieren al control de la legalidad de la extradición, sobre la que anteriormente ha decidido la Sala de lo Penal de la Audiencia Nacional (...) con lo que se le está pidiendo a esta Sala que sustituya al Gobierno en el ejercicio de un típico acto de soberanía, que excede evidentemente de su jurisdicción, soberanía que expresamente menciona el artículo 6 de la citada Ley cuando dispone que la resolución del Tribunal declarando procedente la extradición no será vinculante para el Gobierno, que podrá denegarla en el ejercicio de la soberanía nacional, atendiendo el principio de reciprocidad o razones de seguridad, orden público o demás intereses esenciales para España. Constituye, por tanto, dicha decisión, en esencia, una decisión de carácter político excluida de control jurisdiccional en cuanto al fondo y respecto de la cual solamente cabe el control por la jurisdicción de los elementos reglados"*.

el Tribunal Supremo dado que, como señala la STS, Sala Tercera, 303/2022, de 10 de marzo, *"el control de fondo o sustantivo de los requisitos para conceder o denegar la extradición, esto es, la suficiencia, no sólo formal, sino material de la documentación presentada, corresponde en exclusiva a la jurisdicción penal"*.

El Tribunal Supremo, Sala Tercera, no concede la suspensión cautelar del acuerdo dado que, en palabras del ATS de 15 de abril de 2021, recogido en el posterior Auto de 17 de mayo de 2022 (recurso ordinario 447/2022), *"lo que en puridad de principios se está interesando en este incidente es que este Tribunal, por la vía excepcional de este incidente extraordinario, proceda a dictar una orden de inejecución de la resolución jurisdiccional firme, suplantando las potestades gubernamentales para apreciar la concurrencia de esos intereses esenciales que se verían afectados con la entrega del recurrente. Y ello es algo que excede del derecho del recurrente a solicitar la protección cautelar que suplica y de las potestades que a este Tribunal le vienen conferidas por las normas procesales. Criterio este que es el seguido en supuestos semejantes por esta Sala como es el caso de nuestro auto de 23 de julio de 2018, en el que se resuelve la petición de la misma medida cautelar en un supuesto semejante"*. Anteriormente, en igual sentido, ATS, Sala Tercera, de 28 de mayo de 2020 (recurso ordinario 116/2020).

Debe decirse que la negativa del Gobierno, en atención al interés nacional, no tiene efecto de cosa juzgada. Para empezar, porque no es una decisión jurisdiccional, y en segundo término, porque no se basa en cuestiones jurídicas, sino estrictamente políticas y de conveniencia del Estado en cada momento. Lo que interesa al Reino de España en una ocasión concreta puede no ser conveniente en otra. Por eso mismo, tampoco se atenta al principio de seguridad jurídica. No es una decisión de derecho, sino de oportunidad, que es cambiante. Nada impediría que, formulada de nuevo la petición –pero dando comienzo a un nuevo procedimiento, ya que el anterior se habría extinguido–, pudiera cambiar la decisión gubernamental[1042].

En el supuesto de que el Gobierno ratifique la entrega, el Ministerio de Justicia lo comunicará al de Asuntos Exteriores para su notificación a la representación diplomática del país que formuló la demanda de extradición. Dicho acuerdo será comunicado asimismo a la persona requerida de extradición, de acuerdo con el art. 18.2 LEP. Como señala la doctrina, la comunicación al Estado requirente debe hacerse respecto de la decisión final, gubernativa, a fin de evitar duplicidades en la notificación –de una decisión judicial previa y gubernamental posterior–, teniendo en cuenta, además, que solo se prevé la comunicación de la decisión judicial cuando es denegatoria[1043]. En caso de estar personado el país reclamante en el expediente, resulta obvio que la resolución judicial se le notificará, lo mismo que al resto de las partes.

En caso de que el Gobierno deniegue la entrega, el Ministerio de Justicia lo comunicará al Tribunal para que acuerde la puesta en libertad de la persona reclamada, sin perjuicio de su posible expulsión de España, conforme a la legislación de extranjería, a tenor del art. 18.3 de la Ley.

[1042] En contra, Cezón, *op. cit.*, pág. 265.

[1043] Bellido Penadés, *op. cit.*, págs. 253 y 254.

Una última consideración cabe hacer respecto de la decisión del Gobierno: caso de haber introducido la autoridad judicial alguna condición o restricción en la entrega, convendría que el ejecutivo, de ratificar la decisión judicial, introdujera expresamente en su resolución las condiciones impuestas por el tribunal.

Suspensión de la entrega

Según el art. 19.2 LEP, que sigue literalmente lo dispuesto en el anterior art. 8 de la Ley de 26 de diciembre de 1958, si la persona reclamada se encontrara sometida a un procedimiento o condena por los Tribunales españoles o sancionada por cualquier otra clase de organismos o autoridades nacionales, la entrega podrá aplazarse hasta que deje extinguidas sus responsabilidades en España o efectuarse temporal o definitivamente en las condiciones que se fijen de acuerdo con el Estado requirente[1044].

En primer término, hay que resaltar que el supuesto de hecho del que se parte no es solo la pendencia de procedimiento penal o condena en España, sino también la existencia de una sanción administrativa[1045], de cuyo cumplimiento se hace igualmente depender la ejecución de la entrega. Lo anómalo que resulta que un procedimiento penal en un país extranjero se haga depender de la ejecución de una sanción administrativa aconsejaría, de *lege ferenda*, la supresión de tan singular condición.

En cuanto a las consecuencias, se plantean tres alternativas: la primera, el aplazamiento de la entrega hasta la extinción de las responsabilidades pendientes; la segunda, la entrega temporal, fijando las condiciones de la entrega, entre las que deberá acordarse el aseguramiento del *extradendus*, el plazo de la entrega y las garantías de devolución a efectos de enjuiciamiento o cumplimiento de las responsabilidades pendientes, y, por último, la entrega definitiva, que implica la renuncia del Estado español, bien al ejercicio del *ius puniendi*, bien al cumplimiento de las sanciones impuestas, penales o administrativas. Como quiera que la entrega no supone la extinción de las responsabilidades pendientes o de la pena o sanción impuesta, nada impediría una ulterior reclamación al país de emisión con el propósito de enjuiciamiento o cumplimiento de pena mientras no se alcanzaran los plazos de prescripción.

[1044] Como recoge el Auto Pleno 23/2023, de 14 de abril, no estamos ante una causa de denegación: *"Es reiterada la jurisprudencia del Pleno de la Sala de lo Penal de la Audiencia Nacional (AAN Pleno 104/2022, de 16 de diciembre; 97/2022, de 28 de noviembre, entre otros) que indica que la existencia de causas pendientes en España no constituye causa de denegación alguna de la extradición, sino que tan solo determina el aplazamiento de la misma (...)".*

[1045] Se excluyen los pleitos civiles, mercantiles o laborales. Véase Pastor Borgoñón, *op. cit.*, págs. 385 y 386.

Materialización de la entrega

De acuerdo con el art. 19 LEP, la entrega de la persona cuya extradición haya sido acordada se realizará por agente de la autoridad española previa notificación del lugar y fecha fijados, lo que se hará de común acuerdo entre las partes[1046]. La ley española no especifica qué órgano español se pone de acuerdo con el del Estado reclamante en la determinación de la fecha y lugar de la entrega, pareciendo que lo más razonable es que sea un órgano policial –Interpol España– quien estipule el momento y lugar de la entrega de acuerdo con su homólogo del otro país, comunicándolo al órgano judicial[1047].

Con la persona, se entregarán a las autoridades del Estado requirente los documentos, efectos y dinero que deban ser igualmente puestos a su disposición. Respecto a qué objetos deben ser entregados, parte de la doctrina entiende que la norma se refiere tanto a los que estuvieran en su poder en el momento de la detención como a los instrumentos y efectos del delito, así como aquellos que puedan servir de prueba[1048]. Sin embargo, teniendo en cuenta que el art. 20 del Convenio Europeo de Extradición circunscribe la entrega a aquellos objetos que pudieran servir de piezas de convicción o que, procediendo del delito, hubieran sido encontrados en poder de la persona reclamada o hubieran sido descubiertos con posterioridad, parece que no todos los objetos que se encuentren en poder del reclamado deben entregarse, sino solo los mencionados en la normativa convencional, que sirve como elemento sistemático de interpretación[1049]. Sin embargo, mal puede servir esta disposición sin un previo requerimiento en este sentido del Estado reclamante: las autoridades de ejecución no tienen por qué saber cuáles son los instrumentos o efectos del delito por sí mismas.

Si la persona reclamada se encontrara sometida a un procedimiento o condena por los Tribunales españoles, la entrega podrá aplazarse hasta que cumpla sus responsabilidades en España, o bien efectuarse temporal o definitivamente en las condiciones que se fijen de acuerdo con el Estado requirente.

Debe resaltarse que, por regla general, no existe en los convenios ni tampoco en la Ley de extradición pasiva, un plazo de ejecución de la extradición a contar desde la firmeza del

1046 Pastor Borgoñón, *op. cit.*, pág. 382.

1047 Gómez Campelo, *Fundamentación...*, *op. cit.*, pág. 274.

1048 Pastor Borgoñón, *op. cit.*, pág. 389.

1049 Gómez Campelo, *Fundamentación...*, *op. cit.*, pág. 271.

acuerdo de entrega. Lo que contemplan tanto la ley de extradición pasiva como la inmensa mayoría de los convenios es un pacto entre partes sobre la fecha de materialización de la entrega. Este acuerdo servirá de *dies a quo* para el cómputo del plazo fijado en la normativa, con singulares excepciones, como son el art. 18 del Tratado de extradición con Argentina y art. 13 del Tratado con los Emiratos Árabes. Tampoco existe referencia temporal alguna para la adopción de dicho acuerdo. Esta circunstancia ha merecido acerbas críticas por la doctrina, que entiende que esta indefinición vulnera el derecho a la libertad y el principio de seguridad jurídica[1050]. Sin embargo, dicha relativa indefinición tiene una justificación material, cual es facilitar la entrega y evitar que un cómputo de plazo excesivamente rígido pueda desembocar en la puesta en libertad del sujeto y en el fracaso de aquella. Además, no estamos ante una situación en que la privación de libertad sea indefinida. Por un lado, están presentes los límites cuantitativos fijados en la Ley de Enjuiciamiento Criminal, por expreso reenvío del art. 10 de la Ley de extradición pasiva. Por otra parte, siguen vigentes los criterios cualitativos ya señalados por el Tribunal Europeo de Derechos Humanos, en el asunto Baranowski contra Polonia, de 28 de marzo de 2000. En dicha sentencia, la Corte no reprocha la existencia en sí de un período no tasado de privación de libertad sino la falta de previsibilidad de su duración por la ausencia de normas específicas o de decisión judicial[1051]. Por tanto, la prolongación de la privación de libertad debe basarse en la existencia de motivos razonables de interés público[1052], y es en estos

---

[1050] OLLÉ, *La extradición..., op. cit.*, págs. 124 y 125.

[1051] *"Secondly, the Court considers that the practice which developed in response to the statutory lacuna, whereby a person is detained for an unlimited and unpredictable time and without his detention being based on a concrete legal provision or on any judicial decision is in itself contrary to the principle of legal certainty, a principle which is implied in the Convention and which constitutes one of the basic elements of the rule of law... In that context the Court also stresses that, for the purposes of Article 5 § 1 of the Convention, detention which extends over a period of several months and which has not been ordered by a court or by a judge or any other person «authorized (...) to exercise judicial power» cannot be considered «lawful» in the sense of that provision"*.

[1052] STDH Caso Stettner contra Polonia, de 24 de junio de 2015: "*90. As the question whether or not a period of detention is reasonable cannot be assessed in the abstract but must be assessed in each case according to its special features, there is no fixed time-frame applicable to each case (see McKay, cited above, § 45)*". En el mismo sentido, STDH caso Buzadji contra Modavia de 5 de julio de 2016: "*90. The question whether a period of time spent in pre-trial detention is reasonable cannot be assessed in the abstract. Whether it is reasonable for an accused to remain in detention must be assessed on the facts of each case and according to its specific features. Continued detention can be justified in a given case only if there are actual indications of a genuine requirement of public interest which, notwithstanding the presumption of innocence, outweighs the rule of respect for individual liberty laid down in Article 5 of the Convention (see, among other authorities, Labita, cited above, § 152, and Kudła v. Poland [GC], no. 30210/96, §§ 110 et seq., ECHR 2000-XI). With particular regard to the risk of absconding, consideration must be given to the character of the person involved, his or her morals, assets, links with the State in which he or she is being prosecuted and the person's international contacts (see, Neumeister cited above, § 10).* 91. *It primarily falls to the national judicial authorities to ensure that, in a given case, the pre-trial detention of an accused person does not exceed a reasonable time. Accordingly, they must, with respect for the principle of the presumption of innocence, examine all the facts militating for or against the existence of the above-mentioned requirement of public interest or justifying a departure from the rule in Article 5, and must set them out in their decisions on applications for release. It is essentially on the basis of the reasons given in these decisions and of the well-documented facts stated by the applicant in his appeals that the Court is called upon to decide whether or not there has been a violation of Article 5 § 3 (see, among other authorities, Kudła, cited above, § 110, and Idalov, cited above, § 141)*".

También, en la STDH, caso Smirnova contra Rusia, de 24 de julio de 2003: "58. *A person charged with an offence must always be released pending trial unless the State can show that there are "relevant and sufficient" reasons to justify the continued detention (see, as a classic authority, Wemhoff v. Germany, judgment of 27 June 1968, Series A no. 7, pp. 24-25, § 12; Yagci and Sargin v. Turkey, judgment of 8 June*

motivos en los que hace hincapié el tribunal europeo, más que en la existencia de plazos temporales.

En consecuencia, a nuestro parecer, esta relativa indefinición de los convenios y de la legislación interna se ve compensada por la presencia de límites cuantitativos y cualitativos que determinarán el mantenimiento o la revocación de la medida cautelar de privación de libertad durante la fase de ejecución de la entrega.

Puestas de acuerdo las partes, empezará a contar el plazo de materialización de la entrega. Debe decirse que, tanto en el art. 19.3 LEP como en algunos convenios, la falta de entrega en plazo produce consecuencias. Así, de acuerdo con el art. 18 del Convenio Europeo de Extradición, que es seguido literalmente por la norma española, una vez fijada la fecha de entrega –no en otro caso– , si la persona reclamada no hubiera sido recibida por el Estado requirente, podrá ser puesta en libertad a partir de los 15 días de la fecha fijada, y de manera obligatoria a los 30. Además, el país requerido podrá denegar una ulterior petición de extradición por el mismo hecho[1053]. Se exceptúan los supuestos de fuerza mayor[1054].

1995, Series A no. 319-A, § 52).59. The Convention case-law has developed four basic acceptable reasons for refusing bail: the risk that the accused will fail to appear for trial (see Stögmüller v. Austria, judgment of 10 November 1969, Series A no. 9, § 15); the risk that he accused, if released, would take action to prejudice the administration of justice (see Wemhoff, cited above, § 14) or commit further offences (see Matznetter v. Austria, judgment of 10 November 1969, Series A no. 10, § 9) or cause public disorder (see Letellier v. France, judgment of 26 June 1991, Series A no. 207, § 51).60. The danger of absconding cannot be gauged solely on the basis of the severity of the possible sentence; it must be assessed with reference to a number of other relevant factors which may either confirm the existence of a danger of absconding or make it appear so slight that it cannot justify pre-trial detention. In this context regard must be had in particular to the character of the person involved, his morals, his assets, his links with the State in which he is being prosecuted and his international contacts (see W. v. Switzerland, judgment of 26 January 1993, Series A no. 254-A, § 33 with further references).61. The issue of whether a period of detention is reasonable cannot be assessed in abstract. Whether it is reasonable for an accused to remain in detention must be assessed in each case according to its special features. Continued detention can be justified in a given case only if there are specific indications of a genuine requirement of public interest which, notwithstanding the presumption of innocence, outweighs the rule of respect for individual liberty (see W. v. Switzerland, cited above, § 30").Sobre estos motivos, véase Cuenca Miranda, A. (2004) *La prisión provisional en el derecho comparado y en la jurisprudencia del Tribunal Europeo de Derechos Humanos.* Régimen Jurídico de la prisión provisional. VV. AA. **sepín**, Madrid, págs. 65 a 67.

[1053] *"4. A reserva del caso previsto en el párrafo 5 del presente artículo, si la persona reclamada no hubiese sido recibida en la fecha fijada, podrá ser puesta en libertad una vez transcurrido un plazo de quince días a contar a partir de dicha fecha, y será en todo caso puesta en libertad una vez trascurrido un plazo de treinta días, pudiendo la Parte requerida denegar la extradición por el mismo hecho. 5. En caso de fuerza mayor que impidiere la entrega o la recepción del extradicto, la Parte interesada informará de ello a la otra Parte en el caso. Ambas partes convendrán una nueva fecha de entrega, y se aplicarán las disposiciones del párrafo 4 del presente artículo"*. De manera similar, art. 15 del Tratado de Extradición con EE. UU. de 29 de mayo de 1970: *"Si el reclamado no hubiera sido retirado del territorio de la parte requerida dentro del citado plazo, podrá ser puesto en libertad y dicha Parte requerida podrá negar, posteriormente, la extradición del reclamado por el mismo delito"*. Es interesante destacar que el régimen OEDE se ha apartado de este criterio, de acuerdo con el art. 58.5 LRM.

[1054] El Tribunal de Justicia de la Unión Europea, en la STJUE de 25 de enero de 2017, caso Vilkas, precisa qué debe entenderse por fuerza mayor. El precepto al que se refiere tiene su origen en el art. 11.3 del Convenio establecido sobre la base del art. K.3 del Tratado de la Unión Europea relativo al procedimiento simplificado de extradición entre los Estados de la Unión, hecho en Bruselas el 10 de marzo de 1995. En el mentado artículo, en su versión española, se empleaba el término *"fuerza mayor"*, al igual que lo hacían las versiones en lengua danesa, alemana, griega, francesa, italiana, neerlandesa, portuguesa y finesa. Asimismo, toma como elemento interpretativo el informe explicativo al mentado Convenio, en el que se afirmaba que la disposición debía entenderse de manera rigurosa, acotada a una situación imprevisible e inevitable, lo que indica que *"las partes contratantes del Convenio tenían, en definitiva, la intención de referirse al concepto de fuerza mayor en su acepción utilizada habitualmente, lo que se confirma por la*

La regla fija el decaimiento de la resolución que acuerda la entrega, si bien de forma implícita, cuando se refiere a la posibilidad de denegar una nueva petición extradicional si está basada en los mismos hechos. Dado que el art. 19.3 LEP utiliza el mismo vocablo –petición– que el recogido en el art. 7 de la Ley, donde está residenciado el origen del procedimiento, entendemos que la ulterior solicitud de extradición que se formule tras la caducidad de la primera deberá someterse de nuevo a todo el periplo gubernativo judicial que ha quedado expuesto en las anteriores páginas.

En cuanto a la potestad discrecional para denegar la nueva petición, la doctrina[1055] aboga por eliminarla, imponiendo siempre la caducidad de la decisión de entrega anterior. Se considera que así no se daría pie a criterio discrecional alguno, que implica una decisión incierta y no reglada de nuestras autoridades. Ahora bien, debemos matizar: la caducidad del expediente, por más que tácita, no es una posibilidad anterior anudada a la discrecionalidad en el cierre de un expediente posterior. Se producirá siempre. Cuestión distinta es que, comenzada la segunda causa extradicional, sea conveniente o no introducir un criterio de denegación enteramente potestativo. De mantenerse dicha discrecionalidad, corresponderá ejercerla al Gobierno de la Nación, dado que es el único órgano de los intervinientes en el procedimiento extradicional que se rige por criterios de oportunidad y no de legalidad. Sin embargo, no ha sido este el criterio de la Sala de lo Penal de la Audiencia Nacional, según Auto 23/2021, de 16 de junio, de la Sección 3.ª, confirmado por el posterior Auto del Pleno de la Sala 49/2021, de 16 de julio, que han considerado que la potestad es enteramente judicial. En cualquier caso, lo que sí ha hecho la Audiencia Nacional es matizar aquella discrecionalidad, entendiendo que no procede rechazar la denegación de la nueva solicitud en los casos de imposibilidad de recogida por fuerza mayor (pandemia mundial).

Finalmente, con respecto a la puesta en libertad, es forzosa al cumplirse el plazo de 30 días a contar de la fecha fijada, sin admitir prórroga alguna.

Cuestión interesante en este punto, conectada con la materialización de la entrega, es la de la llamada prisión instrumental, cuya peculiaridad estriba en que es acordada por la Sala sin la celebración de previa vista del art. 505 LECrim. La doctrina tradicional del Tribunal Constitucional entendió que dicha omisión no suponía vulneración del derecho a la libertad y las garantías constitucionales del art. 17 de la Constitución en casos de confirmación o prórroga de la que ya existía. Como resaltó en su momento el Tribunal en su

---

lista de ejemplos que se mencionan en dicho informe explicativo". Por último, subraya que la propuesta de la Comisión que sirvió de base a la Decisión Marco de OEDE reprodujo estas mismas explicaciones.

Todo lo anterior viene a indicar que el art. 23.3 de la Decisión Marco de OEDE se está refiriendo a los casos de fuerza mayor, que ha sido definida por el propio tribunal en otras áreas –lo que aprovecha para hacer notar que el significado del término puede variar según el contexto– como un conjunto de "*circunstancias ajenas a quien lo invoca, anormales e imprevisibles, cuyas consecuencias no habrían podido evitarse a pesar de toda la diligencia empleada (véanse, en este sentido, las sentencias de 18 de diciembre de 2007, Société Pipeline Méditerranée y Rhône, C 314/06, EU:C:2007:817, apartado 23; de 18 de marzo de 2010, SGS Belgium y otros, C 218/09, EU:C:2010:152, apartado 44, y de 18 de julio de 2013, Eurofit, C 99/12, EU:C:2013:487, apartado 31)*", sin necesidad de entender que sea precisa una imposibilidad absoluta. En lo tocante a la OEDE, partiendo de la imprevisibilidad de la circunstancia y del empleo de la diligencia debida, el Tribunal de Justicia ciñe la noción de fuerza mayor a los casos de imposibilidad de entrega, descartando la mera dificultad, y recordando las facultades de coerción física de que disponen los Estados frente a la resistencia del sujeto, que serán suficientes por regla general.

[1055] Pastor Borgoñón, *op. cit.*, pág. 384.

STC 50/2009, de 23 de febrero[1056], la comparecencia previa no estaba dentro del sistema de garantías previsto en el art. 17 de la Constitución ni era directamente exigida por la norma, siendo lo relativo a su necesariedad o innecesariedad un problema de interpretación y legalidad ordinaria[1057].

Desde un punto de vista general, lo fundamental en materia de medidas cautelares no es tanto la existencia siempre de una alegación previa como la posibilidad de alegar. No es cierto ni es exigible que siempre que se trate de adoptar una medida o tomar una decisión deba requerirse una previa audiencia de la parte afectada. A modo de ejemplo, no lo es en la medida ordinaria de alejamiento del art. 544 bis LECrim., ni en la prevista en el art. 39.3 de la Ley de Reconocimiento Mutuo, ni en el caso de la medida cautelarísima del art. 135.1 de la Ley de la Jurisdicción Contencioso-Administrativa o la prisión provisional sin comparecencia previa del art. 536 LECrim. Como se puede observar, no existe un principio general de audiencia previa en la adopción de medidas cautelares ni estas requieren de manera inexorable la previa audiencia del afectado, dado que, como es evidente, perderían buena parte de su efectividad. Es por ello por lo que, en materia de extradición, por la propia naturaleza del expediente, no estrictamente penal, sino de auxilio judicial en materia de entrega de personas, la Audiencia Nacional consideró innecesaria la comparecencia previa recogida en el art. 505 LECrim., lo que fue respaldado por la doctrina del Tribunal Constitucional en su STC 207/2000[1058], que entendió que el punto fundamental

[1056] STC 50/2009, de 23 de febrero: "*Respecto a la audiencia previa, no figura en la Ley de Enjuiciamiento Criminal ni, por lo demás, parece directamente exigible ex Constitutione para este tipo de supuestos (STC 108/1997, de 2 de junio, FJ 2). Lo fundamental es una indefensión material, esto es, que, en ningún caso, ni antes ni después, pueda haber alegado frente a una medida. Respecto, a la prisión provisional, por ejemplo, quedaría enervada «de haber podido recurrir contra la decisión de prórroga» (SSTC 108/1997, de 2 de junio, FJ 2; 22/2004, de 23 de febrero, FJ 3)*".Esta doctrina la recoge por primera vez la STC 108/1997, de 2 de junio: "*La segunda queja de índole prioritariamente formal se refiere a que la decisión de continuación de la medida de prisión -de «prórroga» de la prisión en el entendimiento del recurrente- no vino precedida de la correspondiente petición del Ministerio Fiscal. Tampoco aquí cabe otorgar el amparo. Con independencia de la trascendencia constitucional que deba atribuirse genéricamente a la postulación de la prisión provisional por parte del Ministerio Fiscal o, en general, de la acusación, lo cierto es que, con la argumentación ya sintetizada en el fundamento anterior, la Audiencia razonó suficientemente que la misma no constituía una garantía legal en el trámite procesal cuestionado, lo que descarta que el mantenimiento en prisión infringiera lo prescrito en el art. 17.1 CE.Tampoco aquí cabe otorgar el amparo. Con independencia de la trascendencia constitucional que deba atribuirse genéricamente a la postulación de la prisión provisional por parte del Ministerio Fiscal o, en general, de la acusación, lo cierto es que, con la argumentación ya sintetizada en el fundamento anterior, la Audiencia razonó suficientemente que la misma no constituía una garantía legal en el trámite procesal cuestionado, lo que descarta que el mantenimiento en prisión infringiera lo prescrito en el art. 17.1 CE*".

[1057] En este sentido, la STC 50/2009: "*Este Tribunal tiene asentado el criterio de que no nos corresponde interferir en el juicio de legalidad ordinaria por el que el órgano judicial competente determina si resulta exigible dicha comparecencia en los supuestos de prórroga de prisión provisional por sentencia condenatoria, siempre que la tal audiencia se rechace de manera razonada (...)*".

[1058] STC 207/2000, de 24 de julio: "*(...) Ha de partirse de que la Ley de Extradición Pasiva de 21 de marzo de 1985, no configura un procedimiento penal en sentido estricto, de ahí que no contenga ninguna norma que exija la previa petición para que pueda ser acordada o mantenida la prisión provisional, sino que el último párrafo del art. 10 se remite a la regulación de la LECrim. en lo que se refiere, específicamente, al límite máximo de prisión provisional del reclamado y a los derechos que corresponden al detenido. Por otra parte, en el ATC 277/199 hemos declarado que la determinación de si los requisitos procesales para acordar la prisión provisional son trasladables miméticamente a la privación cautelar de libertad que puede ser acordada en el procedimiento de extradición es una cuestión de legalidad ordinaria, sin trascendencia constitucional por referirse al cumplimiento de los requisitos legales del procedimiento de adopción de la medida de privación de libertad. De ahí que la tesis de los autos recurridos, según la cual el régimen general de la prisión provisional no es aplicable a la privación cautelar de libertad del sometido al expediente de extradición por los razonamientos expuestos en abundancia y coherencia sobre las*

no era tanto esta cuestión como la posibilidad de efectuar alegaciones, bien fuera antes o después de que se hubiera tomado la medida.

Ahora bien, la singularidad de la medida cautelar acordada en el procedimiento extradicional estribaba en que la Sala consideraba innecesaria una ratificación posterior de la prisión impuesta previamente sin audiencia del reclamado, al entender que la STC 207/2000 amparaba prescindir de ambas. La prisión impuesta sin audiencia del reclamado es relativamente habitual en la llamada prisión instrumental, que se suele adoptar de oficio por la Sala una vez que el Consejo de ministros accede a la entrega, caso de que el reclamado esté en libertad. Sin embargo, la innecesariedad de ratificación posterior vía 536 LECrim. hoy choca con la doctrina sentada en la STC 91/2018, de 17 de septiembre, que entiende que es precisa la audiencia del afectado, en caso de que se establezcan *ex novo* medidas privativas de libertad, como garantía fundamental para que el afectado pueda participar en la discusión de nuevos argumentos que cabe sean utilizados en la decisión, así como en la profundización de los ya existentes[1059].

En definitiva, siendo posible una cierta oficialidad en la adopción de medidas cautelares, resultaría imprescindible la audiencia del afectado, del mismo modo que, por ejemplo, es inexcusable la audiencia de este en una orden de protección (art. 544 ter.4 LECrim.), mientras que las medidas penales que conlleva pueden ser adoptadas de oficio (art. 544 ter.2 y 7 *sensu contrario* LECrim.). No consideramos que dicho Auto de prisión instrumental deba previamente ser notificado a la parte, discrepando aquí de parte de la doctrina, que entiende "*que se crea artificialmente y* contra legem *una suerte de detención reservada, inexistente en la ley procesal penal o en la ley extradicional*"[1060]. Entendemos que no hay tal. En nada se diferencia una resolución que se adopta en este trámite de la que pueda dictarse en un procedimiento con procesado en rebeldía: en ambas el auto de prisión se dicta sin audiencia previa y se notifica posteriormente, una vez ejecutada la detención y prisión. Por otra parte, no es anómalo ni novedoso en el derecho de entrega de personas. Como señala la STJUE de 29 de enero de 2013, en sede Oede, se perdería el factor sorpresa, poniendo en peligro la propia utilidad del instrumento (Oede)[1061]. El derecho de audiencia quedaría satisfecho mediante la comparecencia *ex post*.

---

especialidades del procedimiento extradicional y de la prisión provisional acordada en su seno no puede reputarse lesiva del derecho a la libertad".

[1059] *"Más en concreto, en relación con esta última exigencia de que el afectado pueda dirigirse personalmente al órgano judicial en la audiencia, y con los antecedentes de las SSTEDH de 1 de junio de 2006, asunto Mamedova c. Rusia, §§ 91-92; o de 21 de diciembre de 2010, asunto Michalko c. Eslovaquia, §§ 159-161; la STEDH de 12 de enero de 2012, asunto Korneykova c. Ucrania, incide en que el derecho del afectado a participar en la audiencia en la que se discute su internamiento es particularmente exigible «cuando es necesario debatir sobre nuevos argumentos para decidir sobre su libertad o cuando los argumentos están estrechamente relacionados con el carácter y la situación personal del solicitante» (§ 69). Por otra parte, en relación con los concretos supuestos, como sucede en el presente caso, en que la privación de libertad se produce como consecuencia de una condena en primera instancia, la jurisprudencia del Tribunal Europeo de Derechos Humanos también ha mantenido que son aplicables esas garantías siempre y cuando la ley nacional establezca que esa situación de privación de libertad constituya una prisión preventiva mientras se desarrolla la revisión en segunda instancia y hasta la existencia de una condena firme (así, SSTEDH de 7 de septiembre de 2017, asunto Stollenwerk c. Alemania, § 36)".*

[1060] OLLÉ, *La extradición..., op. cit.*, pág. 119.

[1061] *"38. Por el contrario, la circunstancia de que la orden de detención europea sea emitida a efectos de un procedimiento penal sin que las autoridades judiciales emisoras den audiencia a la persona buscada no figura entre los motivos de no ejecución de tal orden previstos por las disposiciones de la Decisión Marco 2002/584.39. En contra de lo sostenido por el Sr. Radu, el cumplimiento de los artículos 47 y 48 de la Carta no exige que una autoridad judicial de un Estado miembro pueda rechazar la ejecución de una orden de detención europea dictada para el ejercicio de acciones penales porque la persona buscada no haya sido oída por las autoridades judiciales emisoras antes de la emisión de esa orden de detención.40. Es necesario señalar que la imposición de la obligación a las autoridades judiciales emisoras de dar audiencia a la persona buscada antes de emitir tal orden de detención europea pondría inevitablemente en peligro el propio sistema de entrega establecido por la Decisión marco 2002/584 y, por lo tanto, la consecución del espacio de libertad, seguridad y justicia, ya que tal orden de detención debe tener un cierto factor sorpresa, en particular para evitar que la persona en cuestión se dé a la fuga.43. Habida cuenta de las anteriores consideraciones, procede responder a las cuatro primeras cuestiones y a la sexta cuestión que la Decisión marco 2002/584 debe interpretarse en el sentido de que las autoridades judiciales de ejecución no pueden negarse a ejecutar una orden de detención europea dictada para el ejercicio de acciones penales por el motivo de que la persona buscada no ha sido oída en el Estado miembro emisor antes de que se dicte esa orden de detención".*

Ampliación de la entrega

De acuerdo con el art. 21 LEP, para que una persona pueda ser juzgada, sentenciada o sometida a cualquier restricción de su libertad personal por hechos anteriores y distintos a los que hubieren motivado su extradición, será precisa autorización ampliatoria de la extradición concedida, a cuyo fin se presentará solicitud acompañada de los documentos previstos en el artículo séptimo y testimonio judicial de la declaración de la persona entregada, que se tramitará como una nueva demanda de extradición[1062]. Podríamos decir que, por más que materialmente el sujeto esté ya en el país reclamante, jurídicamente sigue en España, en cuanto que, en virtud del principio de especialidad, salvo que el reclamado hubiera renunciado previamente a él en los trámites contemplados en los arts. 12 y 14 LEP, o bien hubiera permanecido voluntariamente más de cuarenta y cinco días en el Estado de entrega o hubiera vuelto voluntariamente al mismo, no podrá procederse contra él por nuevos hechos, sino tras nuevo consentimiento del Estado español. Lo mismo sucederá en caso de reextradición a un tercer Estado[1063]. Coincidimos con la doctrina en que la estancia voluntaria únicamente puede tener significado de renuncia al principio de especialidad si el sujeto tuviera conocimiento de la posible imputación pendiente[1064]. Tampoco podría entenderse como permanencia voluntaria aquellos supuestos en que el estado de salud del sujeto hiciera que su vida peligrara en caso de exponerle a un viaje[1065].

[1062] El Auto del Pleno de la Sala 40/2020, de 14 de septiembre, considera que "*La figura de la ampliación de la entrega consiste en una nueva autorización del Estado requerido para proceder por otro u otros hechos punibles diferentes al que dio lugar la primera entrega respecto de un mismo requerido, lo que exige (...) la incoación de un nuevo procedimiento extradicional (...)*".

[1063] El fundamento de ello lo señala Pastor Borgoñón, *op. cit.*, pág. 403: "*Del mismo modo y por idénticos motivos que el Estado requirente no puede juzgar o castigar al entregado por hechos anteriores y distintos a aquellos por los que se concedió la extradición, tampoco le está permitido entregarlo a un tercer Estado que lo reclama para las necesidades de un proceso penal basado en hechos anteriores y no incluidos en la solicitud. Si se permitiera esta conducta por parte del Estado requirente, se podrán burlar fácilmente, de un lado, las garantías de los derechos del individuo y, de otro, el poder de disposición que el Estado requerido adquirió sobre el sujeto en relación con todos sus actos anteriores cuando este penetró en su territorio, y que solo ha cedido para determinados hechos*". La excepción se contiene en el art. 12 del Convenio sobre la base del K.3 de 27 de septiembre de 1996. Almeida Costa, M. J., *Extradition law: reviewing..., op. cit.*, pág. 352, plantea qué sucedería si, habiéndose concedido la entrega por unos hechos, el Estado requirente a su vez entregase al sujeto reclamado para ser enjuiciado por esos mismos hechos en un tercer Estado, en un supuesto de delito transnacional. Con razón, entiende que este caso también requeriría de una autorización ampliatoria de la entrega, pues al Estado de ejecución no le es indiferente quién es el beneficiario de su autorización: puede que no considere confiable al tercer Estado que recibe al reclamado del Estado intermediario, por las razones que sean y, en ese escenario, hubiera denegado la entrega.

[1064] Almeida Costa, M. J., *Extradition law: reviewing..., op. cit.*, pág. 350.

[1065] Almeida Costa, M. J., *Extradition law: reviewing..., op. cit.*, pág. 350.

Debe apuntarse que la regla de la especialidad será de aplicación cuando haya finalizado el primer procedimiento extradicional. Como afirma la doctrina, de presentarse una ampliación de la demanda pendiente de resolver la primera solicitud, lo lógico será acumular la segunda a la primera y seguir el trámite por los cauces de esta[1066].

Se discute si cabe hablar de un consentimiento tácito del Estado de ejecución a nuevas imputaciones formuladas por el Estado de emisión que vayan más allá de los límites de la extradición concedida. A nuestro juicio, este tipo de consentimiento es dudosamente admisible: no solo no está previsto en nuestro ordenamiento, sino que, por ser el principio de especialidad objeto de análisis y decisión en fase judicial, el Gobierno de la Nación no puede disponer de él, ya sea de manera expresa o tácita, al abstenerse de formular protesta por vía diplomática. No puede renunciar a algo cuya determinación corresponde siempre al Tribunal de la extradición. Por otra parte, es irreal pensar siquiera que el país de ejecución está siempre pendiente de la suerte de los procedimientos que se sigan en el país de emisión una vez entregado el reclamado, máxime cuando no es obligado que este último informe al primero de los progresos del expediente. El Estado que concedió la extradición no sabe realmente lo que está sucediendo; normalmente, ni siquiera se le comunican los pasos que se van dando en el procedimiento que motivó la entrega. Sin embargo, en otros países, como los EE. UU., la doctrina del consentimiento tácito ha adquirido carta de naturaleza. Así, a pesar de que la sentencia United States *vs.* Rauscher (119 U.S 407), de 6 de diciembre de 1886, estableció el principio de especialidad como un elemento básico del Derecho extradicional, incluso en los casos en que la entrega se hacía sin existir tratado y en virtud de pura cortesía internacional, dicha regla no parece haberse trasladado a los circuitos federales. Señala la doctrina norteamericana[1067] que, aparentemente, el significado de la sentencia parece haber escapado a sus lectores. Así, reduciendo el tratado de extradición entre dos países a un contrato entre partes, los circuitos federales 2.º, 5.º, 6.º y 7.º, han considerado que, si se produce una violación del principio de especialidad por el enjuiciamiento y condena por hechos distintos a los que fundaron la entrega y el Estado de ejecución no formula protesta expresa, se entiende que ha consentido tácitamente a la inaplicación de la regla de la especialidad y que, como el reclamado no es parte del contrato y lo que este recoge es un privilegio de los Estados, tampoco puede formular protesta, situándole en una situación de indefensión más que notoria[1068]. En otras palabras, los derechos del reclamado relativos al principio de especialidad se harían depender enteramente de la voluntad política de las autoridades del Estado de entrega[1069]. Por el contrario, los circuitos federales 8.º, 9.º, 10.º y 11.º sí permiten al reclamado alegar dicha violación sin necesidad de acto alguno del Estado de ejecución, lo cual parece más respetuoso con sus derechos[1070]. Como señala la doctrina norteamericana, esta gravísima disparidad hará necesaria en el futuro una avocación del asunto al Tribunal Supremo de EE. UU. para que establezca una regla de Derecho a través del llamado *writ of certiorari*[1071].

[1066] Pastor Borgoñón, *op, cit.*, pág. 359.

[1067] Bassiouni, *op. cit.*, pág. 581.

[1068] Bassiouni, *op. cit.*, págs. 591 a 593.

[1069] Bassiouni, *op. cit.*, pág. 615.

[1070] Bassiouni, *op. cit.*, págs. 583 a 591.

[1071] Bassiouni, *op. cit.*, pág. 594.

Caso de que el reclamado entienda que se ha vulnerado el principio de especialidad, deberá acudir al tribunal de la extradición que, si considera que la queja tiene fundamento, deberá dirigirse en este sentido al Gobierno de España, en cuyas manos estuvo la decisión última sobre la entrega, a efectos de que formule la oportuna protesta en vía diplomática[1072].

No será preciso pedir ampliación de la entrega cuando se trata de emplear medios de prueba referidos a un hecho por el cual se ha obtenido la extradición y que son relevantes para tratar de demostrar la comisión de dicho acto criminal, aun cuando materialmente tengan un ámbito mayor. El principio de especialidad no reduce el alcance de las pruebas a utilizar, siempre que sean necesarias para acreditar la comisión de los hechos que siguen formando parte del objeto del proceso. En otras palabras, la especialidad no es un precepto de prueba y no altera las normas en la materia vigentes en el Estado reclamante[1073].

El procedimiento ampliatorio será idéntico al expuesto para la extradición ordinaria, con la única especialidad de que constará la declaración del reclamado ante la autoridad del Estado reclamante sobre el proceso que motiva la petición, en la que manifestará su parecer[1074].

Nótese que, por más que el art. 21 LEP exija que se acompañe testimonio de la declaración judicial de la persona entregada, no estamos ante una declaración de renuncia al principio de especialidad y consentimiento sobre la ampliación de la entrega con las consecuencias previstas en la legislación vigente respecto del expediente inicial, visto que el legislador derogó la validez del consentimiento expreso ante la autoridad de acusación que anteriormente sí recogía el art. 7.2 de la Ley de 1958. Tanto el antecedente de la ley derogada como la comparación con el art. 60.4 b) de la Ley de Reconocimiento Mutuo, que sí da valor jurídico a la renuncia ante la autoridad judicial del Estado emisor, abonan esta interpretación: España no reconoce otras renuncias al principio de especialidad que las realizadas ante sus autoridades judiciales. Por más que parte de la doctrina propugne que, de haber

---

[1072] El control de cumplimiento de la condición impuesta no compete al Tribunal Constitucional ni tampoco a los órganos judiciales competentes de la extradición, sino a otros órganos del Estado. Ya en la STC 11/1983 el recurrente expresó sus temores sobre el incumplimiento de la condición impuesta, el sometimiento a un nuevo juicio, por el Estado reclamante y el Tribunal sostuvo que la cuestión escapaba de su competencia y que debía *"residenciarse en la esfera de la competencia de otros órganos del Estado, que todavía han de intervenir en estas actuaciones, los cuales deben velar por el estricto y reciproco cumplimiento de cuantos deberes dimanen de los Tratados concertados y en vigor que los Tribunales se limitan a aplicar"* (FJ 4). De conformidad con el ATC 19/2001, de 30 de enero (FJ 4), que rechazó el incidente de ejecución de la STC 163/2000, la jurisprudencia constitucional no exige que *"la Audiencia Nacional requiera a las autoridades italianas la prestación de garantía como condición previa para declarar procedente la extradición de los reclamados"* sino que, "al acordarse la procedencia de la extradición, esta se sometía (...) al requisito de que el Estado (...) dé al recurrente las posibilidades de impugnación suficientes (...) pesando sobre dicho estado la responsabilidad del cumplimiento de dicha condición (reiterado en las SSTC 110/202, FJ4; 156/2002, FJ7).

[1073] De esta opinión, Bassiouni, *op. cit.*, págs. 572 a 577, con cita de la Sentencia del 11.º Circuito Federal de Apelaciones en el caso United States *vs.* Bowe, n.º 94-4.281, de 8 de agosto de 2000: *"It is well settled in this circuit that the doctrine of specialty limits only the charges on which an extradited defendant can be tried; it does not affect the scope of proof admissible at trial for the charges for which extradition was granted, see Puentes, 50 F.3d at 1576, and it does not alter the forum country's evidentiary rules, see United States v. Archbold-Newball, 554 F.2d 665, 685 (5th Cir.1977). Addressing the specific issue in this case, we have in the past allowed the government to introduce evidence of uncharged drug and money laundering activities to obtain conspiracy convictions against extradited defendants"*. De otra opinión, confundiendo los planos material y procesal, Dondé Matute, *op. cit.*, pág. 85.

[1074] Pastor Borgoñón, *op. cit.*, pág. 398.

aceptado el sujeto ser enjuiciado por otra causa distinta a la que motivó la entrega en el país de emisión, esto debiera producir como efecto la tramitación simplificada de la extradición, reducida a la autorización por el Juez central y la elevación a Consejo de Ministros, en los términos del art. 12 LEP[1075], consideramos que del texto de la Ley se deduce un principio de desconfianza respecto del modo en que se haya podido prestar tal consentimiento, lo que impide otorgarle valor alguno, a diferencia de lo que sucede respecto de las declaraciones prestadas en el espacio judicial europeo. El testimonio de la declaración tiene como única finalidad el obviar el trámite de audiencia del reclamado del art. 12 LEP y evitar la indefensión[1076]. Por otra parte, no existe en el procedimiento de extradición el derecho a la última palabra, por lo que no cabe exigir la presencia física o virtual del reclamado a estos efectos. Como subraya el Auto del Pleno de la Sala 8/2022, de 28 de enero, *"debe recordarse que aun cuando el* usus fori *lleva a conceder la última palabra al reclamado en extradición, es un trámite no contemplado en la LEP, ello sin duda atendida la naturaleza especial del procedimiento extradicional. En él no hay pronunciamiento sobre la culpabilidad o la inocencia"*. Efectivamente, si lo que caracteriza al derecho a la última palabra es la posibilidad de *"contradecir o someter a contraste todo el proceso probatorio, añadiendo todo aquello que estime pertinente para su mejor defensa"*[1077], huelga aquí su presencia, ante la imposibilidad de discutir el material fáctico que sustenta la reclamación de entrega.

El procedimiento anterior se aplica también a los casos de autorización de la reextradición a un tercer Estado[1078].

No será preciso un procedimiento de ampliación de la entrega si la persona reclamada, habiendo tenido la posibilidad de abandonar el territorio del Estado al que se entregó, permanezca en él más de 45 días o regrese a este después de abandonarlo, según lo ya manifestado por el Tribunal Supremo en su STS 415/2015, de 6 de julio[1079]. Esta excepción

---

[1075] Pastor Borgoñón, *op. cit.*, pág. 401. García Sánchez, *op. cit.*, pág. 253.

[1076] Auto 276/2022, de 28 de abril, de la Sección 4.ª de la Sala de lo Penal de la Audiencia Nacional: *"Precisamente, para evitar que la nueva extradición sea inaudita parte, se prevé que dentro de la documentación extradicional se aporte testimonio de la declaración judicial de la persona entregada, para garantizar el derecho a la tutela judicial efectiva sin indefensión consagrado en el artículo 24.1 de la Constitución"*.

[1077] STC 105/2016, de 6 de junio, con cita de las 181/1994, de 20 de junio; 13/2006, de 16 de enero y 258/2007, de 18 de diciembre.

[1078] Auto del Pleno de la Sala de lo Penal 2/2021, de 22 de enero: *"Nos encontramos ante un procedimiento de ampliación de la extradición o reextradición. La extradición, como es sabido, se concede para el enjuiciamiento de una o varias penas determinadas, de modo que el Estado requirente no puede aprovechar la presencia del reclamado en su territorio, en virtud de extradición, para enjuiciarle por delitos distintos de los que dieron lugar a aquella cometidos antes de la entrega, o para hacerle cumplir otras penas impuestas por delitos anteriores, debiendo el Estado requirente a tal efecto solicitar del Estado requerido una autorización o nueva extradición (...) la necesidad de que el Estado requerido autorice la reextradición que pueda hacer el requirente a un tercer Estado tiene el mismo fundamento, desde el momento en que el Estado requirente está en condiciones de reextraditar al reclamado a virtud de la entrega acordada por el Estado requerido. Esto es, que como el Estado requerido, con la entrega, produjo la posibilidad de que esa segunda extradición, debe poder constatar la regularidad de la misma. Tampoco esta necesidad de contar con la autorización del Estado requerido es indefinida, y tendrá que cesar una vez que la persona entregada se encuentre en condiciones de abandonar el Estado requirente, en los mismos términos que en la aplicación del principio de especialidad"*.

[1079] *"Esta declaración judicial es incompatible con el mantenimiento del aludido principio de especialidad, que quedó desvirtuado al consentir la resolución judicial de fecha 21 de mayo de 2014 por la que se revocaba la decisión anterior de solicitar a las autoridades francesas su autorización para enjuiciarle, continuando con su residencia en España por más del tiempo fijado en la Ley 3/2003. En otras palabras,*

al principio de especialidad ya fue en su día señalada por el Tribunal Supremo de USA, si bien con referencia a un plazo de tiempo razonable, en la sentencia United States *vs.* Rauscher, de 6 de diciembre de 1886, que estableció que el sujeto extraditado tenía derecho abandonar el país una vez hubiera sido absuelto del cargo que motivó la entrega.

Debe precisarse que no puede entenderse que un sujeto en libertad provisional por otra causa está en disposición de abandonar el territorio. Como ya dijimos en su momento[1080], la situación de libertad provisional se entronca directamente con un estatus especial de investigado (imputado), una de cuyas cargas, según el Tribunal Constitucional, es la libertad provisional, ya que supone una medida cautelar intermedia entre la prisión provisional y la completa libertad[1081]. En consecuencia, mientras exista pendencia de otro proceso, no jugará el plazo de los 45 días, que, por otro lado, son naturales.

la doctrina de los actos propios no es ajena a la regulación de la detención y entrega que se disciplina en tal normativa legal".

1080 Bautista Samaniego, C. *Imputado y deber de secreto*, La Ley Penal n.º 90, año 9, febrero de 2012, págs. 31 a 33. "*En definitiva, el estatus de imputado supone el ejercicio de un conjunto de derechos, pero también la asunción de unas ciertas limitaciones, en cuanto que aquel queda obligado a posibilitar el desarrollo del procedimiento manteniéndose a disposición de los juzgados y tribunales. La persona en quien se materializa, como sujeto pasivo, tiene un deber constitucional de no impedir el desarrollo del proceso, lo que puede traducirse en ciertas restricciones a su libertad de movimientos e, incluso, de su libertad personal (...)*" (pág. 34).

1081 STC 85/1989, de 10 de mayo: "*La jurisdicción penal puede adoptar las medidas cautelares de aseguramiento, personales o reales, previstas en el ordenamiento jurídico con entera libertad respecto de cada uno de los distintos encausados en un mismo proceso, habida cuenta que la finalidad perseguida con la adopción de dichas medidas no es otra que la de garantizar que la persona contra la que se dirige el proceso no intente sustraerse a la acción de la justicia y que la adopción o no de medidas cautelares, la elección de las mismas, e incluso su modificación, ha de hacerse en atención al mayor o menor número de probabilidades de que tal evento se produzca, siempre y cuando el órgano judicial justifique el distinto tratamiento dispensado a los imputados (...). La libertad provisional es una medida cautelar intermedia entre la prisión provisional y la completa libertad, que trata de evitar la comparecer periódicamente. Dicha medida está expresamente prevista en la Ley de Enjuiciamiento Criminal y viene determinada por la falta de presupuestos necesarios para la prisión provisional, que puede acordarse con o sin fianza (art. 529), debiendo el inculpado prestar obligación «apud acta» de comparecer en los días que le fueren señalados por la resolución correspondiente y, además, cuantas veces fuere llamado ante el Juez o Tribunal que conozca de la causa (art. 530): Por ello (...) no puede deducirse (...) que la libertad provisional solo pueda adoptarse cuando concurran los requisitos para adoptar la prisión provisional, ya que en el sistema de la Ley de Enjuiciamiento Criminal dicha medida cautelar es intermedia entre la prisión y la libertad y tiene por ello sus propios presupuestos, que son los previstos en el art. 529, distintos de los de la prisión provisional (...). La obligación de comparecer periódicamente ante el Juzgado instructor es mandato expreso del art. 530 LECrim., que exige la comparecencia «apud acta» de todo imputado en situación de libertad provisional. Y de otra parte, como este Tribunal ha dicho en supuestos similares al que nos ocupa (ATC 650/1984), la presentación ante el Juzgado, por ser una medida cautelar legalmente prevista, aunque ciertamente significa una restricción del derecho de libre elección de residencia, no constituye una vulneración al mismo aquella resolución judicial que, como ocurre en el presente caso, impone tal obligación dentro de los supuestos legales y en forma razonada en términos de derecho*".

Extradición en tránsito

Doctrinalmente se ha definido la extradición en tránsito como la autorización concedida por un tercer Estado para la conducción a través de su territorio de un delincuente sujeto a extradición desde el Estado de refugio al Estado requirente[1082].

De acuerdo con el art. 20 de la Ley, la extradición en tránsito se otorgará previo cumplimiento de los requisitos y con las mismas condiciones que para la extradición. Excepcionalmente, por razones de urgencia, cuando se utilizare la vía aérea y no estuviera previsto el aterrizaje en territorio español, el Gobierno podrá autorizar el tránsito previa recepción de una solicitud con el contenido a que se refiere el n.º 1, art. 8 y que producirá los efectos previstos en el citado artículo en caso de aterrizaje fortuito[1083]. En estos casos de urgencia, resulta razonable que el Ministerio de Justicia, en representación del Gobierno, tenga potestad para tomar la decisión, por analogía con lo dispuesto en el art. 9.4 LEP. Ahora bien, lo que no es admisible es que la decisión la tome una autoridad ministerial distinta de la del propio ministro, que es el único que forma parte del Gobierno, según el art. 1 de la Ley 50/1997, de 27 de noviembre, de Gobierno.

La regulación ha merecido la crítica de la doctrina: "*Si el Estado afectado no tiene en su poder al sujeto reclamado, no ha de proceder a la entrega ni al estudio de la solicitud, sino que tan solo ha de llevar a cabo una mera autorización técnica, puramente formal para atravesar su territorio soberano (...). Considerando esta dimensión como un acto de gestión, si partimos de una simple autorización a transitar por un territorio, la presentación de documentos y la cumplimentación de exigencias condiciones materiales y formales resultan exigencias desmedidas que ralentizan un mecanismo que no debe verse sino como lo que es: un trámite*"[1084].

1082 Martínez González, M. I. *Aspectos penales de la extradición*, Cuadernos de la Facultad de Derecho, Universidad de Palma de Mallorca n.º 3, 1982, pág. 123. De manera similar, Pastor Borgoñón, *op. cit.*, pág. 392.

1083 Que la extradición en tránsito se someta a todas las condiciones de una extradición es algo cuestionado por la doctrina. Véase Pastor Borgoñón, *op. cit.*, págs. 393 y 394.

1084 Gómez Campelo, *Fundamentación teórica...*, *op. cit.*, pág. 107.

Gastos

De acuerdo con el art. 22, los gastos ocasionados por la extradición en territorio nacional serán, en régimen de reciprocidad, a cargo del Gobierno español. Los causados por extradición en tránsito serán de cuenta del Estado requirente.

Anexo 1. Modelo de instrucción del Ministerio Fiscal

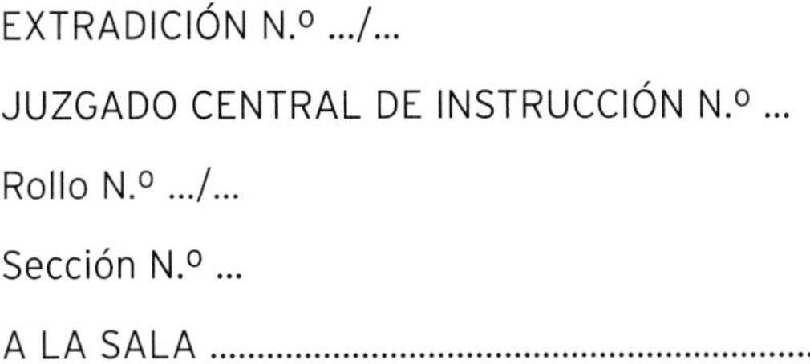

EXTRADICIÓN N.º .../...

JUZGADO CENTRAL DE INSTRUCCIÓN N.º ...

Rollo N.º .../...

Sección N.º ...

A LA SALA ....

EL FISCAL, despachando el traslado conferido por providencia/diligencia de ordenación de fecha ..., se instruye en procedimiento conforme viene previsto en el art. 13.1 de la Ley de Extradición Pasiva (LEP) de 21 de marzo de 1985. Y lo hace en los siguientes términos:

I) ANTECEDENTES

En fecha ... fue detenido ... en virtud de orden internacional de detención emitida por ...

El día ... se dictó auto incoando procedimiento de extradición (f. ...).

En fecha ... se celebró comparecencia del art. 505 LECrim. (f. ...), quedando el reclamado en ... (f. ...).

El día ... el Estado ... presentó demanda extradicional (f. ...).

En fecha ... el Consejo de Ministros acordó la continuación del expediente en vía judicial (f. ...).

El día ... el reclamado aceptó/no aceptó ser entregado al Estado reclamante y renunció/no renunció al principio de especialidad (f. ...).

II) CIRCUNSTANCIAS PERSONALES DEL RECLAMADO

El reclamado es nacional de ..., pasaporte número ..., nacido el ... en ... No/sí le constan responsabilidades en España (f. ...).

III) HECHOS QUE FUNDAMENTAN LA SOLICITUD DE EXTRADICIÓN

IV) CALIFICACIÓN JURÍDICA DE LOS HECHOS

Los hechos son constitutivos de ..., que se corresponden con ...

V) FUNDAMENTOS LEGALES DE LA RECLAMACIÓN EXTRADICIONAL ENTRE ESPAÑA Y ...

La relación extradicional entre España y el Estado de ...:

A) Convenio ... (si existiere)

B) Ley de Extradición Pasiva

VI) DOCUMENTACIÓN INCORPORADA

Se señalará la documentación que se aporta y el folio en que se halla.

VII) OBSERVANCIA DE LAS FORMALIDADES LEGALES

1.º) REQUISITOS FORMALES RELATIVOS A LOS HECHOS PENALES MOTIVADORES DE LA SOLICITUD DE EXTRADICIÓN

A) Doble incriminación y mínimo punitivo, previsto en el art. ... del Convenio (si existiere) y en el art. 2 LEP al tratarse de una infracción criminal común, no tratándose de ninguno de los delitos excluidos de la extradición, y al tener señalada una pena superior al año y no tratarse de penas inhumanas o degradantes (ver Convenio correspondiente).

B) Concurre/no concurre la prescripción como causa extintiva de la responsabilidad criminal previstas en el art. 130.6 CP y 131 CP (arts. ... del Convenio correspondiente, si existiere, y 4.4.º LEP).

C) Observancia del principio de especialidad, lo que determinará la prohibición de persecución por hechos distintos de los que motivaron la solicitud de extradición (arts. ... del Convenio correspondiente y 21 LEP).

2.º) REQUISITOS RELATIVOS AL SUJETO CUYA EXTRADICIÓN SE SOLICITA

El reclamado es/no es mayor de edad y tiene/no tiene nacionalidad española (arts. ... del Convenio correspondiente y 3.1.º y 5.2.º LEP).

3.º) REQUISITOS RELATIVOS A CUESTIONES PROCESALES

A) Extensión de la jurisdicción del estado requirente para el conocimiento del delito por el que se pide la extradición, pues este se ha cometido/no cometido en su territorio (arts. ... del Convenio correspondiente, 3.1 LEP, 21 y 23 n.º 1 LOPJ y 8 C. Civil).

B) Naturaleza del órgano jurisdiccional competente para conocer del proceso penal, pues la reclamación extradicional se ha efectuado por un Tribunal permanente y no de excepción o de semejante naturaleza (arts. 4.3.º LEP y 24.2 CE).

C) Cosa juzgada y litispendencia, existiendo/no existiendo en el expediente datos que pudieran propiciar la denegación de la extradición por estos dos institutos procesales (arts. ... del Convenio correspondiente y 4.5 LEP).

VIII) CONCLUSIÓN

Por todo ello, PROCEDE/NO PROCEDE ACCEDER a la solicitud de extradición de ...

Anexo 2. Tratados de extradición o con disposiciones relativas a la extradición vigentes en España

Convenio Europeo de Extradición (CEEx), de 13 de diciembre de 1957 (BOE de 8 de junio de 1982).

Protocolo Adicional al CEEx, de 15 de octubre de 1975 (BOE de 11 de junio de 1985).

Segundo Protocolo Adicional al CEEx, de 17 de marzo de 1978 (BOE de 11 de junio de 1985).

Tercer Protocolo Adicional al CEEx, de 10 de noviembre de 2010 (BOE de 30 de enero de 2015).

Cuarto Protocolo Adicional al CEEx, de 20 de septiembre de 2012 (no en vigor para el Reino de España).

Convenio de Aplicación del Acuerdo de Schengen de 14 de junio de 1985 (CAAS) (BOE de 5 de abril de 1994). Arts. 59 a 66.

Convenio establecido sobre la Base del ART. K.3 del Tratado de la Unión Europea relativo a la Extradición entre los Estados Miembros de la Unión Europea, de 27 de agosto de 1996 (BOE de 24 de febrero de 1998). Aplicable en hipótesis a los estados de la Unión Europea que no formen parten del mecanismo OEDE.

Convenio sobre la base del art. K.3 del Tratado de la Unión Europea de Extradición Simplificada, de 10 de marzo de 1995 (BOE de 14 de abril de 1999). Ídem.

Acuerdo entre los Estados Miembros de las Comunidades Europeas relativo a la Simplificación y a la Modernización de las Formas de Transmisión de las Solicitudes de Extradición, de 26 de mayo de 1989 (BOE de 17 de mayo de 1995). Ídem.

Estatuto de ROMA de la Corte Penal Internacional, de 17 de julio de 1988 (BOE de 27 de mayo de 2002). Arts. 88 a 92.

Convenio Internacional para la Represión de los Actos de Terrorismo Nuclear, de 13 de abril de 2005 (BOE de 19 de junio de 2007). Arts. 10 y 13.

Convenio del Consejo de Europa para la Prevención del Terrorismo, de 16 de mayo de 2005 (BOE de 16 de octubre de 2009). Arts. 18 a 20.

Convenio Internacional para la Represión de Atentados Terroristas Cometidos por Bombas, de 15 de diciembre de 1997 (BOE de 12 de junio de 2001). Arts. 8 a 11.

Convenio para la Prevención de los Actos de Terrorismo Nuclear, de 13 de abril de 2005 (BOE de 19 de junio de 2007). Arts. 10, 11, 13 y 15.

Convenio Internacional para la Represión de la Financiación del Terrorismo, de 9 de diciembre de 1999 (BOE de 23 de mayo de 2002). Arts. 9, 10, 11, 13 y 14.

Convenio sobre la Prevención y el Castigo de Delitos contra Personas Internacionalmente Protegidas, Inclusive los Agentes Diplomáticos, de 14 de diciembre de 1973 (BOE de 7 de febrero de 1986). Arts. 6 a 8.

Convención sobre la Seguridad del Personal de las Naciones unidas y el Personal Asociado, de 9 de diciembre de 1994 (BOE de 25 de mayo de 1999). Arts. 13 a 15.

Convenio para la Prevención y Sanción del Delito de Genocidio, de 9 de diciembre de 1948 (BOE de 8 de febrero de 1969). Art. 7.

Convenio contra la Tortura y Otros Malos Tratos o Penas Crueles, de 10 de diciembre de 1984 (BOE de 9 de noviembre de 1987). Arts. 5 a 8.

Convenio para la Represión de Actos Ilícitos contra la Seguridad de la Navegación Marítima de 14 de octubre de 2005 (BOE de 14 de julio de 2010). Arts. 7, 10, 11 y 11 bis.

Convenio Represión del Apoderamiento Ilícito de Aeronaves de 16 de diciembre de 1970 (BOE de 15 de enero de 1973). Arts. 6 a 8.

Convenio sobre Infracciones y Ciertos Otros Actos Cometidos A Bordo de Las Aeronaves de 14 de septiembre de 1963 (BOE de 25 de diciembre de 1969). Arts. 15 y 16.

Convenio Ciberdelincuencia de 23 de noviembre de 2001 (BOE de 17 de septiembre de 2010). Art. 24.

Protocolo Adicional al Convenio Relativo a Actos de Índole Racista y Xenófobo, de 28 de enero de 2003 (BOE de 30 de enero de 2015).

Convención Internacional contra la Toma de Rehenes de 17 de diciembre de 1979 (BOE de 7 de julio de 1984). Arts. 6, 8, 9 y 10.

Convención de Protección Física de Materias Nucleares de 3 de marzo de 1980 (BOE de 25 de octubre de 1991). Arts. 9 a 11.

Convenio Internacional para la Represión de la Falsificación de Moneda (BOE de 20 de abril de 1929, Gaceta de Madrid de 8 de marzo de 1931). Arts. 9 y 10.

Convenio para la Protección de los Bienes Culturales en caso de Conflicto Armado de 14 de mayo de 1954 (BOE de 24 de noviembre de 1960).

Segundo Protocolo del Convenio de Protección de los Bienes Culturales en caso de Conflicto Armado de 26 de marzo de 1999 (BOE de 30 de marzo de 2004). Arts 17 y 18.

Convenio de Lucha contra la Corrupción de Agentes Públicos Extranjeros en las Transacciones Internacionales de 17 de diciembre de 1997 (BOE de 22 de febrero de 2002). Art. 10.

Convención de Naciones Unidas contra la Corrupción de 31 de octubre de 2003 (BOE de 31 de octubre de 2003). Art. 44.

Convenio Penal sobre la Corrupción, Consejo de Europa, de 27 de enero de 1999 (BOE de 28 de julio de 2010). Art. 27.

Convención Única de 30 de marzo de 1961 sobre Estupefacientes, enmendada por el Protocolo que modifica la Convención Única de 1961 sobre Estupefacientes de 8 de agosto de 1975 (BOE de 4 de noviembre de 1981). Art. 36.

Convenio sobre Sustancias Psicotrópicas de 21 de febrero de 1971 (BOE de 10 de septiembre de 1976). Art. 22.

Convención de Viena contra el Tráfico Ilícito de Estupefacientes y Sustancias Psicotrópicas de 20 de diciembre de 1988 (BOE de 10 de noviembre de 1990). Art. 6.

Convención de Naciones Unidas contra la Delincuencia Organizada Transnacional de 15 de noviembre de 2000 (BOE de 29 de septiembre de 2003). Art. 16.

ARGELIA. Convenio Extradición de 12 de diciembre de 2006 (BOE de 24 de julio de 2008).

ARGENTINA. Tratado de Extradición y Asistencia Judicial en Materia Penal de 3 de marzo de 1987 (BOE de 17 de julio de 1990). Modificación relativa a autoridades centrales en BOE de 23 de octubre de 2014.

Canje de Notas sobre Autoridades Competentes de fechas 12 y 20 de febrero de 1991 (BOE de 22 de mayo de 1991).

Acuerdo sobre la Simplificación de la Extradición entre la República Argentina, la República Federativa de Brasil, el Reino de España y la República Portuguesa de 3 de noviembre de 2010 (BOE de 26 de abril de 2017).

AUSTRALIA. Tratado de Extradición de 22 de abril de 1987. En vigor el 5 de mayo de 1998 (BOE de 27 de abril y de 7 de octubre de 1988).

BOLIVIA. Tratado de Extradición de 24 de abril de 1990 (BOE de 30 de mayo y de 6 de julio de 1995).

BRASIL. Tratado de Extradición de 2 de febrero de 1988 (BOE de 21 de junio de 1990).

Acuerdo sobre la Simplificación de la Extradición entre la República Argentina, la República Federativa de Brasil, el Reino de España y la República Portuguesa de 3 de noviembre de 2010 (BOE de 26 de abril de 2017).

CABO VERDE. Convenio de Extradición de 20 de marzo de 2007 (BOE de 16 de septiembre de 2009).

CANADÁ. Tratado de Extradición de 31 de mayo de 1989 (BOE de 8 de agosto y de 17 de septiembre de 1990).

CHILE. Tratado de Extradición y Asistencia Judicial en Materia Penal de 14 de abril de 1992 (BOE de 10 de enero de 1995 y de 3 de marzo de 1995).

CHINA. Tratado de Extradición de 14 de noviembre de 2005 (BOE de 28 de marzo de 2007).

COLOMBIA. Convenio de extradición de 23 de julio de 1892 (Gaceta de Madrid de 20 de febrero de 1894).

Canje de Notas para desarrollar el Convenio de Extradición de 23 de julio de 1892, de 19 de septiembre de 1991 (BOE de 3 de julio de 1992).

Protocolo Modificativo del Convenio de Extradición de 23 de julio de 1892, de 16 de marzo de 1999 (BOE de 13 de septiembre de 2005).

REPÚBLICA DE COREA. Tratado de Extradición de 17 de enero de 1994 (BOE de 4 de febrero de 1995).

COSTA RICA. Tratado de Extradición de 23 de octubre de 1997 (BOE de 23 de julio de 1998 y de 24 de septiembre de 1998).

CUBA. Tratado de Extradición de 26 de octubre de 1905 (Gaceta de Madrid de 1 de agosto de 1906).

REPÚBLICA DOMINICANA. Tratado de Extradición y Asistencia Judicial en Materia Penal de 4 de mayo de 1981 (BOE de 14 de noviembre de 1984).

ECUADOR. Tratado de Extradición de 28 de junio de 1989 (BOE de 31 de diciembre de 1997 y de 29 de enero de 1998).

EL SALVADOR. Tratado de Extradición de 10 de marzo de 1997 (BOE de 13 de febrero de 1998).

EMIRATOS ÁRABES UNIDOS. Convenio de Extradición de 24 de noviembre de 2009 (BOE de 26 de octubre de 2010).

EE. UU. Tratado de Extradición de 29 de mayo de 1970 (BOE de 14 de septiembre de 1971).

Tratado Suplementario de Extradición de 25 de enero de 1975 (BOE de 27 de junio de 1978).

Segundo Tratado Suplementario de Extradición de 9 de febrero de 1988 (BOE de 1 de julio de 1993 y de 12 de agosto de 1993).

Tercer Tratado Suplementario de Extradición de 12 de marzo de 1996 (BOE de 8 de julio de 1999).

Instrumento previsto en el art. 3 (2) del Acuerdo de Extradición entre la Unión Europea y los Estados Unidos de América de 25 de junio de 2003, para la aplicación del Tratado de Extradición entre España y los Estados Unidos de América de 29 de mayo de 1970, y Tratados Suplementarios de Extradición de 25 de enero de 1975, de 9 de febrero de 1988 y de 12 de marzo de 1996, de 17 de diciembre de 2004 (BOE de 26 de enero de 2010).

FILIPINAS. Tratado de Extradición de 2 de marzo de 2004 (BOE de 13 de mayo de 2014).

GUATEMALA. Tratado de Extradición de 7 de noviembre de 1895 (Gaceta de Madrid de 10 de junio de 1897).

Protocolo Adicional al Tratado de Extradición de 7 de noviembre de 1895, de 23 de febrero de 1897 (Gaceta de Madrid de 23 de junio de 1897).

HONDURAS. Tratado de Extradición de 13 de noviembre de 1999 (BOE de 30 de mayo de 2002).

INDIA. Tratado de Extradición de 20 de junio de 2002 (BOE de 27 de marzo de 2003).

KAZAJSTÁN. Tratado de Extradición de 21 de noviembre de 2012 (BOE de 16 de julio de 2013).

MARRUECOS. Convenio de Extradición de 24 de junio de 2009 (BOE de 2 de octubre de 2009 y de 2 de marzo de 2012).

MAURITANIA. Convenio de Extradición de 12 de septiembre de 2006 (BOE de 8 de noviembre de 2006 y de 12 de diciembre de 2006).

MÉXICO. Tratado de Extradición y Asistencia Mutua en Materia Penal de 21 de noviembre de 1978 (BOE de 17 de junio de 1980). El Título II de este Tratado ha sido reemplazado por el Tratado de Asistencia Jurídica Mutua en Materia Penal de 29 de septiembre de 2006.

Canje de Notas relativo a varios artículos del Tratado de Extradición y Asistencia Mutua en Materia Penal de 1 de diciembre de 1984 (BOE de 7 de noviembre de 1986).

Protocolo por el que se modifica el Tratado de Extradición y Asistencia Mutua en Materia Penal de 21 de noviembre de 1978, de 23 de junio de 1995 (BOE de 7 de agosto de 1996 y de 27 de agosto de 1996).

Segundo Protocolo por el que se modifica el Tratado de Extradición y Asistencia Mutua en Materia Penal de 21 de noviembre de 1978, de 6 de diciembre de 1999 (BOE de 3 de abril de 2001).

MONTENEGRO. Convenio de Asistencia Judicial en Materia Penal y Extradición entre España y la República Socialista Federativa de Yugoslavia de 8 de julio de 1980 (BOE de 9 de junio de 1982).

NICARAGUA. Tratado de Extradición de 12 de noviembre de 1997 (BOE de 30 de septiembre de 2000).

PANAMÁ. Tratado de Extradición de 10 de noviembre de 1997 (BOE de 5 de septiembre de 1998 y 26 de septiembre de 1998).

PARAGUAY. Tratado de Extradición de 27 de julio de 1998 (BOE de 13 de abril de 2001 y de 18 de mayo de 2001).

PERÚ. Tratado de Extradición de 28 de junio de 1989 (BOE de 25 de enero de 1994). Canje de notas por el que se enmienda el Tratado de Extradición de 28 de junio de 1989 de 4 de agosto de 2008 y 9 de marzo de 2009 (BOE de 12 de agosto de 2011).

REINO UNIDO. Acuerdo de Comercio y Cooperación entre la Unión Europea y el Reino Unido, publicado en el DOUE de 30 de abril de 2021. Canje de Notas para extender el Tratado de Extradición de 22 de julio de 1985 a territorios cuyas relaciones internacionales asume dicho país, de 1 de febrero de 1991 (BOE de 27 de junio de 1991 y de 26 de agosto de 1991). Si bien el Tratado ya no se aplica en el Reino Unido, sí está en vigor respecto a los siguientes territorios británicos de ultramar: Anguilla, Bermudas, territorio británico en el Antártico, Islas Caimán, Islas Malvinas, Montserrat, Islas Pitcairn, Henderson, Ducie y Oeno, Santa Elena, dependencias de Santa Elena, Islas de Georgia y Sándwich del Sur, zonas de base soberanas de Akrotiri y Dhekelia en la Isla de Chipre, Islas Turcos y Caicos.

SERBIA. Convenio de Asistencia Judicial en Materia Penal y Extradición entre España y la República Socialista Federativa de Yugoslavia de 8 de julio de 1980 (BOE de 9 de junio de 1982).

URUGUAY. Tratado de Extradición de 28 de febrero de 1996 (BOE de 18 de abril de 1997).

VENEZUELA. Tratado de Extradición de 4 de enero de 1989 (BOE de 8 de diciembre de 1990).

VIETNAM. Tratado de Extradición de 1 de octubre de 2014 (BOE de 3 de abril de 2017).

Bibliografía

ALARCÓN BRAVO, J. "La práctica extradicional", Boletín de Información del Ministerio de Justicia n.º 1848, de 1 de julio de 1999, págs. 1848 y 49 (11 y 12).

ALCÁCER GUIRAO, R. (2015) *Los derechos fundamentales en la extradición y la euroorden*, Pamplona, ed. Aranzadi.

ALMEIDA COSTA, M. J. (2019) *Extradition law: reviewing grounds for refusal from the classic paradigm to mutual recognition and beyond (Doctoral Thesis)*, Maastricht University.

BASSIOUNI, M. C. (2014) *International extradition. United States Law and Practice*, ed. Oxford University Press, 6.ª ed.

BAUTISTA SAMANIEGO. C. (2015) *Aproximación crítica a la orden europea de detención y entrega*, Granada, ed. Comares.

– (2012) *Comentarios a la Ley de Extradición Pasiva*, Madrid, ed. La Ley.

– "Los principios extradicionales a la luz de la jurisprudencia", La Ley Penal n.º 108, mayo-junio de 2014.

– "Cuestiones varias relacionadas con la aplicación de la OEDE en la Ley 23/2014, de Reconocimiento Mutuo", La Ley Penal n.º 122, septiembre-octubre de 2016, de 1 de septiembre.

– "La ley de amnistía y el planteamiento de cuestiones de inconstitucionalidad", Diario La Ley n.º 8253, de 18 de febrero de 2014.

– "Trato inhumano o degradante y su naturaleza material y procesal como motivo de denegación de la extradición", La Ley Penal n.º 116, de 1 de septiembre de 2015.

– "Imputado y deber de secreto", La Ley Penal n.º 90, año 9, de febrero de 2012.

– "Cosa juzgada y denegación de la extradición", Diario La Ley n.º 8852, de 27 de octubre de 2016.

BACHMAIER, L. (2018) "Orden europea de detención y entrega, doble incriminación y reconocimiento mutuo a la luz del caso Puigdemont", en *Cooperar y castigar, el caso de Puigdemont*, Cuenca, ed. UCLM.

BEAN, J. "Terrorism, Extradition and International Law", Journal of International Relations, vol. 9, University of Pennsylvania, spring 2007.

BELLIDO PENADÉS, R. (2001) *La extradición en el derecho español*, 1.ª ed., Madrid, ed. Civitas.

– "La condena en rebeldía en el proceso español de extradición pasiva", Revista Española de Derecho Constitucional n.º 57, año 19, septiembre-diciembre de 1999.

Bueno Arús, F. "El principio de reciprocidad en la extradición y legislación española", Anuario de Derecho Penal y Ciencias Penales n.º 1, año 1984.

– "El delito político y la extradición en la legislación española", Boletín de Información del Ministerio de Justicia n.º 1561, de 25 de abril de 1990.

– "Extradición y pena de muerte en el ordenamiento jurídico español", Anuario de Derecho Penal y Ciencias Penales, Ministerio de Justicia, 1981.

Boix Reig, J. "De nuevo sobre el principio de legalidad", Cuadernos de la Facultad de Derecho de las Islas Baleares n.º 15, Palma de Mallorca, 1986.

Brague Manzano, J., y Reviriego Picón, F. "Gobierno en funciones y despacho ordinario de los asuntos públicos (las SSTS de 20 de septiembre y 2 de diciembre de 2005)", Revista UNED: Teoría y Realidad Constitucional n.º 18, 2006.

Candela Sánchez, C. "Una aproximación a la doctrina Ker-Frisbie: ¿debido proceso versus largo brazo de la justicia?", Revista electrónica Ius et Veritas n.º 29, 2004.

Capella i Roig, M. "¿Qué queda del delito político en el derecho internacional contemporáneo? (observaciones en los ámbitos de la extradición y el asilo)", Revista Electrónica de Estudios Internacionales n.º 28, 2014.

Cantrell, C. L. "The Political Offense Exemption in International Extradition: A Comparison of the United States, Great Britain and the Republic of Ireland", Marquette Law Review, vol. 60, spring 1977.

Cerezo Mir, J. (1996) *Curso de Derecho Penal Español, Parte General*, I, 5.ª ed., Madrid, ed. Tecnos.

Cezón González, C. (2003) *Derecho extradicional*, Madrid, ed. Dykinson.

Chiovenda, G. (1989) *Principios de derecho procesal civil*, T. II., México, ed. Cádenas.

Cuenca Miranda, A. (2004) *La prisión provisional en el derecho comparado y en la jurisprudencia del Tribunal Europeo de Derechos Humanos. Régimen Jurídico de la prisión provisional*. VV. AA., **Sepín**, Madrid.

Decocq, A. "La actualidad de la extradición en el derecho francés", Anuario de Derecho Penal, Ministerio de Justicia, 1986.

De la Oliva Santos, A. (2007) *Derecho Procesal Penal*, 8.ª ed., Madrid, ed. Ramón Areces.

De Miguel Zaragoza, J. "Algunas consideraciones sobre la extradición", Boletín de Información del Ministerio de Justicia n.º 1738, de 25 de marzo de 1995.

– "Algunas causas de rechazo de la extradición", Boletín de Información del Ministerio de Justicia n.º 1847, de 1 de julio de 1999.

Dondé Matute, J. (2017) *Extradición y debido proceso*, 2.ª ed., México, ed. Inacipe.

Espinosa Lloveras, A. "Refugio, asilo y extraterritorialidad: aclarando conceptos y recordando antecedentes", Letras internacionales n.º 167-7 (2013), Revista Universidad ORT Uruguay.

Feinrider, M. "Extraterritorial Abductions: A Newly Developing International Standard", Akron Law Review, vol. 14 (1981), Iss. 1, Article 3.

Fernández López, M. Á. (1998) *Derecho procesal práctico,* vol. II, Madrid, ed. Ceura.

García Barroso, C. (1988) *El procedimiento de extradición,* Madrid, ed. Colex.

– (1982) *Interpol y el procedimiento de extradición,* ed. Edersa.

García Moreno, J. M. "Algunas consideraciones sobre la aplicación en España del Convenio Europeo de Extradición. El Derecho", Revista de Jurisprudencia n.º 2, de abril de 2013.

García Novoa, C., "El delito fiscal. Aspectos jurídico-tributarios". Dereito. Revista jurídica de la Universidad de Santiago de Compostela, Vol. 12, n.º 2 (2013).

García Sánchez, B. (2005) *La extradición en el ordenamiento jurídico español, internacional y comunitario*, Granada, ed. Comares.

Gascón Inchausti, F. (2019) "La eficacia de las pruebas penales obtenidas en el extranjero al amaro del régimen convencional: apogeo y declive del principio de no indagación", en VV. AA. *Orden europea de investigación y prueba trasfronteriza en la Unión Europea*, Valencia, Tirant lo Blanch.

Gili Pascual, A. (2015) "La interrupción de la prescripción penal, diez años después de la STC 63/2005", Estudios penales y criminológicos, vol. XXXV.

Gimbernat, E. "Protección de la ciudadanía europea frente al procedimiento de extradición. STJUE de 6 de septiembre de 2016", La Ley Unión Europea n.º 44, de 31 de enero de 2017.

Gómez Campelo, E. "Los derechos individuales en el procedimiento de extradición y en la orden europea de detención y entrega", Anuario de Derecho Constitucional Latinoamericano 2006, México, UNAM.

– (2005) *Fundamentación teórica y praxis de la extradición en el derecho español,* Burgos, ed. Universidad de Burgos.

Gómez-Jara Díez, C. (2017) *Garantismo penal europeo,* 1.ª ed., Madrid, ed. Iustel.

"Artículo 54 del Convenio Schengen y proceso de extradición: a propósito del Auto de la Audiencia Nacional de 14 de enero de 2013 y el concepto de cosa juzgada europea", Diario La Ley n.º 8042, de 13 de mayo de 2013.

Gómez-Jara Díez, C., y Santos Alonso, J. "Extradición y ciudadanía europea: la revolución de la STJUE de 6 de septiembre de 2016 (caso Petruhhin) y el primer pronunciamiento de la Audiencia Nacional", La Ley Penal n.º 126, mayo-junio de 2017, de 1 de mayo de 2017.

González Vega, J. "¿Colmando los espacios de «no derecho» en el Convenio Europeo de Derechos Humanos? Su eficacia extraterritorial a la luz de la jurisprudencia", Revista AEDI, vol. xxiv, 2008.

GRIFFITH, G., y HARRIS, C., *Recent Developements in the law of Extradition.* Melbourne Journal of International Law, Vol. 6, 2005.

HERRERO RUBIO, A. "Discurso de apertura del curso académico de la Universidad de Valladolid", Valladolid, 1968-1969 (digitalizado por la biblioteca de la Universidad).

HUELIN MARTÍNEZ DE VELASCO, J., "La cuestión prejudicial europea. Facultad/obligación de plantearla", en la obra colectiva *La cuestión prejudicial europea*. European Inklings (IVAP), n.º 4 (2014).

JIMÉNEZ DE ASÚA, L. (1964) *Tratado de Derecho Penal,* Tomo II, 3.ª ed., Buenos Aires, ed. Losada.

JOYNER, C. C. (2003) "International Extradition and Global Terrorism: Bringing International Criminals to Justice", 25 Loy. L. A. Int'l & Comp. L. Rev. 493.

KINEALLY, J. K. "III, The Political Offense Exception: Is the United States-United Kingdom Supplementary Extraditon Treaty the Beginning of the End?", American University International Law Review, vol. 2, 1987.

LIEBERMAN, D. M. "Sorting the Revolutionary from the Terrorist: The Delicate Application of the Political Offense Exception in U. S. Extradition Cases", Stanford Law Review n.º 81, 2006.

LOUGHMAN, P. "Carron *vs.* McMahon: The Widening Scope of the Political Offense Exception to Extradition", Brooklyn Journal of International Law n.º 18, de enero de 1992.

MANZANARES SAMANIEGO, J. L. *La extradición por delitos fiscales. Su problemática general y en el Convenio Europeo de extradición.* Diario La Ley (1986).

MARTÍNEZ GARCÍA, J., y ELEZ GÓMEZ, M. I. "Comentario a la aplicación directa de las nuevas directivas en materia de contratación pública", Gabilex n.º 5, de marzo de 2016.

MARTÍNEZ GONZÁLEZ, M. I. "Aspectos Penales de la Extradición", Cuadernos de la Facultad de Derecho, Universidad de Palma de Mallorca n.º 3, 1982.

MENA Y ZORRILLA, A. "La extradición y los delitos políticos", Imprenta de la Revista de legislación, Madrid, 1887.

MESSINEO, F. "The Abu Omar Case in Italy: «Extraordinary Renditions» and State Obligations to Criminalize and Prosecute Torture under the UN Torture Convention", Journal of International Criminal Justice, vol. 7, Oxford University Press, 2009.

MITSILEGAS, V., y GIUFFRIDA, F., "Ne bis in idem" en la obra colectiva *Principios Generales de Derecho Penal en la Unión Europea*, Ed. BOE, Madrid, 2020.

MUÑOZ DE MORALES, M. "Dime cómo son tus cárceles y ya veré yo si coopero. Los casos Caldararu y Aranyosi como nueva forma de entender el principio de reconocimiento mutuo", Revista electrónica Indret, Barcelona, de enero de 2017.

MUÑOZ DE MORALES, M. (2018) "Juicio normativo y doble incriminación en el caso Puigdemont", en la obra colectiva *Cooperar y castigar: el caso de Puigdemont,* Cuenca, ed. UCLM.

NIETO MARTÍN, A. (2018) "Reconocimiento mutuo, orden público e identidad nacional. La doble incriminación como ejemplo", en la obra colectiva *Cooperar y castigar: el caso de Puigdemont,* Cuenca, ed. UCLM.

NIEVA FENOLL, J. (2006) *La cosa juzgada,* ed. Atelier Libros Jurídicos.

NISTAL BURÓN, J. "La prisión preventiva en los procedimientos de extradición: consecuencias y efectos en el ámbito penitenciario", Boletín de Información del Ministerio de Justicia n.º 1889, de 15 de marzo de 2001.

OHLIN, J. D. "Group Think: The Law of Conspiracy and Collective Reason", The Journal of Criminal Law & Criminology, vol. 98, n.º I, 2008. Northwestern University, School of Law.

OLLÉ SESÉ, M. (2019) *Crimen internacional y jurisdicción penal nacional: de la justicia universal a la jurisdicción penal interestatal,* Pamplona, ed. Aranzadi.

– (2021) *La extradición pasiva: un enfoque de derechos humanos fundamentales*, Madrid, ed. Iustel.

PARRY, J. T. en *International Extradition, the rule of non-inquiry, and the problem of sovereignty,* Boston Law Review n.º 5, octubre de 2010.

PASTOR BORGOÑÓN, B. (1984) *Aspectos procesales de la extradición en el derecho español,* Madrid, ed. Tecnos.

PASTOR LÓPEZ, F., y RUIZ CÉZAR, M. en "Sobre la impugnabilidad en vía contencioso-administrativa de los acuerdos del Consejo de Ministros decidiendo la continuación de un procedimiento de extradición. Nota sobre la Sentencia de 6 de julio de 1987 de la Sala Quinta del Tribunal Supremo (caso Ochoa)", Boletín de Información del Ministerio de Justicia n.º 1469, de 5 de octubre de 1987.

PASTOR RIDRUEJO, J. A. (1989) *Curso de derecho internacional público y organizaciones internacionales,* 3.ª ed., Madrid, ed. Tecnos.

PÉREZ MANZANO, M. "La extradición, una institución constitucional", Revista de Derecho Penal y Criminología número extraordinario 2, 2004.

PETERSEN, A. "Extradition and the Political Offense Exception in the Suppression of Terrorism", Indiana Law Journal, vol. 67, 1992.

PITKIN, H. F. (1985) *El concepto de representación*, Madrid, ed. CEC.

PRADO SALDARRIAGA, V., "Sobre la extradición", Revista Foro Jurídico nº.6. Universidad Católica de Perú, 2006, pág. 96.

PRIETO SANJUÁN, R. "Crisis y derecho internacional a propósito del caso Granda (Venezuela/Colombia). International Law", Revista Colombiana de Derecho Internacional n.º 5, vol. 3, 2005.

PUENTE EGIDO, J. "La extradición, problema complejo de cooperación en materia penal", Boletín Facultad de Derecho de la UNED n.º 15, 2000.

QUINTANO RIPOLLES, A. "Glosas a la nueva ley española de extradición pasiva", Revista Española de Derecho Internacional n.º 1/2, vol. 12, 1959.

REVELLO DE TORO CABELLO, J. (2013) *La delimitación entre provocación policial y delito provocado*, Universidad Internacional de Andalucía.

RODRÍGUEZ DEVESA, J. M. (1981) *Derecho penal español*, 8.ª ed., Madrid.

RODRÍGUEZ-PIÑERO Y BRAVO-FERRER, M. "Extradición y ciudadanía europea", Diario La Ley n.º 8834, de 29 de septiembre de 2016.

RODRÍGUEZ SOL, L. "Sentencia dictada en rebeldía", en *La orden de detención y entrega europeas*. VV. AA., Cuenca, ed. UCLM, 2006.

ROVIRA VIÑAS, A. (2005) *Extradición y derechos fundamentales*, ed. Civitas.

ROXIN, C. (1997) *Derecho Penal, Parte General, Tomo I, Fundamentos. La estructura de la Teoría del Delito*, Madrid, 1.ª ed., ed. Civitas.

SADOFF, D. A. (2016) *Bringing International Fugitives to Justice*, ed. Cambridge University Press.

SEBASTIAN MONTESINOS, M. Á. (1997) *La extradición pasiva*, ed. Comares.

SERRANO AMADO, R. (2015) *Derechos fundamentales y extradición*, ed. CIMS, 1.ª ed.

TORRES MURO, I. "Enseñar al que ya sabe. Las extradiciones ante el Tribunal Constitucional (STC 91/2000)", Repertorio Aranzadi del Tribunal Constitucional 2000, II, mayo-agosto.

TRAYTER JIMÉNEZ, J. M. "El efecto directo de las directivas comunitarias: el papel de la Administración y de los jueces en su aplicación", Revista de Administración Pública n.º 125, mayo-agosto de 1991.

UGAZ SÁNCHEZ-MORENO, J. "La nueva ley de extradición. Visión crítica a partir de un proceso", Themis, Revista de Derecho n.º 12, 1988.

VACAS MEDINA, L. (1962) *La extradición y su procedimiento*, Madrid.

VALLE-RIESTRA GONZÁLEZ-OLAECHEA, J. (2006) *La extradición y los delitos políticos*, Pamplona, ed. Aranzadi.

– (1989) *La extradición, principios, legislación, jurisprudencia*, Lima, ed. Editores-Importadores S. A.

VAN DEN WIJNGAERT, C. (1980) *The political offence exception to extradition*, Deventer, Holanda, ed. Kluwer.

VEGAS TORRES, J. "La eficacia excluyente de la litispendencia", Revista REDUR n.º 0, junio de 2002.

ZAGARIS, B., "U.S Efforts to extradite person for tax offences", Loyola of Los Angeles International and Comparative Law Review, Vol 25, 2003.